学ぶ人は、
変えてゆく人だ。

目の前にある問題はもちろん、
人生の問いや、
社会の課題を自ら見つけ、
挑み続けるために、人は学ぶ。
「学び」で、
少しずつ世界は変えてゆける。
いつでも、どこでも、誰でも、
学ぶことができる世の中へ。

旺文社

大学受験 新標準講義

日本史探究

駿台予備学校講師
田中結也
［著］

旺文社

はじめに

2025年度の大学入試から新たに受験科目となる「日本史探究」の講義本の執筆依頼を受けました。せっかくの機会なので、これまで約20年間予備校講師として学んだ知識や培った技術を集大成した参考書を仕上げようと決意しました。執筆するにあたってまず考えたのは、「読者の方々に日本史を楽しんでほしい」ということです。臨場感を持っていただけるように工夫していますので、気軽に読んでみてください。

さて、日本史探究の学習指導要領を確認すると、歴史総合で学んだことを踏まえて歴史事象の関係性をより重視することが求められています。本書では、「なぜ、そうなったのか？」「その結果、どうなったのか？」を念頭において日本史の流れを解説しています。また、日本史探究では多くの史資料を活用して歴史を考察することや、世界や地域とのつながりをみつけることも求められています。こうした点も踏まえて、史資料の分析や世界・地域との交流についてもなるべくとりあげてみました。

さらに、日本史探究では生徒自身が「問い」を立てて考察することが求められています。その問いは時代を大きくとらえたものであることが望ましいのですが、急にできるようになるものではありません。生徒はふとした疑問を消化することで、新たな疑問が生まれ、またその疑問を消化することで疑問点が洗練されていきます。こうした過程も本書のなかに組み込みました。

一方、共通テストの正答率を分析すると、受験生は「時期」に関する問題を弱点としていることがわかります。この弱点を克服するために、各講で「時期」を重点的に扱った「時代のメタマッピング」を作成しました。ただ単に西暦を覚えるのではなく、「ヤマト政権から律令国家への転換点」や「自由民権運動が高揚するポイント」など、内容に紐づけることで時期の理解を深めていきましょう。このように時期をとらえていけば、しだいに歴史を大きく眺めることができるようになります。「古代国家の出発点とは？」「室町幕府と江戸幕府は根本的にどう異なるのか？」などの大きな視点を持てれば、日本史探究を得意科目にすることができます。

最後に、日本史の学びを通じて多くの方の人生に彩りが添えられることを念願しています。

田中　結也

本書の特長

メタ視点とは？

メタとは、「高い次元の」「超越した」などの意味の言葉です。
この本では**「メタ視点」**を、
「歴史の流れ・学習内容を広く上から見た、俯瞰した視点」の意味で用いています。

なぜメタ視点で学習するのが良いのか？

日本史探究は、社会科のなかでは比較的、学習する分量が多い科目です。
しかし、分量が多いため、通常の学習だと、
限られた範囲にだけ注目する狭い視野になってしまい、
とにかくその範囲の歴史用語を丸暗記することにとどまりがちです。

➡ この本では、**「メタ視点とメタマッピング」**によって、自分がどの時代の、どの内容を、どの点に注目しているのか、意識しながら学習を進めることが可能です。
学習の全体像が最初に理解できるので、 時代の流れ、変化、因果関係を、前後の時代を含めた広い視点・視野で学習できます。
また、メタ視点で要点を最初につかみ、講義本文の内容が理解しやすくなっています。

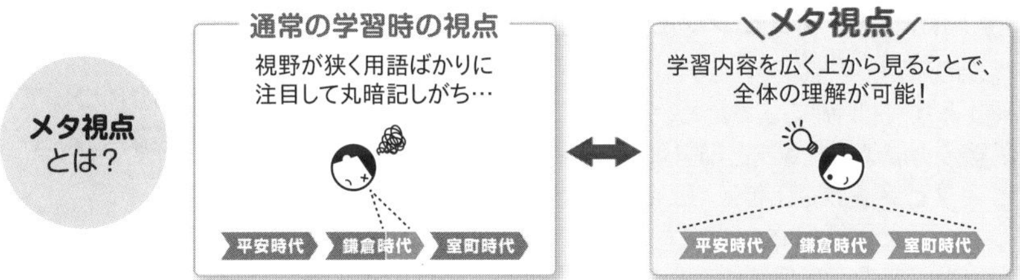

メタ視点以外にも、コスパ・タイパの良さを追求！

大学受験のためには、日本史の全範囲を、効率的に学習する必要があります。
この本では、メタ視点以外にも、以下の点で、
コストパフォーマンス・タイムパフォーマンスの良さを意識しました。

- **1冊で、原始時代から現代まで、通史が全部学習できる。**
- **受験レベルは、共通テスト・私大受験・国公立二次（※最難関以外）まで対応。**

この本を用いてみなさんが効率的に受験に成功することを祈っています。

※「歴史総合，日本史探究」については、2024年5月時点でわかる範囲の共通テスト・各大学のサンプル問題をもとに、必要だと考えられる内容を厳選して掲載しています。

本書の構成と使い方

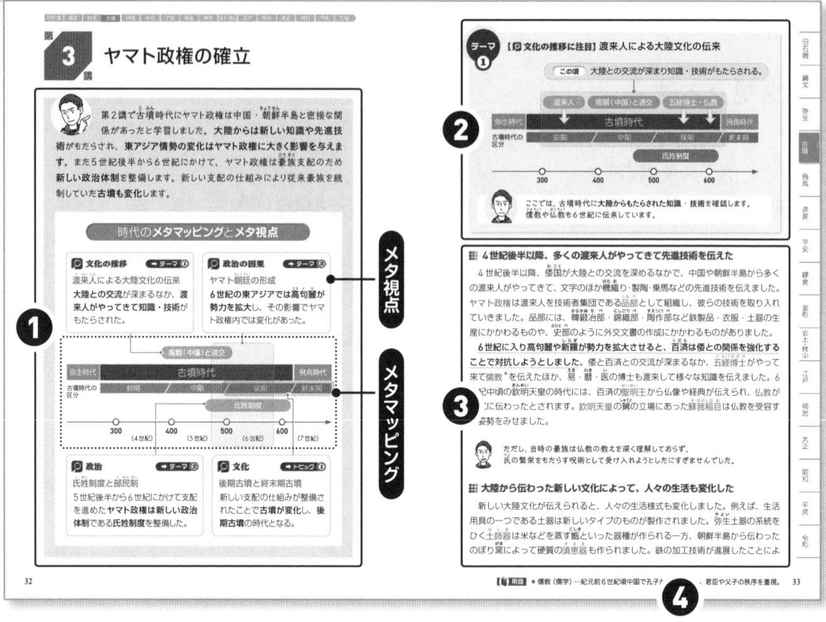

第3講 ヤマト政権の確立

第2講で古墳時代にヤマト政権は中国・朝鮮半島と密接な関係があったと学習しました。**大陸からは新しい知識や先進技術がもたらされ**、**東アジア情勢の変化はヤマト政権に大きく影響を与えます**。また5世紀後半から6世紀にかけて、ヤマト政権は豪族支配のため**新しい政治体制**を整備します。新しい支配の仕組みにより従来豪族を統制していた**古墳も変化**します。

時代の**メタマッピング**と**メタ視点**

文化の推移 ➡テーマ①
渡来人による大陸文化の伝来
大陸との交流が深まるなか、**渡来人がやってきて知識・技術が**もたらされた。

政治の画策 ➡テーマ③
ヤマト朝廷の形成
6世紀の東アジアでは高句麗が勢力を拡大し、その影響でヤマト政権内では変化があった。

南朝(中国)と通交
弥生時代 古墳時代 飛鳥時代
古墳時代の区分 前期 中期 後期 終末期
氏姓制度
300 (4世紀) 400 (5世紀) 500 (6世紀) 600 (7世紀)

政治 ➡テーマ②
氏姓制度と部民制
5世紀後半から6世紀にかけて支配を進めた**ヤマト政権は新しい政治体制**である**氏姓制度**を整備した。

文化 ➡トピック①
後期古墳と終末期古墳
新しい支配の仕組みが整備されたことで**古墳が変化**し、**後期古墳**の時代となる。

32

テーマ① 【文化の推移に注目】渡来人による大陸文化の伝来

この頃 大陸との交流が深まり知識・技術がもたらされる。

渡来人 南朝(中国)と通交 五経博士・仏教
弥生時代 古墳時代 飛鳥時代
古墳時代の区分 前期 中期 後期 終末期
氏姓制度
300 400 500 600

ここでは、古墳時代に**大陸からもたらされた知識・技術**を確認します。儒教や仏教も6世紀に伝来しています。

4世紀後半以降、多くの渡来人がやってきて先進技術を伝えた

4世紀後半以降、倭国が大陸との交流を深めるなかで、中国や朝鮮半島から多くの渡来人がやってきて、文字のほか機織り・製陶・乗馬などの先進技術を伝えました。ヤマト政権は渡来人を技術者集団である品部として組織し、彼らの技術を取り入れていきました。品部には、韓鍛冶部・錦織部・陶作部など鉄製品・衣服・土器の生産にかかわるものや、史部のように外交文書の作成にかかわるものがありました。

6世紀に入り高句麗や新羅が勢力を拡大させると、百済は倭との関係を強化することで対抗しようとしました。倭と百済との交流が深まるなか、五経博士がやって来て儒教*を伝えたほか、易・暦・医の博士も渡来して様々な知識を伝えました。6世紀中頃の欽明天皇の時代には、百済の聖明王から仏像や経典が伝えられ、仏教が倭に伝わったとされます。欽明天皇の舅の立場にあった蘇我稲目は仏教を受容する姿勢をみせました。

ただし、当時の豪族は仏教の教えを深く理解しておらず、氏の繁栄をもたらす呪術として受け入れようとしたにすぎませんでした。

大陸から伝わった新しい文化によって、人々の生活も変化した

新しい大陸文化が伝えられると、人々の生活様式も変化しました。例えば、生活用具の一つである土器は新しいタイプのものが製作されました。弥生土器の系統をひく土師器は米などを蒸す甑といった器種が作られる一方、朝鮮半島から伝わったのぼり窯によって硬質の須恵器も作られました。鉄の加工技術が進展したことによ

【用語】＊儒教（儒学）…紀元前6世紀頃中国で孔子が……、君臣や父子の秩序を重視。 33

❶ 時代のメタマッピングとメタ視点

講義の最初に「どの時代の、どの内容を学習するか」を明確にするため、先生による**講義のナビゲーション**と**「時代のメタマッピングとメタ視点」**を入れています。このページを最初にざっとみておくと、その講義の要点を先に知ることができるので、理解がスムーズになります。

メタマッピングは、簡単に言えば、この講義の流れ図・見取り図になります。

メタ視点は、この講義の概要、この講義でとくに注目して欲しいところを示しています。

❷ 各テーマの「メタマッピング」

それぞれの講義は複数のテーマで構成されています。

【変化に注目】など、とくに知ってほしい点を最初に記しています。また各テーマの最初にも**「メタマッピング」**を入れ、どの時代のどの内容を学習するかを示しています。

「歴史総合」にも関わる内容については、右上にアイコン(＝**歴史総合**)を入れています。

❸ 講義部分

総ルビの史料文、地図や図版、表、田中先生と生徒の会話なども挟み、「理解しやすい」構成を心がけました。地図や図版にはとくに注意すべき点も記しています。青い太字は重要用語、黒い太字・青い下線は重要な文章を示しています。

❹ 用語説明

日本史の学習や大学受験の問題文を読むために知っておきたい歴史用語や言葉には、ページ番号の横に用語説明を入れています。

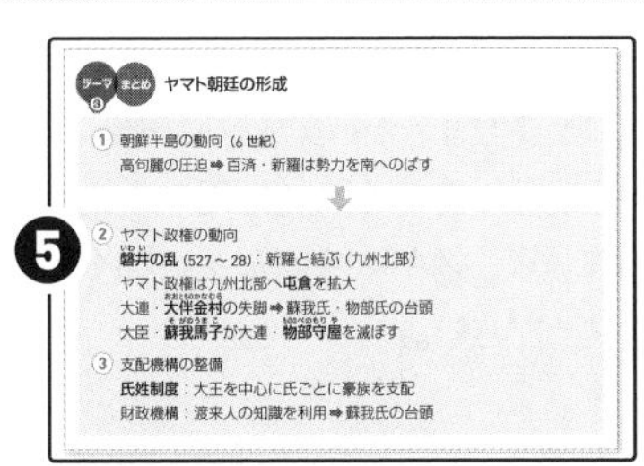

テーマ まとめ ⑧ ヤマト朝廷の形成

① 朝鮮半島の動向（6世紀）
高句麗の圧迫➡百済・新羅は勢力を南へのばす

② ヤマト政権の動向
磐井の乱（527～28）：新羅と結ぶ（九州北部）
ヤマト政権は九州北部へ**屯倉**を拡大
大連・**大伴金村**の失脚➡蘇我氏・物部氏の台頭
大臣・**蘇我馬子**が大連・**物部守屋**を滅ぼす

③ 支配機構の整備
氏姓制度：大王を中心に氏ごとに豪族を支配
財政機構：渡来人の知識を利用➡蘇我氏の台頭

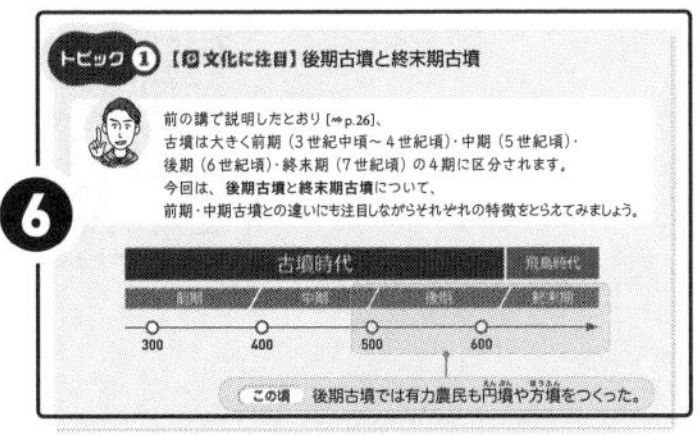

トピック ① 【文化に注目】後期古墳と終末期古墳

前の講で説明したとおり［➡p.26］、
古墳は大きく前期（3世紀中頃～4世紀頃）・中期（5世紀頃）・
後期（6世紀頃）・終末期（7世紀頃）の4期に区分されます。
今回は、**後期古墳と終末期古墳**について、
前期・中期古墳との違いにも注目しながらそれぞれの特徴をとらえてみましょう。

6世紀にヤマト政権が支配機構を整備して地方豪族に対する優位を示したことにより、古墳の様相も変貌しました。**大王や有力豪族が埋葬された巨大な前方後円墳は近畿中央部に限定される**ようになり、**地方豪族が埋葬された近畿中央部以外の前方後円墳は規模を縮小させました。**このことは大王を中心とする支配機構が整備され、大王と地方豪族との力の差が広がったことを反映しています。

一方で、農業生産力の進展［➡p.34］を背景に地域で台頭した有力農民は当初、地方豪族の勢力下に置かれていました。ところが、ヤマト政権の勢力拡大を背景に**有力農民も支配機構のなかに取り込まれ、円墳や方墳を築くことが認められました。**これら円墳や方墳はまとまって造営されたため、群集墳と総称されます。**6世紀に造営された後期古墳の埋葬施設は、竪穴式石室ではなく**横穴式石室**が一般的となりました。**横穴式石室は朝鮮から伝わったもので、複数の棺や人骨がみつかっていることから同じ古墳に複数の人を葬ることが可能な石室となっており、家族墓としての性格が認められます。また、日常的な生活用具が副葬されていることも合わせると、石室内部は死後の生活空間ととらえられるようになったと考えられます。こうした死生観は大陸の影響を受けて形成されていきました。

ところが、**7世紀に入ると前方後円墳は造営されなくなり、群集墳も減少しました。**7世紀後半から8世紀初めにかけては近畿中央部に八角墳という新たな大王墓や内部に精緻な壁画を持つ高松塚古墳が造営されたほか、東日本の一部では円墳・方墳などが造営されましたが、古墳はもはや権威の象徴としては機能しなくなっていきます。その後、律令制［➡p.53］の浸透とともに、墳墓を利用した統治から法による国家統治へと変化し、古墳は消滅しました。

	後期（6世紀頃）	終末期（7世紀頃）
外形	**前方後円墳、円墳・方墳（群集墳）**	**八角墳**（大王墓）、円墳・方墳
埋葬施設	**横穴式石室**	**横穴式石室**
副葬品	日常的生活用具	少ない
被葬者	有力豪族・地方豪族・有力農民など	大王・地方豪族など
埴輪	**形象埴輪**（家・人物・動物）	減少
事例	新沢千塚古墳群〔奈良〕（群集墳の例） 竹原古墳〔福岡〕	野口王墓古墳〔奈良〕 高松塚古墳〔奈良〕など

38　39

❺ 各テーマのまとめ

テーマの最後にはまとめがあります。テスト・模試・受験前などはここだけをまとめて読むのも効果的です。

❻ トピック

テーマのようにまとめは基本的にありませんが、重要な視点をまとめています。

【確認問題】

各講義の最後には確認問題を入れています。年代配列問題・探究ポイントといった短文論述の問題などで構成されています。学習した講義の内容で解けるように作ってあるので、きちんと講義が理解できているかを確認するようにしましょう。

確認問題

1 年代配列問題にチャレンジ

(1) 次の文Ⅰ～Ⅲについて、古いものから年代順に正しく配列したものを、後の①～⑥のうちから一つ選んで記号で答えなさい。

Ⅰ 朝鮮から伝わった横穴式石室が一般化した。
Ⅱ 木棺や石棺を竪穴式石室に埋葬した古墳が多く営まれた。
Ⅲ 近畿の大王の墓が八角墳となった。

① Ⅰ－Ⅱ－Ⅲ　② Ⅰ－Ⅲ－Ⅱ　③ Ⅱ－Ⅰ－Ⅲ
④ Ⅱ－Ⅲ－Ⅰ　⑤ Ⅲ－Ⅰ－Ⅱ　⑥ Ⅲ－Ⅱ－Ⅰ

(2) 次の文Ⅰ～Ⅲについて、古いものから年代順に正しく配列したものを、後の①～⑥のうちから一つ選んで記号で答えなさい。

Ⅰ ヤマト政権に対して反乱を起こした豪族を雄略天皇が滅ぼした。
Ⅱ 筑紫国造磐井が新羅と結んで大規模な戦乱を起こした。
Ⅲ 大臣の蘇我馬子が大連の物部守屋を滅ぼした。

① Ⅰ－Ⅱ－Ⅲ　② Ⅰ－Ⅲ－Ⅱ　③ Ⅱ－Ⅰ－Ⅲ
④ Ⅱ－Ⅲ－Ⅰ　⑤ Ⅲ－Ⅰ－Ⅱ　⑥ Ⅲ－Ⅱ－Ⅰ

2 探究ポイントを確認

(1) 6世紀の後期古墳で家族墓としての性格を持つ横穴式石室が多くみられるようになったのはなぜか。

(2) 6世紀の後期古墳で有力農民層の古墳である群集墳が多く築かれるようになったのはなぜか。

解答

1 (1)③ (2)①

2 (1) 百済から新しい宗教や学問が伝来したことにより死生観が形成され、被葬者は石室内部を死後の生活空間として家族とともに葬られることをのぞんだため。（70字）
(2) 鉄製農具の普及により農業生産力が進展したことを背景に有力農民層が台頭すると、ヤマト政権は彼らを支配機構のなかに取り込んでいこうとして円墳や方墳を築くことを認めたため。（83字）

41

講義部分の音声について

※本サービスは、予告なく終了することがあります。

本書の講義部分を読み上げた音声を、専用ウェブサイトからダウンロード、またはスマートフォンアプリで聞くことができます。視覚だけでなく聴覚も用いることで、学習効率が高まります。書籍を持ち歩けない時に聞く、スキマ時間などに聞くなど、自分の生活スタイルに合った方法で学習を深めてください。

専用ウェブサイトからダウンロードする

1. 以下のウェブサイトにアクセス
(右の2次元コードから読み込めます)
https://service.obunsha.co.jp/tokuten/shinhyojun_n/
※全て半角英数字

2. 以下のパスワードを入力。
ktshgkjs ※すべて半角アルファベット小文字

3. 「音声データダウンロード」からファイルをダウンロードし、展開してからオーディオプレーヤーで再生してください。

※音声ファイルはzip形式にまとめられた形でダウンロードされます。展開後、デジタルオーディオプレーヤーなどで再生してください。
※音声はMP3形式となっています。音声の再生にはMP3 を再生できる機器などが別途必要です。デジタルオーディオプレーヤーなどの機器への音声ファイルの転送方法は、各製品の取り扱い説明書などをご覧ください。
※ご利用機器、音声再生ソフト等に関する技術的なご質問は、ハードメーカーまたはソフトメーカーにお願いいたします。
※スマートフォンやタブレットでは音声をダウンロードできないことがあります。

公式アプリ「英語の友」(iOS/Android) で再生する

1. 「英語の友」公式サイトより、アプリをインストール
(右の2次元コードから読み込めます)
URL:https://eigonotomo.com/ 　英語の友

2. ライブラリより本書を選び、「追加」ボタンをタップ

3. パスワードを求められたら、上と同じパスワードを入力

※本アプリの機能の一部は有料ですが、本書の音声は無料でお聞きいただけます。アプリの詳しいご利用方法は「英語の友」公式サイト、あるいはアプリ内のヘルプをご参照ください。

もくじ

[編集協力]　余島編集事務所
[装丁デザイン]　小川純（オガワデザイン）
[本文デザイン]　伊藤幸恵
[本文イラスト]　熊アート、川上潤
[本文図版]　株式会社ユニックス
[校正・校閲]　野田恵、杉山詩織、小田嶋永、株式会社東京サービスセンター、株式会社ぷれす、株式会社友人社
[写真提供]　ColBase（https://colbase.nich.go.jp/）、MOMAT / DNPartcom、
東京藝術大学 / DNPartcom、一般社団法人日本写真著作権協会、根津美術館
[録音]　ユニバ合同会社
[ナレーション]　大武芙由美

原始社会の日本列島

日本史の学習は、まず原始社会、つまり、旧石器時代・縄文時代・弥生時代から始まります。時代区分以外にも**縄文時代前期における気候の変化**や、**縄文時代から弥生時代**にかけての**大陸文化の伝来**にそれぞれ注目しましょう。

時代の**メタマッピング**と**メタ視点**

変化 ➡テーマ①

温暖化にともなう生活の変化

約1万年前の**気候の変化(温暖化)**によって、**食料を獲得する方法が増えて定住生活が始まる。**

文化 ➡テーマ②

縄文時代の人々のくらし

縄文時代は、食料獲得方法が多様化して、**狩猟・漁労・採集生活が発展した**時代。

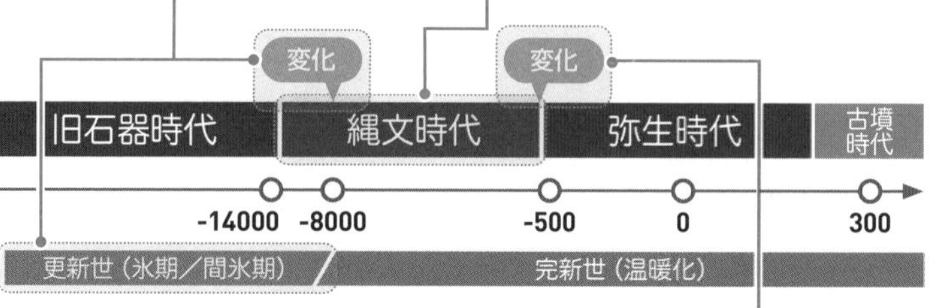

変化 ➡テーマ③

弥生時代における農耕社会の形成

中国大陸から伝来した**新しい文化(水稲農耕・金属器)**により、**社会に身分差が発生する。**

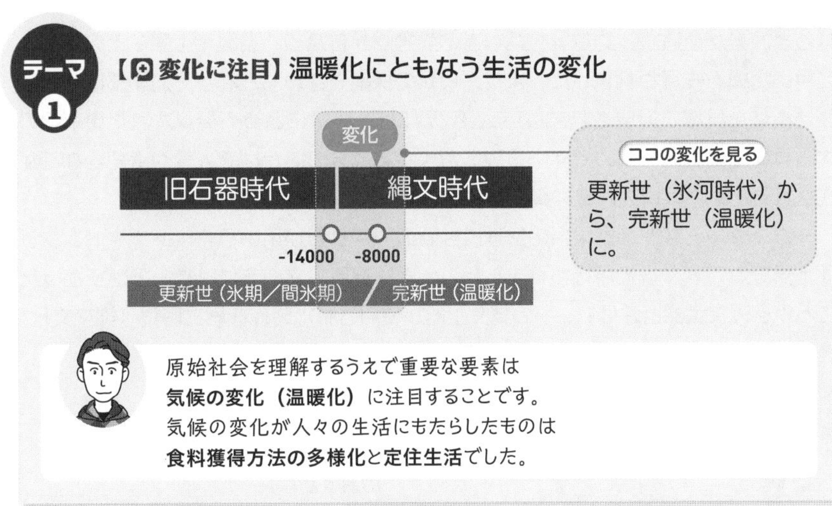

旧石器時代は、現在よりも寒い気候だった

今から約１万年前よりも古い**更新世**は氷河時代とも呼ばれ、寒冷な氷期と比較的温暖な間氷期が交互におとずれました。氷期は現在と比べても非常に寒い気候だったため、海面が約 100 ｍも下がり、日本列島は大陸とほぼ陸続きとなりました。

およそ 700 万年前、地球上に人類が誕生すると、猿人・原人・旧人・新人*（ホモ＝サピエンス）の順に進化し、アフリカ大陸で進化した新人が、更新世の時期に日本列島へ渡来したことは、各地で発見された化石人骨により裏付けられます。静岡県の浜北人や沖縄県の港川人・白保竿根田原洞人などはいずれも新人の人骨です。人々は、自然の石を打ち砕いただけの**打製石器**を用いてナウマンゾウ、オオツノジカなどの大型動物を狩猟するなどの生活をしていたのです。

更新世の時代は、考古学上では**旧石器時代**（旧石器文化）と呼ばれます。1949 年、相沢忠洋によって発見された群馬県の**岩宿遺跡**で更新世に堆積した**関東ローム層**から２～３万年前のものと推定される打製石器が確認されました。この頃の打製石器には、手槍や投げ槍の先端として用いられた小型の尖頭器やナイフ型石器、複数の小石を木や骨の柄にはめ込んで用いる細石器などがあります。

温暖化によって人々の生活は変化した

約１万年前を境に**完新世**になると温暖化が進みました。温暖化により海面が上昇して（海進）日本列島が大陸から切りはなされると、人々の生活は大きく変わっていきました。かつて狩猟の対象であった大型動物は絶滅し、シカやイノシシなどの中小動物が狩猟の対象になると、俊敏な動物を捕獲するために**弓矢**が発明されたほか、**落し穴**も用いられました。海進により日本列島各地で大陸棚や入り江が形成さ

用語　＊新人…人類は、アフリカで猿人→原人→旧人→新人の順に進化し、世界各地へ広がった。

れると漁業が発達し、釣り針・銛などの**骨角器**が普及し、石錘・土錘などのおもりを用いた網漁も行われました。また、貝類の採集もさかんとなり、海岸部には貝殻が堆積した**貝塚**も形成されました。1877年にモースによって発見された東京都の**大森貝塚**は代表的なものです。貝殻に含まれる成分のおかげで人骨や骨角器などが残されるため、貝塚は貴重な資料を私たちに提供してくれます。

一方、クルミなどの堅果類の調理には**石皿**や**すり石**が用いられ、トチやドングリは土器で煮てアク抜きが行われました。土器は縄目の文様を付けたものが多かったことから**縄文土器**と呼ばれ、この縄文土器が使用された時代を**縄文時代**（縄文文化）といいます。縄文時代は今から約2800年前まで続きました。

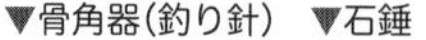
▼骨角器(釣り針)　▼石錘

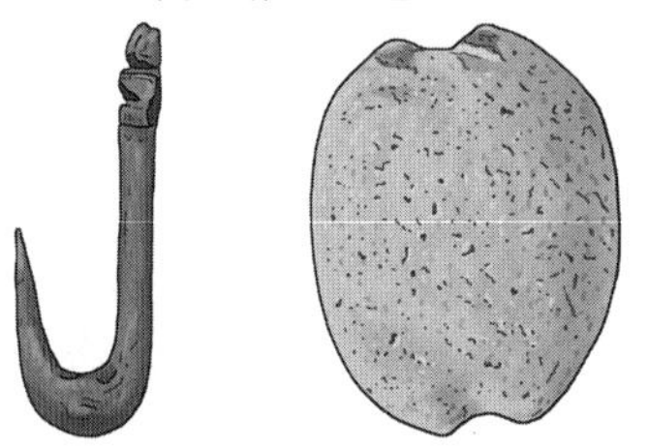

骨角器は動物の骨で作った釣り針などです。
また、縄文土器は、下の図のとおり、6期に分けられます。

①草創期：丸底深鉢土器　②早期：尖底深鉢土器
③前期：平底深鉢土器　④中期：火炎土器
⑤後期：注口土器　⑥晩期：亀ヶ岡式土器

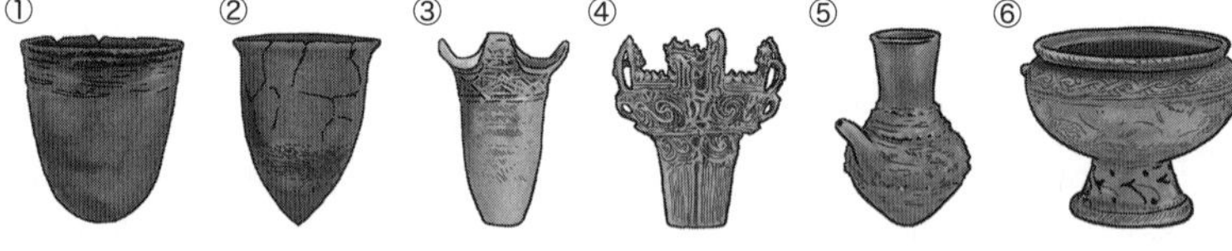

Q 旧石器時代には、土器は使われなかったのですか？

A はい。土器が使用される前に存在した時代が旧石器時代と呼ばれます。

人々はしだいに定住生活をおくるようになった

縄文時代には食料の採取以外にも、原始的な農耕が行われていたことに注目しましょう。縄文前期の貝塚からは、ヒョウタンやエゴマ、マメ類など栽培植物の種子が発見されています。したがって、縄文時代の社会は食料採取経済から食料生産経済への移行期であったと考えられます。

このようにして**気候の温暖化が進んだことにより人々の食料獲得方法は多様化しました**。人々は食料を求めて移動することが少なくなり、定住生活をおくるようになると集落を営みました。集落は台地上に形成され、広場を中心に 10 数軒の竪穴住居が環状に並ぶ環状集落が営まれました。

テーマ① まとめ　温暖化にともなう生活の変化

① 約 1 万年前の気候変動
➡**更新世**（氷河時代）から完新世に変化する（温暖化）

② 生活の変化（食料獲得方法の多様化）
狩猟対象：大型動物から中小動物（**弓矢**の使用）に変化
漁労：海面の上昇で大陸棚・入り江が形成
　　骨角器（釣り針・銛）が普及し、また**貝塚**が形成される
採集：堅果類（クルミ・ドングリ）・根茎類（イモ）を採集
　　（縄文土器でアク抜き）
栽培：植物性食料の原始的な農耕（ヒョウタン・エゴマ・マメ類）

③ **生活の変化の結果、定住生活が開始される**
（竪穴住居、台地上に環状集落）

【文化に注目】縄文時代の人々のくらし

この頃　食料獲得方法が多様化し、新しい石器が用いられる。

縄文時代は、温暖化によって**食料獲得方法が多様化した時代**でしたね。
では、縄文時代の人々のくらしをもう少し詳しくみていきましょう。

縄文時代には、新しい石器が用いられる

先に確認したように、縄文時代の人々は狩猟・漁労・採集による食料の採取を基礎として、食料となる植物の栽培・管理といった原始農耕も行っていました。さらに、生活の変化に応じて研磨して仕上げた**磨製石器**が用いられたため、縄文時代は**新石器時代**（新石器文化）とも呼ばれます。具体的には堅果類の植物をすりつぶすための**石皿**や**すり石**、木材の伐採や加工に用いた**磨製石斧**などが挙げられます。一方、新しいタイプの**打製石器**も用いられました。こちらは、矢じりに用いられた**石鏃**や土を掘るための石鍬（打製石斧）が挙げられます。

▼石鏃　▼石鍬（打製石斧）

▼石皿とすり石

石器の種類は、しっかりと分けて覚えましょう。

Q 打製石器は縄文時代でも使われたのですか？

A はい。縄文時代にも打製石器は使われました。例えば、矢じりに用いられた石鏃が挙げられます。

狩猟用の石材としては**黒曜石**やサヌカイトが用いられました。長野県和田峠産の黒曜石が中部・関東地方一帯で発見されており、他地域産の石材を入手するために集落間で交易が行われていたことがうかがえます。装身用の**ヒスイ**やコハクも交易の対象となったようで、新潟県姫川産のヒスイが東北地方全域で発見されています。

縄文時代の生活は自然環境に大きく左右されました。そのため、当時の人々にはあらゆる自然物や自然現象に精霊が宿ると考えるアニミズムの信仰があったようです。女性を象った**土偶**や男性を表現した**石棒**が遺物*として発見されていますが、これらは厳しい自然と戦うなかで集団の繁栄や豊穣を祈る呪術的な儀礼が発達したことを示しています。一方、**抜歯**の風習は成人式の意味を持つとされ、集団の統制があったと考えられています。

縄文時代を象徴する遺跡とは？

こうした縄文時代の社会を象徴する遺跡が青森県の**三内丸山遺跡**です。紀元前3500年頃から約1500年間も存在したとされ、多数の竪穴住居跡や大型建物跡、巨大なクリの木柱の柱列跡、計画的な墓地などが発見されました。先ほど挙げた長野県和田峠産の黒曜石や新潟県姫川産のヒスイも出土しています。

用語　＊遺物…過去の文化を示すもの。遺跡などから発見される。

テーマ② まとめ **縄文時代の人々の暮らし**

1. 食料採取経済…狩猟・漁労・採集生活の発展
2. 原始農耕の始まり…ヒョウタン・エゴマ・マメ類の栽培や管理
3. 新石器時代
   …**打製石器**（**石鏃**・石鍬など）・**磨製石器**（**石皿**・**すり石**など）を使用
4. 交易（他地域産の物資を入手）
   …石材（狩猟用：**黒曜石**・サヌカイト、装身用：**ヒスイ**・コハク）を交易
5. 習俗（アニミズムにもとづく）
   …遺物：**土偶**（女性を象る）・**石棒**（男性を表現）

テーマ③ **【変化に注目】弥生時代における農耕社会の形成**

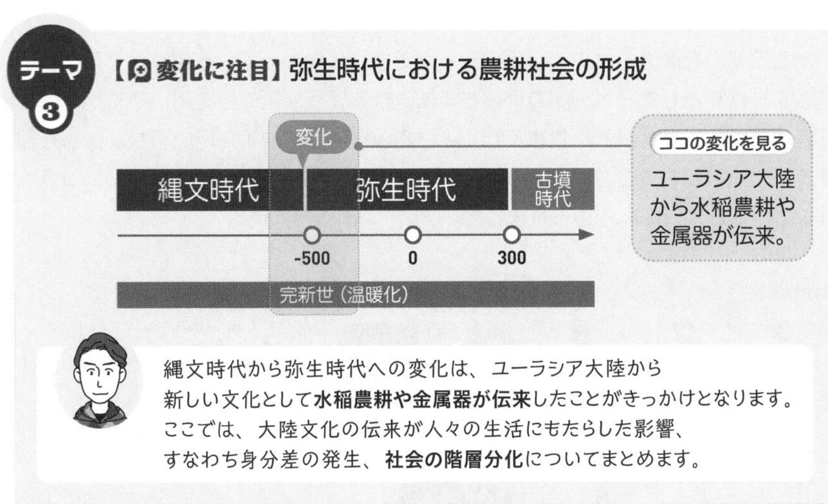

縄文時代から弥生時代への変化は、ユーラシア大陸から新しい文化として**水稲農耕や金属器が伝来**したことがきっかけとなります。ここでは、大陸文化の伝来が人々の生活にもたらした影響、すなわち身分差の発生、**社会の階層分化**についてまとめます。

弥生文化は大陸から伝来した新しい文化

紀元前 6500 ～前 5000 年頃にユーラシア大陸で始まった**水稲農耕**は朝鮮（ちょうせん）半島を経て日本列島に伝わりました。他にも大陸からは**青銅器**（せいどうき）や**鉄器**（てっき）といった金属器や**機織り**（はたおり）の技術が伝来しました。また、**弥生土器**（やよいどき）も使われるようになりました。こうした新しい要素を含む文化は**弥生文化**と呼ばれ、紀元後 3 世紀頃まで続きました。

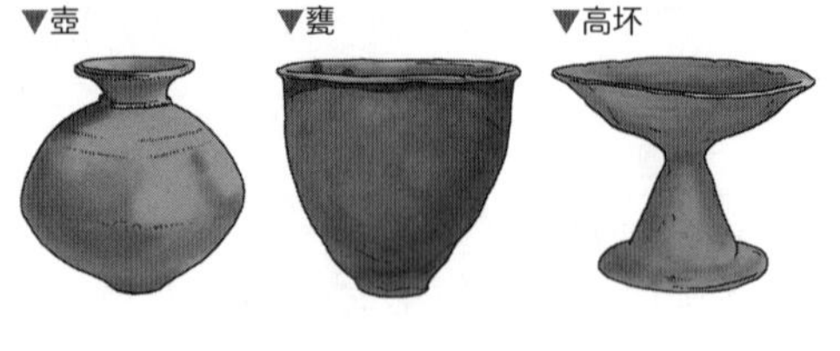

弥生土器は、縄文土器のように時期を区分するのではなく用途で分けます。貯蔵用の壺、煮炊き用の甕、食物を盛る高坏などを覚えるようにしましょう。

まず、水稲農耕の発達について細かくみていきます。弥生前期には低湿地を木製の鍬や鋤で耕した**湿田**が形成されました。水田は灌漑水路を作って付近の河川から水を汲み上げないといけませんが、湿田は湿地に作られ大掛かりな灌漑水路は必要ありません。ただし、イネの収穫量は少なくなります。弥生後期には微高地に灌漑水路を作って付近の河川から水を汲み上げる**乾田**が拡大し、生産性が高まりました。また、鉄製の刃先をつけた鍬や鋤も用いられました。

水稲農耕の発達は日本史で必須のテーマです。したがって、そのサイクルについてもしっかりとしたイメージで理解しておきましょう。鍬や鋤を用いて耕地を掘り起こした後、田植えが行われました。イネの収穫には**石包丁**が用いられ、実った稲穂だけを選び穂首刈りが行われました。脱穀*には木臼と竪杵が用いられ、コメは**高床倉庫**や貯蔵穴におさめられました。

▼木製農具

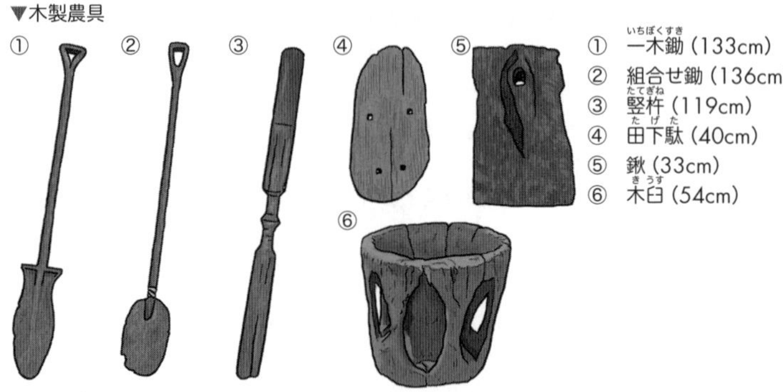

水稲農耕の伝播は九州北部から東北・関東へ

水稲農耕は、まず九州北部に伝わり、稲作に適した気候条件の西日本一帯に広まりました。縄文晩期から弥生初期の遺跡としては福岡県の**板付遺跡**や佐賀県の**菜畑遺跡**が代表的です。その後、日本海側を伝って水稲農耕が東北地方まで伝わったことは弥生前・中期の遺跡である青森県の砂沢遺跡や垂柳遺跡で水田跡が発見されたことからわかります。ところが、降水量の増大にともなって寒冷化が進み、東北地

【用語】＊脱穀…穀物の粒からもみがらを取ること。

方における水稲農耕は約300年間しか続かなかったという見方が有力です。弥生中・後期に水稲農耕は関東地方にも伝播しました。静岡県の登呂遺跡では弥生後期のものとみられる水田跡が発見されています。

一方、北海道や沖縄など南西諸島には水稲農耕が普及せず、北海道では食料採取中心の続縄文文化、南西諸島では漁労中心の貝塚（後期）文化が独自に展開していました。

水稲農耕が定着し、社会の階層分化が進む

このようにして水稲農耕が定着すると、社会の階層分化*が進んでいきました。階層分化については大きく2つの切り口から考えましょう。まず一つ目の切り口は、**土木工事をともなう治水・灌漑や青銅器を用いた農耕祭祀は集団を統率するリーダーが必要であったということ**です。すなわち、集落を統率する首長が権限を強めることとなりました。もう一つの切り口は、**余った生産物や用水の使用をめぐる集落間の争いが広がり、クニが形成されていったということ**です。争いに勝利した側は身分が保障される一方で、敗れた側は奴隷身分に転落したとも考えられます。弥生時代に争いが行われたことは、日本各地で集落の周りに深い濠をめぐらせた環濠集落が、瀬戸内海沿岸では山頂などに高地性集落が発見されていることからわかりますね。代表的な環濠集落としては、物見櫓が立てられたとされる佐賀県の吉野ヶ里遺跡や4重の濠を持つ奈良県の唐古・鍵遺跡などが挙げられます。

続いて、金属器についてももう少し細かくおさえておきましょう。青銅器は銅と錫を主成分とする合金で、祭祀に用いられたとされます。九州では銅矛・銅戈、瀬戸内海沿岸では平形銅剣、近畿地方では銅鐸が多く発見されています。銅鐸はもともと楽器として用いられていましたが、次第に大型化し、表面に原始的な絵画を描いて鑑賞されるようになりました。銅剣も青銅製武器として大陸から伝わりましたが、後に大型化して祭器として用いられました。鉄器は農具や工具に用いられましたが、製鉄技術がまだ伝わっていなかったため、鉄の素材を輸入して国内で加工していたようです。

Q なぜ青銅器の分布が地方によって違うのですか？

A 共通の祭祀を行う地域で同じ形の青銅器が用いられたと考えられています。弥生時代には地域的なまとまりが形成されつつあったのですね。

用語 ＊社会の階層分化…貧富の差や身分の差が生まれること。

◀銅鐸

銅鐸の表面には脱穀や狩猟の様子などが描かれており、貴重な絵画資料となっています。

テーマ3 まとめ　弥生時代における農耕社会の形成

① ユーラシア大陸から文化が伝来・普及する
伝来の流れ：ユーラシア大陸➡朝鮮半島➡日本列島
普及の流れ：九州北部➡（日本海側）➡東北地方➡関東地方
文化の要素：水稲農耕・金属器（**青銅器**・**鉄器**）など

② 水稲農耕が発達する
湿田（木製農具）から**乾田**（鉄製の刃先をつけた農具）に変化
収穫：**石包丁**で穂首刈り　貯蔵：**高床倉庫**

③ 社会の階層分化が起こる
治水・灌漑・農耕祭祀の発達で、首長が出現する
余剰（よじょう）生産物・用水などをめぐる争いから、
環濠集落・**高地性集落**が発達

トピック1　考古学の年代測定法

① **放射性炭素年代測定法**（炭素14年代法）
原理：炭素14の残存量で年代を特定する
➡土器付着の炭化物や同じ地層から出土した骨を調べる
成果：縄文時代・弥生時代の始まりが通説よりもさかのぼる
箸墓（はしはか）古墳［➡p.27］の築造年代が通説よりもさかのぼる

② 年輪年代法

原理：年輪の変動パターンと木材を照合する

→木材の育った年代と伐採年代を測定する

成果：法隆寺［➡ p.78］の創建・再建年代の見直し

大野城［➡ p.47］の築造時期の見直し

近年、様々な科学的測定法が発達し、
考古学的な遺物や遺跡の年代の見直しが提唱されています。
大学受験では時期のズレを問う問題が多く出題されるため、
時期をとらえることが重視されます。
したがって、こうした研究方法とその成果について知っておく必要があるでしょう。

まず、**放射性炭素年代測定法**についてみてみましょう。生物は生きている間に大気中と同じ濃度の炭素 14 を体内に持っていますが、死後は一定間隔で減少していきます。この原理を利用して、土器付着の炭化物や同じ地層から出土した骨などの炭素 14 の残存量を調べれば、遺物の年代特定が可能となります。

この成果を具体的にみていきましょう。まず、青森県大平山元Ⅰ遺跡から発見された土器片に付着していた炭化物を測定したところ、約 1 万 6500 年前のものであるという結果が出ました。これにより縄文時代の始まりは約 1 万 3000 年前とする通説が否定されることとなりました。同様にして、弥生時代の始まりも紀元前 4 世紀ではなく紀元前 8 世紀頃ではないかという説が出されました。一方、奈良県纒向遺跡の箸墓古墳は従来 270 年頃に築造された前方後円墳だとされていましたが、土器付着の炭化物を測定したところ、240 ～ 260 年の築造とする説も出されました。

続いて、**年輪年代法**についてみてみましょう。樹木の年輪は毎年 1 本形成され、幅は気候条件により変動します。この年輪の変動パターンと木材を照合することで、木材の育った年代と伐採年代を測定することができます。

例えば、法隆寺［➡ p.78］の創建は 607 年、670 年に焼失、711 年頃までに五重塔が再建というのが定説です。ところが、五重塔の心柱の伐採年は 594 年と測定されました。これにより心柱は創建以前のものであることが判明し、法隆寺再建説には検討が必要だとする意見も出されました。一方、663 年の白村江の戦い［➡ p.46］後に一連の古代山城（朝鮮式山城）が築城されたという定説があります。ところが、大野城に用いられた木材の伐採年は 650 年頃とされ、白村江の戦い以前に朝鮮半島における争いから逃れるため倭へ亡命した百済人によって築城が始まっていたことが指摘されています。

確認問題

1 年代配列問題にチャレンジ

(1) 次の文Ⅰ～Ⅲについて、古いものから年代順に正しく配列したものを、後の①～⑥のうちから一つ選んで記号で答えなさい。

Ⅰ 気候の温暖化にともない食料資源が多様化し、人々は定住生活を営んだ。
Ⅱ 水稲耕作を基礎とする農耕文化が形成された。
Ⅲ 寒冷な氷期と比較的温暖な間氷期とが繰り返して訪れた。

① Ⅰ－Ⅱ－Ⅲ　② Ⅰ－Ⅲ－Ⅱ　③ Ⅱ－Ⅰ－Ⅲ
④ Ⅱ－Ⅲ－Ⅰ　⑤ Ⅲ－Ⅰ－Ⅱ　⑥ Ⅲ－Ⅱ－Ⅰ

(2) 次の文Ⅰ～Ⅲについて、古いものから年代順に正しく配列したものを、後の①～⑥のうちから一つ選んで記号で答えなさい。

Ⅰ 余剰生産物をめぐる争いが激化し、環濠集落が形成された。
Ⅱ 細石器と呼ばれる小型の石器が日本列島に広まった。
Ⅲ 女性をかたどった土偶が作られ、収穫や繁栄を祈った。

① Ⅰ－Ⅱ－Ⅲ　② Ⅰ－Ⅲ－Ⅱ　③ Ⅱ－Ⅰ－Ⅲ
④ Ⅱ－Ⅲ－Ⅰ　⑤ Ⅲ－Ⅰ－Ⅱ　⑥ Ⅲ－Ⅱ－Ⅰ

2 探究ポイントを確認

(1) 縄文時代に人々の定住はなぜ可能になったのか、簡単に説明せよ。

(2) 縄文晩期から弥生初期に水稲農耕が伝来したことは、階級社会の形成につながった。その理由について述べよ。

解答

1 (1) ⑤　(2) ④

2 (1) 気候の温暖化にともない人々の食料獲得方法が多様化すると、食料を求めて移動する必要がなくなったため。(49字)
(2) 治水・灌漑や農耕祭祀が行われたことにより、集落を取り仕切る首長が権限を強めたから。また、余剰生産物や用水をめぐる争いが広がり敗者が隷属したから。(72字)

第2講 ヤマト政権の成立

この講では、弥生時代から古墳時代前・中期にかけての内容を扱います。弥生時代には、**中国の歴史書の記述や墓制**などから、日本列島では**小国が分立**していたことがわかります。このような状況から、**有力豪族の連合政権であるヤマト政権**が成立します。ヤマト政権が**豪族の統制のため**共通の墓制を整備したものが**古墳**でした。

時代の**メタマッピング**と**メタ視点**

社会の推移 ➡テーマ①

中国史書にみえる倭人社会

弥生時代の倭*人社会は小国が分立していた。これは**中国の歴史書の内容**などからわかる。

社会の推移 ➡テーマ②

墓制の変化と連合政権の形成

墓の変化を知ると社会の変化がわかる。縄文・弥生・古墳時代前期の墓制の変化を考える。

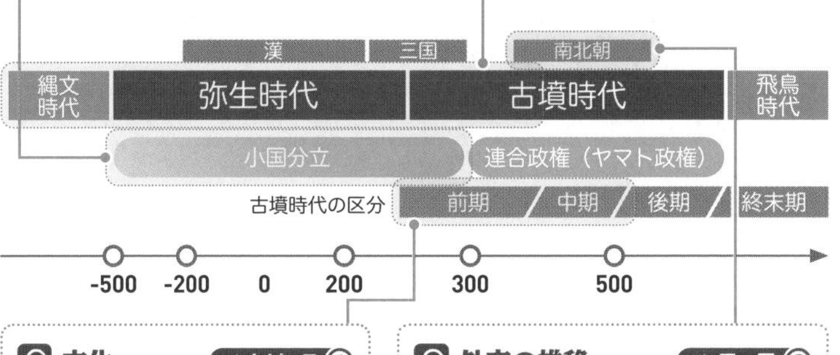

文化 ➡トピック①

前期古墳と中期古墳

ヤマト政権は**古墳により豪族を統制しようとした。**前期古墳と中期古墳の違いは**被葬者の性格と古墳の分布である。**

外交の推移 ➡テーマ③

4・5世紀の東アジアとヤマト政権

前期古墳から中期古墳に変化した理由は、**4・5世紀の東アジア情勢に対応するヤマト政権の外交の変化**にある。

用語　＊倭…7世紀頃までの、中国による日本の呼び方。

テーマ1 【社会の推移に注目】中国史書にみえる倭人社会

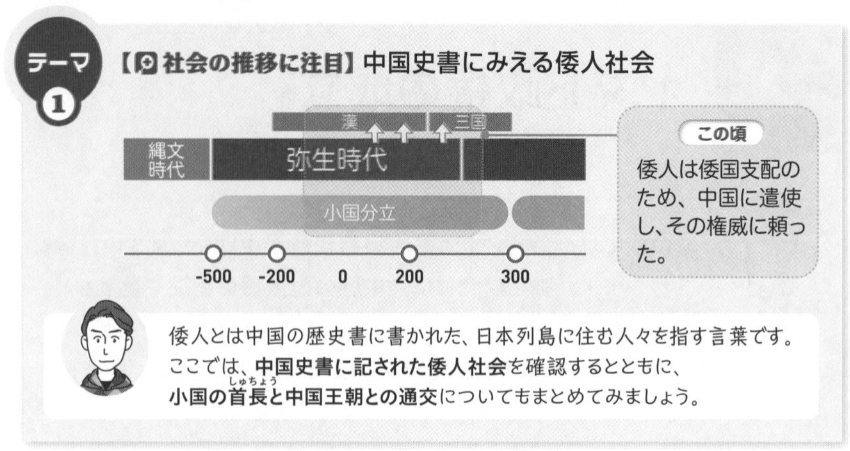

倭人とは中国の歴史書に書かれた、日本列島に住む人々を指す言葉です。ここでは、**中国史書に記された倭人社会**を確認するとともに、**小国の首長と中国王朝との通交**についてもまとめてみましょう。

中国王朝の移り変わりを確認する

中国では紀元前* 202 年に**漢**が中国を統一すると、紀元前 108 年に漢の武帝が朝鮮半島に進出し、**楽浪郡**をはじめとする四郡を設置しました。漢王朝は一時的に王位を奪われましたが、紀元後 25 年に**後漢**として再興され、220 年に滅びました。かわって、**魏**・**呉**・**蜀**が並び立つ**三国時代**を迎えます。

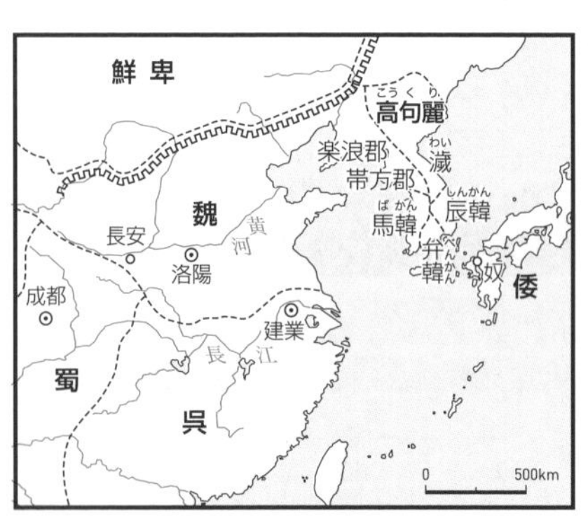

◀3世紀の東アジア

中国における漢王朝の時代や三国時代が何世紀のことなのかを考える問題は受験生が苦手とするものです。共通テストでも正答率がかなり下がるところなので注意したいです。

小国の王は、中国王朝との結びつきを求めた

中国の歴史書である**『漢書』地理志**によれば、日本列島に住む人々は「倭人」と呼ばれており、**紀元前1世紀頃に倭人社会では100余りのクニが分立していました。**漢が朝鮮半島に設置した**楽浪郡**に対して、定期的に使者が派遣されたようです。

ついで、**『後漢書』東夷伝**には、1～2世紀の倭人と中国王朝との通交について記されています。57 年に倭の**奴国**の使者が後漢に遣使し、光武帝から印綬を与えられました。1784 年に福岡県**志賀島**で発見された金印は奴国王に与えられた印綬にあたるとされ、こうした考古学的な成果により中国史書の内容は事実であったことがわかります。

用語 ＊紀元前（B.C.）／紀元後（A.D.）…キリストが生まれたとされる年を紀元1年、その前を紀元前、その後を紀元後とする。

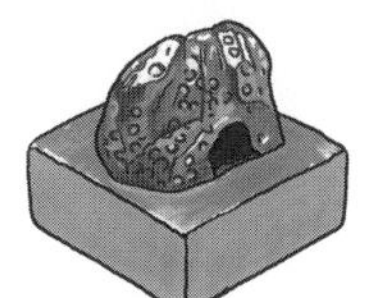

◀金印

イラストは志賀島で発見された金印です。この金印には「漢委奴国王」と記されています。

107 年には倭国王帥升らが安帝に生口（奴隷）を献上したことが記されており、**小国の王たちは中国皇帝との結びつきにより、倭国内で他の小国よりも有利な立場をとろうとしていた**ことがうかがえます。2 世紀後半に「倭国大乱」が生じたことも記されており、弥生時代中・後期に瀬戸内地域で多く築かれた**高地性集落**が争いに備えた集落であったことから両者の関連性を想定することができます。

Q 中国皇帝と結びつくと、どうして他の小国より有利になるのですか？

A 中国の皇帝に貢ぎ物をすること（朝貢）で「漢委奴国王」などの称号を与えられるからです。中国皇帝から与えられた称号は、倭国内での権威を高めることにつながりました。

邪馬台国の卑弥呼も魏の権威を国内支配に利用しようとした

三国時代を記した『三国志』の**『魏志』倭人伝**には、小国が共同して**邪馬台国**の女王**卑弥呼**を立てることにより大乱を鎮めようとしたとされ、**邪馬台国を盟主とする約 30 国の連合が成立した**ことが述べられています。卑弥呼は呪術的な力で人々を支配し、3 世紀前半には朝鮮半島の帯方郡を通じて魏王朝に遣使して金印や「**親魏倭王**」の称号、さらには銅鏡を与えられました。邪馬台国もまた、魏と結びつくことで倭国内で権威を高め、対立する狗奴国よりも有利な立場に立とうとしたのでしょう。他にも『魏志』倭人伝には、3 世紀前半の倭人社会の様子が記されています。例えば、大人・下戸といった身分があったほか、租税・刑罰などの制度があり、各地で市が開かれていたようです。卑弥呼の死後、男王が立てられましたが、再び内乱がおこりました。そこで、卑弥呼の一族の**壱与**が女王として立てられることで争いは鎮まりました。

Q 邪馬台国の所在地はどこだったのですか？

A 大型建物跡がみつかった奈良県桜井市の纒向遺跡の発掘成果や漢の鏡の出土分布などから近畿（大和）説がとられる一方、『魏志』倭人伝の記述をもとに九州説も唱えられています。

中国史書にみえる倭人社会

1 『漢書』地理志

前1世紀：倭は百余国が分立／**楽浪郡**へ遣使がなされた

2 『後漢書』東夷伝

後1世紀：**奴国**が後漢に遣使した（光武帝から金印が授与された）
2世紀初め：帥升らが生口（奴隷）を献上した
2世紀後半：倭国大乱（高地性集落と関係）

3 『魏志』倭人伝（『三国志』）

3世紀前半：倭に**邪馬台国**中心の約30国の連合政権
卑弥呼が魏に遣使した（**帯方郡**(たいほうぐん)から洛陽(らくよう)に）
金印・称号（「**親魏倭王**」）・銅鏡が授与された

【社会の推移に注目】墓制の変化と連合政権の形成

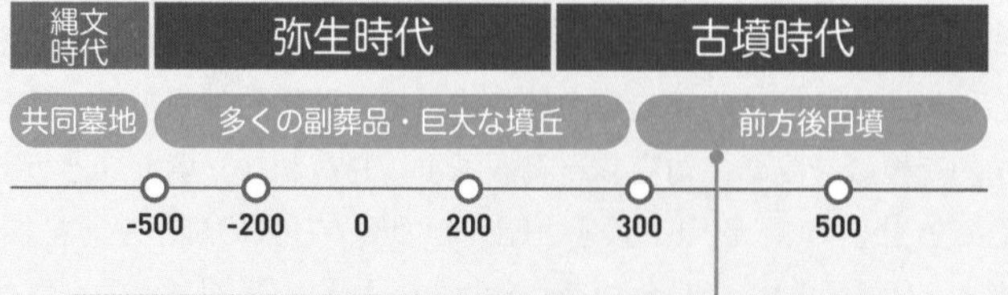

この内容　同じ形式の古墳の出現が、ヤマト政権の成立時期を示す。

社会の階層分化にともなって、墓制にも差異が生じました。
墓制の変遷は、当時の社会がどのようなものであったのかを知る手掛かりになります。

縄文時代から弥生時代になると、社会の階層が分化し、墓制の差異が生じた

縄文時代の人々は集落内の共同墓地に葬られました。墓の規模や副葬品(ふくそうひん)に大きな違いはなかったため、集団の指導者はいたものの社会の階層差は著しくなかったと

考えられます。このような社会を互恵性社会といいます。遺体は棺に入れられず土のなかに手足を折り曲げて屈葬されました。

弥生時代には一般階層の人々の遺体は集落近くの共同墓地に葬られ、木棺・石棺・甕棺などに足をのばした伸展葬をされることが多くなっていきました。九州北部には甕棺墓や、その上に巨石を載せた支石墓がみられます。一方、畿内を中心に周囲に溝をめぐらせた方形周溝墓がみられ、西日本を中心に墳丘墓も築かれました。これらの墓には地域性が認められるほか、**多くの副葬品や巨大な墳丘*をともなうものもみられるため、小国を統率する地域的な権力者が出現した**と考えることができます。

ヤマト政権は共通の墓制である古墳を通じて豪族を統制した

3 世紀中頃、近畿中央部から瀬戸内地域にかけて古墳が出現しました。古墳はヤマト政権の墓制といわれますが、弥生中･後期に築かれた墳丘墓と何が違うのでしょうか？

墳丘墓は地域的な特徴があったのに対し、古墳は前方後円墳に象徴される外形や竪穴式石室などの埋葬施設、副葬品や埴輪などの画一的特徴を持ちました。すなわち、**大和地方の首長・有力豪族を中心とする広範囲の政治連合であるヤマト政権が、共通の墓制を整備することにより豪族を統制しようとした**のです。古墳の分布をみると、4 世紀中頃までにはヤマト政権の勢力範囲は東北地方南部から九州にまで広がったと考えられます。

墓制の変化と連合政権の形成

① 縄文時代（互恵性社会）
共同墓地：集落内の共同墓地に**屈葬**される
少量の副葬品➡集団の指導者

② 弥生時代（社会の階層分化、小国の分立）
共同墓地：木棺・石棺・甕棺などに**伸展葬**される
首長墓：**方形周溝墓**・**墳丘墓**など
多量の副葬品・巨大な墳丘➡地域的な権力者

用語 ＊墳丘…人を葬るために、土を積み上げて築いた丘。

③ 古墳時代前期（連合政権の形成）
範囲：近畿中央部 ➡ 東北や九州へ広がる（4世紀中頃）
画一的：外形（**前方後円墳**）・埋葬（竪穴式石室）・副葬品(ふくそうひん)など

トピック① 【文化に注目】前期古墳と中期古墳

古墳は大きく前期（3世紀中頃～4世紀頃）・中期（5世紀頃）・後期（6世紀頃）・終末期（7世紀頃）の4期に区分されます。
ここでは**前期古墳と中期古墳を対比**します。
ポイントは**被葬者の性格と古墳の分布です。**

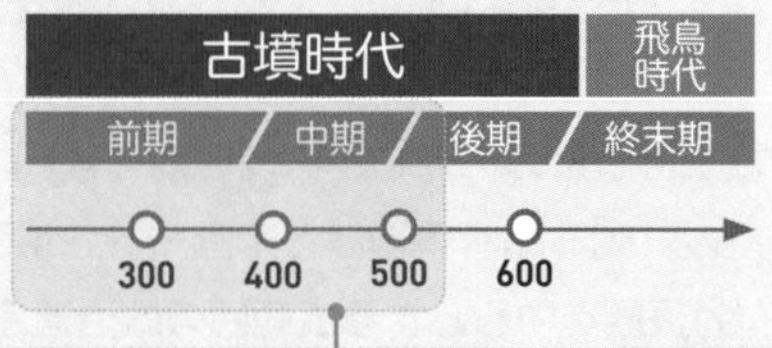

比較 前期古墳は被葬者が司祭者的、中期古墳は被葬者が武人的。

	前期（3世紀中頃～4世紀頃）	中期（5世紀頃）
外形	**前方後円墳**・円墳(えんぷん)・方墳(ほうふん)など	**前方後円墳**・円墳・方墳など
埋葬施設	**竪穴式石室**	**竪穴式石室**
副葬品	銅鏡・腕輪(うでわ)形石製品	鉄製の武具・馬具
被葬者	**司祭者的な支配者**	**武人的な支配者**
埴輪	**円筒(えんとう)埴輪**	**形象(けいしょう)埴輪**（家・人物・動物）
事例	**箸墓(はしはか)古墳**〔奈良〕 黒塚(くろづか)古墳〔奈良〕	**大仙陵(だいせんりょう)古墳**（仁徳(にんとく)天皇陵）〔大阪〕 誉田御廟山(こんだごびょうやま)古墳（応神(おうじん)天皇陵）〔大阪〕

古墳の外形や埋葬施設については前期・中期ともに共通しており、大きな違いはみられません。すなわち、ヤマト政権に組み込まれた地域首長を埋葬した**前方後円墳**や円墳・方墳などの古墳が築かれ、墳丘の表面には葺石(ふきいし)がしかれ、**埴輪(はにわ)**が並べられていました。埋葬(まいそう)施設としては、木棺や石棺を安置するための**竪穴式石室**が設けられました。一方、副葬品の種類には相違点がみられ、被葬者の性格の違いをうか

がい知ることができます。3世紀中頃から4世紀にかけての**前期古墳は**、三角縁神獣鏡などの**銅鏡**や碧玉製の腕輪形石製品が多く副葬されており、**被葬者は司祭者的な支配者である**と考えられます。前期の代表的な古墳としては奈良県の纒向遺跡にある**箸墓古墳**などを知っておきましょう。5世紀の**中期古墳は**、鉄製の刀剣・甲冑などの武具や馬具などが多く副葬されました。そのため、**被葬者は武人的な支配者に変わった**と考えられます。中期の代表的な古墳としては大阪府の**大仙陵古墳**（仁徳天皇陵とされる）や**誉田御廟山古墳**（応神天皇陵とされる）が挙げられ、前期と比べると古墳の規模が拡大しました。

Q なぜ5世紀に入ると被葬者の性格や古墳の中心地が変わったのでしょうか？

A その理由は、ヤマト政権の外交の変化から考えてみましょう。次のテーマで説明します。

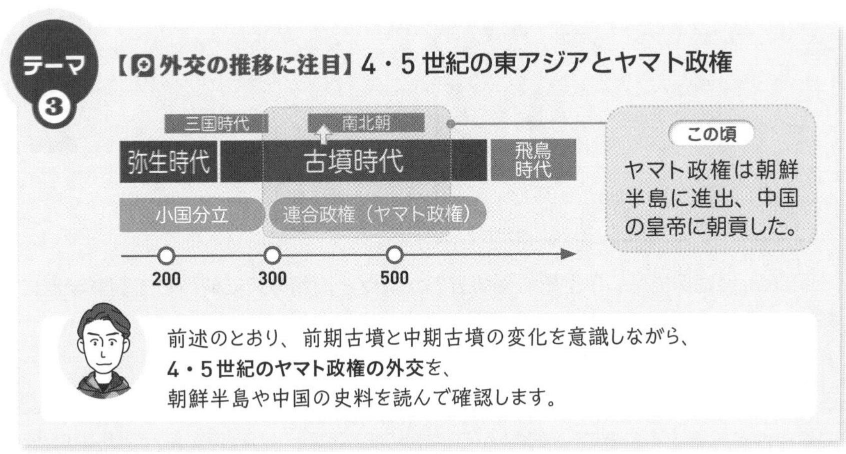

4世紀後半のヤマト政権は、朝鮮半島に進出し、高句麗と争った

4世紀に入る頃にはすでに中国王朝の朝鮮半島に対する支配力は弱まっており、朝鮮半島北部に設置されていた**楽浪郡**は中国東北部に建国された**高句麗**によって滅ぼされました。朝鮮半島南部では、馬韓から**百済**、辰韓から**新羅**が興る一方、**加耶**は統一国家が形成されず小国の分立状態が続きました。高句麗が南下を進めて百済を圧迫すると、百済は倭国（ヤマト政権）との結びつきを強めることで対抗しようとしました。

こうした百済の求めについては、百済王と王の世子（跡継ぎである子）から倭王へ贈られたとされる**石上神宮**所蔵の**七支刀**の銘文*に記されています。すなわち、

【用語】＊銘文…金属や石に刻まれた文字や文章。

この鉄刀が製作された泰和４年（369 年）にはすでに百済は高句麗と交戦中で、倭国との協調関係を発展させようとして倭王に贈られたものと解釈できます。こうした百済からの求めを利用する形で、**4 世紀後半、倭国（ヤマト政権）は朝鮮半島南部の鉄資源や先進技術を求めて朝鮮半島に進出しました**。この頃に倭が朝鮮半島において高句麗と争ったことは、高句麗の好太王（広開土王）碑にも記されています。碑文は 414 年に高句麗の長寿王によって建てられたもので、長寿王の父である好太王の武勲が刻まれています。

5 世紀のヤマト政権は、倭の五王が南宋に朝貢した

5 世紀に入ると、中国では東晋が滅んだ後、南朝の宋と北朝の北魏に分裂しました（南北朝時代）。朝鮮半島では百済・新羅の国力が充実する一方、倭国（ヤマト政権）の影響力はしだいに弱まりました。

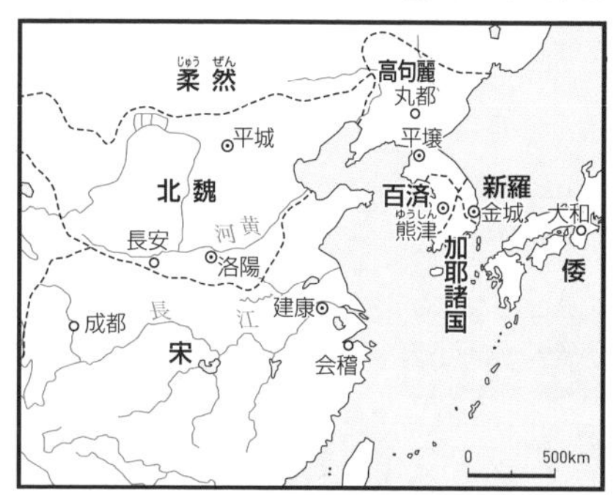

◀5世紀の東アジア

3 世紀の東アジアの地図 [➡p.22] との違いに注目しましょう。

『宋書』倭国伝には、**5 世紀に倭の五王が次々と南朝の宋に朝貢して朝鮮半島に影響力のある称号を得ようとした**ことが記されています。中国皇帝の権威を利用することで朝鮮諸国に対する政治的優位を確保しようとしたのでしょう。なかでも倭王武は宋皇帝に上表文（倭王武の上表文）を送ってみずからの国内支配と朝鮮支配の優位性を主張することで、宋皇帝から「安東大将軍倭王」の称号を授けられました。

このように、**前近代の東アジアにおいては中国皇帝が周辺諸国の王に称号を授けて臣下とする国際秩序があり、これを冊封体制といいました**。周辺諸国の王はこの称号を利用して自らの支配権を確保しようとしたのです。

古墳の変化は、ヤマト政権の変化によるもの

このようなヤマト政権の外交を踏まえると、前期古墳から中期古墳にかけて被葬者の性格や古墳の中心地が変化した理由がわかります。4 世紀後半以降、朝鮮半島に進出した倭は百済とともに高句麗と争ったことから、ヤマト政権内の有力首長と思われる被葬者は武人的な性格へと変わったのでしょう。一方、朝鮮半島へ進出するにあたっては内陸部の大和地方よりも大阪湾に面した河内地方の方が便利な場所

に位置します。したがって、ヤマト政権の首長は大阪平野を拠点とするようになったのではないでしょうか。

最後に、**『宋書』倭国伝**に登場する倭王と8世紀前半に完成した**『古事記』**・**『日本書紀』**（「記紀」）〔➡ p.86〕に登場する天皇を一致させることができます。『宋書』倭国伝には、倭王**讃**と**珍**は兄弟、**済**と**興**・**武**は父子であることが記されています。珍と済との関係性は不明です。倭の五王が登場するのは5世紀のことなので、同時期の「記紀」を確認すると、5世紀後半に父子間で天皇位が継受されており、**済**は**允恭天皇**、**興**は**安康天皇**、**武**は**雄略天皇**に比定*することができます。

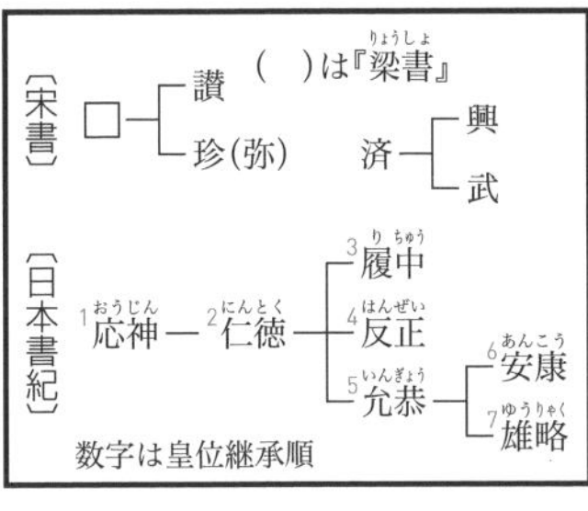

◀倭の五王と天皇

倭の五王のうち、済・興・武は「記紀」のどの天皇に当たるかほぼわかっていますが、讃と珍は諸説があります。

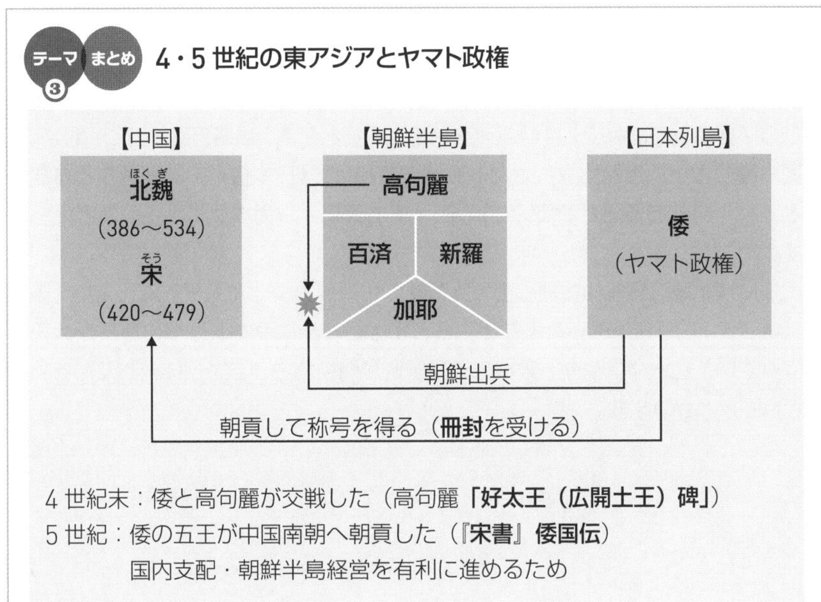

用語 ＊比定…他の似たものと比べて、同じものだと推定すること。

史料を読んでみよう！

辛亥年(471年)七月、……(前略)其の児、名は乎獲居の臣、世々(注1)、杖刀人の首と為り(注2)、奉事し(注3)来り今に至る。獲加多支鹵大王の寺(注4)、斯鬼の宮に在る時、吾(注5)、天下を左治し(注6)、此の百練の利刀(注7)を作らしめ、吾が奉事せる根源を記す也。

(「稲荷山古墳出土鉄剣銘(裏面:部分)」)

(注1) 世々:代々の大王の治世。　(注2) 杖刀人の首と為り:大王の親衛隊(杖刀人と呼ばれた)の中心をつとめ。　(注3) 奉事し:大王に奉仕し。　(注4) 寺:役所(朝廷)。　(注5) 吾:「乎獲居の臣」のこと。　(注6) 左治し:統治を助け。　(注7) 百練の利刀:何回も鍛えたよく切れる刀剣。

日本にも、倭王武や雄略天皇の存在を示す資料はあります。
それがこの埼玉県稲荷山古墳から出土した鉄剣の銘文と、
熊本県江田船山古墳から出土した鉄刀の銘文です。

この史料は埼玉県**稲荷山古墳**出土の鉄剣銘です。(前略)部分には、「乎獲居の臣」に至る代々の先祖の名が記されていて、彼らの一族が「杖刀人」と呼ばれる大王の親衛隊の中心をつとめていたことが記されています。そして、「乎獲居の臣」は斯鬼の宮で「獲加多支鹵大王」が天下を統治するのを補佐したとしてこの鉄剣を作らせ、自身の奉仕の根源を記したと述べられています。

この「獲加多支鹵大王」は「**ワカタケル大王**」と読み、**雄略天皇**に当てられます。中国史書で倭王**武**と記されたヤマト政権の首長は、『日本書紀』に登場する**雄略天皇**と同一人物であるとされるので、「武＝雄略天皇＝ワカタケル大王」と考えられます。

同様に熊本県**江田船山古墳**出土の鉄刀銘にも「**ワカタケル大王**」に仕えた「无利弖(ムリテ)」の名がみられることから、5世紀後半にヤマト政権の首長が**大王**と呼ばれていたことや、ヤマト政権の支配領域が関東地方から九州にまで及んでいたことなどがわかります。

確認問題

1 年代配列問題にチャレンジ

(1) 次の文Ⅰ～Ⅲについて、古いものから年代順に正しく配列したものを、後の①～⑥のうちから一つ選んで記号で答えなさい。

Ⅰ 倭の奴国の使者が洛陽におもむいて印綬をたまわった。
Ⅱ 倭の五王が相次いで中国に朝貢し、冊封を受けた。
Ⅲ 卑弥呼の使者が中国皇帝に使者をおくり、金印や称号などを贈られた。

① Ⅰ－Ⅱ－Ⅲ　② Ⅰ－Ⅲ－Ⅱ　③ Ⅱ－Ⅰ－Ⅲ
④ Ⅱ－Ⅲ－Ⅰ　⑤ Ⅲ－Ⅰ－Ⅱ　⑥ Ⅲ－Ⅱ－Ⅰ

(2) 次の文Ⅰ～Ⅲについて、古いものから年代順に正しく配列したものを、後の①～⑥のうちから一つ選んで記号で答えなさい。

Ⅰ 大阪府南部に日本最大規模の墳丘を持つ大仙陵古墳が築かれた。
Ⅱ 奈良県の纏向遺跡の南側に箸墓古墳が築かれた。
Ⅲ 岡山県倉敷市に円形墳丘の両側に突出部を持つ楯築(たてつき)墳丘墓が築かれた。

① Ⅰ－Ⅱ－Ⅲ　② Ⅰ－Ⅲ－Ⅱ　③ Ⅱ－Ⅰ－Ⅲ
④ Ⅱ－Ⅲ－Ⅰ　⑤ Ⅲ－Ⅰ－Ⅱ　⑥ Ⅲ－Ⅱ－Ⅰ

2 探究ポイントを確認

(1) 墳丘墓と古墳の共通点と相違点はそれぞれどのような点か。

(2) 倭国内の小国の王や連合政権の首長が中国王朝に朝貢した目的は何か。

解答

1 **(1)** ②　**(2)** ⑥

2 **(1)** 共通点は、墳丘部分に首長が葬られていることである。相違点は、墳丘墓が地域によって外形や副葬品などが異なるのに対し、古墳は外形や内部構造、副葬品などが画一的である。(81字)

(2) 中国皇帝から称号を得ることにより、倭国内の他の小国より有利な立場に立つことや、朝鮮半島における影響力の強化をめざした。(59字)

第3講 ヤマト政権の確立

第２講で古墳時代にヤマト政権は中国・朝鮮半島と密接な関係があったと学習しました。**大陸からは新しい知識や先進技術**がもたらされ、**東アジア情勢の変化はヤマト政権に大きく影響を与えます。**また５世紀後半から６世紀にかけて、ヤマト政権は豪族支配のため**新しい政治体制**を整備します。新しい支配の仕組みにより従来豪族を統制していた**古墳も変化**します。

時代の**メタマッピング**と**メタ視点**

文化の推移 ➡テーマ①

渡来人による大陸文化の伝来

大陸との交流が深まるなか、**渡来人がやってきて知識・技術**がもたらされた。

政治の因果 ➡テーマ③

ヤマト朝廷の形成

6世紀の東アジアでは高句麗が勢力を拡大し、その影響でヤマト政権内では変化があった。

南朝（中国）と通交

弥生時代	古墳時代				飛鳥時代
古墳時代の区分	前期	中期	後期	終末期	

氏姓制度

300（4世紀）　400（5世紀）　500（6世紀）　600（7世紀）

政治 ➡テーマ②

氏姓制度と部民制

5世紀後半から6世紀にかけて支配を進めた**ヤマト政権は新しい政治体制**である**氏姓制度**を整備した。

文化 ➡トピック①

後期古墳と終末期古墳

新しい支配の仕組みが整備されたことで**古墳が変化**し、**後期古墳**の時代となる。

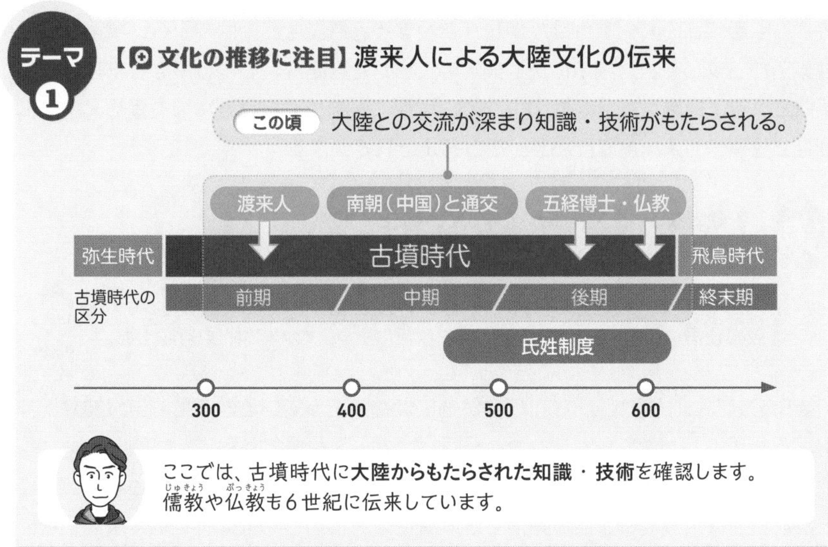

4世紀後半以降、多くの渡来人がやってきて先進技術を伝えた

4世紀後半以降、倭国が大陸との交流を深めるなかで、中国や朝鮮半島から多くの渡来人がやってきて、文字のほか機織り･製陶･乗馬などの先進技術を伝えました。ヤマト政権は渡来人を技術者集団である品部として組織し、彼らの技術を取り入れていきました。品部には、韓鍛冶部・錦織部・陶作部など鉄製品・衣服・土器の生産にかかわるものや、史部のように外交文書の作成にかかわるものがありました。

6世紀に入り高句麗や新羅が勢力を拡大させると、百済は倭との関係を強化することで対抗しようとしました。倭と百済との交流が深まるなか、五経博士がやって来て儒教*を伝えたほか、易・暦・医の博士も渡来して様々な知識を伝えました。6世紀中頃の欽明天皇の時代には、百済の聖明王から仏像や経典が伝えられ、仏教が公式に伝わったとされます。欽明天皇の舅の立場にあった蘇我稲目は仏教を受容する姿勢をみせました。

ただし、当時の豪族は仏教の教えを深く理解しておらず、
氏の繁栄をもたらす呪術として受け入れようとしたにすぎませんでした。

大陸から伝わった新しい文化によって、人々の生活も変化した

新しい大陸文化が伝えられると、人々の生活様式も変化しました。例えば、生活用具の一つである土器は新しいタイプのものが製作されました。弥生土器の系統をひく土師器は米などを蒸す甑といった器種が作られる一方、朝鮮半島から伝わったのぼり窯によって硬質の須恵器も作られました。鉄の加工技術が進展したことによ

【用語】＊儒教（儒学）…紀元前6世紀頃中国で孔子が説いた教え。君臣や父子の秩序を重視。

り、U字形の鉄の刃先を付けた農具が普及すると農業生産力は向上し、富裕な首長は集落から少し離れた場所に濠や柵をめぐらせた**居館**を営むようになりました。群馬県**三ツ寺Ⅰ遺跡**は豪族居館の一つで、周囲に濠をめぐらせて防御を固め、内部には掘立柱建物や高床倉庫群があったと考えられています。

Q 鉄器などで農業技術が発展したとのことですが、古墳時代の裕福ではない農民の暮らしはどのようなものだったのですか？

A 豪族居館の近くに集落を営み、生活していました。相変わらず竪穴住居に住んでいましたが、内部には炉にかわってかまどが作られました。

当時の人々は山麓や巨石などの自然物には神が宿っていると考え、自然神や氏神を祀るための社が建てられました。例えば、4～9世紀にかけて、福岡県の**沖ノ島**では**宗像大社**の沖津宮において海上交通の安全を祈るための祭祀が行われていたことが明らかになっています。集落では、春に穀物の豊作を神に祈る祈年祭や、秋に収穫した新穀を神にささげる新嘗祭が行われました。他にも人々は禊や祓によって罪や穢を払拭し、鹿の骨を焼いて吉凶を占う**太占**や熱湯に手を入れさせて被疑者の正邪を定める**盟神探湯**などの呪術的な風習も行いました。

テーマ① まとめ　渡来人による大陸文化の伝来

① 背景（4世紀後半～）
大陸との交流➡乗馬、文字などの伝来

② 渡来人の組織化（**品部**）
韓鍛冶部（鉄製品）・錦織部（衣服）
陶作部（土器）・史部（外交文書の作成）など

③ 儒教の伝来（6世紀初）
百済より**五経博士**が渡来する

④ 仏教の伝来（6世紀中頃）
百済の**聖明王**が仏像・経典などを伝える
蘇我稲目を中心に受容

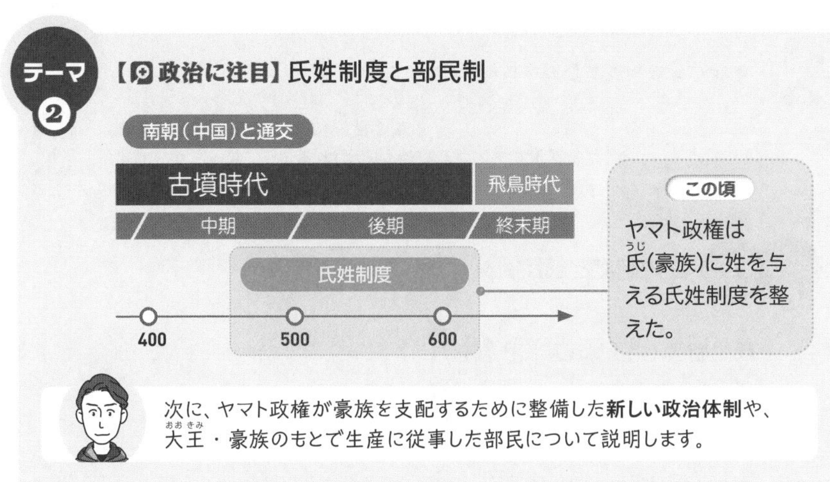

ヤマト政権は、氏（豪族）に姓を与える氏姓制度をとった

6世紀に入る頃、ヤマト政権は大王を中心に豪族*を氏単位で支配する氏姓制度を充実させていきました。すなわち、同じ祖先を持つ豪族は氏という同族集団に組織されました。氏は氏の長である氏上と、構成員である氏人や隷属民である奴婢により構成されました。そして、氏に対してはヤマト政権内での地位を示す姓が与えられました。氏には葛城・平群・蘇我など地名によるものや、大伴・物部など職名と関係するものなどがありました。一方、姓には有力豪族に与えられた臣・連や地方豪族に与えられた君・直などがありました。葛城氏・平群氏・蘇我氏には臣が与えられ、大伴氏・物部氏・中臣氏には連が与えられました。**氏（豪族）はこうした姓を与えられたほか、特に有力な者は私有地である田荘や私有民である部曲を経済的な基盤として持つことが認められました。**

一方、豪族は与えられた姓に応じてヤマト政権内の様々な職務を分担しました。例えば、臣・連を持つ氏の代表者は大臣・大連や大夫に任じられ、重要な国政を合議しました。臣・連を持つ豪族は伴造に任じられ、世襲的な職業集団である伴や職業部民である品部を率いて軍事・財政・祭祀・外交などの職務を担いました。君・直を持つ地方豪族は国造に任じられ、地方の支配権が認められる一方で、自らの領域内に設定されたヤマト政権の直轄地である屯倉や、名代・子代の部などのヤマト政権の直轄民を管理しました。また、大王のもとに子女を舎人や采女として出仕させ、地方の特産物を貢納するなどして、ヤマト政権に奉仕しました。

用語 ＊豪族…地方で大きな勢力を持った一族。

Q なぜ氏姓制度が整備されたのですか？

A 6世紀には、大王を中心とする、様々な制度にもとづく統治が行われるようになったからです。

テーマ②まとめ 氏姓制度と部民制

① **氏姓制度**（大王は豪族に氏姓を付与）
氏（血縁を示す）・**姓**（ヤマト政権内での地位）
田荘（私有地）・**部曲**（私有民）の所有を認める

② 国政（有力豪族）
大臣・**大連**・大夫による合議が行われる

③ 実務（豪族や渡来人）
伴造：伴（世襲）・**品部**（職業部民）を率いる

④ 地方支配（地方豪族）
国造：**屯倉**（ヤマト政権の直轄地）の管理
名代・子代の部（ヤマト政権の直轄民）の管理

テーマ③【政治の因果に注目】ヤマト朝廷の形成

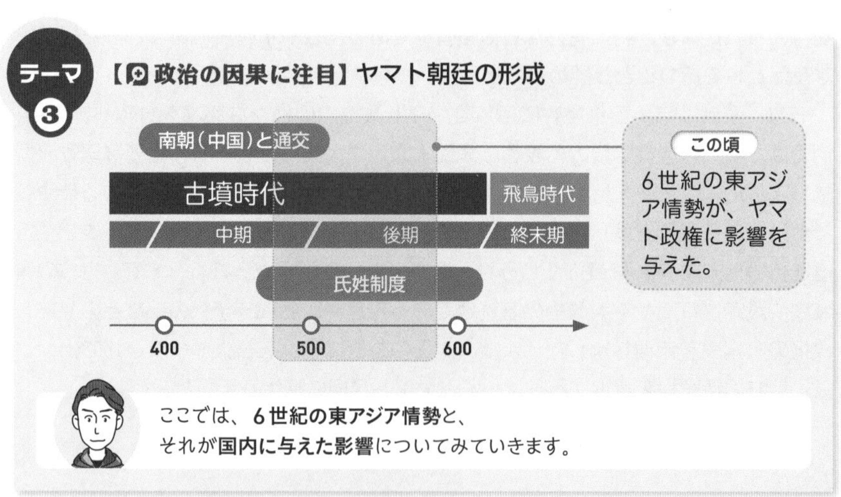

ここでは、**6世紀の東アジア情勢**と、それが**国内に与えた影響**についてみていきます。

6世紀の東アジアでは高句麗が勢力を拡大し、加耶(かや)諸国は併合される

6世紀の東アジアでは、高句麗の勢力拡大を受けて、百済・新羅は勢力を南へのばし、朝鮮南部の加耶諸国を併合しました。これにより、加耶に拠点を持っていた倭の影響力は失われていきました。

◀6世紀末の朝鮮半島

前講にあげた、
5世紀の東アジアの地図 [➡p.28]
と比べてみましょう。

朝鮮半島政策で大伴(おおとも)氏が失脚し、その後は蘇我(そが)氏と物部(もののべ)氏とが対立する

6世紀前半、国内では継体天皇(けいたい)を擁立(ようりつ)*した大連の大伴金村(かなむら)が政治の主導権を握っていました。金村は百済から儒教を受容して関係強化を図る一方で、新羅に奪われた加耶の拠点を奪還しようと準備を進めました。527～28年、筑紫国造(つくしのくにのみやつこ)磐井(いわい)は新羅と結んで倭国軍の出兵を妨害したため滅ぼされました。これを磐井(いわい)の乱といいます。磐井の子は父の罪が自分に及ぶのを恐れてヤマト政権に領地を献上しました。その結果、ヤマト政権は九州北部に屯倉を拡大することとなり、地方支配が進展することとなりました。その後、大伴金村が一連の朝鮮政策の失敗を受けて失脚すると、**欽明天皇の時代には大臣の蘇我稲目と大連の物部尾輿(おこし)が台頭しました。**

ヤマト政権はこうした動揺を克服して支配機構の整備を進めていきました。大王は氏姓制度により豪族を氏ごとに支配する一方、豪族は部民を率いて職務を分担することで奉仕しました。蘇我氏は渡来人の知識を利用して屯倉[➡p.35]の管理を行い、政権の財政を担当したほか、大王家と姻戚(いんせき)関係を結ぶことで勢力を強めました。一方、物部氏は磐井の乱を鎮圧するなど、軍事を担当することで蘇我氏に対抗しました。587年、ついに両者は激突し、大臣の蘇我馬子(うまこ)は大連の物部守屋(もりや)を滅ぼして権力を独占することとなりました。

Q 蘇我氏といえば、仏教を積極的に受け入れたのですよね?

A はい。伝統的な物部氏に対抗するために、
蘇我氏は大陸の新しい知識を受け入れていきました。
詳しくは、後の「史料を読んでみよう!」で説明します[➡p.40]。

用語 ＊擁立…支持してある位につかせること。

テーマ③ まとめ ヤマト朝廷の形成

① 朝鮮半島の動向（6世紀）

高句麗の圧迫➡百済・新羅は勢力を南へのばす

② ヤマト政権の動向

磐井の乱（527～28）：新羅と結ぶ（九州北部）

ヤマト政権は九州北部へ**屯倉**を拡大

大連・**大伴金村**の失脚➡蘇我氏・物部氏の台頭

大臣・**蘇我馬子**が大連・**物部守屋**を滅ぼす

③ 支配機構の整備

氏姓制度：大王を中心に氏ごとに豪族を支配

財政機構：渡来人の知識を利用➡蘇我氏の台頭

トピック① 【文化に注目】後期古墳と終末期古墳

前の講で説明したとおり［➡p.26］、
古墳は大きく前期（3世紀中頃～4世紀頃）・中期（5世紀頃）・後期（6世紀頃）・終末期（7世紀頃）の4期に区分されます。
今回は、**後期古墳**と**終末期古墳**について、
前期・中期古墳との違いにも注目しながらそれぞれの特徴をとらえてみましょう。

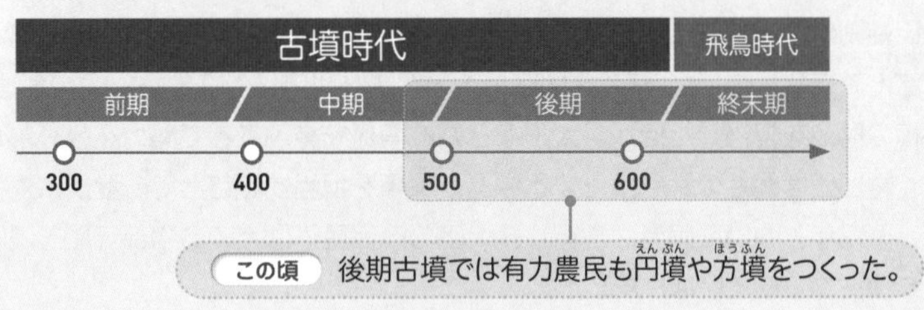

6世紀にヤマト政権が支配機構を整備して地方豪族に対する優位を示したことにより、古墳の様相も変貌しました。**大王や有力豪族が埋葬された巨大な前方後円墳は近畿中央部に限定される**ようになり、**地方豪族が埋葬された近畿中央部以外の前方後円墳は規模を縮小させました**。このことは大王を中心とする支配機構が整備さ

れ、大王と地方豪族との力の差が広がったことを反映しています。

一方で、農業生産力の進展 [➡p.34] を背景に地域で台頭した有力農民は当初、地方豪族の勢力下に置かれていました。ところが、ヤマト政権の勢力拡大を背景に**有力農民も支配機構のなかに取り込まれ、円墳や方墳を築くことが認められました。**これら円墳や方墳はまとまって造営されたため、**群集墳**と総称されます。**6世紀に造営された後期古墳の埋葬施設は、竪穴式石室ではなく横穴式石室が一般的となりました。**横穴式石室は朝鮮から伝わったもので、複数の棺や人骨がみつかっていることから同じ古墳に複数の人を葬ることが可能な石室となっており、家族墓としての性格が認められます。また、日常的な生活用具が副葬されていることも合わせると、石室内部は死後の生活空間ととらえられるようになったと考えられます。こうした死生観は大陸の影響を受けて形成されていきました。

ところが、**7世紀に入ると前方後円墳は造営されなくなり、群集墳も減少しました。**7世紀後半から8世紀初めにかけては近畿中央部に**八角墳**という新たな大王墓や内部に精緻な壁画を持つ**高松塚古墳**が造営されたほか、東日本の一部では円墳・方墳などが造営されましたが、古墳はもはや権威の象徴としては機能しなくなっていきます。その後、律令制 [➡p.53] の浸透とともに、墳墓を利用した統治から法による国家統治へと変化し、古墳は消滅しました。

	後期（6世紀頃）	終末期（7世紀頃）
外形	**前方後円墳、円墳・方墳（群集墳）**	**八角墳**（大王墓）、円墳・方墳
埋葬施設	**横穴式石室**	**横穴式石室**
副葬品	日常的生活用具	少ない
被葬者	有力豪族・地方豪族・有力農民など	大王・地方豪族など
埴輪	**形象埴輪**（家・人物・動物）	減少
事例	新沢千塚古墳群〔奈良〕（群集墳の例） 竹原古墳〔福岡〕	野口王墓古墳〔奈良〕 高松塚古墳〔奈良〕など

史料を読んでみよう！ ―仏教の伝来―

(欽明天皇十三年(注1))冬十月、百済の聖明王…釈迦仏の金銅像一軀、幡蓋若干、経論若干巻を献る。……(天皇)乃ち群臣に歴問して曰く、「西蕃の献れる仏の相貌端厳し。全ら未だ曾て有ず。礼ふべきや不や」と。蘇我大臣稲目宿禰奏して曰く、「西蕃の諸国、一に皆礼ふ。豊秋日本、豈独り背かむや」と。物部大連尾輿、中臣連鎌子、同じく奏して曰く、「我が国家の、天下に王とましますは、恒に天地社稷の百八十神を以て、春夏秋冬、祭拜りたまふことを事とす。方に今改めて蕃神を拝みたまはば、恐るらくは国神の怒を致したまはむ」と。天皇曰く、「情願ふ人稲目宿禰に付けて、試に礼ひ拝ましむべし」と。

(注1)552年。　　　　(『日本書紀』)

『日本書紀』には、欽明天皇の治世である552年に百済の聖明王から仏像・仏具・経典などが献上され、仏教が公式に伝来したことが記されています。欽明天皇は豪族たちに対して、「百済から献上された仏の顔だちは端正で美しく、いまだかつて見たことがない。礼拝すべきかどうか」と問いかけました。これに対して、蘇我稲目は朝鮮諸国にならって受容することを主張し、物部尾輿らは日本古来の神々への信仰である神祇信仰を重んじて反対しました。

史料の内容をみると、仏教を受容するかどうかが争点となっていますが、その背景には**ヤマト政権内部の主導権争いがありました** [➡p.37]。新興の蘇我氏は仏教の受容により渡来人との結びつきを強めて勢力拡大を図ろうとし、一方で物部氏はそれを警戒していたと考えられます。その結果、587年には蘇我馬子が物部守屋を滅ぼすという事件に発展しました。

6世紀末に即位した推古天皇の母親は蘇我氏の一族です。
次の講では、この推古天皇の時代の出来事をみていきます [➡p.43]。

確認問題

1 年代配列問題にチャレンジ

(1) 次の文Ⅰ～Ⅲについて、古いものから年代順に正しく配列したものを、後の①～⑥のうちから一つ選んで記号で答えなさい。

Ⅰ 朝鮮から伝わった横穴式石室が一般化した。
Ⅱ 木棺や石棺を竪穴式石室に埋葬した古墳が多く営まれた。
Ⅲ 近畿の大王の墓が八角墳となった。

① Ⅰ－Ⅱ－Ⅲ　② Ⅰ－Ⅲ－Ⅱ　③ Ⅱ－Ⅰ－Ⅲ
④ Ⅱ－Ⅲ－Ⅰ　⑤ Ⅲ－Ⅰ－Ⅱ　⑥ Ⅲ－Ⅱ－Ⅰ

(2) 次の文Ⅰ～Ⅲについて、古いものから年代順に正しく配列したものを、後の①～⑥のうちから一つ選んで記号で答えなさい。

Ⅰ ヤマト政権に対して反乱を起こした豪族を雄略天皇が滅ぼした。
Ⅱ 筑紫国造磐井が新羅と結んで大規模な戦乱を起こした。
Ⅲ 大臣の蘇我馬子が大連の物部守屋を滅ぼした。

① Ⅰ－Ⅱ－Ⅲ　② Ⅰ－Ⅲ－Ⅱ　③ Ⅱ－Ⅰ－Ⅲ
④ Ⅱ－Ⅲ－Ⅰ　⑤ Ⅲ－Ⅰ－Ⅱ　⑥ Ⅲ－Ⅱ－Ⅰ

2 探究ポイントを確認

(1) 6世紀の後期古墳で家族墓としての性格を持つ横穴式石室が多くみられるようになったのはなぜか。

(2) 6世紀の後期古墳で有力農民層の古墳である群集墳が多く築かれるようになったのはなぜか。

解答

1 (1)③　(2)①

2 (1) 百済から新しい宗教や学問が伝来したことにより死生観が形成され、被葬者は石室内部を死後の生活空間として家族とともに葬られることをのぞんだため。（70字）

(2) 鉄製農具の普及により農業生産力が進展したことを背景に有力農民層が台頭すると、ヤマト政権は彼らを支配機構のなかに取り込んでいこうとして円墳や方墳を築くことを認めたため。（83字）

第4講 律令国家の形成

中国では、6世紀末に隋が、7世紀初めに唐が建国されて、**法（律令）にもとづく強力な統一国家**がつくられていきました。この講では、ヤマト政権が飛鳥時代に**隋・唐にならった法や政治制度を取り入れて、律令国家が形成**されていく流れをみていきます。

時代のメタマッピングとメタ視点

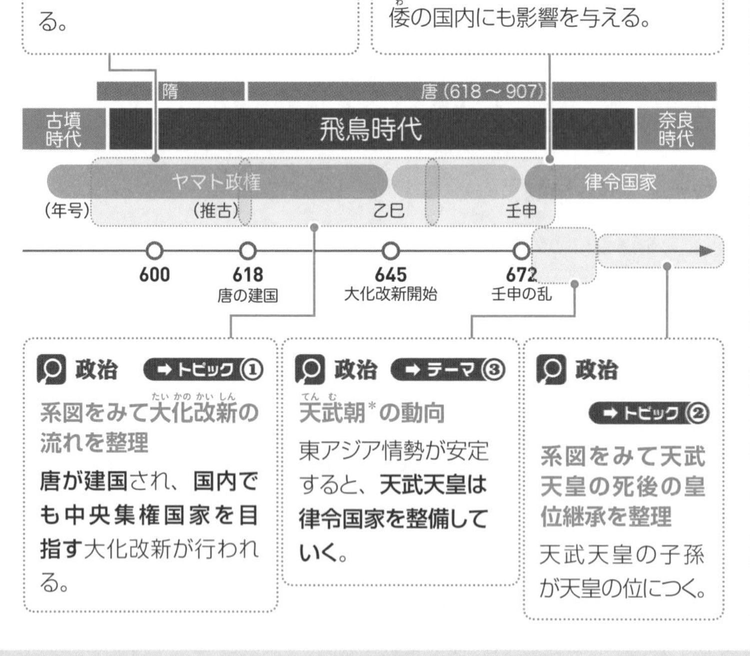

政治の特徴 ➡テーマ①

推古朝*の政治・外交の特徴

隋が中国を統一したことが、推古朝の政治改革や外交につながる。

外交の因果 ➡テーマ②

7世紀後半の東アジア情勢と国内への影響

唐・新羅が百済・高句麗を滅ぼし、倭の国内にも影響を与える。

政治 ➡トピック①

系図をみて大化改新の流れを整理

唐が建国され、**国内でも中央集権国家を目指す**大化改新が行われる。

政治 ➡テーマ③

天武朝*の動向

東アジア情勢が安定すると、**天武天皇は律令国家を整備していく。**

政治 ➡トピック②

系図をみて天武天皇の死後の皇位継承を整理

天武天皇の子孫が天皇の位につく。

用語　＊推古朝・天武朝…「朝」は一人の天皇が国を治めている期間を指す。

テーマ 1

【政治の特徴に注目】推古朝の政治・外交の特徴

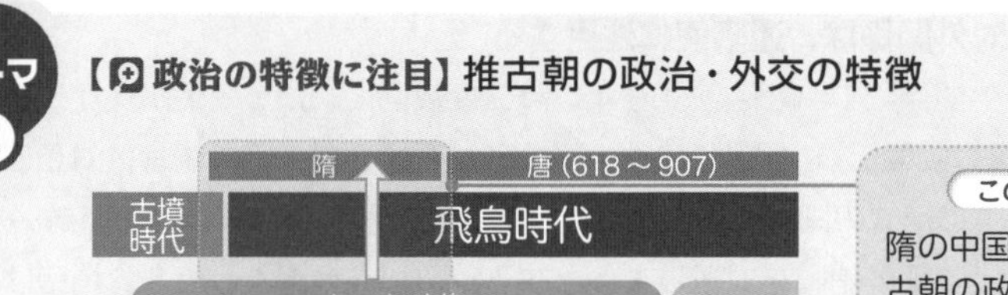

600
618 唐の建国
645 大化改新開始

この頃
隋の中国統一が推古朝の政治と外交に影響を与える。

これまで学習してきたように、**東アジアの情勢はヤマト政権の国内政治と対外関係に大きな影響を与えます。**
ここでは**隋が中国を統一**した6世紀末から7世紀初めの状況をみていきます。

隋の中国統一が、蘇我馬子・厩戸皇子の政治改革につながる

589年に中国を統一した**隋**が、**高句麗**への遠征を行うなど、東アジアの国際的緊張が強まりました。一方、国内においては**蘇我馬子**により物部守屋が滅ぼされ、**崇峻天皇**が暗殺されるなど、蘇我氏が権勢を誇っていました。

このような情勢のもと、6世紀末に女帝である**推古天皇**が即位すると、大臣の**蘇我馬子**が中心となって王族の**厩戸皇子**（聖徳太子）とともに東アジアの動向に対応した様々な政治改革が行われていきました。推古朝における国内政治や対外関係の特徴についてまとめてみましょう。

推古朝の国内政治は、官僚制の導入に注目する

まず、国内政治については、隋にならった官僚*制の導入が図られたことに注目しましょう。600年に派遣された**遣隋使**が帰国すると、603年に**冠位十二階**が制定されて、個人に対して冠位が授けられました。従来は**氏姓制度**により氏ごとに姓が与えられていましたが、こうした世襲制を打破することで個人の地位を明確にしようとしたのです。さらに604年には**憲法十七条**が定められ、豪族に対して国家官僚としての心得を示しました。条文には、仏教を保護することや天皇の命令に服従すること、地方官が不当な徴税を行わないことなどの内容がみられます。

ここでは、従来のヤマト政権の豪族に対する統制方法（氏姓制度）との違いに注目しましょう。

用語 ＊官僚…官人・官吏ともいう。とくに政治の中心となる上級の役人。

推古朝の対外関係は、遣隋使に注目する

続いて、対外関係については、600年以降、複数回にわたって**遣隋使**が派遣されました（**『隋書』倭国伝**）。607年には**小野妹子**が派遣され、隋の**煬帝**に対して中国皇帝に臣属しない形式の国書が提出されました。推古朝の外交方針には、冊封[➡p.28]を受けないことで朝鮮諸国を威圧しようとする狙いがあったようです。煬帝は不満を示しましたが、倭と高句麗との結びつきを警戒して答礼使である**裴世清**を派遣しました。翌608年には裴世清を送還するために再び小野妹子が派遣され、**高向玄理**や**南淵請安**などの留学生や旻などの学問僧を同行させて隋の政治制度や仏教の知識などを摂取させようとしました。

Q 倭の五王の時代には、中国の皇帝から冊封を受けようとしたので、推古朝の外交方針とは異なるのですね？

A そうですね。外交方針についても、倭の五王の時代と対比させることで推古朝の外交方針の特徴をとらえることができます。

推古朝の政治・外交の特徴

① 背景（6世紀末）
隋の中国統一にともなう国際的緊張が高まる
蘇我馬子の権勢（587年、物部氏滅亡）

② 国内政治（官僚制の導入）
冠位十二階（603）：個人に対して冠位を与える
憲法十七条（604）：国家官僚となる豪族の心得

③ 対外関係（冊封を受けない➡朝鮮諸国に対する優位性）
遣隋使（600～14）：中国皇帝に臣従しない立場
（倭）**小野妹子**⇔（隋）**裴世清**（答礼使）
留学生・学問僧が政治制度・仏教などを摂取

【政治に注目】系図をみて大化改新の流れを整理

中国を統一した隋は短期間で滅亡し、618年には**唐が建国**されました。国力の強化のために**国内でも中央集権化の動きが起こります。**この後の国内政治について系図をみながら確認します。

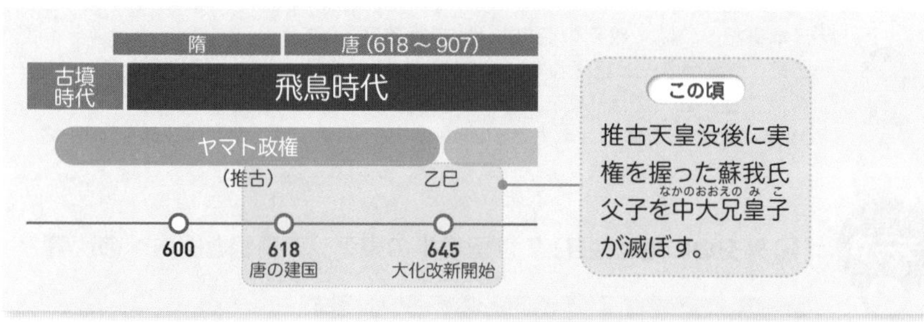

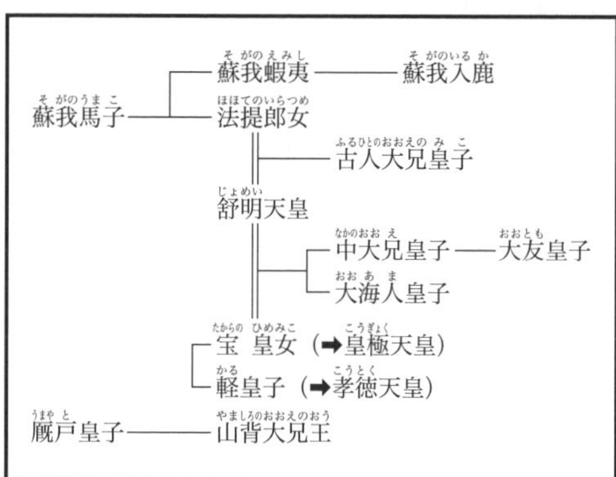

◀天皇家と蘇我氏の関係系図

推古天皇の没後、蘇我馬子の子の**蘇我蝦夷**によって**舒明天皇**が擁立されました。舒明朝の内容としては、隋唐交替の混乱が終息した630年に**第1回遣唐使**として**犬上御田鍬**が派遣されたことを知っておきましょう。犬上御田鍬はかつて遣隋使として隋に渡った経験がありました。641年に舒明天皇が没すると、皇子たちは若年であったため、后であった宝皇女が即位して**皇極天皇**となりました。皇極朝には王族と豪族との対立が明らかとなり、蘇我蝦夷の子の**蘇我入鹿**が厩戸皇子の子の**山背大兄王**を滅ぼして権力の集中を図りました。

645年、天皇を中心とする中央集権国家を目指す**中大兄皇子**が**中臣鎌足**の協力のもと、蘇我蝦夷・入鹿父子を滅ぼしました（**乙巳の変**）。今回は王族が豪族を倒すこととなりました。皇極天皇の譲位を受けて弟の軽皇子が即位して**孝徳天皇**となると、**中大兄皇子**や内臣の**中臣鎌足**が中心となり、唐から帰国した**旻**と**高向玄理**を**国博士**とする新政権が発足し、大王宮も飛鳥から**難波**へと移されました（難波宮）。この一連の政治改革は**大化改新**と呼ばれます。

翌646年には**改新の詔**が発布され、新政権の施政方針が示されました。要点としては、①田荘・部曲の廃止（**公地公民制**への移行を目指す）、②地方行政組織や軍事・交通の整備、③戸籍・計帳の作成と**班田収授法**の実施、④新しい税制、の4つが挙げられます。ただし、これらは新政権の施政方針を示したにすぎず、実施に移されるのは数十年経ってからのことであるという点に気を付けましょう。

『日本書紀』には、改新の詔により地方行政官として「郡司」が置かれたと記されていますが、各地で発見された木簡により、この時に置かれたのは「郡」ではなく「評」であることが判明しました。701年に大宝令が施行されたことにともなって、「評」は「郡」へ改められました。

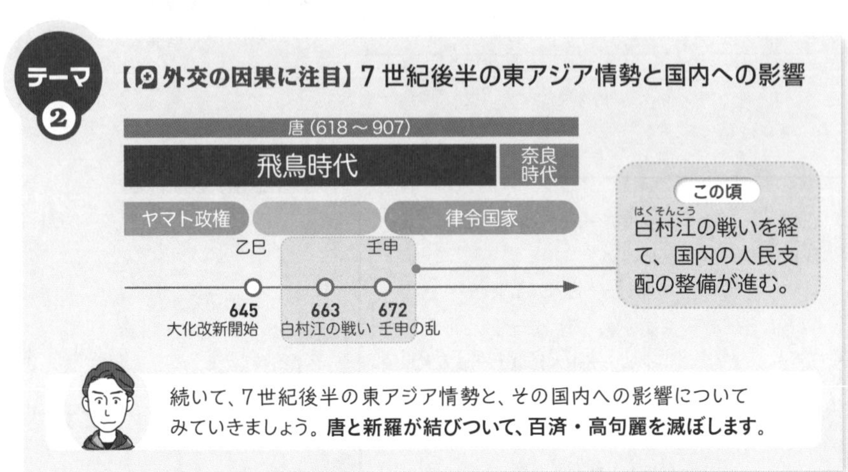

唐・新羅が百済・高句麗を滅ぼし、倭も白村江の戦いで敗北する

高句麗は百済と結ぶことで新羅への圧迫を強めると、新羅は唐と結ぶことで対抗しました。両者の対立が深まるなか、660年、唐・新羅連合軍の攻撃により百済は滅亡しました。斉明天皇（皇極天皇が再び即位、重祚という）と、**中大兄皇子**は百済の復興を目指して大軍を送りましたが、663年、**白村江の戦い**で唐・新羅連合軍に敗北しました。668年、唐・新羅連合軍は高句麗も滅ぼしましたが、670年に両者は対立を深め、676年に新羅が唐の勢力を追い出すことで朝鮮半島を統一しました。新羅は唐を抑えるため倭に対して使節を派遣したため倭と新羅との関係が深まる一方、倭は遣唐使の派遣をしばらく中断することとなりました。

◀7世紀中頃の東アジア

7世紀中頃の東アジア情勢を示してみました。この状態から、唐・新羅連合軍によって百済や高句麗が滅ぼされます。

白村江の戦いの後、人民支配の整備と大陸文化の摂取が進む

中大兄皇子は、倭に亡命してきた百済人の協力のもと西国の豪族を動員することで、九州北部に**水城**（土塁）を設けたほか西日本各地にも大野城など**古代山城**（**朝鮮式山城**）を築きました。667年には都を**近江大津宮**へ移し、翌年即位して**天智天皇**となると、人民支配の整備をすすめて軍事動員体制を準備するため、初の全国的戸籍である**庚午年籍**を作成しました。一方、亡命百済人は新しい大陸文化をもたらしました。官人たちは教養として漢詩文をつくったほか、地方豪族にも漢字文化と儒教思想の受容が進んでいき、文書行政を基礎とする律令国家を受け入れるための基盤が固まっていきました。

Q 白村江の戦いで敗北したから、都を近江に移して、軍事動員ができるように戸籍を整えたのですか？

A そうですね。このように対外関係は国内の政治や文化に大きな影響を及ぼすということを意識しておきましょう。

天智天皇の死後、皇位継承争いが起こる

天智天皇の時代、東アジアにおける軍事的な緊張が続くなかで防衛体制の強化が優先され、本格的な律令体制の整備にはいたりませんでした。この頃に制定されたとされる近江令は、体系的な法典ではなく、個別の法令にすぎないといわれます。

天智天皇の死後、子の**大友皇子**と弟の**大海人皇子**との間で皇位継承をめぐる争いが起こりました。672年、吉野に逃れた大海人皇子は美濃・尾張などの東国の地方豪族の協力により近江朝廷を率いる大友皇子を倒しました。これを**壬申の乱**といいます。勝利した大海人皇子は**飛鳥浄御原宮**に遷都し、翌年即位して**天武天皇**となりました。

この天武天皇のもとで律令国家が本格的に形成されていくことになります。

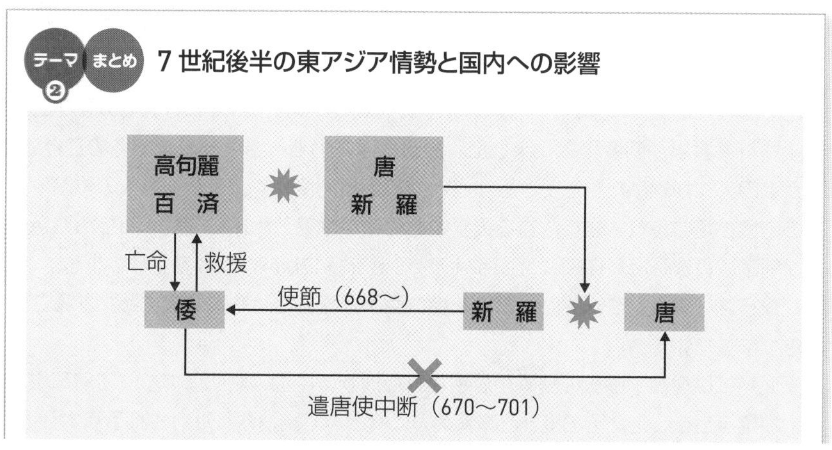

国内への影響
1. 防衛体制の強化（水城・古代山城など）
2. 人民支配の整備（**庚午年籍**、軍事動員体制）
3. 大陸文化の摂取（漢詩文の教養・儒教思想など）

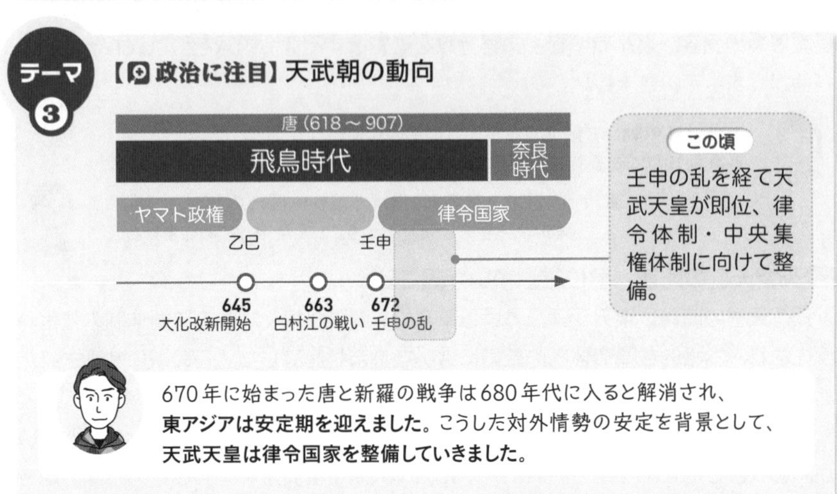

天武朝には、律令体制の整備が始まる

天武天皇の在位中には大臣が置かれず、皇后[*1]や皇子[*2]たちといった皇族が政治を主導しました。この政治形態は皇親政治と呼ばれます。一方、天武朝にはヤマト政権の首長である「大王」号に代わって、新たに「天皇」号が用いられるようになりました。これは中国皇帝の秩序から独立した君主号が成立したことを示しています。

天武朝には中央集権体制に向けて官僚制が整備されました。改新の詔で方針として定められていた公地公民制を進めるため、豪族に与えられた私有民である部曲が廃止されて**食封**が制度化されました。食封とは有力者に与えられた給与のことで、一定数の人々が納めた税を受け取ることができる制度です。また、官人の位階や昇進の制度が定められ、豪族たちを天皇中心の新たな身分秩序に編成するため**八色の姓**が制定されました。従来は「臣」や「連」の姓を持つ豪族が国政を主導しましたが、ここからは「真人」や「朝臣」の姓を持つ臣下が皇族とともに政治に参加することとなりました。

天武朝には律令・国史の編纂が着手されたほか、中国の宮都にならって**藤原京**の造営が始まりました。その際、造都事業の代償として鋳造されたとされる**富本銭**は、

【用語】＊1 皇后…天皇の正妻。＊2 皇子…天皇の息子。天皇の位を継ぐ皇子が皇太子。

奈良県飛鳥池遺跡で発見されています。

これらの事業は天武天皇の没後に皇后の立場から即位した**持統天皇**にも継承されました。689 年には**飛鳥浄御原令**が施行され、これにもとづいて**庚寅年籍**がつくられて班田 [➡ p.58] が開始されました。694 年には藤原京への遷都が行われ、藤原京は持統・文武・元明の３代の天皇が都としました。藤原京は、天皇の住居や官庁が置かれた「宮」と官人や民衆の宅地である「京」を分けた**都城制**となっており、さらに「京」は東西・南北に走る大路・小路により碁盤目状に区画された**条坊制**がとられました [➡ p.64]。

Q どうして藤原京は都城制が採用されたのですか？

A 古代の政治には儀礼がともないます。そこで古代の宮都には政治的な空間と儀礼的な空間が設けられ、民衆にも儀礼を体感させる必要があったのです。

天武朝の動向

① 背景
唐と新羅の対立（670 年代）➡ 安定（680 年代）

② 皇親政治（皇后や皇子たちと政治を主導）
「天皇」号の使用：中国皇帝の秩序から独立

③ 官僚制の整備
部曲（私有民）の廃止、**食封**支給の制度化
八色の姓：天皇を中心とする新たな身分秩序

④ 律令国家の整備
律令・国史の編纂に着手
富本銭の鋳造、**藤原京**の造営開始（**都城制**・**条坊制**）

トピック ②【政治に注目】系図をみて天武天皇の死後の皇位継承を整理

壬申の乱の後の飛鳥・奈良時代は、
天武天皇の一族や子孫が天皇の位についていきます。

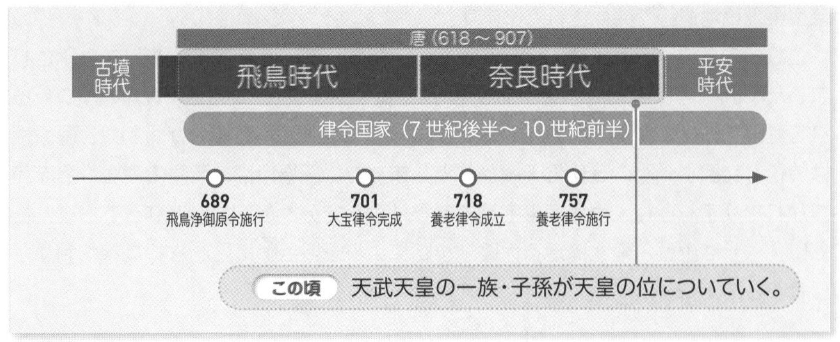

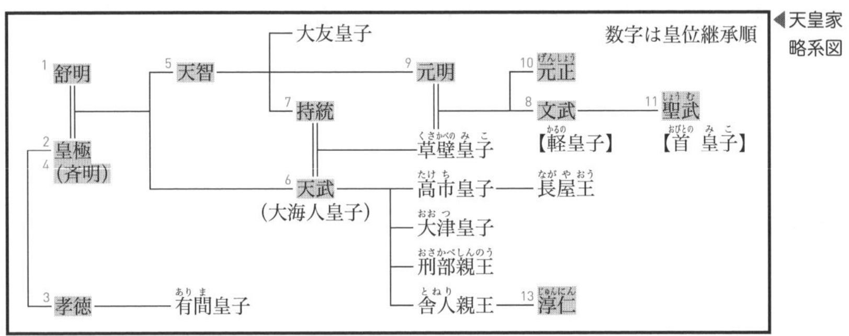

◀天皇家略系図

686年、天武天皇は飛鳥浄御原宮で亡くなりました。まもなく殯と呼ばれる葬送儀礼が始まり、2年以上にもわたって執り行われました。当時は、この殯を終えてから新天皇が即位することになっていました。

天武天皇の後継者と目せられていたのは皇后の鸕野皇女との間に生まれた**草壁皇子**でしたが、別の妃との間に生まれた**大津皇子**も候補者の一人でした。大津皇子は漢詩文の優れた才能を持っていましたが、殯の期間に謀反を計画したとされ逮捕されました。大津皇子は草壁皇子にとって皇位継承の有力なライバルだったため、鸕野皇女によって謀反の嫌疑がかけられたものと考えられます。

ところが、その後まもなく草壁皇子は病に伏し、689年に亡くなりました。鸕野皇女は孫の軽皇子に皇位を継がせようとしましたが、軽皇子は幼少であったため、まだ即位することができませんでした。そこで、鸕野皇女は自らが**持統天皇**として即位し、中継ぎの役割を担ったのです。697年、軽皇子が**文武天皇**として即位すると、持統は初の太上天皇として天皇を補佐しました。

707年、文武天皇が若くして亡くなると、後継者の首皇子はまだ幼かったことから、文武天皇の母である阿閇皇女が**元明天皇**として即位し、その後、元明天皇の娘の氷高内親王が**元正天皇**として即位して、いずれも中継ぎの役割を担いました。724年、首皇子は**聖武天皇**として即位しました。

確認問題

1 年代配列問題にチャレンジ

(1) 次の文Ⅰ～Ⅲについて、古いものから年代順に正しく配列したものを、後の①～⑥のうちから一つ選んで記号で答えなさい。

Ⅰ 八色の姓が定められ、豪族は天皇を中心とする身分秩序に再編成された。
Ⅱ 最初の全国的な戸籍である庚午年籍の作成が命じられた。
Ⅲ 中国の都城にならった藤原京に遷都した。

① Ⅰ－Ⅱ－Ⅲ　② Ⅰ－Ⅲ－Ⅱ　③ Ⅱ－Ⅰ－Ⅲ
④ Ⅱ－Ⅲ－Ⅰ　⑤ Ⅲ－Ⅰ－Ⅱ　⑥ Ⅲ－Ⅱ－Ⅰ

(2) 次の文Ⅰ～Ⅲについて、古いものから年代順に正しく配列したものを、後の①～⑥のうちから一つ選んで記号で答えなさい。

Ⅰ 倭国は百済を救援するために出兵したが、唐・新羅の連合国に敗北した。
Ⅱ 冠位十二階が制定され、豪族が新たな身分秩序のもとに再編された。
Ⅲ 蘇我入鹿らが、厩戸皇子（厩戸王）の子の山背大兄王を自殺に追い込んだ。

① Ⅰ－Ⅱ－Ⅲ　② Ⅰ－Ⅲ－Ⅱ　③ Ⅱ－Ⅰ－Ⅲ
④ Ⅱ－Ⅲ－Ⅰ　⑤ Ⅲ－Ⅰ－Ⅱ　⑥ Ⅲ－Ⅱ－Ⅰ

2 探究ポイントを確認

(1) 倭の五王の時代と推古朝との対中国外交の違いについて述べよ。

(2) 庚午年籍と庚寅年籍はともに人民を把握するための基礎台帳だった。それぞれの戸籍はどのような目的で作成されたか。

解答

1 (1) ③　(2) ④

2 (1) 倭の五王の時代は中国南朝に朝貢して冊封を受けることで国内や朝鮮半島南部の支配権を確立しようとしたのに対し、推古朝では隋と高句麗との対立を背景に中国皇帝に臣従しない立場をとった。(88字)

(2) 白村江の戦い後、東アジア情勢が緊迫するなかで軍事動員体制を整えるために庚午年籍は作成された。一方、律令国家の整備が進むなかで庚寅年籍が作成され、班田収授にも利用された。(84字)

第5講 律令国家の仕組み

7世紀後半以降、唐の律令を段階的に受け入れることで**法典が整備**され、**701年に大宝律令**が完成しました。これにより、**刑罰法、中央集権的な官僚制、身分制、班田収授法**などの**支配体制が規定**されました。**唐を手本とした諸制度**は日本社会に上手くなじむことができたのでしょうか。この講では、律令法典にもとづく国家の仕組みと民衆支配を軸にみていきます。

時代の**メタマッピング**と**メタ視点**

政治 ➡テーマ①

律令法典の整備

大宝律令は体系的な「法典」として整備され、**中央集権的な支配体制が整う。**

政治 ➡トピック①②

律令国家の中央官制／律令国家の地方官制

律令で定められた中央・地方の支配の仕組みを確認する。

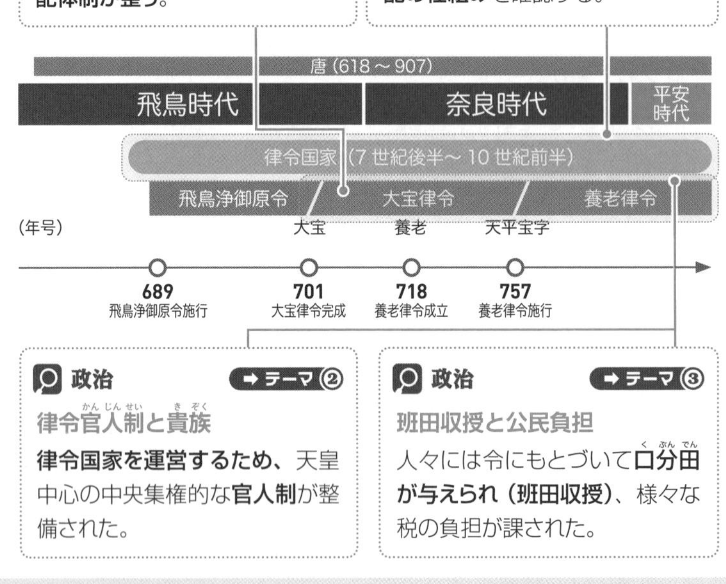

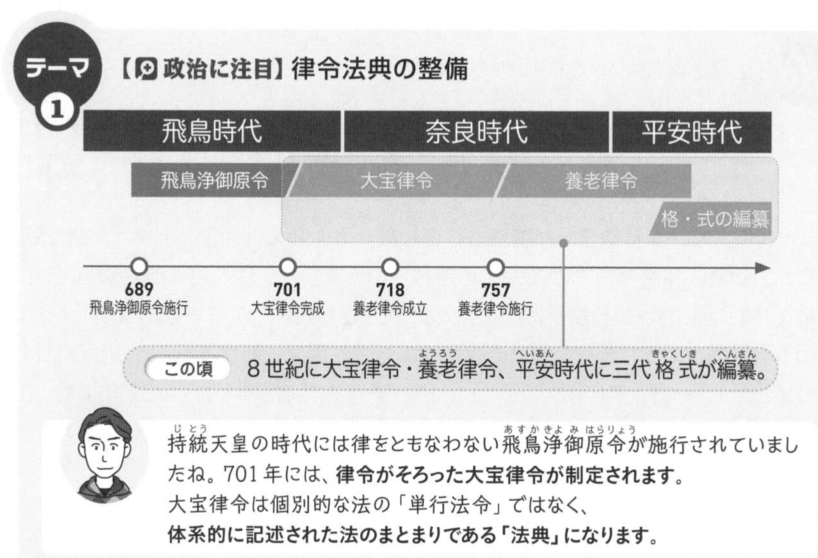

律令法典が整備されることで、中央集権的な支配体制が敷かれる

律令国家は法典を整備することで、天皇を中心として貴族・官人によって構成される官僚機構が人民の末端にいたるまでを統治する体制をつくりました。まずは、律令法典の整備についてまとめてみましょう。

701年、文武天皇の時代に、刑部親王や藤原不比等らによって大宝律令が完成しました。**律とは、刑罰に関する法のことで唐律をそのまま受容しました**。一方、**令とは行政一般の法のことで、こちらは日本社会の実情に合わせて改変されました**。藤原不比等らは律令の改定作業を継続しましたが、不比等の死により中断されました。757年に孫の藤原仲麻呂政権が唐を模倣した儒教的政策をすすめるなかで養老律令として施行されました。これ以降、律令法典の編纂は行われませんでした。

平安時代に、律令の追加・修正法や施行細則が集大成される

律令の施行にあたって法律と実態とが合わない場合があったため、**社会の現実に律令を対応させるための追加・修正法として格、律令・格の施行細則として式が定められました**。例えば、令では成年男性は地域の特産物である調を納めることが規定されました。ところが、令の段階では調の品目別の納入期限などはしっかりと規定できていませんでした。そこで、式によって細かなルールを決めていったのです。

ただし、格式は個々の単行法令として出されており、これらが法典として編纂されたのは平安時代に入ってからのことでした。9世紀初頭の嵯峨天皇の時代には弘仁格式、9世紀後半の清和天皇の時代には貞観格式、10世紀前半の醍醐天皇の時代には延喜格式がそれぞれ編纂され、これらは合わせて三代格式と呼ばれました。

Q 律令国家はいつまで続いたのですか？

A 10世紀前半頃までです。
9世紀に入ると律令制はしだいに崩れていきました［➡p.96］。

8世紀に入り、年号や国号が整備されました。701年に「大宝」という年号が制定されて以降、年号は日本の社会に定着していきました。「大宝」は対馬(つしま)国から金が献上されたという知らせがあったために制定された年号です（645年、「大化(たいか)」という年号が定められましたが、その後、年号の使用は中断されることもしばしばありました）。一方、この頃、「日本」という国号も成立しました。702年に約30年ぶりに派遣された遣唐使(けんとうし)が唐に対して「日本」国の使者であることを伝えました。

テーマ① まとめ 律令法典の整備

① **大宝律令**（701）：**刑部親王**・**藤原不比等**らが制定・施行
律：刑罰法、唐律をそのまま受容
令：一般行政法、日本社会に合わせて唐令を改変

② **養老律令**（718）：**藤原不比等**らが制定
不比等の死➡孫の**藤原仲麻呂**が施行（757）

③ 格式の発令（8世紀～）：個々の単行法令
格：律令の修正・追加法
式：律令・格の施行細則

④ 三代格式の編纂（9世紀初め～10世紀前半）
弘仁格式【嵯峨朝】・**貞観格式**【清和朝】・**延喜格式**【醍醐朝】

トピック① 【政治に注目】律令国家の中央官制

次に、律令国家の支配体制を確認していきます。
まず、律令で定められた**中央政府の官制**（行政機関についての規定）をみていきます。

律令国家（7世紀後半～10世紀前半）

行政機関	官僚機構	公民の支配
【中央官制】・二官八省 【地方官制】・畿内 ・七道	【律令官人制】 ・官位相当制 ・四等官制	・班田収授 ・戸籍・計帳 ・税の負担

この内容
二官八省では、左弁官の4つの省に注意。

律令官制は、中央官制と地方官制に分けられます。まず、中央官制としては、神々の祭祀をつかさどる**神祇官**と行政をつかさどる**太政官**の二官があり、太政官のもとで**八省**が職務を分担しました。政治上の重要な問題は**太政大臣**（臨時に置かれる）・**左大臣**・**右大臣**・**大納言**などの公卿会議により話し合われたことを、少納言や左弁官・右弁官が事務的に処理した上で、天皇の裁可を経て各省が実行しました。

八省についても、職務をみて識別できるようにしておきましょう。特に左弁官に属する４つの省は共通テストでもよく出題されます。すなわち、詔勅*を作成する**中務省**、大学や文官人事を担う**式部省**、仏事・外交を扱う**治部省**、戸籍管理や税の徴収などの財政・民政を扱う**民部省**はしっかりとおさえておきたいです。

そのほか、二官八省から独立して**弾正台**が設置され、官人の綱紀粛正や風俗の取締りを担当しました。また、**五衛府**が置かれて、衛士を率いて宮城の諸門の守衛や天皇近辺の警衛を主な任務としました。

▼律令官制

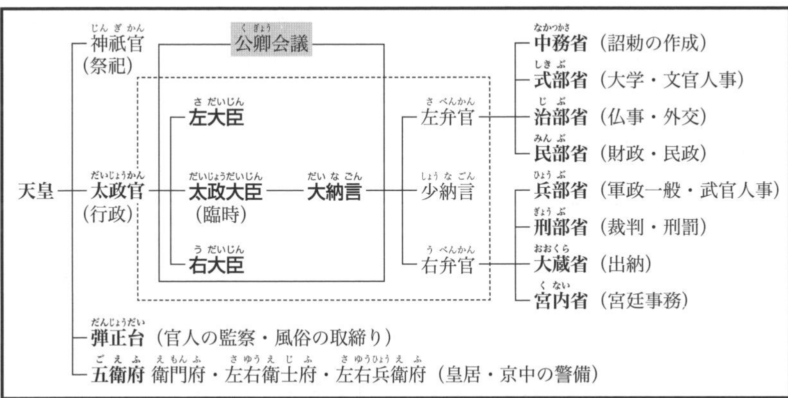

トピック② 【政治に注目】律令国家の地方官制

続いて、**地方の官制**をみていきます。ヤマト政権以来の地方豪族も地方官として組み込まれたことに注目しましょう。

用語 ＊詔勅…天皇の意思や命令を示す文書。詔書・勅書・勅語など。

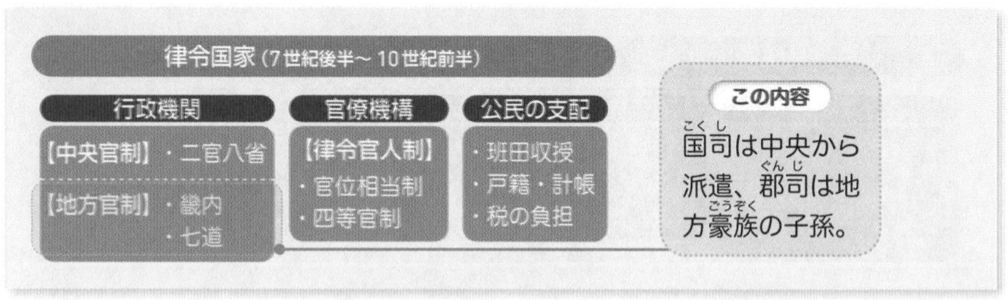

地方官制として、全国は**畿内**と**七道**に分けられました。下の図をみればわかりますが、畿内は現在の近畿地方よりも小さな区域となっています。七道は、**東海道**・**東山道**・**北陸道**・**山陰道**・**山陽道**・**南海道**・**西海道**に分けられ、都から各道に官道が通されました。さらに、この地方行政区画は**国**・**郡**・**里**に区画され、**国司**・**郡司**・**里長**が置かれました。**国司**は中央から派遣され、任期は6年（のち4年）とし、国府（国衙）に赴任して政務を執りました。

一方、**郡司**はもと国造の子孫にあたる地方豪族が終身官*として任命され、郡家を拠点としました。7世紀中頃に置かれた「評」という地方行政区画が大宝令の施行に際して「郡」に改められたことも知っておきましょう［➡p.46］。**国司が地方社会をおさめるためには、郡司がもつ伝統的な支配力に依存する必要があった**という点が重要です。**里長**は農民のなかから選ばれ、郡司の監督下で徴税に協力しました。717年頃には**郷**のもとに2～3の里が置かれるようになり、740年頃に里を切り捨てて郷のみが残されました。

都と諸国の国府とを結ぶ官道には、約16㎞ごとに**駅家**が置かれて中央と地方の連絡に利用されました。**駅馬**は**駅鈴**を持つ官吏が公用に利用したため、運脚［➡p.59］をつとめる民衆は利用できませんでした。地方においても国府と郡家などを結ぶ**伝路**が整備されたことが近年の発掘調査により明らかにされています。

▼古代の行政区画

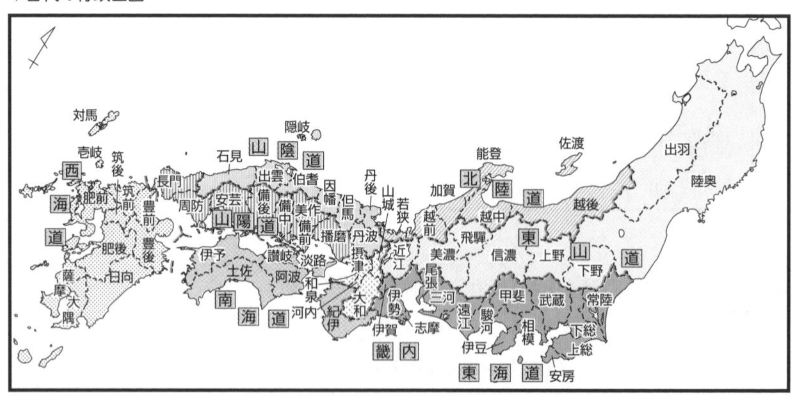

 用語 ＊終身官…死ぬまで務められる官職。

他にも、都には左京職・右京職が置かれ、京内の司法・行政・警察全般を担当しました。また、摂津には摂津職、九州には大宰府が置かれました。摂津職は大阪湾の港湾施設であった難波津を管理し、大宰府には外国使節を接待するための鴻臚館が置かれたほか西海道諸国の統括も担ったため、「遠の朝廷」と呼ばれました。

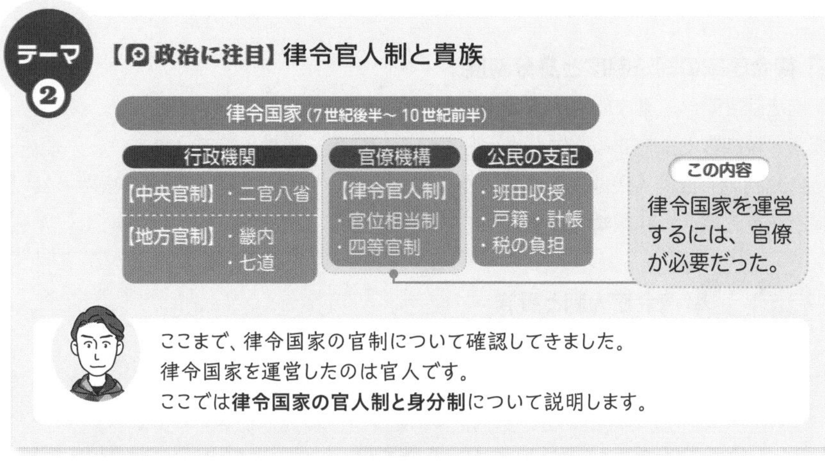

律令国家を運営するために、官僚機構が形成される

律令国家を運営するにあたって、天皇を中心とする官僚機構が形成されました。**官人には序列を示すための位階が与えられました。**位階には正一位から少初位下までの30階あり、功労に応じて昇進がありました。官人は一位の位階を帯びていれば太政大臣、二位の位階を帯びていれば左・右大臣というように、**位階に相当する官職につく官位相当制にもとづいて統制されました。**

官人組織である官司の職員は、統括者である長官、長官を補佐する次官、その下に判官・主典の四等級により構成され、これを四等官制といいました。文字表記は官司により異なります。例えば、八省の場合は「卿（かみ）・輔（すけ）・丞（じょう）・録（さかん）」、国司の場合は「守（かみ）・介（すけ）・掾（じょう）・目（さかん）」と表記されます。

律令官人制では、位階を有する者は官人、五位以上の位階を有する者は貴族、三位以上の位階を有する者は公卿と呼ばれ、**貴族には様々な特権が与えられました。**経済的な特権として、貴族は位階・官職に応じて位田・職田が支給されたほか、絁・綿・布・鍬などの季禄や従者である資人も与えられました。それ以外の特権として、重罪以外の刑罰も減免措置がありました。さらに、蔭位の制によって貴族の子や公卿の子と孫は21歳になると父や祖父の位階に応じて一定の位階が与えられました。一方、官人の特権としては、調・庸・雑徭などの人頭税が免除されました。

Q 誰でも官人になることができたのですか？

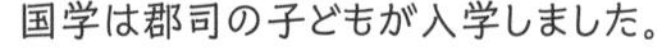

A 官人になるためには、都に設置された大学や各国に設置された国学に入学する必要がありました。大学は主に貴族の子どもが、国学は郡司の子どもが入学しました。

ただし、国学の学生定員に欠員がある時は庶民の入学も認められていました。

律令国家の司法制度と身分制度

司法制度では、基本的な刑罰の種類として**笞・杖・徒・流・死**の**五刑**があり、天皇・国家・親族などに対する罪は**八虐**と呼ばれ、特に重く罰せられました。

身分制度では、人民は**良民**と**賤民**とに分けられ、賤民は官有の**陵戸**・**官戸**・**公奴婢**と私有の**家人**・**私奴婢**の5種類があり、**五色の賤**と総称されました。

テーマ② まとめ　律令官人制と貴族

① **官位相当制**（位階に相当する官職に任命）
位階：30 階（正一位～少初位下）
官職：太政官、八省、国司などの各役職

② **四等官制**（長官・次官・判官・主典）
八省（卿・輔・丞・録）、国司（守・介・掾・目）

③ 貴族の特権（貴族：五位以上の位階を有する者）
経済収入：**位田**・**職田**・季禄・資人など
蔭位の制：貴族の子孫に一定の位階が与えられる
刑罰上の特権、人頭税の免除

テーマ③ 【政治に注目】班田収授と公民負担

律令国家（7世紀後半～10世紀前半）

- 行政機関
  - 【中央官制】・二官八省
  - 【地方官制】・畿内 ・七道
- 官僚機構
  - 【律令官人制】
  - ・官位相当制
  - ・四等官制
- 公民の支配
  - ・班田収授
  - ・戸籍・計帳
  - ・税の負担

この内容
律令国家における農民の負担は重かった。

ここでは、律令制下における人々の負担についてまとめます。
令にもとづいて**人々には口分田が与えられ（班田収授）**、
様々な税の負担が課されることになります。

人々には口分田が支給され、様々な負担が課された

律令制のもと、**人民は戸籍に登録され、生活最低限度の保障として口分田が支給されました**。これを班田収授と呼びます。口分田は**条里制**によって区画され、6年ごとに6歳以上に達した男子には**2段***、女子にはその3分の2にあたる**1段120歩**が与えられ、1人ずつではなく約25人の集合体である戸（郷戸）ごとにまとめて支給されました。良民以外に賤民にも口分田は与えられ、陵戸・官戸・公奴婢は良民と同額、家人・私奴婢は良民の3分の1の面積が支給されました。口分田は売買が認められず、本人が亡くなると、6年ごとの班年に国家により回収されました。

口分田を与えられた代償として人民には様々な負担が課されました。土地税・人頭税の税負担と税以外の負担に分けて整理しましょう。土地税とは口分田に対して賦課された税のことで、1段あたり2束2把の割合（収穫の約3%）で**租**が課せられました。集められた租は地方財源となり、国司や郡司によって運用されました。一方、人頭税とは毎年作成される**計帳**にもとづいて成年男子を中心に賦課された税のことで、都での労働にあたる歳役10日に代わり麻布や米などを納める**庸**と、郷土の産物を納める**調**があり、これらは**運脚**によって都に運ばれて官人の禄などに用いられました。一方、国司によって1年につき60日を限度に土木工事や国府の雑用に使われる**雑徭**もあり、成年男子にとっては重い労役となりました。さらに、50戸ごとに2人の成年男子を徴発して都で働かせる**仕丁**もありました。

人頭税を負担する成年男子のうち、21歳～60歳の者は**正丁**、61歳～65歳の者は**次丁**（**老丁**）、17歳～20歳の者は**中男**（**少丁**）とそれぞれ呼ばれました。次丁の人頭税の負担は正丁の2分の1で、中男は庸を負担せず、調は正丁の4分の1だけを負担しました。

人頭税は男性の年齢によって負担が変わってきます。
細かな知識になりますが、しっかりとおさえておきましょう。

こうした税負担以外にも、成年男子には**兵役**が課せられました。兵役は、成年男子3～4人に1人を徴発して諸国の**軍団**に配属させ、訓練を受けさせた後、一部は都を1年間警備する**衛士**、一部は九州北部の沿岸を3年間守る**防人**として赴任させるものでした。兵士の武器や食料は自己負担となっており、一つの戸につき成年男子はわずかしかいなかったため戸の働き手も奪われてしまいました。

そのほか、凶作に備えて粟を納めさせる**義倉**や、春に稲を貸し付けて秋に利息つきで稲を回収する**出挙**の制度がありました。国司や郡司により行われる**公出挙**の貸付は次第に強制的となったため、人々を苦しめることとなりました。一方、民間で行われる**私出挙**もありました。

用語 ＊段…1段＝360歩＝約11.9a（1,190㎡）。

班田収授と公民負担

① **口分田**の班給

帳簿：**戸籍**（6 年ごと）➡戸ごとに一括支給

対象：6 歳以上の男女

② 主な人民負担

帳簿：**計帳**（庸・調の基本台帳、毎年）➡成年男子を中心に課税

人頭税：**庸**・**調**（**運脚**が都へ運ぶ➡官人の禄（ろく）、中央財源）

雑徭（国府で労働）・仕丁（都で労働）

土地税：**租**（諸国の正倉（しょうそう）に貯蔵➡地方財源）

その他：**兵役**（諸国の**軍団**に配属➡**衛士**・**防人**）

義倉（粟を貯蔵）・**出挙**（稲の強制貸付）

確認問題

1 資料問題にチャレンジ

(1) 律令制下の東海道のある農村に次のような構成員からなる戸があった。

戸主(こしゅ) 47歳男性
戸口(ここう) 65歳男性（戸主の父）45歳女性（戸主の妻）28歳男性（戸主の長男）
26歳女性（長男の妻）25歳男性（戸主の次男）23歳女性（戸主の長女）
19歳男性（戸主の三男）17歳男性（戸主の四男）4歳男性（長男の子）
奴婢 32歳男性 25歳女性

令の規定による場合、この戸全体の班田面積は何段何歩あるか答えよ。

2 探究ポイントを確認

(1) 五位以上の位階を持つ貴族の特権についてまとめよ。

(2) 律令制下の公民負担のうち、人頭税を3つ挙げて簡単に説明せよ。

解答

1 (1) 17段40歩

6歳以上の良民の男性	2段	× 6人	＝12段
6歳以上の奴（賤民男）	2/3段	× 1人	＝2/3段
6歳以上の良民の女性	4/3段	× 3人	＝4段
6歳以上の婢（賤民女）	4/9段	× 1人	＝4/9段

合計 17段＋1/9段（1段＝360歩） ➡17段40歩

2 (1) 経済的な特権として、貴族は位階に応じて位田や位封、官職に応じて職田や職封が与えられたほか、人頭税が免除された。それ以外の特権として、父祖の位階に応じて一定の位階が与えられる蔭位の制の適用を受けたほか、重罪以外の刑罰が軽減された。(114字)

(2) ①庸。歳役10日に代えて麻布などを納めるもので、運脚によって都へ運ばれた。
②調。郷土の産物を納めるもので、運脚によって都へ運ばれた。
③雑徭。労役の一つで、年間60日を上限として国司の命令で土木工事や雑用に使われた。

奈良朝の動向

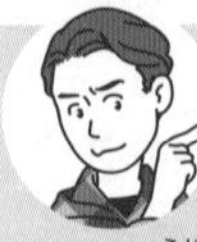

飛鳥・奈良時代は律令以外でも**唐の中華思想に倣った国家運営や外交**が行われます。この時代には、中臣鎌足の子孫である**藤原氏が天皇との関係を強めて台頭**していきます。一方、聖武天皇の時代は**政変や疫病などの社会不安**が起こった時代でもあります。こうした社会情勢や政権担当者の政治方針を確認しながら平城京の時代をみていきます。

政治 ➡トピック①
平城京を図で確認
奈良時代は平城京の時代。藤原京との違いは「天子南面」。

政治 ➡テーマ①
律令国家の支配領域拡大
中華思想を模倣して支配領域を拡大。

外交 ➡テーマ②
8世紀の東アジア諸国との関係
日本は**唐には朝貢**し、**新羅・渤海は従属国**とみなした。

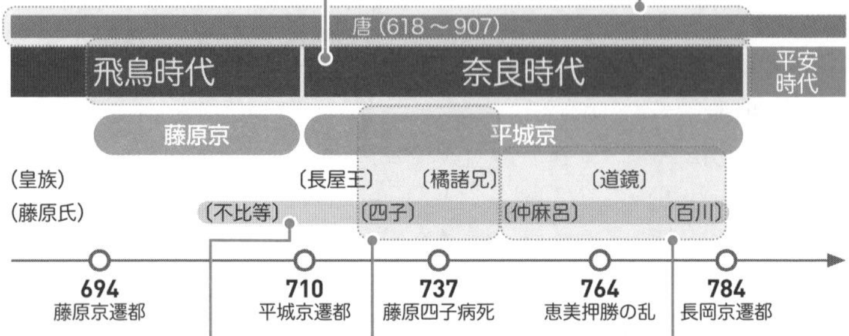

唐（618～907）
飛鳥時代 | 奈良時代 | 平安時代
藤原京 | 平城京

（皇族）　〔長屋王〕〔橘諸兄〕〔道鏡〕
（藤原氏）〔不比等〕〔四子〕〔仲麻呂〕〔百川〕

694 藤原京遷都
710 平城京遷都
737 藤原四子病死
764 恵美押勝の乱
784 長岡京遷都

政治
奈良時代の政治システム
奈良時代は**藤原氏が天皇のミウチとなり台頭。** ➡トピック②

政治の因果
聖武朝の社会と諸政策
政変や疫病などの社会不安に仏教の力で対応しようとした。 ➡テーマ③

政治の推移
奈良時代後期の政治動向
政権担当者の政治方針も確認。 ➡テーマ④

トピック 1 【政治に注目】平城京を図で確認

奈良時代は平城京に都を移した710年から始まります。
藤原京の図と平城京の図を見比べて、
宮城の位置の違いについて確認してみましょう。

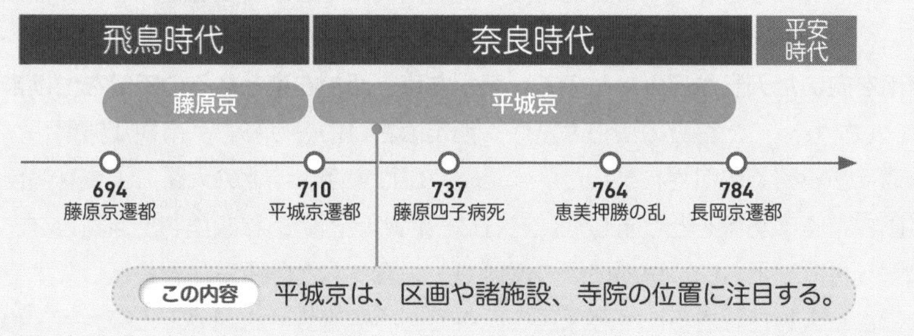

▼平城京

▼藤原京

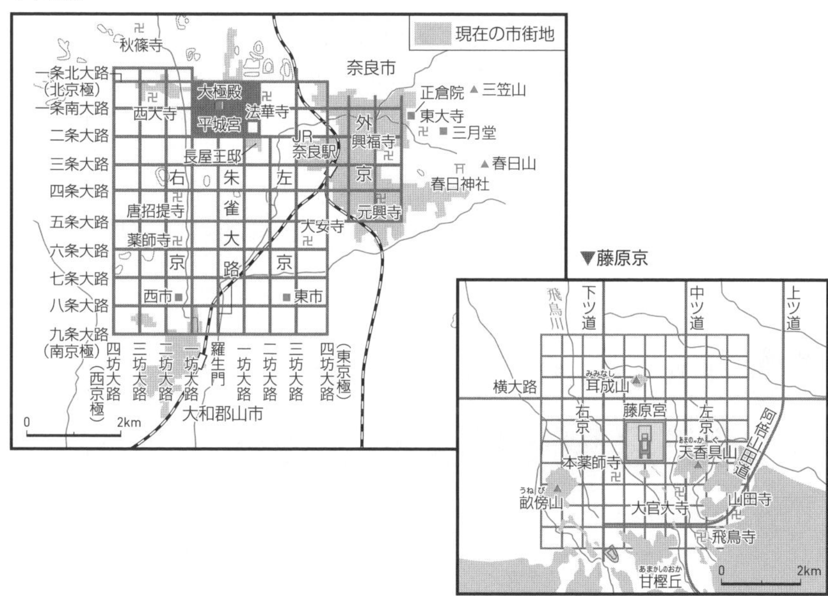

710年、藤原京から平城京に遷都され、奈良時代が始まる

710年、**元明天皇**の時代に律令国家の宮都は**藤原京**から**平城京**へと移されました。藤原京は唐の**長安**をモデルにした都城制の宮都でしたが、702年の遣唐使が帰国すると、藤原京は唐の長安と比べて儀礼を行うための空間として不十分であることが伝えられたため、新たな宮都である平城京が造営されました。

それでは、図をみながら平城京の特徴を確認してみましょう。まず、天皇の空間である宮城は藤原京では京域の中心部に置かれましたが、平城京では北部に移され、天皇が南方の京域を見渡す「天子南面」が徹底されました。宮城のなかには、天皇の居所である**内裏**が置かれたほか、政務や儀式の場である**朝堂院**や**大極殿**（天皇が出御）、諸官庁などが設けられました。

官人や民衆の居住区である京域は中央を南北に走る**朱雀大路**を中心に、**左京**・**右京**に分けられ、左京の外側は**外京**という張り出し部が設けられました。**「左・右」は南を向いた天皇からみたもので、東が左京、西が右京となるので気を付けましょう**。したがって、官設の**東市**は左京、**西市**は右京に設けられ、市司が監督し、様々な商品が貨幣で取引されました。また、京域は東西・南北の大路により碁盤目状に区画される**条坊制**をとりました。ここは田地の区画である**条里制**と混同しないように気を付けて下さい。京内には、**薬師寺**・**大安寺**など藤原京から移転した大寺院が造営されました。さらに、藤原氏の氏寺である**興福寺**や総国分寺の**東大寺**、称徳天皇が造営した**西大寺**なども平城京域に建てられました。

平城京造営の対価は、和同開珎で支払われた

造都事業には畿内の公民が徴発されましたが、その代償として庸・調が免除されたほか、**和同開珎**が労働対価として支払われました。1日につき銅銭1枚が支払われたようです。政府は和同開珎の流通を図るために711年に**蓄銭叙位令**を発しましたが、あまり効果はなく、流通は畿内に限定されました。以後、10世紀半ばの村上朝に**乾元大宝**が鋳造されるまで律令国家による貨幣鋳造は続き、**本朝（皇朝）十二銭**と総称されました。

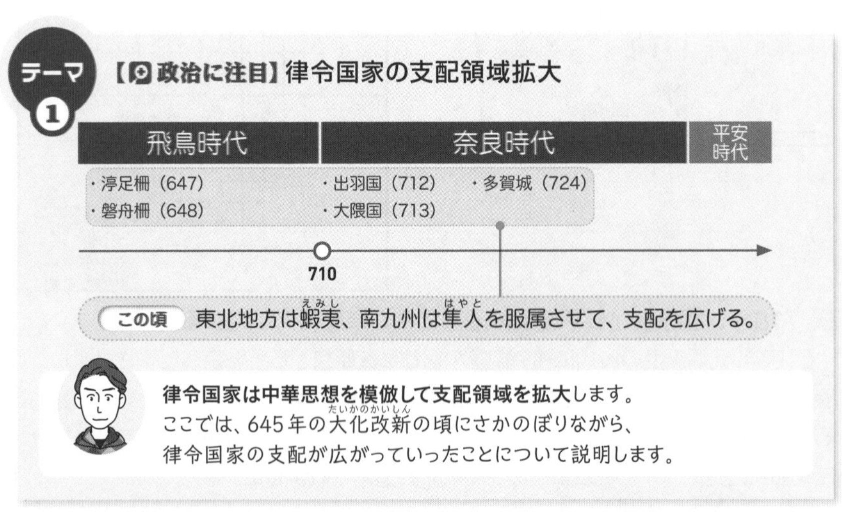

北陸・東北地方では7世紀中頃から城柵が設置された

律令国家は、中華思想を模倣して天皇の支配下に入らない人々を異民族（夷狄）の民としました。なかでも、東北地方の住民を**蝦夷**、南九州の住民を**隼人**と呼んで、貢納物を納めさせるなど服従を要求しました。

Q 中華思想とはなんですか？

A 漢民族が古くから持っていた、中国を世界の中心（=天下）とする考え方のことです。中国の支配下にない異民族は夷狄として低く位置づけられました。

早くも7世紀中頃に、律令国家は人口と田地の調査を進める過程で北陸地方に**渟足柵**・**磐舟柵**といった城柵を築いて蝦夷支配の根拠地とし、**阿倍比羅夫**を秋田・津軽方面に派遣して**蝦夷**の有力者と関係を結ばせました。

8世紀に入ると、律令国家は東北地方や南九州にまで支配領域の拡大を図り、国や郡を置いていきました。東北地方の日本海側には712年に**出羽国**を設置し、733年には蝦夷支配のための出羽柵を北方に移して**秋田城**を築きました。一方、太平洋側には陸奥国に**多賀城**を築いて陸奥国府とし、東北経営の拠点である**鎮守府**を設置しました。その過程で服属した蝦夷を**俘囚**と呼んで諸国に移配したものの、公民身分には編入しませんでした。

南九州にも国郡制が施行された

南九州の**隼人**は7世紀後半には律令国家の支配下に入り、702年には薩摩国が、713年には**日向国**の4郡を割いて**大隅国**が置かれ、隼人の住む地域にも国郡制が施行されました。こうした律令国家の支配に対してしばしば隼人は反乱を起こしました。720年に起こされた隼人の反乱は、征隼人持節大将軍に任じられた**大伴旅人**によって鎮圧されました。種子島や屋久島などの南西諸島も行政区画化され、律令国家に対して染料の赤木などの産物が貢納されました。

律令国家の支配領域拡大

① 支配領域の拡大　※地図は p.91 参照
蝦夷（東北）・**隼人**（南九州）を服従させる

② 北陸・東北経営
渟足柵（647）・**磐舟柵**（648）を設置【北陸】
阿倍比羅夫の遠征（658～60）【秋田・津軽】
出羽国（712）・**秋田城**（733）を設置【日本海側】
多賀城（724／陸奥国府・鎮守府）を設置【太平洋側】

③ 南九州・南西諸島
日向国の4郡を割く➡**大隅国**を設置（713）
種子島・屋久島➡赤木など産物の貢進

テーマ② 【外交に注目】8世紀の東アジア諸国との関係

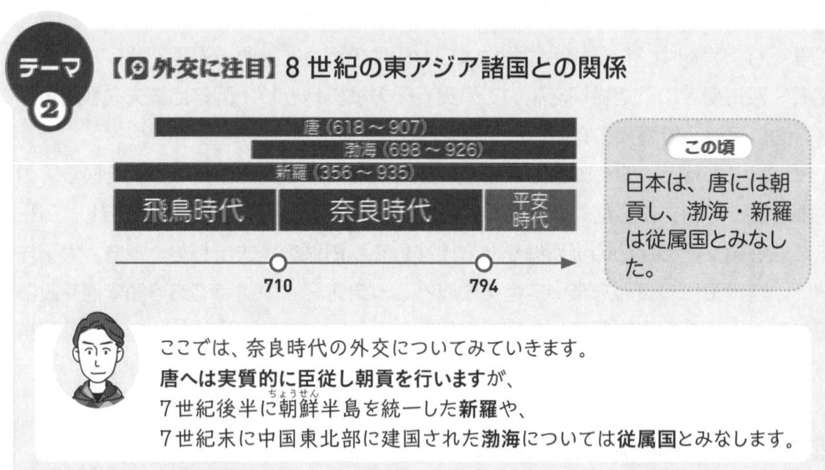

ここでは、奈良時代の外交についてみていきます。
唐へは実質的に臣従し朝貢を行いますが、
7世紀後半に朝鮮半島を統一した**新羅**や、
7世紀末に中国東北部に建国された**渤海**については**従属国**とみなします。

日本は、唐に臣従して、朝貢を行った

670年以降、唐と新羅が対立する東アジア情勢を背景に、倭は新羅と接近する一方で遣唐使の派遣は中断しました。ところが、701年に**大宝律令**が制定されると国号が「倭」から「日本」へと改められ [➡p.54]、翌702年に約30年ぶりに**粟田真人**を遣唐大使（この時は遣唐執節使と呼ばれた）とする遣唐使を派遣して公式の国号を唐へ伝えました。

奈良時代には遣唐使がたびたび派遣され、政治制度や文化の移入に大きな役割を果たしました。**日本は唐の冊封は受けなかったものの、実質的には唐に臣従する朝貢** [➡p.23] **で**、使者は正月の朝賀*に参列し、皇帝を祝賀しました。遣唐使に同行した**吉備真備**や**玄昉**らの留学生や学問僧は多くの書物や知識を伝え、律令国家の発展に大きく寄与しました。

この頃、遣唐使船は4隻派遣されたため、「よつのふね」と呼ばれ、乗組員は多

用語 *朝賀…元日に朝廷に参上し、天皇に年賀を申し上げた儀式。

い時で500人程度いました。遣唐使は、7世紀には朝鮮半島沿いの安全な**北路**をとりましたが、8世紀に新羅との関係が悪化すると、東シナ海を横断する危険な**南路**をとったので、しばしば遭難して多くの犠牲者を出しました。

Q どうして日本という国号がこの時期に定まったのですか？

A 律令を制定したことで国家意識が高まり、独自の国号を定めようとしたのです。

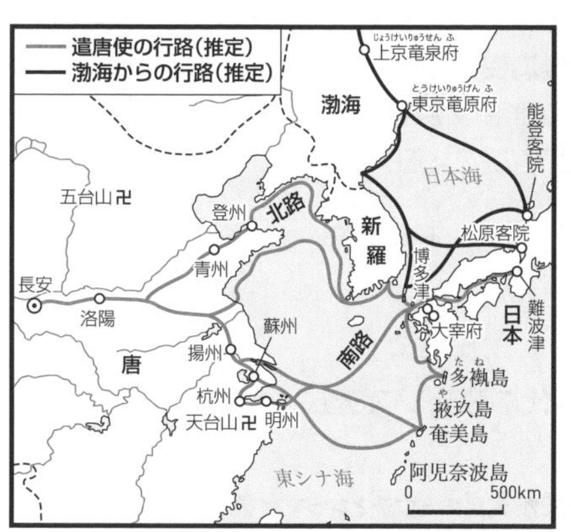

◀8世紀の東アジア

遣唐使の航路の変化について、
地図を参考にして
確認してみましょう。
新興国である渤海の位置と
渤海使の航路についても
みておきましょう。

日本は、新羅・渤海を従属国とみなした

一方、新羅は唐との関係が悪化するなかで日本へ**新羅使**を派遣しました。これに対して**日本は新羅を従属国とみなすようになったため、しだいに両国の関係は悪化していきました**。ただし、商人による交易は継続し、新羅は唐や南方の産物を日本へもたらしました。

698年、中国東北部に興った**渤海**は唐・新羅に対抗するため、727年に日本へ**渤海使**を派遣しました。**日本は渤海を従属国とみなしましたが**、8世紀中頃の**安史の乱**により唐の勢力が衰退すると**日渤関係は次第に交易中心へと変わっていきました**。渤海使は外交の窓口である大宰府ではなく、北陸地方へ来航しました。後に日本は**能登客院**や**松原客院**を日本海側に設け、渤海使をもてなすようになりました。

テーマ② まとめ 8世紀の東アジア諸国との関係

① 日本と唐の関係（**遣唐使**の派遣）
唐に臣従（朝貢）し、政治制度・文化などを移入する
中国皇帝の冊封（さくほう）は受けない
留学生・学問僧・商人などが随行する

② 日本と新羅の関係（**新羅使**・**遣新羅使**の往来）
日本は新羅を従属国とみなす ➡ 次第に関係が悪化する
商人による交易は継続した（大陸の文物を摂取）

③ 日本と渤海の関係（**渤海使**・**遣渤海使**の往来）
日本は渤海を従属国とみなす ➡ 次第に交易中心へ
北陸地方へ来航（**能登客院**・**松原客院**を設置）

トピック② 【政治に注目】奈良時代の政治システム

奈良時代の政界では、**藤原氏が天皇のミウチとなって台頭**します。藤原氏は、改新政治で活躍した中臣鎌足（なかとみのかまたり）が死後に「藤原」の姓を与えられ、その子孫が藤原姓を名乗ったことに始まります。

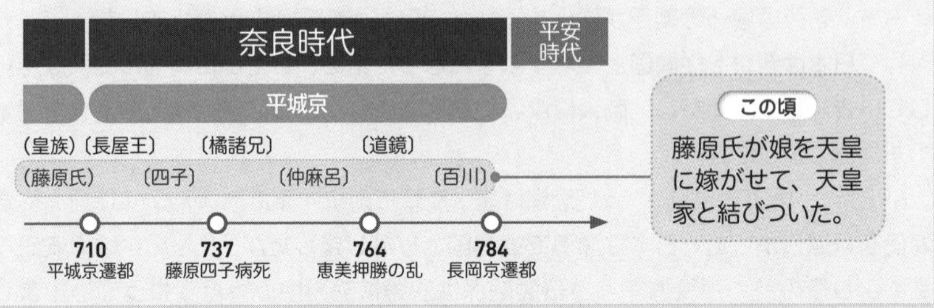

奈良時代は律令制にもとづき、**天皇のもとで太政官（だいじょうかん）が政務を統轄して政治が行われました**。ところが、当時は天皇の皇位継承が不安定であったため、太上天皇（だいじょうてんのう）*1や皇后（こうごう）・皇太后（こうたいごう）*2などが天皇の後見人となって臨時に政務をみたほか、皇位継承への発言権も有していました。天皇と太上天皇が同等の権限を持ったことは、この後の政治抗争の引き金となります。

【用語】＊1・2 太上天皇・皇太后…太上天皇は位を譲った天皇の尊称。太上天皇の皇后は皇太后となる。

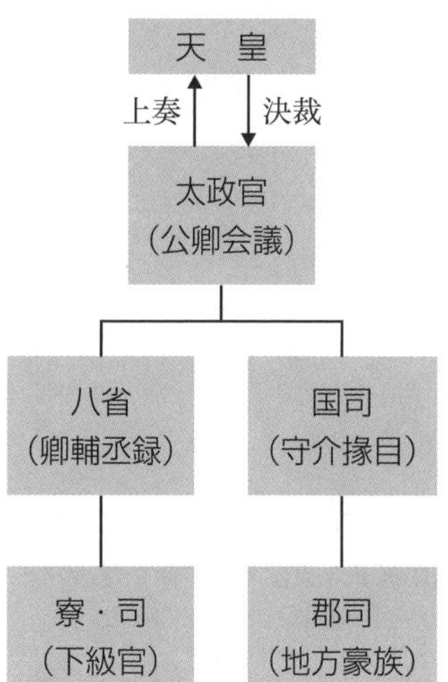

後見：太上天皇
　　　皇后・皇太后など
公卿会議：最初、皇族・有力氏族の代表が合議
　　　　➡次第に藤原氏が多数を占める

一方、行政の中心である太政官の官職（太政大臣・左大臣・右大臣・大納言・参議など）には皇族や有力諸氏の代表が就任し、合議により政務が行われていました。やがて、**藤原氏が政界に進出すると、旧来の有力諸氏の勢力は後退していきました。**藤原氏は一族の子弟を大学に入れて儒学の教養を身につけさせることに力を入れ、官僚として必要な政務能力を持つ貴族を多く輩出しました。さらに、娘を天皇に入内させ、天皇とミウチ関係を築いていきました。具体的には、**藤原不比等**は娘の**宮子**を**文武天皇**の夫人として生まれた皇子（後の聖武天皇）の即位を図り、娘の**光明子**も**聖武天皇**の夫人として天皇家との結びつきを強めました。その結果、藤原不比等の子の**武智麻呂**・**房前**・**宇合**・**麻呂**らは政界の中心を占め、**南家**・**北家**・**式家**・**京家**の家系の祖となりました。

720年に不比等が死去すると、天武天皇の孫で元正天皇の妹を妻とする**長屋王**が太政官の首班となりました。長屋王家に比べて、藤原氏を母とする**聖武天皇**は皇位の正統性に劣るところがありました。藤原四兄弟は皇位継承に不安を感じ、長屋王とその妻である吉備内親王を策謀により自害に追い込みました。これは**長屋王の変**と呼ばれます。その後、四兄弟は妹の**光明子**を**皇后**に立てることで天皇の後見人となり、皇位継承にも影響を与えました。

▼天皇家と藤原氏の関係系図

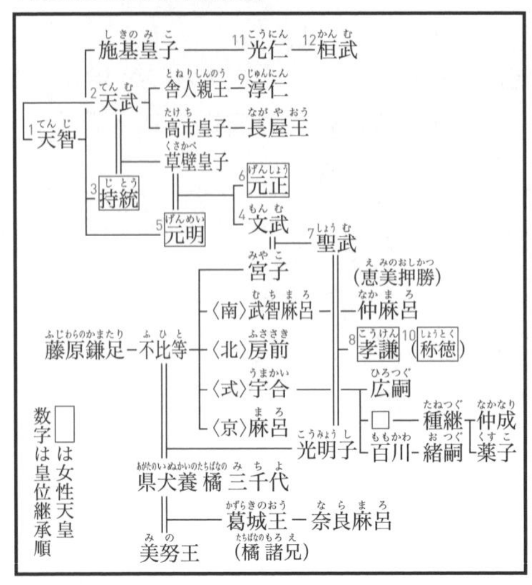

藤原氏と天皇家との関係は、系図を確認して視覚的にもおさえておきましょう。

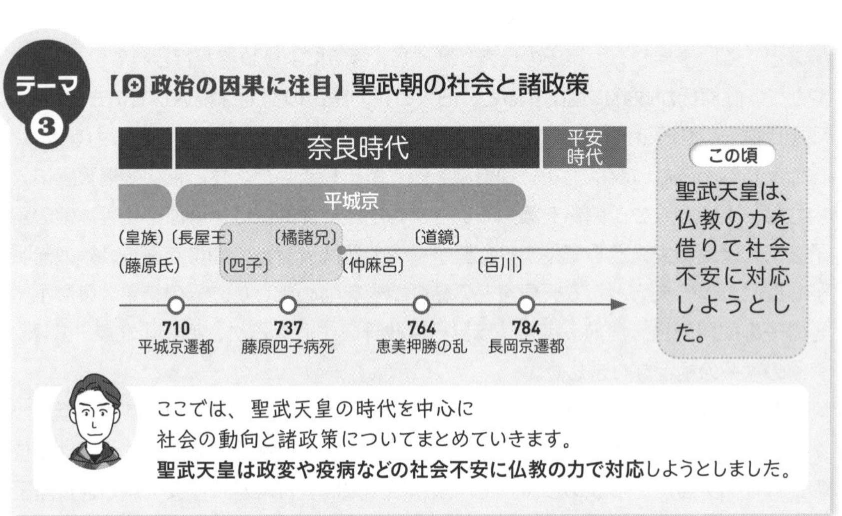

奈良時代には、相次ぐ政変・社会不安が起こった

707年の文武天皇の崩御(ほうぎょ)*1時、子の首皇子(おびとのみこ)はまだ幼少であったため、**元明・元正天皇**といった女性天皇が連続して擁立(ようりつ)され、724年になって首皇子は**聖武天皇**として即位しました。聖武天皇の治世は社会不安が広まった時代でした。729年、**長屋王の変**により政界の主導者であった長屋王が謀反(むほん)*2の罪をきせられて自害に追い込まれると、737年頃に天然痘(てんねんとう)が流行して藤原四兄弟をはじめとする多くの人々が亡くなりました。これにより藤原氏の勢力は一時後退することとなりました。代わっ

用語 *1 崩御…天皇・皇后などの死を意味する言葉。*2 謀反…国家や君主に背き兵をおこすこと。

て皇族出身の**橘諸兄**が政権を握り、唐から帰国した**吉備真備**や**玄昉**を重用しました。これに不満を持ったのが式家の**藤原広嗣**でした。740年、大宰少弐の立場にあった藤原広嗣は吉備真備や玄昉の排除を名目にして九州で反乱を起こしましたが、すぐに鎮圧されました。

聖武天皇は遷都をくり返し、仏教の力で社会不安に対応しようとした

こうした社会不安を受けて、聖武天皇は山背の**恭仁京**、摂津の難波宮、近江の**紫香楽宮**など遷都を繰り返しましたが、745年には平城京に還都しました。その間、**聖武天皇は仏教の力を借りて社会の動揺を鎮めようとしました。これを鎮護国家思想といいます**。この思想にもとづき、741年に**国分寺建立の詔**を発して諸国に**国分寺**・**国分尼寺**を建て、743年には**大仏造立の詔**を発して紫香楽宮に**盧舎那仏**をつくることを目指しました。大仏造立事業は難航して結果的に平城京の東方で続けられました。752年、聖武天皇の娘である**孝謙天皇**の時に大仏開眼供養の儀式が行われました。儀式には聖武太上天皇や光明皇太后のほか貴族・官人や僧尼などが参加し、盛大に執り行われました。

聖武朝の社会と諸政策

① 社会不安
長屋王の変（729）：藤原四兄弟による謀略で長屋王が自害
天然痘の流行（737）：藤原四兄弟死去➡橘諸兄が台頭する
藤原広嗣の乱（740）：式家の広嗣が九州で反乱を起こす

⬇

② 遷都事業（740～45）
恭仁京〔山背〕➡難波宮〔摂津〕➡**紫香楽宮**〔近江〕➡平城京

⬇

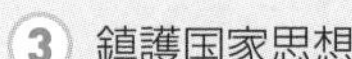

③ 鎮護国家思想
国分寺建立の詔（741）：国分寺・国分尼寺の建立
大仏造立の詔（743）〔紫香楽宮〕
➡大仏開眼供養（752）【孝謙朝】

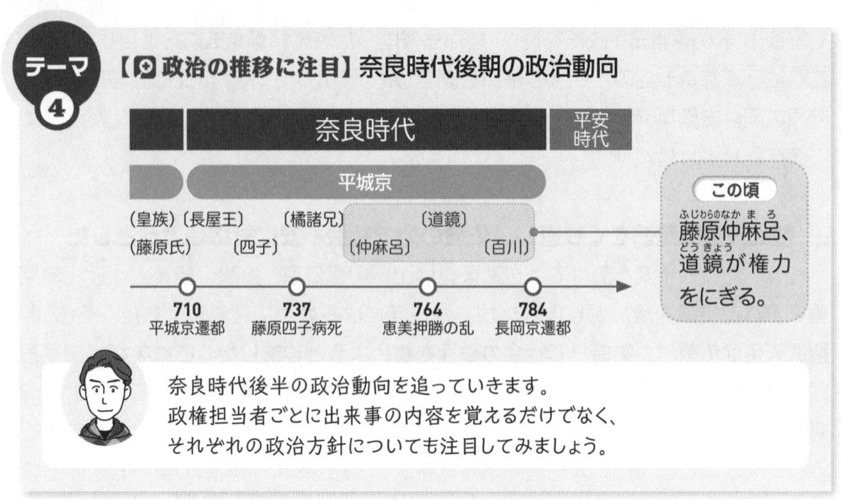

奈良時代の後半、藤原仲麻呂、ついで道鏡が権力をにぎった

聖武天皇が譲位して娘の孝謙天皇が即位すると、父の聖武太上天皇や母の光明皇太后が天皇を後見し、光明皇太后の財産を管理する機関である紫微中台の長官を務めていた藤原仲麻呂が台頭してきました。仲麻呂は政界の首班であった橘諸兄を引退に追い込んで権勢を振るうと、諸兄の子である橘奈良麻呂の謀叛計画（橘奈良麻呂の変）も未然に防いで姻戚関係にあった淳仁天皇を即位させました。

仲麻呂は淳仁天皇から恵美押勝の名を賜わると、**唐を模倣した儒教的な政策を進めていきました**。具体的には、養老律令を施行することにより祖父藤原不比等が主導した事業を広く世間に知らしめたほか、律令の官職を唐風の名称に改称していきました。太政官は乾政官、太政大臣は太師と呼ばれ、自身は760年に太師に就任しました。

ところが、仲麻呂は後ろ盾であった光明皇太后が亡くなると次第に孤立し、一方で権力を強めた孝謙太上天皇は僧侶の道鏡を寵愛するようになり、仲麻呂や淳仁天皇との対立を深めていきました。764年、仲麻呂は孝謙太上天皇に対して兵を挙げましたが、敗れました。これを恵美押勝の乱といいます。この争いは太上天皇が天皇と同等の権力を持っていたことが原因の一つだといえます。

乱後、淳仁天皇は淡路に流されて、孝謙太上天皇は重祚して称徳天皇となりました。その下で**道鏡は**太政大臣禅師、さらに法王となって権力を握り、西大寺の造営など**造寺・造仏を進めていきました**。こうした極端な仏教政治は国家財政を悪化させ、貴族層の反発を招くこととなりました。また、この頃には荘園の開墾が禁止されています（加墾禁止令）。769年には、称徳天皇が宇佐八幡の神託によって道鏡に皇位を譲ろうとする動きがありましたが、和気清麻呂によって失敗に追い込まれました。

770年に称徳天皇が崩御すると、**藤原百川や藤原永手らは**道鏡を下野薬師寺に左遷*しました。そして、次の皇位には天武天皇の系統に代わって天智天皇の皇統から高齢の光仁天皇を即位させ、**律令政治と国家財政の再建を目指しました**。

光仁天皇の皇子が、長岡京・平安京に遷都する桓武天皇です。
桓武天皇も光仁天皇の諸政策を引き継ぎ、
律令政治と国家財政の再建に取り組みます。

奈良時代後期の政治動向

1 藤原仲麻呂：唐を模倣した儒教的政策を行う
橘奈良麻呂の変（失敗）➡ **淳仁天皇**の擁立
養老律令の施行（757）
唐風名の採用（恵美押勝・乾政官・太師など）

⬇

2 道鏡：極端な仏教政治を行う
称徳天皇の重祚
造寺・造仏（**西大寺**の建立）

⬇

3 藤原百川・永手ら：律令政治・国家財政の再建
道鏡を下野薬師寺へ左遷
光仁天皇の擁立（高齢・天智天皇系）

用語 ＊左遷…今までより低い官職にすること。

確認問題

1 年代配列問題にチャレンジ

(1) 次の文Ⅰ～Ⅲについて、古いものから年代順に正しく配列したものを、後の①～⑥のうちから一つ選んで記号で答えなさい。

Ⅰ 藤原広嗣は聖武天皇の信任厚い玄昉や吉備真備らの排除を求めて大宰府で反乱を起こした。
Ⅱ 橘奈良麻呂は旧豪族の力を合わせて藤原仲麻呂の専権に対抗しようとしたが、逆に倒された。
Ⅲ 左大臣長屋王が、謀反の疑いをかけられ、自殺に追い込まれた。

① Ⅰ－Ⅱ－Ⅲ　② Ⅰ－Ⅲ－Ⅱ　③ Ⅱ－Ⅰ－Ⅲ
④ Ⅱ－Ⅲ－Ⅰ　⑤ Ⅲ－Ⅰ－Ⅱ　⑥ Ⅲ－Ⅱ－Ⅰ

(2) 次の文Ⅰ～Ⅲについて、古いものから年代順に正しく配列したものを、後の①～⑥のうちから一つ選んで記号で答えなさい。

Ⅰ 寺院以外の開墾を抑制する加墾禁止令が出された。
Ⅱ 諸国に国分寺・国分尼寺の建立を命ずる詔が出された。
Ⅲ 和同開珎を流通させるために蓄銭叙位令が出された。

① Ⅰ－Ⅱ－Ⅲ　② Ⅰ－Ⅲ－Ⅱ　③ Ⅱ－Ⅰ－Ⅲ
④ Ⅱ－Ⅲ－Ⅰ　⑤ Ⅲ－Ⅰ－Ⅱ　⑥ Ⅲ－Ⅱ－Ⅰ

2 探究ポイントを確認

(1) 聖武天皇の時代に生じた社会不安について３つ挙げよ。

(2) 藤原不比等は天皇家との関係を深めることで藤原氏繁栄の基礎を築いた。その具体的な方法について述べよ。

解答

1 (1) ⑤　(2) ⑥

2 (1) ①政治を主導していた長屋王が国家を傾けようとしていると密告され、自害に追い込まれた。
②天然痘が流行し、多くの人々が亡くなった。
③藤原広嗣が吉備真備・玄昉の排除を名目として九州で反乱を起こした。

(2) 娘の宮子を文武天皇の夫人とし、その間に生まれた首皇子に対しても娘の光明子を入内させた。(43字)

古代の文化Ⅰ

この講では、飛鳥時代から奈良時代までの3つの文化、**飛鳥文化・白鳳文化・天平文化**についてみていきます。**飛鳥文化は推古天皇の時代**が中心、**白鳳文化は天武天皇・持統天皇の時代**が中心、**天平文化は聖武天皇など平城京の時代の文化**です。どの文化も仏教と中国の影響に注目してみていきましょう。

時代の**メタマッピング**と**メタ視点**

文化 ➡テーマ①

古代の文化区分・特色Ⅰ

飛鳥文化は**最初の仏教文化**、白鳳文化は**国家仏教が形成された頃の**、天平文化は**国家仏教が発展した頃の文化**。

文化 ➡テーマ②

飛鳥～天平文化期の仏教

律令国家によって寺院が造営・管理され、僧侶になるにも国家の許可が必要だった。

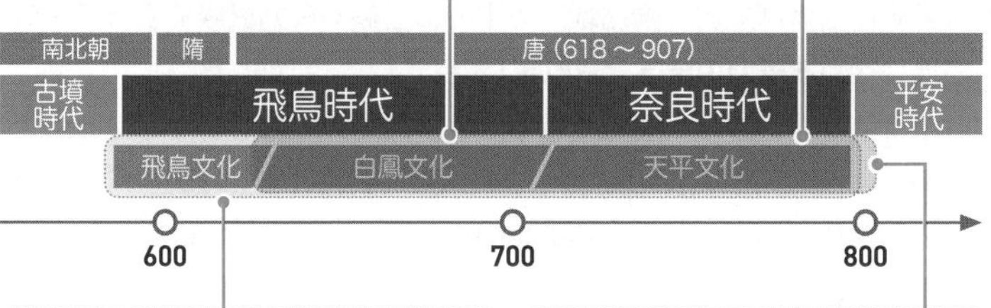

文化 ➡テーマ③④

飛鳥～天平文化期の仏像彫刻／飛鳥～天平文化期の絵画

寺院の造立にともなって仏像が作られ、仏教の教えを理解させるための絵画が描かれる。

文化 ➡テーマ⑤

白鳳・天平文化期の文学

漢詩や和歌が作られ、また国家意識の高まりにより**国史や地誌が編纂された**。

【文化に注目】古代の文化区分・特色Ⅰ

南北朝	隋	唐（618～907）		
古墳時代	飛鳥時代		奈良時代	平安時代
	飛鳥文化	白鳳文化	天平文化	
	・最初の仏教文化 ・南北朝期や朝鮮の影響	・国家仏教の形成 ・初唐の影響	・国家仏教の発展 ・盛唐の影響	

この内容 飛鳥文化・白鳳文化・天平文化は仏教と中国の影響に注意する。

飛鳥文化・白鳳文化・天平文化の時期と特色について、それぞれまとめていきます。

飛鳥文化は初の仏教文化で、中国南北朝期や朝鮮諸国の影響を受けた

6世紀末から7世紀前半にかけて飛鳥地方を中心に広がった文化を**飛鳥文化**といいます。飛鳥文化は**推古天皇**の時代［➡ p.43］を中心に展開しました。

まず、文化の特色として最初の仏教文化である点に注目しましょう。百済の**聖明王**から**欽明天皇**に仏像や経典が送られることで仏教が公式に日本に伝えられたのは、6世紀前半から中頃にかけてです［➡ p.40］。ところが、当時は仏教の受容に反対する物部氏の勢力が強かったため、仏教文化が栄えませんでした。587年に**蘇我馬子**が**物部守屋**を滅ぼすと、**飛鳥地方を中心に王族や有力豪族によって大寺院が建立され古墳に代わる権力の象徴とされました。**

2つ目の特色としては、中国南北朝期・朝鮮諸国の影響を受けている点が挙げられます。例えば、**鞍作鳥**（止利仏師）によって北魏様式の仏像彫刻が作られたほか、高句麗僧の**曇徴**によって紙・墨・絵の具が伝えられ、百済僧の**観勒**によって暦法が伝えられました。

Q 中国南北朝期は439～589年で、その後、隋が中国を統一しました。飛鳥文化期は推古天皇の時代なので、隋の影響を受けているのではないのですか？

A 中国南北朝期の文化が直接日本に伝わったと考えず、百済や高句麗を経由して伝わったと考えましょう。そのためタイムラグが生じることになります。

白鳳文化期には、律令国家による仏教統制が始まった

7世紀後半から8世紀初めにかけて広がった文化は**白鳳文化**です。この頃は律令

国家の形成期にあたり、中央集権体制を目指す律令国家により仏教の統制が始まりました。こうした国家による仏教統制は国家仏教と呼ばれます。**国家仏教の形成期には、律令国家の保護を受けた官寺が建立された**点に注目しましょう。もう１つの特色は、初唐や朝鮮半島の影響を受けているという点です。７世紀後半の天武・持統朝は遣唐使が中断されていた [➡ p.46] ため新羅を経由し、８世紀初頭は遣唐使により直接文化が伝えられました。

天平文化期には国家仏教が発展し、仏教統制が強まった

８世紀を中心とする平城京の時代の文化は**天平文化**と呼ばれます。特に**聖武天皇**や**光明皇后**により仏教保護政策が進められました [➡ p.71]。律令国家が成熟する時代で、国家仏教も発展を迎える時代です。平城京に多くの大寺院が創建・移転されたほか、鎮護国家思想の深まりにより各地に**国分寺**・**国分尼寺**が建立され、東大寺に**盧舎那仏**が造営されました。また、律令により本格的な仏教統制が進んでいきました。８世紀前半は唐の全盛期にあたり、シルクロードを通じて積極的に西アジアの文化を摂取した唐から国際色の強い工芸品や絵画などが日本へも伝わってきました。光明皇太后によって聖武太上天皇の遺愛品*などが集められた校倉造の**正倉院宝庫**には、こうした文化財が多く収められています。

最後に、**律令の完成とともに国家意識が高まった**という点をおさえておきましょう。律令国家は、統治の由来や国家の形成・発展を示すために国史・地誌の編纂を行いました。

701年に大宝律令 [➡ p.53] が制定され、
律令国家は法治国家としての意識を高めることとなりました。

古代の文化区分・特色Ⅰ

① **飛鳥文化**（6世紀末～7世紀前半）
最初の仏教文化（王族・豪族が担い手）
中国南北朝期・朝鮮（高句麗・百済）の影響を受ける

② **白鳳文化**（7世紀後半～8世紀初め）
国家仏教が形成される（官寺の建立）
初唐の影響を受ける（7世紀後半：新羅経由　8世紀初め：遣唐使）

用語 ＊遺愛品…亡くなった人が生前大事にしていた品。

③ **天平文化**（8 世紀）
国家仏教が発展する（仏教統制）
盛唐の影響を受ける（国際色豊か）
国家意識の高まり ➡ 国史・地誌の編纂

【文化に注目】飛鳥～天平文化期の仏教

南北朝	隋	唐（618～907）		
古墳時代	飛鳥時代		奈良時代	平安時代
	飛鳥文化	白鳳文化	天平文化	
	・寺院の建立	・官寺の造営や管理	・国家による仏教統制 ・社会事業	

この内容 律令国家では国家により寺院が運営され仏教の国家統制が進む。

飛鳥～天平文化期にかけて、
どのようにして仏教が広まっていったのかを多面的にみていきます。

律令国家により官寺が造営・管理され、護国の経典を読む法会が開催された

▼法隆寺の西院

飛鳥文化期、推古天皇は仏教興隆の詔を発し、憲法十七条では仏教保護の姿勢が示されました。**王族や豪族により仏教が受容され、古墳に代わる権威の象徴として大寺院が建立されました**。代表的な寺院としては、蘇我馬子が建立した**飛鳥寺**（**法興寺**）、厩戸皇子が建立した**法隆寺**と**四天王寺**、秦河勝が建立した**広隆寺**、飛鳥に建てられた尼寺の**中宮寺**、吉備池廃寺がその遺構といわれる舒明天皇が創建した**百済大寺**などが挙げられます。これら寺院には、礎石＊1・瓦をともなう建物や丹塗り＊2の柱など、それまでの日本列島にはみられない建築物が造られました。ただし、現在の法隆寺の境内から**若草伽藍跡**が発見されたことにより、オリジナルの法隆寺は 670 年頃に火災に遭い、その後再建されたことが判明しています。

白鳳文化期には、中央集権体制を目指す律令国家により寺院が造営・管理されました。例えば、天武天皇は高市大寺を改称して**大官大寺**とし、国家仏教の頂点に位

【用語】＊1 礎石…建物の柱の下に入れて土台となる石。＊2 丹塗り…丹（朱色）で塗ること。

置づけました。他にも皇后の病気平癒を祈って**薬師寺**造立を祈願しました。現存する奈良市の薬師寺東塔は730年頃の建立ですが白鳳期の建築様式を持つ平城京最古の建造物で、三重塔の各層には裳階がついていて6層のようにみえます。**官寺では金光明経や仁王経を読誦する法会が開催され、無病や豊穣など国家の安泰が祈願されました。**

Q なぜ法会では金光明経や仁王経が読まれたのですか?

A 金光明経や仁王経には、国王が経典を護持することにより四天王がその国王の統治する国土を守り利益をもたらすという教義がありました。

律令国家による仏教統制が進み、僧尼は得度が必要とされた

天平文化期、仏教は国家権力と一層深い関わりを持ち、その庇護のもとで発展しました。個人の救済よりも鎮護国家の役割を担うことが重視され、730年代の天然痘の流行により鎮護国家思想は高まりました。741年、聖武天皇は国ごとに**国分寺**や**国分尼寺**を建立することを発願しました。僧寺である国分寺は**金光明四天王護国之寺**、尼寺である国分尼寺は**法華滅罪之寺**と名づけられ、これらの寺院においても経典読誦による祈禱が行われ、そのために必要な写経も行われました。また、教理研究も進み、後世に**南都六宗**と呼ばれる仏教宗派が誕生しました。一方、律令には**僧尼令**という日本独自の項目が規定され、国家による仏教統制が進みました。僧綱と呼ばれる役所が寺院や僧尼を統轄し、僧や尼は民間布教が禁じられる一方で人頭税を免除されました。そのため、僧尼になる得度には国家の許可を得る必要があり、無許可で僧尼となった者は私度僧と呼ばれて弾圧の対象となったのです。得度するためには戒壇で得度し戒律*を授かる(受戒)しなければならず、753年に来日した**鑑真**が戒律を伝えるとともに本格的な受戒制度を整備しました。受戒を行うための戒壇は大和の東大寺、下野の薬師寺、筑紫の観世音寺に置かれました。

仏教に基づく社会事業も行われました。**行基**は溝池開発や貧民救済によって多くの信者を獲得し、**光明皇后**は**悲田院**や**施薬院**を設けて孤児育成や病人救済を進めました。

南都六宗とは、三論宗・成実宗・法相宗・倶舎宗・華厳宗・律宗の6つの学派をいいます。

用語 *戒律…仏教で、僧侶の守るべき規律。

飛鳥～天平文化期の仏教

① 寺院の建立
氏寺（うじでら）（豪族の権威の象徴）・**官寺**（国家の管理）

② 経典読誦
法会の開催➡国家の安泰（無病・豊穣）を祈る
教理研究➡**南都六宗**の形成（法相・華厳・律宗など）【天平文化】

③ 国家による仏教統制（**僧尼令**）
僧綱が寺院・僧尼を統轄する
受戒（戒壇で戒律を授けられる）により正式な僧侶となる【天平文化】

④ 社会事業
溝池開発・貧民救済（**行基**・**光明皇后**【天平文化】）

テーマ③ 【文化に注目】飛鳥～天平文化期の仏像彫刻

南北朝	隋	唐（618～907）		
古墳時代	飛鳥時代		奈良時代	平安時代
	飛鳥文化	白鳳文化	天平文化	
	・法隆寺金堂釈迦三尊像	・興福寺仏頭	・東大寺盧舎那仏	

この内容 仏像彫刻は文化ごとの特徴的な仏像に注意する。

飛鳥文化期以降、**寺院の建立にともない仏像も製作**されました。
飛鳥～天平文化期の仏像の特徴についてまとめていきます。

仏教は仏像を通じて人々の心に深い印象を残した

飛鳥文化期、一部の支配者層を除いて仏教の教理は深く理解されておらず、仏教は仏像などの美術作品を通じて王族や豪族に受容されていきました。渡来系の**鞍作鳥**（**止利仏師**）によって北魏様式の仏像が製作され、**法隆寺金堂釈迦三尊像**や飛鳥寺釈迦如来像（飛鳥大仏）などの金銅像が現在に残されています。一方、北魏様式とは異なる仏像としては中宮寺や広隆寺の半跏思惟像などの木像が代表的です。

白鳳文化期に作られた金銅仏のなかで代表的なものが**興福寺仏頭**です。この仏頭は、1187 年に興福寺の僧侶が飛鳥の山田寺から奪取したものと推定され、山田寺本尊と称されることもあります。

▼法隆寺金堂釈迦三尊像

▼興福寺仏頭

天平文化期、仏像は唐の影響を受けて規模も大きくなり、技術的な進歩もみられました。**盧舎那仏**は、**聖武天皇の命令により 743 年に紫香楽宮で鋳造が開始され、地震で倒壊した後は平城京で鋳造を再開し、752 年に開眼供養が行われました**。他にも造仏司*のもとで仏師・仏工が統制され、東大寺法華堂不空羂索観音像（乾漆像）や執金剛神像（塑像）などが製作されました。**乾漆像**は麻布を漆で固めてつくった像、**塑像**は粘土でつくった像ですが、いずれも素材が柔らかくなったことで写実的な表現が可能となりました。乾漆像は他にも鑑真の肖像彫刻である唐招提寺鑑真和上像と興福寺八部衆像の一つである興福寺阿修羅像を覚えておきましょう。

▼塑像と乾漆像の工法

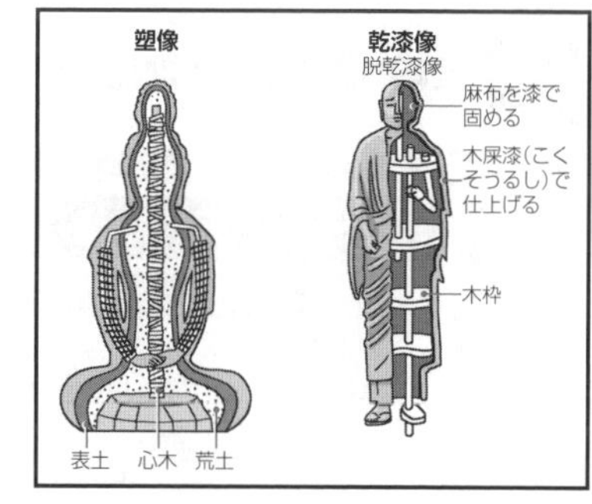

用語　＊造仏司…寺院や仏像を作る際、臨時に置いた職。

Q 聖武天皇はなぜ盧舎那仏をつくろうとしたのですか？

A 盧舎那仏は毘盧遮那仏（びるしゃなぶつ）とも呼ばれ、華厳経（けごんきょう）という経典で宇宙そのものとされる仏です。聖武天皇は中央集権国家の中心である自らを盧舎那仏になぞらえたと考えられます。

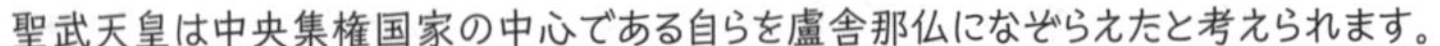

テーマ③ まとめ 飛鳥～天平文化期の仏像彫刻

① 飛鳥文化（6 世紀末～ 7 世紀前半）
北魏様式：**鞍作鳥／法隆寺金堂釈迦三尊像**
その他：中宮寺・広隆寺半跏思惟像

② 白鳳文化（7 世紀後半～ 8 世紀初め）
金銅像：**興福寺仏頭**（もと山田寺仏像）

③ 天平文化（8 世紀）
金銅像：東大寺**盧舎那仏**（743 年鋳造開始、752 年完成）
乾漆像：東大寺法華堂不空羂索観音像
唐招提寺鑑真和上像、興福寺阿修羅像
塑　像：東大寺法華堂執金剛神像

テーマ④ 【文化に注目】飛鳥～天平文化期の絵画

南北朝	隋	唐（618～907）		
古墳時代	飛鳥時代		奈良時代	平安時代
	飛鳥文化	白鳳文化	天平文化	
	・玉虫厨子須弥座絵や扉絵	・法隆寺金堂壁画 ・高松塚古墳壁画	・薬師寺吉祥天像 ・正倉院鳥毛立女屏風	

この内容 絵画も仏教に関係するものが多く描かれる。

読み書きができない人にも教理を理解させるため、
仏教の宗教画が描かれました。

曇徴により紙・墨・絵の具の技法が伝えられると、絵画が描かれるようになった

飛鳥文化期の遺品は少ないものの、仏教にかかわる工芸や絵画作品が残されています。法隆寺に伝えられる宮殿の形をした**玉虫厨子**は仏像を安置するための仏具で、金具の下に玉虫の羽が貼られています。この台座と扉にはそれぞれ須弥座*絵と扉絵が描かれました。一方、中宮寺に残る**天寿国繡帳**は厩戸皇子の死後の姿をしのんでその夫人が作らせたもので、下絵の上に色糸で刺繡が加えられています。

▼高松塚古墳壁画

白鳳文化期には壮大な壁画が描かれました。**法隆寺金堂壁画**はインドのアジャンター壁画や中国の敦煌石窟壁画の様式に類似する傑作ですが、1949年に火災で焼損してしまいました。これが契機となり、翌1950年には**文化財保護法**が制定されました。一方、1972年に奈良県明日香村で終末期古墳である**高松塚古墳**から壁画が発見されました。古墳内部には青龍・白虎・朱雀・玄武の四神図や男女群像図などが描かれ、高句麗の壁画と共通する面がみられます。

天平文化期の絵画は唐の影響を強く受けており、豊満で華麗な美人画が代表的です。**薬師寺吉祥天像**は仏教の守護神となったヒンドゥー教の女神を描いたもので、**正倉院**に伝わる**鳥毛立女屛風**は樹下美人図ともいわれます。一方、写経事業の推進により作成された過去現在絵因果経には釈迦の一生を表した絵画が描かれ、これは後の絵巻物の源流といわれます。

Q 正倉院宝物にはどのようなものが残されているのですか？

A 正倉院宝物には、螺鈿紫檀五絃琵琶や白瑠璃碗など西アジア・中央アジアの影響を受けたものや、東大寺の写経事業で使用された多数の文書・帳簿などが残されています。

用語 ＊須弥座…須弥山（仏教で世界の中心とされる高い山）をかたどったもの。

飛鳥〜天平文化期の絵画

① 飛鳥文化（6世紀末〜7世紀前半）
玉虫厨子須弥座絵・扉絵

② 白鳳文化（7世紀後半〜8世紀初め）
法隆寺金堂壁画（1949年焼損）
　類似：（インド）アジャンター壁画・（中国）敦煌石窟壁画
高松塚古墳壁画（1972年発見）
　四神図・男女群像図など

③ 天平文化（8世紀）
薬師寺吉祥天像（ヒンドゥー教の女神）
正倉院鳥毛立女屛風（樹下美人図）

テーマ⑤【文化に注目】白鳳・天平文化期の文学

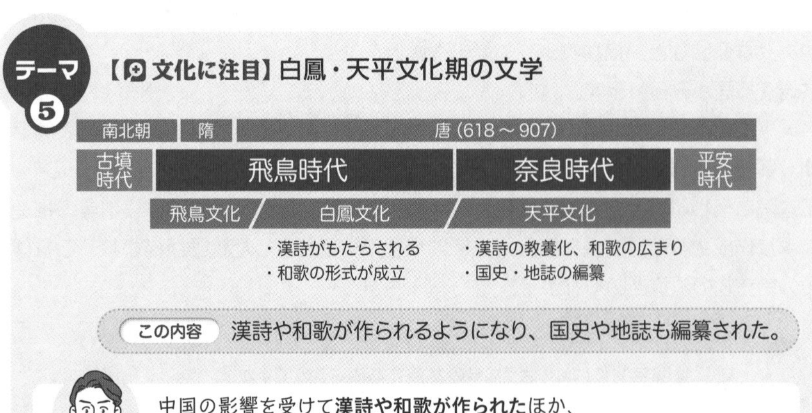

この内容 漢詩や和歌が作られるようになり、国史や地誌も編纂された。

中国の影響を受けて**漢詩や和歌が作られた**ほか、
国家意識の高まりにより**国史や地誌が編纂されました。**

日本列島に亡命した百済貴族により漢詩文が伝えられた

7世紀後半、倭(わ)は百済復興のため朝鮮半島に出兵し、白村江(はくそんこう)の戦いで唐・新羅連合軍に敗北しました［➡p.46］。この時、多くの百済貴族が日本列島に亡命し、国防体制の強化などに尽力したほか、大陸の知識や文化をもたらしました。その一つが漢詩文です。中国で初唐の時代に漢詩文の基本的なルールが整えられると、それを受容した百済貴族によって日本列島にも漢詩文が伝わったのです。一方、古くから口承で伝えられてきた歌謡も漢詩の影響を受けて長歌・短歌などの形式が整えられ、和歌が成立しました。

白鳳期の代表的な歌人として、漢詩文では天武天皇の子である大津皇子、和歌では長歌を得意とした柿本人麻呂や女流歌人の額田王をおさえておきましょう。

漢詩は貴族・官人の教養とされる一方、和歌は庶民の間にも広まった

律令国家が整備されるなかで、貴族・官人は官吏として統制されました。**律令国家は唐にならって漢文を用いた文書行政を基礎としており、官吏は日常から漢詩文などを習熟することで公文書の読み書きに備えていました**。さらに貴族の子弟は都に置かれた**大学**（大学寮）に、郡司の子弟は諸国に置かれた**国学**に通って**明経道**（儒学）・**明法道**（律令）などの国家試験をうけ、成績に応じて位階が授与されました。この大学（大学寮）では漢詩文と歴史を扱う学問がおこり、平安初期に**紀伝道**という独立教科として重要な位置を占めるようになりました。8世紀中頃には、文人や学者の漢詩を集めた最古の漢詩文集である**『懐風藻』**が編纂されました。

一方、和歌は様々な立場の者によって広く詠まれました。最古の和歌集である**『万葉集』**には万葉仮名で書かれた約4500首が収録されており、天皇をはじめ**大伴家持**・**山上憶良**・山部赤人ら宮廷歌人の歌や東国の農民たちの心を伝える東歌・防人による防人歌なども残されています。

Q 万葉仮名というのはどういうものですか？

A 万葉仮名とは、漢字を本来の意味とは関係なく音・訓だけ用いて日本語を表記したものです。例えば、「天地」は「阿米都智（あめつち）」、「懐かし」は「夏樫（なつかし）」のように表されました。

国家意識が高まり、国史や地誌の編纂が進んだ

律令国家の形成にともない国家意識が高まると、天皇を中心とする統治の正統性や国家の起源を明らかにするために国史や地誌が編纂されました。

天武天皇の時代に始まった国史編纂事業は 8 世紀初頭に完成しました。天武天皇は古くから宮廷に伝わる『帝紀』『旧辞』を**稗田阿礼**に読み習わせ、それを**太安万侶**が筆録する形で 712 年に『**古事記**』が完成しました。『**古事記**』には天地の始まりから推古天皇までの歴史が物語風にまとめられています。

一方、舎人親王らが中国の歴史書の体裁にならって 720 年に完成させた『**日本書紀**』には、神代から持統天皇にいたるまでの歴史が漢文編年体で記されています。律令国家による国史編纂事業はこの後も続けられ、901 年に完成する『**日本三代実録**』まで 6 つの正史が編纂されました。これらは**六国史**と総称されます。

一方、713 年には諸国に対して地誌の編纂が命じられ、郷土の産物や地名の由来、地方の伝承などが『**風土記**』としてまとめられました。現在、常陸・出雲・播磨・豊後・肥前の 5 ヵ国の『風土記』が伝えられています。

六国史とは、『日本書紀』・『続日本紀』・『日本後紀』・『続日本後紀』・『日本文徳天皇実録』・『日本三代実録』の 6 つの国史を指します。

白鳳・天平文化期の文学

① 白鳳文化（7 世紀後半～ 8 世紀初め）
漢詩：亡命した百済貴族が伝える／大津皇子など
和歌：形式を整える／**柿本人麻呂**・額田王など

② 天平文化（8 世紀）
漢詩：『**懐風藻**』（最古の漢詩集）
和歌：『**万葉集**』（最古の和歌集／約 4500 首）
万葉仮名（漢字の音・訓➡日本語を記す）
国史：『**古事記**』（**稗田阿礼**が暗唱➡**太安万侶**が筆録）
『**日本書紀**』（**舎人親王**らが編纂、神代～持統朝）
地誌：『**風土記**』（現存＝常陸・出雲・播磨・豊後・肥前）

確認問題

1 年代配列問題にチャレンジ

(1) 次の文Ⅰ～Ⅲについて、古いものから年代順に正しく配列したものを、後の①～⑥のうちから一つ選んで記号で答えなさい。

Ⅰ 厩戸皇子によって現在の奈良県斑鳩の地に法隆寺金堂・五重塔が建立された。
Ⅱ 天然痘が流行した天平期、法隆寺夢殿と呼ばれる八角堂が建立された。
Ⅲ インドや中国の壁画と類似する法隆寺金堂壁画が描かれた。

① Ⅰ－Ⅱ－Ⅲ　② Ⅰ－Ⅲ－Ⅱ　③ Ⅱ－Ⅰ－Ⅲ
④ Ⅱ－Ⅲ－Ⅰ　⑤ Ⅲ－Ⅰ－Ⅱ　⑥ Ⅲ－Ⅱ－Ⅰ

(2) 次の文Ⅰ～Ⅲについて、古いものから年代順に正しく配列したものを、後の①～⑥のうちから一つ選んで記号で答えなさい。

Ⅰ 律令国家の形成にともない編纂が開始された国史や地誌が完成した。
Ⅱ 高句麗僧や百済僧により、彩色の技法や暦法などが伝えられた。
Ⅲ 亡命した百済貴族により、漢詩文が伝えられた。

① Ⅰ－Ⅱ－Ⅲ　② Ⅰ－Ⅲ－Ⅱ　③ Ⅱ－Ⅰ－Ⅲ
④ Ⅱ－Ⅲ－Ⅰ　⑤ Ⅲ－Ⅰ－Ⅱ　⑥ Ⅲ－Ⅱ－Ⅰ

2 探究ポイントを確認

(1) 飛鳥文化期、王族や豪族は仏教をどのようなものとして受け入れたのか。また、仏教を信仰した王族や豪族はどのような動きをみせたか。

(2) 奈良時代、国家仏教はどのような発展をみせたか。「教理研究」・「民間布教」という語を用いて説明せよ。

解答

1 (1) ②　(2) ④

2 (1) 王族や豪族は一族の繁栄を祈る呪術として仏教を受け入れた。そして、古墳に代わる権威の象徴として寺院を建立した。(54字)
(2) 奈良時代、鎮護国家のための法会が開催され、経典読誦による祈禱が行われ、教理研究が進んだ。一方、国家が寺院や僧尼を統轄し、僧尼による民間布教は禁じられた。(76字)

律令国家の再建と摂関政治

この講から平安時代です。律令制は8世紀後半から上手くいかなくなりました。そのため平安時代初期は**律令国家の再建**が目指されますが、中期になると**律令国家は変質**していきます。一方、平安時代には**摂関政治**が展開されますが、天皇が政治を主導した**天皇親政の時期**もあります。大きな流れをおさえた上で、天皇や藤原氏など多くの人物名を覚えていきましょう。

時代の**メタマッピング**と**メタ視点**

政治 ➡テーマ①②

桓武朝の動向／嵯峨朝の動向

平安時代初期は唐を模範として**律令国家の再建策**がとられた。

変化 ➡テーマ④

律令国家から王朝国家へ

唐の滅亡後、平安時代中期には唐を理想とした**律令国家が変質**。

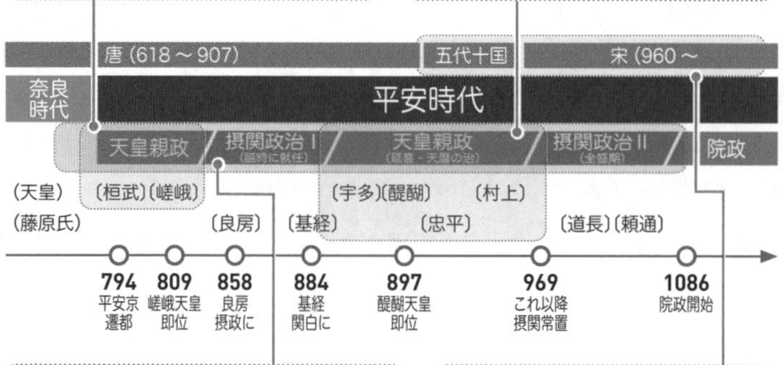

政治の推移 ➡テーマ③⑤

藤原氏北家の台頭／摂関政治について

平安時代は、天皇が政治を主導した**天皇親政の時期**と摂政・関白が政治を主導した**摂関政治の時期**に分けられる。

外交の変化 ➡テーマ⑥

平安中期における日中間の交流

10世紀、唐が滅亡するなど**東アジア全体が動乱期**になり、日本の立場も変化する。

テーマ1 【政治に注目】桓武朝の動向

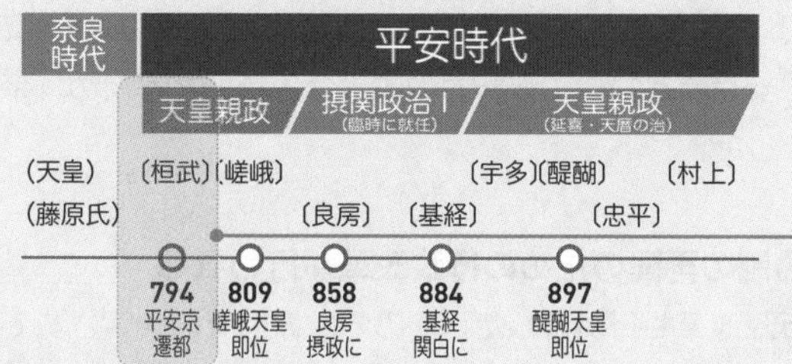

この頃
桓武天皇が即位、長岡京・平安京が造営され、行政改革・蝦夷征討が行われる。

平安時代初期には、天皇の強いリーダーシップのもとで**律令制の再建**が目指されます。奈良時代末期に天武天皇の皇統に代わり天智天皇の皇統から光仁天皇が即位し、その子桓武天皇は、天皇権力の強化に努めました。

新しい皇統の時代が始まり、新しい宮都が造営される

781年に即位した**桓武天皇**は、父の光仁天皇の時代に推進された律令国家の再建策を受け継ぎました。天智系の皇統であることを強く意識する**桓武天皇は新しい王朝を象徴する宮都を造営することで天皇の権威を示そうとしました**。784年、奈良の仏教勢力が政治介入することを抑えるため、大和の平城京から山背の**長岡京**に遷都しました。

ところが、造都事業を主導した**藤原種継**が暗殺される事件が起こり、その犯人とされた皇太子の**早良親王**が退けられました。

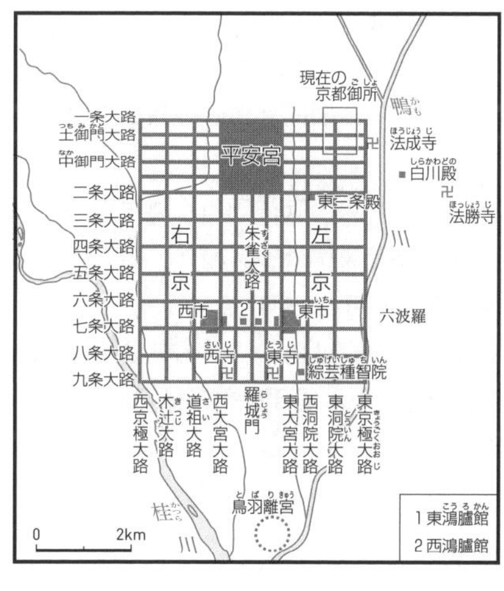

◀平安京

平安京は平城京と同様の条坊制 [➡p.64] の区画となりました。ただし、左京の外側に張り出し部はありません。
京内には王城鎮護のため、新たに東寺・西寺が建立されました。

また、長岡の地は淀川水系*に位置し、交通の便は良かったものの洪水に見舞われることもしばしばありました。

そこで、桓武天皇は 794 年に再び遷都を行いました。この新都が平安時代の名前の由来ともなった**平安京**ですね。仏教勢力の政治介入を抑えるため、奈良の大寺院の移転は禁じられました。

桓武朝では、律令制の再建のための行政改革が行われる

桓武天皇は様々な行政改革も行いました。その際、律令では規定されていない新しい官職が必要となり**令外官**を置きました。例えば、国司交替の事務引継ぎを監督させるため、新たに**勘解由使**という令外官が置かれました。

一方、口分田を棄てて戸籍に登録された本籍地から離れて**浮浪**する者や、都の造営工事の現場から**逃亡**する者が増加するという社会の実情をみて、公民負担の軽減を図りました。東北地方や九州などの一部地域を除いて軍団制 〔➡ p.59〕 を廃止し、郡司の子弟などにより構成される少数精鋭の**健児**を採用しました。この背景には唐の衰退とともに対外的な緊張が緩んでいたことも考えられます。

また、雑徭を半減したほか、口分田の班給を 6 年 1 班から 12 年 1 班に改めることで戸籍を作成する負担も軽くしました。

Q 口分田の班給が 12 年 1 班になると、なぜ公民の負担が軽くなるのですか？

A 口分田の班給には戸籍の作成が必要となります。戸籍の作成には公民の協力が必要なので、その頻度が少なくなることで公民の負担は軽くなりました。

桓武朝では、東北地方の蝦夷の征討が行われる

服属した蝦夷で郡司に任じられた**伊治呰麻呂**が 780 年に反乱を起こして以来、律令国家の支配に対する蝦夷の抵抗が続いていました。**桓武天皇は蝦夷征討のための大軍を何度か派遣しました**。

なかでも**征夷大将軍**に任じられた**坂上田村麻呂**は蝦夷の族長である阿弖流為を服属させて北上川流域に進出すると、802 年に**胆沢城**を築いて多賀城から鎮守府を移し、さらに翌年には北方に**志波城**を築いて最前線の拠点としました。

ところが、桓武天皇により進められた造都事業と蝦夷征討の二大事業は国家財政を悪化させ、民衆を疲弊させました。805 年、桓武天皇は**藤原緒嗣**の意見を入れて、この二大事業を打ち切ることを決定しました。

 用語 ＊水系…川の本流や支流などを含めた総称。

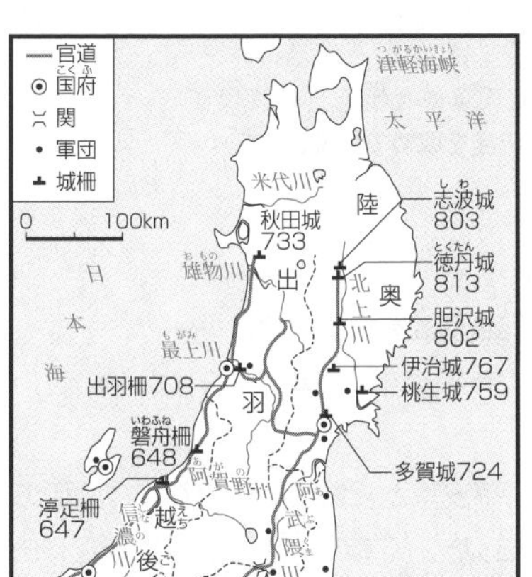

◀東北地方の城柵

胆沢城や志波城は太平洋側の北上川流域に築かれました。
胆沢城の方が南側で志波城の方が北側に位置します。
地図をみて、しっかりと場所を覚えておきましょう。

テーマ① まとめ 桓武朝の動向

① 新しい宮都の造営（天皇権威の強化）

長岡京（784）〔山背〕：**藤原種継**の主導➡暗殺される

平安京（794）〔山城*〕：**和気清麻呂**の主導

② 行政改革

令外官の設置：**勘解由使**（国司交替の事務引継ぎを監督）

公民の負担軽減：軍団制の廃止➡**健児**の採用

雑徭の半減／班田励行（12年1班）

③ 蝦夷の征討（太平洋側中心）

坂上田村麻呂を征夷大将軍に任じる

胆沢城（多賀城から鎮守府を移す）・**志波城**の築城

テーマ② 【政治に注目】嵯峨朝の動向

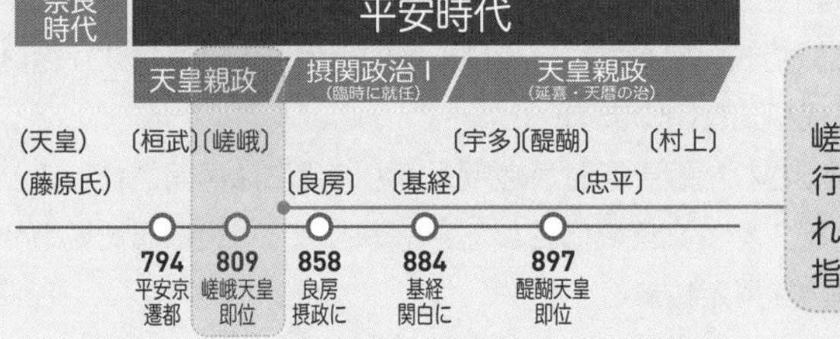

この頃

嵯峨天皇が即位、行政改革が行われ、唐風化が目指される。

【用語】＊山城（山背）…平安京に遷都した時に山背国は山城国に改められた。

続いて、桓武天皇の皇子である平城天皇や嵯峨天皇の時代をみていきましょう。嵯峨天皇は**律令法典を改めて整備**します。

平城太上天皇の変を経て、嵯峨天皇は行政改革を推進する

桓武天皇の死後、子の平城天皇や嵯峨天皇は官人組織の統廃合を行うなどの政治改革を進めました。

810年、嵯峨天皇と平城太上天皇は対立し、平安京と平城京に分かれて「二所の朝廷」と呼ばれて平城太上天皇の変が起こりました。天皇のそばに仕えて命令を伝える尚侍の立場にあった**藤原薬子**が平城太上天皇の側について対抗したことから、これを**薬子の変**と呼ぶこともあります。

嵯峨天皇は蔵人頭を置き、独自のルートで自身の命令を太政官組織に速やかに伝達することで勝利をおさめました。政変の首謀者とされた藤原仲成は殺害され、妹の薬子は自害しました。

この事件を契機に嵯峨天皇により天皇の秘書官長として設置された**蔵人頭**には、藤原氏北家の**藤原冬嗣**と**巨勢野足**が任じられました。後に蔵人所が整備され、蔵人頭のもとには複数の蔵人が所属しました。

次に平安京内の治安維持にあたる**検非違使**が置かれました。後に検非違使は訴訟や裁判も行うなど刑部省や弾正台、京職などの職務を吸収し、京の警察や裁判を担う重職となっていきました。

これらの令外官は官位相当の枠外で、別の官職に就いている者を天皇が直接任命したため、天皇の権力が強化されました。

唐風化を目指した嵯峨天皇の治世

嵯峨天皇は天皇が身に付ける服装や建造物の唐風化を進めていきました。宮廷儀式についても日本古来の風習と中国に起源を持つ儀式を合わせた年中行事を成立させ、儀式書である**『内裏式』**をまとめました。

一方、法制については、律令制定後、社会の実情に応じて出された追加・修正法である**格**と施行細則である**式**がまとめられて**弘仁格式**が編纂されました。後に清和天皇の時代には**貞観格式**が編纂され、醍醐天皇の時代には**延喜格式**が編纂され、これらを合わせて三代格式といいます。

最後に、一度停止された蝦夷征討が嵯峨天皇の時代には再開されたこともおさえておきましょう。811年、**文室綿麻呂**が征夷将軍となり、後に志波城のやや南方に徳丹城を築いて蝦夷を平定しました。

嵯峨天皇の時代には文芸による国家の隆盛が目指されました。
これを文章経国思想 [➡p.115] といいます。
中国由来の学問や文芸がさかんとなったことも合わせて覚えておきましょう。

嵯峨朝の動向

① **平城太上天皇の変（薬子の変）**（810）
「二所の朝廷」による政治的混乱
藤原氏式家の勢力衰退

② 行政改革
令外官の設置：**蔵人頭**（天皇の秘書官長）
　　　　　　　検非違使（平安京内の警察）
法制の整備：**弘仁格式**の編纂
宮廷儀式の整備：新しい貴族社会の形成
③ 蝦夷征討の再開
文室綿麻呂（征夷将軍）：徳丹城の築城

【政治の推移に注目】藤原氏北家の台頭

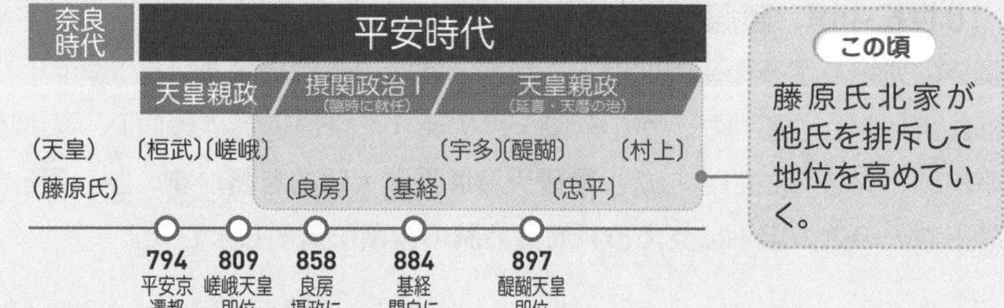

9～10世紀半ばにかけて、藤原氏北家は天皇家と結びつきを
強めることで次第に勢力をのばします。
こうした藤原氏北家の台頭について、
時系列で人物・事件を整理しながらまとめてみましょう。

藤原良房が初めての摂政、藤原基経が初めての関白となる

まず、藤原氏北家が台頭するきっかけをつくったのが**藤原冬嗣**です。冬嗣は嵯峨天皇の蔵人頭として活躍したほか、『弘仁格式』や『内裏式』の編纂にも携わりました。また、娘の順子を仁明天皇の女御*1 として天皇家に接近しました。

冬嗣の子の**藤原良房**はさらに勢力をのばしていきました。842年、嵯峨太上天皇の没後、**承和の変**により**伴健岑**・**橘逸勢**らが排斥*2 されると、この政変に関与したとして**恒貞親王**を廃し、妹順子と仁明天皇との間に生まれた**道康親王**を皇位につけました。こうして藤原氏北家の優位を確立すると、857年には太政大臣に就任します。**翌858年には、明子が生んだ清和天皇を幼少のまま即位させ、良房は臣下で初めて摂政となって天皇の政務を代行しました。**

天皇には執政能力が求められたため、これまで幼少の天皇は認められませんでした。ところが、摂政が天皇の役割を代行する新しいシステムをつくったことで、以後幼少の天皇もみられるようになっていきます。

866年には、**応天門の変**により政敵である**伴善男**・紀豊城らを排斥して、藤原氏北家は地位をさらに高めました。

良房のあとを継いだ**藤原基経は**、素行に問題のあった陽成天皇を廃し、**新しい皇統（陽成天皇の遠い親戚）から高齢の光孝天皇を即位させました。天皇はこれに報いるために、884年に藤原基経を関白として自身の政務を後見させました。**

887年、光孝天皇が崩御して**宇多天皇**が即位すると、宇多天皇は基経を「阿衡」に任じるという勅書を出しました。この「阿衡」は中国の古典では名誉職にすぎなかったため、基経は勅書を撤回させる**阿衡の紛議**を起こして関白の政治的地位を確立しました。

10世紀中頃、藤原氏北家の地位は不動となる

基経の死後、宇多天皇は関白を置かず、学問に優れた**菅原道真**を登用して藤原氏を抑えました。ところが、次の**醍醐天皇**の時代に菅原道真は**藤原時平**の策謀により大宰権帥*3 に左遷されました。**醍醐天皇は摂政・関白を置かず、左大臣となった藤原時平やその弟の忠平に支えられて律令制の復興に着手しました。**

具体的な復興策については、次のテーマで扱うことにしましょう。

醍醐天皇のあと幼少の朱雀天皇が即位すると、再び藤原氏北家が摂政・関白を務めました。**藤原忠平**は朱雀天皇の摂政・関白を務め、**天慶の乱** [➡ p.126] の処理などに当たりました。忠平は次の**村上天皇**の時代も引き続き関白を務めましたが、忠平の死後、村上天皇は関白を置きませんでした。

 用語 ＊1 女御…天皇の妃の位の一つ。＊2 排斥…退けること。

醍醐天皇と村上天皇の時代の一部は摂政・関白が置かれず、天皇による親政が行われたことから「**延喜・天暦の治**」と呼ばれ、後世に理想化され讃えられました。

村上天皇の死後、**969年には安和の変が起こり、左大臣源高明が忠平の子孫らによって排斥され、藤原氏北家の地位は不動のものとなりました。**その後、約100年間にわたって天皇の幼少期には摂政、成人すると関白が置かれることが慣例となり、それらの地位には**藤原兼家**・**道長**・**頼通**など忠平の子孫がつくようになりました。

▼藤原氏北家と天皇家の関係系図

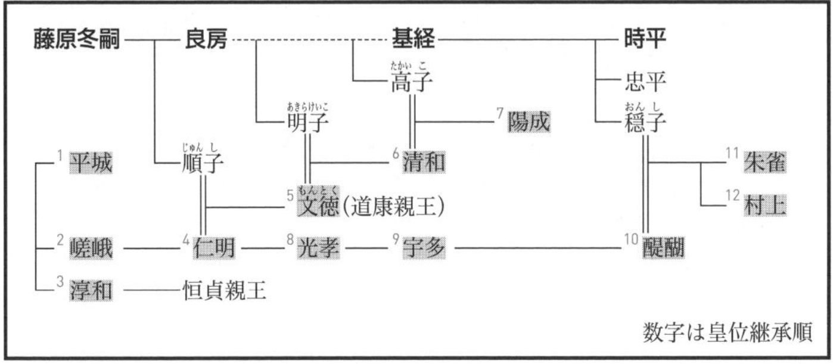

藤原氏北家は自分の娘を天皇に嫁がせて、生まれた子を次の天皇として即位させました。このように天皇の外戚（母方の一族）の立場をとることで、政治権力を握りました。

藤原氏北家の台頭

1. **冬嗣**：嵯峨天皇の**蔵人頭**➡台頭の契機
2. **良房**：**承和の変**（842）で伴氏・橘氏を排斥➡優位を確立
   清和天皇の**摂政**となる➡**応天門の変**（866）で伴・紀氏を排斥
3. **基経**：光孝天皇を擁立し**関白**となる
   阿衡の紛議（887～88）を経て宇多天皇の関白となる
4. **時平**：**菅原道真**を大宰権帥に左遷する（901）
   醍醐朝に左大臣として律令制の復興に着手する
5. **忠平**：朱雀天皇の**摂政**・**関白**、村上天皇の**関白**となる
6. 忠平の子孫：**安和の変**（969）後、摂政・関白の地位を独占する
   摂関全盛（**兼家**・**道長**・**頼通**、約100年間）

用語 ＊3 大宰権帥…大宰府の副長官。大宰府の長官である「帥」に親王が就いた場合、「権帥」が代わって政務をとった。

【変化に注目】律令国家から王朝国家へ

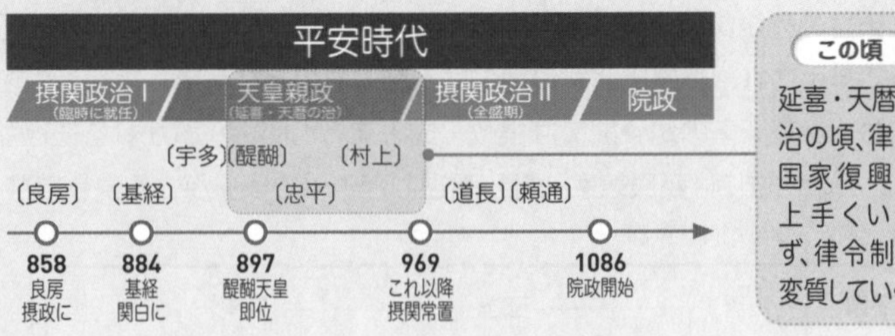

この頃

延喜・天暦の治の頃、律令国家復興は上手くいかず、律令制は変質していく。

醍醐天皇と村上天皇の時代である10世紀前半～中頃は、
平安時代の大きな画期と位置づけることができます。
従来、唐の政治制度を理想とする律令制の再建が進められていましたが、
907年に唐は滅亡し、**律令制は大きく変質**していきます 。
律令国家はどのように変わっていったのでしょうか。

醍醐天皇・村上天皇の時代、律令制の復興が進められる

醍醐天皇の時代（延喜の治）、左大臣の**藤原時平**によって律令制の復興が進められました。まず、国家財政の悪化を受けて、税収の確保が急がれました。8世紀末以降、偽籍(ぎせき)が増加して班田収授(はんでんしゅうじゅ)が上手く機能せず、一方で貴族・寺社などの違法な土地所有も律令国家による民衆支配の弊害(へいがい)となっていました。

そこで、902年、藤原時平は数十年ぶりに班田の実施を命じるとともに、違法な土地所有を禁じる**延喜の荘園整理令**(しょうえんせいりれい)を出すことで律令制の再建を目指しました。ところが、あまり効果はなく、班田の実施もこれが最後となりました〔➡ p.107〕。

さらに、醍醐天皇の時代には**延喜格式**が編纂され法制の整備が図られたほか、六国史〔➡ p.86〕の最後となる**『日本三代実録』**(にほんさんだいじつろく)が編纂され天皇中心の国家体制を確認しました。ところが、これらも後が続かず、格式や国史の編纂事業は途絶えました。

一方、村上天皇の時代（天暦の治）には**乾元大宝**(けんげんたいほう)が鋳造(ちゅうぞう)されましたが、これも本朝(ほんちょう)（皇朝(こうちょう)）十二銭(じゅうにせん)〔➡ p.64〕の最後となり、以後国家による貨幣(かへい)鋳造は途絶しました。

律令制の復興は上手くいかず、律令国家は変質する

このように中国の政治制度を理想とする律令制の復興策は行き詰まりをみせました。文章博士*の**三善清行**(みよしのきよゆき)は醍醐天皇に「意見封事十二箇条(いけんふうじじゅうにかじょう)」を提出し、地方政治の混乱を指摘しました〔➡ p.108〕。その結果、**10世紀中頃には抜本的な税制改革が行われていきます**。税制改革の内容については次の講で確認しましょう。

一方、天皇を中心とする政治体制は摂政・関白が定着することで維持されましたが、**摂政・関白は**これまでのように太政大臣が臨時に就任するのではなく**天皇の外**

【用語】＊文章博士…大学で中国の歴史や漢文学を教える学科（紀伝道）の教官。

戚が恒常的に就任するようになりました。

当時の貴族社会は母方の縁が重んじられており、**天皇家においても貴族社会と同じように外戚が発言力を強めました**。朝廷では、儀式や年中行事も政治の一部とみなされ、先例にならって行われるようになりました。儀式の手順は儀式書や貴族の日記によって後世に伝えられました。

Q「延喜・天暦の治」は結果としてあまり上手くいっていないように思えますが、どうして理想化されたのですか？

A 平安時代後期以降、貴族社会では家柄によって官職が固定されました。「延喜・天暦の治」の頃までは貴族社会においてある程度の昇進が可能であったことから、後世の中下級貴族の間でその頃を理想化するようになりました。

律令国家から王朝国家へ

① 律令制の復興（**延喜・天暦の治**）

醍醐朝：班田の実施（902）➡最後となる

延喜の荘園整理令（902）➡効果なし

延喜格式（格式編纂の最後）

『日本三代実録』（六国史の最後）

村上朝：**乾元大宝**の鋳造（958）（本朝十二銭の最後）

② 律令制の変質

地方政治の混乱（**三善清行**が指摘）➡税制改革が行われる

摂政・関白の定着（天皇の外戚が就任）

儀式・年中行事の重視（儀式書・日記）

テーマ 5 【政治の推移に注目】摂関政治について

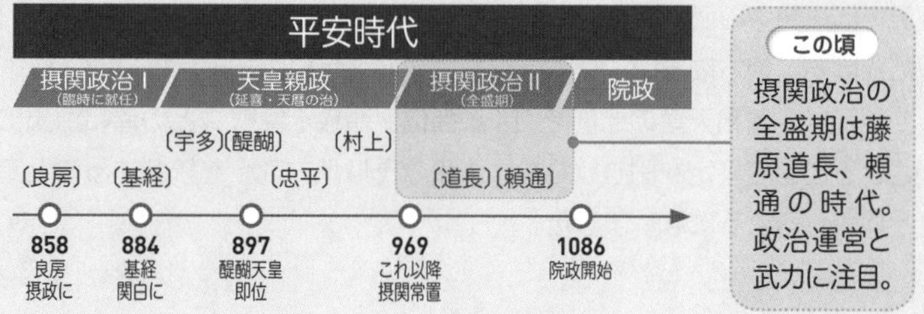

10世紀半ばから11世紀半ばが摂関政治の全盛期です。**摂関政治Ⅱ**の時期にあたります。摂関政治の運営や武力などもみていきましょう。

摂関政治の全盛期！

969年、**安和の変**により**源高明**が排斥されると、摂政・関白が政権を握る摂関政治が続きました。摂政・関白は藤原氏の氏長者(うじのちょうじゃ)*を兼ねていました。藤原氏の氏長者は氏寺(うじでら)である**興福寺**(こうふくじ)や氏社(うじしゃ)である**春日神社**(かすがじんじゃ)、大学別曹(だいがくべっそう)〔➡p.122〕である**勧学院**(かんがくいん)などを管理しました。また、摂政・関白は天皇の持つ人事権を掌握していたため、中下級貴族は摂関家の家司(けいし)（職員）として奉仕することで希望の官職に就こうとしました。

藤原氏により摂関政治が主導される一方、摂関家内部では摂政・関白をめぐる争いが続きました。特に**藤原兼通**(かねみち)・**兼家**(かねいえ)の兄弟間の争いや**藤原道長**・**伊周**(これちか)の叔父・甥間の争いが有名です。

この争いを経て**藤原道長**は4人の娘を天皇の后妃(こうひ)とし、権力を持ちました。道長のあとを継いだ**藤原頼通**は3天皇の50年にわたって摂政･関白を務めました。道長･頼通時代の摂関政治の様相は、右大臣**藤原実資**(さねすけ)の日記**『小右記』**(しょうゆうき)に詳細に記されています。ところが、後冷泉(ごれいぜい)天皇に入内(じゅだい)した頼通の娘寛子(かんし)には皇子がなく、藤原氏と外戚関係にない**後三条天皇**(ごさんじょう)が即位しました。

中央では公卿(くぎょう)会議が開催され、地方政治は受領(ずりょう)に一任される

それでは、摂関政治の運営についてみていきましょう。中央においては、天皇の年齢・能力にかかわりなく、天皇の幼少時には摂政、天皇の成人後には関白が政治を主導しました。**叙位**(じょい)**（位階を官人に与えること）や任官など最も重要な儀式は天皇や摂政・関白が主催し、公卿らが参加しました。外交や受領の評価などの重要な内容については、摂政・関白が参加しない公卿会議によって審議されました。**

この公卿会議は、左(さ)・右近衛府(うこのえふ)の陣を用いたことから**陣定**(じんのさだめ)とも呼ばれます。審議した事案は天皇の決裁を経て太政官が太政官符(だいじょうかんぷ)や宣旨(せんじ)などの文書で命令を下しました。一方、地方政治は任国に赴く最上級の国司である**受領**に一任されました〔➡p.109〕。

最後に摂関家の武力についておさえておきましょう。10世紀前半から11世紀中頃にかけて、地方においては武士の紛争や反乱が相次ぎました。〔➡p.126〕これに対して朝廷は、清和天皇の血筋を引く**源頼信**(よりのぶ)・**頼義**(よりよし)・**義家**(よしいえ)などの清和源氏(せいわげんじ)に武力で奉仕させることで平定を図りました。**清和源氏**は地方武士を統制することで**武家の棟梁**(とうりょう)と仰がれるようになりました。

用語　＊氏長者…その氏の首長。

▼藤原氏と天皇家の関係系図

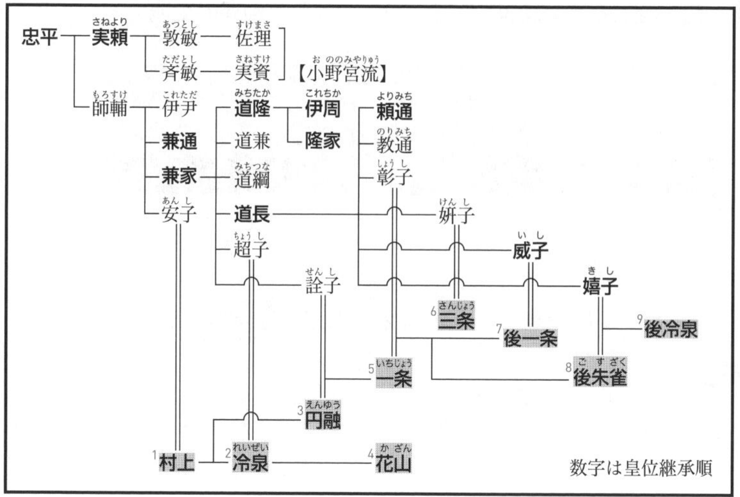

後三条天皇は、藤原氏の娘を母親にもたず、親政を行います。これは第11講で説明します[➡p.130]。こうして摂関政治は終わります。

摂関政治について

① 摂政・関白の定着
天皇の外戚、藤原氏の氏長者が就任する
人事権を掌握する➡中下級貴族は家司として奉仕する
全盛期：**藤原道長**・**頼通**の時代

② 政治運営
中央：**陣定**（公卿会議）➡天皇・摂関の裁可
➡太政官符・宣旨の形で下達
地方：**受領**に任国支配を一任

③ 武力
清和源氏に奉仕させる（源頼信・頼義・義家など）

【外交の変化に注目】平安中期における日中間の交流

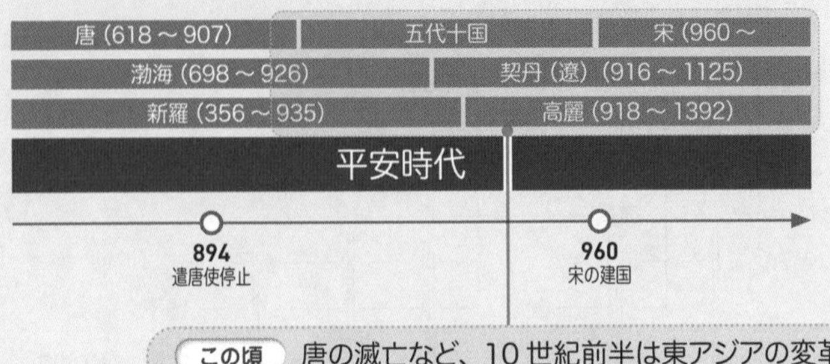

8世紀の日本は唐・新羅・渤海と関係を持っていました［➡p.66］。これらの国はすべて10世紀に滅び、新しい国家が誕生しました。

唐が滅亡し、五代十国の動乱を経て宋が建国された

755年に勃発した安史の乱をきっかけに唐は衰退へと向かい、遣唐使を派遣して朝貢する日本の積極性は薄れていくとともに、大陸の文物や国際情報も新羅商人などによって入手されていました。**838年以来、遣唐使の派遣は行われておらず**、約60年ぶりに宇多天皇が任じた894年の遣唐使は、菅原道真の建議を入れて派遣が延期され、そのまま中止されました。

907年に唐は滅亡し、五代十国時代の興亡を経て、960年に興った宋（北宋）によって中国は再び統一されました。日本は東アジアの動乱に巻き込まれないよう宋に朝貢しなかったため、両国間に国交は結ばれませんでした。

ところが、宋商人は九州の博多に頻繁に来航したため、大宰府の管理のもとで日宋貿易が行われました。このように国交が樹立されないなかで行われる私貿易は、14世紀後半に漢民族の王朝である明が樹立するまで続きます。宋からは書籍や陶磁器などがもたらされる一方、日本からは金や硫黄などが輸出されました。

日本人の渡航は律により禁じられていましたが、僧侶が中国の天台山や五台山へ巡礼することは認められていました。その際、僧侶は宋商人の船に同乗して入宋し、宋の文物を日本へもたらしました。10世紀末に奝然は宋から大蔵経や釈迦如来像を持ち帰り、11世紀後半に成尋は宋の神宗に謁見しました。

朝鮮は高麗が統一し、渤海は契丹（遼）に滅ぼされた

朝鮮半島では、10世紀前半に興った高麗が935年に新羅を滅ぼして半島を統一しました。日本は宋と同様に高麗とも国交を開かず、商人の往来があるにすぎませんでした。

中国東北部においても10世紀前半に**渤海**が**契丹**（**遼**）により滅ぼされました。その後、一時的に渤海は復興しましたが、1018年、再興された渤海国も契丹に滅ぼされました。翌1019年には、**刀伊の入寇**により女真族が対馬・壱岐・博多を襲いましたが、大宰権帥の**藤原隆家**が九州の武士を率いてこれを撃退しました。

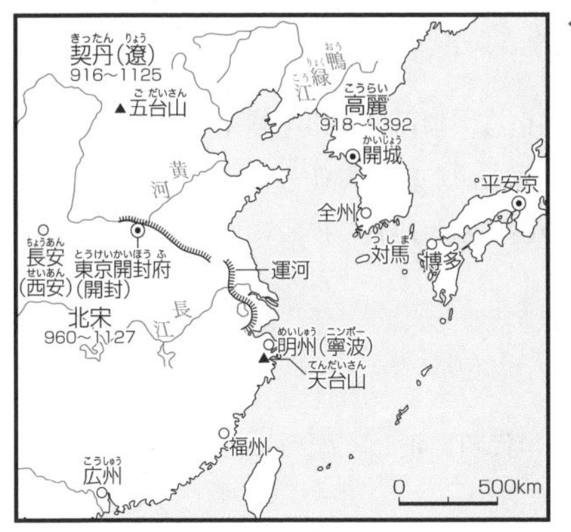

◀10～11世紀の東アジア

沿海州にいた女真族を
朝鮮では刀伊と
呼びました。

平安中期における日中間の交流

① 遣唐使派遣をめぐる建議（894）
菅原道真が唐の衰退・航海の危険などを指摘する

② 中国王朝の動乱
唐の滅亡（907）➡**宋**の建国（960）
日本は宋と正式な国交を開かず

③ **日宋貿易**（私貿易）
宋商人が九州に来航する（大宰府が管理）
輸入品：書籍・陶磁器　輸出品：金・硫黄・刀剣

④ 僧侶の巡礼（**奝然**・成尋など）
宋商人の船を利用➡宋の文物を日本へもたらす

確認問題

1 年代配列問題にチャレンジ

(1) 次の文Ⅰ～Ⅲについて、古いものから年代順に正しく配列したものを、後の①～⑥のうちから一つ選んで記号で答えなさい。

Ⅰ 東北・九州などを除いて軍団制を廃止し、郡司の子弟を健児とした。
Ⅱ 天皇に近侍し、機密文書を取り扱う蔵人頭が初めて任じられた。
Ⅲ 幼少の天皇が即位し、藤原氏北家の出身者が初めて摂政に任じられた。

① Ⅰ－Ⅱ－Ⅲ　② Ⅰ－Ⅲ－Ⅱ　③ Ⅱ－Ⅰ－Ⅲ
④ Ⅱ－Ⅲ－Ⅰ　⑤ Ⅲ－Ⅰ－Ⅱ　⑥ Ⅲ－Ⅱ－Ⅰ

(2) 次の文Ⅰ～Ⅲについて、古いものから年代順に正しく配列したものを、後の①～⑥のうちから一つ選んで記号で答えなさい。

Ⅰ 左大臣源高明が大宰権帥に左遷され、藤原氏が地位を固めた。
Ⅱ 新しい皇統から高齢の天皇が即位し、藤原基経が初めて関白に任じられた。
Ⅲ 左大臣藤原時平の策謀により、右大臣菅原道真が大宰権帥に左遷された。

① Ⅰ－Ⅱ－Ⅲ　② Ⅰ－Ⅲ－Ⅱ　③ Ⅱ－Ⅰ－Ⅲ
④ Ⅱ－Ⅲ－Ⅰ　⑤ Ⅲ－Ⅰ－Ⅱ　⑥ Ⅲ－Ⅱ－Ⅰ

2 探究ポイントを確認

(1) 新しく天智系の皇統から即位した桓武天皇は天皇権威を高めるためにどのようなことを行ったか。大きく２つ挙げて具体的に説明せよ。

(2) 9世紀後半と10世紀後半とでは、摂政・関白に任じられた者の立場はどのように異なるか。

解答

1 (1) ①　(2) ④

2 (1) 桓武天皇は新しい皇統のための都として、水陸交通の便のよい長岡京、ついで平安京を建設した。また、坂上田村麻呂を征夷大将軍に任じて蝦夷征討を行い、天皇支配の充実を国内外に知らしめた。(89字)
(2) 9世紀後半は太政大臣の立場の者が摂政・関白を臨時的に務めたのに対し、10世紀後半は天皇の外戚の立場の者が摂政・関白を恒常的に務めた。(65字)

第9講 地方政治の転換と荘園の拡大

この講では少しさかのぼって、奈良時代の8世紀から平安時代中頃の11世紀中頃までの**地方政治や税制の改革、荘園*の開発**などについてまとめて説明をしていきます。第5講で学習した律令国家の土地制度、**班田制をめぐる問題とその対策、平安時代に班田制が衰退していく過程**になります。土地制度は苦手に感じる人も多いと思いますが、時代背景を意識して学習していきましょう。

時代の**メタマッピング**と**メタ視点**

社会の変化 ➡テーマ①

班田制の変化（8世紀）

班田制には**口分田の不足などの問題**があり、政府は対策をとった。

社会の変化 ➡テーマ②

班田制の衰退(9～10世紀初め)

班田制は衰退し戸籍・計帳による人頭税の徴収が困難になった。

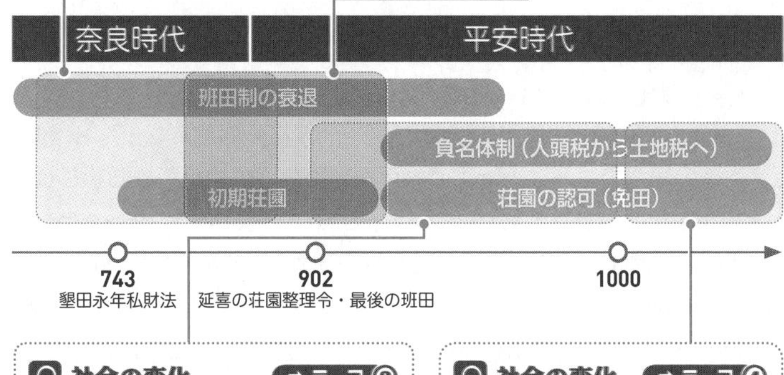

社会の変化 ➡テーマ③

税制改革（人頭税から土地税へ）（10世紀頃）

班田制の行き詰まりを打開するため**国司制度の改革と税制改革（人頭税から土地税へ）**が行われる。

社会の変化 ➡テーマ④

開発の進展（11世紀前・中期）

温暖化の影響で**公領・私領の開発が進められ荘園が拡大した。**

用語 ＊荘園…貴族や寺社の私有地。

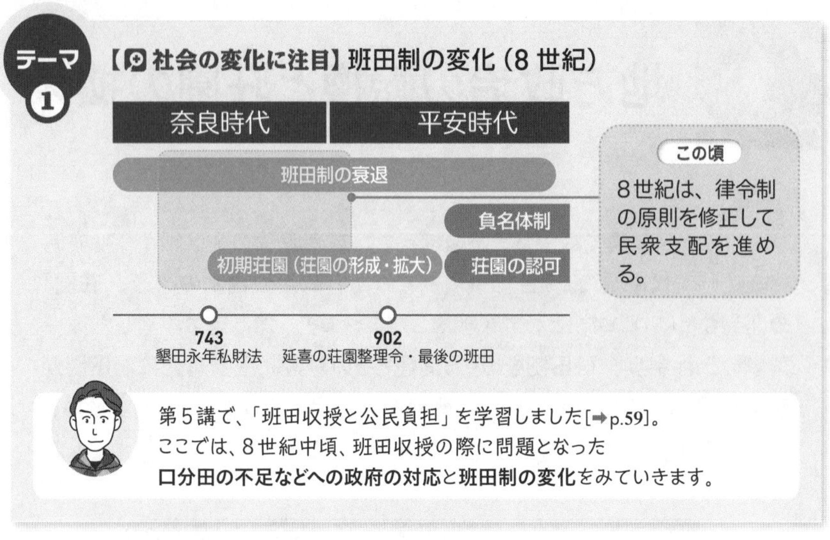

口分田の不足に対し、開墾が奨励される。

まず、律令国家の人民支配について簡単に復習してみます。律令国家は公地公民を原則としており、すべての土地・人民は国家の所有として、民衆に対して戸ごとに**口分田**を与えることで生活を保障しました。口分田を与えられた民衆は土地税として国府に**租**を納入したほか、成年男性は人頭税として**庸**・**調**を中央政府へ納め、国府に対しては労役にあたる**雑徭**を負担しました。

第5講で説明したとおり、
公民負担は土地税と人頭税を分けるのがポイントでしたよね。

ただ、当時の民衆の生活は不安定で、自然災害などにより飢饉も起こりました。さらに、人口増加にともない口分田は不足しており、荒れたものも多くありました。こうした問題を解消するため、722年に長屋王政権［➡p.69］は**百万町歩開墾計画**を立てて開墾を奨励しようとしましたが上手くいきませんでした。翌723年には**三世一身法**を発布し、期限付き私有を認めることで開墾を促しました。ところが、この三世一身法では旧来の灌漑設備を用いて開墾した場合には一代しか所有権を認められず、それを相続することはできませんでした。743年、社会不安が広がるなか橘諸兄政権［➡p.71］は方針を改め、**墾田永年私財法**を発布して農地の再開発や開墾を奨励し、開墾地は私財として永久私有することを認めました。ただし、墾田は口分田などと同じ輸租田*だったため、国府に田租を納める必要がありました。**また、事業主は国司に申請することが必要だったため政府の掌握する田地は墾田にまで拡大され、政府による土地支配は強化されました**。765年、**称徳天皇**と**道鏡**による仏

用語 ＊輸租田…租を納めないといけない土地。

教政治が行われるなか［➡p.72］、寺院を除いて一時的に開墾は禁止されましたが、772 年にはもとの制度に戻されました。

大寺院や貴族は私有地を拡大していく

開墾奨励策の結果、大寺院や貴族は地方豪族と結んで私有地を拡大していきました。特に東大寺が越前国に経営していた糞置荘や道守荘が有名です。事業主となった大寺院や貴族は広大な原野を独占し、国司や郡司に租を納める一方で付近の班田農民や浮浪人らを使用して灌漑施設をつくり、大規模な経営を進めました。**このようにしてつくられた私有地は初期荘園と呼ばれ、荘所と呼ばれる倉庫兼事務所を中心として、1 年契約で農民に田を貸して収穫の 2 割の地子（賃料）をとる賃租の方式で経営されました**。ただし、初期荘園は国司・郡司の協力に依存しており、独自の労働力である荘民を持たなかったため、後に郡司が弱体化すると衰退していきました。

Q 郡司はどうして弱体化したのですか？

A 平安時代に入ると、次第に国司の権限が強まり、郡司は国司の統制下に置かれたからです。平安時代に郡司の任免権が中央政府から国司へ移され、税の管理も郡家ではなく国府で行うようになりました。これらは後のテーマで学習します［➡p.110］。

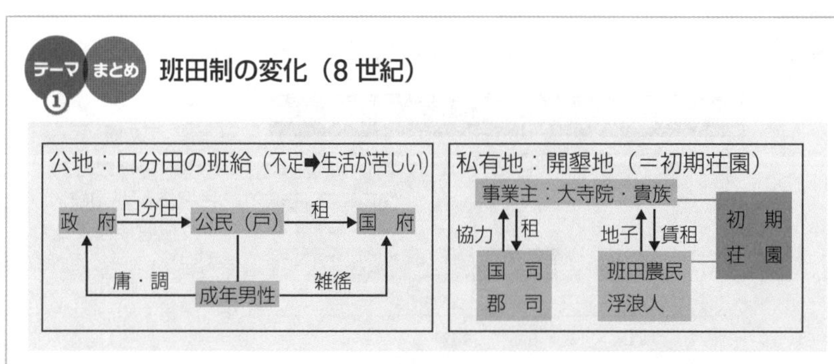

史料を読んでみよう！ ―墾田永年私財法―

（**天平十五年**(注1)五月）乙丑、詔して曰く、「聞くならく、墾田は**養老七年**の格(注2)に依りて、限満つる後、例に依りて収授す。是に由りて農夫怠倦して、開ける地復た荒みぬ。

今より以後は、任に私財と為し、**三世一身を論ずること無く、咸悉くに永年取ること莫れ。**其れ親王の一品(注3)及び一位は五百町、二品及び二位は四百町、三品・四品及び三位は三百町……初位已下庶人に至るまでは十町、但し郡司は、大領・少領(注4)に三十町、主政・主帳(注5)に十町。……」と。（『続日本紀』）

(注 1) 743 年。　(注 2) 三世一身法をさす。　(注 3) 親王の位には一品～4 品の四階級があった。
(注 4) 郡司の長官・次官。　(注 5) 郡司の判官・主典。

743 年、**橘諸兄**政権のもとで**墾田永年私財法**が発布されました。史料では、法令が出された背景として、723 年に発布された「**養老七年の格**」すなわち、**三世一身法**は、期限がくると開墾地を国家に収公されてしまうので、開墾意欲が乏しくなって開墾地が荒地になってしまったことが説明されています。

この法令が出された後は開墾地の永久私有が認められました。ただし、開墾者は国司に申請する必要があったほか、位階によって開墾面積に制限が定められていました。すなわち、一品の親王及び一位の官人は 500 町、二品の親王及び二位の官人は 400 町、三品・四品の親王及び三位は 300 町……初位から庶人は 10 町と決められました。

公地公民制の原則は崩れたものの、開墾地は国家の管理下に置かれることとなったため、国家による土地支配が強まったといえます。

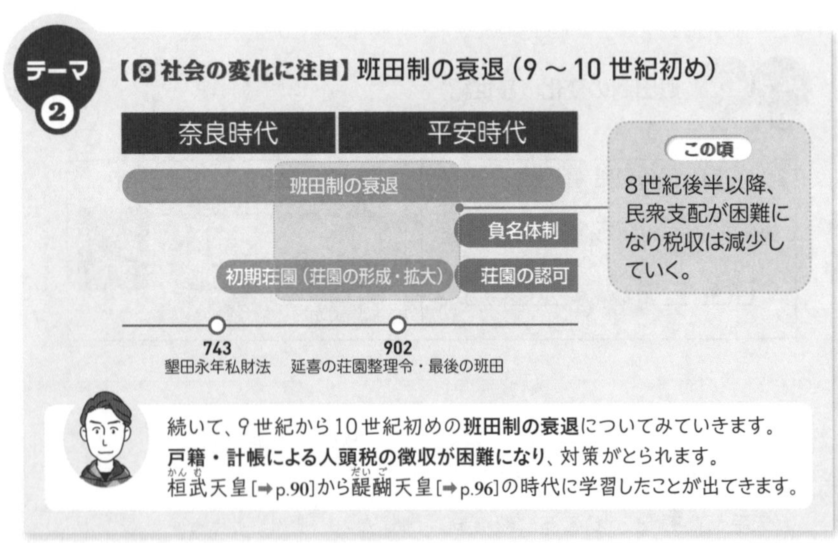

班田収授は機能しなくなり、国家の土地支配が分解していく

8世紀後半以降、民衆の**浮浪**・**逃亡**の増加に加えて、成人男性が偽って女性として戸籍に登録される**偽籍**も行われたため、班田収授の実施や人頭税の徴収が困難となっていきました。**桓武天皇**は班田収授の実施を6年ごとから12年ごとに改めました[➡ p.90]が、数十年にもわたって班田が実施されない地域も増えていきました。

この頃、農民間でも**富豪層**と呼ばれる有力農民は**私出挙**などを通じて弱小農民を支配していました。**政府は班田収授が機能しない状況を打開しようとして、有力農民を利用して国家が直接経営する直営田による収入確保を図りました**。823年には大宰府管内に**公営田**が設けられて、有力農民の賃租により収入増加が図られ、879年には畿内に**官田**が設けられて国家財源の確保に努めました。

ところが、こうした直営田の経営は一時的なものでした。すでに天皇や太上天皇は**勅旨田**と呼ばれる広大な私有地を持っており、天皇家と近い皇族や貴族である院宮王臣家にその一部を**賜田**として与えることもありました。これと同様に官田もまた**諸司田**として諸官庁に分配され、国家財源から独立させて諸官庁の個別財源とされました。一方で、貴族や寺社に対する国家からの給付が滞っていたため、貴族や寺社も私営田を拡大して原野を独占し、労働力として有力農民を確保しようとしました。様々な個別財源がつくられると国家による土地支配は分解していきました。

簡単な例に置き換えると、これまでは会社の総務部が社員の給料を一律に管理していたのが、部署ごとに社員の給料を管理するように変わったということです。

延喜の荘園整理令が出されるが、法令の効果はあまりなかった

902年、**醍醐天皇**のもとで律令制の復興を進める**藤原時平**は、**数十年ぶりに班田を実施するとともに延喜の荘園整理令を発布しました**[➡ p.96]。これにより、勅旨田の新設を停止するとともに、皇族や貴族が有力農民と結びついて弱小農民を支配して私営田を拡大することに歯止めをかけようとしました。ところが、**法令の効果はあまりなく、政府による人民支配は大きな変革が必要となってきました**。

Q 延喜の荘園整理令は、なぜ効果があまりなかったのでしょうか？

A 荘園整理の実施は国司に任されました。皇族や貴族は国司と結びついていたため、あまり実行力がありませんでした。

班田制の衰退（9～10世紀初め）

背景：浮浪・逃亡・偽籍の増加➡人頭税の徴収が困難になる

公地：直営田の経営（国家財源の確保）		私有地：私営田の拡大（個別財源をつくる）	
公営田（大宰府）	有力農民	**勅旨田（天皇家）**	有力農民
官　田（諸官庁）	有力農民	**諸司田**（諸官庁）	有力農民
		私営田（貴族・寺社）	有力農民

史料を読んでみよう！ ―三善清行の意見封事十二箇条―

臣去る寛平五年(注1)、備中介に任ず。彼の国下道郡の邇磨郷(注2)有り。爰に彼の国の風土記を見るに、皇極天皇六年(注3)、……天皇詔を下して試みに此郷の軍士を徴す。即ち勝兵(注4)**二万人**を得たり。天皇大いに悦び、此の邑を名づけて二万郷といふ。……後に改めて邇磨郷といふ。……而るに天平神護年中(注5)、右大臣吉備朝臣(注6)、……試みに此郷の戸口を計るに、纔に課丁(注7)**千九百余人**有り。貞観(注8)の初、故民部卿藤原保則朝臣、彼国の介たりし時、……大帳(注9)を計るの次で、其の課丁を閲するに、**七十余人**有り。某、任に至り又此の郷の戸口を閲するに、**老丁二人・正丁四人・中男三人**有り。去る延喜十一年(注10)、彼国の介藤原公利、任満ちて都に帰る。清行、邇磨郷の戸口、当今幾何を問ふに、公利答へて曰く、『**一人も有ること無し**』と。……

（『本朝文粋』）

（注1）893年。（注2）現在の岡山県倉敷市真備町。（注3）これは皇極天皇が重祚して斉明天皇となった6年で西暦660年にあたる。（注4）優秀な兵士。（注5）765～767年。（注6）吉備真備（右大臣でありながら下道郡の大領を兼任していた）。（注7）調庸を負担する農民。（注8）867（貞観9）年。この年に備中介となる。（注9）大計帳（調庸を課する台帳）。（注10）911年。

914年、文章博士の三善清行は醍醐天皇に対して政治の現状を12ヵ条にわたって報告しました。これは「意見封事十二箇条」と呼ばれます。

清行は、租税負担者である課丁数が減少していく過程を挙げて、国家財政の破綻を述べようとしました。史料では、備中国下道郡邇磨郷を例にとっています。『風土記』の記録では、660年に百済救援軍が下道郡を通りかかった際、ここから優れた兵士を2万人集めることができたため、皇極天皇（実際は斉明天皇）は大いに喜んでこの郷を邇磨郷と名づけたという伝説が残されています。ところが、天平神護年中（765～767年）に右大臣吉備真備がためしにこの郷の人口を調べると、わずかに課丁は1900人ほどしかいませんでした。貞観の初め（867年頃）、亡くなった藤原保則が大帳をつくるついでに課丁数を調べると、70人余りでした。そして、893年に備中介となった三善清行がこの郷の人口を調べると、老丁2人·正丁4人·中男3人でした。さらに、911年に備中介藤原公利が任期満了のため都に帰ってきたので、三善清行が邇磨郷の人口（課丁のことか）を問うたところ、公利は1人もいなかったと答えました。

このように、10世紀に入る頃には戸籍はもはや意味をなしておらず、戸籍に基づく人頭税の徴収は困難になったといえます。したがって、この後に様々な改革が行われていきました。

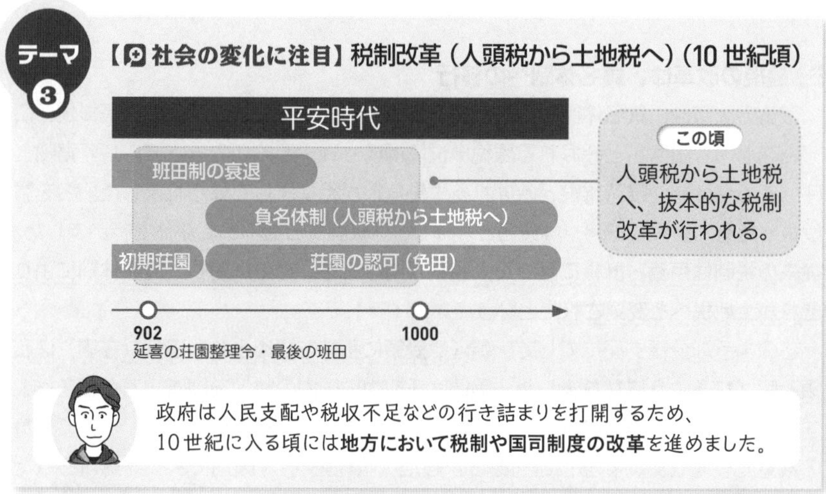

改革の一つ目は、国司制度の改革

まず一つ目は、国司制度の改革です。律令制下の国司は**四等官制**（しとうかんせい）により構成され、国務の責任は守（かみ）・介（すけ）・掾（じょう）・目（さかん）が連帯して負いました [➡ p.57]。やがて、**税の未納分の責任を負った国守（こくしゅ）（国司の最上席者＝守）は受領（ずりょう）と呼ばれて一国の政治の実権を掌握するようになり、受領以外の国司は任国に赴任しなくなりました**。受領は一定の税を中央政府に納入すれば残りは自分の取り分とすることができるようになったため、任国において自由に手腕を振るえるようになりました。受領のなかには、**「尾張国郡司百姓等解」**（おわりのくにぐんじひゃくしょうらげ）によって訴えられた**藤原元命**（ふじわらのもとなが）のように巨利を得ようとして暴政を働く者や、**『今昔物語集』**（こんじゃくものがたりしゅう）に登場する**藤原陳忠**（ふじわらのぶただ）のように強欲な者もいました。受領の任免権は摂政（せっしょう）や関白（かんぱく）が持っていたため、朝廷儀式の運営や寺社の造営などの費用を負担することで受領に任じられる**成功**（じょうごう）や、成功を重ねて同じ官職に再任される**重任**（ちょうにん）などの売官の風潮が広がりました。

改革の二つ目は、国府運営の改革

二つ目は、租税の管理を中心とする国府運営の改革です。従来、伝統的な地方豪族の一族である郡司が徴税を担当していましたが、10 世紀には受領が任免権を持った郡司以外にも、都から任国に赴任する際に率いていった**郎等**に徴税などを請け負わせました。その結果、郎等は現地の人々との間に多くのトラブルを起こしました。こうしたトラブルを解消するため、受領は現地の富豪層を**在庁官人**に任用することで徴税などの業務を行わせるようになりました。**徴収した租税は国府で管理されたため、郡家の役割は衰えていきました**。在庁官人による国府運営が安定すると、受領は任国に赴く必要がなくなり、代理人である**目代**を**留守所**に派遣して地方政治を担わせるようになりました。これを**遙任**といい、国府の行政は目代と在庁官人により運営されるようになりました。

最後の改革は、負名体制への移行

最後の改革は、**負名体制**への移行です。国内の田地を登録した田図に基づき、口分田などの公田は**名**と呼ばれる課税単位に編成され、その名の広さに応じて**官物**と呼ばれる生産物や**臨時雑役**と呼ばれる労働負担が租税として課されました。名を請け負った有力農民（田堵）は**負名**と呼ばれ、下級農民らを率いて耕作を行いました。**従来の税制は戸籍・計帳に基づく人頭税が中心であったのに対し、負名体制によりそれが土地税へと変更された**という点がポイントです。

このような公領支配に対して、**朝廷や受領に私有を認められた田畑（荘園）は私領と呼ばれるようになりました**。受領は任期中に国内の耕地を調査して台帳を作成する検田を行い、場合によっては耕地を没収することもありましたが、一方で自身の裁量で荘園を認可することもありました（国司免判）。国司によって認可された荘園は**国免荘**と呼ばれました。他にも、寺社の荘園などは**太政官符**や**民部省符**を得ることで認められ、**官省符荘**と呼ばれました。国免荘は受領の任期の 4 年間しか認められず、税の減免措置が受けられるとは限りませんでしたが、官省符荘は官物を免除される**不輸の権**を持ちました。

Q 官物の生産物とは具体的にどのようなものですか？

A 租や調庸、出挙の利稲などが官物と総称されました。
官物は土地の広さに応じて賦課されましたが、
納税量は田率により決められました。

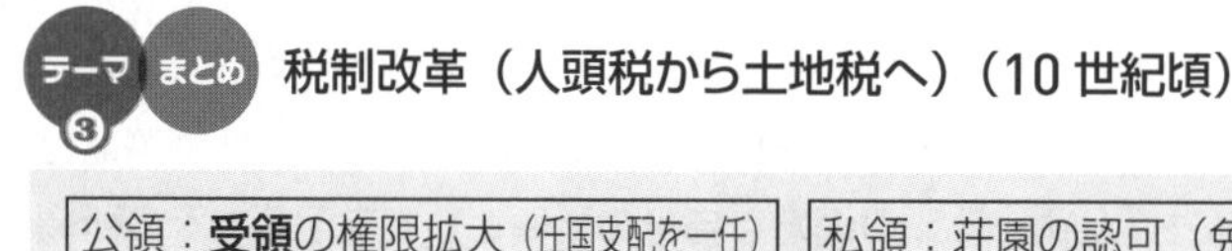

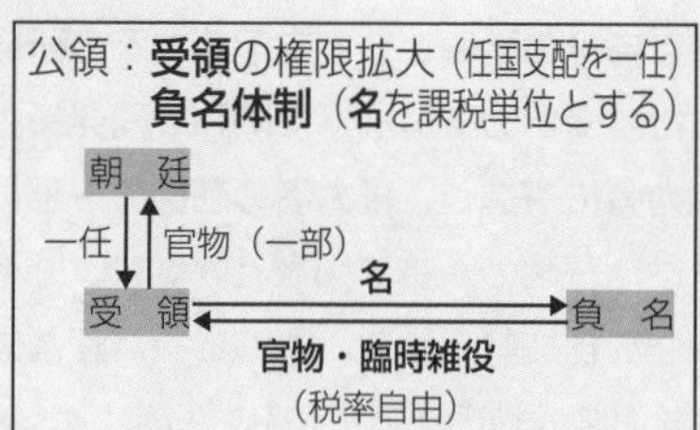

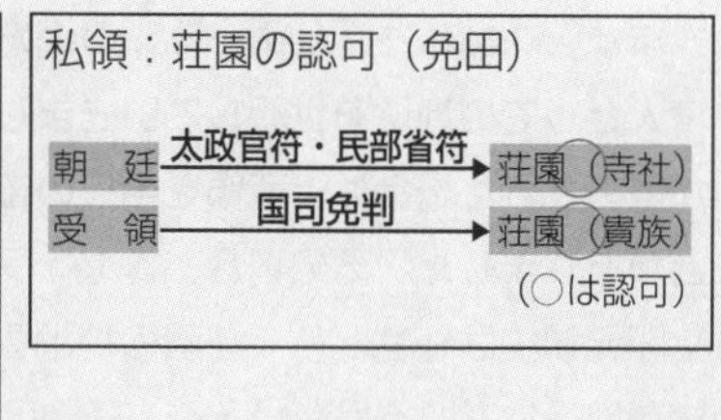

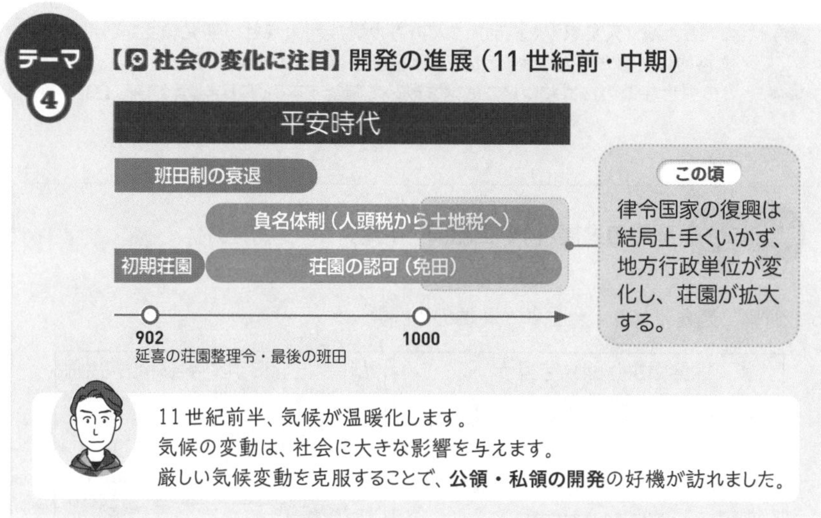

開発領主により公領・私領が開発され、地方行政単位が変わった

11 世紀前半には、気候の温暖化にともなう旱魃などの被害を背景に公領・私領ともに再開発が進められ、その結果、地方行政単位が大きく変更されることや荘園が拡大することにつながりました。

まず、公領開発についてみてみましょう。開発に協力した地方の有力者は**開発領主**と呼ばれ、受領から開発地などの管理権を与えられました。**国司は国内を郡・郷・保などの新しい行政単位に再編し、開発領主を郡司・郷司・保司に任命して徴税を請け負わせました**。開発領主は国衙行政にも協力して**在庁官人**を務めたほか、土地を守り農民を支配するために武装した地方武士としての側面もあり、国衙の軍事力も担いました。

一方、開発領主は私領開発も進めていきました。開発領主は公領開発に協力する見返りとして、付近の荒田・荒野の開発を国衙に申請して権利が認められると、**臨時雑役**を免除されました。彼らは屋敷地を拠点として郡・郷も自らの経済基盤としていきます。すなわち、**公領・私領の両方を自身の所領として支配し、その所領や在庁官人としての地位を世襲していきました**。受領の交替などに際して**開発領主の権利が侵害された場合は、所領を中央の権力者に寄進し、権力者の荘園の一部にすることがありました**。その場合、寄進を受けた荘園の領主は**領家**と呼ばれ、寄進を行った開発領主は**荘官**として荘園の現地管理を任されました。寄進された荘園は**不輸の権**を獲得している場合が多く、荘園の増加は公領の圧迫につながりました。

ただし、院（天皇家）や摂関家などの有力貴族、大寺社が開発領主を利用して本格的に荘園を拡大させるのは11世紀後半以降になります。
この中世荘園の成立については講を改めて確認することにしましょう［➡p.133］。

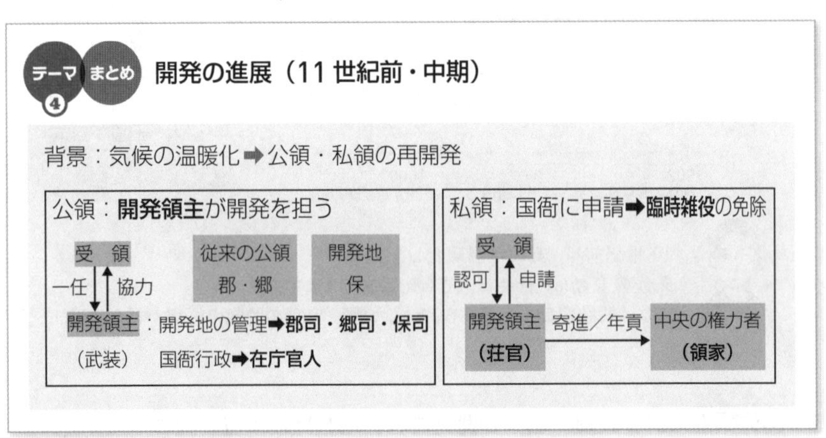

確認問題

1 年代配列問題にチャレンジ

(1) 次の文Ⅰ～Ⅲについて、古いものから年代順に正しく配列したものを、後の①～⑥のうちから一つ選んで記号で答えなさい。

Ⅰ 政府は大宰府管内の公営田や畿内の官田などを設置した。
Ⅱ 権限を強化した受領のもとで負名体制がとられ、名が課税対象となった。
Ⅲ 戸籍に基づいて6歳以上の男女に口分田を支給する班田収授法が制度化された。

① Ⅰ－Ⅱ－Ⅲ　② Ⅰ－Ⅲ－Ⅱ　③ Ⅱ－Ⅰ－Ⅲ
④ Ⅱ－Ⅲ－Ⅰ　⑤ Ⅲ－Ⅰ－Ⅱ　⑥ Ⅲ－Ⅱ－Ⅰ

(2) 次の文Ⅰ～Ⅲについて、古いものから年代順に正しく配列したものを、後の①～⑥のうちから一つ選んで記号で答えなさい。

Ⅰ 延喜の荘園整理令が発布されたが、あまり効果はなかった。
Ⅱ 有力貴族や大寺院は国司や郡司の協力により初期荘園を経営した。
Ⅲ 太政官符や民部省符によって不輸の特権が認められる官省符荘がみられた。

① Ⅰ－Ⅱ－Ⅲ　② Ⅰ－Ⅲ－Ⅱ　③ Ⅱ－Ⅰ－Ⅲ
④ Ⅱ－Ⅲ－Ⅰ　⑤ Ⅲ－Ⅰ－Ⅱ　⑥ Ⅲ－Ⅱ－Ⅰ

2 探究ポイントを確認

(1) 平安時代の中頃、国司制度は大きく変質した。その変化について述べよ。

(2) 9世紀から10世紀にかけての国家による課税対象の変化について述べよ。

解答

1 (1) ⑤　(2) ③

2 (1) 従来の国司は四等官で構成され、律令の規定のもと、連帯して地方行政を担当したが、10世紀頃になると、国司の最上席者である受領に権限が集中して任国統治がなされる一方、その他の国司は任国に赴任しなくなった。(99字)
(2) 従来は戸籍・計帳に記載された成年男性に対して課税する人頭税が中心であったが、10世紀以降は名が課税単位となり、負名が土地税の納入を請け負った。(70字)

第10講 古代の文化Ⅱ

この講では、平安時代前・中期の2つの文化、**弘仁・貞観文化**と**国風文化**についてそれぞれまとめていきます。9世紀を中心に広がった文化が弘仁・貞観文化、10世紀から11世紀前半に広がった文化が国風文化です。**弘仁・貞観文化は唐風の文化**、**国風文化は唐や宋の中国文化を日本風にアレンジした文化**になります。同じ頃の仏教の動きにも注目しましょう。

時代の**メタマッピング**と**メタ視点**

文化 ➡テーマ①

古代の文化区分・特色Ⅱ

弘仁・貞観文化期は**密教の加持祈禱と文章経国思想**、国風文化期は**浄土教と仮名文学**にそれぞれ注目する。

文化 ➡テーマ②

弘仁・貞観、国風文化期の仏教

弘仁・貞観文化期には**天台宗・真言宗**が開かれ、国風文化期には社会不安と末法思想から**浄土教**が広がる。

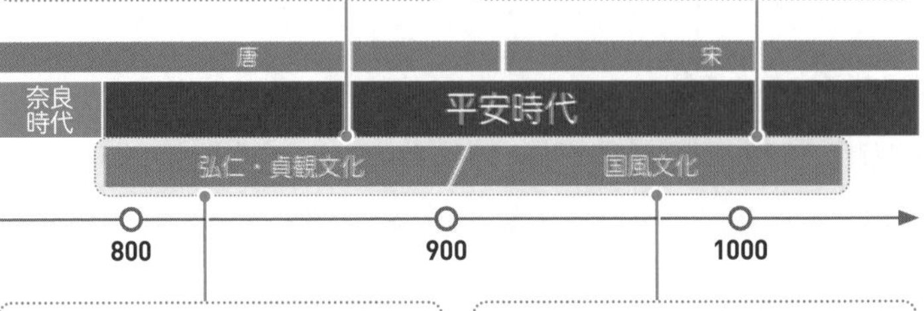

文化 ➡テーマ③

弘仁・貞観、国風文化期の美術

弘仁・貞観文化期には**密教美術**が、国風文化期には**浄土教美術**がそれぞれ作られる。

文化 ➡テーマ④

弘仁・貞観、国風文化期の文学

弘仁・貞観文化期には**漢文学**が、国風文化期には**国文学**がそれぞれ隆盛する。

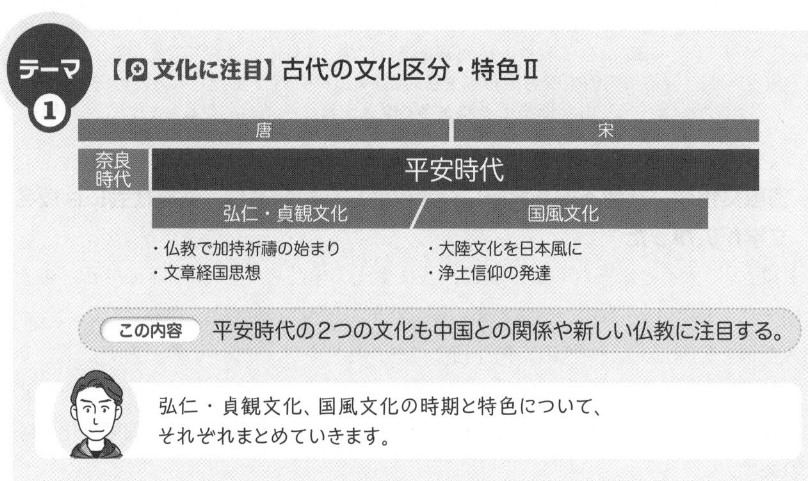

弘仁・貞観文化期、仏教では新たに加持祈禱が行われ、貴族の間では漢文学が学ばれた

8世紀末に桓武天皇が平城京から長岡京・平安京に遷都して以降、9世紀を中心に広がった文化を**弘仁・貞観文化**といいます。弘仁（810～24年）は**嵯峨天皇**即位以降の年号、貞観（859～77年）は**清和天皇**即位以降の年号です [➡p.53]。

この時期の文化の特色をみていきましょう。8世紀末、桓武天皇は僧侶の政治介入を抑制するため、奈良の大寺院が長岡京や平安京へ移転することを禁じました。一方で、**天台宗**や**真言宗**などの山岳仏教が皇族・貴族と結びつくようになります。これらの**新仏教では従来の経典読誦よりも加持祈禱を重視する**という特徴があります [➡p.117]。

続いて、奈良時代にあらわれた**神仏習合**が弘仁・貞観文化期に進展しました。もともと仏教は在来の信仰を取り込む傾向があり、日本古来の神祇信仰と融合していきました。奈良時代には日本の神が仏教に救済を求めると考えられ、神社の境内に神宮寺が建立され、神前で読経が行われました。平安時代に入ると神は仏法の護法善神*としてとらえられ神々の偶像化が進み、神に菩薩号を付けるようになったほか僧形神像が祀られました。

9世紀には遣唐使が引き続き派遣され、貴族や僧侶により唐風文化が積極的に摂取されました。文芸が政治的な役割を担うようになり、**中国の文学や史学を学ぶ紀伝道に秀でた者が文人貴族として出世できる文章経国思想が発展しました**。

Q 山岳仏教についてもう少し詳しく教えて下さい。

用語 ＊護法善神…仏法を守護する神々。

A 山岳仏教は山岳地帯を修行の場とする仏教活動のことです。特に密教で呪力の獲得を目的とする山林修行が重視されたため、山岳地帯に寺院が多く建立され、一層盛んになりました。

国風文化期、社会不安を背景に浄土信仰などが発達し、貴族社会には仮名文学が広がった

10世紀に入るとまもなく唐は滅び、五代十国の争乱をへて979年には宋が中国を統一しました[➡p.100]。日本と宋の間に正式な国交は結ばれなかったものの、宋商人が博多に来航し、大陸の文物が日本にもたらされました。その一方で、それまでに受け入れられた中国文化は日本風にアレンジされ、貴族社会に受け入れられていきました。こうした**中国文化の消化の上に生まれた日本風の文化は国風文化と呼ばれます**。

平安時代中期、**度重なる疫病や飢饉などの社会不安を背景に、来世の極楽往生を求める浄土信仰が発達しました**。一方、こうした社会不安は政争で失脚した貴族の霊魂のたたりであるとか、疫神*が活動していることが原因であるなどと考え、その霊魂や疫神を鎮める御霊信仰（御霊会）も流行しました。貴族は信心深くなり、陰陽道に基づく迷信により生活を制限されました。

古代の文化区分・特色Ⅱ

① **弘仁・貞観文化**（9世紀）
僧侶の政治介入を抑制する➡山岳仏教が皇族・貴族と結びつく
加持祈禱の始まり（真言宗・天台宗が中心）
神仏習合が進展する
文章経国思想の発展（漢文学の隆盛）

② **国風文化**（10世紀～11世紀前半）
大陸文化を日本風にアレンジ➡貴族社会に広がる
浄土信仰の発達（極楽往生を求める）
御霊信仰の流行（怨霊・疫神を慰める）
陰陽道に基づく迷信が貴族の生活を制限する

 用語 ＊疫神…疫病をはやらせるとされる神。

テーマ ❷ 【文化に注目】弘仁・貞観、国風文化期の仏教

唐		宋
奈良時代	平安時代	
	弘仁・貞観文化	国風文化
	・最澄・空海の登場 ・密教の加持祈禱による現世利益	・社会不安と末法思想 →浄土教の広まり

この内容 弘仁・貞観文化期は最澄・空海が登場し、国風文化期は浄土教が広がる。

弘仁・貞観文化期と国風文化期に広がった**新しい仏教の教え**をそれぞれ確認します。

最澄は経典や戒律を重視し、空海は加持祈禱を日本にもたらした

平安時代初期、**最澄**や**空海**によって仏教界に新しい動きがもたらされました。天台宗は法華経を根本経典とし、経典を学び修行して悟りをひらこうとする**顕教**の一つです。

最澄は804年の遣唐使に同行して入唐し、帰国後に**天台宗**を開きました。最澄は東大寺戒壇における受戒制度 [➡ p.79] から独立した新しい戒壇の創設を目指し、**『山家学生式』**と総称される僧侶養成の規定を朝廷に奉りました。この要請は南都の諸宗に反対されたため、最澄は**『顕戒論』**を著して反論しました。最澄の死後、ようやく比叡山**延暦寺**に**大乗戒壇**を設立することが公認されました。

一方、空海は上京して大学に入りましたが退学して仏道を志し、**『三教指帰』**を著して儒教・仏教・道教のなかで仏教が優位であることを主張しました。804年、遣唐使の留学生として唐に渡り、長安で青龍寺の恵果に師事して**密教**を学びました。2年後に帰国して**真言宗**を開くと、高野山に**金剛峰寺**を建立したほか、嵯峨天皇から京内の東寺を賜わって根本道場とし、**教王護国寺**と名づけました。

密教は大日如来を重視し、秘密の呪法によって悟りを開こうとする一派で、加持祈禱により国家の安泰を祈りました。加持祈禱は国家の大事から病気平癒といった個人の生活にいたるまで利用することができたため、現世利益を追求する皇族や貴族の間に広まりました。天台宗においても最澄の弟子である**円仁**や**円珍**らによって密教が取り入れられ、真言宗の密教を**東密**と呼ぶのに対して天台宗の密教は**台密**と呼ばれました。

後に円仁と円珍の門流は対立し、円仁の門流は**延暦寺**を中心とする**山門派**と呼ばれ、円珍の門流は**園城寺**（**三井寺**）を中心とする**寺門派**と呼ばれました。

天台宗・真言宗ともに山中を修行の場としたため、在来の山岳信仰と結びつき**修験道**が生み出されました。修験道は山林修行により呪力を得るという信仰で、山伏とも呼ばれる修験者は奈良県の吉野や和歌山県の熊野を修行の場としました。

国風文化期、社会不安と末法思想を背景に浄土教が広まった

国風文化期は、天台宗・真言宗が現世利益を求める貴族層の支持を得て一層勢力を強めました。その一方、武士の反乱や飢饉の流行などの現世の不安から逃れ、阿弥陀如来や菩薩の住む極楽浄土への往生を願う浄土信仰も広まりました。

浄土教とは念仏や善行によって、特に阿弥陀如来の極楽浄土への往生を願う教えのことです。平安時代初期にはすでに唐の五台山から日本の比叡山に伝わっていました。10 世紀半ばには市聖と称された**空也**によって民間へと布教されました。その後、**源信**は**『往生要集』**を著し、多くの仏典から極楽・地獄観を描き出して極楽浄土にいたる方法を具体的に示し、貴族社会に浄土教を広めました。11 世紀に入ると、**末法思想**が流行し、浄土教の教えは一層強められました。また、**慶滋保胤**の**『日本往生極楽記』**に代表される、往生を遂げた人々の伝記である往生伝が作られました。

Q 末法思想とは、どのような思想なのですか？

A 釈迦の死後、正法（1000 年間）・像法（1000 年間）を経て末法の世が来るという思想です。
末法には仏教が衰え世の中が乱れると考えられていました。
1052 年から末法の世に入るとされました。

弘仁・貞観、国風文化期の仏教

① 新しい戒壇（**延暦寺**）
最澄の死後、**大乗戒壇**の設立が公認される

↓

② **密教**（加持祈禱➡国家の安泰・現世利益）
空海は大日如来の教えを習得➡**真言宗**を開く
円仁・**円珍**は天台宗の密教化に努める（台密）
僧侶は山林修行を基礎とする（修験道の源流）

③ **浄土教**（念仏➡極楽往生）
空也（市聖）は京都市中に念仏を広める
源信は『往生要集』で極楽往生の教えを説く
慶滋保胤は往生伝を著す

テーマ3 【文化に注目】弘仁・貞観、国風文化期の美術

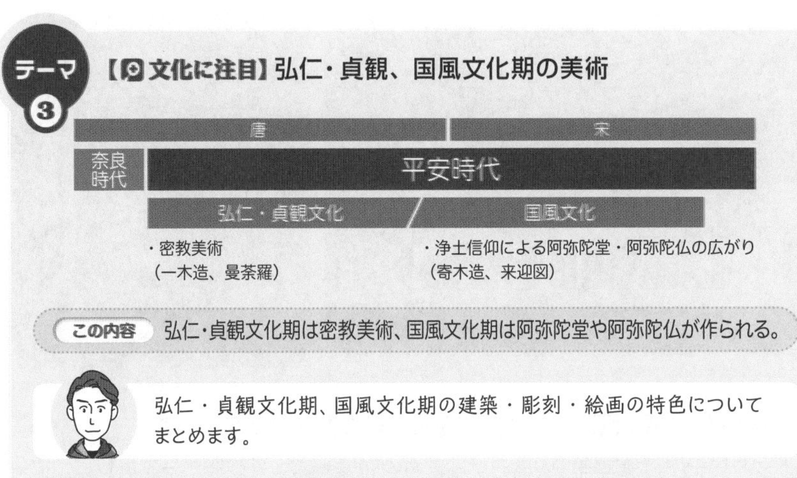

この内容 弘仁・貞観文化期は密教美術、国風文化期は阿弥陀堂や阿弥陀仏が作られる。

弘仁・貞観文化期、国風文化期の建築・彫刻・絵画の特色についてまとめます。

平安時代初期、神秘的な雰囲気をただよわせる密教美術が流行した

平安時代初期、美術の面でも仏教のあり方を反映した新しい傾向がみられました。建築の分野では、山中に建てられた寺院は地形に応じた伽藍配置となりました。奈良県にある**室生寺**の金堂や五重塔は代表的な山岳寺院です。高野山は女人禁制でしたが、女性の参詣が認められていた室生寺は女人高野の異名を持ちます。

彫刻の分野では、それまでの金銅像・乾漆像・塑像などに代わって木像が主流となりました。一本の木材から仏像を彫り出す**一木造**や、衣の皺を波打つように表現する翻波式の手法が用いられました。一方、神仏習合の進展にともない、**薬師寺僧形八幡神像**に代表される神像彫刻も製作されました。

密教は理論よりも実践を重視し、仏具の一つとして密教の世界観を構図化した**曼荼羅**が用いられました。悟りへの道筋を示す金剛界と慈悲の広がりを表す胎蔵界の2つから構成される両界曼荼羅は神護寺や教王護国寺に残されています。一方、**園城寺不動明王像**は円珍が帰依した不動明王を絵師に描かせたもので、黄不動とも呼ばれます。

Q なぜ高野山は女人禁制だったのですか？

A 神仏の祈願にあたって清浄性が求められるなか、出産や月経による血のイメージから女性は不浄だとする観念が広がり、神聖な聖地への参詣を禁じる女人結界が生まれました。

▼室生寺金堂

▼教王護国寺両界曼荼羅（胎蔵界）

平安時代中期、阿弥陀堂や阿弥陀仏、来迎図（らいごうず）などが広がった

平安時代中期、浄土信仰の広がりは美術の面にも大きな影響を与えました。建築の分野では、極楽浄土をこの世に具現化しようと阿弥陀堂が建立されました。出家した**藤原道長（ふじわらのみちなが）**が京都に造営した**法成寺（ほうじょうじ）**は現存しませんが、子の**藤原頼通（よりみち）**が宇治（うじ）に造営した**平等院鳳凰堂（びょうどういんほうおうどう）**は現在も残っています。

▼寄木造の工法

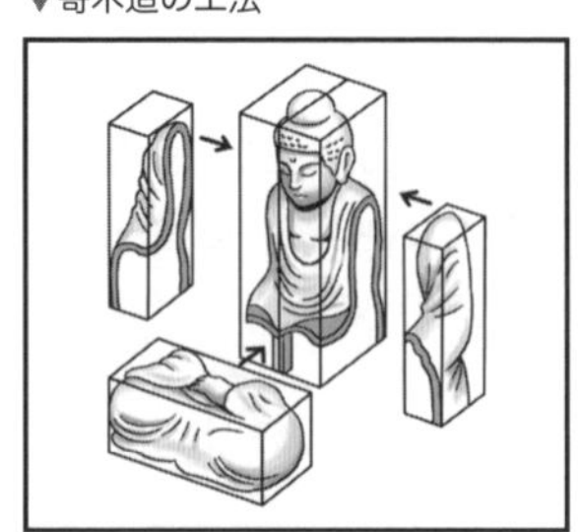

平等院鳳凰堂には、本尊（ほんぞん）として仏師**定朝（じょうちょう）**が製作した**阿弥陀如来像（あみだにょらいぞう）**が安置されています。定朝は多くの需要に応えるため、仏像の部位を分担して製作し、後でつなぎ合わせる**寄木造（よせぎづくり）**の技法を完成させました。この頃から作品に作者の名前が付されるようになり、仏師の社会的地位も向上していきました。

絵画の分野では、往生しようとする人々を阿弥陀仏が迎えにやってくる様子を描いた**来迎図**が描かれ、**阿弥陀聖衆来迎図（しょうじゅらいごうず）**が代表的作品として残されています。一方、中国の故事や風景を描いた唐絵（からえ）とともに、日本的な風物を題材とした大和絵（やまとえ）が屏風（びょうぶ）などに描かれました。他にも、漆（うるし）で文様を描いて金銀粉（きんぎんぶん）を蒔（ま）きつける蒔絵（まきえ）や、夜光貝などを薄くすり減らして器物にはめ込む螺鈿（らでん）などの工芸作品も製作されました。

▼平等院鳳凰堂

▼阿弥陀聖衆来迎図

弘仁・貞観、国風文化期の美術

① 弘仁・貞観文化（9世紀）
寺院：**室生寺金堂**（女人高野・自由な伽藍配置）
彫刻：**一木造**・翻波式、僧形神像
絵画：**曼荼羅**（両界＝金剛界・胎蔵界のこと）
園城寺不動明王像（黄不動）

② 国風文化（10世紀～11世紀前半）
寺院：**法成寺**（藤原道長）・**平等院鳳凰堂**（藤原頼通）
彫刻：**寄木造**（仏師＝**定朝**）、阿弥陀如来像
絵画：**来迎図**（阿弥陀仏の来臨（らいりん）を描く）
大和絵（中国の技法・日本の風景や人物を題材とする）

テーマ④ 【文化に注目】弘仁・貞観、国風文化期の文学

唐		宋
奈良時代	平安時代	
	弘仁・貞観文化	国風文化
	・漢文学の隆盛 （勅撰漢詩文集の編纂、三筆）	・国文学の発達 （勅撰和歌集の編纂、三蹟）

この内容 弘仁・貞観文化期は漢文学、国風文化期は仮名文学に注目する。

弘仁・貞観文化期における**漢文学の隆盛**と
国風文化期における**国文学の隆盛を**それぞれまとめます。

弘仁・貞観文化期、貴族社会では漢文学が隆盛した

古代の貴族社会では漢詩文の教養が求められました。9 世紀前半には文章経国思想［➡ p.115］のもと漢文学が隆盛し、天皇の命により勅撰漢詩文集が相次いで編纂されました。嵯峨天皇の命により編まれた『**凌雲集**』・『**文華秀麗集**』、淳和天皇の命により編まれた『**経国集**』が挙げられます。私撰漢詩文集としては、空海の漢詩を集めた『**性霊集**』があります。

学問重視の風潮のもと、有力貴族は一族の子弟のために寄宿舎である**大学別曹**を設けました。具体的には、藤原氏の**勧学院**、和気氏の**弘文院**、橘氏の**学館院**、在原氏や皇族の**奨学院**などが挙げられます。一方、空海は庶民教育のため**綜芸種智院**を京内に設けました。

漢文学の流行に応じて唐風の書道（唐様）が広がり、嵯峨天皇・空海（『風信帖』を残す）・橘逸勢は後に**三筆**と称されました。一方、漢字の草書体を書き崩したり一部を省略するなどして、**仮名文字**が生まれました。

国風文化期、仮名文字の発達とともに様々なジャンルの国文学が隆盛した

10 世紀に入ると、仮名文字の字体が整って文章表現に利用されるようになり、和歌や物語などの仮名文学を中心とする国文学が盛んになりました。

まず和歌については、905 年、醍醐天皇の命により紀貫之らが勅撰和歌集の『**古今和歌集**』を編纂しました。以後、和歌は漢詩とともに貴族社会で重要な位置を占めるようになり、歌合なども催されました。藤原公任は和歌と漢詩の両方を集めた『和漢朗詠集』を編纂し、この書は漢詩文に旋律をつけて詠む朗詠に用いられました。

宮廷女性を中心に洗練された日記が綴られました。**紀貫之**が女性のフリをして書いた『**土佐日記**』のほか、藤原道綱母の『蜻蛉日記』や菅原孝標女の『更級日記』などには筆者の細やかな感情が記されています。一方、男性貴族は政務や儀式を詳細に記録し、子孫に伝えるために和様化した漢字で日記を記しました。

物語としては、伝奇的な『竹取物語』や歌物語の『伊勢物語』、**紫式部**の長編小説である『**源氏物語**』、藤原道長の栄華を讃えた歴史物語である『**栄華物語**』が代表的です。この他のジャンルとして、**清少納言**によって書かれた随筆の先駆とされる『**枕草子**』や源順が編纂した百科事典にあたる『倭名類聚抄』などもあります。

書道では、9 世紀に流行した唐様に対して、日本風にアレンジした和様がもてはやされました。小野道風・藤原行成・藤原佐理（『離洛帖』を残す）は**三蹟**（跡）と後に呼ばれ、藤原行成の子孫は世尊寺流という書道の流派の一つとして朝廷に仕

えました。

国風文化期、貴族社会では母方の縁が重視された

9 世紀前半、嵯峨天皇は唐風を重んじ、平安宮の殿舎に唐風の名称を付けました。そのため、大極殿や朝堂院は瓦葺・石畳の唐風建築でした。一方で国風文化期の貴族は優美な**寝殿造**の住宅に住み、部屋のなかには日本の風物を題材とする大和絵を描いた屏風や几帳＊を置き、蒔絵の調度品などにより彩りをそえました。

男性貴族の服装は、正装として**束帯**・衣冠、普段は直衣・狩衣が用いられました。女性の服装は、正装として唐風の衣装を日本風に改めた**女房装束**（十二単）、普段は小袿に袴がまとわれました。

貴族社会では、子どもは母の実家で母方の祖父母によって養育され、10 代前半で男子は**元服**、女子は**裳着**と呼ばれる成人式を挙げました。

日常生活では陰陽道に基づく迷信により生活を制限され、凶の日や夢見が悪い日に門を閉ざして謹慎する**物忌**や忌むべき方角を避けるためにいったん居を移す**方違**などが行われました。

テーマ④ まとめ　弘仁・貞観、国風文化期の文学

① 弘仁・貞観文化（9 世紀）：漢文学の隆盛
勅撰漢詩集：**『凌雲集』**・『文華秀麗集』・『経国集』
私撰漢詩文集：**『性霊集』**（空海の弟子による）
能書家：**三筆**（唐様／嵯峨天皇・空海・橘逸勢）

② 国風文化（10 世紀～ 11 世紀前半）：国文学の発達
勅撰和歌集：**『古今和歌集』**　詩歌：『和漢朗詠集』
日記：**『土佐日記』**・『蜻蛉日記』・『更級日記』
物語：『竹取物語』・『伊勢物語』・**『源氏物語』**・**『栄華物語』**
その他：**『枕草子』**（清少納言）・『倭名類聚抄』（源順）
能書家：**三蹟**（和様／小野道風・藤原行成・藤原佐理）

用語 ＊几帳…室内を仕切るために使った道具。

確認問題

1 年代配列問題にチャレンジ

(1) 次の文Ⅰ～Ⅲについて、古いものから年代順に正しく配列したものを、後の①～⑥のうちから一つ選んで記号で答えなさい。

Ⅰ 天皇の命により、平安京内に造営された寺院が真言宗の道場として認められた。
Ⅱ 市聖と称された僧侶によって浄土教が民間へと布教された。
Ⅲ 末法思想の流行により、往生伝がつくられた。

① Ⅰ－Ⅱ－Ⅲ　② Ⅰ－Ⅲ－Ⅱ　③ Ⅱ－Ⅰ－Ⅲ
④ Ⅱ－Ⅲ－Ⅰ　⑤ Ⅲ－Ⅰ－Ⅱ　⑥ Ⅲ－Ⅱ－Ⅰ

(2) 次の文Ⅰ～Ⅲについて、古いものから年代順に正しく配列したものを、後の①～⑥のうちから一つ選んで記号で答えなさい。

Ⅰ 天皇の命により初の勅撰和歌集である『古今和歌集』が編纂された。
Ⅱ 浄土信仰の広がりとともに、宇治に平等院鳳凰堂が建立された。
Ⅲ 学問重視の風潮のもと、有力貴族は一族の子弟のために大学別曹を設けた。

① Ⅰ－Ⅱ－Ⅲ　② Ⅰ－Ⅲ－Ⅱ　③ Ⅱ－Ⅰ－Ⅲ
④ Ⅱ－Ⅲ－Ⅰ　⑤ Ⅲ－Ⅰ－Ⅱ　⑥ Ⅲ－Ⅱ－Ⅰ

2 探究ポイントを確認

(1) 平安時代初期から中期にかけて登場した新しい仏教はどのように発展していったのかを簡潔に述べよ。

(2) 摂関政治期、中国文化の消化の上に日本の風土や嗜好(しこう)に合わせた文化の国風化が進んだ。絵画と文学の２つの分野における具体的な事例について説明せよ。

解答

1 (1) ①　(2) ⑤

2 (1) 平安時代初期、実践を重視する密教が取り入れられ、加持祈禱は現世利益を追求する皇族・貴族間に普及した。平安時代中期には社会不安や末法思想を背景に念仏により極楽往生を願う浄土教が広がった。(92 字)

(2) 中国の風物を題材とする唐絵の技法を用いて、日本の風物を描く大和絵が描かれた。一方、漢字を元にした仮名文字が普及し、日記や物語などの仮名文学が流行した。(75 字)

第11講 武士の台頭と院政

第9講までで学習した**律令制**の動揺を背景に10世紀初頭からしだいに**武士が台頭**します。一方、藤原氏を外戚としない後三条天皇が即位したことで摂関政治の前提が崩れ、続く白河天皇は譲位した後も上皇として政治を行う**院政**を始めます。そのなかで、院の武力となった平氏により**最初の武家政権である平氏政権が成立**します。土地制度では荘園がさらに拡大し**荘園公領制が成立**します。古代史が終わり、いよいよ中世史のスタートです。

時代の**メタマッピング**と**メタ視点**

政治の因果 ➡テーマ①

天慶の乱と武士の活躍

律令制の動揺を背景に、朝廷に利用された**武士は様々な兵乱を鎮め軍事貴族として定着**。

政治の推移 ➡テーマ②

清和源氏の台頭

清和天皇の子孫である**清和源氏は摂関家と結びついて武家の棟梁に成長**する。

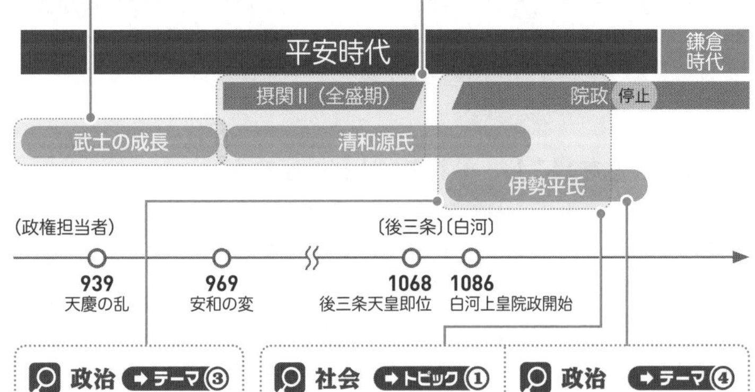

政治 ➡テーマ③

院政の構造

11世紀後半に**摂関政治から院政へ**と転換する。

社会 ➡トピック①

荘園公領制について

11世紀後半に**荘園がさらに拡大し荘園公領制が成立**。

政治 ➡テーマ④

平氏政権

天皇家や摂関家の抗争を**平清盛が鎮め平氏政権を樹立**。

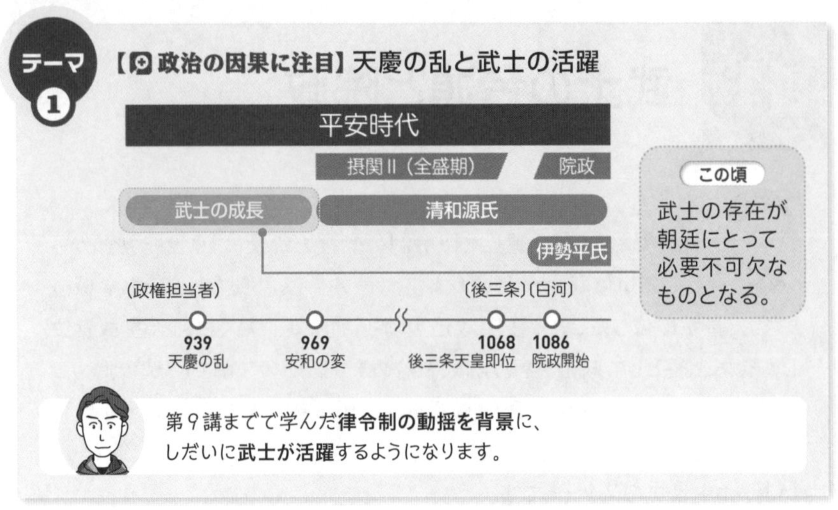

平安時代中期、中下級貴族が地方に土着するようになり、武士の家が生まれる

９世紀以降、郡司の一族や富豪層は**健児**〔➡ p.90〕として国衙を警備するなど地域社会の治安維持を期待されていましたが、実際には馬を用いて貢納物を略奪する群盗などが横行しました。このような群盗の蜂起に対して朝廷は武芸に秀でた中下級貴族を**押領使**・**追捕使**に任じて鎮圧に当たらせると、なかには郡司らを従えてそのまま土着する者も出現しました。代表的な例としては、上総介に任じられ関東各地に土着した**平高望**の一族や下野国を本拠とする**藤原秀郷**などが挙げられます。彼らは、一族（家子）や一族以外の者（郎党）を率いて朝廷に仕え、**滝口の武者**として内裏を警備する者がいる一方、地方の有力者として後任の受領や他の武士と対立する者も現れました。

地方武士が反乱を起こし、それを武士が鎮圧する

10世紀中頃には、東国で**平将門の乱**が起こりました。関東に土着した桓武平氏の一族である**平将門**は、一族間の争いを契機に反乱を起こし、939年には常陸・下野・上野の国府を攻め落とした上で「**新皇**」と称して新たな王朝を築こうとしたのです。この反乱は一族の**平貞盛**と下野の押領使に任じられた**藤原秀郷**が私兵を率いて鎮圧に当たりました。一方、西国では**藤原純友の乱**が起こりました。藤原純友はもと伊予掾で土着し、939年に瀬戸内海の海賊を率いて九州の大宰府などを攻めました。この反乱は朝廷軍の**小野好古**や**源経基**らが平定しました。

これらの反乱は天慶の乱と呼ばれ、地方に土着した武士が蜂起したという共通点があり、鎮圧に当たったのも武士でした。ここで活躍した**藤原秀郷・平貞盛・源経基らの子孫は有力な武士の家を形成して軍事貴族と呼ばれました**。彼らは都で活躍

する**京武者**で、上級貴族の身辺警護などに動員されたほか、受領を歴任して地域の治安維持に努めました。一方、諸国の地方武士は受領のもとに編成され、**開発領主**として公領開発に従事したほか、国衙の軍事力も担いました。

武士という言葉が出てきた時には、「京武者」なのか「地方武士」なのか、武士身分を意識するようにしましょう。

▼平氏略系図

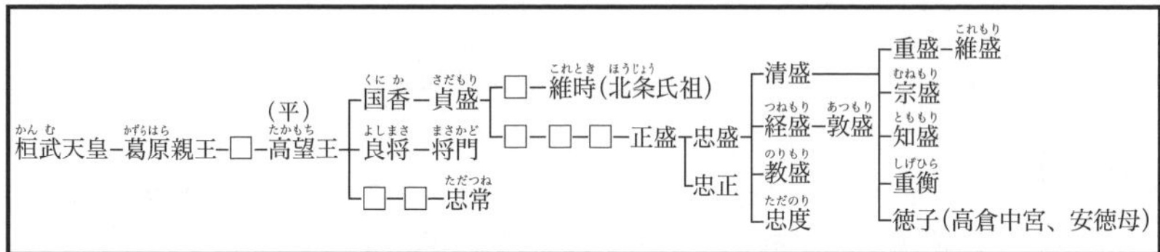

テーマ1 まとめ 天慶の乱と武士の活躍

① 背景

群盗の蜂起➡貢納物が略奪される

朝廷は中下級貴族を**押領使**・**追捕使**に任じる

② **平将門の乱**（939～40）〔関東〕

平貞盛・**藤原秀郷**らが私兵を率いて鎮圧する

③ **藤原純友の乱**（939～41）〔瀬戸内〕

朝廷軍の**小野好古**・**源経基**らが鎮圧する

④ 武士身分の形成

軍事貴族：京を拠点とし（京武者）、受領を歴任する

地方武士：受領のもとに編成される（開発領主も務める）

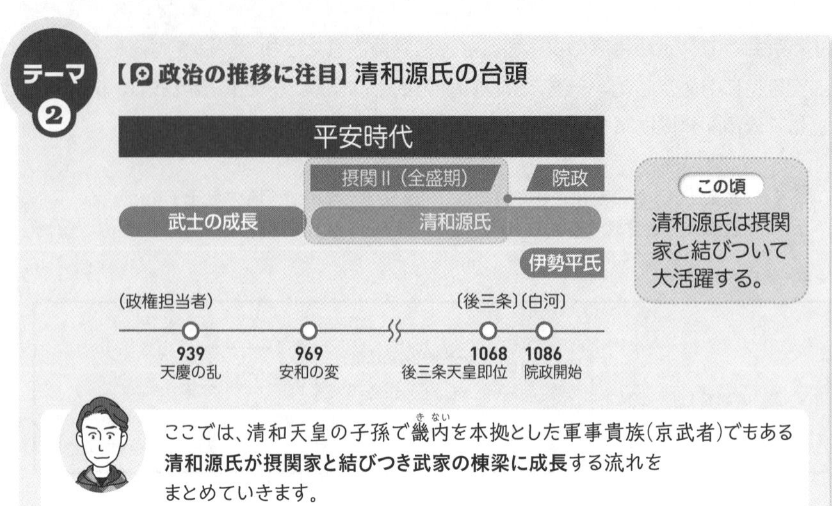

清和源氏は摂関家と結びつき、東国に進出する

969年、**源経基の子の源満仲は安和の変**〔➡ p.95〕**に際して源高明を密告して摂関家に接近しました**。源満仲は藤原兼家に、その子である源頼光・頼信兄弟は藤原道長に侍として仕え、諸国の受領を歴任しました。

東国では、平将門の乱が平定された後も土着した桓武平氏が勢力をふるい、争いを繰り返していました。その中で1028年、上総を拠点とした平忠常は国衙と対立して反乱を起こしました（平忠常の乱）。この反乱を鎮めたのは源満仲の子である源頼信で、坂東の武士の中には武名を高めた頼信に従う者も現れ、**清和源氏が東国に進出する契機となりました**。

前九年合戦、後三年合戦を通じて、清和源氏は武家の棟梁となる

1051年、陸奥の俘囚（服属した蝦夷）である安倍頼時・貞任らが反乱を起こすと、源頼信の子で陸奥守をつとめていた源頼義と孫の義家は出羽の豪族清原武則の援助を受け、東国の武士を率いて鎮圧しました。これを前九年合戦といいます。ついで1083年奥羽で巨大な勢力を築いていた清原氏一族の内紛が生じると、陸奥守であった源義家が介入し、藤原清衡を助けて清原真衡・家衡を倒しました。これを後三年合戦といいます。その結果、源義家と動員された東国武士との間の主従関係は強まり、**名声を高めた義家のもとに所領を寄進する地方武士も現れ、源義家は武家の棟梁（大武士団の統率者）と目されるようになった**のです。ところが、朝廷に対して金を貢納するなど陸奥守としての職務を怠った源義家は院や摂関家などから冷遇されるようになりました。

源義家の介入により家督*を相続した**藤原清衡**は、陸奥**平泉**を中心として支配権を確立しました。この藤原清衡をはじめとする**奥州藤原氏**は、**基衡**・**秀衡**と3代約100年間にわたって全盛をきわめました。彼らは陸奥で産出した金や北方との交易によって獲得した産物を用いて朝廷と良好な関係を築き、**中尊寺金色堂**などの寺院を建立して京文化の移植を図りました。ところが、1189年に**源頼朝**によって秀衡の子**藤原泰衡**が滅ぼされてしまいます。

▼源氏略系図

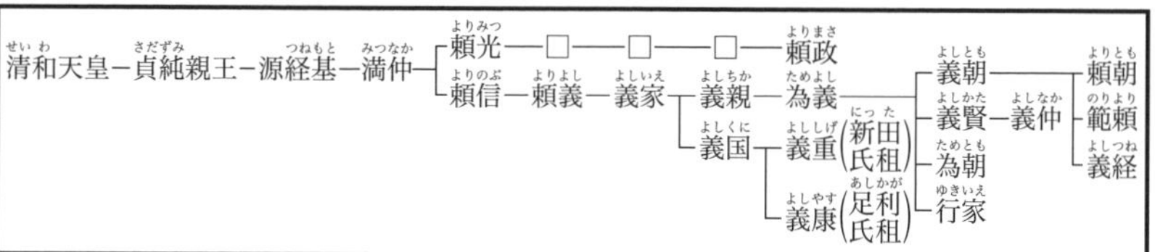

テーマ❷ まとめ　清和源氏の台頭

① **安和の変**（969）
源満仲が**源高明**を密告し、摂関家に接近する

② **平忠常の乱**（1028～31）〔関東〕
平忠常が挙兵し、**源頼信**が鎮圧する（➡東国進出の契機）

③ **前九年合戦**（1051～62）〔東北〕
陸奥の俘囚である安倍氏一族が挙兵する
源頼義・**義家**父子が清原氏の援助を得て平定する

④ **後三年合戦**（1083～87）〔東北〕
清原氏一族の内紛
源義家が藤原清衡を支援して平定する

史料を読んでみよう！　—延久の荘園整理令—

A　延久の荘園整理令

（**延久元年**(注1)二月）廿三日、**寛徳二年**(注2)以後の新立荘園を停止すべし。縦ひ彼年以往といへども、立券(注3)分明ならず、国務に妨げ有る者は、同じく停止の由宣下す。……閏二月十一日、始めて**記録庄園券契所**を置き、寄人(注4)等を定む。（『百錬抄』）

（注1）1069年。　（注2）1045年。　（注3）荘園設立を証明する公文書。　（注4）職員。

用語　＊家督…家の家名・仕事・財産など。

B　延久の荘園整理令

後三条院ノ位ノ御時……延久ノ記録所トテハジメテヲカレタリケルハ、諸国七道(注1)ノ所領ノ宣旨(注2)・官符(注3)モナクテ公田(注4)ヲカスムル事、一天四海ノ巨害ナリトキコシメシツメテアリケルハ、スナハチ宇治殿(注5)ノ時、一ノ所ノ御領(注6)々々トノミ云テ、庄園諸国ニミチテ受領ノツトメタヘガタシナト云ヲ、キコシメシモチタリケルニコソ(注7)。宇治殿……カズヲツクシテタヲサレ候ベキナリト……（『愚管抄』）

（注1）全国（七道）の意。　（注2）蔵人から勅旨を述べ伝えるもの。　（注3）太政官から下す公文書。　（注4）公領（国衙領）。　（注5）藤原頼通。　（注6）摂関家領。　（注7）御耳にとめておいでになった。

天皇家に嫁いだ藤原頼通の娘には皇子が生まれなかったため、藤原氏を外戚としない天皇が即位し、**摂関政治の前提が崩れます。**

1068年、藤原氏北家を外戚としない後三条天皇が即位しました。後三条天皇は大江匡房ら学者を登用して親政を行いましたが、1069年に発布された延久の荘園整理令は土地制度上、大きな意義を持つ法令でした。この法令の内容を史料で確認してみましょう。

史料Aは、平安中期から鎌倉中期の出来事を編年体*1で記した『百錬抄』という歴史書です。史料Aによると、後三条天皇は寛徳2（1045）年以後に新しく設立された荘園に加えて、認定に必要な証拠書類が不十分で国務に妨げがあると判断した荘園も整理の対象としました。証拠書類を審査するため、**太政官には記録荘園券契所が設けられ、基準に合わない荘園は整理の対象となりました**。例えば、石清水八幡宮は、34ヵ所のうち13ヵ所の荘園が収公されました。後三条天皇の時代には、公定の枡である宣旨枡も制定され、国ごとに耕地調査が行われました。

一方、史料Bは、鎌倉時代に天台座主*2の慈円（平安末期の摂関である九条兼実の弟）〔➡ p.170〕が記した『愚管抄』という史論書です。史料Bには延久の荘園整理令が出された理由について記されています。史料中の「宇治殿」は藤原頼通、「一ノ所ノ御領」は摂関家領であることに注目して下さい。すなわち、**宣旨や官符といった正式な文書もないのに摂関家の権威に依存して立荘された荘園が多くあって受領の国務の妨げになっている**ことから、後三条天皇は荘園整理令を発布したと読み取ることができます。

延久の荘園整理令の結果、貴族や寺社の支配する荘園と国司の支配する公領（国衙領）は明確に区別されるとともに、**荘園の認否は天皇の権限であることが確認されました**。

用語　＊1 編年体…歴史叙述の方法の一つ。年代を追って記す。
＊2 天台座主…比叡山延暦寺の最高位の僧。

Q 第9講で学習した国司免判や太政官符・民部省符 [➡p.110] などにより、荘園は認められなくなったのでしょうか？

A はい。後三条天皇の時代以降も朝廷により荘園整理令は繰り返し発令されました。天皇家や摂関家・有力寺社の名義がない荘園は整理の対象となりました。

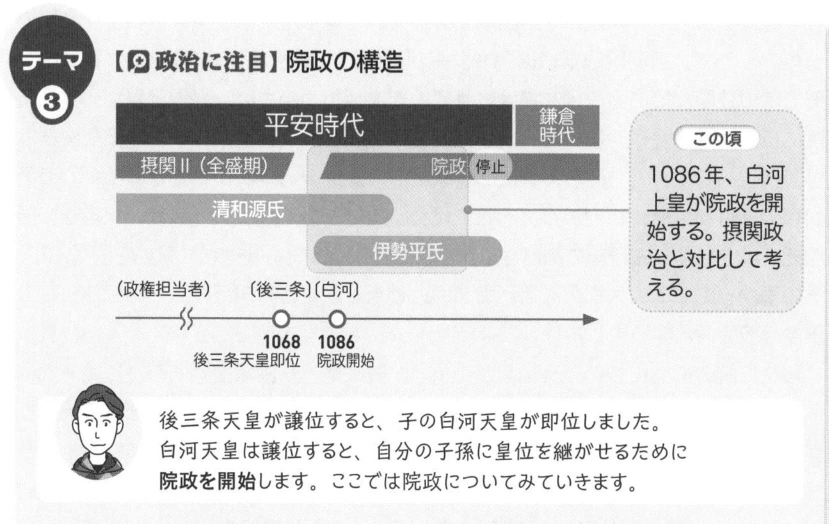

白河上皇が院政を始め、鳥羽上皇・後白河上皇も院政を行った

皇位継承を決定できる立場にあった後三条院は、子の白河天皇の跡継ぎとして弟が継承することを望みました。ところが、白河天皇は父である後三条院の遺言に背いて、自分の子孫を皇位につかせることを目的に弟の輔仁親王ではなく子の善仁親王に皇位を譲り、善仁親王は堀河天皇として即位しました。そして**白河上皇は院政を開始し、摂関家と協力しながら政治を主導しました**。堀河天皇が若くして崩御し、子の鳥羽天皇が幼少のまま即位すると、白河上皇は本格的に政権を掌握することとなり、法や慣例にとらわれない専制政治を行いました。結局のところ、白河上皇は子の堀河、孫の鳥羽、曾孫の崇徳と3代にわたる直系の天皇を即位させ、白河上皇が崩御した後は鳥羽上皇・後白河上皇も院政を行いました。院政を主導した上皇は「治天の君」と呼ばれます。

院政の政治運営、経済基盤、武力を確認する

まず、院政の政治運営について考えてみましょう。もともと院というのは上皇*

用語 ＊上皇・法皇…上皇は太上天皇と同じく、位を譲った天皇。上皇が出家すると法皇と呼ばれる。

や法皇*の居所のことで、やがて上皇や法皇自身を指すようになりました。院庁は政務を掌る役所であると同時に院の財産を管理する家政機関でもありました。院庁から所領に対しては院庁下文が出されました。一方、政務は側近である院近臣が担い、上皇の意思である院宣が下されました。

次に、院の経済基盤についてもまとめてみましょう。上皇は仏教をあつく信仰し、出家して法皇となり、京都郊外に建立された6つの寺（六勝寺）において盛大な法会を開催しました。また、熊野詣や高野詣を繰り返したため、莫大な費用が必要でした。そこで、**鳥羽院政期には院や女院が発願した御願寺*に寄進を受けるという形で院の荘園群である院領を拡大させていきました**。例えば、鳥羽上皇が皇女八条院に伝えた八条院領や後白河上皇が長講堂に寄進した長講堂領が天皇家領荘園群として代表的です。一方、この頃には国家からの食封 〔➡ p.48〕 に指定された戸である封戸の給付が形骸化しており、それに代わる給付として院・有力貴族・大寺社に国の知行権を与える知行国の制度が広まりました。知行国主は近親や家臣を国司とし、その国からの収入の大部分を自己のものとしました。この知行国からの収益も院の重要な収入源となりました。

最後に院の武力について確認しましょう。院政期、荘園領主でもあった大寺院は下級僧侶を中心に僧兵を組織して国司と争い、朝廷に強訴しました。強訴を行った勢力としては、春日神社の神木の榊をかかげた興福寺（南都）の奈良法師や、日吉神社の神輿をかついだ延暦寺（北嶺）の山法師が挙げられます。こうした要求に対抗するため、**院は伊勢平氏などの武士を北面の武士として組織しました**。

Q 摂関政治と院政は、天皇に実権がないという点で同じなのでしょうか？

A その点では同じといえます。ただし、摂関政治は天皇の外戚（母方）が政治の主導権を持ったのに対し、院政は天皇の父・祖父・曽祖父（父方）が政治の主導権を持ったという点が異なります。

院政の構造

① **治天の君**
院政を主導した上皇のこと（天皇家の家長）
法や先例にとらわれない専制政治を行う

② 政治運営
役所：**院庁**（家政機関）　命令：**院宣**・**院庁下文**
側近：**院近臣**（中下級貴族／受領を歴任）

用語　*御願寺…天皇や皇族によって建てられた寺。

③ 経済基盤
院領（荘園）・**院分国**（知行国）からの収入

④ 武力
伊勢平氏（**北面の武士**➡僧兵の強訴に対抗するため）

トピック① 【社会に注目】荘園公領制について

第9講の最後で、11世紀前半における荘園の拡大について説明しました。ここでは、11世紀後半以降の**荘園の拡大と荘園公領制の成立**について説明します。

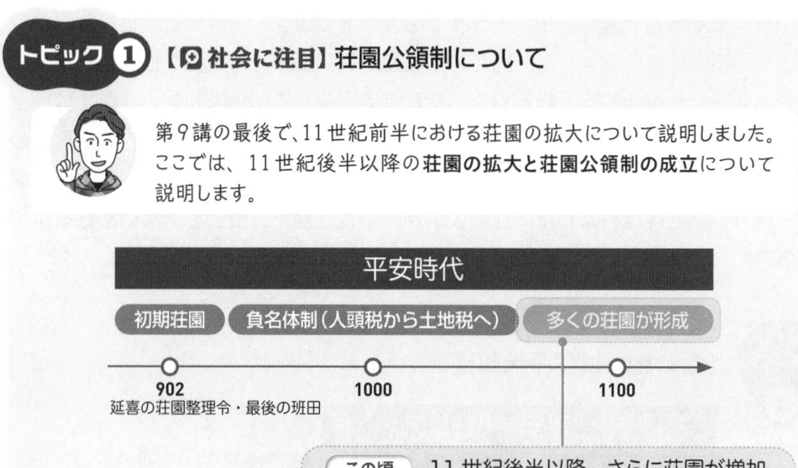

現在、高校教科書では新たに多くの荘園が形成される11世紀後半以降を中世の始まりとしています。延久の荘園整理令により一時的に摂関家の荘園などは整理されたものの、その後、鳥羽院政期に受領の支配から独立した天皇家領や摂関家領の荘園が新たに形成されていきました。

▼新田荘の成立

[朝廷] 鳥羽院政
↑立荘申請　↓立荘の許可（39郷の領域型荘園）
[本家] 金剛心院 1154年完成（鳥羽法皇の御願寺）
↑19郷寄進　↓領家に補任
[領家] 藤原忠雅（院近臣）
↑19郷寄進　↓1157年 下司に補任
[下司] 新田義重（開発領主）

例えば、上野国新田荘の図を参照してみましょう。1154年に鳥羽法皇が御願寺を建立する際、院近臣である藤原忠雅の仲介で開発領主の新田義重が私領19郷を寄進したことにより新田荘が立荘されました。鳥羽法皇の政治力により寄進された私領の倍以上の39郷が荘園として認められました。新田荘では鳥羽法皇の御願寺である金剛心院が本家、藤原忠雅は領家となり、新田義重は19郷の私領主から39郷の荘園を管理する下司に転身しました。

このように11世紀後半以降、**本家**は**領家**を仲介役として**開発領主**に私領の寄進を促し、広大な荘園を形成していきました。そして荘園からの収益のうち、自身の取り分である職（本家職）を御願寺の運営費用としたのです。本家と開発領主とは直接結びつかないため、仲介役の領家が必要となります。そこで領家も荘園からの収益の一部を職（領家職）として手に入れました。核となる私領を寄進した開発領主も**下司**・**公文**・預所などと称される荘官として現地で荘園を管理することで職を得ました。

寄進と立荘により形成された荘園は領域型荘園と呼ばれ、耕地だけでなく、集落や山野河海を含んだ景観をイメージする必要があります。荘園領主は租税免除の特権である**不輸の権**のみならず、国衙の検田使や追捕使の立ち入りを拒否する**不入の権**も与えられ、国衙の支配から独立した荘園を形成していきました。荘園・公領とも主要な耕地は名に編成され、有力農民である名主が名の管理を任されて年貢や公事を負担しました。このように**荘園と国衙領**〔➡ p.130〕**により構成される土地制度は荘園公領制と呼ばれました**。荘園公領制は中世社会を理解するために必要不可欠な要素だといえます。

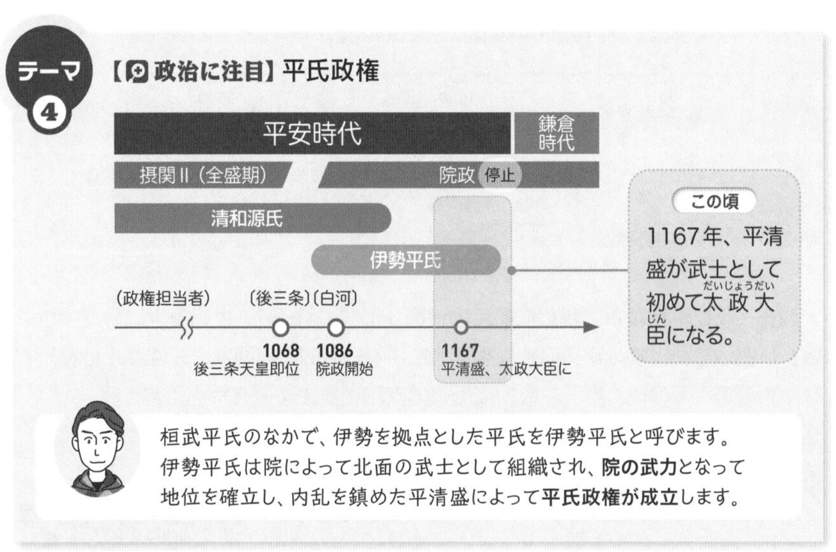

伊勢平氏は院の武力を担って信任を得た

12世紀初頭、源義家の子の**源義親**が出雲で反乱を起こすと、伊勢平氏の**平正盛**が追討使として派遣され、これを鎮圧しました。平正盛の子である**平忠盛**は瀬戸内海の海賊を鎮圧するなど武力により奉仕したほか、鳥羽院の造寺・造仏に対して経済的に奉仕することで信頼を得ました。そして鳥羽法皇の荘園の荘官として九州に下り、**日宋貿易**にも深くかかわるようになりました。**こうして伊勢平氏は院の武力を担う軍事貴族としての地位を得ました**。

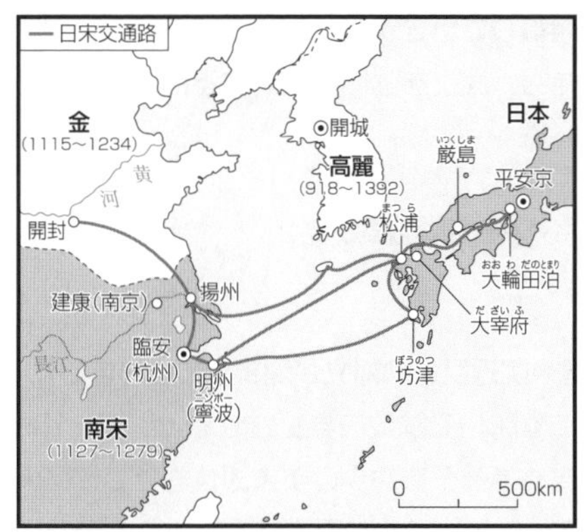

◀日宋貿易

日本と宋（南宋）とは
国交を結んでいませんが、
大宰府の管理のもとで私貿易を
行っていたことは第８講で
学習しました[➡p.100]。

保元の乱、平治の乱により、平清盛が朝廷での地位を高める

12 世紀中頃、天皇家の皇位継承争いと摂関家の氏長者をめぐる争いが生じました。崇徳上皇は自分の子を即位させて院政を行おうとしましたが、父の鳥羽法皇が院近臣の藤原通憲（信西）と謀って後白河天皇を立てたため不満を募らせました。一方、摂関家では、関白藤原忠通と左大臣藤原頼長の兄弟が対立しました。このような状況のもと、1156 年に鳥羽法皇が崩御すると、後白河天皇と藤原忠通は平清盛・源義朝らの軍勢を派遣して、崇徳上皇・藤原頼長と上皇側についた平忠正や源為義・為朝らを倒しました。これを保元の乱といいます。

ついで、二条天皇の即位とともに父の後白河天皇が院政を開くと、二条天皇による親政を支持する勢力もあったため、院近臣間では対立が生じました。1159 年、新たに台頭した藤原信頼は源義朝を味方につけて藤原通憲（信西）を自殺に追い込むと、これに反発した貴族たちは平清盛を味方につけて信頼・義朝を討ちました。これを平治の乱といいます。**2 つの内乱を鎮めた立役者となったことで、朝廷における平清盛の地位は一気に高まりました。**

平清盛は武士で初めての太政大臣となる

平治の乱後、平清盛は後白河法皇に接近するため、法皇の離宮法住寺殿の一角に蓮華王院本堂（三十三間堂）を造営しました。1167 年に清盛は武士として初めて太政大臣となり、太政大臣を辞任した後も京都の六波羅を拠点として国政に関与しました。平氏の繁栄と没落を記した『平家物語』には、平氏一族が高位高官を独占し、30 余りの知行国と 500 余りの荘園を保有したことが伝えられています。さらに清盛は日宋貿易にも力を入れ、摂津国の福原荘近くの大輪田泊を修築して、宋商人を呼び込もうとしました。その際、瀬戸内海航路を整備し、海上交通の守護神であった安芸国の厳島神社に華麗な装飾を施した「平家納経」を納めました。

平氏政権は初めての武家政権で、西国の武士を荘園・公領の地頭にすえることで

彼らに経済的な収入を与え、家人として組織していきました。ただし、地頭の設置については朝廷の公認を得られなかったため、武士を強固に統制するには至りませんでした。

この点については、後で源頼朝による東国武士の統制方法と比べてみましょう[➡p.140]。

平氏政権の権勢が強まると、後白河法皇や院近臣との対立が深まっていきました。

1179年、清盛は後白河法皇を鳥羽殿に幽閉して院政を停止させると、翌1180年には娘の**平徳子**と**高倉天皇**との間に生まれた皇子を幼少のまま即位させて**安徳天皇**とし、天皇の外祖父*となりました。こうした独裁的な政治は反平氏の動きを活発にしていきました。

Q 平清盛も藤原氏北家と同様に外戚の立場から権力を握ろうとしたのですか？

A はい。平氏政権は摂関政治を踏襲した貴族的な側面があります。

平氏政権

1. 創設者：平清盛
   保元の乱・**平治の乱**を経て名声を高める
   太政大臣に就任（1167）・**安徳天皇**の外戚となる（1180）
2. 武士の統制
   西国の武士を**地頭**に任命➡家人とする
3. 経済基盤
   所領：荘園多数・知行国（全国の約半分）
   日宋貿易の利益（**大輪田泊**を修築）
4. 朝廷との関係
   一門が官職を独占➡院・貴族などと対立する

 用語 ＊外祖父…母方の祖父。

確認問題

1 年代配列問題にチャレンジ

(1) 次の文Ⅰ～Ⅲについて、古いものから年代順に正しく配列したものを、後の①～⑥のうちから一つ選んで記号で答えなさい。

Ⅰ 元国司が瀬戸内海の海賊を率いて反乱を起こすと、清和源氏がこれを鎮圧した。
Ⅱ 奥羽地方で勢力をもった清原氏の内紛に清和源氏が介入し、争いを鎮圧した。
Ⅲ 房総(ぼうそう)半島で桓武平氏の一族が反乱を起こすと、清和源氏がこれを鎮圧した。

① Ⅰ－Ⅱ－Ⅲ　② Ⅰ－Ⅲ－Ⅱ　③ Ⅱ－Ⅰ－Ⅲ
④ Ⅱ－Ⅲ－Ⅰ　⑤ Ⅲ－Ⅰ－Ⅱ　⑥ Ⅲ－Ⅱ－Ⅰ

(2) 次の文Ⅰ～Ⅲについて、古いものから年代順に正しく配列したものを、後の①～⑥のうちから一つ選んで記号で答えなさい。

Ⅰ 天皇家・摂関家の内部争いを鎮めることで名声を高めた平清盛は、武家の棟梁としてはじめて政権を握った。
Ⅱ 後三条天皇は延久の荘園整理令を発布して、基準に合わない荘園を整理した。
Ⅲ 白河院は法や先例にとらわれない専制的な政治を行った。

① Ⅰ－Ⅱ－Ⅲ　② Ⅰ－Ⅲ－Ⅱ　③ Ⅱ－Ⅰ－Ⅲ
④ Ⅱ－Ⅲ－Ⅰ　⑤ Ⅲ－Ⅰ－Ⅱ　⑥ Ⅲ－Ⅱ－Ⅰ

2 探究ポイントを確認

(1) 摂関政治全盛期（969 ～ 1068 年）に起こった内乱を２つ挙げて、これを鎮圧した清和源氏がどこに勢力を拡大したのかを具体的に説明せよ。

(2) 摂関政治と比べて院政はどのような立場の者が政治の主導権を握ったのか。対比的に述べよ。

解答

1 (1) ②　(2) ④

2 (1) 11 世紀前半、房総半島で起こった平忠常の乱を源頼信が鎮めたことで、清和源氏は関東へ影響力を強めた。11 世紀中頃、陸奥で起こった前九年合戦を源頼義・義家が鎮め、東北地方へも勢力を拡大した。(91 字)
(2) 摂関政治では、天皇の外戚の立場の者が摂政・関白を務めたのに対し、院政では天皇家の家長の立場の者が治天の君として政治の主導権を握った。(66 字)

鎌倉幕府の成立

この講では平氏と源氏の戦いを経て、源頼朝によって**鎌倉幕府が成立**するところから学習します。治承・寿永の乱を経て頼朝は**東国武士を地頭・守護に任命し御家人として統制**します。また、鎌倉幕府は**朝廷とは協調関係**を築きます。この幕府と朝廷が協調した**公武二元体制**は、鎌倉幕府が朝廷と争い勝利した承久の乱を経て変化をとげ、鎌倉幕府が有利となり、幕府は**東国政権から全国政権**へと発展します。

時代の**メタマッピング**と**メタ視点**

政治 ➡テーマ②

鎌倉幕府の成立

鎌倉幕府は、同じ武家政権である平氏政権とは違い、**朝廷とは協調関係**をとった。

政治 ➡トピック②

御家人制と惣領制

武家政権である鎌倉幕府の土台は **御家人制と惣領制**である。

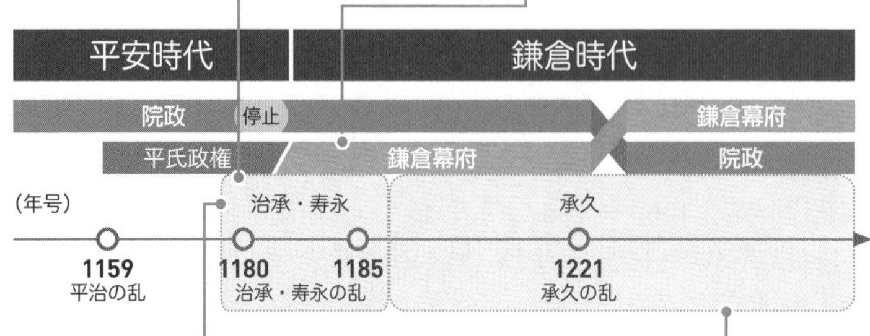

政治 ➡トピック① テーマ①

治承・寿永の乱／地頭・守護の設置

治承・寿永の乱を経て**平氏政権は滅亡し鎌倉幕府が成立する。源頼朝による東国武士の統制**は平氏との戦いと同時に進められた。

政治 ➡テーマ③

鎌倉初期の政治体制

有力御家人の勢力争いの後、北条氏が幕府を主導。承久の乱を経て鎌倉幕府は**東国政権から全国政権へ**と発展。

トピック 1 【政治に注目】治承・寿永の乱

平氏政権の独裁的な政治に対し、反感が強まっていました。ここで、平治の乱で平清盛に敗れた源義朝の子の**源頼朝らが挙兵**します。

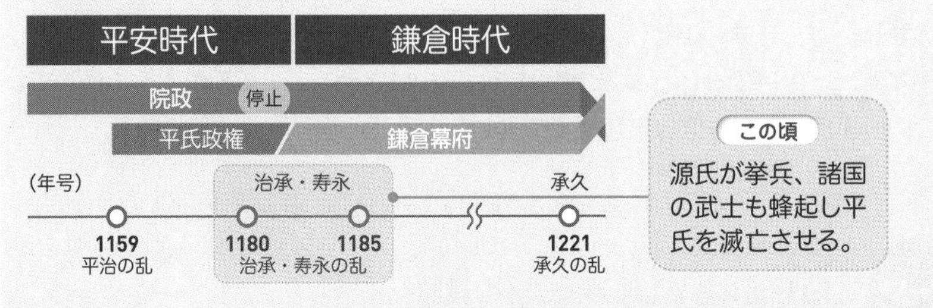

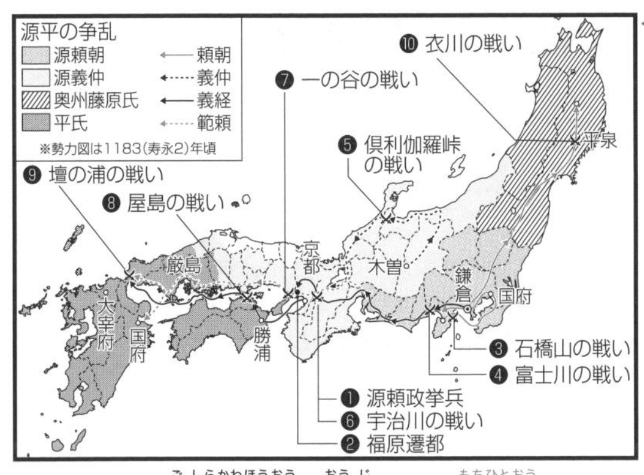

◀治承・寿永の乱関係地図

1180年、後白河法皇の皇子である**以仁王**が諸国の武士に平氏追討の令旨*を出して挙兵すると、園城寺や興福寺などの仏教勢力も反平氏の動きをみせました。以仁王は**源頼政**の武力を頼りましたが、あっけなく敗れてしまいました。平清盛は仏教勢力の動きに対処するため都を摂津国**福原**に移しましたが、貴族の反対もあって半年で京都に戻しました。帰還後、平清盛は園城寺や南都焼き打ちを強行して畿内を平定しました。

平治の乱後、伊豆に流されていた源頼朝や信濃の源義仲などに対しても以仁王の令旨は下っており、彼らとともに平氏政権に不満をもつ諸国の武士が一斉に蜂起しました。1180年、源頼朝は平氏方であった伊豆の目代を討ったものの、**石橋山の戦い**には敗れてしまいました。頼朝は一度安房に逃れて東国の武士を結集させ、**鎌倉**を拠点として再起を図りました。その後、**富士川の戦い**で勝利し、反乱軍として東国で権力基盤を固めました。一方、**源義仲**は北陸地方を経由し、1183年の**倶利伽羅峠の戦い**に勝利した勢いで入京し、平氏政権を西国へ敗走させました（平氏都

用語 ＊令旨…皇后・皇太子・親王などの命令。

落ち)。

さて、平氏政権が弱体化した理由として2つのことが挙げられます。まず、**1181年に畿内・西日本を中心として養和の飢饉が起こり戦争の遂行が困難となったこと**、もう一つは**平清盛が死去したこと**です。清盛の後継者となった平宗盛は後白河法皇の院政を復活させました。平氏は源義仲の軍勢に敗れると、**安徳天皇**とともに西国へ落ち延び反撃の機会を狙っていました。それに対して源頼朝は後白河法皇の要請に応じて弟の**源範頼**・**源義経**を上京させ、対立する源義仲を宇治川の戦いで倒すと、一の谷の戦い、屋島の戦いでも平氏に勝利し、1185年、**壇の浦の戦い**でついに平氏一族を滅ぼしました。

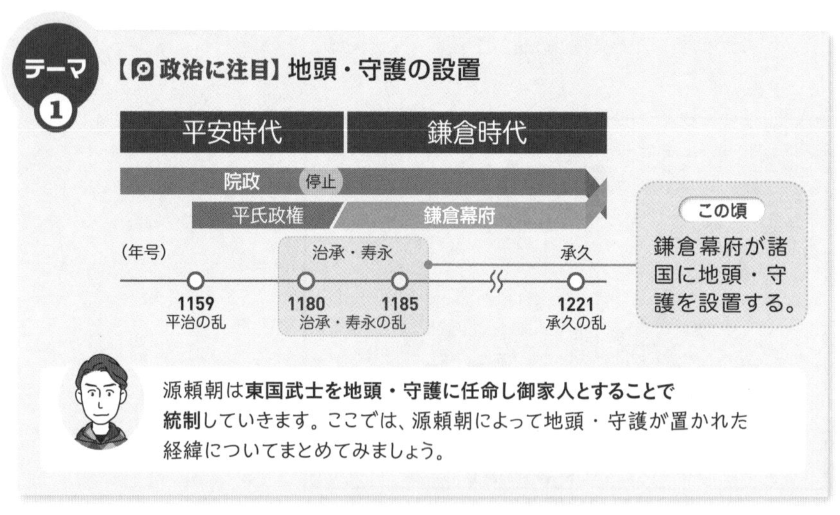

地頭は、治承・寿永の乱のなかで任じられた

まず、**地頭**とは荘園や公領を支配するための現地の有力者のことで、平氏政権下においても西国の武士が地頭に任じられました。挙兵後まもなく反乱軍の立場であった源頼朝は、東国の武士に対して父祖伝来の所領の地頭に任じることで彼らの現地支配を保障しました。すなわち、**治承・寿永の乱のさなか、源頼朝は東国の武士を地頭に任じて御家人とすることで統制した**といえます。1183年、後白河法皇は**寿永二年十月宣旨**を出して頼朝に東国支配権を認めたため、反乱軍から朝廷軍へと立場を変えた頼朝によって任じられた地頭は事実上朝廷の公認を得ることとなりました。西国における地頭の設置は、当初、朝廷によって没収された平氏の所領である平家没官領・謀叛人跡に限定されていましたが、次第に設置範囲が拡大されていきました。このように、地頭の設置は東国の反乱軍の軍事制度が徐々に拡大し、朝廷から追認されることで制度化されました。

つづいて、守護設置の経緯についてみていきます。平氏の滅亡後、源頼朝と源義経の兄弟の対立が深まりました。1185年、頼朝は義経追討を名目に後白河法皇にせまって国地頭（くにじとう）の設置を認めさせました。国地頭とは畿内（きない）・西日本に国ごとに置かれた地頭のことで、国内すべての武士・田地を支配し、段別（たんべつ）5升（ます）の兵粮米（ひょうろうまい）*を徴収できる強大な権限を持ちました。ところが、現地の混乱が大きかったため翌年には廃止されました。**この国地頭の権限を縮小して継承したのが守護（惣追捕使（そうついぶし））です。** 国ごとに設置された守護は兵粮米の徴収権は失ったものの、国内の御家人を指揮して治安維持に当たりました。守護の職務は、国内の御家人に対して交替で朝廷を警護する京都大番役（きょうとおおばんやく）に就かせる大番催促（おおばんさいそく）のほか、謀叛人（むほんにん）や殺害人（せつがいにん）の逮捕があり、大犯（だいぼん）三カ条と呼ばれました。

Q 兵粮米を集められなくなった守護の収入はゼロだったのですか？

A 守護の職務に対する得分（とくぶん）（=収益）はありませんでした。ただし、守護を務めた有力御家人は地頭も兼務しているため地頭職（じとうしき）を得分としていました。

テーマ① まとめ　地頭・守護の設置

① **地頭**（荘園・公領ごとに置かれる／御家人を任命）
設置範囲：東国（父祖伝来の土地）➡西国（平家没官領）
職務：土地管理・治安維持・年貢（ねんぐ）徴収・納入など
朝廷の追認：**寿永二年十月宣旨**（1183）による

② **国地頭**（国ごとに置かれる／畿内・西国）
契機：**源義経**の追討を名目に複数国の支配権を与えられる
得分：段別5升の**兵粮米**の徴収（➡翌年停止）

③ **守護**（国ごとに置かれる／東国の有力御家人）
職務：**大犯三カ条**（大番催促、謀叛人・殺害人の逮捕）
得分：なし（地頭と兼務➡地頭職を得る）

用語　*兵粮米…戦時の兵士の食料。

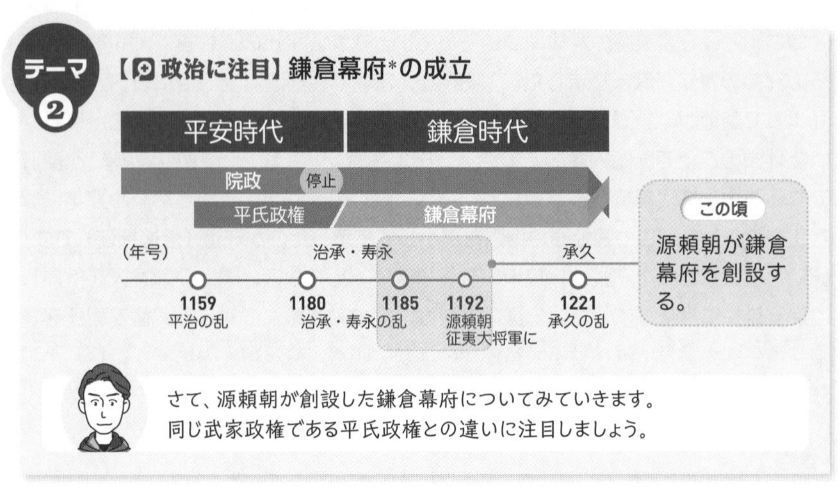

源頼朝は右近衛大将や征夷大将軍に就任する

治承・寿永の乱で平氏を滅亡させたことにより源頼朝の名声は高まり、朝廷内部にも影響力を与えました。親幕府派の貴族である**九条兼実**ら 10 名ほどを**議奏公卿**に指名し、朝幕間の連絡係としました。また、**京都守護**を置いて京内の警察・裁判にも干渉しました。1189 年、源義経をかくまったことを理由に奥州の藤原泰衡を滅ぼす（奥州藤原氏滅亡）と、**奥州総奉行**を置いて奥州を幕府の直轄地としました。九州にも**鎮西奉行**が置かれました。

1190 年、全国を平定した源頼朝は上洛することとなり**右近衛大将**に任じられましたが、在京を前提とする官職だったためこれを辞任し、頼朝は鎌倉へ下向しました。1192 年、後白河法皇の死後に頼朝は**征夷大将軍**に就任し、鎌倉幕府の首長の立場で**鎌倉殿**とも呼ばれました。

平氏政権と鎌倉幕府の違いは、朝廷との関係の違いにあった

鎌倉幕府は平氏政権と同様の武家政権でした。治承・寿永の乱のさなか東国の武士を地頭に任命することで御家人としましたが、**平氏政権が地頭の設置を公認されなかったのに対して頼朝はこれを朝廷に認めさせ、自ら任免権を持つことで御家人との結びつきを強めました**。

鎌倉幕府の経済基盤については、大きく 2 つ挙げられます。まず、**関東御領**と呼ばれる将軍家が本所を務めた平家没官領などの荘園があります。**本所**とは、領家・本家を問わず実質的に荘園の支配権を持つ者を指します。次に、**関東御分国**と呼ばれる関東を中心とした 9 ヵ国の知行国がありました。このように、鎌倉幕府は有力貴族や大寺社と同様に大きな経済力を有していたとはいえ、平氏政権と比べると経済基盤は少ないです。

 【用語】＊幕府…将軍がいる所から転じて、武家政権を指す。

最後に朝廷との関係についてまとめると、**平氏政権が院や貴族などと対立する一方、鎌倉幕府は協調関係を築いた**といえます。幕府は国家的な軍事警察権を独占的に掌握することで朝廷に奉仕する一方、朝廷は全国的に新制と呼ばれる単行法令を出して荘園整理などを実施しました。鎌倉時代はこうした公武二元体制による支配が行われたことが特徴です。

Q 当時の朝廷はどういう状況だったのですか？

A 平氏政権が瓦解したあと、後白河法皇が再び実権を握りました。後白河法皇の死後、しばらくすると、後鳥羽上皇が院政を開始しました。

【政治に注目】鎌倉幕府の成立

① 創設者：源頼朝
治承・寿永の乱を経て名声を高める
右近衛大将に就任（1190）・征夷大将軍に就任（1192）

② 武士の統制
東国の武士と主従関係を結び**地頭**に任命➡御家人とする

③ 経済基盤
関東御領（荘園）：父祖伝来の所領・平家没官領など
関東御分国（知行国）：9ヵ国

④ 朝廷との関係
協調関係（公武二元体制）

【政治に注目】御家人制と惣領制

では、武家政権である鎌倉幕府の土台となった**御家人制と惣領制**の仕組みについて確認します。

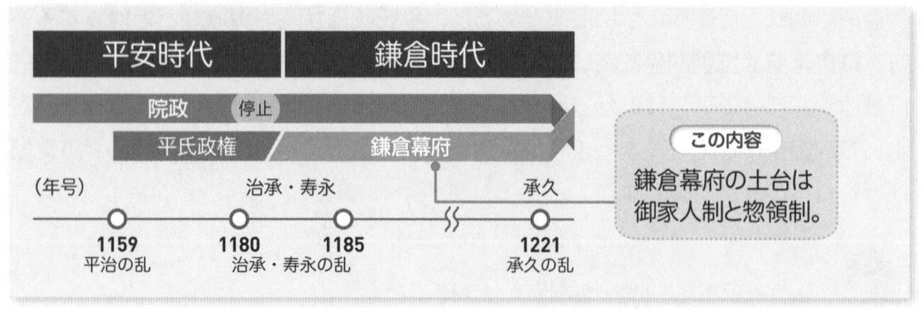

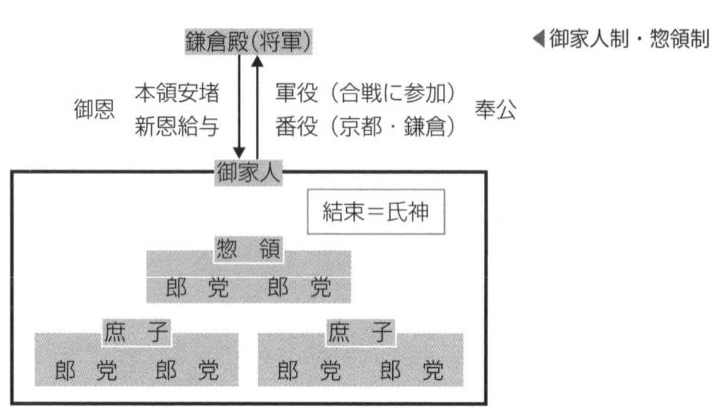

◀御家人制・惣領制

まず、御家人制についてですが、上図の鎌倉殿と御家人の関係性に注目して下さい。源頼朝は鎌倉殿として御家人たちと主従関係を結び、先祖伝来の土地の支配権を認める本領安堵（ほんりょうあんど）や敵方から没収した土地の支配権を与える新恩給与（しんおんきゅうよ）などの御恩（ごおん）を与えました。これにより御家人は地頭に任じられ、現地支配を認められました。

一方で、御家人は戦時に合戦に参加する軍役（ぐんやく）を務めたほか、平時にも守護の催促により京都大番役や鎌倉番役（かまくらばんやく）を交替で務めました。これらを奉公（ほうこう）といいます。武家政権ではこうした土地を媒介とした主従関係が基本となります。

続いて惣領制については、上図における御家人の内部に注目しましょう。**御家人社会は一族の血縁的なつながりを基本としています**。一族の宗家（そうけ）の首長は惣領と呼ばれ、宗家・分家*の庶子（しょし）（惣領以外の子）を統制していました（惣領制）。戦時には惣領が庶子を率い、庶子はそれぞれ非血縁の従者である郎党（ろうとう）を率いて合戦に参加しました。平時においても惣領が中心となって庶子に番役を割り当てたほか、一門の氏神の祭祀（さいし）を主宰して結束を強めました。鎌倉殿から与えられた御恩についても惣領が代表して与えられ、惣領は庶子に分け与えました。**相続は一族の間で分割相続の形態がとられ、女性も男性と同じく財産が分配され、御家人や地頭となりました**。庶子も御家人ではありましたが、鎌倉殿との主従関係は惣領を通じて結ばれました。

用語　*宗家・分家…宗家は一族の本家、分家は本家から分かれた家。

テーマ 3 【政治に注目】鎌倉初期の政治体制

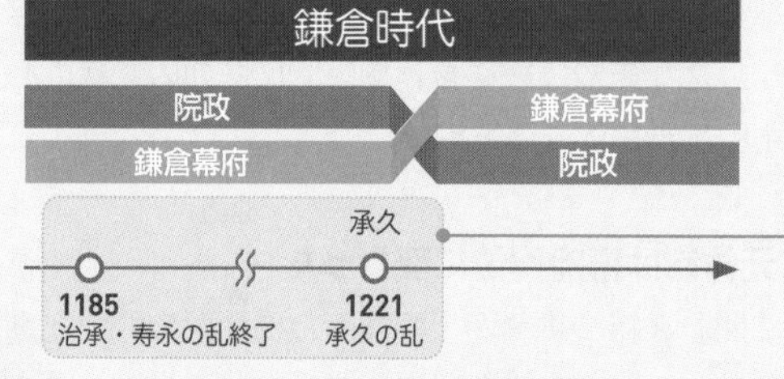

この頃
鎌倉幕府は合議制から執権政治に代わり、承久の乱で公武二元体制は幕府優位になる。

ここでは鎌倉初期の政治体制に注目して、
鎌倉幕府が**東国政権から全国政権へと発展**し、
公武二元体制で幕府が有利になる過程をみていきます。

争乱のなかで鎌倉幕府は軍事政権として成立した

治承・寿永の乱が進むなか、反乱軍を率いる源頼朝は鎌倉殿として軍事政権を築いていきました。頼朝は東国の武士を地頭に任じて所領支配を保障することで御家人を統制しながら、徐々に政治機構を整えていきました。1180年には、御家人の統率と軍事・警察権を統轄する侍所を置き、初代別当には東国の有力御家人である和田義盛を任じました。1184年には、一般政務を担当する公文所（政所）、所領などに関する訴訟を処理する問注所を置き、公文所（政所）の初代別当には京都から招いた大江広元、問注所の初代執事には同じく京都から招いた三善康信が就きました。

源頼朝の死後、有力御家人による合議制が行われた

頼朝の死後、2代目の鎌倉殿となった源頼家**は若年で御家人間の紛争を調停する能力に欠けたため、有力御家人による合議制により政務が決裁されました**。ところが、御家人の間では、政権をめぐる争いが続きました。1200年、侍所所司として頼朝に重用されていた梶原景時が糾弾を受けて滅亡すると、1203年には頼朝の乳母*の一族である比企能員が北条時政によって滅ぼされました。この時、**北条時政は**重病となった頼家を伊豆の修善寺に幽閉し、**まだ幼い源実朝を擁立して幕府の実権を握りました**。そして時政は**大江広元**らと並んで**政所別当に就任して初代執権となりました**。

ところが、時政は後妻の牧の方と謀って、娘婿の平賀朝雅を将軍に立てようと画策し、先妻との子である政子や義時、畠山重忠らと対立しました。畠山重忠を滅亡させて計画を進めようとしたものの、義時らによって失脚しました。その後、**政所別当となった北条義時は**侍所別当の和田義盛と対立しましたが、**和田一族を滅ぼし**

用語 ＊乳母…母親代わりに、子供に乳を与えて育てる女性。

て侍所別当を兼任し、執権としての地位を確立しました。

1219年、源実朝が頼家の子公暁に殺害される事件が起こりました。公暁もまた三浦義村によって殺害され、源氏の嫡流は断絶しました。北条義時は天皇家から鎌倉殿を迎えようと画策しましたが失敗に終わり、結果的に頼朝の遠縁にあたる摂関家の九条頼経が鎌倉に迎えられました（摂家将軍）。

承久の乱後、公武二元体制は幕府優位に変わった

その頃、朝廷では武芸に関心を持つ後鳥羽上皇が新たに西面の武士を創設して武力を充実させ、在京する幕府の御家人を指揮下に組織していました。また和歌にも秀でた後鳥羽上皇は３代将軍の実朝に対して和歌の指導を通じて結びつきを強めていました。ところが、実朝の死去により朝幕関係は不安定となり、1221年、後鳥羽上皇は北条氏に反発する東国武士を取り込んで北条義時追討の兵を挙げました。これを承久の乱といいます。

後鳥羽上皇は御家人の内部分裂を期待しましたが、恩賞を求める御家人の結束力は強く、義時の子の北条泰時と弟の北条時房が大軍を率いて京都を制圧し、この承久の乱は幕府軍の勝利に終わりました。

承久の乱の結果、公武二元体制は幕府が有利となりました。幕府は乱を引き起こした後鳥羽上皇を隠岐に配流*1したほか、順徳上皇も佐渡に流されました。仲恭天皇は廃されて後鳥羽上皇の兄で出家していた守貞親王が後高倉院として擁立され、その皇子が後堀河天皇として即位しました。これにより天皇を経験していない院が初めて登場することとなったほか、皇位継承に幕府が干渉する先例をつくることにもなりました。

北条泰時・時房は京都に留まり、京都守護に代わる六波羅探題の長官として朝廷の監視を行ったほか尾張（のち三河）以西の御家人の統率にも当たりました。論功行賞*2としては、上皇方についた貴族・武士の所領3000ヵ所余りを没収して、戦功のあった御家人に与えました。**この時に設置された地頭は新補地頭と呼ばれ、東国御家人が西国へ進出することにもなったため、幕府の勢力は全国に拡大しました。**

北条氏は伊豆を拠点とした地方武士で、桓武平氏の流れを引くといわれています。北条時政の娘政子が源頼朝の妻となったことで鎌倉幕府の創設に尽力すると、御家人のなかで重要な地位を占めるようになり、やがて執権の地位を確立しました。

北条氏は得宗と呼ばれる嫡流を中心として、名越・赤橋・金沢・大仏などの諸家に分かれました。この北条氏一門で執権・連署・六波羅探題などの要職を独占したほか、守護の多くも務めました。一方、得宗家の家臣は御内人といい、得宗の権力の強大化とともに幕政に関与しました。御内人の筆頭は内管領と呼ばれ、鎌倉時代末期には、長崎高資〔➡ p.153〕のように幕府権力を握る者も現れました。

 用語 ＊1 配流…犯罪者を遠方に送ること。

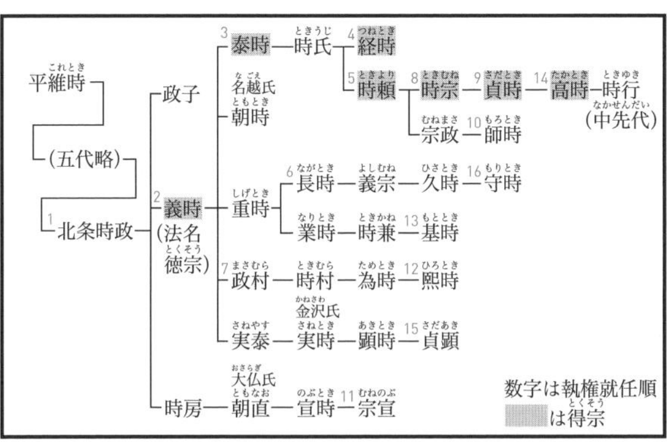

◀北条氏略系図

テーマ③ まとめ　鎌倉初期の政治体制

① 将軍親裁

源頼朝（鎌倉殿）を中心とする軍事政権

侍所・**政所**・**問注所**などが補完する

② 有力御家人の合議制

源氏将軍（**頼家**・**実朝**）は実権を持たず

比企氏・**和田氏**を倒し、北条氏が執権となる

③ 東国政権から全国政権へ

北条義時が侍所・政所別当を兼任する（**執権**の確立）

実朝の死後、朝幕関係の悪化➡**承久の乱**が起こる（1221）

幕府の勝利➡公武二元体制は幕府優位となる

用語　＊2 論功行賞…功績を論じ定めて、ふさわしい賞を与えること。

確認問題

1 年代配列問題にチャレンジ

(1) 次の文Ⅰ～Ⅲについて、古いものから年代順に正しく配列したものを、後の①～⑥のうちから一つ選んで記号で答えなさい。

Ⅰ 朝廷は源頼朝に対して東海道(とうかいどう)・東山道(とうさんどう)の支配権を公認した。
Ⅱ 源義経らは平氏を長門(ながと)国の壇の浦に追いつめて、滅亡させた。
Ⅲ 鎌倉に入った源頼朝は、御家人を統率するために侍所をおいた。

① Ⅰ－Ⅱ－Ⅲ　② Ⅰ－Ⅲ－Ⅱ　③ Ⅱ－Ⅰ－Ⅲ
④ Ⅱ－Ⅲ－Ⅰ　⑤ Ⅲ－Ⅰ－Ⅱ　⑥ Ⅲ－Ⅱ－Ⅰ

(2) 次の文Ⅰ～Ⅲについて、古いものから年代順に正しく配列したものを、後の①～⑥のうちから一つ選んで記号で答えなさい。

Ⅰ 侍所別当の和田義盛が北条氏によって滅ぼされた。
Ⅱ 将軍の外戚として権力を持った比企能員が北条氏によって滅ぼされた。
Ⅲ 鎌倉幕府の動揺をみてとった後鳥羽上皇が北条氏追討の宣旨を出した。

① Ⅰ－Ⅱ－Ⅲ　② Ⅰ－Ⅲ－Ⅱ　③ Ⅱ－Ⅰ－Ⅲ
④ Ⅱ－Ⅲ－Ⅰ　⑤ Ⅲ－Ⅰ－Ⅱ　⑥ Ⅲ－Ⅱ－Ⅰ

2 探究ポイントを確認

(1) 鎌倉幕府の成立について、朝廷とのかかわりを重視すると1183年に成立したと考えることができる。それはなぜか述べよ。

(2) 後鳥羽上皇が承久の乱を起こした理由について、朝幕関係に注目して簡潔に述べよ。

解答

1 **(1)** ⑤　**(2)** ③

2 **(1)** 1183年、寿永二年十月宣旨により源頼朝が朝廷から東国支配権を公認されたため。(37字)
(2) 当初、後鳥羽上皇は西面の武士を置いて武力の整備に努めつつ、源実朝と協調関係を築いた。ところが、実朝の死により朝幕関係が不安定となり、幕府の執権を務める北条義時の追討を企てた。(87字)

執権政治の展開

この講では、承久の乱以後の政治体制の展開をみていきます。鎌倉幕府の政治体制は**有力御家人の合議制から北条氏の専制**に変わっていきます。また承久の乱後に全国政権になった鎌倉幕府は**武家法として御成敗式目を制定**します。そして、1274年・1281年のモンゴルの襲来により**北条氏が他の御家人を圧倒する**一方で、**御家人は窮乏**し、鎌倉幕府の滅亡につながっていきます。

時代のメタマッピングとメタ視点

社会 ➡テーマ①

地頭の生活と荘園支配

鎌倉時代の御家人は**地頭を務めており**、荘園を支配する**在地領主でもあった。**

政治 ➡テーマ②

鎌倉中・後期の政治体制

承久の乱後、鎌倉幕府は**有力御家人の合議制から得宗専制政治**へ変化していく。

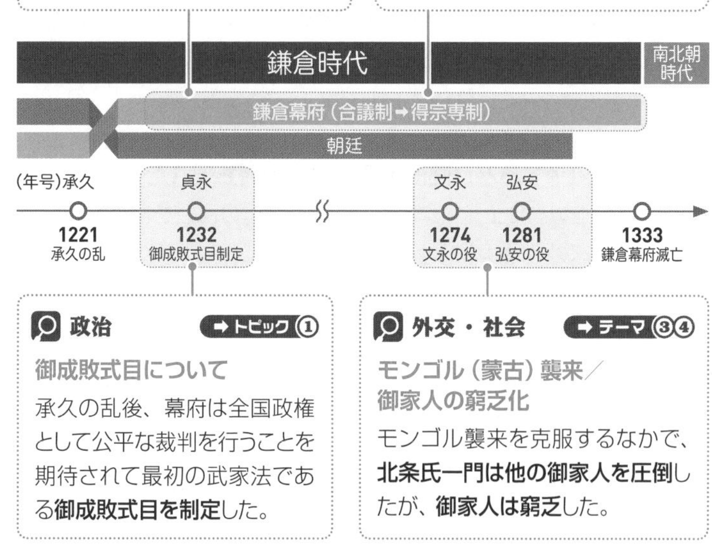

【社会に注目】地頭の生活と荘園支配

・地頭＝荘園や公領を支配する現地の有力者

平安時代	鎌倉時代	
〈平氏政権〉 ・西国の武士を地頭に任じる	〈源頼朝の時代〉 ・東国の武士を任じる ・1183 年に公認	〈寛喜の飢饉後〉 ・地頭の荘園侵略 ＝地頭請や下地中分が広まる

1183 地頭公認　　1230~31 寛喜の飢饉

御家人は鎌倉殿によって**地頭に任じられて、荘園・公領の現地支配を行いました。**ここでは、地頭の生活などをみていきます。

地頭には武者としての側面と、荘園の在地領主としての側面があった

鎌倉幕府の御家人は番役〔➡ p.144〕を務める必要があったため、京都や鎌倉に屋敷地を持ったほか、地頭として領地も支配したため、京都・鎌倉と領地とを往来しました。領地では、堀や土塁で囲み櫓を備えた館を構え、**笠懸**・**流鏑馬**・**犬追物**など騎射三物と総称される弓矢の訓練を行って武芸を磨きました。また、日常生活から生まれた「弓馬の道」と呼ばれる道徳は、後の武士道の起源ともなりました。こうした武者としての側面以外に、地頭は荘園を管理して、名主から徴収した年貢を領主に納めるという在地領主としての側面がありました。一方、佃・正作など領主に年貢を納めなくてもよい直営地を下人や所従に耕作させて自身の収入を確保しました。

飢饉で収益が減少すると、荘園を侵略する地頭も現れた

承久の乱後、鎌倉幕府は上皇方についた貴族・武士の所領を没収し、新たに地頭を置きました。従来の地頭は**本補地頭**と呼ばれるのに対し、新たに置かれた地頭は**新補地頭**と呼ばれました。新補地頭の得分（収益）は、旧来の慣例がある場合はそれに従いましたが、慣例のない場合や極端に得分が少ない場合は**新補率法**という基準が用いられました。新補率法の内容は、地頭に対して田畑 11 町につき 1 町の免田を認めたほか、段別 5 升の**加徴米**や山野河海からの収益の半分などが与えられました。

1230 年、気候の寒冷化にともなう大凶作により**寛喜の飢饉**が起こり、翌年以降も干ばつや台風などによる凶作が続きました。**こうした災害により地頭の得分が減少すると、地頭のなかには年貢を横領する者や不当に百姓（多様な生業を営む人々）を使役する者も現れ、荘園領主との紛争が多発しました。**こうした紛争を解決する

ため、荘園領主は地頭に荘園の経営を委ね、一定額の年貢納入を請け負わせる**地頭請**によって自分の収入を確保しようとしたほか、地頭との間で荘園を折半する**下地中分**を行うことで、それぞれ独立した荘園支配を目指す動きもみられました。

Q 下地中分により領主方・地頭方に荘園が分割された後、領主方に地頭は置かれなかったのですか？

A はい、領主方と地頭方の荘園は相互に干渉しませんでした（伯耆国東郷荘など）。地頭の支配が及ばなくなった荘園や公領は本所一円地と呼ばれました。

地頭の生活と荘園支配

① 地頭の生活（京都・鎌倉の屋敷地⇔領地の**館**）
武芸：騎射三物（**笠懸**・**流鏑馬**・**犬追物**）、巻狩などを行う
荘園（名田）や直営地（佃・正作など）を経営する

② 新補地頭の得分（収益）
旧来の慣例が少ない場合➡**新補率法**を基準とする
田畑 11 町につき 1 町の免田、段別 5 升の**加徴米**などを得る

③ 地頭の荘園侵略（百姓申状：紀伊国阿氏河荘）
背景：**寛喜の飢饉**（1230 ～ 31）➡地頭の得分が減少する
対策：**地頭請**（一定額の年貢納入の請負を契約）
下地中分（地頭と領主が土地を折半）

史料を読んでみよう！ ―紀伊国阿氏河荘民の訴状―

阿テ河ノ上村(注1)百姓ラツツシ(ミ)テ言上

一 ヲンサイモク(注2)ノコト。アルイワチトウノキヤウシャウ(注3)、アルイワチカフ(注4)トマウシ、カクノコトクノ人フヲ、チトウノカタエせメツカワレ候ヘハ、ヲマヒマ(注5)候ワス候。ソノノコリ(注6)、ワツカニモレノコリテ候人フヲ、サイモクノヤマイタシエ(注7)、イテタテ候エハ、テウマウ(注8)ノアトノムキマケト候テ、ヲイモトシ(注9)候イヌ。オレラカコノムキマカヌモノナラハ、メコトモヲヲイコメ、ミミヲキリ、ハナヲソキ、カミヲキリテ、アマニナシテ、ナワ・ホタシ(注10)ヲウチテ、サエナマン(注11)ト候ウテ、せメせンカウ(注12)せラレ候アイタ、ヲンサイモクイヨイヨヲソナワリ候イヌ(注13)。ソノウエ百姓ノサイケイチウ、チトウトノエコホチトリ候イヌ。

ケンチカンネン(注14)十月廿八日　百姓ラカ上

（『高野山文書』）

(注1) 寂楽寺領の阿氏河荘上村(のち高野山領となる)。 (注2) 領家へ納める材木のこと。 (注3) 京都大番役に勤務するための上京。 (注4) 近所の用事で使役される人夫役。 (注5) 手間暇。余暇。 (注6) 地頭にかり出された残りの人数。 (注7) 領家へ納める材木の切り出し。 (注8) 逃亡した百姓の耕地。 (注9) 山から百姓を追い返す。 (注10) 縄でしばり。 (注11) 虐待する。 (注12) 詮議、取り調べるの意か。 (注13) 材木の納入がいよいよ遅れる。 (注14) 1275年。

これは地頭の過酷な支配や、荘園領主との争いがあったことを示す史料です。

1275年、紀伊国阿氏河荘上村の農民らは地頭である湯浅宗親の苛酷な支配に抵抗するため、荘園領主を介して六波羅探題へと告発しました。上の史料はこの時に作成された訴状です。史料によると、阿氏河荘の荘民は年貢として材木を納めていましたが、地頭は京都との往復のための人手を徴発し、逃亡した農民の跡地に麦まきをさせ、農民がこれを拒むと様々な虐待や厳しい取り調べを行っていました。一方で、地頭の側も領家の任命した預所による農民に対する収奪を糾弾しており、在地における紛争があったことを物語っています。

【政治に注目】鎌倉中・後期の政治体制

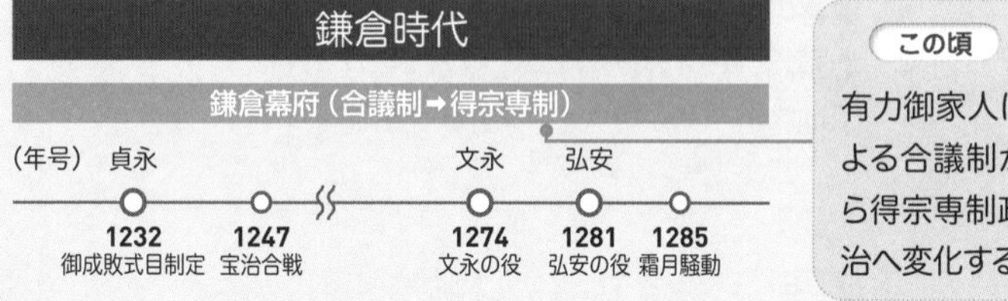

この頃

有力御家人による合議制から得宗専制政治へ変化する。

承久の乱は、2代執権北条義時の時代に起こりました[➡p.146]。続く3代執権北条泰時の時代から鎌倉時代後期にかけて、政治体制が**有力御家人の合議制から北条氏の専制に変化**していく流れをみていきます。

3代執権北条泰時の時代、有力御家人の合議制が行われた

尼将軍と呼ばれた北条政子と幕府の長老であった大江広元が相次いで死去すると、**3代執権北条泰時は、執権を補佐する連署を設置して叔父の北条時房を起用し、有力御家人らを評定衆に任じることで政務と裁判を合議制によって行わせました。**また、九条頼経が元服して将軍に就任し、鎌倉幕府は新しい政治体制をスタートさせました。

1230年、寛喜の飢饉により荘園領主と地頭との間で訴訟が増加したことを受けて、1232年、北条泰時は所領裁判を公平に裁くための基準として御成敗式目を定めました。式目は51ヵ条からなり、頼朝以来の先例と武家社会の慣習である道理を理念としており、地頭・守護の任務と権限などを定めました。その後、必要に応じて式目追加が個別に出され、次第に武家法として整えられていきました。5代執権の北条時頼は所領裁判の迅速化を図り、1249年、新たに引付を置いて引付衆を任命しました。

3代執権北条泰時の時代と5代執権北条時頼の時代をしっかりと識別できるようにしましょう。

政変により有力御家人が弱体化し、得宗の権力が強くなる

このように裁判制度が充実して有力御家人の合議制が進展する一方、北条時頼の時代には北条氏一門の争いや有力御家人との対立などがみられました。1246年、北条時頼の執権就任に際して、一門の名越光時が前将軍の九条頼経と結んで執権をうかがう動き（宮騒動）をみせると、時頼は名越光時を配流し、九条頼経を京都に送還しました。翌1247年には宝治合戦で九条派であった有力御家人三浦泰村一族を討伐しました。さらに将軍九条頼嗣も鎌倉から追放して、後嵯峨上皇の皇子である宗尊親王を皇族将軍として迎えました。これらの一連の政変によって、**北条氏嫡流の家督相続者である得宗の政治基盤か確立され、得宗の家来である御内人の発言力も強大化していきました**。

モンゴル襲来の後、得宗による専制政治が確立する

1274～81年のモンゴル襲来［➡ p.156］を経て、幕府の支配権が全国的に強化されるなか、有力御家人に対する北条氏一門の優位が決定的となりました。1285年には、御内人筆頭の内管領である平頼綱が執権北条貞時の外戚で有力御家人の安達泰盛を討伐した霜月騒動が起こり、得宗家が権力を増大させました。その後も評定衆や引付衆、諸国の守護職の多くは北条氏一門により独占され、**得宗のもとで内管領や御内人が寄合を開催して幕府の運営が行われる得宗専制政治が展開されていきました**。1293年、得宗北条貞時は平禅門の乱により平頼綱を滅ぼして権力を集中させましたが、得宗北条高時の頃には内管領の長崎高綱・高資が賄賂政治を行い、幕政は腐敗していきました。

Q 得宗専制政治が行われている間も、皇族将軍はずっと存在していたのでしょうか？

A はい。宗尊親王が鎌倉に迎えられて以降、惟康親王・久明親王・守邦親王と皇族将軍は4代続きました。皇族将軍は鎌倉幕府の権威づけとして必要な存在でした。

テーマ② まとめ　鎌倉中・後期の政治体制

① 有力御家人の合議制（**評定**の開催）
執権・**連署**（執権補佐）・**評定衆**（有力御家人）による

② 裁判制度の充実
御成敗式目（1232）：51ヵ条＋式目追加
引付（1249）：所領裁判の迅速化を図る

③ 有力御家人の弱体化
宝治合戦（1247）：九条派の**三浦泰村**一族を討伐
霜月騒動（1285）：**平頼綱**が**安達泰盛**を討伐

④ 得宗専制政治（**寄合**の開催）
得宗・**内管領**（御内人の筆頭）・**御内人**（得宗の被官）による

トピック① 【政治に注目】御成敗式目について

北条泰時が制定した**御成敗式目は最初の武家法**で、室町幕府も御成敗式目を基本法典としました。51ヵ条にわたる内容のうち一部をみていきます。

鎌倉時代
鎌倉幕府（合議制➡得宗専制）

(年号)	貞永		文永	弘安	
	1232	1247	1274	1281	1285
	御成敗式目制定	宝治合戦	文永の役	弘安の役	霜月騒動

この頃
最初の武家法である御成敗式目が制定される。

史料を読んでみよう！ ―御成敗式目―

一、御下文[注1]を帯ぶると雖も知行[注2]せしめず、年序を経る[注3]所領の事

右、当知行[注4]の後、廿カ年を過ぐれば、大将家の例に任せて理非[注5]を論ぜず改替[注6]に能はず。而るに知行の由を申して御下文を掠め給はるの輩、彼の状を帯ぶると雖も叙

用(注7)に及ばず。

一、女人養子の事

右、法意(注8)の如くばこれを許さずと雖も、大将家御時以来当世に至るまで、其の子無きの女人等、所領を養子に譲り与ふる事、不易の法勝計すべからず(注9)。加之、都鄙(注10)の例、先蹤(注11)惟れ多し。評議の処尤も信用に足るか。

（注 1）将軍やその意を受けて幕府政所が出した文書。　（注 2）支配すること。　（注 3）一定の年数がたった。　（注 4）実際に支配していること。　（注 5）ことの当否。　（注 6）別の者と交替させること。　（注 7）その主張を認めること。　（注 8）律令による見解。　（注 9）かわることのない法（武家の慣習法）で、いちいち数えきれないぐらい多い。　（注 10）都市や農村。（注 11）前例。

御成敗式目の内容として、第 8 条と第 23 条に注目してみましょう。第 8 条では武家社会で不変の法とされた「**知行年紀法**」が定められています。ここでは、20 年以上その土地を実効支配している事実があれば、頼朝以来の先例にしたがって事の当否を問わず別の者と交替させることはない、すなわち事情の如何を問わず支配権を認めるとされています。これにより鎌倉殿と御家人との主従関係の強化が図られました。第 23 条では、実子のない女性が養子をとって所領を譲ることを認めました。女性が養子に財産を相続させることは律令では許されていません。したがって、これは公家法に従うのではなく武家社会の慣習を重んじるという立場を示したものです。

さてこの式目をつくられ候事は、なにを本説として注し載せらるるの由、人さだめて謗難(注1)を加事候歟。ま事にさせる本文にすがりたる事候はねども(注2)、たゞどうり(注3)のおすところを被記候者也。……この式目は只かなをしれる物の世間におほく候ごとく、あまねく人に心えやすからせんために、武家の人へのはからひのためばかりに候。これによりて京都の御沙汰、律令のおきて聊もあらたまるべきにあらず候也。

（注 1）非難。　（注 2）実際にそのような典拠はないが。　（注 3）道理。武家社会での慣習・道徳。

御成敗式目制定のねらいについては、執権北条泰時が六波羅探題長官である弟の北条重時に伝えた書簡に残されています。**ここでは式目の基準が道理と呼ばれた武家社会の慣習・道徳であることが確認されています**。さらに、式目はかなを知っている者が世の中に多いこともあって、多くの人が納得しやすいように定めたもので、**適用は武家社会に限られる**ことが示されています。したがって、律令をはじめとする公家法には一切の変更がないことを確認し、朝廷との関係性を維持しようとしました。

【外交に注目】モンゴル（蒙古）襲来

13世紀、モンゴル民族が大帝国を築きます。
ここでは日本へのモンゴルの襲来へとつながる流れと、
この影響で**御家人社会が揺らいだ**状況についてみていきます。

フビライの要求を拒否して、文永の役が起こる。

13世紀初頭、**チンギス＝ハン**がモンゴル民族を統一して中央アジアから南ロシアまで版図を拡大すると、後継者の**オゴタイ＝ハン**は1234年に金を滅ぼしてユーラシア大陸の東西にまたがるモンゴル帝国を建設しました。その後、**フビライ**は**高麗**を服属させて日本に対しても朝貢を要求してきました。その過程で都を**大都**（現在の北京）に移し、国号を**元**と改め、三別抄と呼ばれる高麗王直属の精鋭部隊による反乱を鎮圧しました。

このフビライの朝貢要求に対して8代執権の**北条時宗**は拒否の姿勢を貫くと、1274年、元・高麗軍が襲来して対馬・壱岐・博多湾岸に上陸しました。これを**文永の役**といいます。幕府はあらかじめ九州に所領を持つ御家人を動員しており、これを迎えうちました。元・高麗軍が使用した「てつはう」などの火薬を用いた武器に幕府軍は苦戦しましたが、士気の低下などもあって元・高麗軍は退きました。

文永の役後、幕府は防衛体制を強化しました。博多湾沿いに**防塁**（**石築地**）を築造したほか、御家人に九州北部を防備させる**異国警固番役**を強化しました。また、本所一円地（幕府の支配が及ばない荘園・公領）の武士を動員する権限を朝廷から与えられ、挙国一致体制がとられました。

弘安の役後、御家人の不満が高まっていく

1279年に**南宋**を滅ぼした元は、1281年、元・高麗軍によって混成された東路軍と服属させた旧南宋軍である江南軍の二手に分かれて再び九州を襲いました。これを**弘安の役**といいます。この時も東国から九州へ下った西遷御家人（承久の乱後、西国に所領を得て東国から移住した御家人）の指導のもと幕府軍が奮戦し、大暴風雨の影響もあって元・高麗・旧南宋軍は撤退しました。この暴風雨は「神風」とし

て崇められ、寺社はこの後も異国降伏の祈禱を繰り返しました。2度にわたるモンゴル襲来は元寇と呼ばれます。

弘安の役後、幕府は警戒をゆるめず、三度目のモンゴル襲来に備えて異国警固番役を継続しました。そのため、御家人は疲弊し不満が増大しました。ところが、元の国内の内乱や東南アジアの大越国（現在のベトナム）の反乱などが重なったため、3度目のモンゴル襲来は行われませんでした。一方、**幕府はモンゴル襲来の影響が大きかった九州に対する影響力を強め、九州の軍事・行政・裁判を統轄する鎮西探題を設置する**と、北条氏一門を任命しました。全国の守護も有力御家人から北条氏へと交替されていき、得宗専制政治が強まっていきました。

Q 鎮西奉行と鎮西探題はどう違うのですか？

A 鎮西奉行は裁判権を持たなかったので、九州の御家人は訴訟のために関東や六波羅探題に向かう必要がありましたが、鎮西探題は裁判権を持ち、九州における所領裁判などを担当しました。

◀13世紀後半のモンゴル帝国

モンゴル帝国は、中国から南ロシアまで広がった大帝国です。チンギス=ハンの死後、分裂しました。

モンゴル（蒙古）襲来

① **文永の役**（1274）：元・高麗軍の襲来
九州に所領を持つ御家人を動員する➡敵軍は撤退する

② 防衛体制の強化
防塁（石築地）、**異国警固番役**の強化
本所一円地の武士の動員（朝廷の協力）

③ **弘安の役**（1281）：東路軍・江南軍の襲来
大暴風雨の影響➡敵軍は撤退

④ 影響
異国警固番役の継続➡御家人の疲弊と不満
幕府の西日本支配の強化➡**鎮西探題**の設置（1293）

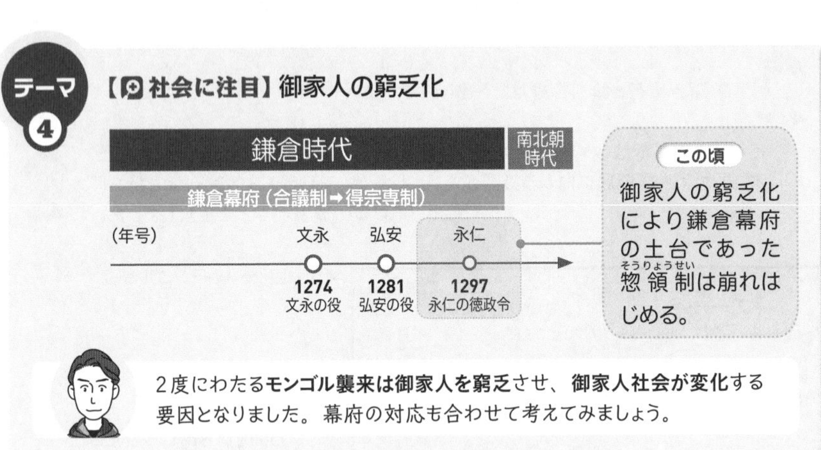

モンゴル襲来の後、御家人に与えられた恩賞は不十分だった

御家人の窮乏化には様々な背景がありました。モンゴル襲来の際、九州に所領を持つ御家人は奮戦したものの、**新たな所領を獲得することはできなかったため、御家人に対する恩賞が不十分でした**。ただし、肥後の御家人**竹崎季長**のように、肥後国内の地頭職を恩賞として与えられた者もいました。その様子は**「蒙古襲来絵詞」**に描かれています。恩賞は不十分であるにもかかわらず異国警固番役は継続したため、御家人の生活は圧迫されました。

御家人社会における財産の相続方法も窮乏化の一因となりました。**惣領制**において、所領は一族で**分割相続**されます。戦乱や政変に際して新たな所領を獲得しない限り**代を重ねると所領が分散してしまうため、御家人は次第に窮乏化していきました**。また、貨幣経済の進展により借金を重ね、所領を売却したり質入れしたりする御家人も少なくありませんでした。窮乏した御家人のなかには幕府の支配に不満を持ち、反体制的な動きをみせる者も現れ、彼らは**悪党**と呼ばれるようになりました。

所領を取り戻す永仁の徳政令が出されるが、効果は一時的だった

こうした状況に対応するため、1297年、幕府は永仁の徳政令を発布しました。これにより御家人は所領の売却・質入れが禁止される一方、すでに売却・質入れした所領は無償で元の持ち主へ返還されました。また、引付の裁決に再審を求める越訴は停止されました。これにより御家人は救済されましたが、効果は一時的でした。

再び窮乏した御家人が多くなると、次第に所領相続の方法が改められていきました。**庶子や女性への所領相続が一代に限られる一期分が広がり**、本人の死後に所領は惣領へと返還されました。**所領は家督を相続した嫡子が単独相続し、庶子は家臣として嫡子に従属するようになりました**。従属しない場合、庶子は独立性を強めましたが、経済基盤を持たないため悪党化していきました。

Q 御家人は誰から借金したのですか？

A 御家人同士で金銭の貸借が行われることもありましたし、御家人が非御家人や金融業者の借上から借金することもありました。

テーマ④ まとめ **御家人の窮乏化**

① 御家人の窮乏化の背景
モンゴル襲来の恩賞が不十分だった
異国警固番役が継続された
分割相続の繰り返し➡所領が細分化された
貨幣経済の浸透➡所領の売却・質入れが増加した

② 幕府の対策：**永仁の徳政令**（1297）
売却・質入れした所領の無償返還を定める➡効果は一時的だった

③ 御家人社会の変化
相続方法：分割相続➡**一期分**（庶子・女性）・**嫡子単独相続**
庶子の地位が低下➡嫡子に従属／新興武士が生まれる（悪党化）

確認問題

1 年代配列問題にチャレンジ

(1) 次の文Ⅰ～Ⅲについて、古いものから年代順に正しく配列したものを、後の①～⑥のうちから一つ選んで記号で答えなさい。

Ⅰ 内管領と対立した有力御家人が霜月騒動で滅ぼされた。
Ⅱ 前将軍と連携した有力御家人が宝治合戦で滅ぼされた。
Ⅲ ２度にわたるモンゴル襲来を機に多くの御家人が弱体化した。

① Ⅰ－Ⅱ－Ⅲ　② Ⅰ－Ⅲ－Ⅱ　③ Ⅱ－Ⅰ－Ⅲ
④ Ⅱ－Ⅲ－Ⅰ　⑤ Ⅲ－Ⅰ－Ⅱ　⑥ Ⅲ－Ⅱ－Ⅰ

(2) 次の文Ⅰ～Ⅲについて、古いものから年代順に正しく配列したものを、後の①～⑥のうちから一つ選んで記号で答えなさい。

Ⅰ 幕府は窮乏した御家人を救うために永仁の徳政令を出した。
Ⅱ 摂家(せっけ)将軍が追放されて皇族将軍が鎌倉に迎えられた。
Ⅲ 朝廷の監視や西国御家人の統轄に当たる六波羅探題が設置された。

① Ⅰ－Ⅱ－Ⅲ　② Ⅰ－Ⅲ－Ⅱ　③ Ⅱ－Ⅰ－Ⅲ
④ Ⅱ－Ⅲ－Ⅰ　⑤ Ⅲ－Ⅰ－Ⅱ　⑥ Ⅲ－Ⅱ－Ⅰ

2 探究ポイントを確認

(1) 鎌倉幕府は有力御家人による合議制をとり、公平な裁判を行うことを目指した。北条泰時の時代と北条時頼の時代における裁判制度の充実について具体的に述べよ。

(2) モンゴル襲来に際して、北条得宗家の権力は拡大する一方で多くの御家人は弱体化した。それはなぜか。

解答

1 (1) ④　(2) ⑥

2 (1) 北条泰時の時代には、連署・評定衆が置かれて合議制の基礎が整えられ、裁判を公平に行うための基準として御成敗式目が制定された。北条時頼の時代には引付が置かれ、裁判の迅速化が図られた。(89 字)

(2) モンゴル襲来を機に全国の守護や地頭の地位は北条氏一門が占めるようになり、九州を管轄する鎮西探題の長官も北条氏一門が務めた。一方、新たな所領を獲得できなかった御家人は経済的に困窮した。(91 字)

第14講 中世の文化Ⅰ

この講では、院政期文化と鎌倉文化の特色について具体例を挙げながらまとめていきます。**院政期には仏教が盛ん**になりますが、治承・寿永の乱などを経て、**鎌倉期には仏教改革**が進展します。また、**院政期には武士や庶民も文化の担い手**となり、鎌倉文化では**公家文化と武家文化**がともに成熟します。中国の影響を受けた**禅宗文化**にも注目しましょう。

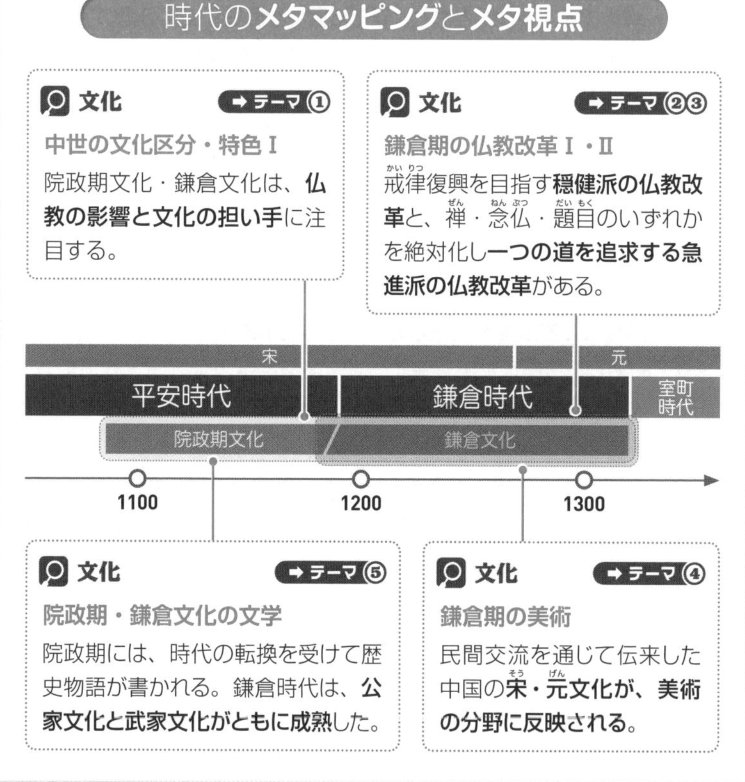

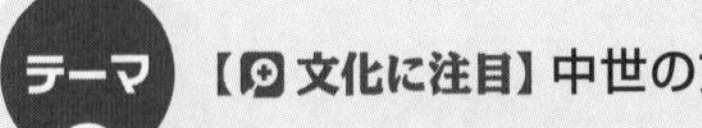

テーマ1【文化に注目】中世の文化区分・特色Ⅰ

宋 ｜ 元

平安時代 ｜ 鎌倉時代 ｜ 室町時代

院政期文化 ／ 鎌倉文化

- 法皇の仏教振興
- 浄土教が地方に伝わる
- 武士や庶民が文化の担い手になる

- 仏教の改革
- 公家文化、武家文化、禅宗文化

この内容 院政期文化・鎌倉文化は仏教の影響と担い手に注目する。

院政期文化・鎌倉文化の時期と特色について、
それぞれまとめていきます。

院政期、仏教はますます盛んとなり、新たに武士や庶民が文化の担い手となった

1086年に白河上皇が院政を開始［➡p.131］して以降、鎌倉幕府が成立するまでに展開された文化は**院政期文化**と呼ばれます。

院政期文化の特徴として、まず**法皇による仏教振興**を挙げることができます。法皇は仏教をあつく信仰し、大寺院を作って盛大な法会を催しました。八角九重塔を擁する**法勝寺**など、「勝」の字のつく6つの大寺院が京都郊外の白河に建てられ、**六勝寺**と総称されました。一方、法皇の主導で神仏習合［➡p.115］がいっそう進展し、日本の神々を仏の化身とみなす**本地垂迹説**が広がりました。

次に**民間の布教者である聖や上人などにより浄土教が地方に伝えられました。**奥州藤原氏［➡p.129］の根拠地平泉に建てられた**中尊寺金色堂**は浄土教が地方へ波及したことを示す代表的な建築物です。他にも、九州最古の木造建築である豊後の**富貴寺大堂**や陸奥磐城の白水阿弥陀堂なども地方の阿弥陀堂建築として有名です。

さらに**文化を創造する主体や受容する社会層が貴族のみならず武士や庶民にまで拡大した**ことにも注目しましょう。例えば、武士や民衆を素材とした軍記物・説話*1集・絵巻物など、多様なジャンルの作品が生まれました。一方で、貴族層は庶民が生み出した文化に目を向けるようになり、農村において田植えの時に行われた**田楽**や唐から伝えられた滑稽な物まねである**猿楽**、遊女*2・白拍子*3が仏教の教えなどを謡った**今様**が貴族社会でも流行しました。

Q 本地垂迹説について、もう少し詳しく教えて下さい。

A 日本の神々それぞれの本体（本地仏）が確定されました。例えば、大日如来を本体としてその仮の姿を天照大神と考える解釈や、阿弥陀如来を本体として八幡神などをその化身とする解釈などがあります。

用語
＊1 説話…人々が語り継いだ神話や伝説、民話など。
＊2 遊女…中世、歌や踊りなどを見せたり、身体を売った女性。

治承・寿永の乱を契機に仏教改革が行われる一方、武士が文化の担い手として成長した

1180～85年に繰り広げられた**治承・寿永の乱**〔➡ p.139〕は仏教をはじめとする**鎌倉文化**に大きな影響を与えました。5年間にわたる内乱やその最中に起こった**養和の飢饉**〔➡ p.140〕は、これまで朝廷が主導してきた鎮護国家の法会や祈禱に効果がなかったことを示すことになったからです。また、鎮護国家の象徴とされた東大寺大仏が焼亡したことも人々に衝撃を与えました。その反省から聖が中心となって仏教改革を行いました。**仏教改革は、戒律復興を目指すグループ（穏健派）と一つの道を追求することで救われることを説くグループ（急進派）の2つに大別されます**〔➡ p.164〕。

武家政権の成立にともない、武士は朝廷とともに権力者となり寺院復興などの公共事業を主導しました。京都を中心に公家文化が成熟する一方で鎌倉の武士も政治などに高い関心を示しました。他方、鎌倉幕府の保護を受けた禅宗は日本の文化に新しい風を吹き込みました。日宋間を往来する禅僧は漢詩文や書画などを教養として重視しており、それらが公家社会や武家社会にも取り入れられていったのです。

尊円が宋の書風を取り入れて青蓮院流という書道の流派を創始したことや、大陸の製陶技術が学ばれて尾張の**瀬戸焼**や備前の**備前焼**などの陶器生産が発展したこともここで確認しておきます。

テーマ① まとめ　中世の文化区分・特色Ⅰ

① **院政期**（11世紀後半～12世紀）
法皇の仏教振興➡国々で仏神事が行われる
僧侶の活動➡浄土教が地方に伝わる
武士や庶民が文化の担い手となる
民衆芸能が貴族社会に受容される

② **鎌倉**（12世紀末～14世紀初め）
仏教改革（穏健派・急進派）
公家文化：技巧的な和歌・有職故実など
武家文化：素朴な和歌・政治への関心など
禅宗文化：禅僧が伝える（朱子学・頂相など）

用語 ＊3 白拍子…平安末期の歌舞と、それを舞った芸人。

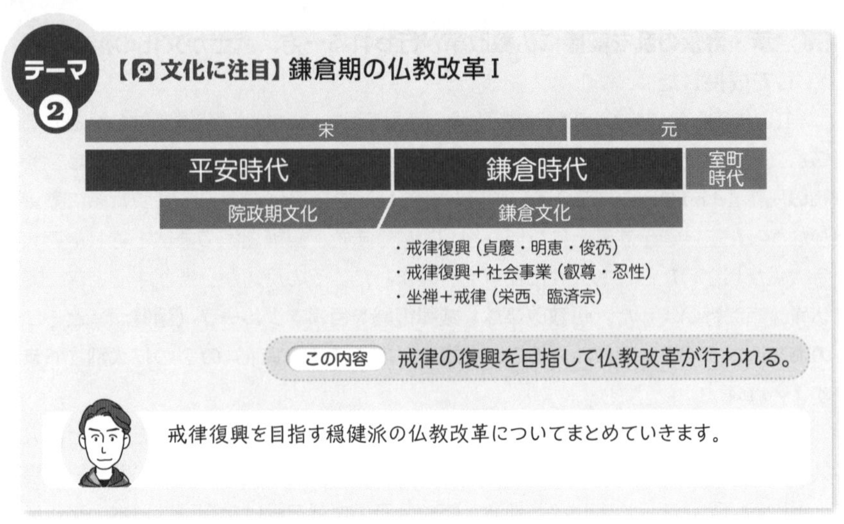

聖が中心となり、戒律復興や社会事業が進められた

奈良時代から存在した南都六宗［➡ p.79］と平安初期に成立した天台宗·真言宗［➡ p.117］は合わせて顕密仏教と呼ばれ、平安時代中期以降、国家の公認を受けました。朝廷は顕密仏教が行う鎮護国家の法会や祈禱に依存する形で民衆支配を行ったため顕密仏教は朝廷にとって欠かすことのできないものとなり、有力寺院の上層部は貴族出身の僧で独占されていました。

ところが、治承・寿永の乱とその被害により顕密仏教による鎮護国家の理念が崩れると、寺院に属さない聖が仏教革新運動を起こしました。彼らは戒律を守らない僧侶のあり方に原因があると考え、戒律復興を唱えました。**貞慶**（法相宗）は笠置寺に隠棲して修行し、**明恵**（華厳宗）は後鳥羽院から京都栂尾の地を賜り高山寺を再興しました。俊芿は中国から新しい戒律の教えを伝えて京都に泉涌寺を開きました。

一方、**叡尊**（律宗）は奈良の**西大寺**を復興させて拠点とし、戒律と密教の共存によりすべての者を悟りの境地へ導こうとしました。弟子の**忍性**はハンセン病患者の救済施設として奈良に**北山十八間戸**を設けたほか、鎌倉の**極楽寺**を再興し、資金を募って慈善事業に努めました。

禅宗は栄西によって日本に伝えられ、鎌倉幕府の保護を受けた

栄西は比叡山で天台宗の教えを学んだ後に宋へ渡り、厳しい戒律と坐禅によって悟りを目指す**禅宗**を日本に伝えました。禅による護国を説いた**『興禅護国論』**を著したほか、幕府の支持を得て京都に**建仁寺**を創建し、後に**臨済宗**の開祖と呼ばれるようになります。禅僧には宋へ留学する日本僧と宋から渡来する中国僧がいますが、

いずれも漢詩文や書画などの教養を身につけ、新しい文化を日本へもたらしました。宋から来日した**蘭溪道隆**は北条時頼〔➡ p.153〕の帰依を受けて鎌倉に**建長寺**を開き、**無学祖元**は北条時宗〔➡ p.156〕の招きにより鎌倉に**円覚寺**を建立しました。

　鎌倉時代中頃にはこうした戒律を重視する穏健派の僧侶は**禅律僧**と呼ばれ、朝廷や幕府から莫大な財産を与えられて寺院の復興や交通路の整備などの公共事業に従事するようになっていきました。

テーマ② まとめ　鎌倉期の仏教改革Ⅰ

① 戒律復興

貞慶：法相宗／笠置寺で修行〔京都〕

明恵：華厳宗／高山寺を開く〔京都〕

俊芿：新しい戒律を伝える／泉涌寺を開く〔京都〕

② 戒律復興＋社会事業（律宗）

叡尊：**西大寺**を再建〔奈良〕

忍性：**極楽寺**を再興〔鎌倉〕・**北山十八間戸**の設置〔奈良〕

③ 坐禅＋戒律（宋に留学➡大陸文化の伝来）

栄西：臨済宗／**建仁寺**を創建〔京都〕／著書**『興禅護国論』**

鎌倉幕府の保護を受ける➡宋から禅僧を招く

テーマ③ 【文化に注目】鎌倉期の仏教改革Ⅱ

宋 | 元

平安時代 | 鎌倉時代 | 室町時代

院政期文化 | 鎌倉文化

・念仏系（法然・親鸞・一遍）
・禅宗系（道元）
・法華経系（日蓮）

この内容　一つの教えを絶対視する新しい仏教が生まれる。

鎌倉時代には、禅・念仏・題目のいずれかを絶対化して、
一つの道を追求するタイプの新しい仏教が生まれ、
武士や庶民に受け入れられていきました。

法然・親鸞・一遍は念仏を追求することにより人々は救われると説いた

これまでの浄土教は念仏をはじめ様々な善行を積み重ねることで往生を目指そうとしました。ところが、浄土宗の開祖法然はひたすら南無阿弥陀仏という念仏を唱えることによってのみ極楽往生できるとする専修念仏を説きました。法然は摂関家の九条兼実〔➡ p.142〕の求めに応じて『選択本願念仏集』を著し、個人の救済に専念する姿勢をみせました。

法然の弟子の親鸞は阿弥陀仏への絶対他力を説き、「善人なをもちて往生をとぐ、いはんや悪人をや」というように阿弥陀仏の救済の対象はすべての人間であり、自身が罪深い悪人であることの自覚を促す悪人正機説を唱え、後に浄土真宗の開祖とされました。親鸞は著書の『教行信証』に浄土真宗の根本教義をまとめています。

一遍は信心の有無にかかわらず極楽往生できると説き、太鼓や鉦をたたいて足を踏みならしながら行う踊念仏により自身の教えを広めました。全国を遍歴したため遊行上人とも呼ばれ、彼に付き従う人々を時衆、そして彼の教えを時宗と呼ぶようになりました。

道元は只管打坐を、日蓮は題目の唱和をそれぞれ説いた

曹洞宗の開祖である道元は、承久の乱〔➡ p.146〕で朝廷側が敗れた後に入宋し、顕密仏教に代わる禅を伝えました。道元は栄西とは異なり、権力者に近づくことなくただひたすら坐禅に打ち込む只管打坐を貫き、現在の福井県に永平寺を開くとともに自らの著書『正法眼蔵』で坐禅こそが仏法であることを説きました。

一方、日蓮宗（法華宗）の開祖である日蓮は法華経だけが正しい仏法であると説き、南無妙法蓮華経の題目を唱えることによってのみ救われると主張しました。また、朝廷や幕府の宗教政策を批判する『立正安国論』を著して法華経を信仰しないと国難が訪れることを予言しましたが、反対に弾圧されてしまいました。

朝廷・幕府や顕密仏教は急進派の活動を取り締まった

こうした急進派の動きに対して、朝廷・幕府や顕密仏教の勢力は念仏も禅も法華経も顕密仏教の教えに含まれているとして既存の八宗以外の新たな宗派を認めませんでした。貞慶や明恵は法然の教えを批判し、法然・親鸞は朝廷の許可なく新たな宗派を開いたとしてそれぞれ流罪に処せられました（承元の法難）。道元も仏法観を批判され自ら越前の山中に逃れました。

鎌倉期の仏教改革Ⅱ

① 念仏系（南無阿弥陀仏を唱える）
法然：浄土宗／専修念仏／著書**『選択本願念仏集』**
親鸞：浄土真宗／悪人正機説／著書**『教行信証』**
一遍：時宗／踊念仏／遊行上人
② 禅宗系（只管打坐）
道元：曹洞宗／永平寺〔福井〕／著書**『正法眼蔵』**
③ 法華経系（南無妙法蓮華経を唱える）
日蓮：日蓮宗／**題目**／著書**『立正安国論』**
④ 朝廷・幕府・顕密仏教による弾圧
法然・親鸞➡流罪となる（承元の法難／1207）

テーマ4 【文化に注目】鎌倉期の美術

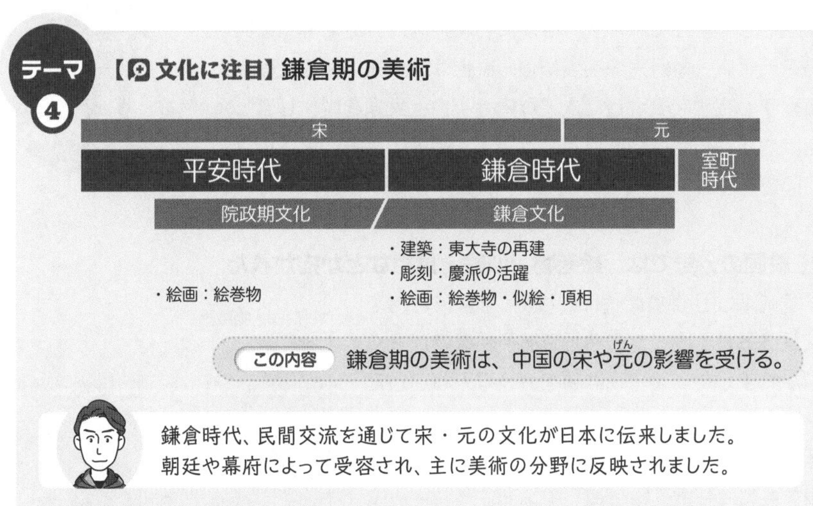

建築の分野では、東大寺の再建事業に宋の建築技法が用いられた

治承・寿永の乱で南都が焼打ちにされた後、朝廷や幕府は平和の世を再建するため東大寺をはじめとする奈良の諸寺の復興を進めました。**重源**（ちょうげん）は東大寺復興の大勧進*職（だいかんじんしき）として各地で広く寄付を募り、宋の工人である**陳和卿**（ちんなけい）の協力を得て再建事業に着手しました。その際、宋の建築様式である**大仏様**（だいぶつよう）が採用され、雄大豪壮な構成美を持つ**東大寺南大門**（なんだいもん）などが再建されました。鎌倉中期には細かな部材を用いて整然とした美しさを表現する**禅宗様**（ぜんしゅうよう）の技法が宋から伝えられました。

用語 ＊勧進…寺院の建立や仏像の修理のための寄付を募ること。

一方、平安時代以来の建築様式として和様があります。後白河法皇の勅願で平清盛の尽力により創建された**蓮華王院本堂**がその代表的な建築物とされます。この和様を基本として、禅宗様・大仏様の技法を一部取り入れた折衷様という建築様式も生まれました。

▼東大寺南大門（©01105AA）

彫刻の分野では、慶派の仏師が写実的な作品を残した

平安時代後期、寄木造を確立した定朝 〔➡ p.120〕 の工房は分裂します。そのなかの一つの派閥が奈良仏師と呼ばれる慶派です。慶派は奈良時代への復古と同時に宋の技術を摂取して、力強く写実的な作品を残しました。**運慶**・**快慶**らの合作によって製作された**東大寺南大門金剛力士像**はその代表的な作品として挙げられます。ほかにも**康弁**はユーモア溢れる興福寺天灯鬼・竜灯鬼像を製作し、**康勝**は念仏を唱え浄土教を布教する空也を表現した六波羅蜜寺空也上人像を製作しました。やがて慶派は鎌倉幕府に近づき、関東に活躍の場を広げていきます。

▼空也上人像

絵画の分野では、絵巻物・似絵・頂相などが描かれた

院政期から鎌倉時代にかけて、詞書*と絵を交互にみせるタイプの絵画である絵巻物が多く描かれました。絵巻物は順を追ってみることで時間の流れを感じることができます。院政期には、寺社縁起物の**「信貴山縁起絵巻」**や風刺絵巻である**「鳥獣人物戯画」**、応天門の変 〔➡ p.94〕 を題材とした**「伴大納言絵巻」**、文学作品を扱った**「源氏物語絵巻」**などが描かれました。

▼「鳥獣人物戯画」

鎌倉時代に入ると菅原道真の一生を題材にした**「北野天神縁起絵巻」**や春日明神の縁起絵巻である**「春日権現験記（絵）」**、高僧にまつわる伝記絵巻として**「一遍上人絵伝」**、合戦絵巻である**「蒙古襲来絵詞」**などが製作されました。他にも経典の表紙に装飾を施した装飾経というジャンルも生まれました。平氏の繁栄を願い安芸の厳島神社に奉納された**「平家納経」**や四天王寺に伝えられる**「扇面古写経」**など

 用語 ＊詞書…絵巻物の物語や内容の説明文。

は院政期に製作された代表的なものです。

中世は個性に対する関心が高まってきた時期で、大和絵〔➡ p.120〕の系譜を引く肖像画である**似絵**が描かれました。平安時代末期から鎌倉時代にかけての似絵の名手としては、**藤原**（ふじわらの）**隆信**（たかのぶ）・**信実**（のぶざね）父子がよく知られます。一方、禅僧の肖像画は**頂相**といい、宋で行われていたものが伝わりました。頂相は正装した姿で椅子に座った師の半身像や全身像で、弟子に教義が伝承された証（あかし）として描かれました。

▼栄西の頂相

Q「寺社縁起物」の絵巻物は何を目的として製作されたのですか？

A 寺社は説話集や絵巻物を利用して寺社の由来や仏教の教えをわかりやすく民衆に教え、結びつきを強めようとしました。

テーマ4 まとめ 鎌倉期の美術

① 建築

東大寺再建：大勧進職＝**重源**　工人＝**陳和卿**

技法：**大仏様**・**禅宗様**・和様・折衷様など

② 彫刻

仏師：奈良仏師（**慶派**／**運慶**・**快慶**ら）

寄木造に宋の技術を加え、力強く写実的な作品を残す

③ 絵画

絵巻物：寺社の縁起・僧侶の伝記・武士の合戦などを描く

似絵：大和絵の系譜を引く肖像画（**藤原隆信**・**信実**）

頂相：宋から伝来した肖像画（禅宗の高僧を描く）

テーマ5 【文化に注目】院政期・鎌倉文化の文学

宋		元
平安時代	鎌倉時代	室町時代
院政期文化	鎌倉文化	
・歴史物語、軍記物、説話集、歌謡などの作品が著される	・和歌集、史論、軍記物、随筆、日記などの作品が著される。	

この内容 文学作品の中でも武家に目を向ける作品が生まれる。

院政期・鎌倉文化期における文学作品をジャンルごとに整理していきます。

院政期、歴史物語・軍記物・説話集・歌謡などの多くの作品が著された

院政期、古代から中世へと時代が転換したことは貴族に懐古と反省の機会を与え、歴史物語が編まれました。『大鏡』は文徳天皇から後一条天皇までの藤原氏の全盛期を批判的な視点でとらえており、仮名を使った和文体で描かれています。

文学作品のなかで武士や庶民にも目が向けられるようになりました。合戦を主題とした軍記物では、平将門の乱〔➡ p.126〕を題材とした『将門記』や前九年合戦〔➡ p.128〕をとりあげた『陸奥話記』がよく知られます。説話集では『今昔物語集』が編まれ、民衆に仏教の教えをわかりやすく諭すためのインド・中国・日本の仏教説話が集められました。

一方、後白河法皇によって『梁塵秘抄』が編纂され、貴族社会に広まった民衆歌謡である今様が集成されました。

鎌倉期、和歌集・史論・軍記物・説話集・随筆・日記などの多くの作品が著された

鎌倉時代、政治面では公武二元体制〔➡ p.143〕が展開しましたが、文化面でも公家文化と武家文化がともに成熟しました。貴族社会では和歌がますます盛んとなり、後鳥羽上皇の命を受けて藤原定家らにより編纂された『新古今和歌集』は、和歌の伝統に学びながらも観念的な美の創造という新しい境地を開きました。一方、後鳥羽上皇と交流のあった源実朝は万葉調の素朴な和歌を好んで『金槐和歌集』を残し、北面の武士出身の西行は諸国を行脚して『山家集』に多くの秀歌を残しました。

貴族政権から武家政権への推移を道理によって説いた史論書が『愚管抄』で、摂関家出身の慈円が後鳥羽上皇に政治のあるべき姿を伝えようとしてこれを著しました。鎌倉末期には幕府によって『吾妻鏡』が編纂され、1180年の源頼政挙兵から1266年の宗尊親王の帰京までの政治・社会の出来事がまとめられました。他にも虎関師錬は禅宗の立場から、日本仏教の歴史を『元亨釈書』にまとめました。

院政期に続く鎌倉文化においても武士の活躍を描いた軍記物が著されました。なかでも『平家物語』は傑作とされ、盲目の琵琶法師により平曲として語られたため文字を読めない人々にも広く親しまれました。説話集では、仏教説話を集めた無住の『沙石集』のほか、『宇治拾遺物語』、『古今著聞集』などが著されました。

そのほか随筆では、鎌倉初期に鴨長明が『方丈記』で世の無常を説く一方、鎌倉末期には兼好法師が自然・人生・社会などについての様々な思いを『徒然草』にまとめました。日記の分野では九条兼実が当時の政治状況を活写した『玉葉』、紀行

文では**阿仏尼**（藤原為家の側室）が訴訟のため鎌倉に赴いた時の旅を記した『**十六夜日記**』などが挙げられます。

公家は平安時代以来発達した有職故実[*1]を学び、武家は和漢の書籍から仏教などを学んだ

9 世紀頃から宮廷における政務の儀式化が進んだことにともない、儀式の進行に従事する貴族はその次第[*2]・先例を習得することが求められるようになりました。貴族は日記を記すことにより儀式の次第を子孫に伝える一方、独自の有職故実書も生まれ、順徳天皇により『**禁秘抄**』が著されました。また公家社会では古典に対する関心も深まり、仙覚の『万葉集註釈』や卜部兼方の『釈日本紀』がまとめられました。

武家の側では、**北条実時**（**金沢実時**）が武蔵国の六浦に**金沢文庫**を設け、和漢の書物を集めて好学の武士に影響を与えました。

一方、伊勢神宮の神官**度会家行**により天照大神を中心に仏教を統合した神本仏迹説（反本地垂迹説）が唱えられ、**伊勢神道**が大成されました。鎌倉末期には、南宋の朱熹が大成した**宋学**（朱子学）が禅僧によって伝えられ、その大義名分論の教えは後醍醐天皇らの倒幕運動にも影響を与えたとされます。

Q 大義名分論とはどのような考え方ですか？

A 君臣の別をわきまえ、上下の秩序を重んじる考えのことです。江戸幕府もこの考えを取り入れていきました [➡p.304]。

院政期・鎌倉文化の文学

① 院政期（11 世紀後半〜 12 世紀）
歴史物語：『**大鏡**』（藤原氏の全盛期を描く）
軍記物：『**将門記**』（平将門の乱）・『**陸奥話記**』（前九年合戦）
説話集：『**今昔物語集**』（インド・中国・日本の仏教説話）
民衆歌謡：『**梁塵秘抄**』（後白河法皇が編纂）

② 鎌倉（12 世紀後半〜 14 世紀初め）
和歌集：（勅撰）『**新古今和歌集**』・（私撰）『**金槐和歌集**』・『**山家集**』
史論：『**愚管抄**』（**慈円**）・『**吾妻鏡**』（幕府の歴史）・『元亨釈書』（仏教史）
軍記物：『**平家物語**』（琵琶法師の語り）　説話集：『**沙石集**』
随筆：『**方丈記**』・『**徒然草**』　日記・紀行文：『**玉葉**』・『**十六夜日記**』

用語 ＊1 有職故実…貴族や武家の儀礼行事上のきまり。＊2 次第…物事の順序。

確認問題

1 年代配列問題にチャレンジ

(1) 次の文Ⅰ～Ⅲについて、古いものから年代順に正しく配列したものを、後の①～⑥のうちから一つ選んで記号で答えなさい。

Ⅰ 栄西は、戒律と坐禅により悟りに達しようとする自力の教えを広めた。
Ⅱ 平泉の中尊寺金色堂が奥州藤原氏によって建てられた。
Ⅲ 北条時頼は蘭溪道隆に帰依し、鎌倉に建長寺を建立した。

① Ⅰ－Ⅱ－Ⅲ　② Ⅰ－Ⅲ－Ⅱ　③ Ⅱ－Ⅰ－Ⅲ
④ Ⅱ－Ⅲ－Ⅰ　⑤ Ⅲ－Ⅰ－Ⅱ　⑥ Ⅲ－Ⅱ－Ⅰ

(2) 次の文Ⅰ～Ⅲについて、古いものから年代順に正しく配列したものを、後の①～⑥のうちから一つ選んで記号で答えなさい。

Ⅰ 元の国書をもって来日した禅僧によって宋学（朱子学）が本格的にもたらされた。
Ⅱ「源氏物語絵巻」や「信貴山縁起絵巻」などの絵巻物が作られた。
Ⅲ 上皇の命を受け、藤原定家らが『新古今和歌集』を編纂した。

① Ⅰ－Ⅱ－Ⅲ　② Ⅰ－Ⅲ－Ⅱ　③ Ⅱ－Ⅰ－Ⅲ
④ Ⅱ－Ⅲ－Ⅰ　⑤ Ⅲ－Ⅰ－Ⅱ　⑥ Ⅲ－Ⅱ－Ⅰ

2 探究ポイントを確認

(1) 法然・親鸞によって広められた新しい仏教の特徴と、これに対する旧仏教側の主張や活動について簡単にまとめよ。

(2) 鎌倉時代の武家文化について、学問・文学の分野で具体例を挙げて説明せよ。

解答

1 (1) ③　(2) ④

2 (1) 法然・親鸞は念仏を唱えることでのみ極楽往生できると説いた。これに対して旧仏教は戒律を重視したため朝廷に対して彼らの弾圧を求めたほか、資金を募って社会事業を展開した。(82字)

(2) 学問の分野では、北条実時が金沢文庫を作って和漢の書籍を集め、好学の武士が政治などを学んだ。文学の分野では、源実朝が万葉調の和歌を詠んだ『金槐和歌集』を残したほか、幕府の歴史が『吾妻鏡』にまとめられた。(100字)

第15講 鎌倉幕府の滅亡と南北朝の動乱

13世紀後半、得宗専制政治が展開されるなか、**鎌倉幕府に不満を持つ御家人が増えてきました。**この状況のもと、**後醍醐天皇**が倒幕を計画します。この講では、鎌倉幕府の滅亡と後醍醐天皇による建武の新政、さらに朝廷が2つに分かれて争った**南北朝の動乱**について学習します。北朝が分裂した観応の擾乱などで**南北朝の動乱は長期化し**、2つの朝廷が併存する南北朝時代は1392年まで続きます。

時代の**メタマッピング**と**メタ視点**

社会 ➡テーマ①

鎌倉後期における天皇家の分裂

天皇家が分裂したなかで即位した**後醍醐天皇は倒幕を計画した。**

政治 ➡テーマ④

守護の成長と国内支配

南北朝の動乱のさなか、幕府は**守護の権限を拡大すること**で国内の武士を統制しようとした。

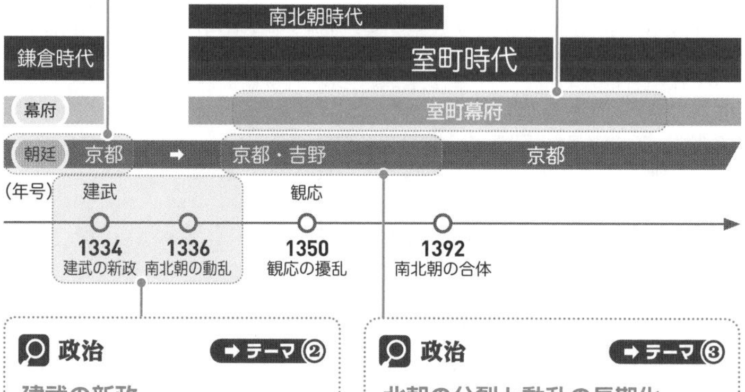

政治 ➡テーマ②

建武の新政

建武の新政は**武士の不満を招き**、足利尊氏が反旗を翻して**南北朝の動乱**がはじまった。

政治 ➡テーマ③

北朝の分裂と動乱の長期化

南北朝の動乱は当初北朝側が優勢だったが、**北朝の分裂・惣領制の解体といった理由で長期化**した。

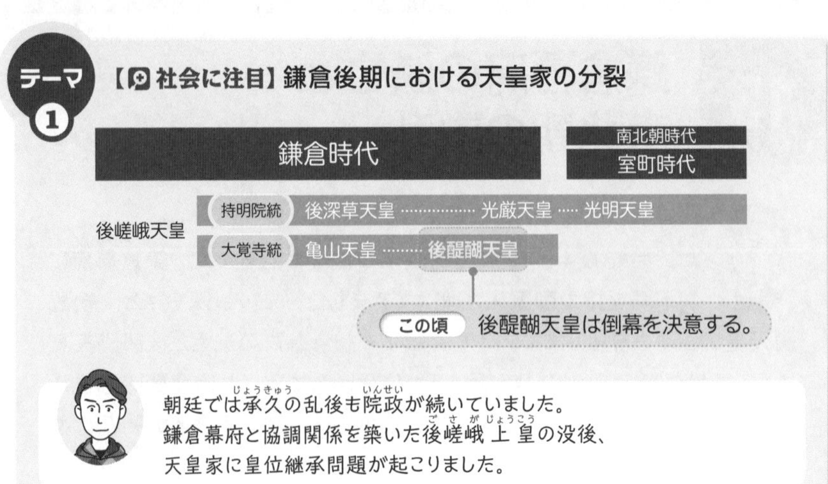

13世紀後半、皇統は2つに分裂した

13世紀後半、後嵯峨上皇が没すると、天皇家は2つに分裂しました。兄の**後深草上皇**は弟の**亀山天皇**に譲位した後、自身の皇子を即位させて院政をとろうとし、亀山天皇も自身の皇子の即位を図ったため、両派は皇位継承をめぐって対立を深めました。後深草上皇の系統は**持明院統**と呼ばれ、天皇家が持つ荘園群のうち**長講堂領**を相続していました。一方、亀山天皇の系統は**大覚寺統**と呼ばれ、こちらは**八条院領**を相続していました。ともに、皇位継承に介入できる鎌倉幕府に働きかけることにより、皇位を獲得しようとしました。鎌倉幕府はたびたび調停を行い、1317年には両統が交替で皇位に就く方式である**両統迭立**の遵守が確認されることになりました。

▼天皇家系図

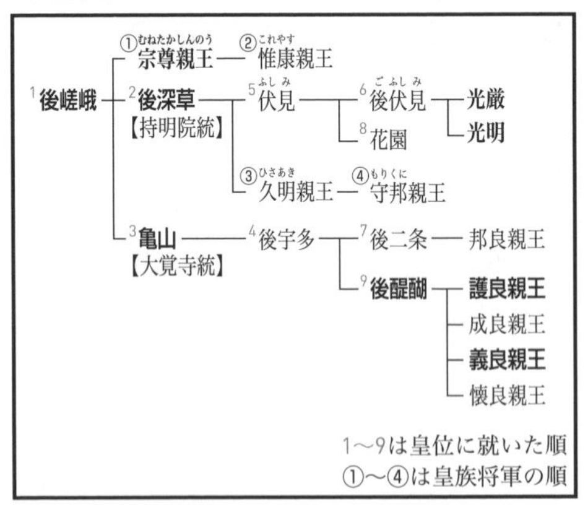

皇位に就いた天皇を順に追ってみましょう。持明院統と大覚寺統が皇位を争っている様子がよくわかります。

後醍醐天皇は天皇親政を復活させ、倒幕を計画した

このようななかで、持明院統の花園天皇の譲位をうけて、1318年に大覚寺統の**後醍醐天皇**が即位しました。父の後宇多上皇は後二条天皇の子である邦良親王を皇太子として推していましたが、後醍醐天皇は自身の子を皇太子に立てようとしました。1321年、父の後宇多上皇の院政を停止した後醍醐天皇は天皇親政を復活させると、北畠親房らを登用して朝廷政治の刷新を図りました。天皇の権限を強化するため**記録所**を再興し、荘園文書の調査とともに一般訴訟にまで介入しました。一方、後醍醐天皇は両統迭立の解消と子孫への皇位継承を目指して鎌倉幕府の倒幕を計画しました。

その頃、鎌倉幕府では得宗北条高時のもとで専制政治を行う内管領**長崎高綱**・**高資**に対する御家人の反発が強まっていました。この情勢をみて、1324年に後醍醐天皇は**正中の変**を起こしましたが、計画が幕府側にもれてしまい失敗に終わりました。さらに1331年には**元弘の変**を起こしました。後醍醐天皇は子の尊雲(護良親王)を天台座主にすえて寺院勢力の結集を図りましたが、計画は失敗しました。一連の倒幕計画の失敗を受けて、新たに持明院統から光厳天皇が即位し、後醍醐天皇は隠岐に流されました。

ところが、護良親王が吉野で兵を挙げ、河内の悪党とも称される**楠木正成**が協力して反幕府勢力が結集されました。こうした情勢をみて、1333年に後醍醐天皇は隠岐から脱出して倒幕を呼びかけました。鎌倉幕府軍の指揮官であった**足利尊氏**は後醍醐天皇を攻める最中、幕府に反旗を翻して六波羅探題を攻め落としました。一方、関東では上野の武士**新田義貞**が鎌倉を攻めて得宗の**北条高時**らを滅ぼしました。こうして1333年に鎌倉幕府は滅亡しました。

Q 後醍醐天皇が再興した記録所は、かつて後三条天皇が荘園整理のために置いた記録荘園券契所 [→p.130] と同じものですか？

A はい、後三条天皇の没後、記録荘園券契所は、消滅・再興を繰り返しました。

鎌倉後期における天皇家の分裂

① 皇統の分裂（後嵯峨上皇の死後）
持明院統：**後深草上皇**の系統、**長講堂領**を相続する
大覚寺統：**亀山天皇**の系統、**八条院領**を相続する

② 幕府による調停
両統は幕府に働きかけて皇位の獲得を図る
幕府は**両統迭立**の遵守を確認する（1317）

③ **後醍醐天皇**の即位（1318）〔大覚寺統〕
後宇多上皇の院政停止➡天皇親政を行う
記録所（きろくしょ）の再興：主要政務機関（一般訴訟など）
両統迭立の解消と子孫への皇位継承を目指す

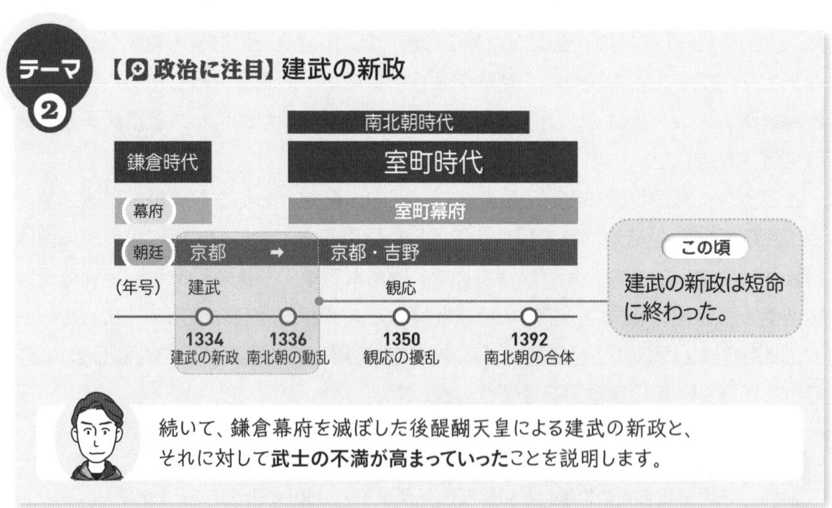

建武の新政は、摂政（せっしょう）・関白（かんぱく）を置かず、院政も幕府も否定した。

鎌倉幕府を滅亡させた**後醍醐天皇**は京都に帰還すると、1334年に年号を**建武**と改め、**建武の新政**と呼ばれる公武（こうぶ）を合わせた政治を主導しました。

それでは建武の新政の政治機構についてみていきましょう。**後醍醐天皇は天皇自らが決定する政治を理想とし、摂政・関白を置かず、院政や幕府も否定しました。**各地で所領をめぐる争いが起こるなか、天皇は**綸旨**（りんじ）と呼ばれる自らの命令によって所領安堵（しょりょうあんど）を決定しようとしました。ところが、実際には天皇の力だけでは決裁できなかったため、一般政務をあずかる**記録所**や鎌倉幕府の引付（ひきつけ）を継承して所領裁判を行う**雑訴決断所**（ざっそけつだんじょ）が置かれました。他にも倒幕の際の論功行賞をあずかる**恩賞方**（おんしょうがた）や京都の治安維持のための**武者所**（むしゃどころ）も設置されました。

地方行政について、国司の権限を強化しようとしたものの、鎌倉時代を通じて各国の警察権は守護が持っていたため、結局は**国司と守護が併置されました**。また、東北地方には**陸奥将軍府**が置かれ、皇子の義良親王のもとで**北畠顕家**が中心となり、関東地方には**鎌倉将軍府**が置かれ、皇子の成良親王のもとで**足利直義**が中心となりました。**東北・関東地方は鎌倉幕府の影響力が強かった地域だったため、これらの地方統治機関には旧幕府系の武士が多く登用されました**。このような公武を合わせた政治機構は政務の停滞や社会の混乱を招きました。

建武の新政に対して武士の不満が高まり、足利尊氏が反旗を翻した

後醍醐天皇は所領の安堵に際して、御成敗式目で定められた知行年紀法などの武士社会の慣習を無視し、自らの方針を今後の規範にしようとしました。**こうした方針転換は武士の不満と抵抗を引き起こすこととなりました**。建武の新政の混乱ぶりは『建武年間記』の「**二条河原落書**」に記されています。このような状況のもと、ひそかに幕府の再建を目指していた**足利尊氏**は、1335 年に北条高時の子の**北条時行**が鎌倉を占拠した**中先代の乱**に際してその討伐のために関東に下ると、乱の鎮圧後、建武政権に反旗を翻しました。翌 1336 年、尊氏は京都に攻め上りましたが、一度敗れて九州に敗走しました。その後尊氏は再び京都へ攻め上り、摂津国の**湊川の戦い**で**楠木正成**を破り、上洛を果たしました。

足利尊氏は京都において持明院統の**光明天皇**を即位させて、当面の政治方針として**建武式目**を定めることで幕府再興の方針を明らかにしました。一方、後醍醐天皇は**吉野**に逃れ、皇位の正統性を主張しました。こうして京都の北朝と吉野の南朝という 2 つの皇統が並立する南北朝時代が始まりました。

Q 後醍醐天皇は何を根拠として皇位の正統性を主張したのですか？

A 皇位継承の際に伝えられる天皇位のしるしを三種の神器といいます。後醍醐天皇が吉野に逃れる前に足利尊氏に三種の神器を引き渡しましたが、それは偽物で、本物は自身が所持していると主張しました。

建武の新政

① 政治機構

中央（天皇へ権限集中）

綸旨（簡単な命令形式）で所領安堵を行う

記録所・**雑訴決断所**・恩賞方・武者所が補完

地方（武士の力を利用）

国司・守護を併置する
陸奥将軍府・鎌倉将軍府（幕府系の武士を登用）

② 崩壊の原因
武士社会の慣習を無視した➡武士の不満と抵抗を引き起こした
公武を合わせた政治機構だった➡政務の停滞を引き起こした

史料を読んでみよう！ ―幕政の基本方針―

鎌倉元の如く柳営(注1)たるべきか、他所たるべきや否やの事。……

……就中、鎌倉郡は文治に右幕下(注2)、始めて武館を構へ、承久に義時(注3)朝臣天下を併呑す。武家においては尤も吉土(注4)と謂ふべきか。……然らば居所の興廃は、政道の善悪に依るべし。……但し、諸人若し遷移(注5)せんと欲せば、衆人の情に随ふべきか。……

一　倹約を行はるべき事
一　群飲佚遊(注6)を制せらるべき事
一　無尽銭土倉を興行せらるべき事
……(以下14条省略)

以前十七箇条(注7)、大概斯の如し。……遠くは延喜・天暦両聖の徳化を訪ひ、近くは義時・泰時父子の行状を以て近代の師となす。殊に万人帰仰の政道を施されば、四海安全の基たるべきか。……

建武三年(注8)十一月七日　　真恵　是円

（『建武式目』）

（注1）幕府の所在地。（注2）右近衛大将。源頼朝を指す。（注3）北条義時。（注4）縁起のよい土地。（注5）幕府を鎌倉から京都にうつすこと。（注6）多人数で遊興酒宴すること。（注7）厩戸皇子（聖徳太子）の憲法十七条にならい、御成敗式目の3分の1の条数にしたともいう。（注8）1336年。

1336年に制定された**建武式目**17ヵ条は、**足利尊氏**が明法家（法学者）の中原章賢（是円）らに政治方針を諮問したことに対する答申です。第1項では、幕府の所在地をどこにおくかという諮問が掲げられています。これに対して、政権の興亡は所在地の良い悪いによるものではなく、為政者のあり方によるものであると答えました。その上で、鎌倉からの移転は世論に従うべきであるとしました。第2項では、鎌倉幕府の政治制度や政策を継承する方針を示し、倹約を行うことや多人数での酒宴を制限すること、金融業者を保護して営業を再開させることなどを挙げています。したがって、室町幕府は鎌倉幕府と同様の政治機構を持つこととなります。

テーマ3 【政治に注目】北朝の分裂と動乱の長期化

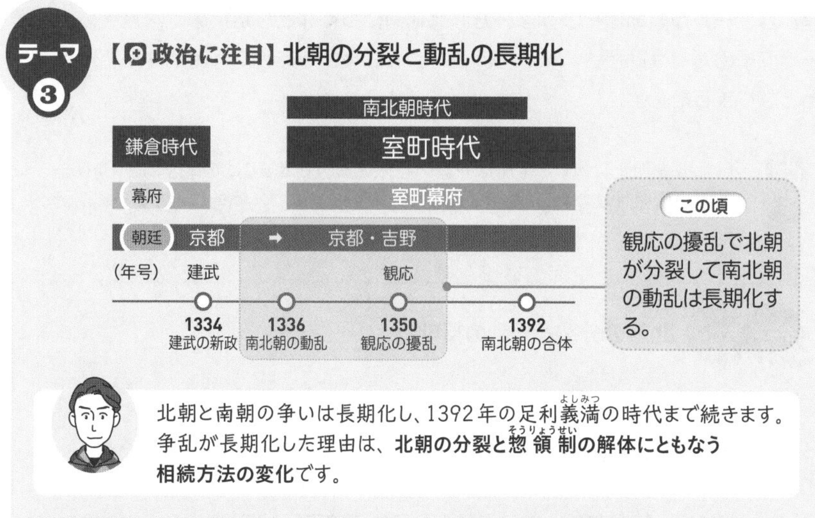

観応の擾乱により北朝が分裂したことから、南北朝の動乱は長期化へと向かった

1336年に始まった南北朝の動乱は、当初、北朝側が優勢でした。南朝の重臣であった**北畠顕家**や**新田義貞**があいついで戦死し、1339年には後醍醐天皇も亡くなりました。その後南朝は、皇子の義良親王が即位して**後村上天皇**になると、**北畠親房**は常陸国に下り**『神皇正統記』**を著して関東の武士に南朝の正統性を訴えました。一方、**懐良親王**は征西将軍として菊池氏や少弐氏とともに九州で抵抗を続けました。

新幕府の体制は、兄の**足利尊氏**が人事権などを握り、弟の**足利直義**が裁判・行政などを分担しました。しかし、政治方針をめぐって次第に両者は対立を深めていきます。保守的な考えをもつ足利直義は鎌倉幕府以来の法秩序を重視し、旧来の御家人の利益を尊重しました。一方で足利尊氏や執事の**高師直**は新興武士の利益を求めて武力による所領拡大を目指しました。ここに相続問題もからみ、足利尊氏の子である足利直冬は直義の養子となり、同じく子の足利義詮は尊氏の側につきました。**こうした北朝側の分裂は観応の擾乱といい、1350年から52年にかけて続きました**。動乱のさなか、足利直義、高師直は敗死し、尊氏は後村上天皇と一時和睦するなどしたため、南朝側は息を吹き返しました。

嫡子単独相続の一般化は、ますます動乱を長期化させた

注意したい点は、観応の擾乱後も北朝の分裂は続いたことです。足利直義が殺された後も勢力を継承した直冬は中国地方で活躍し、幕府を脅かしました。一方、武

家社会における相続方法の変化も動乱の長期化の要因となりました。鎌倉末期以降、**惣領制の解体が進んで嫡子単独相続が一般化し** [➡ p.159]、武士のつながりは血縁的結合から地縁的結合へと変わっていきました。**家督争いは武士団内部の対立を引き起こし、一方が南朝側につけば一方は北朝側につくなどした**ため、家督をめぐる嫡子と庶子の対立は助長されました。このような理由もあって、動乱は長期化することとなりました。

動乱の長期化に対して幕府は守護の権限を拡大させることで収拾を図りました。守護の権限はどのように拡大したのか、次のテーマで具体的にみていきましょう。

① **観応の擾乱**（1350～52）

保守派：**足利直義**（尊氏の弟）・直冬（直義の養子）
鎌倉幕府以来の法秩序を重視する

革新派：**足利尊氏**・義詮（尊氏の子）・**高師直**（執事）
新興武士の利益を重視する（所領の拡大を目指す）

② 動乱の長期化

要因：**嫡子単独相続**の一般化➡後継者争いの激化
地方武士の自立➡地縁的結合を強める

収拾：各国の守護の権限を拡大する
➡国人（地方武士）を支配下に入れる

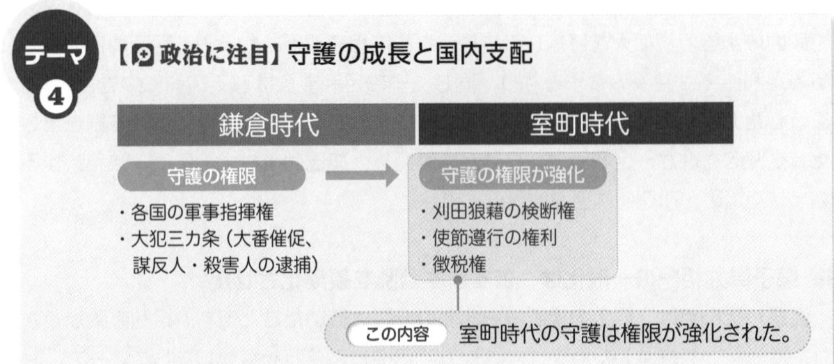

動乱が長期化するなか、幕府は足利一門の武士を守護に任じ、**守護の権限を強化することで国内の武士を統制して**動乱を収束させようとしました。つまり**南北朝期の守護は鎌倉時代に比べて多くの権限を与えられました。**これを具体的にみていきましょう。

室町時代の守護は、鎌倉時代の守護より多くの権限が与えられた

鎌倉時代の守護は各国の軍事指揮官として、**大犯三カ条**のほか夜討ち・強盗などの逮捕の権限を持っていました。14 世紀に入り、国内の武士が所領をめぐって争いを繰り広げるなか、**幕府は守護に対して紛争相手の田畑の稲などを強制的に刈り取る行為である刈田狼藉の検断権を与えたほか、幕府の裁決を荘園・公領に伝えて強制執行する使節遵行の権利を与える**ことで秩序の回復を図りました。

動乱の長期化により国人による荘園・公領侵略が進むと、**幕府は本所**［➡ p.142］**に対して荘園・公領からの収入を一部保障する代わりに年貢や土地の一部を奪う**ことで利害の調整を図りました。1352 年には**観応の半済令**が出され、**近江**・**美濃**・**尾張**の本所年貢の半分を兵粮料所として 1 年に限って軍勢に預け置くことが守護に命じられました。半済令は初め 1 年に限り 3 ヵ国で実施されましたが、以後多くの国で繰り返し実施され、最終的には 1368 年の**応安の半済令**により荘園・公領の土地を守護に対して半永久的に分割することが認められました。

守護の力が強力になり、国衙の機能を吸収していった。

守護の力が強まるにつれ、本所は荘園からの年貢徴収を守護に請け負わせて経営に介入しなくなる**守護請**が広まっていきました。一方、朝廷が国衙を通じて国内の荘園・公領に対して一律に課した**一国平均役**も守護の助力なしに徴収できなくなり、やがて守護自身が賦課するようになりました。**守護は**田地の広さに応じて**段銭**、家屋の棟数に応じて**棟別銭**と呼ばれる臨時税を課すなどして**国衙機能を吸収していきました。**

守護は国内の武士（国人*）の多くを家臣団にくり入れようとしましたが、一部の武士は**国人一揆**を結んで独立を目指す場合がありました。したがって、南北朝以降の守護は新たな権限が与えられたとはいえ、国内をすべて支配するには至らなかったといえます。後に、領国支配が安定すると、守護は守護大名と呼ばれるようになりました。

Q 10 世紀以降、負名に対して官物と臨時雑役が課されましたが［➡ p.110］、この臨時雑役と一国平均役とは異なるものですか？

用語　＊国人…地縁的なつながりをもとにした国内の武士のこと。

A 11世紀半ば以降、荘園公領制へ移行すると、臨時雑役は国役と呼ばれるようになり、荘園・公領に一律に賦課されるようになりました。こうして一国平均役と呼ばれるようになりました。

テーマ④ まとめ 守護の成長と国内支配

① 軍事・警察・司法権
大犯三カ条に加え、**刈田狼藉**の検断、**使節遵行**

② **半済令**
観応（1352）：**近江**・**美濃**・**尾張**、1年限定
　荘園・公領の年貢半分を兵粮米として徴収する
応安（1368）：全国的、永続化
　荘園・公領の土地を分割する（天皇領・殿下渡領を除く）

③ 徴税権など
守護請：荘園領主が守護に年貢徴収を請け負わせる
段銭・**棟別銭**の賦課権などを得る（国衙機能の吸収）

史料を読んでみよう！

A　観応の半済令

一　寺社本所領の事　観応三(注1)・七・廿四御沙汰

……次に近江・美濃・尾張(注2)三ヶ国の本所領半分(注3)の事、兵粮料所(注4)として、当年一作(注5)、軍勢に預け置くべきの由、守護人等に相触れ訖んぬ。半分に於いては、宜しく本所に分かち渡すべし。若し預人(注6)事を左右に寄せ(注7)、去渡さざれば、一円(注8)に本所に返付すべし。……

（『建武以来追加』）

（注1）1352年。　（注2）この3ヵ国は東国と西国との接点である。　（注3）荘園の半分。　（注4）兵粮米を徴収する所領。　（注5）今年1年に限り。　（注6）荘園の半分の支配をまかされた武士。（注7）あれこれ口実をもうけ。　（注8）すべて。

B　応安の半済令

一　寺社本所領の事　応安元(注1)・六・十七

禁裏仙洞の御料所(注2)、寺社一円の仏神領(注3)、殿下渡領(注4)等、他に異なるの間、かつて半済の儀あるべからず、固く武士の妨を停止すべし。その外の諸国本所領(注5)は、暫く半分を相分けて下地を雑掌に沙汰し付け(注6)、向後の知行を全うせしむべし。……

（『建武以来追加』）

（注1）1368年。　（注2）皇室の荘園。　（注3）寺社が地頭を置かずに支配している荘園。　（注4）藤原氏の氏長者（多くは摂関家）が世襲する荘園。　（注5）一般の荘園。　（注6）荘園の半分を荘園領主側の代官に返させる。

南北朝の動乱のなか、国人による荘園・公領侵略が進みました。一国の軍事指揮官である守護は国人を統制するために兵粮米を必要とし、貴族や寺社の所領を不法に占拠することもありました。1352年、幕府は**観応の半済令**を出して、**近江**・**美濃**・**尾張**の3ヵ国に対して守護が国内の荘園・公領を**兵粮料所**として1年に限り年貢の半分を徴収することを認めました。すなわち、この法令は守護が貴族や寺社の所領から兵粮米を根こそぎ持っていってしまうことに対して歯止めをかけようとしたものだと考えられます。

動乱が長期化するなか、半済は全国化・恒常化していきました。1368年には**応安の半済令**が出され、皇室の荘園、寺社が地頭を置かずに支配している荘園、摂関家の荘園を除いて半済の恒常化が追認されました。さらに、応安の半済令では、下地（荘園の現地）の支配権を荘園領主と守護で折半することも規定されました。

確認問題

1 年代配列問題にチャレンジ

(1) 次の文Ⅰ～Ⅲについて、古いものから年代順に正しく配列したものを、後の①～⑥のうちから一つ選んで記号で答えなさい。

Ⅰ 内管領長崎高資の権勢に対する不満が高まった。
Ⅱ 所領関係の事柄を管轄するため、雑訴決断所が置かれた。
Ⅲ 北条時行による中先代の乱を足利尊氏が鎮圧した。

① Ⅰ－Ⅱ－Ⅲ　② Ⅰ－Ⅲ－Ⅱ　③ Ⅱ－Ⅰ－Ⅲ
④ Ⅱ－Ⅲ－Ⅰ　⑤ Ⅲ－Ⅰ－Ⅱ　⑥ Ⅲ－Ⅱ－Ⅰ

(2) 次の文Ⅰ～Ⅲについて、古いものから年代順に正しく配列したものを、後の①～⑥のうちから一つ選んで記号で答えなさい。

Ⅰ 後醍醐天皇は綸旨によって所領の安堵を行った。
Ⅱ 荘園領主に年貢の半額を保証する一方、残り半分を兵粮とする権利が守護に認められた。
Ⅲ 幕府再興の方針を明らかにするため、建武式目が出された。

① Ⅰ－Ⅱ－Ⅲ　② Ⅰ－Ⅲ－Ⅱ　③ Ⅱ－Ⅰ－Ⅲ
④ Ⅱ－Ⅲ－Ⅰ　⑤ Ⅲ－Ⅰ－Ⅱ　⑥ Ⅲ－Ⅱ－Ⅰ

2 探究ポイントを確認

(1) 建武の新政が上手くいかなかった理由についていくつか述べよ。

(2) 観応の擾乱を契機に北朝は分裂した。その後、南北朝の動乱が長期化した原因について述べよ。

解答

1 (1) ①　(2) ②

2 (1) 綸旨による所領安堵は一貫性を欠いており、武士の不満につながった。また、公武を合わせた政治機構は政務の停滞を生んだ。(57字)
(2) 武家社会において嫡子単独相続が一般化して家督争いが激化すると、一族内でも南朝・北朝側に分かれて戦ったため。(53字)

第16講 室町幕府の確立と国際関係

前講では鎌倉幕府の滅亡と南北朝の動乱について学習しました。この講では、**南北朝の合体を実現させた足利義満の時代**を中心に、**室町幕府の支配機構や公武統一政権の形成**についてみていきます。**モンゴル襲来後の東アジアの変化**や、**中世の琉球王国・蝦夷地**についても説明します。

時代の**メタマッピング**と**メタ視点**

政治 ➡トピック①

室町幕府の支配機構

室町幕府の支配機構は南北朝を合体させた**3代将軍足利義満の頃に整った。**

外交 ➡テーマ②③

モンゴル襲来後の東アジア／日明貿易と日朝貿易

明が建国されたのは義満が将軍に就任した1368年、**朝鮮が建国**されたのは南北朝が合一した1392年。

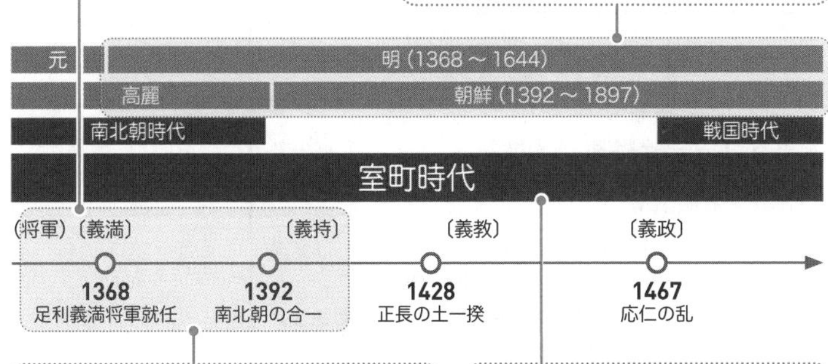

政治 ➡テーマ①

公武統一政権の形成

南北朝の合一後、足利義満は幕府に朝廷の権限を集中させた**公武統一政権**を樹立した。

外交 ➡テーマ④⑤

琉球王国の成立と貿易／蝦夷地とアイヌ

中世における**琉球と蝦夷地**の動向を確認する。

トピック① 【政治に注目】室町幕府の支配機構

室町幕府の支配機構は、３代将軍足利義満の時代に整います。
鎌倉幕府との違いや中央と地方の組織に注目しましょう。

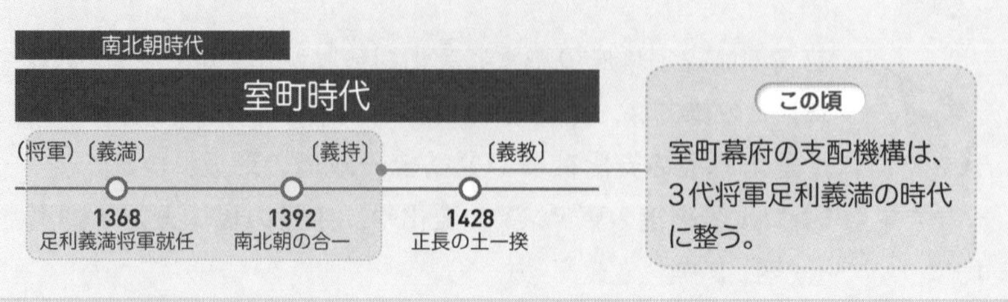

3代将軍足利義満の時代に、南北朝の合一が実現する

1368年、足利義満は幼少ながら幕府の３代将軍に就任しました。南北朝の動乱はなお続いており、九州では後醍醐天皇の皇子の一人である懐良親王が征西将軍（征西大将軍）として勢力を保持していました。義満を補佐する執事*の細川頼之らは今川了俊（貞世）を九州探題に任じることにより九州地方の平定を図りました。1378年、京都室町に将軍邸である室町殿（花の御所）がつくられ、幕府はその所在地から室町幕府と呼ばれます。**1392年、義満が南朝側と交渉して後亀山天皇が後小松天皇に譲位したため、ここに南北朝の合一が実現しました。**

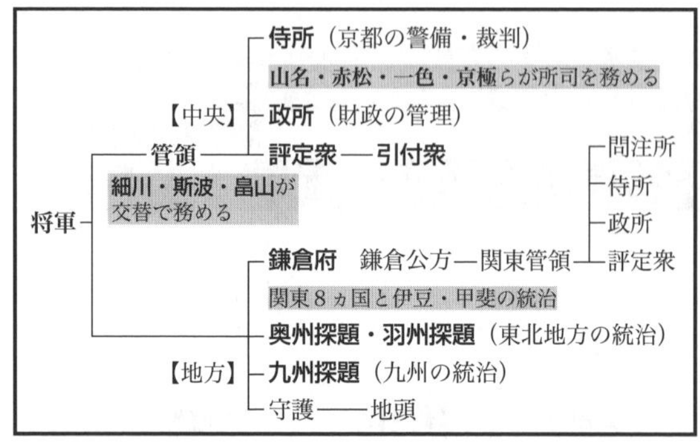

◀室町幕府の仕組み

室町幕府の政治組織は、鎌倉幕府の政治組織との違いに注目しながら、中央と地方に分けて整理しましょう。

室町幕府の政治組織は、中央は三管領と四職に、地方は鎌倉府に注目する

中央において将軍を補佐するのは執権ではなく管領です。管領には足利一門の細

【用語】＊執事…ここでは将軍を補佐する職。後の管領。

川・斯波・畠山氏の三管領が交替でつきました。鎌倉幕府と同様に侍所や政所、問注所、評定衆や引付衆などが置かれましたが、侍所は御家人を統轄したほか京都の警備・裁判を担当し、長官である所司には**赤松・一色・山名・京極氏**の四職が任命されました。政所は幕府の財政を管理しました。管領や侍所所司は有力な守護でもありました。守護は原則として在京して幕府の職務を担う必要があったため、領国には**守護代**を置いて統治させました。

地方には、関東8ヵ国*と伊豆・甲斐の2ヵ国を統轄する**鎌倉府**や、九州を統轄する**九州探題**、東北地方には**奥州探題**と**羽州探題**が置かれ、国ごとに**守護**が任じられました。鎌倉府の長は**鎌倉公方**と呼ばれ、その初代には足利尊氏の子である**足利基氏**が任命され、その子孫が世襲しました。**鎌倉府は、侍所・政所・評定衆など、室町幕府と同様の政治機構を持ちました。**鎌倉公方を補佐する**関東管領**が政務を統轄し、代々**上杉氏**が務めました。

▼守護（守護大名）の領国（ほぼ15世紀初頭中心）

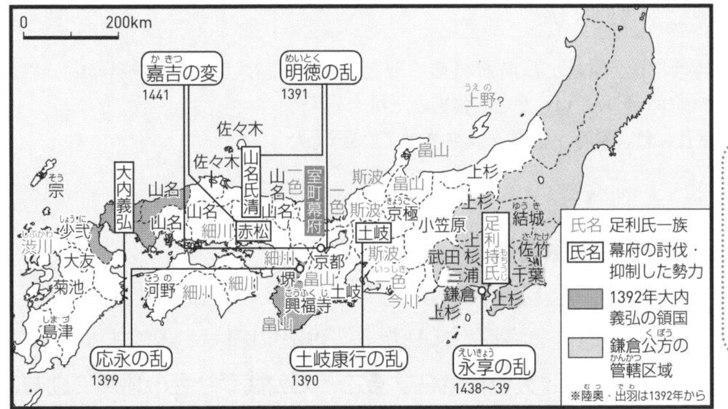

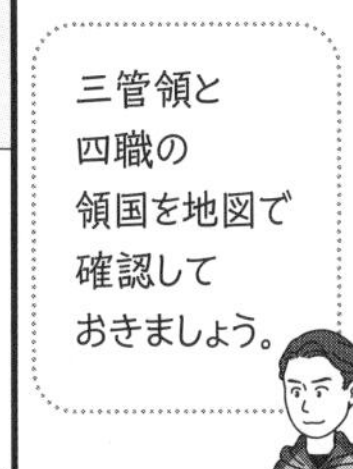

つづいて、室町幕府の財政について、経済基盤と税目をまとめましょう。

室町幕府の財源は、様々な税の収入によって成り立っていた

まず、幕府は全国各地に点在する**御料所**（直轄地）から年貢収入を確保しました。この御料所の管理は将軍の直轄軍でもある**奉公衆**に任せました。ただし、**御料所は少なく財源が不足したため、他にも様々な税が課されました。**京都の金融業者である**酒屋・土倉**の活動を保護する代わりに、営業税として**酒屋役**や**土倉役**を課しました。一方、幕府は必要に応じて守護を介して**段銭・棟別銭**といった臨時税を課したほか、交通の要衝に関所を設けて**関銭**を、港を利用する船からその利用料として**津料**を徴収し、日明貿易に従事した商人にも営業税として**抽分銭**の納入を命じました。

旧石器 縄文 弥生 古墳 飛鳥 奈良 平安 鎌倉 **室町** 安土・桃山 江戸 明治 大正 昭和 平成 令和

用語 ＊関東8ヵ国…武蔵、相模、上野、下野、上総、下総、安房、常陸。

Q 段銭と棟別銭とはどう違うのですか?

A 段銭は、田畑の面積に応じて、棟別銭は家屋の棟数に応じてそれぞれ賦課*されました。幕府が守護を介して賦課する以外にも、守護が独自に賦課する場合もありました。

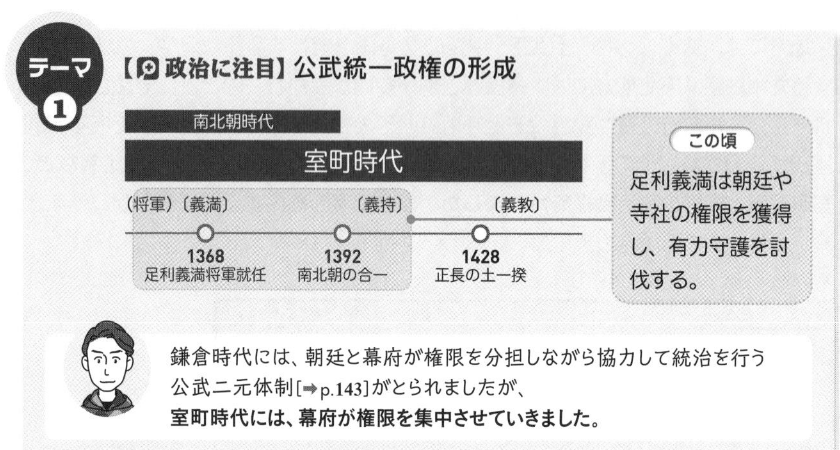

足利義満は朝廷や寺社の権限を獲得した

南北朝の合一後、足利義満は朝廷の高い官位を得ることにより武家社会のみならず公家社会の支配者としての地位を獲得しました。1394年には征夷大将軍の地位を子の**足利義持**に譲り、**自身は太政大臣に就任することで公武両社会の頂点に立ち、絶対的な権力を握りました。**

足利義満のもとで、京都の市政が再編されました。例えば京都市中の警察権について、平安時代には**検非違使**〔➡p.92〕が担当し、承久の乱後には**六波羅探題**の指揮下に置かれた検非違使が引き続き担いました。ところが、室町時代には、この権限が京都の治安維持を担う幕府の**侍所**へと一本化されました。民事裁判権も朝廷から獲得しました。一方、京都における**土倉**・**酒屋**〔➡p.203〕などの金融業者を保護する役割についても、これまで土倉・酒屋の多くは延暦寺の支配下にありましたが、幕府がこれらの金融業者に保護を与える代わりに**土倉役**・**酒屋役**を徴収しました。このように幕府は朝廷や寺社の権限を獲得していったのです。

各国においては、平安時代末以来、内裏造営などに際して朝廷が国衙を通じて国内の荘園・公領に対して一律に**一国平均役**と呼ばれる臨時税を課していました。ところが、この朝廷の権限も幕府によって吸収され、幕府が守護を通じて**段銭**・**棟別銭**という臨時税を賦課するようになりました。

 【用語】 *賦課…税金や労働を負担させること。

先ほど幕府が課した税目のところで確認した段銭や棟別銭が、一国平均役と総称されます。

Q 室町時代には、朝廷の権威は低下したのですか？

A 国政を運営する機能（=権力）は失われましたが、権威が低下したわけではありません。だから武家政権は天皇家を廃絶しなかったのです。

足利義満は有力守護を弱体化させて幕府の権威を高めた

室町幕府は原則として守護の多くを京都に集住させせましたが、守護の領国支配には積極的に関与しようとはしませんでした。一方で、**強大化した有力守護の勢力を弱めることで権力の集中を図ることがありました**。足利氏に従うことで美濃・尾張・伊勢3国の守護を兼任した**土岐康行**は、1390年、将軍権力の強化を目指す足利義満によって内紛をきっかけに討伐され、美濃一国に押し込められてしまいました。翌1391年には一族で中国・近畿地方に11ヵ国の守護職を兼任し、「**六分一殿**」と称された**山名氏清**も内紛を利用することで討伐され、山名氏は3ヵ国の守護へと勢力を削減されました（**明徳の乱**）。1399年には、周防を中心に6ヵ国の守護職を兼任していた**大内義弘**が義満の挑発を受けることにより堺で挙兵しましたが、あえなく敗れてしまいました（**応永の乱**）。

公武統一政権の形成

① 朝廷の権限吸収
京都の市政権の獲得
　警察権など（検非違使庁から侍所に移る）
　土倉役・**酒屋役**の賦課権（延暦寺から幕府に移る）

② **一国平均役**（臨時税）の賦課権の獲得
段銭・**棟別銭**の徴収（国衙から守護に移る）

③ 守護の勢力削減
土岐康行の乱（1390）：内紛を利用して討伐する
明徳の乱（1391）：内紛を利用して**山名氏清**を討伐する
応永の乱（1399）：堺で挙兵した**大内義弘**を討伐する

テーマ2 【外交に注目】モンゴル襲来後の東アジア

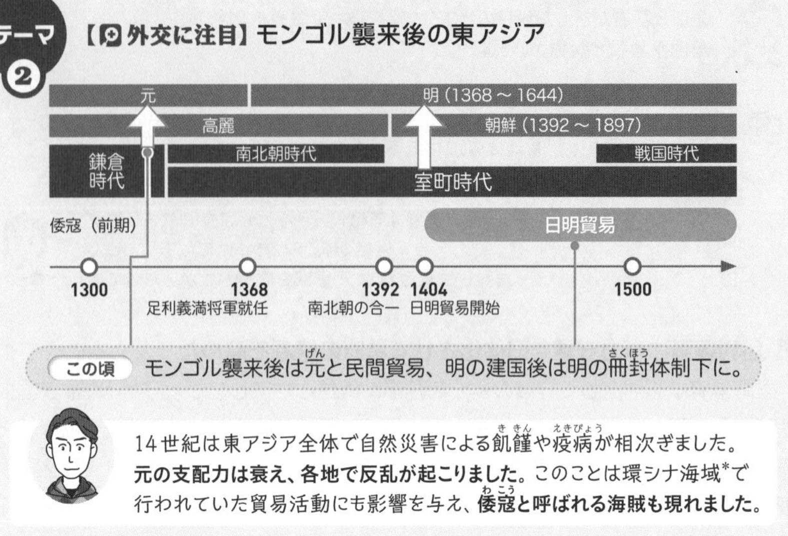

14世紀は東アジア全体で自然災害による飢饉や疫病が相次ぎました。**元の支配力は衰え、各地で反乱が起こりました。**このことは環シナ海域*で行われていた貿易活動にも影響を与え、**倭寇と呼ばれる海賊も現れました。**

モンゴル襲来後も、環シナ海域では民間商人による活発な貿易が行われていた

モンゴル襲来後、日元間において軍事的緊張が続いていましたが、民間商人や僧侶などは活発に日本と大陸とを往来しました。14世紀に入り、元の支配が衰えると、対馬・壱岐・松浦地方を中心に環シナ海で貿易活動に従事した商人のなかには海賊行為に及ぶ者が現れ、**倭寇**と称されました。

Q 倭寇とは、日本人の海賊なのでしょうか？

A 14世紀に登場する倭寇には、日本人以外にも高麗人や中国人などが含まれます。環シナ海域において国家の枠組みを超えて活動した商人の一部が倭寇と呼ばれるようになったのです。

このようななか、**武家政権は九州の有力商人のネットワークを利用して寺社を再建・造営するために必要な資金を調達しようとしました。**1325年、鎌倉幕府は地震や火災のため建物の大部分を失った**建長寺**〔➡ p.165〕を再建しようとして、その資金を調達するための**建長寺船**を派遣しました。これと同様に、1342年には足利尊氏・直義兄弟は**夢窓疎石**の勧めで後醍醐天皇の冥福を祈るため**天龍寺**を創建しようとして、その資金を調達するための**天龍寺船**を派遣しました。他にも東福寺再建のために元へ派遣されたとみられる沈没船が1976年に韓国の新安沖で発見されました（新安沈船）。沈没船の調査の結果、乗組員は日本人以外にも高麗人や中国人が含まれており、環シナ海域を往来する商人は国家の枠にとらわれない交易活動を

用語 *環シナ海域…中国大陸と九州・南西諸島に囲まれた海域。

活発に行っていたことがわかりました。

明は環シナ海域を統制しようとした

1368年、中国では朱元璋（洪武帝）が元の支配を排して明を建国しました。**明は漢民族の王朝で、中国を中心とする環シナ海域の国際秩序を回復することを目指しました。**そこで、周辺諸国に朝貢を要求するとともに、一般中国人の海外渡航や海上貿易を統制する海禁政策をとりました。商人たちによる私的な貿易活動を統制することによって倭寇の活動を抑制しようとしたのです。したがって、日明貿易を行うためには明の要求に応える形で朝貢し、冊封を受けることが前提でした。

足利義満は貿易の利益に注目して明との国交樹立を図りました。はじめ、義満は征夷大将軍の名義で明と交渉しましたが、征夷大将軍は天皇の家臣であったため冊封を受けることはできませんでした。そこで、義満は出家して法皇と称することで身分を超越し、1401年に僧侶の祖阿と博多商人の肥富を使者として国書を送ると、**明は義満を「日本国王」に冊封して明皇帝の臣下として位置づけることで日明貿易を許可しました。**

Q 朝貢と冊封は、古代で学習したもの [➡p.23, 28] と同じですか？

A はい。倭の五王の時代に学習したことを思い出して下さい。

モンゴル襲来後の東アジア

① 日元貿易（国交なし）
民間商人が東シナ海で自由貿易に従事していた
貿易活動の不調➡**倭寇**の海賊行為が行われる

② 寺社造営費の調達（武家政権が有力商人に委託して派遣）
建長寺船（1325）：鎌倉幕府／再建費用を調達
天龍寺船（1342）：足利政権／創建費用を調達
新安沈船：韓国沖で発見された沈没船

③ **明**の建国（1368）：**朱元璋**による
海禁政策：一般中国人の海上渡航や貿易を禁止
冊封体制の回復➡周辺諸国に朝貢・倭寇禁圧を要求

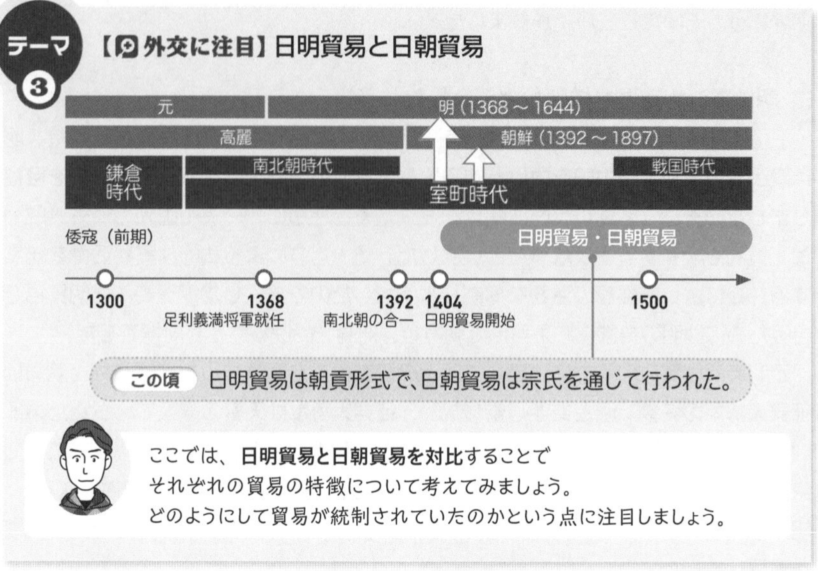

日明貿易の特徴とは、朝貢形式をとり貿易が統制されていたこと

日明貿易は1404年から行われました。**中国皇帝から冊封を受けた「日本国王」が朝貢し、その返礼として品物を受け取るという朝貢形式がとられました。**遣明船は自由に渡航できるわけではなく、明皇帝が代替わりごとに周辺諸国の国王に対して交付する**勘合**と呼ばれる証票[*1]を持参する必要がありました。さらに入港地は**寧波**に限定され、ここで勘合が査証[*2]された後、交易は北京で行われました。このように貿易を統制することで倭寇の活動を抑制しようというねらいがあったのです。このようにして統制された貿易は勘合貿易とも呼ばれます。日本からは**銅**や**硫黄**が貢納物[*3]として輸出される一方、明からは**銅銭**や**生糸**などが回賜品[*4]として輸入されました。大量に輸入された銅銭は日本の貨幣流通に大きな影響を与えました。

▼日明貿易・日朝貿易

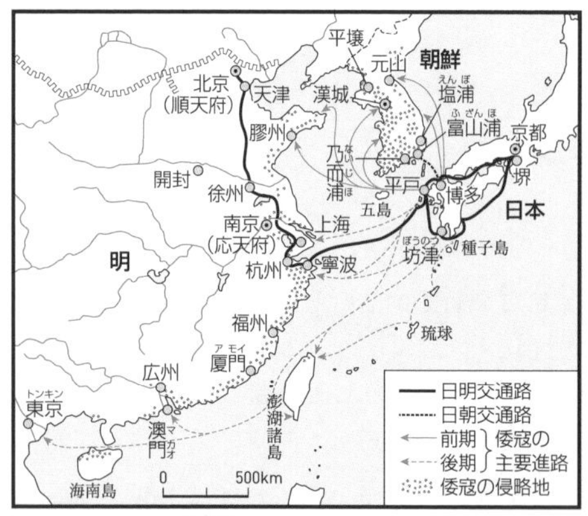

用語 ＊1 証票…証明するための札。＊2 査証…証明すること。＊3 貢納物…貢ぎ物のこと。

日明貿易の経過について

こうした朝貢形式の貿易は、滞在費・運搬費などを明側がすべて負担したため、日本側の利益は莫大なものでした。ところが、義満の死後、4代将軍の**足利義持**(よしもち)は朝貢形式が屈辱的だとして貿易を一時中断しました。その後、6代将軍の**足利義教**(よしのり)は貿易の利益に注目して貿易を再開させました。

15世紀後半に室町幕府の勢力が衰退するとともに貿易の実権は次第に有力守護へと移っていきました。近畿や四国に勢力を持つ**細川氏**は**堺の商人**と結ぶ一方、周防に勢力を持つ**大内氏**は**博多の商人**と結び、両者は貿易の実権をめぐって争いました。1523年には**寧波の乱**が起こり、大内氏と細川氏が衝突しました。その後、大内氏は16世紀半ばに滅亡するまで貿易を独占しました。

Q 明との貿易は統制されていて、特定の国だけと行われたのですか？

A はい、これを海禁といいます。
では、日明貿易に対して、日朝貿易はどのような特徴があったのでしょうか。
次はこの点をみていきます。

日朝貿易には様々な立場の者が参加した

1392年、高麗の武将であった**李成桂**(りせいけい)が朝鮮を建国すると、朝鮮も通交と倭寇の禁圧を日本に求め、足利義満がこれに応じることで国交が樹立しました。**日朝貿易は朝貢形式をとらず、西国の守護・国人(こくじん)・寺社・商人など様々な立場の者が参加しました**。ただし、朝鮮は対馬の**宗氏**(そうし)を通じて貿易を統制したうえで、入港地を富山浦(ふざんぽ)（釜山(ふざん)）・乃而浦(ないじほ)（薺浦(せいほ)）・塩浦(えんぽ)（蔚山(うるさん)）の**三浦**(さんぽ)に限定し、ここに**倭館**(わかん)を置いて日本人を居住させました。日本からは銅・硫黄に加えて琉球との交易によってもたらされた南方産の香木(こうぼく)（香料(こうりょう)）などが輸出される一方、朝鮮からは**綿布**のほか仏教経典の**大蔵経**(だいぞうきょう)（一切経(いっさいきょう)）などが輸入されました。特に大量に輸入された綿布は人々の衣類に大きな影響を与えました。

日朝貿易の経過について

1418年、日朝貿易の統制に大きな影響力を持っていた宗貞茂(さだしげ)が死去し、倭寇の活動が活発になると、翌1419年には朝鮮軍が倭寇の本拠地とみなして対馬を襲撃する**応永の外寇**(おうえいのがいこう)が起こり貿易は一時中断しました。ところが、新しく対馬島主となった宗貞盛(さだもり)のもとで貿易統制のための制度が整備されると、日朝貿易は再び活発に行われました。1510年、三浦の日本人居留民が与えられていた特権を奪われたことに対して**三浦の乱**を起こすと、日朝貿易は衰退へと向かっていきました。

旧石器 / 縄文 / 弥生 / 古墳 / 飛鳥 / 奈良 / 平安 / 鎌倉 / 室町 / 安土・桃山 / 江戸 / 明治 / 大正 / 昭和 / 平成 / 令和

用語 ＊4 回賜品…明の皇帝からの返礼の品。

日明貿易と日朝貿易

① 日明貿易（「日本国王」として冊封されることが前提）
形式：朝貢（貢納物⇔回賜品）
統制：**勘合**（明皇帝が代替わりに交付）
入港：**寧波**（勘合の査証／滞在費・運搬費は明側の負担）
主要貿易品：輸入－**銅銭**・**生糸**　輸出－**銅**・**硫黄**

② 日朝貿易
形式：正式な国交➡守護・国人・寺社・商人などが参加
統制：対馬の**宗氏**による
入港：**三浦**（三浦にあった倭館に滞在して交易）
主要貿易品：輸入－**綿布**・大蔵経　輸出－銅・硫黄・南海産物

テーマ4 【外交に注目】琉球王国の成立と貿易

鎌倉時代	室町時代
グスク時代／三山の抗争	琉球（1429～1879）

1200　1300　1429 琉球王国建国

この頃 15世紀に琉球王国が建国され、中継（ちゅうけい）貿易で繁栄した。

大学入試では**沖縄や北海道などの地域史の出題率が高く、**
日本史探究でも地域史がさらに注目されています。
ここでは、**中世における琉球王国の動向**をまとめてみましょう。

琉球王国は環シナ海域の中継貿易により繁栄した

12世紀頃になると琉球では農耕が本格化し、各地でグスク（城）を拠点とする按司（あじ）と呼ばれる有力者が勢力を拡大しました。抗争が続くなかで按司は淘汰（とうた）されていき、14世紀後半には山北（さんほく）（北山（ほくざん））・中山（ちゅうざん）・山南（さんなん）（南山（なんざん））の三山（さんざん）が勢力を持ち、それぞれが明に朝貢して貿易を始めました。**1429年には中山王の尚巴志（しょうはし）が山北・山南を滅ぼして沖縄島を統一し、首里（しゅり）を都とする琉球王国を建国しました。**

明の海禁政策によって中国人の海上進出が制限されるなか、琉球王国は首里城の外港である**那覇**(なは)を拠点として**中継貿易**を行いました。中継貿易とは環シナ海域において他国で手に入れた商品を別の国で売ることで利益を得るという形態をとった貿易のことで、琉球王国の貿易船は明・日本・東南アジアなどを行き来しました。そのため、明や日本は琉球を介して南方の産物(香木など)を手に入れることができました。首里城の正殿(せいでん)にかけられた「万国津梁之鐘(ばんこくしんりょうのかね)」は琉球王国が中継貿易で繁栄したことを伝える遺物です。16世紀に入り、明の弱体化が進み、倭寇やポルトガル商人による民間貿易が活発になると、琉球の中継貿易は衰退しました。

▼琉球の三山分立

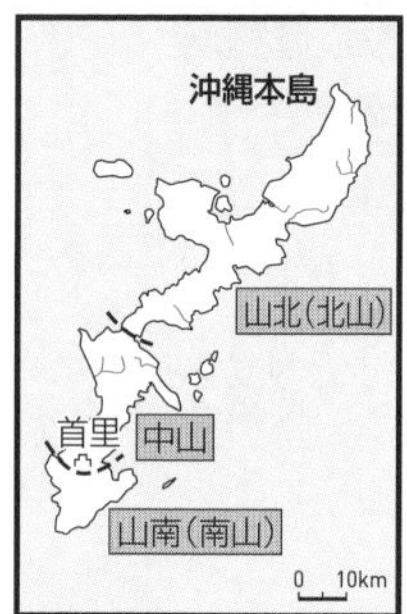

Q 倭寇の活動は再び活発化するのですか？

A はい。14世紀に活動した倭寇は前期倭寇、16世紀に活動した倭寇は後期倭寇と呼ばれて区別されます。後期倭寇やポルトガル商人の活動については後の講で説明します[➡p.235]。

琉球王国の成立と貿易

① 琉球統一までの過程

12世紀頃〜：**按司**（領主）が各地にグスク（城）を造営する

14世紀後半：三山（北山・中山・南山）の抗争が起こる

1429：中山王・**尚巴志**が三山を統一➡琉球王国の建国

② 琉球王国の全盛

都を**首里**に置く

「万国津梁之鐘」が鋳造される（1458）

琉球貿易（**那覇**を拠点とする）

中継貿易：南方の産物を明・日本へもたらす

明の海禁政策を背景とする

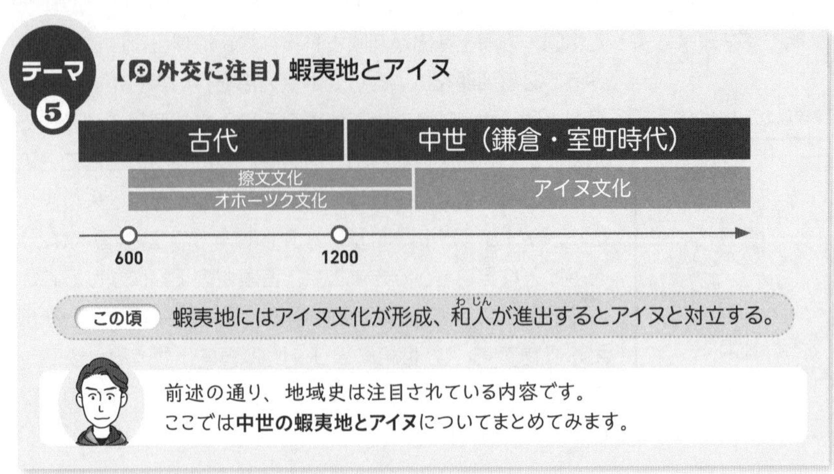

蝦夷地では擦文文化・オホーツク文化を受け継ぎ、アイヌ文化が形成された

古代以来、現在の北海道は蝦夷ヶ島や蝦夷地と呼ばれ、独特の文様の土器を用いた**擦文文化**やオホーツク文化が広がっていました。こうした文化を受け継ぎ、アイヌ民族の文化が形成されました。**アイヌ**は大首長・首長に率いられた社会を形成し、コタンと呼ばれる共同体を中心に狩猟・漁労生活を営んでいました。13 世紀には樺太や千島に進出し、モンゴル帝国の勢力とも戦いました。

蝦夷地に進出した和人はアイヌと対立した

14 世紀頃、鎌倉幕府のもとで北方の管理を任された安藤（安東）氏は津軽の**十三湊**を拠点としてアイヌと交易を行い、サケ・昆布・毛皮などの蝦夷地の産物を手に入れました。安藤氏は日本海を経由してこれらの産物を京都方面に送る一方、アイヌ社会には漆器や鉄製品などをもたらしました。しだいに本州の人々（和人、シャモ）は活動範囲を広げて北海道南部の渡島半島へ移り住み、彼らの居住地域は、和人地と呼ばれました。有力な和人は道南地方に**館**を築く**館主**へ成長しました。道南地方には和人の館が点在し、**道南十二館**と総称されます。その一つである志苔館からは大量の銅銭が入った越前焼や珠洲焼の大甕が発見され、日本海交易によって中国の銅銭や北陸産の焼物が北海道南部にもたらされていたことがわかります。

ところが、館主が交易の利益を独占しようとすると、アイヌと摩擦が生じました。1457 年、アイヌは大首長**コシャマイン**を中心として蜂起し、館を次々と攻め落としました。花沢館を守り抜いた**蠣崎氏**によってコシャマインの蜂起は鎮圧されました。

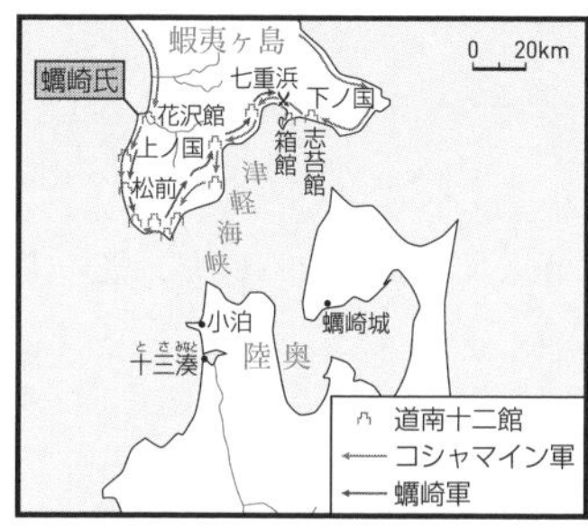

◀蝦夷地

この蠣崎氏は、近世になると松前氏(まつまえし)と名前を変えて、アイヌとの交易独占権を認められ、江戸(えど)幕府の外交窓口の一つとなります [➡p.268]。

テーマ⑤ まとめ 蝦夷地とアイヌ

① **アイヌ**（樺太・千島・蝦夷地に住む）
大首長・首長に率いられた社会を形成
共同体（コタン）を中心に食料採取生活を営む
日本海交易の発展（14 世紀～／**安藤（安東）氏**が中心）

② 畿内と十三湊〔津軽〕とを結ぶ廻船(かいせん)ルート
和人が渡島半島に進出➡**道南十二館**を築く
中国銭や北陸産の焼物が道南地方にもたらされる

③ **コシャマインの蜂起**（1457）
和人の進出に圧迫されたアイヌの抵抗➡大半の館が陥落する
蠣崎氏が鎮圧し、安藤氏に代わって勢力をふるう

確認問題

1 年代配列問題にチャレンジ

(1) 次の文Ⅰ～Ⅲについて、古いものから年代順に正しく配列したものを、後の①～⑥のうちから一つ選んで記号で答えなさい。

Ⅰ 天龍寺を創建する費用を調達するため、天龍寺船が派遣された。
Ⅱ 有力守護である山名氏清や大内義弘が討伐された。
Ⅲ 尚巴志が琉球王国を建国し、室町幕府と通交関係を結んだ。

① Ⅰ－Ⅱ－Ⅲ　② Ⅰ－Ⅲ－Ⅱ　③ Ⅱ－Ⅰ－Ⅲ
④ Ⅱ－Ⅲ－Ⅰ　⑤ Ⅲ－Ⅰ－Ⅱ　⑥ Ⅲ－Ⅱ－Ⅰ

(2) 次の文Ⅰ～Ⅲについて、古いものから年代順に正しく配列したものを、後の①～⑥のうちから一つ選んで記号で答えなさい。

Ⅰ 足利義持によって、明との貿易が一時中止された。
Ⅱ 征西将軍の懐良親王は、明の皇帝と外交関係を持った。
Ⅲ 大内氏の遣わした使節と細川氏の遣わした使節とが、中国の寧波で衝突した。

① Ⅰ－Ⅱ－Ⅲ　② Ⅰ－Ⅲ－Ⅱ　③ Ⅱ－Ⅰ－Ⅲ
④ Ⅱ－Ⅲ－Ⅰ　⑤ Ⅲ－Ⅰ－Ⅱ　⑥ Ⅲ－Ⅱ－Ⅰ

2 探究ポイントを確認

(1) 足利義満が朝廷から吸収した権限についていくつか挙げて説明せよ。

(2) 日明貿易の形式について、この貿易が勘合貿易と呼ばれる理由にふれながら述べよ。

解答

1 (1) ①　(2) ③

2 (1) 京都の警察権・民事裁判権や土倉・酒屋などに対する商業課税権、諸国に賦課する段銭・棟別銭の徴収権などを朝廷から吸収した。(59 字)
(2) 日明貿易は明から日本国王に任命された足利将軍により朝貢形式で行われ、明皇帝が交付した勘合を携帯することが義務づけられた。(60 字)

第17講 中世の社会経済と民衆の自立

この講では時代を少しさかのぼって、**鎌倉時代からの経済・流通の発達**について説明します。**中世は農業や商業などが発達し、新しい自治的な村である惣村や定期市が誕生**しました。惣村は年貢を減らすことなどを求めて実力行使を行い、このなかから、**民衆による一揆**も起こるようになりました。

時代の**メタマッピング**と**メタ視点**

社会・経済 ➡テーマ①

鎌倉時代における農業の発達

鎌倉時代、飢饉が連続するなか、**農業技術が発達し、鎌倉時代末期に惣村が形成**された。

社会・経済 ➡テーマ③

惣村の形成・発展

惣村では自治が進展し、領主に対して**実力行使を行う**こともあった。

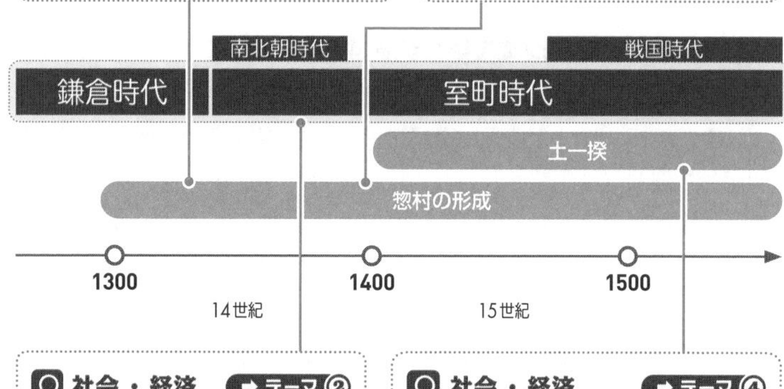

社会・経済 ➡テーマ②

中世における経済流通

中世産業の発達とともに、**経済流通も進展**していった。

社会・経済 ➡テーマ④

中世における様々な一揆の形態

室町時代には、**様々な立場の者が自立して一揆を起こした。**

【社会・経済に注目】鎌倉時代における農業の発達

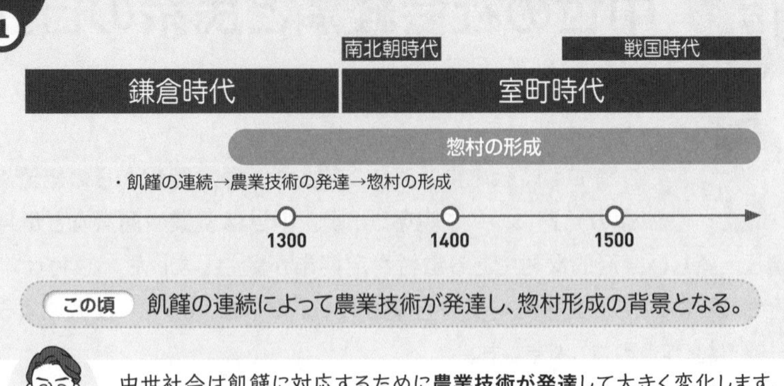

中世社会は飢饉に対応するために**農業技術が発達**して大きく変化します。
この切り口から中世社会の変化をとらえていきましょう!

飢饉を背景に、荘官・地頭により農業が奨励される

13 世紀前半、気候の寒冷化により農業生産力の低下が進み、飢饉が連続しました。例えば、1230 年代には**寛喜の飢饉**などが生じました。こうした飢饉を背景に荘官・地頭を中心として土地の生産性を高めるための様々な工夫が行われ、農民は農業技術を発達させていきました。

鎌倉時代後半に様々な農業技術が発達する

鎌倉時代後半、畿内や西日本の水田では、稲作が終わるとそのまま麦を作る**二毛作**が行われました。一方、「松崎天神縁起絵巻」には、鎌倉時代に鉄製農具が普及し、牛馬を利用した農耕(牛馬耕)が行われていた様子が描かれています。裏作*により痩せてしまった農地は肥料を用いることで生産力を高めました。肥料には、刈り取った草を発酵させて肥料とする**刈敷**や木を燃焼させた**草木灰**が用いられました。

一方、干魃時の水不足に耐性のある**大唐米**(占城稲)という新しい品種が中国から輸入され、西日本を中心に広がりました。さらに、農村では稲や麦などの穀物以外にも灯油の原料である**荏胡麻**や和紙の原料である**楮**など、手工業の原料となる作物が栽培されました。これらは農村において加工されることもあり、商品として流通しました。

Q 室町時代にはさらに農業技術が進歩したのですか?

A 室町時代には畿内において米・麦・そばを作る三毛作が行われたほか、都市周縁部の畑では人尿糞である下肥が使用されました。また、災害による危険性を分散させるために収穫時期をずらした早稲・中稲・晩稲が栽培されました。

用語 *裏作…同じ耕地で、作物を収穫してから次に作るまで、他の作物を作ること。

農民たちは自力で飢饉を克服していった

このような農業技術の進展にともない、用水路やため池による灌漑(かんがい)が広く行われて水路の確保も容易になりました。農民はまとまった空間で生活を営むことで絆を深めていきました。その結果、**荘官・地頭による指導をあまり必要としなくなり、荘園・公領の内部には自治的な惣村が形成されていきました**。さらに、一部の農村には貨幣が流通して豊かな農民は商品を買い求めたため、農村にも商品経済が浸透していきました。

テーマ① まとめ　鎌倉時代における農業の発達

① 背景（13 世紀）
飢饉が連続して起こる➡荘官・地頭による農業の奨励が行われる

⬇

② 農業技術の発達
二毛作（米・麦）が普及する〔畿内・西日本〕
鉄製農具・自給肥料（**刈敷**・**草木灰**）の使用、牛馬耕
大唐米（占城稲）の輸入
原料作物の栽培・加工（**荏胡麻**から灯油の製造など）

⬇

③ 自力で飢饉を克服➡自治的な**惣村**が形成される
一部の農村に貨幣経済が浸透する

テーマ② 【社会・経済に注目】中世における経済流通

鎌倉時代	室町時代
・定期市（三斎市） ・貨幣の流通（宋銭）	・運送業者の発達：馬借・車借、問丸・問屋 ・定期市（六斎市） ・貨幣の流通（明銭）

この内容　運送業者の発達、定期市(ていきいち)の開催、座(ざ)の結成、貨幣の流通に注目。

中世の荘園公領制については第11講で学習しましたね［➡p.133］。荘園制の枠組みを利用して、**年貢が荘園領主に運ばれるルートと定期市で商品が販売されるルート**を確認します。

荘園・産業の発達により運送業者が出現した

荘園の発達とともに全国の荘園から京都や鎌倉などにいる荘園領主のもとに年貢の運搬が行われ、交通の要衝である宿*1や湊*2では運送業者が活動しました。陸上では、日本海や瀬戸内海から水揚げされた物資を京都に運ぶための**馬借**や**車借**が出現する一方、港湾・都市では年貢や商品の保管・輸送を行う**問丸**や港を廻って商品輸送や行商を行う**廻船**が現れました。地方の産業がさかんになり特産品が生産されると、問丸は様々な特産品の卸売りを営む**問屋**へと発展していきました。

▼中世の年貢ルートと商品ルート

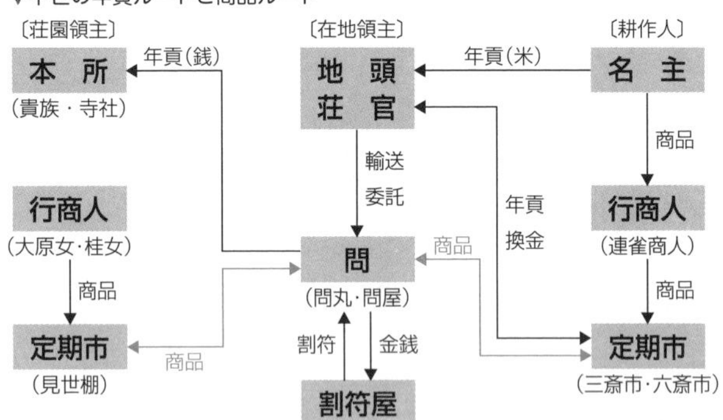

定期市・座が発達した

中世においては京都・鎌倉・奈良などの都市が経済の中心となり、公家・武士・僧侶の需要に応えるために商工業者も集住しました。地方では、荘園・公領の中心地や寺社の門前などに**定期市**が開かれ、米や日用品のほか、地域の特産物などが売買されました。そこで荘官・地頭などは年貢の一部を売買して貨幣を入手することができました。鎌倉時代は月に3度開かれる**三斎市**が中心でしたが、応仁の乱後には月に6回開かれる**六斎市**が一般化しました。「一遍上人絵伝」［➡p.168］には、備前国**福岡市**のにぎわう様子が描かれています。定期市では行商人も活動しており、道具を背負った**連雀商人**や京都で活動した女性商人では**大原女**・**桂女**が商品を運び込みました。一方、京都・奈良などの都市には常設の小売店である**見世棚**がみられました。

平安時代の終わり頃から、京都・奈良の商工業者は大寺社に所属する**神人**や朝廷に所属する**供御人**となって保護を受けました。なかには、同業者組合である**座**を結

用語　*1 宿…陸上交通の拠点。宿駅とも。*2 湊…港と同じ。

成して座役を納めることで、大寺社や朝廷から独占的な製造・販売権を得る者もいました。

▼連雀商人

▼大原女…炭や薪を売る

▼桂女…鮎や飴を売る

例えば、山城国を中心に活動した**大山崎の油神人**が、本所である**石清水八幡宮**の保護を受けて荏胡麻の仕入れや油の販売、関銭免除などの特権を得ていた事例や、蔵人所を本所とした灯炉供御人(鋳物師[*1])が関銭免除の特権を得て全国的な商売を展開していた事例をおさえておきましょう。

こうした経済活動は貨幣の流通を前提としていますが、その貨幣は中国からの輸入銭が使用されました。

中世においては中国からの輸入銭が流通した

平安時代末期にはすでに日宋貿易〔➡p.100〕によって南宋から**宋銭**が輸入されており、鎌倉時代には各地で使用されました。足利義満により日明貿易が開始されると、従来の宋銭以外に洪武通宝や**永楽通宝**などの**明銭**も輸入されました。貨幣の需要に対して宋銭・明銭が不足すると、粗悪な**私鋳銭**[*2]も流通するようになりました。悪銭の程度により銭の価値が変わると、悪銭の受け取りを拒否する撰銭が各地で行われたため、**幕府や戦国大名はしばしば撰銭令を出して地域における撰銭の制限を図りました**。

一方、銅銭は重量があったため持ち運びが不便で盗難の危険性が高いという問題がありました。そこで遠隔地間の送金・送米を問屋が発行した割符（手形[*3]）で代用する**為替**という信用制度が行われるようになりました。こうした貨幣制度の発達は金融業者の活動を促しました。すでに鎌倉時代には高利貸の**借上**がみられ、富を集める有徳人へと成長しました。室町時代には**酒屋**などの富裕な商工業者の一部が**土倉**と呼ばれる高利貸業を兼ねていました。

Q 撰銭令は撰銭をするなという法令なのですか？

A はい。撰銭令は幕府や戦国大名によって領内に通用する貨幣の基準を決めるために出されました。したがって、勝手な撰銭行為は制限されました。地域によって基準が異なるので注意する必要があります。

用語 ＊1 鋳物師…金属を加工する技術者。＊2 私鋳銭…中国や日本において、民間で鋳造された銭貨。
＊3 手形…定まった金額を一定の日時に支払うことを約束したもの。

中世における経済流通

① 運送業者（年貢・商品の輸送を行う）
港湾・都市：**問丸（問屋）**・**廻船**（かいせん）　京都近郊：**馬借**・**車借**

② 定期市（都市・農村）
（鎌倉）**三斎市**　（室町後期）**六斎市**、**見世棚**（都市）
行商人：**連雀商人**、**大原女**・**桂女**（京都）

③ **座**の結成（独占的な製造・販売権を持つ）
神人（大寺社に所属）・**供御人**（朝廷に所属）

④ 貨幣の流通（宋銭・明銭・私鋳銭など）
撰銭令（撰銭の制限）、**為替**（割符で決済）
高利貸：（鎌倉）**借上**　（室町）**土倉**・**酒屋**など

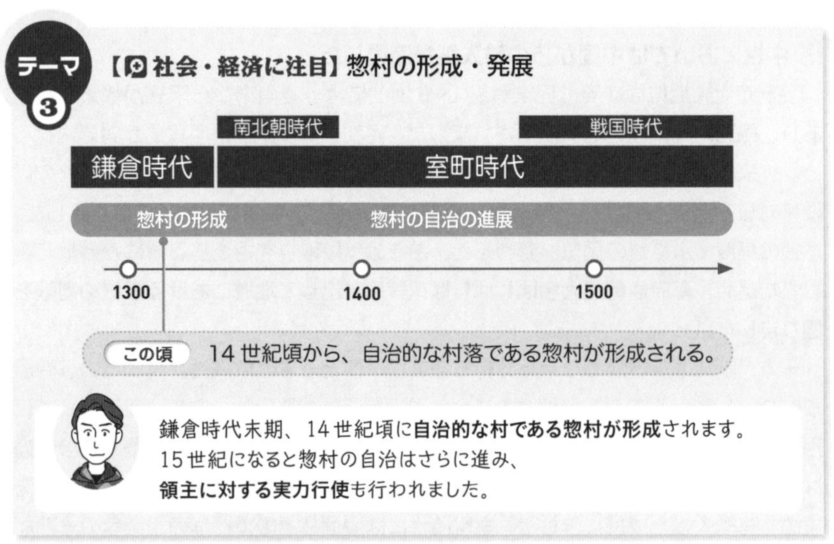

14世紀頃、自治的な惣村が形成される

14世紀頃には、農業技術の進展にともない農民はまとまった空間で生活するようになりました。荘官や地頭に頼らずとも農業を安定して営むことが可能となり、集落を農民自身で運営する自治が進んでいきました。このようにして荘園・公領の内部に形成された自治村落は**惣村**（惣）と呼ばれます。惣村は従来からの有力農民である名主（みょうしゅ）以外にも、農業生産力の向上により台頭した新興の小農民を構成員とし、

宮座と呼ばれる祭祀組織が中心となって行われる神社の祭礼や農業の共同作業、さらには戦乱に対する自衛を通じて結束を強めました。

15世紀に入ると、惣村の自治はますます進展していきました。村の運営は**おとな**（長・乙名）や**沙汰人**などと呼ばれる指導者が中心となって、代表者会議である**寄合**により決められました。指導者は惣村を維持するにあたって武装するようになり、**地侍**と呼ばれることもあります。

国人［➡p.181］が国内の武士であるのに対し、
地侍とは武士ではなく武装した農民を指します。
地侍は農民として年貢を納めながら守護などと主従関係を結びました。
武士と農民をしっかり分けておきましょう。

惣村で行われた自治について確認する

惣村では村民によって**惣掟**（村掟）という規約がつくられました。例えば、村内居住の認可や惣村の運営経費の財源、違反者の処分などについて規定しました。村で事件が起こった場合には、**自検断**（地下検断）により自ら犯人を捜査・逮捕し、裁判を行って断罪しました。農業に必要な用水*や共有スペースである**入会地**は共同管理し、年貢納入に際しては一定額の税の納入を行うことで領主の干渉を排除する**地下請**（村請）を実現する場合もありました。

このように強い連帯意識で結ばれた村民は、年貢の減免や領主の派遣した代官の罷免を求めて実力行使を行うこともしばしばありました。その際、鎮守社において誓約である起請文を書き、それを焼いた灰を水にまぜて飲み交わす儀式である**一味神水**により結束しました。このように神仏に誓約して一致団結した集団を**一揆**といい、一揆を結んで**強訴**・**逃散**（耕作放棄）という実力行使を行いました。

Q 惣村が形成される以前は、問題があった時には実力行使は行われなかったのでしょうか？

A 例えば「尾張国郡司百姓等解」［➡p.109］にみられるように、地方の有力者である郡司を頼って国司の苛政に抵抗することがありました。

用語 ＊用水…灌漑などに使う水。

惣村の形成・発展

① **惣村**の形成（14 世紀頃～）
荘園・公領の内部に形成された自治村落のこと
構成員：名主・新興の小農民
結束：神社の祭礼（中心＝**宮座**）・共同作業などで結束

② 自治の進展（15 世紀頃～）
指導者：**おとな**・**沙汰人**など　会議：**寄合**
規約：**惣掟**（村掟）　警察：**自検断**（地下検断）
共有地：**入会地**　年貢納入：**地下請**（村請）

③ 惣村の実力行使
一揆を結び、**強訴**・**逃散**を行う ➡ 年貢の減免などを要求する

【社会・経済に注目】中世における様々な一揆の形態

鎌倉時代	室町時代（南北朝時代 → 戦国時代）

・国人一揆
・荘家の一揆
・正長の土一揆
・播磨の土一揆
・嘉吉の土一揆
・山城の国一揆
・加賀の一向一揆

1300　1400　1500

この頃　一揆の違いは、主体と目的に着目する。

自力救済(じりききゅうさい)とは、裁判に頼らず実力行使による解決を図ることです。**中世社会は自力救済を特徴**としており、**様々な一揆の形態がみられます。**ここでは一揆の形態の違いに注目して、整理してみましょう。

国人一揆と荘家(しょうけ)の一揆の違いは、一揆の主体に注意する

南北朝(なんぼくちょう)の動乱期、幕府により守護(しゅご)の権限が拡大され、守護は一国内の支配権を強めました。これに対し、国内の武士たちは対等の関係で一揆を結んで守護を排して紛争解決を図ろうとしました。これは**国人一揆**と呼ばれ、国人は一揆を結ぶ際に参加者の規約である**一揆契状**(けいじょう)を作成しました。一方、惣村の村民が**一味神水**により結

束を強め、領主に対して年貢減免などを要求するタイプの一揆は**荘家の一揆**と呼ばれることがあります。荘家の一揆は14～15世紀にかけて畿内近国を中心に各地にも展開していきました。

土一揆は主体と目的に注目する

様々な階層の者が広い範囲で連合するタイプの一揆もありました。これが**土一揆**です。1428年、凶作による飢饉や疫病が広がるなかで、近江の**馬借**［➡ p.202］が蜂起すると、畿内周辺の下層民も連鎖して蜂起しました。彼らは**土倉**・**酒屋**・**寺院**などの高利貸を襲撃して**徳政**＊1**令**の発布を要求しました。中世社会には為政者の代替わりにすべてのものを本来の姿に戻すという観念があり、1428年に**足利義教**の将軍就任が決まると、下層民は土地・質物の取戻しや借金の帳消しなどの徳政令を求める**正長の土一揆（徳政一揆）**を起こしたのです。この時は山城・近江の守護や大和を支配する興福寺が徳政令を出しましたが、限られた地域でしか適用されず、幕府は畠山満家に命じて一揆の鎮圧に当たり、徳政令を出しませんでした。1441年に足利義教が暗殺される**嘉吉の変**［➡ p.211］が起こると、またしても山城・近江を中心に徳政令を要求する**嘉吉の土一揆（徳政一揆）**が広がりました。この時、一揆勢の要求を受け入れて幕府は山城一国の徳政令を発布し、以降、幕府は徳政令を乱発するようになっていきました。金融業者からの**土倉役**・**酒屋役**を財源の一つとしていた幕府にとって徳政令の発布は大きな打撃となりました。そこで、15世紀後半以降、債務額や債権額の10分の1ないしは5分の1を手数料（**分一銭**）として幕府に納入することを条件として借金の帳消しまたは借主の権利を保護する徳政令を発布することで財政の安定を図りました。このように土一揆のなかでも徳政令を要求したものは**徳政一揆**と呼ばれました。

国一揆と一向一揆の違いは、一揆の目的に注意する

15世紀後半、国人・農民らが守護勢力の退去を要求する**国一揆**が起こりました。山城の守護であった**畠山氏**は畠山政長と畠山義就の両派が応仁の乱［➡ p.212］の後も対立を深めて争うなか、1485年、綴喜郡・相楽郡・久世郡の国人らは両畠山氏の国外退去を要求する**山城の国一揆**を起こしました。国人らは守護の畠山氏を追放し、8年間にわたって国人や住民が独自の国掟に基づく自治支配を実現しました。同様の政治的要求を掲げた一揆として、1429年に起こった**播磨の土一揆**があげられます。これは守護赤松氏の家臣の国外追放を要求したものでしたが、在京していた**赤松満祐**が軍勢を率いて領国に向かい鎮圧しました。この一揆は、主体に注目すれば土民＊2らが起こした「土一揆」ですが、目的に注目して「国一揆」と呼んでも差支えありません。

1459～61年、近江・北陸を中心に長禄・寛正の飢饉が広がるなか、浄土真宗

用語　＊1 徳政…中世では、売買や貸借の契約を破棄すること。
＊2 土民…本来は代々その土地に住む人。室町時代は一般庶民を指す。

本願寺派の僧侶である**蓮如**は仮名まじりの**御文**を用いて念仏による極楽往生を説きました。町や村に信者が集まれる道場を開き、**講**を組織して国人や農民・商工業者などを**門徒**としました。1488 年、この一向宗の門徒が中心となって起こした一揆が**加賀の一向一揆**です。彼らは守護**富樫政親**を攻め滅ぼして、「百姓の持ちたる国」という門徒による領国支配を実現しました。1580 年に**大坂（石山）本願寺**が織田信長に屈服するまで [➡ p.238] の約 100 年間、門徒による支配は続きました。（加賀の一向一揆終結は 1582 年説あり。）

Q 山城の国一揆は 8 年間の自治支配を実現しましたが、その後どうなったのでしょうか？

A 次第に国人同士の対立が生まれ、一揆は崩壊しました。やがて山城国は伊勢氏の統治下に置かれました。

中世における様々な一揆の形態

1. **国人一揆（一揆契状**の作成）
   国人同士が守護を排して紛争解決を図る
2. **荘家の一揆（一味神水**／強訴・逃散）
   農民たちが荘園領主に対して年貢減免・代官罷免などを要求する
3. **土一揆（徳政一揆）**
   土民（下層民中心）が徳政令の発布などを要求する
4. **国一揆**
   国人・地侍が守護勢力の退去などを要求する
5. **一向一揆**
   一向宗の門徒が守護や戦国大名の支配に抵抗する

確認問題

1 年代配列問題にチャレンジ

(1) 次の文Ⅰ～Ⅲについて、古いものから年代順に正しく配列したものを、後の①～⑥のうちから一つ選んで記号で答えなさい。

Ⅰ 畿内・西日本において麦を裏作とする二毛作が行われるようになった。
Ⅱ 地方で月に6回開催される六斎市がみられるようになった。
Ⅲ 広い階層の農民を中心とする自治的な村落である惣村が形成された。

① Ⅰ－Ⅱ－Ⅲ　② Ⅰ－Ⅲ－Ⅱ　③ Ⅱ－Ⅰ－Ⅲ
④ Ⅱ－Ⅲ－Ⅰ　⑤ Ⅲ－Ⅰ－Ⅱ　⑥ Ⅲ－Ⅱ－Ⅰ

(2) 次の文Ⅰ～Ⅲについて、古いものから年代順に正しく配列したものを、後の①～⑥のうちから一つ選んで記号で答えなさい。

Ⅰ 一向宗の門徒が加賀国の守護を倒し、一国全体を支配した。
Ⅱ 一揆勢による代始めの徳政令の要求に対して、幕府はやむなく徳政令を発布した。
Ⅲ 守護赤松氏の軍勢の国外退去を要求する一揆が起こった。

① Ⅰ－Ⅱ－Ⅲ　② Ⅰ－Ⅲ－Ⅱ　③ Ⅱ－Ⅰ－Ⅲ
④ Ⅱ－Ⅲ－Ⅰ　⑤ Ⅲ－Ⅰ－Ⅱ　⑥ Ⅲ－Ⅱ－Ⅰ

2 探究ポイントを確認

(1) 室町時代には様々な貨幣が流通し、金融業も発達した。どのような貨幣が用いられ、その流通を促すために幕府や戦国大名はどのような対応をとったのか説明せよ。

(2) 灌漑用水の利用をめぐって隣の村と対立した場合、中世前期と中世後期とでは農民がとった行動にどのような違いがあったか。

解答

1 (1) ②　(2) ⑥

2 (1) 室町時代には、日明貿易で輸入した中国の銅銭や私鋳銭が用いられた。幕府や戦国大名は撰銭令を発して良銭の基準を定め、貨幣による取引の円滑化を図った。(72字)

(2) 中世前期には農民は荘園を管理する荘官・地頭などの武士に解決を訴えたが、中世後期には農民は一致団結して自力救済を図った。(59字)

第18講 室町幕府の衰退と戦国大名の登場

この講では**室町幕府の衰退**をみていきます。室町幕府は嘉吉の変、応仁の乱、明応の政変などの争いを経て衰退していきます。その過程で**下の者が上の者を倒す下剋上の風潮**が広がり、**自らの力で領国を支配する戦国大名**が登場します。一方、**戦乱のなかで中世都市**が発達します。

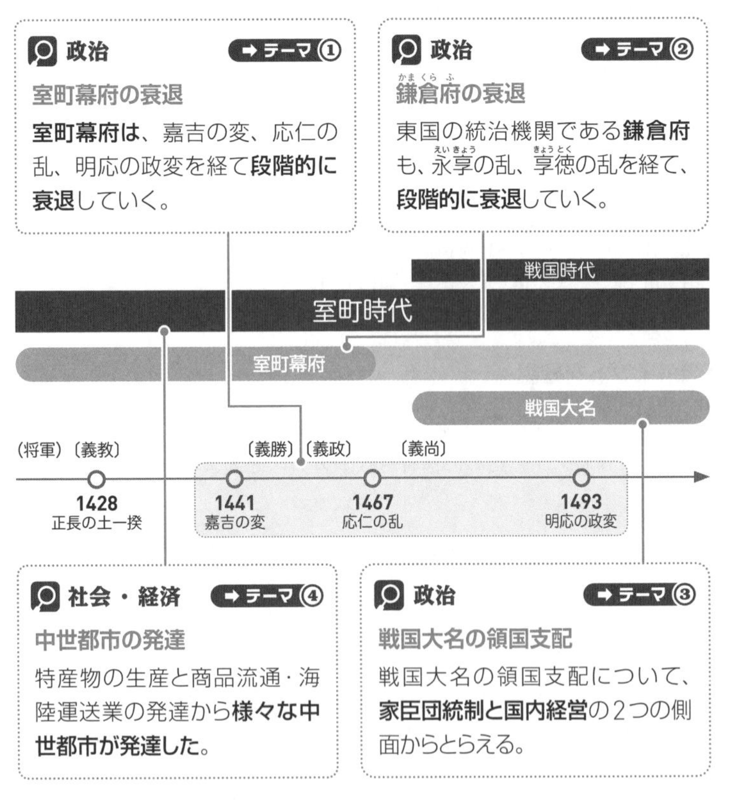

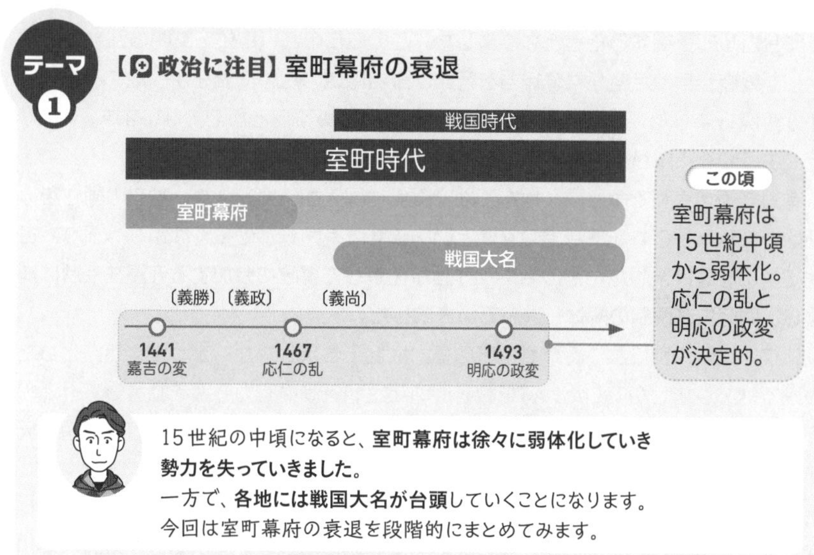

6代将軍足利義教の死後、室町幕府の衰退が始まる

4代将軍の**足利義持**が有力守護との合議による政治を行ったのに対して、**6代将軍の足利義教は、将軍権力の強化をねらって専制的な政治を行いました。**有力守護に対する弾圧が進むなか、播磨の守護**赤松満祐**は身の危険を感じ、1441年に義教を自宅に招いて暗殺する**嘉吉の変**を起こしました。その後、赤松満祐は幕府軍により討伐される一方、義教の後継者となった**足利義勝**は幼少でした。義勝が若くして死去すると、弟の**足利義政**が8代将軍となりましたが、義政も将軍への就任当初は幼少だったため、**将軍の権威は低下していきました。**一方、管領家の細川氏や侍所所司の山名氏が幕政の主導権を争うようになっていきました。

室町幕府が衰退した原因として、財政悪化の側面も考えられます。嘉吉の変で足利義教が殺害されると、**嘉吉の土一揆**［➡ p.207］が広がりました。この時、幕府軍は播磨に下った赤松満祐の討伐を優先したため、一揆勢に屈する形で山城一国に徳政令を発布しました。これにより金融業者である土倉・酒屋が打撃を受けました。幕府は土倉役・酒屋役を一部免除しましたが、**土倉役・酒屋役の減少は幕府財政を悪化させることになりました。**

応仁・文明の乱と明応の政変により、室町幕府の衰退は決定的となる

こうしたなか、**畠山氏**（政長・義就）・**斯波氏**（義敏・義廉）など有力守護家の家督争いが重なり、将軍家もまた足利義政の後継者をめぐって弟の**足利義視**と子の**足利義尚**の擁立を図る**日野富子**とが対立を深めていました。有力守護や分裂した将軍家はいずれも**細川勝元**・**山名持豊**の二大勢力と結びつき、1467年に両軍は京都

を舞台として衝突することとなりました。この**応仁の乱**（**応仁・文明の乱**）は長期化し、軽装歩兵の**足軽**が略奪行為を行い、証拠隠滅のために火をかけたことから京都は荒廃しました。両軍とも決定的な勝利をおさめることができないまま、1477年にようやく和議が結ばれました。

有力守護が京都で争う間、地方では**守護代**や**国人**が勢力を強め、独立の動きをみせ始めました。これを**下剋上**の風潮といいます。有力守護の多くは領国へ下り、各地で争いを続けました。その結果、**守護が在京して幕政に参加する守護在京制は崩壊し、同時に荘園制の解体も進んでいきました。**

応仁・文明の乱により将軍や幕府の権力は低下しましたが、まったく無力化したわけではありませんでした。将軍職を継いだ足利義尚は有力守護を動員して近江の守護六角氏と争ったほか、**加賀の一向一揆** [➡ p.208] に際しては越前の守護朝倉氏を富樫氏の救援に向かわせようとしました。ところが、義尚は若くして亡くなり、足利義稙が10代将軍に立てられました。1493年、管領家の細川政元が将軍義稙を京都から追放して新たに足利義澄を擁立する**明応の政変**が起こると、幕府は細川氏を中心として運営されるようになりました。その細川氏も1507年に細川政元が暗殺されて以降は二派に分裂し、弱体化しました。こうしたなか、細川氏の守護代であった**三好長慶**が台頭し、細川氏を圧倒するようになりました。しかし、三好長慶の死後、家臣の**松永久秀**が主導権を握り、13代将軍**足利義輝**を殺害する事件を起こすなどしたため、室町幕府は滅亡の危機を迎えました。

▼足利氏略系図

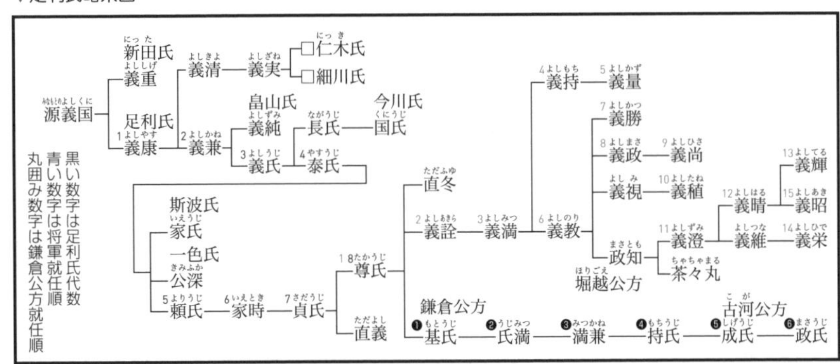

Q 室町幕府が衰退すると、なぜ荘園制が解体するのですか？

A 本所への年貢納入は半済令 [➡ p.181] により守護を通じて確保されていました。半済令は室町幕府による建武以来追加として発布されているため、室町幕府が衰退すると年貢の確保は困難となります。

テーマ① まとめ 室町幕府の衰退

① **嘉吉の変**（1441）（足利義教が暗殺される）
以後、幼少の将軍が続く ➡ 将軍権威が低下する
細川氏・山名氏が幕政の主導権を握る

② 徳政令の発布（1441 〜）
土倉役・**酒屋役**を免除する ➡ 幕府財政の悪化を招く

⬇

③ **応仁の乱**（1467 〜 77）〔京都〕
下剋上の風潮がおこる、守護在京制が崩壊する

④ **明応の政変**（1493）
細川政元が将軍足利義稙を京都から追放する
京都の支配権：細川氏 ➡ **三好長慶** ➡ **松永久秀**と移る

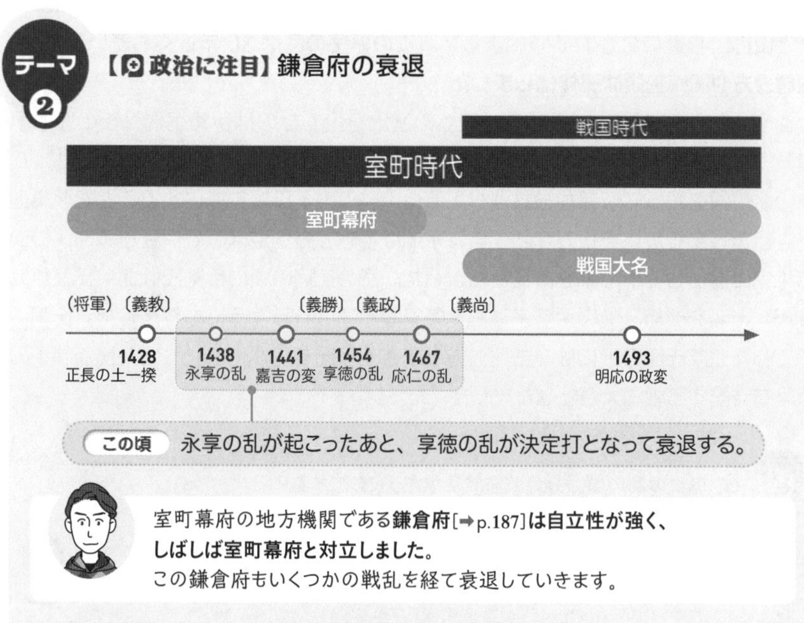

永享の乱により、鎌倉府は衰退へと向かう

室町幕府の4代将軍**足利義持**は、有力守護との合議によって政策を決定しており、鎌倉府との関係も安定していました。1416年、前関東管領の**上杉禅秀**（うえすぎぜんしゅう）が鎌倉府の

内紛に乗じて反乱を起こした時も、幕府は鎌倉公方**足利持氏**とともにこれを鎮圧しました。

ところが、6代将軍**足利義教**が専制政治を行ったため、室町幕府と鎌倉府との関係にも亀裂が入り、足利持氏は義教に従わなくなりました。1438～39年、鎌倉公方**足利持氏**と関東管領**上杉憲実**の対立を契機に義教は上杉氏を支援して持氏を討伐する**永享の乱**へと発展しました。乱後、足利持氏の子成氏はまだ幼少だったため、鎌倉府の主導権は上杉氏が握ることとなりました。すると、1440年には、結城氏朝が足利持氏の子を擁して挙兵する**結城合戦**を起こしましたが、上杉氏によって鎮圧されてしまいました。

享徳の乱により、鎌倉府の衰退は決定的となる

その後、持氏の子である**足利成氏**が鎌倉公方に就任し、鎌倉府が再建されました。ところが、足利成氏は関東管領**上杉憲忠**と対立を深め、1454年に成氏が憲忠を暗殺したことが契機となって関東における長期的な戦乱である**享徳の乱**が開始されました。戦乱のなか、足利成氏は下総の古河に移り**古河公方**と称される一方、幕府は新しい公方として**足利義政**の兄弟である**足利政知**を派遣しました。政知は伊豆の堀越を拠点としたため**堀越公方**と称されます。この間、関東管領の上杉家も**扇谷上杉家**と**山内上杉家**に分かれて争いました。**この享徳の乱は30年近くも続いたため、鎌倉公方や関東管領は弱体化しました。**

こうした関東の混乱に乗じて関東への進出を企てたのは**伊勢宗瑞**（後の**北条早雲**）です。政所執事*の一族であった伊勢宗瑞は、駿河の今川義忠の夫人となった妹の北川殿を頼って京都から駿河へ下ると、義忠の子氏親を補佐することで関東進出を目指しました。そして1493年、宗瑞は堀越公方を滅ぼして伊豆を奪い、ついで相模に進出して**小田原**を本拠としました。子の氏綱の頃に伊勢氏は北条氏（後北条氏）と名を改め、父の伊勢宗瑞も**北条早雲**と呼ばれるようになりました。氏綱の子である**北条氏康**の頃には、古河公方と扇谷上杉氏を弱体化させ、北条氏が関東の大半を支配する戦国大名となりました。

Q 応仁の乱の頃、鎌倉府も戦乱中だったのですね。

A そうですね。時期を意識して室町幕府と鎌倉府の動きをとらえましょう。

 用語 ＊政所執事…政所の長官。

テーマ② まとめ 鎌倉府の衰退

① **永享の乱**（1438～39）
足利持氏（鎌倉公方）と**上杉憲実**（関東管領）が対立する
将軍足利義教は上杉憲実の側につく

↓

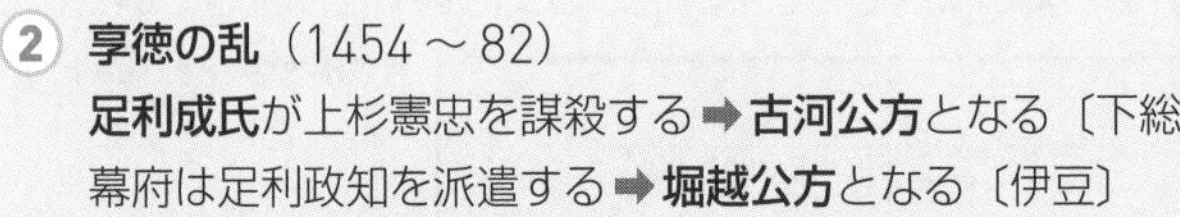

② **享徳の乱**（1454～82）
足利成氏が上杉憲忠を謀殺する➡**古河公方**となる〔下総〕
幕府は足利政知を派遣する➡**堀越公方**となる〔伊豆〕
上杉家も分裂する（扇谷上杉家・山内上杉家）

↓

③ 後北条氏の台頭
伊勢宗瑞（**北条早雲**）が堀越公方を滅ぼす
北条氏康が古河公方・扇谷上杉氏を倒す

テーマ③ 【政治に注目】戦国大名の領国支配

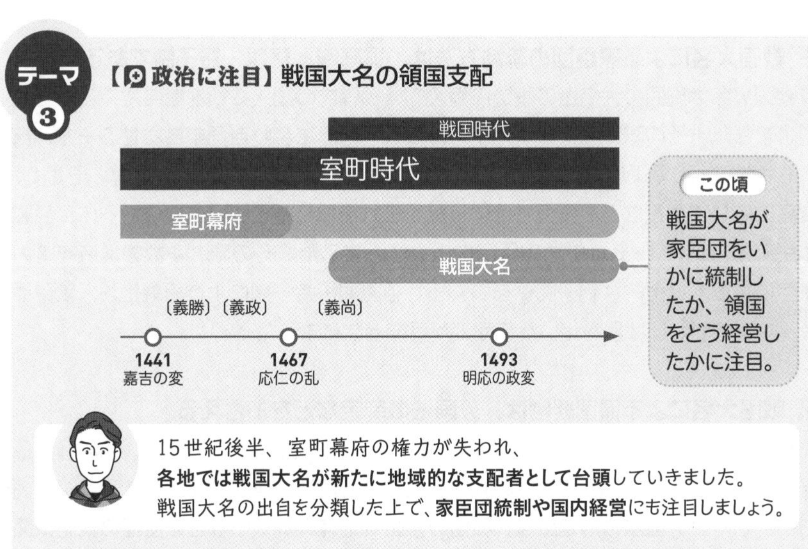

15世紀後半、室町幕府の権力が失われ、
各地では戦国大名が新たに地域的な支配者として台頭していきました。
戦国大名の出自を分類した上で、**家臣団統制や国内経営**にも注目しましょう。

戦国大名の出自は守護・守護代・国人のいずれかである

まず、守護が領国支配を強化して戦国大名となったケースが挙げられます。例えば、駿河・遠江（とおとうみ）を支配した**今川氏**や甲斐（かい）を中心に領国を形成した**武田（たけだ）氏**、周防（すおう）の**大（おお）**

内氏や豊後の大友氏、薩摩の島津氏などが挙げられます。大内義隆は重臣の陶晴賢に国を奪われ、滅びました。ついで、守護代［➡ p.187］が戦国大名に成長したケースとしては、越後の長尾氏、越前の朝倉氏、尾張の織田氏をおさえておきましょう。長尾景虎は関東管領上杉氏の家督を継承して後に上杉謙信と名乗りました。16世紀半ばには、甲斐から信濃に領国を拡大しようとした武田信玄と川中島の戦いで衝突しました。最後に国人が戦国大名に成長したケースがあります。相模の後北条氏（北条早雲の子孫）、安芸の毛利氏や美濃の斎藤氏などが挙げられます。16世紀半ば、毛利元就は厳島の戦いで陶晴賢を破り、中国地方の支配者へと成長していきました。

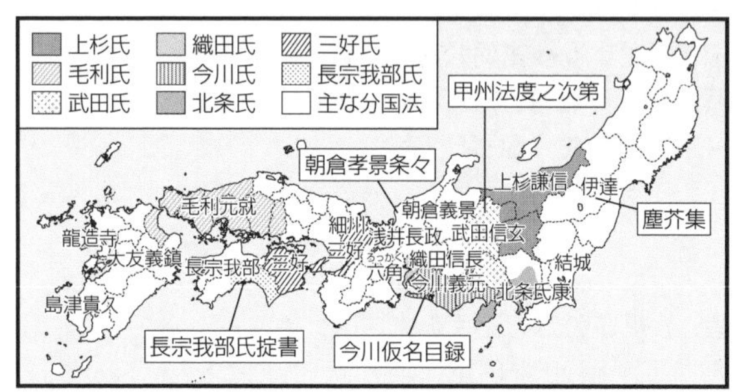

◀戦国大名の勢力範囲

強力な軍事力を持つ戦国大名は
どのようにして家臣団を統制したのでしょうか。

戦国大名による家臣団の統制方法は、貫高制と寄親・寄子制である

戦国大名は周囲の大名との戦いに備えて、領国内の国人に領地を与えることで統制しました。その際、国人の領地からの収入を指出により自己申告させる一方、自らも検地を行い、収入額は銭に換算した貫高という基準で把握しました。そして、**貫高に応じて軍役などを負担させました。これを貫高制といいます**。さらに、武装農民である地侍［➡ p.205］も家臣団に組み込みました。その際、多数の地侍を有力家臣に預けて擬似的な親子関係をつくらせる寄親・寄子制により組織化し、鉄砲や長槍などの新しい武器を用いた集団戦が可能となりました。

戦国大名による領国経営は、分国法の制定などをおさえる

戦国大名は、地域的な支配者として家臣団や民衆を統制するために領国（分国）経営を徹底しました。そのための基本法として分国法（家法）を制定する戦国大名もいました。**分国法の規定には、私婚の禁止や喧嘩両成敗法など家臣団の統制に関するものや、年貢納入や逃散対策など民衆を統制するものなどがありました。**

戦国大名は物資や食糧を調達するため、鉱山の開発や治水*事業にも力を入れました。武田信玄が甲斐の釜無川と御勅使川の合流点付近に信玄堤を築いたことはよ

 【用語】 ＊治水…川の流れを制御し水害を防ぐこと。

く知られるところです。城下町の商業振興策としては、座の特権［➡ p.202］を廃止する**楽市令**を発布して新興商人の自由な取引を保障したほか、**撰銭令**を発布して貨幣の流通を図りました。領国内の交通路も整備され、宿駅・伝馬*制度も整えられ、関所の廃止や市場の開設などにより商業取引の円滑化にも努めました。城下には家臣団のほか商工業者も集められ、領国支配の中心である城下町が形成されていきました。

Q 荘園や公領の年貢は、荘園領主などではなく、戦国大名に納められるようになったのですか？

A 荘園制は解体していきますので、荘園・公領という枠組みは考えなくてもよいです。農民たちは戦国大名から領国の一部を与えられた有力家臣に対して年貢を納めました。

戦国大名の領国支配

① 家臣団の統制

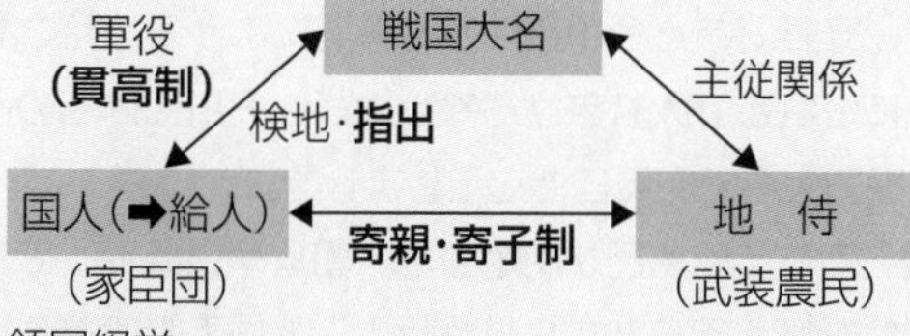

② 領国経営

分国法の制定：家臣団統制・農民支配のため

鉱山の経営・治水事業

城下町の商業政策：**楽市令**・**撰銭令**

交通路の整備：宿駅・伝馬制度

史料を読んでみよう！ ―分国法―

◇『今川仮名目録』『同追加』

一、駿遠両国の輩(注1)、或わたくしとして(注2)他国より嫁を取、或婿に取、娘をつかはす事、自今以後之を停止し畢ぬ。

一、不入地の事……只今はをしなべて、自分の力量を以て、国の法度を申付け、静謐する事なれば、しゆごの手入間敷事、かつてあるべからず。

用語 ＊宿駅・伝馬…戦国大名は主要道路に拠点（宿駅）を置き、伝令や郵送用の馬を常備した。

（注1）駿河・遠江両国にいる今川氏の家臣。　（注2）今川氏の許可を得ないで自分勝手に。

◇『朝倉孝景条々』

一、朝倉が館之外、国内□城郭を構へさせまじく候。惣別分限あらん者(注1)、一乗谷(注2)へ引越、郷村には代官ばかり置かる可き事。

（注1）禄高の多い有力な家臣。　（注2）朝倉氏の居城のあるところ。

◇『甲州法度之次第』

一、喧嘩の事、是非に及ばず成敗を加ふべし。……但し取り懸ると雖も堪忍せしむるの輩に於いては、罪科に処すべからず。

戦国大名が領国経営のために定めた基本法が分国法です。
史料で提示したもの以外にも伊達氏の『塵芥集』、
後北条氏の『早雲寺殿二十一箇条』、大内氏の『大内氏掟書』などがあります。

１つ目は、駿河・遠江両国の戦国大名である今川氏が制定した『今川仮名目録』です。今川氏の家臣は自分勝手に他国から嫁や婿を迎えたり、娘を嫁にとらせることが禁止されました。また、守護である今川氏は室町幕府によって設定された守護不入地と呼ばれる特例地域にこれまで入れませんでしたが、今川氏はこの不入地を否定し、幕府から独立した戦国大名であることを示しました。

２つ目は、越前の戦国大名である朝倉氏が制定した『朝倉孝景条々』です。朝倉氏の家臣に対して勝手に城郭を構えることを禁じ、朝倉氏の城下町である一乗谷へ引っ越し、郷村（惣村）の所領には代官だけを置いておくことを命じました。

最後は、甲斐の戦国大名である武田氏が制定した『甲州法度之次第』です。ここでは喧嘩両成敗法が定められており、家臣同士の私闘があった時は事情を問わず当事者双方を罰しました。その結果、大名が領国内の裁判権を掌握し、家臣の自力救済は否定されました。

Q 守護大名は室町幕府の支配下にありましたが、
戦国大名は法を決めるなど独自の支配を行ったのですね。

A そうですね。地域は限定されますが、
室町幕府からは独立して領国全体を支配しました。

テーマ4 【社会・経済に注目】中世都市の発達

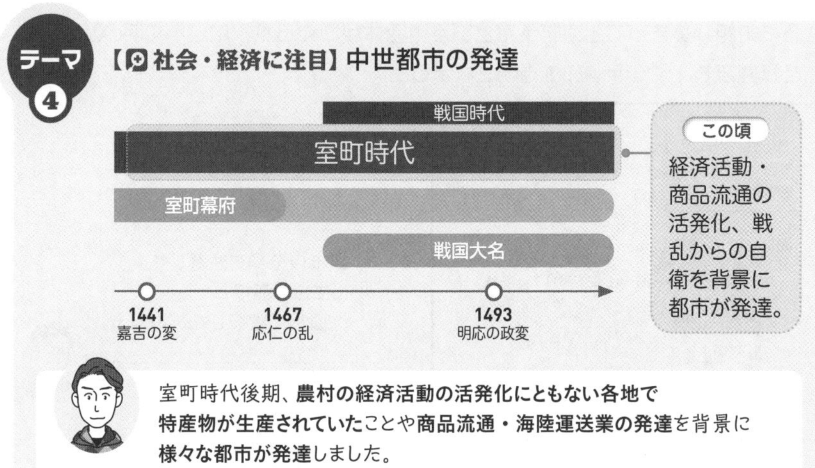

室町時代後期、**農村の経済活動の活発化にともない各地で特産物が生産されていた**ことや**商品流通・海陸運送業の発達**を背景に**様々な都市が発達**しました。

政治都市・宗教都市・交易都市を分類する

戦国大名の領国内には、政治・経済・文化的な拠点である**城下町**が建設されました。その代表的なものとして、北条氏の**小田原**〔相模〕、朝倉氏の**一乗谷**〔越前〕、大内氏の**山口**〔周防〕などが挙げられます。戦国大名は城下町において**楽市令**を発布するなど、商業振興策を進めていきました。

城下町以外にも様々な都市が発達しました。民衆の間では善光寺や延暦寺、伊勢神宮などを巡礼することが流行し、その**門前町**である**長野**〔信濃〕や**坂本**〔近江〕、**宇治**・**山田**〔伊勢〕がにぎわいました。15世紀後半、**蓮如**が一向宗を布教したことなどを背景に**吉崎**〔越前〕や**大坂**〔摂津〕、**富田林**〔河内〕などの一向宗寺院を中心とする**寺内町**が成立し、周囲を堀や土塁で囲んだ独自の空間を持ちました。一方、海陸交通の要衝には港町が発達しました。代表的な港町としては日明貿易の拠点である**堺**や**博多**のほか、日本海交易の拠点である**敦賀**・**小浜**・**十三湊**、さらには瀬戸内海交通の要衝である**兵庫**・**草戸千軒**などが挙げられます。京都・鎌倉間の東海道沿いには、宿駅を中心とする**宿場町**も形成されました。

戦乱のなか、自治都市が形成される

中世に発達した都市のなかには、**堺**・**博多**のように戦国大名間の対立を利用しながら富裕な商工業者である**町衆**による自治が認められる場所もありました。これらの自治都市は富裕な商工業者から選出された**会合衆**（堺）・**年行司**（博多）などにより運営されました。幕府の所在地である京都もまた、応仁の乱後、町衆を中心とする自治支配が行われました。見世棚〔➡ p.202〕の発達により、町衆は道路を挟んだ向かい側の者と一つの**両側町**をつくり、この両側町が集まって**町組**という組織をつくりました。この両側町や町組は町衆から選ばれた**月行事**により運営されました。

さらに町組が集まって上京(かみぎょう)・下京(しもぎょう)という連合体がつくられ、応仁・文明の乱で途絶えた**祇園祭**(ぎおんまつり)も1500年頃には再興されました。

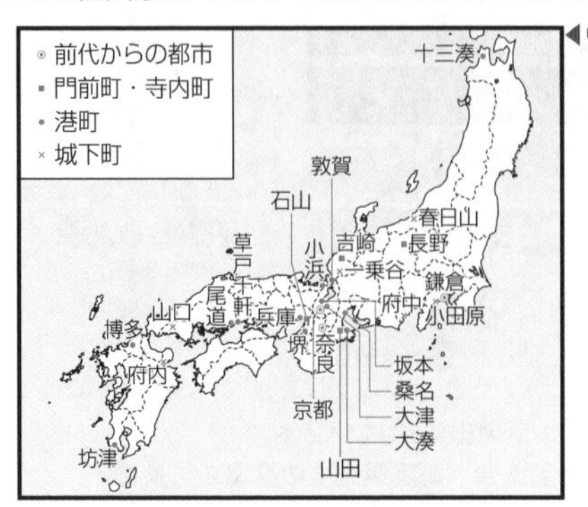

◀中世都市

都市の分類に注意して、
出てきた都市を
地図上で確認してみましょう。

中世都市の発達

① 背景（15～16世紀）
商品流通の発達、戦乱による自衛的な動き

② 政治都市（戦国大名）
城下町（家臣や商工業者を集める）

③ 宗教都市（大寺社・中小寺院）
門前町（巡礼地）・**寺内町**（一向宗の寺院）

④ 交易都市（交通の要衝）
港町（堺・博多など）・宿場町

⑤ 自治都市（**町衆**が市政を運営する）
京都：**月行事**　堺：**会合衆**　博多：**年行司**

確認問題

1 年代配列問題にチャレンジ

(1) 次の文Ⅰ～Ⅲについて、古いものから年代順に正しく配列したものを、後の①～⑥のうちから一つ選んで記号で答えなさい。

Ⅰ 幕府有力者の対立に加え、将軍家・管領家の家督争いから全国を二分する内乱が起こった。
Ⅱ 将軍が殺害された際に起こった一揆に屈して、幕府は山城一国に徳政令を出した。
Ⅲ 鎌倉公方の足利持氏が将軍と対立して反乱を起こした。

① Ⅰ－Ⅱ－Ⅲ　② Ⅰ－Ⅲ－Ⅱ　③ Ⅱ－Ⅰ－Ⅲ
④ Ⅱ－Ⅲ－Ⅰ　⑤ Ⅲ－Ⅰ－Ⅱ　⑥ Ⅲ－Ⅱ－Ⅰ

(2) 次の文Ⅰ～Ⅲについて、古いものから年代順に正しく配列したものを、後の①～⑥のうちから一つ選んで記号で答えなさい。

Ⅰ 甲斐の武田信玄と越後の上杉謙信は川中島の戦いで衝突した。
Ⅱ 前関東管領の上杉禅秀が鎌倉公方の足利持氏に背いて反乱を起こした。
Ⅲ 鎌倉公方の足利成氏が関東管領上杉憲忠を謀殺したことを発端として内乱が起こった。

① Ⅰ－Ⅱ－Ⅲ　② Ⅰ－Ⅲ－Ⅱ　③ Ⅱ－Ⅰ－Ⅲ
④ Ⅱ－Ⅲ－Ⅰ　⑤ Ⅲ－Ⅰ－Ⅱ　⑥ Ⅲ－Ⅱ－Ⅰ

2 探究ポイントを確認

(1) 応仁の乱の影響について、政治面に注目して述べよ。

(2) 戦国大名による喧嘩両成敗法は、国人同士の紛争に対して南北朝期の守護と異なる方法で解決を図るものであった。この異なる方法について説明せよ。

解答

1 (1) ⑥　(2) ④

2 (1) 守護在京制が崩れ、守護は京都から離れて自らの領国に下り、幕府から独立する動きをみせるようになった。また、実力により家臣が主君に取って代わる下剋上の風潮がみられるようになった。(87字)
(2) 守護は幕府の裁判の判決を強制執行する使節遵行(しせつじゅんぎょう)を行った。一方、戦国大名は喧嘩両成敗法により私闘を禁じ、大名自身が裁定を下した。(62字)

中世の文化Ⅱ

この講では、室町時代の文化について、前期を南北朝・北山文化、後期を東山・戦国文化に分けてみていきます。南北朝の合一後、**武家文化を中心に公家文化・禅宗文化の融合が進みます。**この頃が南北朝・北山文化です。応仁の乱後には、**京都の文化が地方へ波及する一方で、庶民文化も広がります。**この頃が東山・戦国文化です。**現代につながる文化の誕生**にも注目しましょう。

時代のメタマッピングとメタ視点

文化 ➡テーマ①

中世の文化区分・特色Ⅱ

本書では室町文化の**前期を南北朝・北山文化、後期を東山・戦国文化**として2期に分けてまとめる。

文化 ➡テーマ②

室町文化期の仏教

室町時代の仏教は、**禅宗・法華宗・浄土真宗**に注目する。幕府は禅宗を保護し、法華宗や浄土真宗も各地に勢力を伸ばした。

元 | 明

鎌倉時代 | 南北朝時代 | 室町時代 | 戦国時代

南北朝・北山文化 / 東山・戦国文化

1300 | 1400 | 1500

文化 ➡テーマ③

室町文化期の絵画

室町時代、大和絵のほか、禅宗文化の一つとして**水墨画が普及した。**

文化 ➡テーマ④

室町時代の学問・教育

公家・武士・庶民など様々な立場の者がそれぞれ学問を学び、教育を受けた。

文化 ➡テーマ⑤

室町時代の庶民文化

能や茶道・花道など、現代にもつながる文化が生まれた。

テーマ 1 【文化に注目】中世の文化区分・特色Ⅱ

元		明	
鎌倉時代	南北朝時代		戦国時代
	室町時代		
	南北朝・北山文化		東山・戦国文化

- ・歴史書や軍記物の編纂
- ・ばさらの風潮
- ・禅宗の保護
- ・寄合の文芸

- ・禅と公家文化の融合
- ・地方都市への文化の広まり
- ・五山派の衰退
- ・庶民文化の発達

この内容 本書では室町文化を２期でまとめていく。

本書では室町時代の文化の特色について、前期を南北朝・北山文化、後期を東山・戦国文化として２期に区分してまとめていきます。

南北朝が統一されると、武家文化を中心に公家文化・禅宗文化の融合が進んだ

14 世紀の中頃に南北朝時代 [➡ p.177] が始まると、武家勢力が公家勢力を圧倒する政治的な動きを反映して歴史書や軍記物などの文学作品が多く生まれました。北畠親房(きたばたけちかふさ)は『**神皇正統記**(じんのうしょうとうき)』を著して、南朝の正統性を唱える一方、『**梅松論**(ばいしょうろん)』では足利(あしかが)氏の活躍が描かれました。鎌倉幕府(かまくらばくふ)の滅亡と南北朝の動乱を描いた『**太平記**(たいへいき)』は、後に太平記読みによって講釈されました。また、この時期には貴族らが窮乏化する一方、在京の守護(しゅご)は茶寄合(ちゃよりあい)などを開いて**闘茶**(とうちゃ)などの賭け事にふけりました。こうした新興武士が華美や派手を好む風潮は**ばさら**と称されました。

▼金閣

14 世紀末、3 代将軍**足利義満**(あしかがよしみつ) [➡ p.186] が南北朝を統一する頃には、**武家が伝統的な公家文化や禅僧がもたらした禅宗文化を取り入れながら新しい文化を生み出しました**。足利義満が京都の北山山荘（のち**鹿苑寺**(ろくおんじ)）に築いた**金閣**(きんかく)はこうした室町時代前期の文化の特色を象徴する建築物です。第一層は白木(しらき)での寝殿造(しんでんづくり)、第二層は和様(わよう)の仏堂、第三層は禅宗様(ぜんしゅうよう)となっていて、義満の絶大な権力によって公家・顕密(けんみつ)仏教・禅宗の諸文化が混じり合っています。

室町幕府は鎌倉幕府と同様、禅宗を中心とする寺院や僧侶(そうりょ)を保護しました。**五山**(ござん)**・十刹**(じっさつ)**の制**により京都・鎌倉の禅宗寺院を統制する一方、幕府の所在地が京都であったことから、武士と貴族の文化的な交流が深まり、**連歌会**(れんがかい)**や茶寄合といった身分を超えた寄合の文芸が発達した**ことにも注目しましょう。

応仁の乱後、京都の文化人は地方に下向する一方、庶民文化も花開いた

15 世紀後半、8 代将軍**足利義政**〔➡ p.211〕の時代には禅の簡素さと公家文化が融合し、趣きある洗練された文化が広がりました。人には計り知れない美しさを示す「幽玄」や、あっさりとしているものの味わい深いことを示す「枯淡」といった美意識が発達し、義政が京都の東山山荘（のち**慈照寺**）に築いた**銀閣**はその象徴とされます。第一層は**書院造**、第二層は禅宗様で、きらびやかさを排した禅宗様に重きをおいています。東山山荘の東求堂には**同仁斎**と呼ばれる部屋があり、こちらも付書院や違い棚を備えた書院造の代表的な建築とされます。

▼銀閣

書院造の室内には中国から伝えられた唐物や花などが飾りつけられました。将軍の側近である**同朋衆**が唐物の鑑定や管理を任されました。一方、**龍安寺**や**大徳寺大仙院**の庭園には、石組みと白砂を用いて禅の境地や大自然を表す**枯山水**が作られました。

▼書院造

▼枯山水（龍安寺石庭）

応仁の乱〔➡ p.212〕**で京都が荒廃する**と、公家や僧侶が京都から地方都市へと移り、**文化の地方普及が進みました**。また室町幕府の全国支配が崩壊したことにより生じた下剋上の風潮は宗教界にもおよび、幕府の保護を受けた五山派が衰退しました。一方、惣村や自治都市の発達にともない庶民の地位が上昇すると、**庶民文化が発達した**ことも注目すべき点です。

テーマ① まとめ 中世の文化区分・特色Ⅱ

① **南北朝・北山文化**（14 世紀中頃～ 15 世紀前半）
歴史書・軍記物の編纂（へんさん）、ばさらの風潮
五山・十刹の制が確立、禅宗の保護・禅僧の登用
武家文化を中心に、公家文化や禅宗文化が融合する
身分を超えた寄合の文芸（連歌会・茶寄合）

② **東山・戦国文化**（15 世紀後半～ 16 世紀前半）
禅の簡素さと公家文化の融合（幽玄・枯淡）
京都の荒廃➡公家・僧侶が地方都市へ下向
室町幕府の全国支配の崩壊➡五山派の衰退
惣村・自治都市の発達➡庶民文化の発達

テーマ② 【文化に注目】室町文化期の仏教

元	明	
鎌倉時代	南北朝時代 / 室町時代	戦国時代
	南北朝・北山文化	東山・戦国文化

・禅宗：幕府は五山派を保護→応仁の乱後五山派は衰退
・法華宗（日蓮宗）：日親が京都に布教、天文法華の乱
・一向宗：蓮如が布教

この内容 室町時代の仏教は、禅宗・法華宗・浄土真宗に注目する。

室町幕府の保護を受けて勢力を拡大させた禅宗の一派は
五山派と呼ばれ、室町幕府と盛衰をともにしました。
鎌倉時代に生まれた新しい宗派も各地に勢力をのばしました。

室町幕府は禅宗を保護し、禅僧は政治・文化面で活躍した

室町幕府は延暦寺（えんりゃくじ）などの有力寺院に将軍の子弟を送り込んで統制を図る一方、鎌倉幕府と同様に禅宗を保護しました。

足利尊氏〔➡ p.175〕は禅僧の**夢窓疎石**（むそうそせき）を保護し、後醍醐（ごだいご）天皇の冥福（めいふく）を祈るために

京都に天龍寺を開山させました。足利義満は禅僧の春屋妙葩に、京都に相国寺を開山させました。また、義満は南宋の官寺の制を模倣した五山・十刹の制を整備して京都・鎌倉の禅宗寺院を序列化し、相国寺に僧録司をおいて寺院の統制や住職の任免に当たらせました。こうして幕府の統制下に置かれた禅宗の一派は五山派と呼ばれ、幕府の保護を受けました。五山僧は中国語（漢文）に優れており、政治顧問や外交使節として幕府に登用されることがありました。そのため、日常から漢詩文や朱子学を学んでおく必要がありました。

ところが、15世紀後半に入って室町幕府が衰退すると、自由な活動を求めて地方布教を志す林下と呼ばれる五山派以外の禅宗諸派が地方武士や庶民の支持を受けました。林下を代表する寺院としては大徳寺や永平寺を挙げることができます。

Q 五山・十刹の制で、京都・鎌倉の寺院の序列はどうなっていたのですか？

A 京都では南禅寺を「五山之上」とし、天龍寺・相国寺・建仁寺・東福寺・万寿寺を京都五山とし、鎌倉では建長寺・円覚寺・寿福寺・浄智寺・浄妙寺を鎌倉五山としました。十刹は五山につぐ官寺ではじめ10ヵ寺に限られましたが、のちに増加しました。

法華宗（日蓮宗）や浄土真宗も各地に勢力を伸ばした

鎌倉時代末期から南北朝期にかけて、法華宗（日蓮宗）は東国から京都に進出しました。15世紀に登場した日親は他宗と激しい宗論を戦わせながら西日本に勢力を拡大しましたが、『立正治国論』を著して室町幕府に改宗を迫ったことにより足利義教［➡ p.211］によって弾圧されました。応仁の乱後、京都の商工業者には法華宗（日蓮宗）の信者が多く、1532年には法華一揆を結んで一向一揆と対決して山科本願寺を焼打ちにし、町政を自治的に運営しました。ところが1536年、法華一揆は天文法華の乱で延暦寺に敗れ、京都の日蓮宗寺院は焼払われてしまいました。

浄土真宗（一向宗）は、本願寺8世の蓮如が加賀・越前国境の吉崎道場を中心として北陸・東海・近畿地方に布教を広げ、平易な文章を用いた御文と惣村を中心とした講という組織を利用して国人や農民の内に多くの信者を獲得しました。加賀国では1488年に一向一揆が守護富樫政親を倒し、以後約100年間にわたって門徒・国人による支配が行われました［➡ p.208］。

仏教以外の宗教では、15世紀半ばに吉田兼倶が仏教と切り離された宗教体系としての「神道」の樹立を目指して唯一神道を創始しました。唯一神道は神官の組織化を進めたため、江戸時代初期までに「神道」の中心的な立場となり、幕藩体制下においても吉田家は神道界の権威として認められました。

テーマ② まとめ 室町文化期の仏教

① 五山派（禅宗系／室町幕府の保護）
（南北朝）**天龍寺**の創建（**夢窓疎石**の建議）
（北山）**五山・十刹の制**（禅宗寺院の序列）、五山僧の登用
　五山文学（漢詩文・朱子学の研究）
（東山）幕府とともに衰退➡**林下**の台頭（大徳寺など）

② 法華宗（日蓮宗）
15 世紀前半：**日親**が京都に布教➡足利義教によって弾圧される
16 世紀前半：**天文法華の乱**（延暦寺が日蓮宗寺院を焼打ちする）
③ 一向宗（浄土真宗本願寺派）
15 世紀後半：**蓮如**が北陸・東海・近畿に布教➡一向一揆

テーマ③ 【文化に注目】室町文化期の絵画

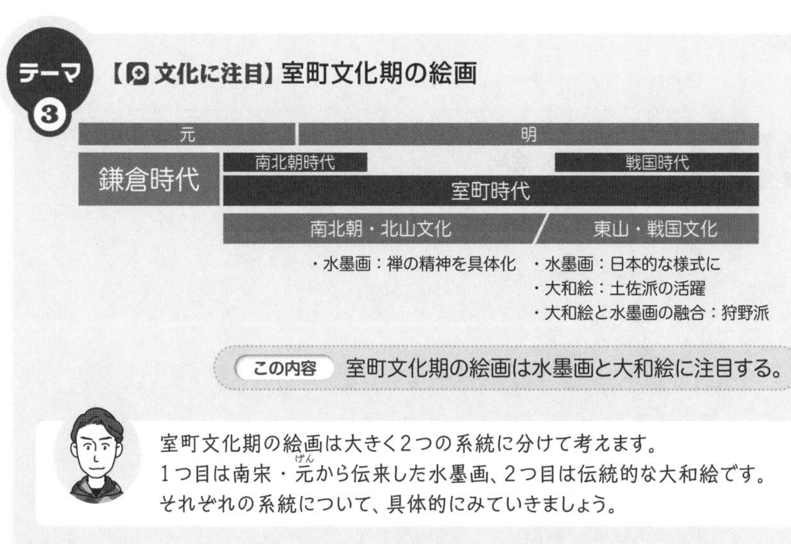

この内容 室町文化期の絵画は水墨画と大和絵に注目する。

室町文化期の絵画は大きく2つの系統に分けて考えます。
1つ目は南宋・元（げん）から伝来した水墨画、2つ目は伝統的な大和絵です。
それぞれの系統について、具体的にみていきましょう。

禅宗文化の一つとして水墨画が伝来し、伝統的な大和絵と融合した

鎌倉後期から南北朝期にかけて、南宋・元から**水墨画**が伝来しました。水墨画とは墨の濃淡による画的表現を主とする単色画のことで、禅とともに日本へともたらされ、禅の精神を具体化するものとして北山文化期に発展を遂げました。東福寺で

仏殿の清掃などを担う殿司役をつとめ兆殿司とも呼ばれた明兆は「五百羅漢図」を描き、相国寺の**如拙**は、足利義持の求めで禅の公案を具現化した「瓢鮎図」を描きました。また、幕府御用絵師*1 となった**周文**は「寒山拾得図」を描きました。

▼秋冬山水図（雪舟）

東山文化期には水墨画がますます盛んとなりました。相国寺で周文に水墨画を学んだ**雪舟**は明から帰国後、山口を本拠として日本の自然を描くなど、禅画の制約を超越した日本的な水墨画の様式を確立しました。雪舟の代表作には、「秋冬山水図」や「天橋立図」などがあります。

一方、平安時代中期に発達した日本の風物を描く大和絵［➡ p.120］も流行し、15 世紀後半に**土佐光信**が宮廷絵所預*2 となり、大和絵を代表する画派として**土佐派**を確立しました。

大和絵の画法を基礎として水墨画の様式を融合した新しい画風を誕生させたのが**狩野派**です。**狩野正信**・**元信**父子は幕府御用絵師となって、狩野派隆盛の基盤を固めました。

この後、狩野派は江戸時代にいたるまで画壇の中心的な存在となります。

テーマ③まとめ　室町文化期の絵画

① 水墨画
（北山）禅の精神を具体化
　如拙「瓢鮎図」
　周文「寒山拾得図」
（東山）禅画の制約を超えて、日本的な様式を確立する
　雪舟「四季山水図（巻）」、「天橋立図」

② 大和絵
（東山）土佐派：**土佐光信**（宮廷絵所預）

③ 大和絵と水墨画の融合
（東山）狩野派：**狩野正信**・**元信**（幕府御用絵師）

用語
＊1 御用絵師…幕府や諸大名に仕えた画家。
＊2 宮廷絵所預…宮廷の絵画制作を担当する役所（絵所）の長。

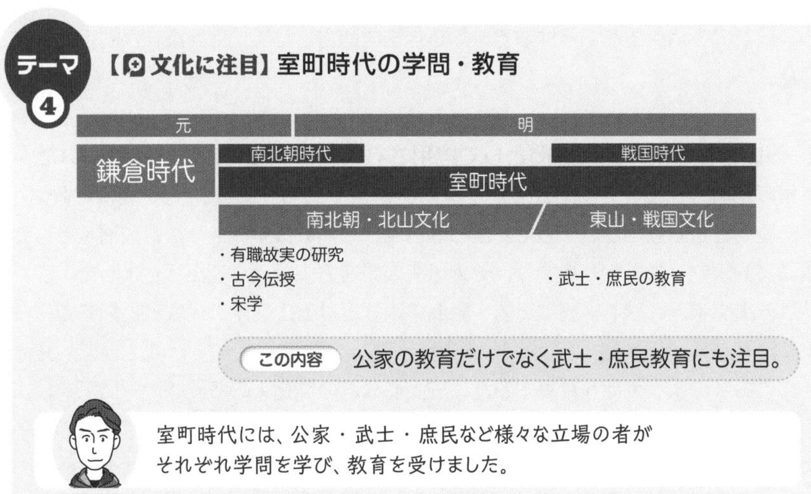

有職故実が公家の間で学ばれたほか、古今伝授が武士・公家の間で行われた

南北朝期、建武の新政が行われたことにより公家の間で平安時代以来の儀式・先例を学ぶ有職故実の研究が進み、後醍醐天皇〔➡p.175〕の『建武年中行事』や北畠親房〔➡p.179〕の『職原抄』が生まれました。東山文化期には、一条兼良が『公事根源』を著して有職故実を明らかにしようとしました。

平安時代末期頃から公家の間では古今和歌集の読み方や解釈を秘伝とする傾向があり、鎌倉時代に入ると和歌を家業とする二条家では古今和歌集の解釈を秘事として代々相承するようになりました。15世紀後半には美濃国の武士で二条派の歌人でもあった東常縁は連歌師の宗祇に秘事を伝えました。これが古今伝授の始まりです。

一条兼良は当代一の学才といわれ、様々なジャンルで成果を残しています。足利義尚の諮問に応え、**『樵談治要』**で政道を説いたことや、『源氏物語』の注釈書である**『花鳥余情』**を著したことをおさえておきましょう。

武士は儒学、一部の庶民は読み書きを学んだ

室町時代には、武士や庶民の間で教育が発達しました。15世紀前半、関東管領の上杉憲実〔➡p.214〕が下野国に足利学校を再興すると、円覚寺の僧を招いて責任者としました。全国の武士が集まって儒学や易学*などを学び、後に宣教師のザビエル〔➡p.236〕は足利学校を「坂東の大学」として西洋に紹介しました。

武士は子弟を寺院に預けて教育を受けさせるようになりました。その際、往復一対の手紙の形式をとった往来物と呼ばれる教科書である『庭訓往来』が用いられました。一方、惣村の有力農民や町衆の間では識字能力が求められるようになったた

用語 *易学…易（占いの一つ）を研究する学問。

め、日常の生活用語をいろは順で分類した国語辞書として『節用集』が刊行されました。

五山僧は幕府の政治顧問として登用され、戦国大名に招かれる者もいた

室町幕府の保護を受けた五山派の禅僧は中国語に秀でていたため、幕府の政治・外交顧問として登用されました。彼らは日常から熱心に学問を修め、政治学として漢詩文や宋学（朱子学）を学び、その研究成果を五山版として出版しました。これらは五山文学と呼ばれ、義堂周信・絶海中津などは五山文学の代表者として知られます。

応仁の乱により京都が荒廃すると、五山僧などの文化人の多くは地方に下向しました。なかでも南禅寺の僧桂庵玄樹は肥後の菊池氏や薩摩の島津氏に招かれて朱子学を講義し、薩南学派の祖となりました。一方、相国寺の僧万里集九は太田道灌の招きで江戸へ赴き、漢詩文などを講義しました。

室町時代の学問・教育

1. 有職故実（儀式・先例の研究）
   （南北朝）**『建武年中行事』**・**『職原抄』**（東山）**『公事根源』**
2. **古今伝授**（『古今和歌集』の秘事口伝）
   東常縁（武士）➡宗祇（連歌師）➡三条西実隆（公家）
3. 武士・庶民の教育
   足利学校の再興（関東管領・**上杉憲実**）〔下野〕
   教科書：**『庭訓往来』**　辞書：**『節用集』**
4. 宋学（鎌倉末期に禅僧により伝来➡地方都市へ伝播する）
   （北山）**義堂周信**・**絶海中津**（五山文学）
   （東山）**桂庵玄樹**（薩南学派）

テーマ5 【文化に注目】室町時代の庶民文化

・民衆芸能・文学（能・舞踊・小唄）
・茶道・花道
・連歌

この内容 能や茶道・花道など、現代にもつながる文化が生まれる。

室町時代には、経済力をつけた庶民の間に芸能や生活文化が広がり、現代にもつながる日本文化が生まれました。

庶民は猿楽能を楽しみ、舞踊や小歌にも興じた

院政期に登場した田楽や猿楽〔➡ p.162〕は室町文化期に洗練され、幽玄の世界観を持つ**猿楽能**（能楽、能）として完成しました。芸能者は座を結成して大寺社に所属し、その舞は法会や祭礼に取り入れられました。興福寺や春日社に奉仕した観世座・宝生座・金剛座・金春座は**大和猿楽四座**と総称され、なかでも観世座の**観阿弥・世阿弥**は足利義満の保護を受けました。世阿弥は**『風姿花伝』**（花伝書）や『申楽談儀』を著して能の真髄を芸術理論として示しました。能の合間には滑稽なせりふで庶民の生活を題材とした**狂言**が演じられ、笑いを誘いました。

民衆の地位が上昇するにつれ、能や狂言が各地の祭りで演じられる一方、3人で謡いながら舞う**幸若舞**（曲舞）や大人数で仮装して踊る風流踊りや念仏踊りも広く行われ、それらが融合して盂蘭盆*の頃に精霊を慰める**盆踊り**が生まれました。

室町時代後期には民間の流行歌は小歌と呼ばれ、小歌を集めた**『閑吟集』**も編纂されました。一方、仏教色の強い庶民的な短編物語を集めた**御伽草子**も生まれ、『一寸法師』、『浦島太郎』、『物くさ太郎』など、今にも伝わる物語が作られました。

Q 猿楽能は具体的にどのような芸能だったのでしょうか？

A 猿楽能は、能装束を身に着けた役者と笛・小鼓・大鼓・太鼓などを伴奏する囃子方によって構成された芸能で、歴史の敗者にスポットを当てたシナリオが多く作られました。

旧石器
縄文
弥生
古墳
飛鳥
奈良
平安
鎌倉
室町
安土・桃山
江戸
明治
大正
昭和
平成
令和

用語 ＊盂蘭盆…現在の盆。当時は旧暦で7月15日頃だった。

室町時代前期には闘茶、室町時代後期には侘茶が流行した

茶を飲む行為は禅僧の修行の一つで、鎌倉時代に栄西は『喫茶養生記』を源実朝〔➡ p.145〕に献上して茶の薬効を紹介しました。南北朝期には、ばさらの影響を反映して在京の守護などにより茶の品種を言い当てる**闘茶**が流行しました〔➡ p.223〕。

15世紀後半には茶道のなかに禅の精神が取り入れられ、厳かな点前で抹茶を客にもてなす**侘茶**が広がります。大徳寺の禅僧一休宗純の弟子である**村田珠光**は侘茶の基礎を築き、堺の商人**武野紹鷗**がこれを受け継ぎました。一方、花道は仏に花を供える供花から始まりましたが、次第に仏教とは切り離されるようになり、**池坊専慶**は床の間を飾り立てる鑑賞用の立花を完成させました。

貴族や武士の間で行われた連歌は、しだいに庶民にも広まっていった

連歌は和歌の上の句（5・7・5の長句）と下の句（7・7の短句）を別人が交互に詠み継ぐ文芸で、長いものでは50句・100句と詠み連ねられました。茶寄合と同様、貴族や武士が身分を超えて集まり、即興で連歌を詠み継いで交流を深めました。室町時代前期に**二条良基**は準勅撰の連歌集である**『菟玖波集』**を編集したほか、規則書にあたる**『応安新式』**を集大成すると、連歌は和歌と対等な地位を得るようになりました。

室町時代後期には**宗祇**が芸術的な正風連歌を確立して**『新撰菟玖波集』**をまとめ、弟子たちと『水無瀬三吟百韻』という作品をつくって連歌の普及に努めました。京都郊外の山崎に隠棲した**宗鑑**は自由な庶民的精神を根本とする俳諧連歌をつくり出して**『犬筑波集』**をまとめました。この俳諧連歌は江戸時代に発展し、俳句というジャンルを生み出しました〔➡ p.308〕。

室町時代の庶民文化

① 民衆芸能・文学
猿楽能：**観阿弥・世阿弥**が完成、大和猿楽四座
舞踊：幸若舞（曲舞）、風流踊り＋念仏踊り➡盆踊り
小歌：**『閑吟集』**　短編物語：**御伽草子**（仏教色が強い）

② 茶道・花道（精神的な深さを味わう）
侘茶（**村田珠光**・武野紹鷗）・立花（池坊専慶）

③ 連歌（貴族の素養➡庶民に広まる）
振興：**二条良基**（**『菟玖波集』**・**『応安新式』**（規則書））
発展：**宗祇**（**『新撰菟玖波集』**（正風連歌））
　　　宗鑑（**『犬筑波集』**（俳諧連歌））

確認問題

1 年代配列問題にチャレンジ

(1) 次の文Ⅰ～Ⅲについて、古いものから年代順に正しく配列したものを、後の①～⑥のうちから一つ選んで記号で答えなさい。

Ⅰ 関東管領上杉憲実によって足利学校が再興された。
Ⅱ 将軍の保護を受けた観阿弥・世阿弥が猿楽能を完成させた。
Ⅲ 桂庵玄樹は、肥後の菊池氏や薩摩の島津氏に招かれて儒学を講じ、薩南学派のもとを開いた。

① Ⅰ－Ⅱ－Ⅲ　② Ⅰ－Ⅲ－Ⅱ　③ Ⅱ－Ⅰ－Ⅲ
④ Ⅱ－Ⅲ－Ⅰ　⑤ Ⅲ－Ⅰ－Ⅱ　⑥ Ⅲ－Ⅱ－Ⅰ

(2) 次の文Ⅰ～Ⅲについて、古いものから年代順に正しく配列したものを、後の①～⑥のうちから一つ選んで記号で答えなさい。

Ⅰ 宗鑑が自由な気風を持つ俳諧連歌を作り出し、『犬筑波集』を編集した。
Ⅱ 宗祇が正風連歌を確立し、『新撰菟玖波集』を編集した。
Ⅲ 二条良基が連歌の規則書である『応安新式』を制定した。

① Ⅰ－Ⅱ－Ⅲ　② Ⅰ－Ⅲ－Ⅱ　③ Ⅱ－Ⅰ－Ⅲ
④ Ⅱ－Ⅲ－Ⅰ　⑤ Ⅲ－Ⅰ－Ⅱ　⑥ Ⅲ－Ⅱ－Ⅰ

2 探究ポイントを確認

(1) 禅宗では五山派が室町幕府によって保護を受けたが、室町幕府が衰退すると仏教界ではどのような勢力が台頭したか。

(2) 室町時代には、寄合の文化によって身分を超えた交流が深められた。その具体的な事例についていくつか説明せよ。

解答

1 (1) ③　(2) ⑥

2 (1) 禅宗では、自由な活動を行う林下が地方布教を行った。日蓮宗の信者は法華一揆を結んで京都で影響力を強め、延暦寺と衝突した。一方、一向宗の蓮如は北陸・東海・近畿の農村に信者を獲得した。(89字)
(2) 公家や武士たちの間で茶寄合が開かれたほか、床の間に飾る花を鑑賞する立花が行われた。他にも連歌が身分を問わず愛好された。(59字)

第20講 織豊政権

この講から近世がスタートします。織豊政権とは、織田信長と豊臣秀吉が担った政権のことです。**戦国の動乱は織田信長と豊臣秀吉によって統一**され、次の**江戸時代の基礎となる仕組みが整います**。一方、**16世紀にはヨーロッパ諸国が東アジアに進出**してきており、新しい貿易が始まり、新しい文化も流入してきます。

時代の**メタマッピング**と**メタ視点**

外交 ➡テーマ①

16世紀の環シナ海域と南蛮貿易

16世紀に**ヨーロッパ諸国が東アジアに進出をはじめ**、貿易を行う者も現れた。

政治 ➡テーマ③

豊臣秀吉の統一事業

豊臣秀吉は1590年に**天下統一を果たした**。統一においては天皇権力を利用した。

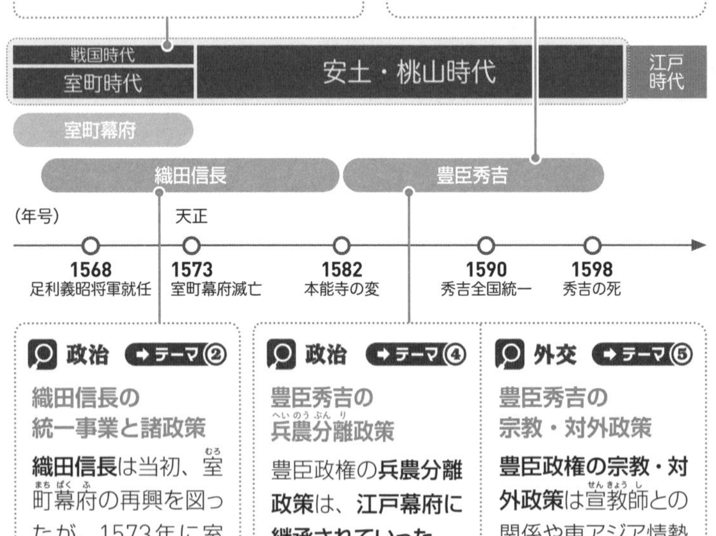

政治 ➡テーマ②

織田信長の統一事業と諸政策

織田信長は当初、室町幕府の再興を図ったが、1573年に室町幕府を滅ぼした。

政治 ➡テーマ④

豊臣秀吉の兵農分離政策

豊臣政権の**兵農分離政策**は、**江戸幕府に継承されていった**。

外交 ➡テーマ⑤

豊臣秀吉の宗教・対外政策

豊臣政権の宗教・対外政策は宣教師との関係や東アジア情勢に注目する。

テーマ1 【外交に注目】16世紀の環シナ海域と南蛮貿易

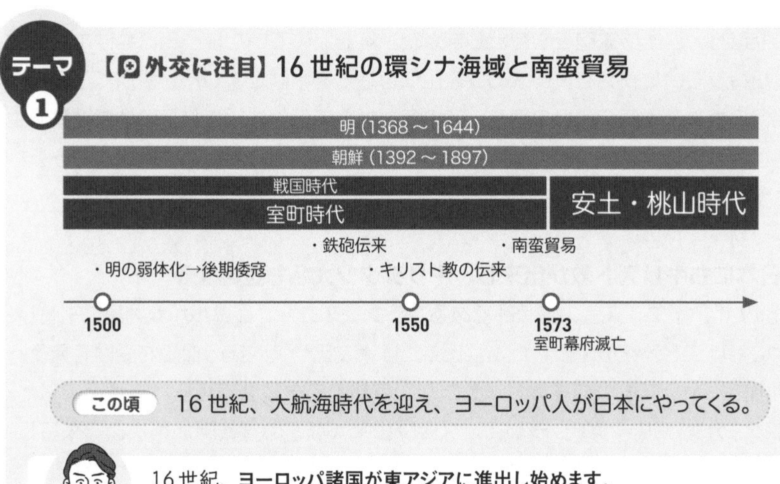

この頃 16世紀、大航海時代を迎え、ヨーロッパ人が日本にやってくる。

16世紀、**ヨーロッパ諸国が東アジアに進出し始めます。**
日本人はポルトガル人・スペイン人などの南蛮人と交流を深め、
南蛮貿易に従事する者が現れました。

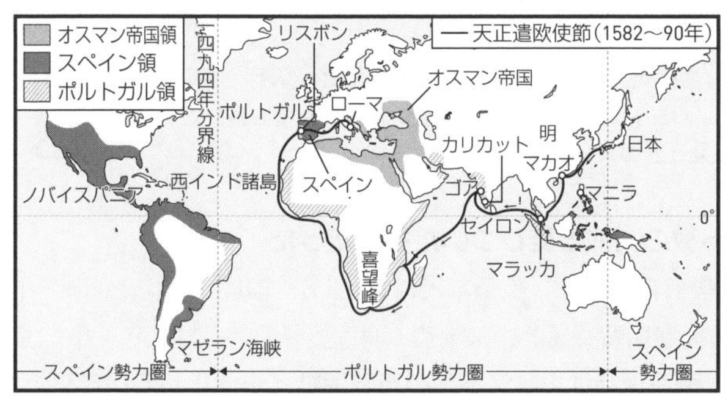

◀16世紀の世界

16世紀、ヨーロッパ人の東アジア進出と日本への来航が始まる

明は海禁政策をとって中国人の海外渡航や民間貿易を禁じ、周辺諸国と朝貢形式の貿易のみ認めていました［➡ p.191］。ところが、16世紀に入ると、明の弱体化とともに中国人を中心とする**後期倭寇**が活動を活発化させ、環シナ海域で密貿易を行いました。

このような状況のもと、大航海時代を迎えた**ポルトガル**や**スペイン**が東アジア海域に進出してきました。ポルトガルはインド西海岸の**ゴア**を経由してマレー半島のマラッカや中国の**マカオ**を拠点とし、スペインはアメリカ大陸へ進出した後に太平洋を渡ってルソンに勢力を伸ばし、**マニラ**を拠点としました。そして彼らは後期倭寇と競合する形で中継貿易に参入しました。

1542年あるいは1543年、ポルトガル人を乗せた中国人倭寇の王直の船が**種子**

島に漂着し、日本に**鉄砲**をもたらしました。島を治めていた種子島時堯はポルトガル人が持っていた鉄砲を買い求め、家臣に製造法を学ばせました。やがてこの技術は紀伊の**根来**・**雑賀**、和泉の**堺**、近江の**国友**などに伝わり、これらの地域は鉄砲生産地となりました。鉄砲の普及により足軽鉄砲隊を組織した新しい戦闘法もみられるようになりました。

日本にもキリスト教が伝来し、キリシタン大名も登場する

1549年、**イエズス会**の宣教師である**フランシスコ＝ザビエル**が鹿児島に来航し、日本にキリスト教を伝えました。ザビエルは大友氏や大内氏の保護を受けて豊後府内や山口にキリスト教を布教しましたが、京都での布教は認められませんでした。その後、**ガスパル＝ヴィレラ**や**ルイス＝フロイス**などの宣教師が相次いで来日し、布教に努めました。キリスト教の洗礼を受けた**大友義鎮**・**有馬晴信**・**大村純忠**のキリシタン大名は、イエズス会の巡察師*ヴァリニャーノの勧めにより、1582年、少年使節をローマ教皇のもとに派遣しました（**天正遣欧使節**）。

Q 宣教師はどのようにしてキリスト教を布教したのですか？

A 例えば、宣教師を養成する学校を建てました。高等学校は**コレジオ**、初等学校は**セミナリオ**と呼ばれます。他にも**南蛮寺**と呼ばれる教会堂を建てたほか、病院を設けるなどの社会事業も進めました。

南蛮貿易はキリスト教の布教と結びついたものだった

16世紀半ば以降、豊後府内・平戸・長崎などに来日したポルトガル人やスペイン人との間で行われた貿易を**南蛮貿易**といいます。南蛮貿易の特色は大きく2つ挙げられます。1点目に、**南蛮貿易はキリスト教の布教活動と一体化していました。**すなわち、布教を認めた地域にしか商人はやってきませんでした。戦国大名のなかには、貿易の利益を求めて宣教師の布教を認める者もいました。2点目に、**南蛮貿易は中継貿易の形態をとっていました。**彼らは中国などで買い付けた**生糸**やヨーロッパの火薬・鉄砲などを日本にもたらして売りさばいていました。一方、日本からは**石見大森銀山**などで大量に採掘された**銀**や刀剣を手に入れようとしました。また、日本人が奴隷として売られることもありました。

Q どうしてヨーロッパで大航海時代が起こったのですか？

A ポルトガルやスペインは金銀などの資源や香辛料を手に入れるとともに、キリスト教を世界に広めるためにアメリカ大陸やアジアに進出しました。

用語 ＊巡察師…布教状況の調査のためイエズス会が派遣した宣教師。

テーマ① まとめ 16世紀の環シナ海域と南蛮貿易

① 16世紀の東アジア情勢
明が弱体化する➡**後期倭寇**が密貿易を行う

② 南蛮人の東アジア進出
ポルトガル：インドの**ゴア**から中国の**マカオ**へ（1557）
スペイン：アメリカ大陸からルソンの**マニラ**へ
鉄砲伝来（1542or1543）、**キリスト教**の伝来（1549）

③ 南蛮貿易（豊後府内・平戸・長崎など）
特色：キリスト教の布教と一体化、中継貿易を行う
主要貿易品：輸入━中国産**生糸**・火薬・鉄砲
輸出━日本産**銀**〔石見大森産など〕・刀剣

テーマ② 【政治に注目】織田信長の統一事業と諸政策

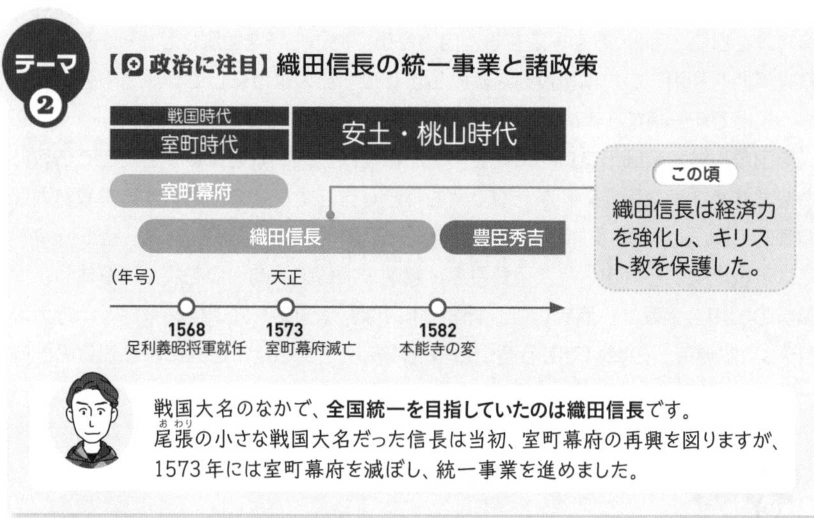

戦国大名のなかで、**全国統一を目指していたのは織田信長**です。
尾張（おわり）の小さな戦国大名だった信長は当初、室町幕府の再興を図りますが、1573年には室町幕府を滅ぼし、統一事業を進めました。

信長の目指した「天下（てんか）」とは？

尾張の守護代（しゅごだい）を務めていた織田家内部の争いに勝利した**織田信長**は、全国統一事業を進めていきました。1560年、駿河（するが）の**今川義元**（いまがわよしもと）を**桶狭間**（おけはざま）**の戦い**で破り武名をあげると、三河（みかわ）の**徳川家康**（とくがわいえやす）と同盟を結び、美濃（みの）の斎藤（さいとう）氏を滅ぼして岐阜を拠点としました。この頃、信長は「**天下布武**（ふぶ）」の印を用いましたが、この「天下」は京都を中心とした畿内（きない）周辺を指すと考えられ、信長が上洛（じょうらく）*の意志を示したものといえます。1568年、信長は**足利義昭**（あしかがよしあき）を奉じて入京（にゅうきょう）し、義昭を将軍職に就けましたが、やがて

用語 ＊上洛…地方から京都に行くこと。

両者は対立することになります。1570 年には姉川の戦いで朝倉義景・浅井長政連合軍を破り、朝倉・浅井側についた**延暦寺**を焼打ちにし、1573 年には足利義昭を京都から追放しました（室町幕府の滅亡）。

1575 年、信長は**長篠の戦い**で甲斐の**武田勝頼**（武田信玄の子）を破り、水陸交通の要衝である近江に**安土城**を築きました。1582 年には天目山の戦いで武田氏を滅ぼして中部地方を制圧しましたが、中国地方の毛利氏を攻めていた**羽柴秀吉**の救援のため京都本能寺に宿泊したところ、家臣の**明智光秀**の謀反にあって自害しました。これを**本能寺の変**といいます。

続いて、織田信長政権の経済政策や宗教政策について
みていきましょう。

信長の経済政策・宗教政策に注目する

信長は美濃加納や安土の城下町で**楽市令**を発布し、独占的な販売権を持つ座を廃止して自由な経済活動を認めたほか、関所を撤廃するなどして物資流通の円滑化を図りました。また、**撰銭令**を出して貨幣間の交換率を公定し、商取引を活発にしました。さらに、近畿地方を平定すると自治都市であった**堺**を屈服させ、豪商〔➡ p.300〕の経済力を利用しつつ南蛮貿易を奨励しました。このようにして経済力の強化に努めることで統一事業を進めていったのです。

織田政権は宣教師の**フロイス**を登用するなどキリスト教を保護することで仏教勢力をおさえ、南蛮貿易の利益を取り込もうとしました。一方、対抗する宗教勢力は徹底的に弾圧しました。特に、北陸・東海・近畿地方で成長した**一向一揆**〔➡ p.208〕には苦戦を強いられました。伊勢長島・越前・加賀の一向一揆を次々に解体し、本願寺の**顕如**を大坂から追放して、1580 年には、諸国の一向一揆を率いていた大坂（石山）本願寺との戦いである**石山戦争**を終結させました。これにより加賀の一向一揆も壊滅しました。

織田信長の統一事業と諸政策

① 統一事業（～ 1582）
東海・近畿・北陸・中部を制圧する
15 代将軍**足利義昭**を擁立➡後に対立して義昭を京都から追放（1573）
一向一揆の解体を行う（伊勢長島・越前・加賀など）

② 経済政策
楽市令〔美濃加納・安土〕・**撰銭令**を出す
堺を直轄化する➡南蛮貿易を奨励する

③ 宗教政策
キリスト教を保護する（**フロイス**を登用）
対立する仏教勢力を弾圧する（**延暦寺**・一向一揆）

テーマ3 【政治に注目】豊臣秀吉の統一事業

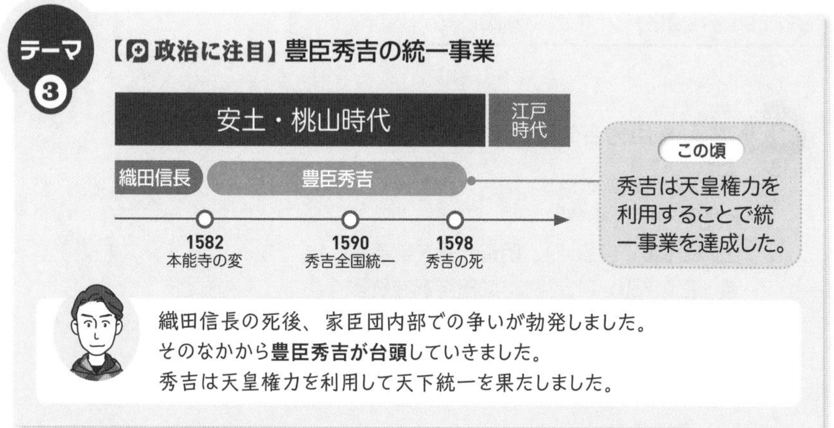

秀吉は信長の後継者としての地位を確立し、天皇権力を利用した

1582年、中国地方で毛利氏と交戦中に本能寺の変を知った羽柴秀吉は毛利氏と和睦して畿内へ引き返し、**山崎の戦い**で**明智光秀**を討ち取ると、翌1583年には**賤ヶ岳の戦い**で**柴田勝家**を滅ぼし、政権の拠点となる**大坂城**を築きました。さらに1584年、**小牧・長久手の戦い**を契機に**織田信雄**・**徳川家康**を服属させ、織田信長の後継者としての地位を確立すると、翌1585年には**長宗我部元親**を破り、四国を平定しました。

その後、**秀吉は天皇権威を利用する形で全国統一事業を進めていきました。**1585年、秀吉は**関白**に就任すると、諸大名を朝廷の官位につけて彼らを秩序づけていきました。翌1586年には**太政大臣**となり、**後陽成天皇**から豊臣姓を賜って朝廷と協調関係を深めました。1588年には京都の邸宅である**聚楽第**に天皇を迎え、諸大名に対して天皇への忠誠を求め、従わない大名を討伐する名目を得ました。

1587年、秀吉は服属した豊後の大友氏らの要請に応じる形で九州へ大軍を派遣し、**島津義久**を降伏させ九州を平定しました。その後、秀吉は関東を支配する後北条氏に対して降伏を勧めたものの応じなかったため、1590年には**小田原攻め**を実施して後北条氏を滅ぼしました。さらに、東北地方の大名に対しては、臣従した**伊達政宗**の所領を安堵する一方で小田原攻めに参陣しなかった大名の領地を没収するなどして奥州を平定し、ついに全国統一事業を達成しました。

●黒丸…信長
●青丸…秀吉

❿本能寺の変
❺延暦寺焼打ち
❽安土城築城
❸姉川の戦い
③賤ヶ岳の戦い
❷稲葉山城の戦い
②山崎の戦い
❹石山戦争
①毛利輝元と和睦
⑩奥州平定
❾天目山の戦い
⑨小田原攻め
⑤小牧・長久手の戦い
❼長篠の戦い
⑦四国平定
⑥紀伊平定
❶桶狭間の戦い
⑧九州平定
④大坂城築城
❻伊勢長島一向一揆鎮圧

◀信長・秀吉の統一過程

信長の事業、
秀吉の事業を
地図で確認して
おきましょう。

豊臣秀吉の統一事業

① 織田政権の後継争い
山崎の戦い（1582）：**明智光秀**を破る
賤ヶ岳の戦い（1583）：**柴田勝家**を破る
小牧・長久手の戦い（1584）：**徳川家康**・織田信雄と対戦➡和睦

② 天皇権威の利用（**後陽成天皇**との協調）
関白に就任する（1585）・**太政大臣**に就任する（1586）

③ 統一事業の完成
九州平定（1587）：**島津義久**を服属させる
小田原攻め（1590）：後北条氏を滅ぼす
奥州平定（1590）：**伊達政宗**らを服属させる

テーマ 4 【政治に注目】豊臣秀吉の兵農分離政策

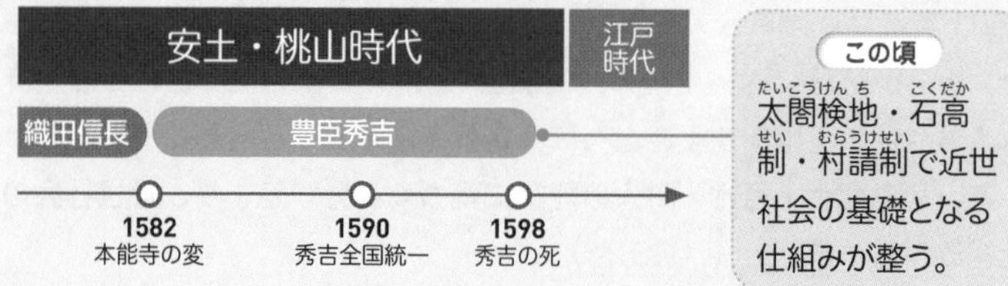

豊臣秀吉は、**身分ごとに居住地や職業を固定する兵農分離政策**を進めていきました。一連の政策は江戸時代にも継承されていきます。

秀吉の行った検地により石高制が成立した

秀吉は征服地で次々と検地を実施しました。秀吉の実施した検地は**太閤検地**と呼ばれ、実施の過程で全国の大名に対して国絵図や御前帳を提出させ、土地支配を徹底しました。一方、検地奉行が耕地を実地調査し、物差しや枡の単位を統一しました。面積の単位は、**6尺3寸**（約191cm）を1間とし、1間四方の面積を1歩、1畝＝30歩、1段（反）＝10畝、1町＝10段としました。一方、枡は**京枡**に統一し、1石＝1000合（約180ℓ）としました。その上で田畑の等級として1段あたりの標準収穫高である**石盛**を定め、土地の生産力を米量で表示する**石高**（石盛×面積）を定めました。**石高は諸大名や家臣団への領地の配分や軍役を賦課する時の基準とされたほか、農民に対する税負担の基準にも利用されました。これを石高制といいます。**

太閤検地では、村の境を画定する**村切**が行われて行政単位としての新しい村が形成され、村高に応じて村の連帯責任により年貢・諸役が納入されました（**村請制**）。一方、**一地一作人**の原則のもとで実際の耕作者が**検地帳**に登録されました。検地帳に登録された百姓は、田畑を耕作する権利が認められる一方、領主である大名に年貢を納めることを義務付けられました。これにより有力農民である名主が下級農民である作人から独自の税を中間搾取することが否定されるとともに、中世を通じて存続した荘園制は完全に解体しました。こられの一連の検地を天正の石直しと呼びます。

律令制下の条里制では1段＝360歩でしたが、太閤検地では**1段＝300歩**となるので気を付けましょう。

秀吉は農民による武力の抵抗を無力化していった

豊臣秀吉が実施した検地に対して、しばしば反対一揆が起こりました。1587年、肥後国で起こった一揆を鎮圧すると、翌1588年、秀吉は**刀狩令**を出して農民の武器所持を禁止することで一揆を防止しようとしました。その際、**方広寺**の大仏建立の材料として武器を利用することが名目とされました。

1591年には武家奉公人の百姓・町人化や百姓の町人化を禁止する法令を出しました。翌1592年には、全国の戸口調査*が行われました。これらは朝鮮出兵に必要な人員や兵粮を確保するとともに、身分を固定することがねらいであったようです。こうして**武士・百姓・町人の職業に基づく身分が定まり、近世社会の基礎となる仕組みが整いました（兵農分離）**。

Q 秀吉の都市政策で重要なポイントは何かありますか？

A 秀吉は、大坂や長崎など重要都市を蔵入地と呼ばれる直轄領とし、豪商と結んで商業の振興を図りました。戦国時代から開発の進んだ鉱山も主要なものを直轄化し、**天正大判**などを鋳造しました。

豊臣秀吉の兵農分離政策

① **太閤検地**（天正の石直し）
大名は国絵図・御前帳を提出する
石盛（田畑の等級）を画定し、**石高**を算出する
石高制の確立➡軍役や年貢賦課の基準とする
新しい村が形成される（**村切**）➡村請制

② **検地帳**：耕作者を登録する（一地一作人の原則）
刀狩令（1588）：農民の武器所有禁止を定める

③ 一揆防止／**方広寺**の大仏建立を名目とする
身分統制令（人掃令）（1591・92）：戸口調査
武家奉公人の百姓・町人化、百姓の町人化を禁止する

 用語 *戸口調査…戸数と人口を調べること。

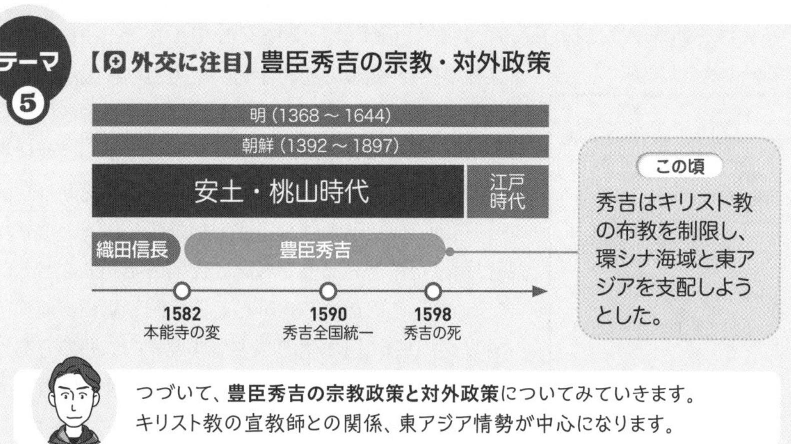

秀吉はキリスト教の信仰は認めたものの布教は制限した

豊臣秀吉は当初、宣教師によるキリスト教の布教を黙認していました。ところが1587年、九州平定の最中にキリシタン大名の大村純忠が長崎をイエズス会に寄進して特権を与えていたことや、日本人が奴隷としてポルトガル商人に売られていることを知りました。すると**秀吉はバテレン追放令を出して宣教師に国外退去を命じました**。ここで気を付けたいのは、秀吉が全国統一の障害となる宣教師を追放しようとしたにすぎないということです。民衆の信仰は認め、諸大名の信仰は許可制としました。しかも、キリスト教の布教と一体化した**南蛮貿易は引き続き奨励したため、キリスト教対策は不徹底に終わりました**。

Q 江戸時代には、布教だけではなく信仰も禁止されますよね？ [➡p.262]

A そうですね。秀吉の時代では、
キリスト教の布教と信仰をしっかりと分けて理解するようにしましょう。

秀吉は環シナ海域と東アジアを支配下に入れようとした

九州平定後、1588年に秀吉は**海賊取締令**（かいぞくとりしまりれい）を出して海上での不法行為を禁じ、後期倭寇を取り締まりました。この法令は環シナ海域における民間商人の中継貿易を統制することで、明に代わって東アジア世界の頂点に立とうとするものでした。さらに、琉球（りゅうきゅう）や高山国（こうざんこく）（台湾（たいわん））・ゴア・ルソンなどに対して、服属と入貢（にゅうこう）を要求しました。

一方、朝鮮に対しては服属を促したほか、明を征服するための協力を要請しました。明の冊封（さくほう）を受けていた朝鮮はこれに従わなかったため、秀吉は肥前（ひぜん）に**名護屋城**（なごやじょう）を築いて朝鮮出兵の準備をしました。1592年、秀吉は小西行長（こにしゆきなが）・加藤清正（かとうきよまさ）らが率いる大軍を朝鮮半島に送り込み、朝鮮の王都**漢城**（現在のソウル）を占領しました（**文禄の役**）。緒戦の勝利を聞いた秀吉は後陽成天皇と関白豊臣秀次を北京に移し東アジアに大帝国をつくる構想を発表しました。ところが、**李舜臣**率いる朝鮮水軍が制海権を握り日本の食糧供給ルートを遮断したほか、各地で義兵と呼ばれる民衆が蜂起し、明の援軍が駆け付けたこともあって戦局は次第に不利になっていきました。このため、休戦して日明間で講和交渉が行われたものの、日本側の要求が非現実的なものであったため交渉は決裂しました。1597 年、秀吉は再び大軍を朝鮮半島に送り込みました（**慶長の役**）。しかし、日本側の戦意はあがらず、翌 1598 年に秀吉が病死すると撤退しました。この 2 度にわたる朝鮮侵略は、日本側では文禄の役、慶長の役と呼ばれたのに対し、朝鮮側では**壬辰倭乱**・**丁酉倭乱**と呼ばれました。

▼文禄・慶長の役関係図

朝鮮出兵のさなか、多くの朝鮮人が捕虜として日本に連行されました。そのなかでも、朝鮮人陶工は陶磁器を日本に伝え、有田焼や萩焼などの御国焼が発達するきっかけとなりました。また、朝鮮の朱子学者姜沆は藤原惺窩 [➡p.304] ら日本の儒学者と交流し、江戸時代に朱子学が広まることにつながりました。

テーマ⑤ まとめ　豊臣秀吉の宗教・対外政策

① **バテレン追放令**（1587）〔博多〕
宣教師の布教を制限する
南蛮貿易は奨励する➡統制は不徹底に終わる

② **海賊取締令**（1588）
後期倭寇の取り締まり➡環シナ海域の支配を企図する
入貢要求：琉球・台湾・ゴア・ルソン

③ 明への侵攻（肥前・名護屋を拠点）（1592～93・1597～98）
文禄の役（1592～93）：漢城攻略／明の援軍、朝鮮水軍の抵抗を受ける
明との講和交渉➡決裂に終わる
慶長の役（1597～98）：秀吉の死を契機に撤退する

確認問題

1 年代配列問題にチャレンジ

(1) 次の文Ⅰ～Ⅲについて、古いものから年代順に正しく配列したものを、後の①～⑥のうちから一つ選んで記号で答えなさい。

Ⅰ 織田信長は顕如を大坂から退去させ、一向宗との争いを終わらせた。
Ⅱ 織田信長は桶狭間の戦いで今川義元を破った。
Ⅲ 織田信長は長篠の戦いで武田勝頼が率いる騎馬隊(きばたい)を破った。

① Ⅰ－Ⅱ－Ⅲ ② Ⅰ－Ⅲ－Ⅱ ③ Ⅱ－Ⅰ－Ⅲ
④ Ⅱ－Ⅲ－Ⅰ ⑤ Ⅲ－Ⅰ－Ⅱ ⑥ Ⅲ－Ⅱ－Ⅰ

(2) 次の文Ⅰ～Ⅲについて、古いものから年代順に正しく配列したものを、後の①～⑥のうちから一つ選んで記号で答えなさい。

Ⅰ 豊臣秀吉は賤ヶ岳の戦いで柴田勝家を破った。
Ⅱ 豊臣秀吉によって朝鮮に軍隊が送り込まれ、漢城を占領した。
Ⅲ 豊臣秀吉は一揆を防止し、農民を農業に専念させるため、刀狩令を発布した。

① Ⅰ－Ⅱ－Ⅲ ② Ⅰ－Ⅲ－Ⅱ ③ Ⅱ－Ⅰ－Ⅲ
④ Ⅱ－Ⅲ－Ⅰ ⑤ Ⅲ－Ⅰ－Ⅱ ⑥ Ⅲ－Ⅱ－Ⅰ

2 探究ポイントを確認

(1) 織田信長と豊臣秀吉はキリスト教宣教師の布教に対して異なる態度をとった。それぞれどのようなものだったか。

(2) 豊臣秀吉の太閤検地によって石高制が成立した。この石高制に基づく大名統制と百姓支配についてそれぞれ述べよ。

解答

1 (1) ④ (2) ②

2 (1) 織田信長は仏教勢力をおさえ、南蛮貿易の利益を得るためにキリスト教宣教師の布教を認めた。秀吉も当初布教を認めていたが、キリスト教が全国統一の妨げになることを恐れ、バテレン追放令を出して宣教師の布教を制限した。(103字)
(2) 大名には領国全体の石高に応じて軍役を課した。百姓には村全体の石高に応じて年貢・諸役(しょやく)を課した。(46字)

幕藩体制の成立

この講から江戸時代に入ります。織田信長・豊臣秀吉に続く徳川家康は、**関ヶ原の戦い・大坂の役を経て江戸幕府を開きます**。ここから江戸幕府が倒れる1867年までを江戸時代と呼びます。**江戸幕府の支配体制である幕藩体制**をまず確認します。政治機構・武家・朝廷・農民の統制方法に分けてみていきます。

時代の**メタマッピング**と**メタ視点**

政治 ➡テーマ①

江戸幕府の武家統制

江戸幕府は関ヶ原の戦いと大坂の役を経て成立した。

政治 ➡テーマ③

江戸幕府の朝廷統制

江戸幕府は朝廷の権威を利用したが、**朝廷を政治には関わらせなかった**。

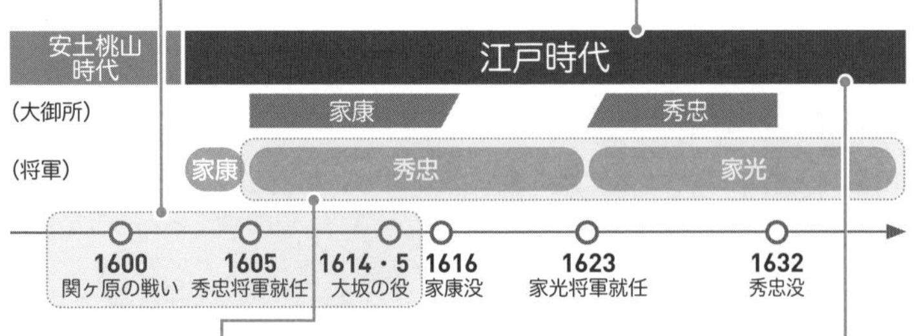

政治 ➡テーマ②

江戸幕府の政治機構

江戸幕府の**政治機構は、2代将軍秀忠・3代将軍家光の頃に整備**された。

社会 ➡テーマ④

江戸幕府の農民統制

中世の惣村と違い、**近世の村は領主によって作られた**。

政治 ➡テーマ⑤

江戸幕府の身分と社会

豊臣政権の政策を継承し、**江戸時代には様々な身分が形成**された。

テーマ1 【政治に注目】江戸幕府の武家統制

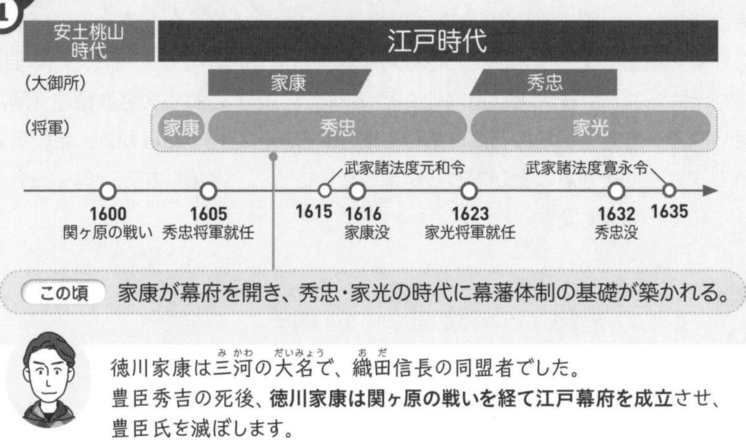

徳川家康が江戸幕府を成立させ、豊臣政権を滅ぼした

豊臣秀吉の死に臨み、豊臣政権を支える政治機構として形成された五大老の筆頭であった**徳川家康**の派閥と五奉行の一人である**石田三成**の派閥による主導権争いが起こりました。家康は福島正則・黒田長政らを従える一方、石田は五大老の一人毛利輝元を盟主として対立を深めました。1600年、両者は美濃の**関ヶ原**で戦い、徳川家康軍が勝利しました（**関ヶ原の戦い**）。

その後、徳川家康は相手側についた大名の**改易**（領地没収）・**減封**（領地削減）・**転封**（領地替え）を行い、大名の配置を大きく変更させました。1603年、家康は征夷大将軍となって江戸幕府を開くと、翌年には**郷帳**と呼ばれる土地台帳と**国絵図**の作成を命じて大名を統制しました。1605年には将軍職を子の**徳川秀忠**に譲り、自身は駿府で**大御所**として実権を握り続けました。一方、豊臣政権は秀吉の子である**豊臣秀頼**が大坂城に残っていましたが、実質的な権力は徳川家康が勝っていました。豊臣氏により建立された方広寺の鐘銘が家康を呪詛しているとして、1614～15年、2度にわたる**大坂の役**（冬の陣・夏の陣）で徳川家康・秀忠は豊臣秀頼を滅ぼしました。

徳川家康の死後、幕藩体制が築かれていった

1616年に大御所の徳川家康が死去すると、2代将軍の徳川秀忠は諸大名に**領知***宛行状**を出して主従関係を確認しました。1623年、3代将軍として**徳川家光**が就任すると、秀忠も父家康と同様に大御所を務めました。この秀忠・家光の時代に幕藩体制の基礎が築かれていきました。

【用語】＊領知…土地・人民を領有し支配する権利。

江戸幕府から1万石以上の領地（藩）を与えられた武士は藩主や大名と呼ばれます。約260～270家の大名のうち、徳川氏一門は親藩、初めから徳川氏の家臣だった者は譜代大名、関ヶ原の戦い前後に従った者は外様大名と分類されました。親藩のなかでも尾張・紀伊・水戸の三家は将軍家を継ぐことができ、譜代大名は要地・要職が与えられ、外様大名は遠隔地に配置されました。**これら大名は領地（藩）を与えられる一方で、領地の石高に応じて軍役や普請役を担ったほか、大名統制令である武家諸法度を守ることが求められました。**さらに大名の居城は一国一城令により1つに限られました。

Q 軍役と普請役はどのような違いがあるのですか？

A 軍役は家臣が主君に対して負う軍事上の負担のことで、軍事動員以外にも一定数の兵馬を常備することが求められました。普請役は江戸城の修築や河川工事などを負担することです。

幕府と直接主従関係を結んだ武士は、大名以外にも直属の家臣である旗本・御家人がいました。旗本は将軍とのお目見えが許され、御家人にはお目見えが許されなかった点が異なります。一部の上級旗本には領地（旗本知行地）が与えられましたが、多くの旗本と御家人は領地ではなく米（俸禄米）が支給されました。ともに知行高*1万石未満の幕臣で、彼らは幕府の軍事力の一端を担う一方で、旗本は譜代大名とともに幕府の要職を担いました。

大名も家臣である藩士との間に主従関係を築きました。当初、大名のなかには家老などの有力な藩士に藩の領地の一部を与える地方知行制をとる者もいましたが、しだいに藩士に対して年貢米の一部を俸禄米として支給する俸禄制が定着していきました。

用語 *知行高…江戸時代の、所領地の石高のこと。

テーマ① まとめ

江戸幕府の武家統制

幕府 ←→ 直参（1万石未満）
- 旗本（知行地／蔵米）
- 御家人（蔵米）

幕府 → 大名：領地（藩）
大名 → 幕府：
- **軍役・普請役**
  - 石高に応じて賦課
- **武家諸法度**の遵守
  - 将軍の代替わりに発布
  - **元和令**(1615)・**寛永令**(1635)など

大名（1万石以上）←→ 藩士
- 親藩：徳川氏一門（三家など）
- 譜代大名：要地・要職
- 外様大名：遠隔地

藩士：
- 上級藩士（藩の領地の一部➡俸禄米）
- 一般藩士（俸禄米）

史料を読んでみよう！ ―武家諸法度―

◇ 元和の武家諸法度

一、文武弓馬の道(注1)、専ら相嗜むべき事。……

一、諸国の居城修補を為すと雖も、必ず言上すべし。況んや新儀(注2)の構営堅く停止令むる事。……

一、私に(注3)婚姻を締ぶべからざる事。……

（『御触書寛保集成』）

（注1）学問と武道。　（注2）新たに。　（注3）許可なく。

◇ 寛永の武家諸法度

一、大名小名(注1)、在江戸交替、相定る所也。毎歳夏四月(注2)中参勤致すべし。従者の員数近来甚だ多し。且は国郡の費、且は人民の労也。向後其の相応を以て、之を減少すべし。……

一、五百石以上の船停止の事

（『御触書寛保集成』）

（注1）将軍から1万石以上の領知（土地・人民の支配権）を与えられた領主を大名という（小さな領知の大名を小名といった）。　（注2）旧暦では4・5・6月が夏。

1615年、崇伝（金地院崇伝）の起草により徳川秀忠の名で発せられた武家諸法度は元和令と呼ばれます。元和令では学問と武道の奨励に始まり、城郭を無断で修築することや新たに築くこと、幕府の許可なく結婚することなどを禁止しました。以後、武家諸法度は将軍の代替わりに発令されました。

1635年には、林羅山［➡p.304］の起草により3代将軍徳川家光の名で寛永令が発せられました。寛永令では、**大名に原則として1年おきに江戸に滞在することを義務づける参勤交代を制度化して主従関係を確認しました**。大名は江戸と国元*との二重生活によって経済的に苦しめられたため、**大名の財政は窮乏したものの、江戸や宿駅は繁栄しました**。他にも、500石以上を積むことができる大船の建造禁止を成文化し、大名が軍艦を持つことを抑制しました。

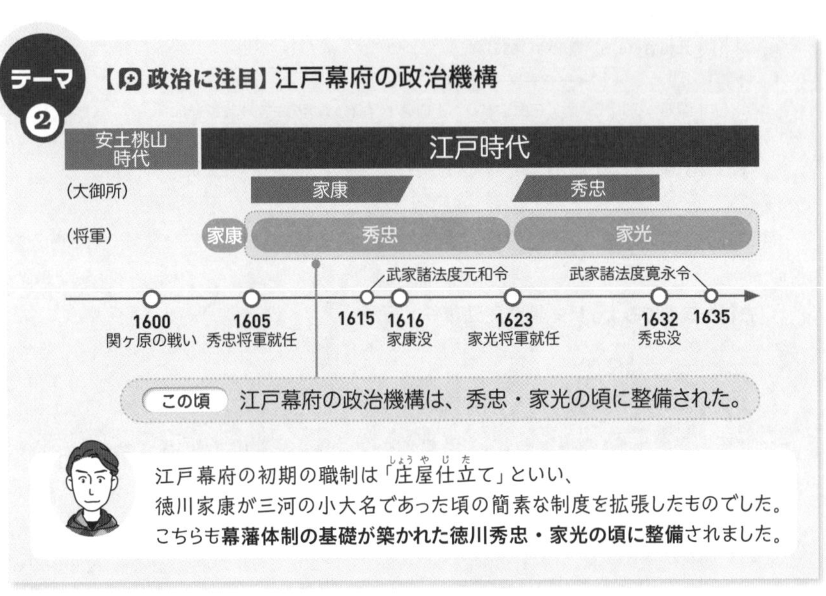

▶江戸幕府の仕組み

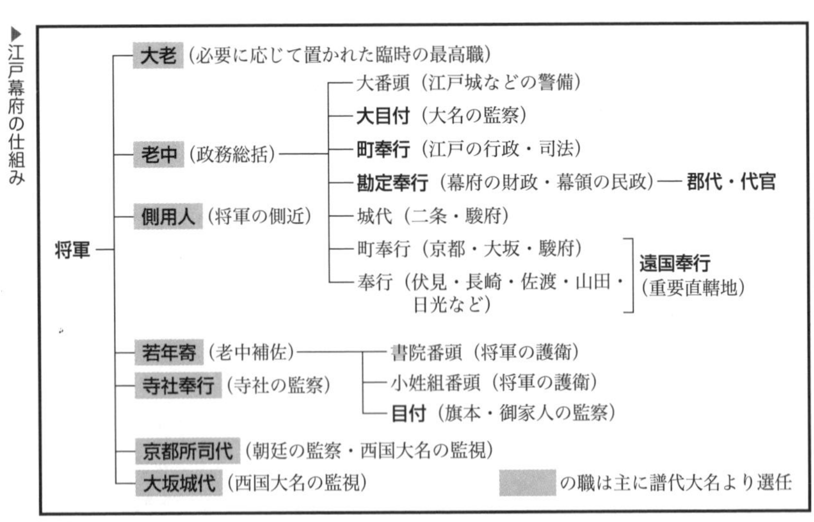

用語 ＊国元…大名の本国を指す。

江戸幕府の政治機構の特徴は、譜代大名・旗本だけが要職に就いたこと

幕府の運営は将軍を頂点として譜代大名・旗本に幕府の要職を担わせる一方、親藩や外様大名を幕政に参与させませんでした。まず、将軍に任じられた3～5名の**老中**が幕政を統轄し、老中を補佐する**若年寄**が旗本・御家人を統制しました。臨時の最高職として**大老**が置かれることもありました。これら大老・老中・若年寄はいずれも譜代大名が担い、重要事項は協議の上将軍の裁可を得る必要がありました。大老以外の役職は複数人で構成され、**月番交代**を原則としました。

それ以外にも寺社を管理する**寺社奉行**、幕領*の民政や関八州（関東8ヵ国）の訴訟を担当する**勘定奉行**、江戸の行政・司法・警察を管轄する**町奉行**の**三奉行**が置かれ、それぞれが裁判権を持っていました。裁判に関する重要事項は三奉行と老中などによって構成される**評定所**の合議を経て決定されました。さらに老中の下の**大目付**は大名を、若年寄傘下の**目付**は旗本・御家人をそれぞれ監察し、彼らに幕府の法令を伝える役割も担いました。

地方組織としては、朝廷や西国大名の監察を行う**京都所司代**が置かれ、譜代大名が任じられました。一方、大坂城・二条城・駿府城などには**城代**が、大坂・京都・伏見・長崎・日光などにはそれぞれ奉行が置かれ、**遠国奉行**と総称されました。幕領には**郡代**や**代官**が置かれて統治に当たりました。

幕府はおよそ400万石の直轄領（**幕領**）を持ち、将軍直属の家臣である旗本の領地およそ300万石を合わせると、全国の石高3000万石の約4分の1を支配していました。また、佐渡相川・但馬生野・石見大森などの重要鉱山も幕府が直轄化し、貨幣発行権も独占しました。

Q 幕政に外様大名を参加させなかったのはわかりますが、親藩はどうして参加させなかったのですか？

A 徳川一門である親藩が政治権力を握って将軍家と対立することを警戒したためです。ただし、幕末には一部の親藩の政治参加がみられるようになります。

江戸幕府の政治機構

① 幕府運営（**徳川秀忠・家光**の頃に整備される）
将軍を頂点に**譜代大名**・**旗本**が要職を担う
月番交代（同一の役職に複数の者が置かれる）

② 政務（協議されて、将軍の裁可を得る）
大老（臨時）・**老中**（常置）・**若年寄**（老中補佐）
三奉行（**寺社奉行**・**勘定奉行**・**町奉行**）

用語 ＊幕領…江戸幕府の直轄領。

③ 裁判
三奉行が分担し、重要事項は**評定所**で合議される
④ 相互監視
大目付（大名の監察）・**目付**（旗本・御家人の監察）

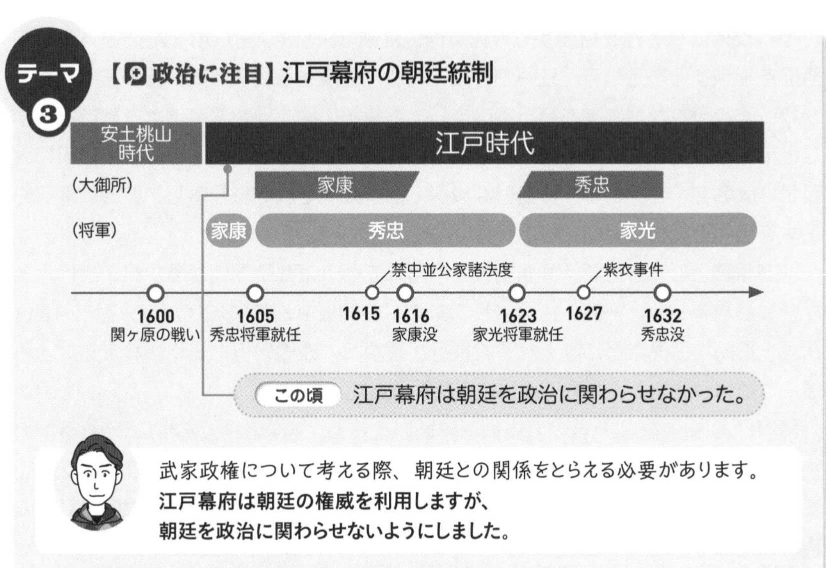

江戸幕府は全国支配の権威づけに朝廷を利用した

江戸幕府は大名に対する支配権の正統性を得るために朝廷から徳川氏が征夷大将軍に任じられる一方、朝廷を政治には関与させませんでした。幕府は**京都所司代**に命じて朝廷統制や西国大名の監視を行わせたほか、朝幕間の連絡・交渉のため朝廷側に**武家伝奏**を置いて、2名の公家を選びました。朝廷は**禁裏御料**と呼ばれる小大名並みの領地を幕府から与えられて一定の収入を保証され、厳しく行動を制限されました。

1611年、徳川家康は**後水尾天皇**を擁立し、天皇の即位・譲位まで幕府の意向に従わせると、1615年には**崇伝（金地院崇伝）**の起草により17ヵ条にわたる**禁中並公家諸法度**を定め、天皇や公家が守るべき心得や朝廷運営の基準などを示しました。具体的な内容としては、天皇の学問専念や摂関の任免、武家の官位授与などの条件を定めたほか、高僧が着用した紫衣の勅許など天皇の権限にも制限が加えられました。1620年には、徳川秀忠は娘の和子（東福門院）を後水尾天皇に入内させ、朝幕関係の協調を目指しました。

1627年、幕府は後水尾天皇が幕府の了解を得ずに大徳寺などの僧侶に紫衣を勅許したことを問題にすると、勅許を無効として幕府の法が天皇の勅許に優越することを示しました。これに抗議した沢庵らは1629年に出羽に流罪とされました。この一連の事件を**紫衣事件**といいます。後水尾天皇は幕府の同意を得ることなく退位し、娘の**明正天皇**を即位させたため朝幕間に緊張が走りました。この朝幕関係を融和させるために大御所秀忠は後水尾天皇の一連の行動を追認する一方で、関白および三公（三大臣）に対して厳重に朝廷を統制させることにしました。

Q 鎌倉幕府は公武二元体制、室町幕府は公武統一政権でしたが、江戸幕府は朝廷を政治に関わらせなかったのですね。

A そうですね。室町幕府と同様、幕府が政治の主導権を握りました。ただし、室町幕府は朝廷統制の法典を制定しませんでした。

テーマ③ まとめ 江戸幕府の朝廷統制

① 朝廷運営
京都所司代（譜代）：朝廷統制・西国大名の監視を行う
武家伝奏（公家）：朝幕間の連絡を行う

② **禁中並公家諸法度**（1615）
天皇の学問専念、紫衣勅許の制限など

③ **紫衣事件**（1627～29）
経過：幕府が紫衣勅許を無効とする
大徳寺の僧侶（**沢庵**ら）が抗議する ➡ 出羽に流罪となる
影響：**後水尾天皇**は娘に譲位する ➡ **明正天皇**が即位する
幕府による朝廷統制の強化

テーマ④ 【社会に注目】江戸幕府の農民統制

中世	近世
惣村（自治的な村落）	領主の村切による村の形成
・構成員は名主や小農民 ・年貢納入を地下請で行う	・構成員は本百姓、水呑、名子・被官 ・村が行政単位→村請制

この内容
近世は年貢収入のため、本百姓体制の維持が重要になった。

鎌倉時代末期以降に成立した中世の惣村[➡p.204]は
自治的な村落のことで、農民により作られましたが、
近世の村は領主の村切によって作られたという点に注目しましょう。

近世社会は村が行政単位とされていた

豊臣秀吉の太閤検地や江戸幕府による検地に際して**村切**が行われました。これにより村の境界が定められ、新しい村が形成されていきました。多くの村では農業が生業*1とされていましたが、漁業や林業が行われる村や商工業も中心とする**在郷町**などもみられ、職業を問わず村の構成員は**本百姓**として把握されました。本百姓は検地帳に登録され年貢を負担する田畑・屋敷地を持ちましたが、田畑・屋敷地を持たない**水呑**や本百姓に隷属する**名子**・**被官**などもいました。

近世社会においては、村は百姓が生活を行うための共同体である一方、幕藩領主が百姓を支配するための行政単位にもなっていました。これを**村請制**といいます。

村の代表者である**村方三役**（村役人）とは**名主**・**組頭**・**百姓代**のことで、名主は関西では庄屋、東北では肝煎と呼ばれました。村では、肥料に用いる草木を採取するための**入会地**が共同利用され、田植えや稲刈りなどは**結**・**もやい**と呼ばれる共同労働で行われました。村落を運営するのに必要な経費は、村民から徴収した村入用があてられました。こうした村の共同生活によって個人の生活は束縛され、村民らが定めた村掟をやぶった場合には**村八分**などの制裁を受けました。

幕府や大名などの領主はこうした村の自治を認めつつ、村単位で年貢・諸役*2を賦課しました。その際、村民を数戸ずつの**五人組**に編成して、年貢納入や犯罪防止に連帯責任を負わせました。本百姓に課せられた年貢は田畑や屋敷地に賦課された**本途物成**（本年貢）が中心で、米納が原則とされていました。そのほか、山野河海の利用や農業の副業に賦課された**小物成**や**高掛物**といわれる付加税がありました。一方、諸役には労働を提供する**夫役**があり、一国単位で河川や道路の工事に徴発される**国役**のほか、宿駅に対して公用で使われる伝馬や人足*3を提供させる**伝馬役**がありました。また、宿駅近辺の村々に対しては伝馬役で補えなかった伝馬や人足を提供させる**助郷役**が課されました。

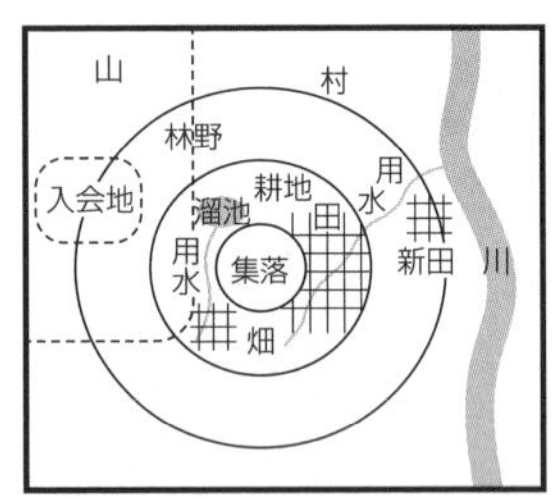

この図は村の模式図です。
集落を中心に田畑や林野を含めて
村という行政区画がつくられました。
新田開発が行われたほか、
入会地があったことにも注目しましょう。

用語 *1 生業…暮らしていくための職業。*2 諸役…いろいろな雑税。
*3 人足…力仕事をしている労働者。

Q 中世の惣村と近世の村は、形成過程が異なることはわかりましたが、他にも異なる点はありますか？

A 近世の村は行政単位となっている点が中世の惣村とは異なります。

幕府や大名は本百姓体制の維持を図った

近世の村で生活する本百姓は家族経営の小農が中心だったため、飢饉が起こった時には没落してしまうことが多くありました。**幕府や大名は**本百姓が減ってしまうと年貢収入を確保することが難しくなるため、**本百姓体制の維持に力を注ぎました。**1641～42年に**寛永の飢饉**が生じると、翌1643年には**田畑永代売買の禁止令**を出したほか、**田畑勝手作りの禁**により本田畑に木綿や菜種などの商品作物を栽培することを一時的に禁止しました。新田開発が限界となると、1673年、**分地制限令**を出して分割相続を制限することで農家の零細化を抑制しようとしました。

兵農分離政策により武士は城下町に集められました。
武士が生活する城下町はどのように運営されていたのでしょうか？

町人も自治的に町を運営した

城下町では武士は武家地、武士に物資を供給する町人は町人地、僧侶や神職は寺社地など、**身分ごとに居住する地域が区分されました。**

町人が生活する**町**は自治的な組織を持ち、村と同様、**町年寄**・**町名主**などの町役人を中心に、町屋敷を持つ**家持**（**地主**）が町を運営し、町の決まりである**町掟**（町法）を定め、共同の運営費である**町入用**を負担しました。城下町に住む町人は町屋敷にかかる**地子**は免除されましたが、防火や清掃などを共同で担ったほか、商人は**運上**・**冥加**と呼ばれる営業税を納めました。一方、町屋敷を持たず借地・借家で商工業を営む**地借**・**店借**は町の運営には関わることができませんでした。

江戸幕府の農民統制

① 村の形成（村切・開発／約63000の村）
構成：**本百姓**（村政参加）、水呑、名子・被官（隷属）

② **村請制**（村の自治を利用する➡村に年貢・諸役を賦課する）
村方三役：**名主**（庄屋・肝煎）・**組頭**・**百姓代**
連帯責任：**五人組**（年貢納入・犯罪防止）
自治：共同作業（**結**・**もやい**）、入会地の利用など
運営：村掟に基づく（違反した者は**村八分**となる）

③ 本百姓体制の維持
1640年代：**寛永の飢饉**➡田畑勝手作り・永代売買が禁止される
1670年代：新田開発の限界➡分割相続が制限される

【政治に注目】江戸幕府の身分と社会

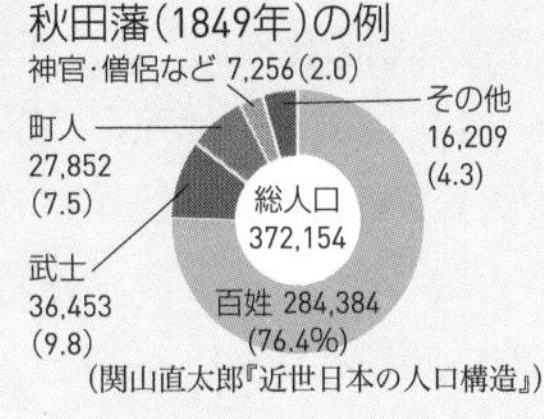

(関山直太郎『近世日本の人口構造』)

江戸時代

・支配身分…天皇家・公家・上層の僧侶や神職・武士
・被支配身分…百姓・町人・職人・一般の僧侶や神職・かわた・非人

この内容 江戸時代の社会は、身分ごとの家が集まって形成された。

豊臣政権による兵農分離政策［➡p.242］を継承して、**江戸時代には様々な身分が形成**されました。
江戸時代の身分を支配身分と被支配身分に分けて整理してみましょう。

江戸時代の身分制度は、身分と生業(せいぎょう)の違いに注目する

支配身分としては天皇家や公家(くげ)、上層の僧侶や神職のほか、武士が挙げられます。武士は将軍・大名・旗本・御家人・藩士などの種類に分けられますが、いずれの武士も苗字を名乗り、刀を携帯する特権（帯刀）が与えられたほか、主君から領地や米などの俸禄が与えられました。

一方、**被支配身分としては百姓が挙げられます**。百姓は村に所属し、農業を中心に林業や漁業などを生業としていました。**次に都市に集住する被支配身分としては、町人や職人などが挙げられます**。町人は商業や流通に従事しており、その多くが商人でした。職人は多様な手工業に従事していました。彼らは城下町などの都市で生活することで武士の生活を支える存在でした。他にも宗教や芸能に携わる小さな身分集団が存在しました。

これらの身分とは別に、百姓と異なる集落をつくり農業や皮革産業などに従事するかわた（長吏(ちょうり)）がいました。彼らは幕府や大名により死牛馬の処理や行刑役(ぎょうけいやく)を強いられることがあり、えたと呼ばれて蔑視(べっし)されました。一方、非人(ひにん)は芸能や物乞(ものご)いなどで生活する者のことで、村や町の清掃などを担いました。かわたや非人は居住地や衣服・髪型などが制限され、他の身分の人々から差別を受けました。

百姓は身分、農民・杣人(そまびと)（林業に従事する人）・漁民などは生業を表す言葉なのでしっかりと識別できるようにしましょう。

江戸時代の社会は「家」が集まって形成された

江戸時代は身分に応じて社会集団が形成されました。個人は家に所属し、家の代表者は**戸主**(こしゅ)と呼ばれました。武士や有力な百姓・町人の家では家長である戸主の権限が強く、家督や財産は長男が継ぐ**長子単独相続**(ちょうしたんどくそうぞく)だったため、長男以外や女性の地位は低かったといえます。離縁（離婚）の際には、夫から妻へ**離縁状**(りえんじょう)（**三下半**(みくだりはん)）が出され、妻の側からそれを出すことはできませんでした。妻の側から離縁を望む場合は、**縁切寺**(えんきりでら)（**駆込寺**(かけこみでら)）で数年間奉公することでようやく離婚を成立させることができました。

家は集団に所属することで社会の一員となりました。すなわち、武士の家臣団、百姓の村、町人の町、職人の仲間など、身分ごとに家が集まり集団を形成することで諸身分に位置づけられたのです。

Q 近世の社会では、身分を変えることはできなかったのですか？

A 豊臣政権の兵農分離政策が継承されたため、基本的には身分が固定されましたが、稀に身分が変更されることがありました。

江戸幕府の身分と社会

① 支配身分
天皇家・公家・僧侶・神職
武士（苗字・帯刀・家禄などの特権があった）

② 被支配身分
百姓（村に所属し、農業・林業・漁業などに従事する）
町人（**商人**・**職人**：都市に集住し、武士の生活を支える）
かわた・**非人**（賤民とされ、居住地・衣服などの差別を受ける）

③ 社会の特徴
個人は家に所属する（代表＝**戸主**）
家が集まり集団を形成する（家臣団・村・町・仲間）

【確認問題】

1 年代配列問題にチャレンジ

(1) 次の文Ⅰ～Ⅲについて、古いものから年代順に正しく配列したものを、後の①～⑥のうちから一つ選んで記号で答えなさい。

Ⅰ 徳川家康は後陽成天皇から征夷大将軍に任じられた。
Ⅱ 禁中並公家諸法度が定められ、天皇や公家の活動が制限された。
Ⅲ 幕府の許可のない紫衣は無効とされ、抗議した僧侶が配流された。

① Ⅰ－Ⅱ－Ⅲ　② Ⅰ－Ⅲ－Ⅱ　③ Ⅱ－Ⅰ－Ⅲ
④ Ⅱ－Ⅲ－Ⅰ　⑤ Ⅲ－Ⅰ－Ⅱ　⑥ Ⅲ－Ⅱ－Ⅰ

(2) 次の文Ⅰ～Ⅲについて、古いものから年代順に正しく配列したものを、後の①～⑥のうちから一つ選んで記号で答えなさい。

Ⅰ 刀狩を命じて百姓から武器を奪い、耕作に専念させた。
Ⅱ 分地制限令が出されて土地の分割相続が制限された。
Ⅲ 本百姓の没落を防止するため、田畑永代売買の禁止令が出された。

① Ⅰ－Ⅱ－Ⅲ　② Ⅰ－Ⅲ－Ⅱ　③ Ⅱ－Ⅰ－Ⅲ
④ Ⅱ－Ⅲ－Ⅰ　⑤ Ⅲ－Ⅰ－Ⅱ　⑥ Ⅲ－Ⅱ－Ⅰ

2 探究ポイントを確認

(1) 参勤交代が制度化された目的とその影響について簡単に述べよ。

(2) 江戸時代、幕府や諸藩は村の自治を利用して年貢の取り立てや法令伝達を行った。村における自治とはどのようなものであったか、具体的に説明せよ。

解答

1 (1) ①　(2) ②

2 (1) 参勤交代は幕府と大名との主従関係を明確にすることにより大名を統制するために制度化された。参勤交代を徹底することにより大名の財政は窮乏したが、江戸や宿駅の繁栄をもたらした。(85字)

(2) 村方三役が中心となって村掟を定め村政を行い、背いた者には村八分などの厳しい制裁が加えられた。また、村では入会地と呼ばれる共有地が設定され、結・もやいにより田植えや稲刈りなどを共同で行った。(94字)

第22講 対外関係の限定

この講では、江戸時代の対外関係について学習します。**徳川家康の時代と徳川秀忠・家光の時代の対外政策の違い**に注目して、対外関係が限定されていく流れを確認しましょう。家康の時代は貿易が奨励され、秀忠・家光の時代に貿易が統制されていきます。またいわゆる**「鎖国」下においても特定の国と貿易や国交があった**ことがポイントになります。

時代のメタマッピングとメタ視点

外交 ➡テーマ①③

徳川家康の貿易奨励策／徳川秀忠・家光の貿易統制

徳川家康の時代は貿易奨励策が、徳川秀忠・家光の時代には貿易統制策が推進された。

外交 ➡テーマ④

東アジア情勢の変化と長崎貿易

17世紀後半から18世紀初めにかけて、**清国・オランダとの貿易が制限**された。

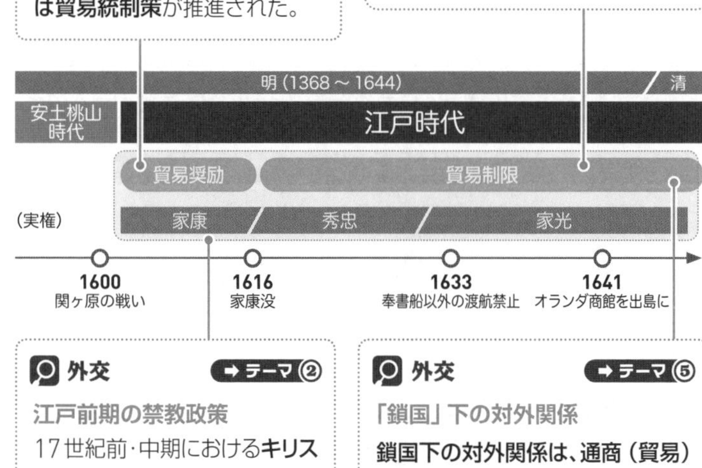

外交 ➡テーマ②

江戸前期の禁教政策

17世紀前·中期における**キリスト教禁制**は段階的に進んだ。

外交 ➡テーマ⑤

「鎖国」下の対外関係

鎖国下の対外関係は、通商（貿易）と通信（国交）の両面があった。

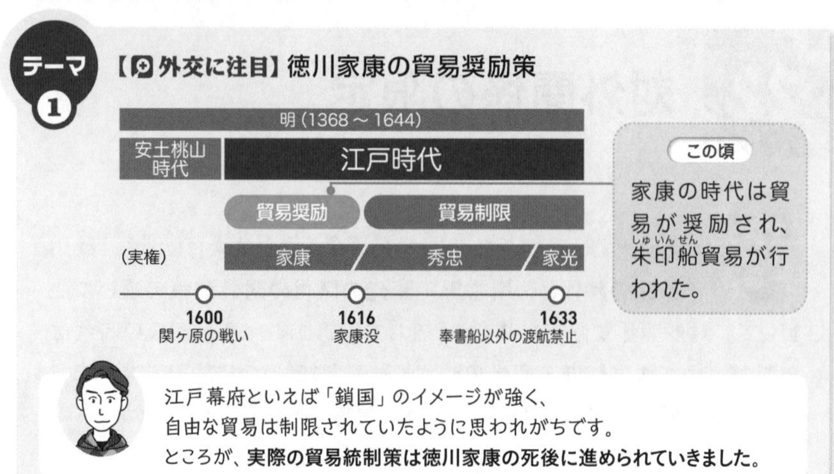

旧教国（ポルトガル・スペイン）との貿易

南蛮貿易の特徴の一つとして、中継貿易の形態がとられていた点はすでに確認しました [➡ p.236]。ポルトガル商人は中国のマカオで手に入れた中国産**生糸**を長崎にもたらして利益を得ていました。1604年、徳川家康は**糸割符制度**を実施しました。これは、**糸割符仲間**と呼ばれる特定の商人に生糸を一括購入させることで価格決定の主導権を握ろうとしたものです。当初、長崎・堺・京都の特定商人に仲間をつくらせましたが、1630年代には大坂と江戸の商人が加えられ、オランダ船や中国船にも適用されました。

一方、豊臣秀吉による**二十六聖人殉教**の影響などからスペインとの貿易は断絶していました。1610年、徳川家康は貿易を再開させるため、京都の商人**田中勝介**を太平洋ルートでノビスパン（スペイン領メキシコ）に派遣して交渉しましたが、失敗に終わりました。一方、仙台藩主の**伊達政宗**も同様に、家臣の**支倉常長**を**慶長遣欧使節**としてスペインに派遣して通商を目指しましたが、こちらも失敗しました。

16世紀末、ヨーロッパではスペインに勝利したイギリスや
スペインから独立したオランダが台頭し、国家の保護のもとで
東インド会社を設立してアジア貿易に従事しました。

新教国（オランダ・イギリス）との貿易

1600年、オランダ船**リーフデ号**が豊後に漂着し、船員の**ヤン=ヨーステン**（耶揚子）や**ウィリアム=アダムズ**（三浦按針）が徳川家康の外交顧問となったことを契機として、1609年にはオランダ、1613年にはイギリスがそれぞれ平戸に**商館**（東インド会社の日本支店）を設けました。この商館においてオランダ人やイギリス人との貿易が開始されました。

徳川家康は東南アジア諸国に対しても親睦を深めようとしました。ルソン・シャム（タイ）・安南（ベトナム）・カンボジアなどに対して書簡を送る一方、九州の大名や日本人商人に対しては、**朱印状**により東南アジアへの渡航を許可しました（**朱印船貿易**）。貿易がさかんになると、シャムの**アユタヤ**など東南アジアの各地では**日本町**と呼ばれる居留地が設けられました。このように第三国である東南アジア各地で行われた日明貿易の形態を出会貿易といいます。渡航した日本人のなかには、シャムの地方官となった**山田長政**のように、現地の紛争に身を投じる日本人も現れました。

徳川家康の時代は貿易が統制されるというよりはむしろ、積極的に奨励されていたといえますね。

◀主な朱印船渡航地と日本町

Q 東インド会社とはどういう会社なのですか？

A イギリスやオランダがアジアとの貿易や植民地経営のためアジアを中心に設立した会社で、貿易独占権が認められていました。

徳川家康の貿易奨励策

① **糸割符制度**（1604）
糸割符仲間がポルトガル商人から生糸を一括購入する
貿易の主導権を握るため、のちオランダ・中国にも適用

② ノビスパン（スペイン領メキシコ）との通商計画（1610）
田中勝介をノビスパンに派遣する➡交渉失敗

③ オランダ・イギリスとの貿易
リーフデ号が漂着する（1600）➡**商館**を開設する（1609・13）
④ **朱印船貿易**（～1635）
朱印状：日本人商人などに海外渡航の許可を与える
東南アジアの**日本町**（自治都市）で出会貿易を行う

テーマ❷ 【外交に注目】江戸前期の禁教政策

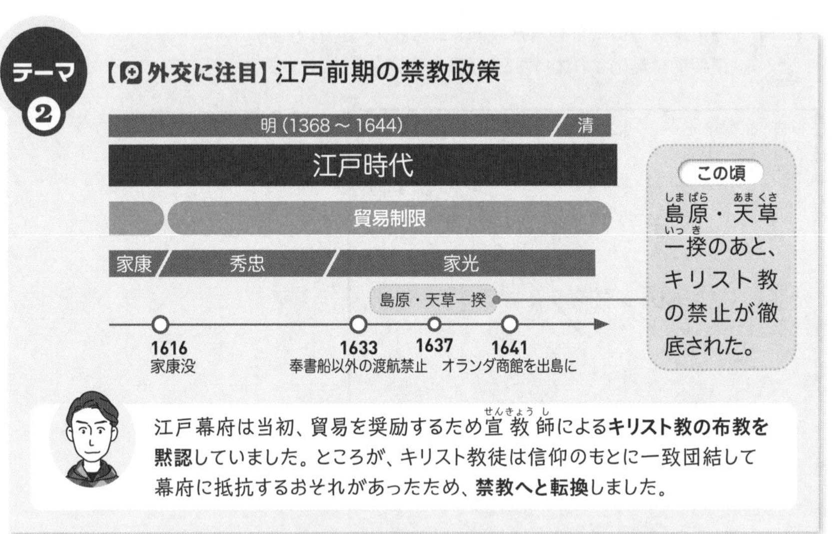

江戸幕府は当初、貿易を奨励するため宣教師によるキリスト教の布教を**黙認**していました。ところが、キリスト教徒は信仰のもとに一致団結して幕府に抵抗するおそれがあったため、**禁教へと転換**しました。

宣教師のみならず信者も弾圧された

当初、幕府はキリスト教を黙認していましたが、スペインやポルトガルが布教を利用して日本を侵略することや信者の団結をおそれ、方針を転換しました。1612・13年、徳川家康は**禁教令**を出してキリスト教の布教のみならず信仰も否定しました。これにより各地の教会堂は取り壊され、信者は改宗をせまられました。もとキリシタン大名〔➡ p.236〕の**高山右近**はこれに応じなかったため、マニラへと追放されてしまいました。家康の死後、徳川秀忠も禁教政策を継承し、1622年には長崎で宣教師など55名を処刑しました。これを**元和の大殉教**といいます。さらに秀忠は禁教を徹底するために貿易や海外との通交に制限を加えていきました。

多くの信者は改宗しましたが、一部の信者はひそかに信仰を続けました。
これを潜伏キリシタンといいます。

島原・天草一揆は江戸幕府を脅かした

1637～38年、島原〔肥前〕・天草〔肥後〕の農民が領主の圧政に対して一揆を起こしました（**島原・天草一揆**）。一揆勢はキリスト教徒が中心で、**益田**（天草四郎）**時貞**という少年を大将にすえ、前領主であった有馬氏や小西氏の牢人の指導のもとで原城跡*に立て籠りました。幕府は老中**松平信綱**を派遣し、オランダ船の加勢もあってようやく鎮圧することができました。乱後、幕府による禁教政策は一層進み、**宗門改**が実施されたほか、**絵踏**も徹底することでキリスト教徒の根絶を目指しました。

さて、幕府はキリスト教以外にも宗教統制を強めました。

寺院を利用した禁教政策が行われた

江戸時代に入ると、宗派ごとに出されていた寺院法度が寺社奉行のもとで統轄され、寺院の本山・末寺が整備される**本末制度**によって秩序が形成されました。1660年代には仏教諸派に共通の**諸宗寺院法度**が制定されて僧侶の任命方式なども統一されました。一方、神社に対しては**諸社禰宜神主法度**が制定され、吉田家が中心となって統制しました。

17世紀後半には、江戸幕府は寺院を利用した禁教政策を実施しました。もともと**寺檀制度**（檀家制度）によって民衆はいずれかの寺院に檀家（檀徒）として所属していました。この寺檀制度を基盤として、檀家であることを檀那寺が証明することによりキリスト教や日蓮宗不受不施派の信徒ではないことを保証する**寺請制度**が実施されました。**1664年、寺院が檀家であることを証明するための宗門改帳（宗旨人別帳）の作成が全国で制度化され、寺請制度が確立しました**。さらに、婚姻・出産・死亡・出稼ぎ・奉公などに際して民衆は檀那寺が発給する身元証明書である寺請証文が必要となり、寺院は現在の役所のような役割を担うようになりました。

寺檀制度と寺請制度の違いをしっかり説明できるようにしましょう。

江戸前期の禁教政策

① **禁教令**（1612・13）〔家康〕
高山右近をマニラへ追放する

② 元和の大殉教（1622）〔秀忠〕
55名の宣教師・キリシタンを長崎で処刑する

用語　*原城跡…原城は長崎の島原半島にあった城。当時は廃城になっていた。

③ **島原・天草一揆**（1637〜38）〔家光〕
益田（天草四郎）時貞を大将とするキリシタンの抵抗が起こる
オランダ船の加勢により鎮圧される
影響：**宗門改**の実施、**絵踏**の徹底
寺請制度の徹底（1664）〔家綱〕
宗門改帳の作成を制度化する

テーマ③ 【外交に注目】徳川秀忠・家光の貿易統制

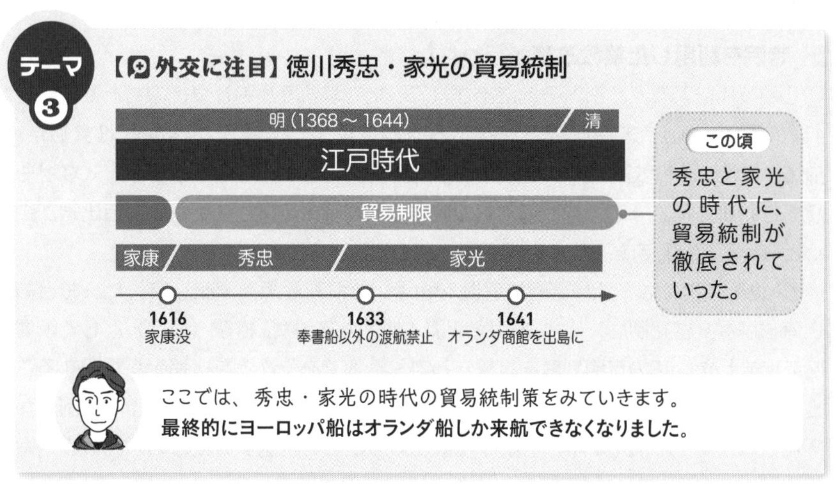

徳川秀忠の時代、貿易統制へと転換する

1616年、大御所（おおごしょ）の徳川家康が死去すると、将軍の徳川秀忠が幕政の主導権を握りました。秀忠はこれまでの貿易奨励策を転換して、貿易統制に着手しました。まず、**中国船以外の来航を平戸（ひらど）・長崎に制限しました**。具体的には、オランダ船・イギリス船は商館が置かれている平戸へ、ポルトガル船は長崎への来航のみを認めました。ところが、オランダとイギリスは東南アジアにおける貿易の主導権をめぐって対立し、1623年にオランダが勝利すると、**イギリスは商館を閉鎖して対日貿易から撤退しました**。また、翌1624年には貿易が途絶状態となっていた**スペイン船の来航を禁止しました**。

1632年に大御所の徳川秀忠が死去し、
将軍の徳川家光が幕政の主導権を握ると、
貿易統制はさらに徹底されていきました。

徳川家光の時代、貿易統制が徹底される

江戸時代初期、東南アジアなど海外へ渡航する船は**朱印状**を得る必要がありましたが、朱印状の他にも長崎奉行宛ての**老中奉書**が必要となりました。この朱印状と老中奉書を得た船は**奉書船**と呼ばれ、1633年には**奉書船以外の海外渡航禁止が徹底されました**。1635年には、**日本人の海外渡航および帰国を全面禁止にする**一方、これまで制限のなかった中国船の来航を長崎に制限し、1636年には新たに築造した**出島**にポルトガル人を移して禁教を徹底しました。1637～38年の**島原・天草一揆**をオランダ船の加勢により鎮圧するとオランダ商館との結びつきを強め、翌1639年には**ポルトガル商船の来航を禁止**しました。これで日本に来航するヨーロッパ船はオランダ船のみとなりました。1641年には、**平戸に置かれていたオランダ商館をポルトガル人が退去した出島に移す**ことによって一連の貿易統制は完成しました。

このように江戸幕府はキリスト教禁制を進めるために貿易・通交を制限し、日本人の海外渡航を禁止しました。17世紀末に来日したドイツ人医師**ケンペル**が日本を紹介した『日本誌』を19世紀初頭に**志筑忠雄**が翻訳した際、こうした江戸幕府の対外政策を「**鎖国**」と訳し、この用語が定着することとなりました。

Q これ以降、江戸時代に海外へ渡った人はいなかったのですか？

A 例えば、商船や漁船が遭難して海外に流れ着くケースがありました。江戸時代後期に活躍した大黒屋光太夫 [➡p.355] らはロシア領に漂着しました。彼らは数少ない異国見聞者として重用されました。

テーマ③ まとめ　徳川秀忠・家光の貿易統制

① 秀忠期（1616～32）：貿易統制への転換
1616年：中国船以外の来航を**平戸・長崎**に制限する
1623年：**イギリス商館**が閉鎖される（オランダに敗れる）
1624年：**スペイン船**の来航が禁止される

② 家光期（1632～51）：貿易統制の徹底
1633年：**奉書船**以外の海外渡航禁止の徹底が行われる
1635年：日本人の海外渡航・帰国が全面禁止される
　　　　中国船の来航を**長崎**に制限する
1639年：**ポルトガル商船**の来航が禁止される
1641年：オランダ商館が移転される（平戸➡長崎**出島**）

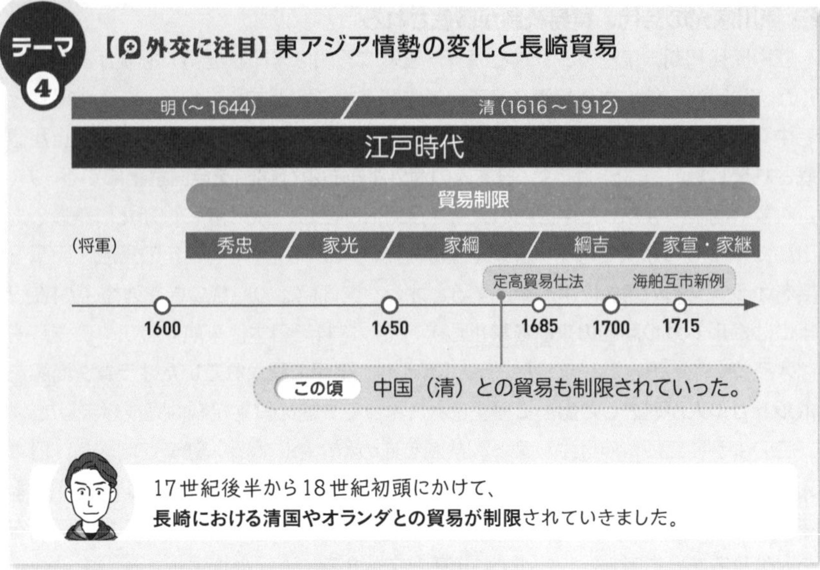

長崎貿易では金・銀の輸出が進んでいった

徳川秀忠・家光期の貿易統制によって、**長崎に来航して貿易できる船はオランダ船と中国船に限定されました**。どの商人も貿易に参加することはできましたが、出島など決められた場所で取引を行い、幕府に営業税を納める必要がありました。日本人商人は、オランダ商人や中国商人から中国産の**生糸**や絹織物、東南アジア産の砂糖などを輸入する一方、金や**銀**を輸出しました。17世紀末に伊予の**別子銅山**が開発され、蝦夷地の開発も進むと、**銅**や**俵物***と呼ばれる海産物を輸出するようにもなりました。

1680年代、東アジアが安定期を迎えると、貿易額が増加した

1644年、女真人（満洲人）によって中国東北部に建国された**清**が北京を占領した後も、明の亡命政権が中国南部で抵抗しました。この明清交替の動乱はしばらく続きましたが、1680年代に入ると動乱はおさまり、多くの清船が長崎に来航するようになりました。幕府は貿易額の増加にともない銀が流出することを抑えるため、1685年に**定高貿易仕法**を出し、1688年には清船の来航を年間70隻に制限しました。翌1689年には密貿易を防止するため長崎郊外に**唐人屋敷**を設け、長崎に雑居していた中国人を隔離しました。

18世紀初頭、幕政を主導した**新井白石** [➡ p.275] は財政政策の一環として、長崎貿易をさらに制限しました。1715年に**海船互市新例**（長崎新令・正徳新令）を出して、中国船の来航を年間30隻に制限するとともに、輸出品の総額は銀高にして

【用語】＊俵物…俵に入れた海産物。いりこ（干しなまこ）・ほしあわび・ふかひれを指す。

6000貫以内としました。オランダ船は当初から年間2隻しか来航していませんでしたが、年間2隻、輸出品の総額は銀高にして3000貫以内としました。

Q 明は海禁政策 [➡p.191] だと学習しましたが、清は違うのですか？

A はい。明清交替の動乱期には沿岸部の住民を内陸部に強制移住させる遷界令が出されて海禁政策が継承されましたが、その後東アジアが安定期に入ると遷界令は解除され、中国人の海外渡航が可能になりました。

東アジア情勢の変化と長崎貿易

① 長崎での中国との主要貿易品
輸入：**生糸**（中国産）・砂糖（東南アジア産）など
輸出：金・銀➡のち銅・俵物も（**別子銅山**・蝦夷地の開発）

② 明清交替（1644～83）
明（漢民族）➡清（女真人が建国、長崎へ来航）

③ 貞享～元禄期（17世紀末）：銀の流出防止
定高貿易仕法：清船の来航を年間70隻に限定する
唐人屋敷の設置〔長崎〕

④ 正徳期（18世紀初）：銀・銅の流出防止
海舶互市新例（1715）：清船の来航を年間30隻に限定する

【外交に注目】「鎖国」下の対外関係

江戸時代

（実権） 家康 ／ 秀忠 ／ 家光

・［琉球］琉球征服
・［朝鮮］己酉約条
・［蝦夷地］松前藩が交易
・［長崎］オランダ商館出島に

1600 関ケ原の戦い
1616 家康没
1633 奉書船以外の渡航禁止
1641 オランダ商館を出島に

この頃 「鎖国」下でも長崎・対馬・薩摩・松前で貿易が行われた。

江戸幕府による一連の政策により**貿易の窓口や相手国、通交などが限定されました**。この「鎖国」下における対外関係をまとめてみましょう。

オランダ・清とは長崎で貿易が行われた

「鎖国」下においても貿易は行われ、貿易は長崎・対馬・薩摩・松前が利用されました。これら4つの場所は「四つの口」と総称されました。まず、**幕府直轄地である長崎にはオランダ船や清の民間商船が来航し、出島に置かれたオランダ商館や長崎郊外の唐人屋敷において幕府役人の監視のもとで貿易が行われました**。オランダ商館長（カピタン）は毎年交替し、江戸への参府を義務付けられました。また、オランダ船が来航するたびに海外の事情を記したオランダ風説書が作成され、これを幕府に提出する義務がありました。ただし、これらの行為はオランダ国王を介したものではなかったため、**国交が結ばれたというわけではなかった**ことに注意しましょう。同様に清国とも国交は樹立されず、長崎郊外において貿易のみが行われました。

朝鮮・琉球とは使節の接待を通じて国交が樹立された

豊臣秀吉の朝鮮出兵により断絶状態となっていた朝鮮との関係は、徳川家康が対馬藩の宗氏を介して国交を回復させました。1607年以降、朝鮮からは豊臣政権によって囚われた捕虜の返還を求める回答兼刷還使と呼ばれる使節が来日しました。3度にわたって捕虜が返還されると、4回目からは将軍交替を祝う朝鮮通信使として来日しました。**こうした使節の接待を通じて日朝間の国交は保たれ、朝鮮は通信国と呼ばれました**。一方、朝鮮との貿易は対馬藩の宗氏が独占しました。1609年、宗氏は朝鮮との間に己酉約条を結び、釜山に設置された倭館において取引が行われました。

1609年、薩摩藩の島津家久は琉球王国を支配下に入れようとして琉球征服を行いました。薩摩藩は琉球を征服すると、検地を実施して石高制に基づく農村支配を行いながら琉球との貿易を独占したほか、琉球産の砂糖を上納させました。一方、琉球王国は幕府に対して将軍交替ごとに慶賀使、琉球国王交替ごとに謝恩使を派遣して支配下に入りました。**琉球は中国王朝に対しても朝貢していたため、日中両属体制のもとに置かれる**ことになりました。

東アジアでは、外交関係を維持するのに正式な使節の往来が必要不可欠な要素でした。

松前藩ではアイヌとの交易権が家臣に与えられた

道南地方の**松前においては、松前氏（蠣崎氏**〔➡p.196〕**が改称）がアイヌとの交易独占権を幕府によって認められ**、城下においてアイヌとの取引が行われていました。次第に松前氏はアイヌとの交易が行われる場所の「商場」での交易権を上級家臣に与えるようになり、商場からの交易収入を家臣は獲得しました。これを商場知行制といいます。城下で取引が行われていた時期と比べると、松前藩士によって不正な取引が行われることも多くみられました。1669 年には、大首長**シャクシャイン**に率いられたアイヌ集団が蜂起しましたが（シャクシャインの戦い）、松前藩は津軽藩などの協力を得て鎮め、アイヌを服属させました。18 世紀に入ると、内地* 商人が道南地方に進出し、松前藩士から商場を請け負って大規模な漁場経営を行う**場所請負制**が展開され、アイヌはその労働力として酷使されることとなりました。

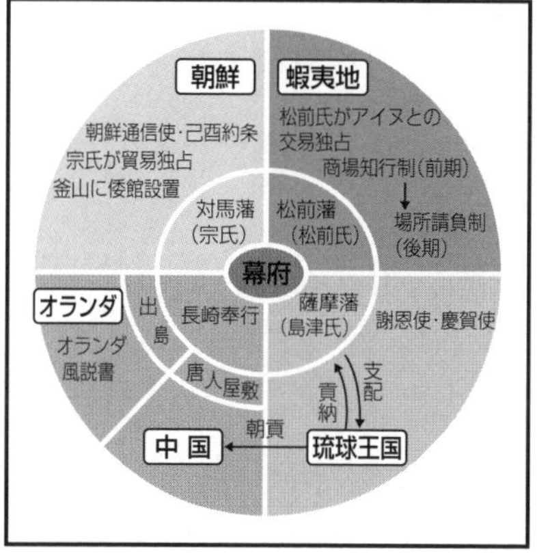

◀鎖国体制下の対外関係

四つの口ごとに、
幕府以外にどこの藩が貿易を
認められたのか、またどこと
貿易を行ったのかをしっかりと
整理しましょう。

テーマ⑤ まとめ 「鎖国」下の対外関係

① 通商（四つの口を利用して貿易）

長崎：幕府直轄／オランダ船・清船の来航
　　オランダ風説書を幕府に提出

対馬：宗氏／**釜山の倭館**で貿易（**己酉約条**）

薩摩：島津氏／琉球と交易（中国の産物を入手）

松前：松前氏／アイヌと交易（商場知行制➡場所請負制）

② 通信（国交があり、使節が江戸へ参府）

朝鮮：回答兼刷還使➡**朝鮮通信使**（将軍交替）

琉球：島津家久による征服➡日中両属体制
　　慶賀使（将軍交替）・**謝恩使**（国王交替）

用語 ＊内地…北海道・沖縄などで、本州を指す。

確認問題

1 年代配列問題にチャレンジ

(1) 次の文Ⅰ～Ⅲについて、古いものから年代順に正しく配列したものを、後の①～⑥のうちから一つ選んで記号で答えなさい。

Ⅰ 平戸にあったオランダ商館が、長崎の出島に移された。
Ⅱ 貿易の主導権を握るため、糸割符制度が制定された。
Ⅲ オランダとの競争に敗れたイギリスは、対日貿易から撤退した。

① Ⅰ－Ⅱ－Ⅲ　② Ⅰ－Ⅲ－Ⅱ　③ Ⅱ－Ⅰ－Ⅲ
④ Ⅱ－Ⅲ－Ⅰ　⑤ Ⅲ－Ⅰ－Ⅱ　⑥ Ⅲ－Ⅱ－Ⅰ

(2) 次の文Ⅰ～Ⅲについて、古いものから年代順に正しく配列したものを、後の①～⑥のうちから一つ選んで記号で答えなさい。

Ⅰ 長崎に来航していたポルトガル商船の来航を禁止した。
Ⅱ 日本人の海外渡航を禁止し、すでに海外にいる者の帰国も禁じた。
Ⅲ 中国人の居住地を限定するため、唐人屋敷が設けられた。

① Ⅰ－Ⅱ－Ⅲ　② Ⅰ－Ⅲ－Ⅱ　③ Ⅱ－Ⅰ－Ⅲ
④ Ⅱ－Ⅲ－Ⅰ　⑤ Ⅲ－Ⅰ－Ⅱ　⑥ Ⅲ－Ⅱ－Ⅰ

2 探究ポイントを確認

(1) 1635（寛永 12）年に日本人の海外渡航と帰国を禁じたため、朱印船貿易は停止された。この後、幕府はどのように貿易を統制していったのか述べよ。

(2) いわゆる鎖国体制下において、日本はどの国とどのような形で国交を維持したのか述べよ。

解答

1 (1) ④　(2) ③

2 (1) 島原・天草一揆を鎮圧すると、ポルトガル商船の来航を禁止した。さらに、オランダ商館を平戸から出島に移したほか、17 世紀末には長崎に雑居していた清国人商人を唐人屋敷に収容して密貿易を取り締まった。(95 字)

(2) 日本は朝鮮・琉球と国交を結んでいた。朝鮮からは通信使、琉球からは慶賀使・謝恩使がそれぞれ江戸へ参府し、こうした使節を接待することで国交を維持した。(73 字)

第23講 文治主義の展開

文治主義（文治政治）とは儒学の理念に基づき法律や制度を重んじる政治方針です。幕府は４代将軍徳川家綱の頃から**大名統制を緩和**して、秩序の安定を図るために**文治政治**を行います。しかし、文治政治や明暦の大火からの復興などにより**幕府の財政が悪化**しました。この財政悪化に対する**財政政策**もみていきます。

時代の**メタマッピング**と**メタ視点**

政治の因果 ➡テーマ①

大名統制の緩和

寛永の飢饉・慶安の変の後、**大名統制の緩和**が進められた。

政治の推移 ➡テーマ②⑤

文治政治の展開／江戸前期における諸藩の改革

大名統制の緩和にともない、４代から７代将軍の時代に**文治主義（文治政治）**が展開した。

江戸時代

- 大名統制の緩和
- 文治主義
- 幕府と藩の財政悪化→財政政策

（将軍）	（家綱）	（綱吉）	（家宣）	（家継）
1641 寛永の飢饉	1651 慶安の変	1680 綱吉将軍就任	1709 家宣将軍就任	1715 海舶互市新例

経済 ➡テーマ③

江戸前期の財政問題

文治主義の進展などを理由に、**幕府財政が悪化**する。

経済の対比 ➡テーマ④

17世紀末～18世紀初頭の財政政策

財政の悪化に対し、５代将軍の頃は荻原重秀、６・７代将軍の頃は新井白石が**財政政策**を進める。

【政治の因果に注目】大名統制の緩和

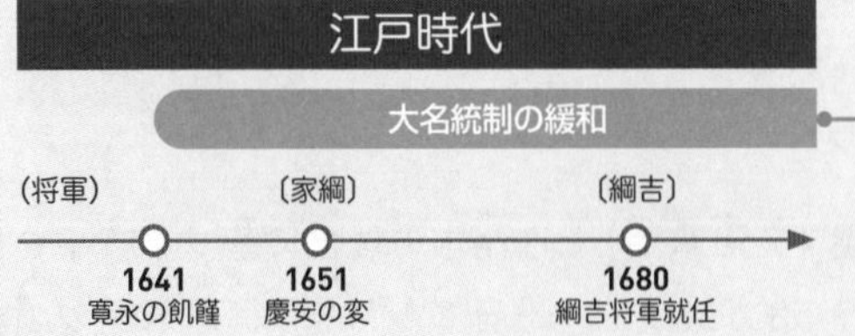

この頃
徳川家光までの厳しい大名統制から変化し緩和が進められる。

17世紀中頃、幕府による**大名統制の方法**に大きな変化が生じ、**緩和**されるようになりました。
変化が生じた背景について考えてみましょう。

幕府転覆計画や飢饉を理由に、大名統制が緩和される

17世紀前半の徳川家康から徳川家光までの時代は、幕府による**改易**・**減封**・**転封**［➡p.247］などの大名処分が多く行われました。処分の理由としては、**関ヶ原の戦い**や**大坂の役**などの戦乱での敗北や、無断で城郭を修理するなど武家諸法度に違反したもの、また大名家の家督を継がせる養子をとる場合は予め幕府の許可を得ておく必要があったにもかかわらず、それを無視する**末期養子*の禁**に触れたものなどが挙げられます。

改易により大名が領地を没収されてしまうと大名に従う藩士は**牢人**となり、改易を繰り返すことで幕府に不満を持つ牢人が増加することになりました。一方、社会秩序におさまらず、異様な風体で乱暴をはたらくかぶき者も横行しました。

1651年、軍学者の**由井正雪**が牢人を率いて幕府転覆を図った事件が**慶安の変**（由井正雪の乱）です。徳川家光の死後、幼少の**徳川家綱**が4代将軍に就任すると、幕府権威の低下を背景に由井正雪は牢人を率いて倒幕を計画しましたが、未然に発覚して自害しました。この事件を受け、**幕府は牢人を減らす必要に迫られたため、末期養子の禁を緩和して50歳未満の大名の末期養子を認めました。**

大名統制の緩和については、もう一つの切り口があります。1641～42年に起こった**寛永の飢饉**が広がると、幕府は大名や旗本に対する**普請役**（**手伝普請**）［➡p.248］を緩和しました。なぜなら、幕府が大名に課した普請役は、大名が藩士・農村などに負担させるからです。飢饉に苦しむ農民たちに負担をかけすぎると、百姓一揆につながるおそれがあります。

第17講でも中世における飢饉の影響を学習しましたね［➡p.200］。
このように飢饉の影響から社会の変化を考えることができます。

 【用語】＊末期養子…江戸時代、跡継ぎのいない武家の当主の死の直前に急いで願い出た相続人。

▼大名の改易

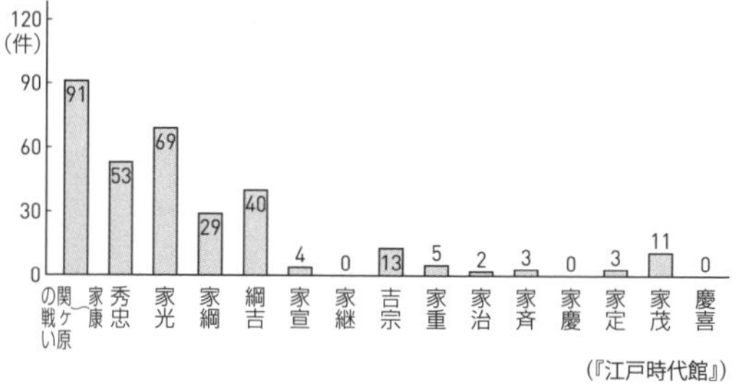

（『江戸時代館』）

4代将軍の家綱以降、改易などが激減していることを確認しましょう。

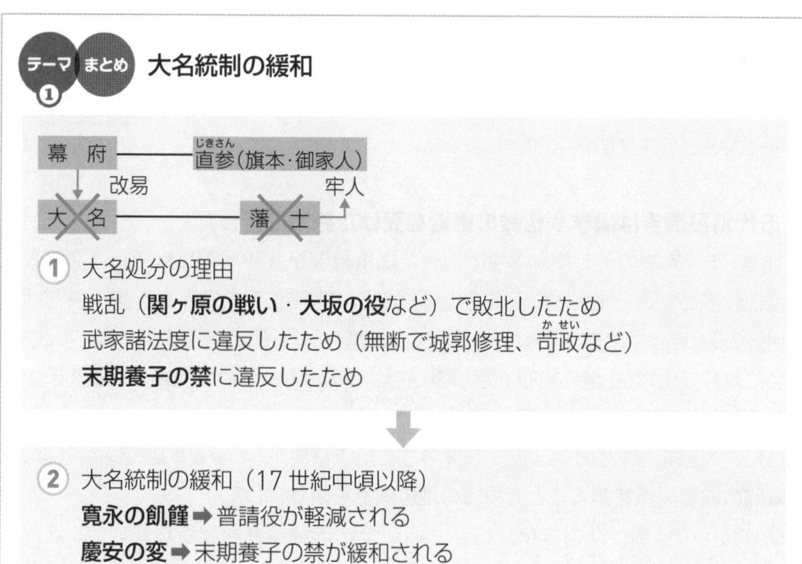

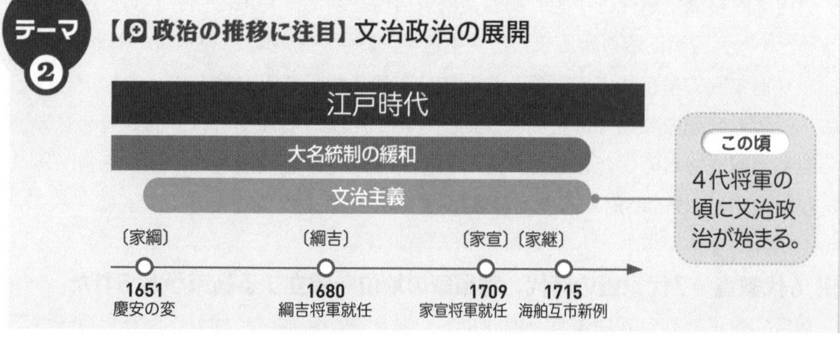

大名統制の緩和により、幕府と大名との主従関係を再構築する必要が出てきました。従来のように強圧的な方法で大名を服従させるのではなく、儒学の理念に基づき儀礼や民衆教化によって幕府権力を確立していく**文治政治**が行われました。

4代将軍家綱の時代に文治政治が始まる

慶安の変後、4代将軍の徳川家綱は父家光の弟で会津藩主の**保科正之**の補佐を受けて、儒学［➡ p.33］の理念に基づき法律や制度を重んじる**文治政治**を始めました。例えば、主君が亡くなった際に家臣が後を追って自殺する**殉死**を禁じることで、**主君の死後も主家に対する奉公が続くことを示しました**。また、大名に対して藩の知行を確認する**領知宛行状**［➡ p.247］を将軍名義で一斉に出すこと（寛文印知）で、将軍と大名との主従関係を強調しました。

5代将軍綱吉は儒学や仏教の影響を受けた施策を行った

1680年、家綱の弟で館林藩主であった**徳川綱吉**が5代将軍に就任し、文治政治を推進しました。1683年に**天和令**と呼ばれる武家諸法度を発布し、第一条を「文武弓馬の道､専ら相嗜むべき事」から「文武忠孝を励し､礼儀を正すべき事」に改め、大名に対して忠孝･礼儀の重視を示しました。そのほか、江戸の湯島に孔子をまつった**湯島聖堂**を整備し、**林鳳岡**（**信篤**）を大学頭に任じて儒学の普及に努めました。さらに、大嘗祭*などの朝廷儀式を復興させたり禁裏御料［➡ p.252］を増やすなど、**朝幕間の協調関係を築くことで将軍の地位向上を図りました**。

朝幕関係の協調が進むなか、1701～02年、**赤穂事件**が起こりました。江戸城中で赤穂藩主の浅野長矩が、朝幕関係の儀礼を担当する高家吉良義央を切りつけ、即日切腹に処せられると、翌年、旧赤穂藩家老大石良雄らが吉良邸を襲撃し、義央を討ちました。人々は大石らの行動を称賛しましたが、幕府は大石ら46人に切腹を命じました。

綱吉は館林藩主時代の小姓であった**柳沢吉保**を新たに将軍の側近である**側用人**とすると、社会政策に取り組みました。生き物の殺生を戒める仏教思想の影響を受け、捨子や捨牛馬の禁止や犬の愛護を強制する一連の**生類憐みの令**を出しました。さらに、近親者の死に際しての喪に服す期間を定めた**服忌令**が出され、血や死を忌み嫌う風潮が醸成されていきました。その結果、死んだ牛馬の処理や行刑役を強いられたかわた［➡ p.256］に対する差別意識が強まることにもつながりました。

6代家宣・7代家継の時代、将軍家の地位を確立する施策がとられた

綱吉の養子となって将軍職を継いだ6代将軍**徳川家宣**は、柳沢吉保をしりぞけて

用語 ＊大嘗祭…天皇の即位後、初めて天照大神と神々にその年に収穫した米を供える儀式。

生類憐みの令を廃止する一方、儒学者の**新井白石**と側用人の**間部詮房**を登用して政治の一新を図りました。家宣の死後も新井白石らは幼少の**徳川家継**を擁立して引き続き政治を主導しました。

白石らは将軍の権威を高めるために朝廷との協調関係を築こうとして、新たに**閑院宮家**を創設しました。宮家とは天皇を輩出する親王家のことで、従来は伏見宮・桂宮・有栖川宮の三家しかありませんでした。幕府が費用を献じ、出家して門跡寺院に入る予定だった皇子を閑院宮家の当主として立てることで皇統を増やしたのです。一方、将軍の対外的な呼称も一時的に変更されました。これまで朝鮮からの**通信使**の国書などには将軍は「日本国大君殿下」と称されていましたが、より地位の高い「**日本国王**」に改めさせたのです。このようにして**将軍家の継承が不安定ななかで将軍の地位を明確にしました。**

Q 将軍の呼称は、その後もずっと「日本国王」だったのですか？

A いえ、8代将軍の徳川吉宗 [➡p.314] が復古主義をとったため、「日本国王」という呼称は「日本国大君」に戻されました。

▼閑院宮家系図

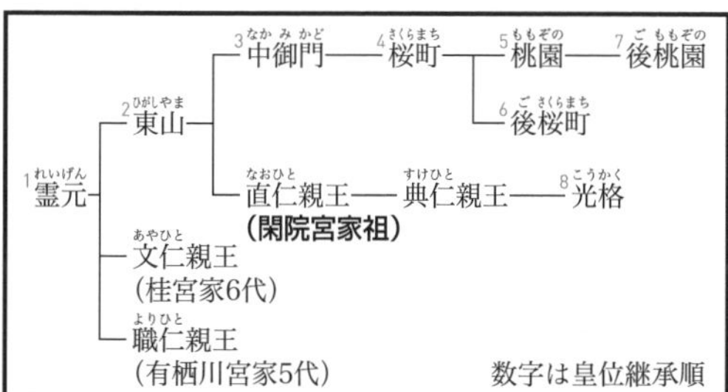

伏見宮家の当主が代々、天皇を継いでいましたが、18世紀後半には閑院宮家から光格天皇が擁立されました。

文治政治の展開

① 4代家綱 補佐：**保科正之**（会津藩主）

殉死の禁止➡主君ではなく主家への奉公を要求する

寛文印知：将軍名義で大名に領知宛行状を一斉発給する

② 5代綱吉 補佐：**柳沢吉保**（側用人）
天和令（1683）：忠孝・礼儀を重視する
湯島聖堂の創設：大学頭＝**林鳳岡**（信篤）
朝幕関係の協調（朝廷儀式の復興・禁裏御料の増加など）

③ 6代家宣・7代家継 補佐：**新井白石**（侍講*）・**間部詮房**（側用人）
閑院宮家の創設：幕府が費用を負担する
将軍の対外的呼称の変更：「日本国大君」から「日本国王」へ

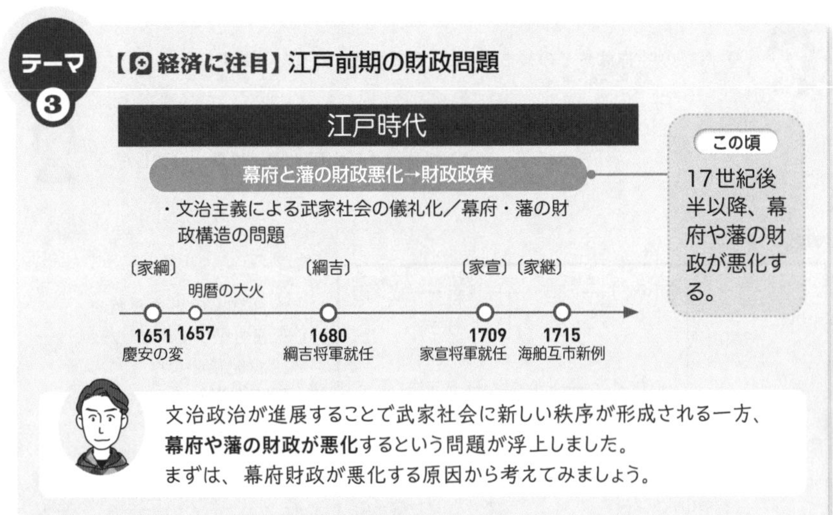

文治政治は財政悪化の一因となる

幕府の財政が悪化した原因として、まず、金銀産出量が激減したため鉱山収入が減少したことが挙げられます。江戸幕府は鉱山の多くを直轄化して貨幣の鋳造権を握っていました [➡ p.292]。したがって、鉱山収入の減少は幕府の財政収入の減少に直結します。一方、1657年に起こった**明暦の大火**により江戸城と江戸市街が大きな被害を受けると、その復興費用は幕府財政を圧迫しました。さらに徳川綱吉の時代に**東大寺大仏殿**をはじめとする多くの寺社の造営・再建が行われたことも財政の悪化に拍車をかけました。

他にも文治主義の徹底に伴う武家社会の儀礼化は財政支出の一因となりました。武家社会において家格や身分秩序が重視されるようになると、それぞれの身分に

用語 ＊侍講…君主に学問を講義する役目。

合った生活を送らなければいけませんでした。衣服や贈答品などの需要が高まり、生活費用が多くなっていきました。

最後に幕府や大名の財政構造について考えておきましょう。幕府や大名は年貢米を換金して様々な経費に充てていました。この場合、**年貢収入の増加により米価が下落し、都市人口の増加にともなう商品需要の増大により物価が上昇すると、幕藩領主の年貢収入は実質減少することになります**。17 世紀後半以降、米価は他の商品と比べてそれほど上昇しなかったため、年貢米を売って必要物資を購入していた幕府や藩の財政はますます悪化していきました。

Q 年貢収入が増加すると、なぜ米価は下落するのですか？

A 幕府や大名は年貢の余剰分を換金するので、市場に多くの米が出回ることになります。米の供給量が増えると、その分米価は下落します。

江戸前期の財政問題

① 幕府財政の悪化（17 世紀後半）
金銀産出量の激減➡鉱山収入が減少する
明暦の大火（1657）➡江戸城・市街の復興費がかかる
寺社の造営・再建を行う（**東大寺大仏殿**など）

② 武家社会の儀礼化（文治主義）
家格・身分秩序の重視➡服装・贈答品などの支出が増える

③ 財政構造（年貢米を換金して経費を捻出する）
米の供給の増加➡米価は下落する
都市人口の増加➡物価は上昇する
結果：幕藩領主の年貢収入は実質的に減少傾向になる

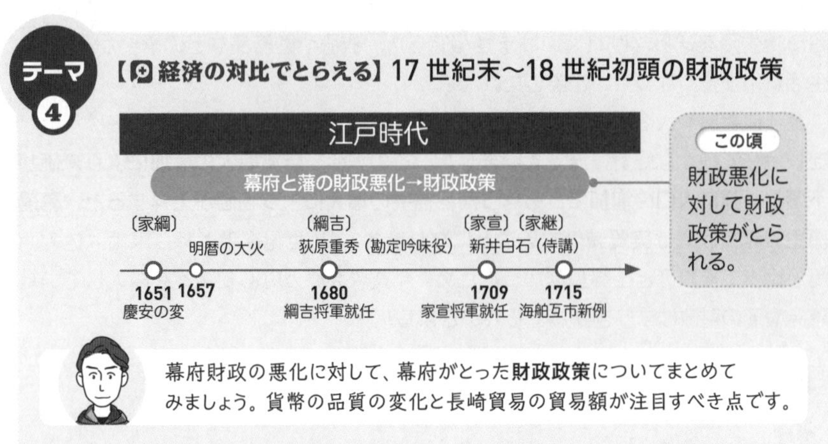

17世紀末の財政政策では、品質を落とした貨幣が発行された

まず、17世紀末には勘定所のなかに、業務の遂行を監察する権限を持つ**勘定吟味役**が置かれました。そして、勘定吟味役に就任した**荻原重秀**の建議により、慶長金銀の質を落とした**元禄金銀**が発行され、その差益金（出目）として約500万両もの収入が得られました。この元禄改鋳は商品経済の発達に伴って増大する貨幣需要に応えるという面もありましたが、貨幣価値の下落により物価が上昇することとなり、武士や庶民の生活を圧迫しました。

一方、17世紀末には**定高貿易仕法**により長崎貿易の限度額が定められ、さらに清船の来航数を制限して、銀の海外流出が抑制されました。

18世紀初頭の財政政策では、貨幣の品質をもとに戻した

続いて、18世紀初頭に侍講として正徳政治を主導した**新井白石**は荻原重秀を排斥すると、**正徳金銀**を発行して貨幣の品質を慶長金銀と同等に戻し、幕府の威信を高めました。ところが、通貨量の減少により商業活動が抑制されることとなり、さらに経済に混乱がもたらされることとなりました。

一方、貿易政策ではそれまでの貿易統制策を引き継いで、1715年に**海舶互市新例**（長崎新令・正徳新令）を出しました。これにより清船の来航数は年間30隻、オランダ船の来航数は年間2隻までに制限され、支払いもなるべく銅で行うように取り決められました。儒学者の新井白石は儒教的な理念から商業活動の抑制を図ろうとしましたが、社会の実情に合わない政策を進めることになったのです。

このように、17世紀末～18世紀初頭にかけての財政政策は上手く機能せず、幕府の財政再建は享保期以降に持ち越されることとなりました。このことは第26講で学習します[➡p.317]。

▼小判の重量と金貨成分比の推移

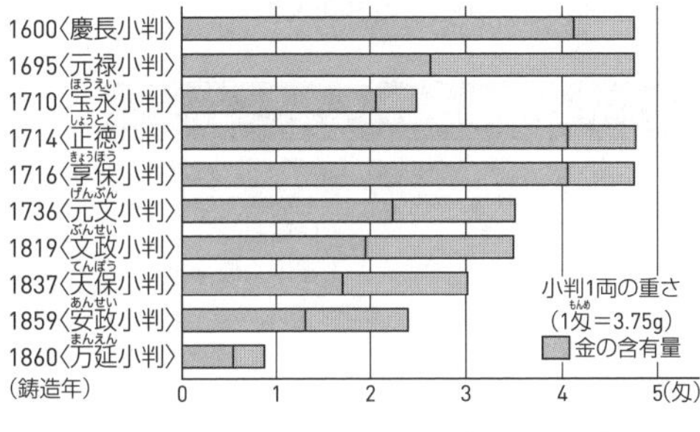

元禄小判は慶長小判より金の含有量が減っています。また、正徳小判は慶長小判と同じ金の含有量になっていますね。

17 世紀末～ 18 世紀初頭の財政政策

① 17 世紀末：**荻原重秀**（**勘定吟味役**）が中心

政策Ⅰ：**元禄金銀**（質が劣る）の鋳造を行う

➡差益金（出目）を収入とみなす

影響：貨幣流通量が増加する➡物価が上昇する

政策Ⅱ：**定高貿易仕法**を出す（長崎貿易の制限）

② 18 世紀初頭：**新井白石**（侍講）が中心

政策Ⅰ：**正徳金銀**（質が良い）の鋳造を行う

➡貨幣流通量を収縮させて商業活動を抑制する

影響：社会の実情に合わず、流通の混乱を招く

政策Ⅱ：**海舶互市新例**を出す（長崎貿易の制限）

テーマ5 【政治の推移に注目】江戸前期における諸藩の改革

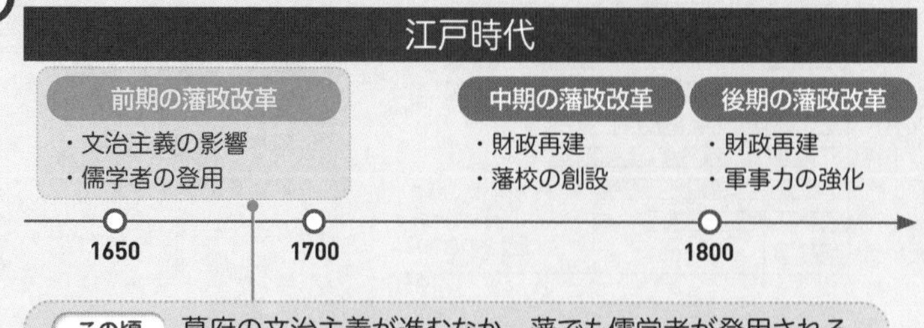

17世紀半ばから後半にかけて幕府の**文治政治**が進展するなかで、大名のなかにも**儒学者を登用**して藩政にあたる者が現れました。具体的に4人の大名による改革を覚えておきましょう。

江戸時代前期の藩政改革では、儒学者を登用して藩政にあたった

まず、岡山藩主の**池田光政**は陽明学者の**熊沢蕃山**を登用しました。熊沢蕃山は洪水を防ぐための治水対策に尽力したことで知られます。主著**『大学或問』**のなかで「山川は国の本なり」と述べ、新田開発による森林破壊の行き過ぎを忠告し、洪水を防ぐために堤防を築くことを建議しました。他にも池田光政は庶民が読み書きを学ぶ手習所を統合した郷校（郷学）の**閑谷学校**を藩内に設けました。

次に会津藩主の**保科正之**〔➡ p.274〕も藩政改革を行った名君として挙げられます。保科は将軍を補佐するためにほとんど江戸に住んでいましたが、朱子学者の**山崎闇斎**の影響を受け、家老を指導して藩政も怠りませんでした。山崎闇斎は神儒一致*の立場から**垂加神道**を唱え、道徳心や治国の道を説いたことで知られます。

続いて加賀藩主の**前田綱紀**は朱子学者の**木下順庵**を招き、藩内で農政改革や殖産興業、士風の刷新などを進めました。後に木下順庵は徳川綱吉の政治顧問である侍講も務め、林鳳岡（信篤）〔➡ p.274〕と交流したほか、新井白石〔➡ p.275〕や室鳩巣などの儒学者を育てました。

最後に水戸藩主の**徳川光圀**は、後に水戸黄門と呼ばれた人物として知られます。彼は明から亡命した**朱舜水**を登用し、江戸藩邸の**彰考館**で**『大日本史』**の編纂を命じました。『大日本史』の編纂は光圀の死後も水戸徳川家の事業として続けられ、明治時代末期にようやく完成しました。

【用語】＊神儒一致…神道と儒教の一致を説く思想。

Q 朱子学と陽明学はどう違うのですか？

A 朱子学と陽明学はともに儒学の一派で、古代中国の聖人の教えを重んじるという共通点を持ちますが、朱子学は大義名分論（たいぎめいぶんろん）といって君臣・父子の別を説いたのに対し、陽明学は知行合一（ちこうごういつ）といって実践主義をとりました。詳しくは、p.304～305で扱います。

江戸前期における諸藩の改革

1. 岡山藩：藩主**池田光政**が主導
   陽明学者**熊沢蕃山**を招く
   蕃山は治水対策に尽力し、光政は郷校の**閑谷学校**を設置する
2. 会津藩：藩主**保科正之**が主導
   朱子学者**山崎闇斎**を江戸で招く
3. 加賀藩：藩主**前田綱紀**が主導
   朱子学者**木下順庵**を招く
4. 水戸藩：藩主**徳川光圀**が主導
   明から亡命してきた**朱舜水**を登用する
   江戸藩邸の**彰考館**で『**大日本史**』を編纂する（**明治末に完成**）

確認問題

1 年代配列問題にチャレンジ

(1) 次の文Ⅰ～Ⅲについて、古いものから年代順に正しく配列したものを、後の①～⑥のうちから一つ選んで記号で答えなさい。

Ⅰ 藩主が50歳未満で急死の場合に限り、養子を迎えることを認めた。
Ⅱ 朝鮮からの国書に記す将軍の称号を、日本国王と改めさせた。
Ⅲ 湯島聖堂を建設するとともに、林鳳岡（信篤）を大学頭に任命した。

① Ⅰ－Ⅱ－Ⅲ　② Ⅰ－Ⅲ－Ⅱ　③ Ⅱ－Ⅰ－Ⅲ
④ Ⅱ－Ⅲ－Ⅰ　⑤ Ⅲ－Ⅰ－Ⅱ　⑥ Ⅲ－Ⅱ－Ⅰ

(2) 次の文Ⅰ～Ⅲについて、古いものから年代順に正しく配列したものを、後の①～⑥のうちから一つ選んで記号で答えなさい。

Ⅰ 軍学者の由井正雪による幕府転覆計画が発覚した。
Ⅱ 生類憐みの令を出して、犬をはじめとする鳥獣の保護を命じた。
Ⅲ 新たに閑院宮家を創設し、朝廷との協調を図った。

① Ⅰ－Ⅱ－Ⅲ　② Ⅰ－Ⅲ－Ⅱ　③ Ⅱ－Ⅰ－Ⅲ
④ Ⅱ－Ⅲ－Ⅰ　⑤ Ⅲ－Ⅰ－Ⅱ　⑥ Ⅲ－Ⅱ－Ⅰ

2 探究ポイントを確認

(1) 17世紀中頃における大名統制の緩和について、その原因にふれながら説明せよ。

(2) 17世紀後半における幕府財政の悪化の原因について、収入面・支出面に分けて述べよ。

解答

1 (1) ②　(2) ①

2 (1) 1640年代初頭、寛永の飢饉が起こると、大名に対する普請役は緩和された。慶安の変が起こると、改易処分を減らすため末期養子の禁が緩和された。(67字)
(2) 幕府の鉱山収入が減少する一方、明暦の大火にともなう江戸城・市街の再建や寺社の造営・再建により財政支出が増加したため。(58字)

第24講 幕藩体制下の農村と都市

17世紀から18世紀にかけて、土木技術の転用などにより、**農業をはじめとする諸産業が発達**します。諸産業の発達にともない、**年貢米や手工業品が商品として流通**し、**幕府が独自に鋳造した貨幣**が商品流通のために使用されました。**陸上交通や水上交通も幕府の命で整備**されました。こうした産業や流通の発達について、中世からの変化を意識しながらみていきましょう。

時代の**メタマッピング**と**メタ視点**

社会・経済 ➡テーマ①

近世農業の発達

近世には**農業が発達**した。理由には**耕地面積の拡大**と**農業の集約化**がある。

社会・経済 ➡テーマ②③

諸産業の発達／江戸時代の手工業

近世には**農業以外の諸産業・手工業**も発達した。

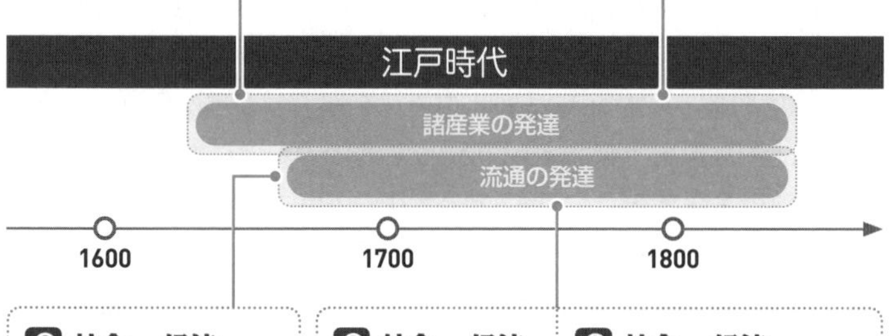

社会・経済

手工業品の商品化／年貢米の商品化

手工業品や年貢米は商品化されて消費者に届けられた。

➡トピック①②

社会・経済

江戸時代の貨幣制度

江戸時代は輸入銭ではなく、**幕府が独自の貨幣を鋳造**した。

➡テーマ④

社会・経済

江戸時代の陸上交通／江戸時代の水上交通

幕府の命による陸上交通・水上交通の整備が行われ、流通が発達した。

➡テーマ⑤⑥

テーマ1 【社会・経済に注目】近世農業の発達

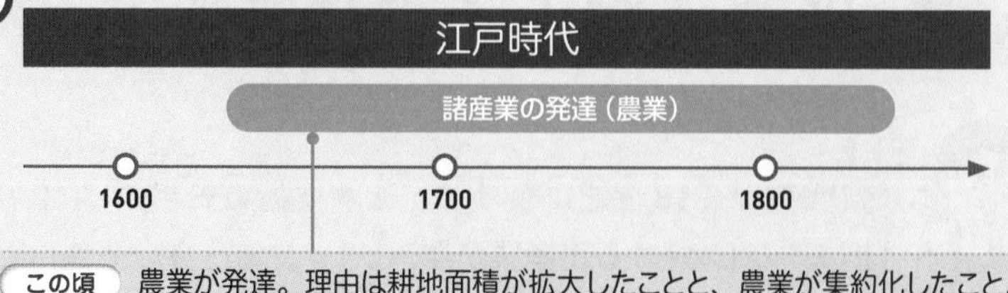

この頃 農業が発達。理由は耕地面積が拡大したことと、農業が集約化したこと。

江戸時代における産業の中心は農業でした。**耕地面積の拡大**と**農業の集約化**という２つの側面と、その影響についてみていきましょう。

新田開発などで耕地面積が増え、また単位面積あたりの収穫量も増えた

江戸時代前期、幕府や諸藩は年貢収入を増やすために新田開発を進めていきました。戦国時代以来の築城にともなう土木技術を河川の治水や沼地の干拓に利用することで、17 世紀から 18 世紀にかけて大河川の中・下流域を中心に耕地面積を倍増させました。一方で、新田開発による森林破壊は水害の原因にもなり、自給肥料の供給地となる**入会地**〔➡ p.205〕の減少をもたらすなどの問題を引き起こしました。

幕府や諸藩による開発以外にも、農民たちは小農経営に適した農具の改良や肥料によって単位面積あたりの収穫量を上昇させました（農業の集約化）。深耕に適した**備中鍬**や脱穀用の**千歯扱**が普及したほか、選別用の**唐箕**や**千石簁**、揚水*1 のための**踏車**なども用いられました。

従来、肥料は刈敷・草木灰〔➡ p.200〕などの自給肥料が用いられていましたが、耕地の拡大にともない入会地が減少したため、鰯を原料とした**干鰯**や菜種油を絞った残りの**油粕**など金銭を支払って購入する**金肥**も併用されるようになりました。

さらに、農業の知識・技術を記した農書が普及しました。17 世紀末に著された**宮崎安貞**の**『農業全書』**や 19 世紀前半に著された**大蔵永常**の**『広益国産考』**・**『農具便利論』**などが代表的です。

武士や町人の商品需要が高まり、商業的農業が拡大した

兵農分離〔➡ p.242〕により都市で生活する武士や町人の商品需要が増大すると、多くの村で商業的農業（商品の販売を目的にした農業）が拡大し、農民は現金収入を得る機会が増えていきました。織物の原料となる**綿花**・麻や染料の原料となる**藍**・**紅花**、油の原料となる菜種、嗜好品である**茶**や**たばこ**などの商品作物*2 が栽培されました。藍の生産地は**阿波**、紅花の生産地は**出羽**であることはよく問われます。こうして江戸時代には農村に一層貨幣経済が浸透することとなりました。

 【用語】 ＊1 揚水…池や川などの水を汲み上げること。

▼江戸時代の農具と農作業

このような農具の発達で、単位面積あたりの収穫量が増加しました。

テーマ① まとめ 近世農業の発達

① 新田開発➡耕地面積の拡大（大河川の中・下流域）
築城などの土木技術を治水・干拓に利用した
問題：水害の増加、**入会地**の減少

② 農業の集約化
農具の発達：**備中鍬**（深耕）・**千歯扱**（脱穀）
唐箕・**千石簁**（選別）・**踏車**（揚水）
肥料の使用：自給（刈敷・草木灰）・**金肥**（**干鰯**・**油粕**・〆粕）
農書の普及：**宮崎安貞**『農業全書』、**大蔵永常**『広益国産考』

③ 商業的農業の拡大
兵農分離➡都市における商品需要の増大

テーマ② 【社会・経済に注目】諸産業の発達

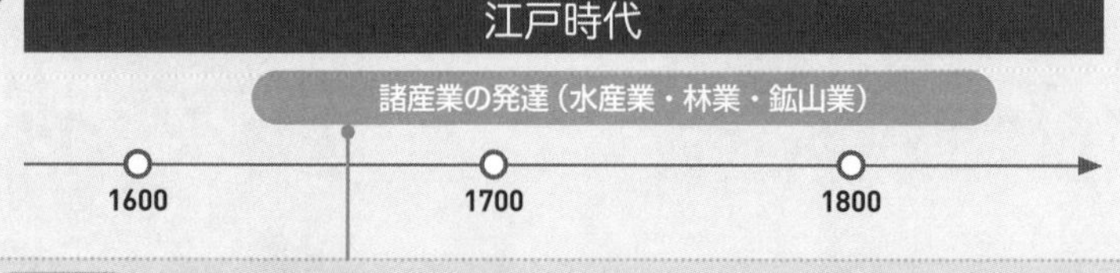

用語 ＊2 商品作物…商品として販売するために作られた作物。

江戸時代には、**農業以外の諸産業もそれぞれの理由で発達**しました。
諸産業の要点をまとめていきます。

需要の増大や新しい技法の発展で、諸産業が発達する

水産業では、17 世紀半ば以降、関西の漁民が各地に**上方漁法**と呼ばれる地引網や定置網などの網漁法を広めました。これにより、船主や網元は貧しい漁民を船子・網子として使用して大規模な漁業を展開しました。九十九里浜の鰯や蝦夷地の鰊は食料としてのみならず肥料（干鰯・〆粕）の原料としても用いられ、需要が増大しました。他にも土佐の鰹漁や紀伊の捕鯨業、蝦夷地の昆布漁も発達しました。製塩業では、従来の揚浜法*に代わり、潮の干満を利用して海水を取り込む**入浜塩田**が播磨の赤穂から瀬戸内海沿岸の各地に広がり、生産量が増大しました。

林業では城下町の建設に必要な建築資材の需要が高まり、**木曽檜**や**秋田杉**などが利用されました。また、精錬や金属工業の燃料として紀伊の**備長炭**などが用いられました。ここでは、建築資材と燃料の 2 つの用途に分けて整理しましょう。

鉱山業では貨幣の鋳造や貿易〔➡ p.266〕のために需要が増大しました。16 世紀に朝鮮から伝わった**灰吹法**により一時的に金・銀山の採掘量が増加しましたが、17 世紀中頃には産出量が減少してしまいました。金銀に代えて銅が輸出されるようになると、幕府が経営する下野の**足尾銅山**に加えて、大坂の豪商住友家が経営する伊予の**別子銅山**が新たに開かれ、南蛮吹という方法で精錬されました。製鉄業では、砂鉄と木炭を原料とし、足踏み式送風装置による**たたら製鉄**が中国地方で発達しました。

Q「南蛮吹で精錬する」というのは、具体的にどういう意味なのですか？

A 精錬とは、金属から不純物を取り除いて純度を高めることです。
南蛮吹とは、銀を含む粗銅から銀を分離する精錬法のことです。

▼地引網漁

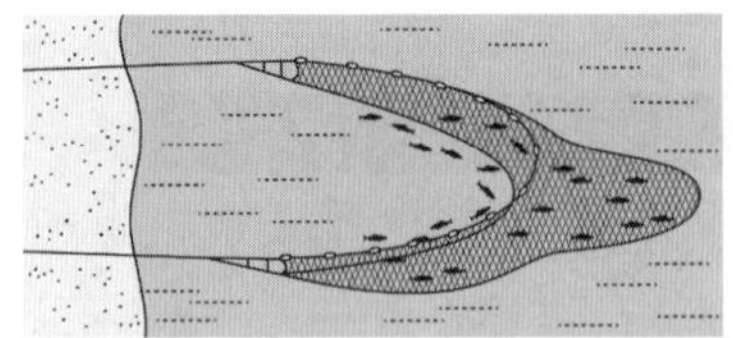

たたら製鉄▶

【用語】＊揚浜法…海岸より高い場所にある塩田に海水をまく製塩法。重労働だった。

テーマ2 まとめ 諸産業の発達

① 水産業

上方漁法：関西の漁民が網漁法を各地へ広める

製塩業：**入浜塩田**が瀬戸内海沿岸に広がる

② 林業

城下町の建設➡建築資材の需要増加（木曽檜・秋田杉）

精錬・金属工業の燃料として使用される（備長炭）

③ 鉱山業

幕府直轄の金山・銀山の産出量は減少する

別子銅山〔伊予〕：住友家が経営、南蛮吹で精錬を行う

たたら製鉄〔中国地方〕：砂鉄・木炭が原料／送風装置の利用

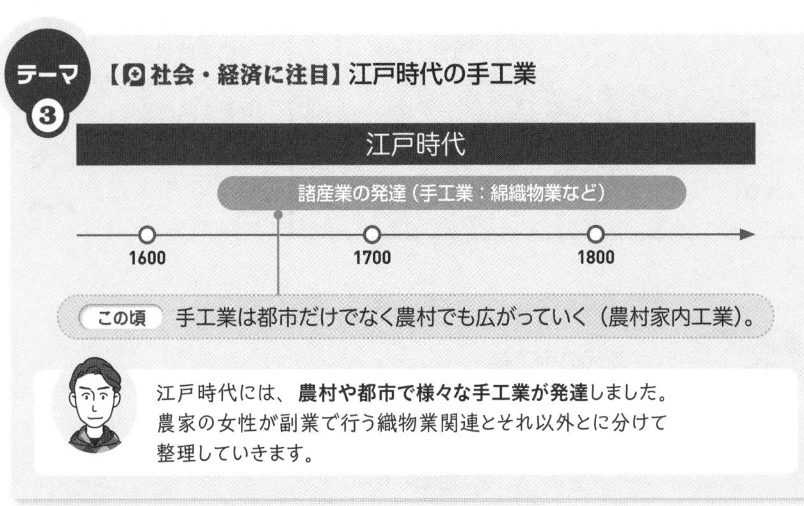

近世、都市だけでなく農村でも手工業が広がり、織物業が発達する

江戸時代初期、城下町の建設のために多くの職人が集められたことから都市において様々な手工業が展開しましたが、商品需要の増大にともない、しだいに農村でも手工業が広がりました。これを**農村家内工業**といいます。例えば、河内（かわち）・尾張（おわり）・三河（みかわ）などでは農家の女性が中心となって**地機**（じばた）（いざり機（ばた））を用いた織物業が行われました。高級絹織物では、京都の**西陣織**（にしじんおり）の**高機**（たかばた）の技術が18世紀中頃には北関東に伝えられ、**桐生**（きりゅう）や**足利**（あしかが）で絹織物業が発達しました。麻織物業では、**越後縮**（えちごちぢみ）や**奈良晒**（ならさらし）などが生産されました。こうした織物業の発達とともに京都の**友禅染**（ゆうぜんぞめ）や尾張の**有松**（ありまつ）

絞などの染色業もさかんになりました。

織物業以外では、製紙業・陶磁器・漆器・醸造業を確認する

織物業関連以外の手工業としては、出版・印刷技術の発展にともない紙の需要が高まったことから越前の**鳥ノ子紙**や播磨の**杉原紙**など和紙を生産する製紙業が発展しました。朝鮮人陶工の技術を用いた肥前の**有田焼**などのお国焼や**京焼**（清水焼）などの陶磁器の生産が行われ、能登の輪島や出羽の能代では**輪島塗**や**春慶塗**などの漆器業も広がりました。

また、豪農のなかには醸造業を営む者も出てきました。摂津の**灘**や山城の**伏見**では酒造りが行われる一方、播磨の**龍野**や下総の**野田**では醤油造りが行われました。

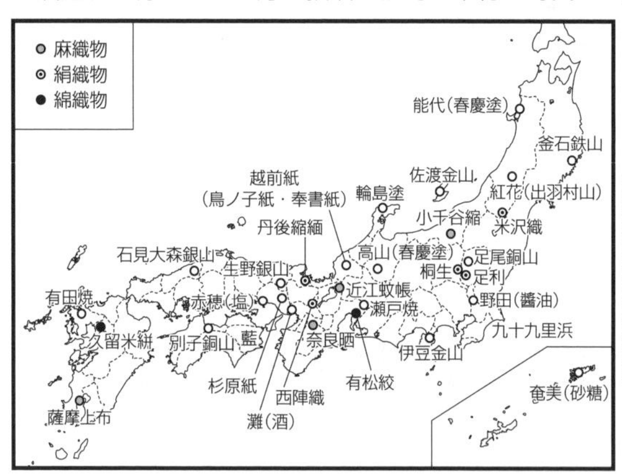

◀全国の手工業

絹織物は、幕末の貿易 [➡p.360] や明治時代の貿易 [➡p.444] でも重要な輸出品になります。

テーマ3 まとめ　江戸時代の手工業

① 織物業関連
綿織物：河内・尾張・三河（**地機**の利用）
絹織物：京都西陣（**高機**の利用）➡桐生・足利へ伝播する
麻織物：越後縮・奈良晒など
染色業：京都友禅染・尾張有松絞など

② 織物業関連以外
製紙業：越前鳥ノ子紙・播磨杉原紙など
陶磁器：肥前有田焼・京焼（清水焼）など
漆器：能登輪島塗・出羽春慶塗など
醸造業：灘・伏見の酒造り、下総野田の醤油造りなど

トピック 1 【社会・経済に注目】手工業品の商品化

それでは、ここまでに説明した手工業品が
消費者の手に渡るまでの流通について考えてみましょう。

▼手工業品が消費者に届くまでの流れ

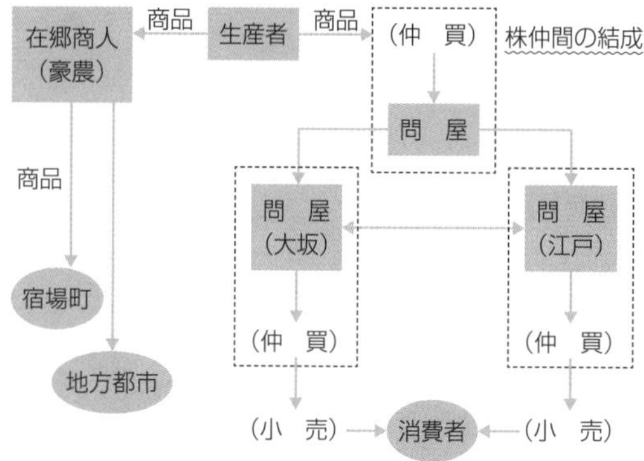

豪農でもある在郷商人や問屋と呼ばれる特権商人が手工業品を売買する

1つ目は、農村近郊の宿場町や地方都市を中心に、**在郷商人**と呼ばれる財力を蓄えた豪農*が生産者から買い取った商品を売買するケースです。在郷商人は個々に活動したため、江戸幕府は彼らの活動を統制できませんでした。

2つ目は、**問屋**と呼ばれる商人が**仲買**と呼ばれる商人を傘下に入れ、生産者から商品を買い集めて卸売りするケースです。この場合、商品の多くは江戸や大坂などの大都市に運ばれました。江戸幕府は大都市への商品供給や品質管理のため、問屋が中心となって同業者組合である仲間を結成することを認めました。幕府によって認められた仲間を**株仲間**といいます。営業を独占する株仲間には様々なものがありましたが、なかでも大坂の**二十四組問屋**[➡ p.331]や菱垣廻船を傘下に入れた江戸の**十組問屋**は大坂・江戸間の商品流通の中核となり、商品の安全な輸送に努めるようになりました。大都市に運び込まれた商品は問屋から仲買、仲買から店舗販売を行う**小売**へと転売され、消費者は小売から商品を購入しました。

18世紀以降、農村部で問屋が仲買と結託して生産者に原料や道具を前貸しし、加工賃を支払って製品を引き取る**問屋制家内工業**と呼ばれる工業形態がみられるようになりました。

19世紀前半になると、大坂周辺や尾張の綿織物業や桐生・足利の絹織物業では豪農が経営する作業場に農家の女性を賃労働者として集め、分業と協業により製品

用語 ＊豪農…商品生産を背景に経済的成長をとげた上層農民。

旧石器 縄文 弥生 古墳 飛鳥 奈良 平安 鎌倉 室町 安土・桃山 江戸 明治 大正 昭和 平成 令和

を生産する工場制手工業（マニュファクチュア）という工業形態もみられるようになりました。

Q 店舗販売を行う小売とは具体的にどのようなものがあったのですか？

A 例えば、三井高利は江戸に呉服店の越後屋を開きました。これまでの呉服商は、屋敷への訪問販売や代金の後払い（利息付）という手段をとりましたが、越後屋は店頭で定価での現金販売（「現金掛け値なし」）を行いました。

【社会・経済に注目】年貢米の商品化

江戸時代は、江戸・大坂・京都の三都をはじめ、諸藩の城下町が存在しました。ここでは、三都の特徴をおさえながら、年貢米が商品として流通する仕組みについても考えてみましょう。

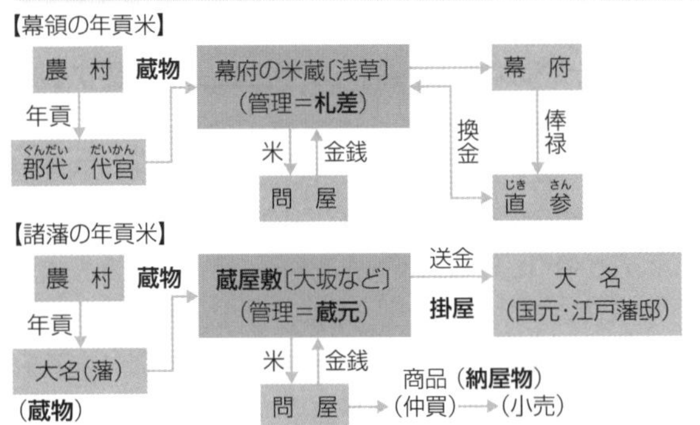

◀年貢米の流通

江戸は日本最大の消費都市で、幕府直轄地からの年貢米が集まる

江戸は、将軍の居城である江戸城を中心に、旗本・御家人や参勤した大名とその家臣が居住したほか、多くの商人や職人が生活し、「将軍のお膝元」と呼ばれました。18 世紀には人口約 100 万人の日本最大の消費都市であり、消費物資の多くは**菱垣廻船**による上方（関西地方）からの輸送に依存していました。江戸では専門の卸売市場として**日本橋の魚市場**や**神田の青物市場**などが形成されました。

一方、幕府直轄地からの年貢米の多くは江戸浅草にある幕府の米蔵に納められ、幕府の経費や旗本・御家人の俸禄米 ［➡ p.248］ として用いられました。年貢として収納された**蔵米**は**札差**と呼ばれる商人に管理され、出納*・換金が行われました。札差は旗本・御家人の俸禄米の受け取り・換金を代行しましたが、窮乏化した旗本・

【用語】＊出納…金銭や物品の出し入れのこと。

御家人に対して俸禄米を担保に金銭の貸付を行うこともありました。

大坂は「天下の台所」と呼ばれ、諸藩の年貢米が集まる

大坂の役後、大坂は木綿を原料とする綿製品などの生活関連物資の生産都市として戦災から復興していきました。18世紀に入ると、西廻り海運を利用して米や干鰯、菜種・鉄・銅などが大坂に持ち込まれました。米や干鰯は大坂周辺で消費されましたが、菜種は菜種油、鉄は金属製品に加工されて消費都市の江戸へ、銅は輸出するため貿易港である長崎へ運ばれました。そのため、大坂は「**天下の台所**」と呼ばれました。大坂では専門の卸売市場として**堂島の米市場**・**雑喉場の魚市場**・**天満の青物市場**などが形成されました。

一方、西日本を中心とする諸藩の年貢米は大坂の**蔵屋敷**に集められ**蔵物**と呼ばれ、大名は**蔵元**と呼ばれる役人に管理を任せ、のちに商人に委託されました。**掛屋**はその出納を担当し、米問屋に販売して得た代金を国元や江戸藩邸に送金しました。年貢米は民間商人である問屋の手に渡り商品として扱われると**納屋物**と呼ばれ、堂島の米市場などで仲買に卸売りされ、仲買から小売、小売から消費者のもとへ渡りました。

京都は工芸や手工業の中心地

京都は、工芸や手工業の中心地として栄えました。代表的な産業としては、室町時代以来の高級絹織物である**西陣織**や、**野々村仁清**［➡p.311］により大成された焼物である**京焼**を挙げることができます。江戸幕府は中国から輸入した生糸を優先的に京都に割り当てて絹織物業を保護しました。

Q この頃は大坂の方が流通の中心だったのでしょうか？

A はい。ただし、江戸時代中期・後期になると、流通が変化して大坂の経済的地位が低下します［➡p.331］。

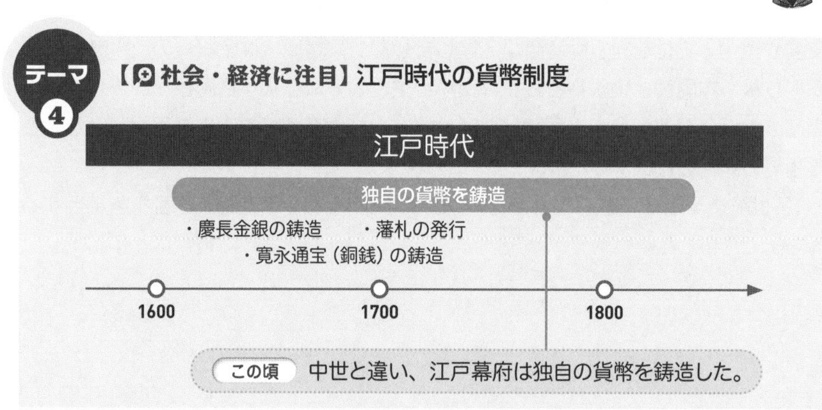

江戸幕府は中世と違い、中国銭を輸入するのではなく、統一政権として独自の貨幣を鋳造しました。ここでは江戸幕府の貨幣制度についてまとめます。

金貨と銀貨は使用方法が異なった

徳川家康は、金座・銀座を設けて**慶長金銀**を鋳造しました。金座は代々後藤家が世襲し、小判などの金貨を改鋳しました。**金貨は計数貨幣といい**、1枚あたりの重さが固定されたため枚数で決済することが可能でした。小判・一分金・一朱金などの種類があり、**1両*＝4分＝16朱と4進法で数えられました**。金貨は東日本における取引に用いられ、東日本の金遣いと呼ばれました。17世紀中頃には金の産出量が激減したので、改鋳により金含有量を減らすことが多くなっていきました[➡ p.278]。

一方、銀座は代々大黒家が世襲し、**丁銀**・**豆板銀**などを改鋳しました。**銀貨は秤量貨幣といい**、丁銀は約50匁、豆板銀は約5匁ですが、**使用のつど重量が計測されました**。重量の単位は1貫＝1000匁と定められました。銀貨は西日本における取引に用いられ、西日本（京都・大坂）の銀遣いと呼ばれました。銀は長崎貿易にも輸出品として用いられていましたが、17世紀中頃に銀の産出量も激減した[➡ p.286]ため、輸出額が制限されました。

江戸時代には他にも銭貨が用いられました。1636年、従来の永楽通宝やびた銭（粗悪な私鋳銭）[➡ p.203]が一掃され、民間請負の銭座によって鋳造された**寛永通宝に統一されました**。寛永通宝は1枚あたりの重さが固定された**計数貨幣**で、一文銭と四文銭があり、1貫＝1000文と定められました。

様々な貨幣が流通したため、両替商が発達した

このように江戸時代には様々な貨幣が流通したため、金貨・銀貨・銭貨の三貨の交換や預金・貸付を担う**両替商**が発達しました。両替商には金銀貨の交換を主として取り扱う**本両替**と金銀貨と銭貨の交換を主として取り扱う**銭両替**がいました。本両替は大坂の鴻池家ら十人両替と呼ばれる有力な両替商が幕府の御用両替として金銀相場の調整を行いました。

17世紀後半以降、越前福井藩を皮切りに、藩内限定で流通する藩札を発行する藩も出てきました。

用語　＊1両…小判1枚が1両とされた。

▼江戸時代の貨幣

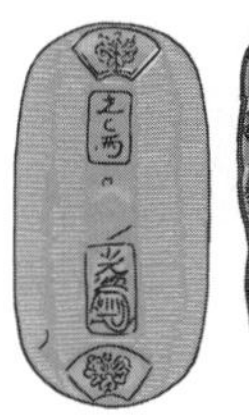

慶長小判

丁銀

寛永通宝

豆板銀

江戸時代前期は金1両=銀50匁=銭4貫（4000文）が公定の交換率でしたが、江戸時代後期は金1両=銀60匁となり、金の価値が高まりました。交換率は一応公定されていましたが、実際には時期によって相場が変わりました。

テーマ④ まとめ 江戸時代の貨幣制度

① 金貨（計数貨幣）：金座＝後藤家が管轄する
両・**分**・**朱**の４進法（１両＝４分＝16朱）
東日本における取引の中心となる（東日本の金遣い）

② 銀貨（秤量貨幣）：銀座＝大黒家が管轄する
丁銀（約50匁）・**豆板銀**（約５匁）／１貫＝1000匁
西日本における取引の中心となる（西日本の銀遣い）

③ 銭貨（計数貨幣）：銭座＝民間が鋳造を請負う
寛永通宝（一文銭と四文銭）／１貫＝1000文

④ 両替商：三貨交換、預金・貸付などを行う
本両替（高額／大坂の十人両替）・**銭両替**（少額）

テーマ⑤ 【社会・経済に注目】江戸時代の陸上交通

江戸時代

流通の発達（陸上交通）

・五街道の整備→宿駅・関所の設置、通信制度（飛脚）

1600　1700　1800

陸上交通は幕府による街道の整備などで発達した。

交通の発達は、**人の往来や物資の運搬を活発**にし、**経済を発展させる要因**となりました。
ここでは江戸時代の陸上交通についてまとめていきます。

江戸幕府は5つの街道を整備し、宿駅や関所を設けた

17 世紀前半、江戸幕府は全国支配のために江戸と各地とを結ぶ5つの街道を次々と整備しました。**五街道**（**東海道**・**中山道**・**甲州道中**・**日光道中**・**奥州道中**）は江戸の**日本橋**を起点とする幹線道路で、**道中奉行**が管轄しました。この五街道を補ったのが**脇街道**（中国街道・長崎街道・北国街道など）で、こちらは**勘定奉行**〔➡ p.251〕が管轄しました。これら街道には標識にあたる**一里塚**や**宿駅***、**関所**などが置かれました。

宿駅には大名が参勤交代の際に宿泊する**本陣**・脇本陣や一般の旅行客が宿泊する**旅籠**・木賃宿といった宿泊施設が設置されたほか、物資輸送を担う人馬を提供する**問屋場**が整備されました。人馬が宿場町から**伝馬役**〔➡ p.254〕として集められ、不足した時には近隣の農村から**助郷役**として集められました。

幕府は東海道の**箱根**や**新居**、中山道の**碓氷**や**木曽福島**など、重要な場所に関所を設けました。関所では「入り鉄砲に出女」の管理が行われ、武器の移動や大名の妻子が江戸から無断で帰国することを厳しく取り締まるなど、治安維持の役割を担いました。

一方、江戸幕府は通信制度として**飛脚**を整えました。飛脚は戦国大名が分国内で利用した伝馬が基礎となっています。幕府が公用文書や荷物の継送りのために置いた**継飛脚**をはじめ、大名が江戸と国元との通信のために設けた**大名飛脚**、町人が経営する**町飛脚**などがありました。

▼東海道と中山道

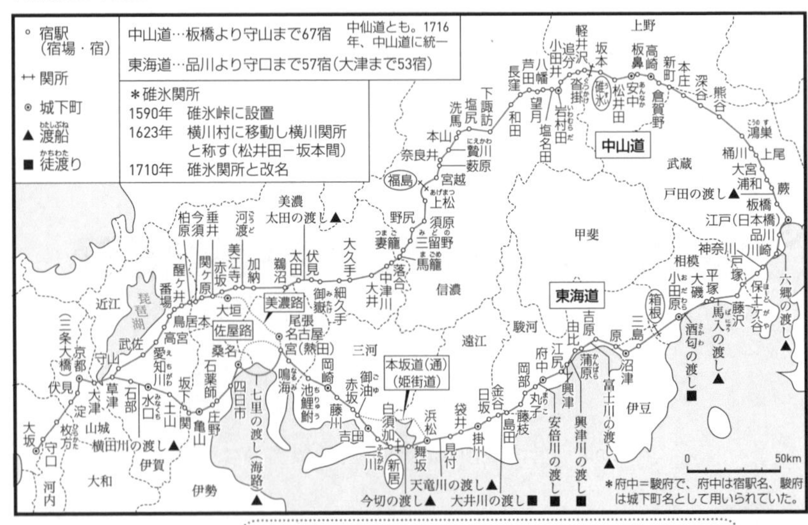

用語　＊宿駅…江戸時代、宿駅は主要街道に置かれ、宿泊施設を備えた。

テーマ⑤ まとめ 江戸時代の陸上交通

① 街道の整備（一里塚・宿駅・関所の設置）
五街道：**道中奉行**が管理する、江戸**日本橋**を起点とする
脇街道：勘定奉行が管理する
② 宿駅（東海道＝53宿　中山道＝67宿）
宿泊施設：大名－**本陣**・脇本陣　庶民－**旅籠**・木賃宿
人馬提供：**問屋場**（人馬の不足➡助郷役で補う）
③ 関所（東海道＝**箱根**・**新居**　中山道＝碓氷・木曽福島など）
「入り鉄砲に出女」の管理➡治安維持の役割
④ 通信（文書・荷物の継送り）
継飛脚（幕府の飛脚、公用文書）・**大名飛脚**・**町飛脚**（町人が経営）

テーマ⑥ 【社会・経済に注目】江戸時代の水上交通

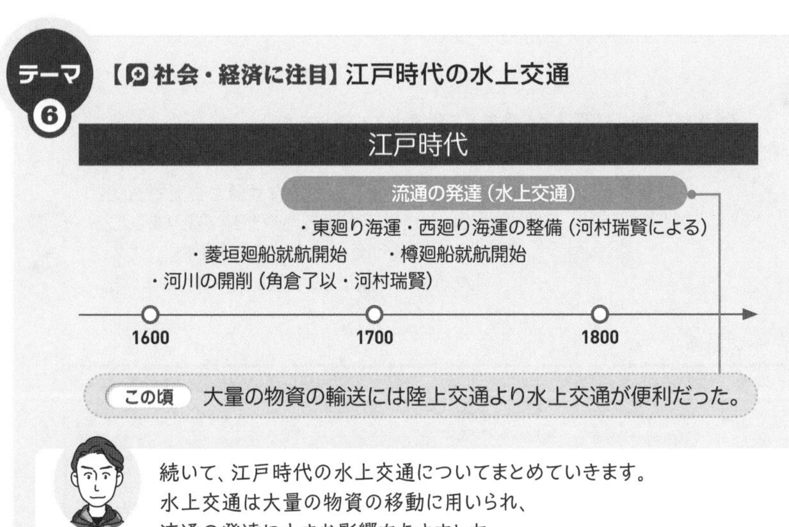

続いて、江戸時代の水上交通についてまとめていきます。
水上交通は大量の物資の移動に用いられ、
流通の発達に大きな影響を与えました。

17世紀後半に幕府の命令で海運が整備され、廻船(かいせん)が就航する

1671～72年に4代将軍徳川家綱(いえつな)の命をうけた**河村瑞賢**(かわむらずいけん)が海運の整備を行ったことは水上交通が発達する要因となりました。河村瑞賢により、奥州荒浜(あらはま)と江戸を結ぶ**東廻り海運**と出羽酒田(でわさかた)から下関(しものせき)を廻り大坂を経由して江戸へ向かう**西廻り海運**が整備されました。こうした海運の発達にともなう商品経済の進展により、日本海沿岸や瀬戸内海沿岸の港町は一層栄えました。

続いて、東・西廻り海運を就航する廻船についても整理します。17 世紀前半、江戸・大坂間を定期船である**菱垣廻船**が就航し、大坂から江戸へと大量の生活物資を運び、江戸の都市生活を支えました。17 世紀末には菱垣廻船を中心とする輸送組織が整えられましたが、18 世紀前半には酒を輸送する**樽廻船**が独立しました。後に樽廻船は酒以外の荷物ものせるようになり、菱垣廻船と競合しました。

18 世紀後半以降、商品経済が発展するなかで買積船と呼ばれる**北前船**や**内海船**などの廻船が活動しました。買積船とは、安価な商品を買い付けて上方など価格の高い所でそれを売却する船のことで、その差額により利益を生み出しました。

河川も舟が利用され、河川の開削*が行われる

各地の河川でも人馬輸送よりも効率の良い舟運がさかんに利用され、その荷揚げ場となる河岸場が賑わいました。京都の商人である**角倉了以**は幕府の命により物資輸送のための**高瀬川**を開削し、京都・伏見間の水運を開きました。さらに角倉了以は東海地方の富士川や天竜川の水運も開きました。一方、**河村瑞賢**は淀川下流域の水はけをよくするために**安治川**を開削し、結果的に諸国の廻船は安治川を利用して大坂市中に入ることが可能となりました。

Q 北前船と内海船はどのあたりで活動していましたか？

A 北前船は蝦夷地や北陸地方で仕入れた昆布や鰊を西国で売り、西国で仕入れた塩や酒を蝦夷地や北陸で売りました。一方、内海船は愛知県の知多半島を拠点として、上方から江戸湾において買い積みを行いました。

▼江戸時代の交通

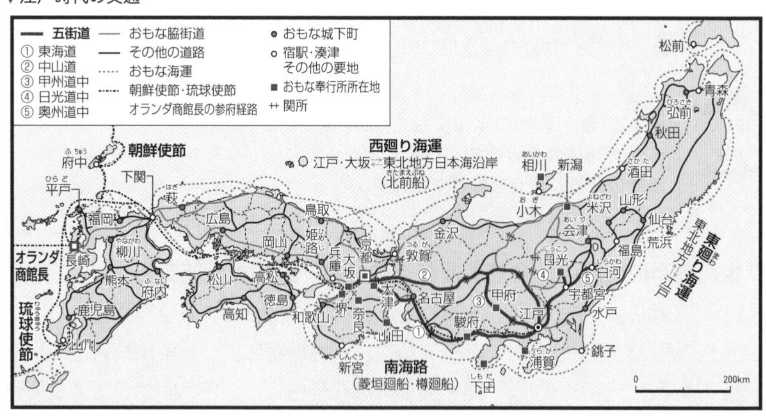

 用語 ＊開削…運河などを通すこと。

テーマ⑥ まとめ 江戸時代の水上交通

① 海上交通（17世紀後半）：**河村瑞賢**が整備する
東廻り海運：荒浜〔奥州〕から江戸まで
西廻り海運：酒田〔出羽〕から下関・大坂を経て江戸まで

② 廻船の就航
菱垣廻船（17世紀前半～）・**樽廻船**（18世紀前半～）：江戸・大坂間
北前船：蝦夷地・北陸・大坂間
内海船：上方・江戸間

③ 河川交通
富士川・天竜川・高瀬川〔京都・伏見間〕：**角倉了以**が開削する
安治川〔淀川治水〕：**河村瑞賢**が開削する

確認問題

1 資料問題にチャレンジ

表　大坂における主要商品移出入表（正徳4（1714）年）

移入		移出	
品名	銀額（貫）	品名	銀額（貫）
米	40,814	菜種油	26,005
菜　種	28,049	綿織物	7,066
白木綿	15,749	長崎下り銅	6,588
銅	7,171	綿実油	6,116
木(き)わた	6,705	鉄製道具	3,750

大石慎三郎『日本近世社会の市場構造』による

(注)「長崎下り銅」は日本から清国(しんこく)へ輸出した棹銅(さおどう)のことで、大坂の吹屋(ふきや)で精錬された。
「木わた」は紅棉(こうめん)のことで、木綿とは別種の落葉高木である。

問　京都周辺が高級衣料品などの奢侈(しゃし)品の特産地であったのに対し、大坂周辺は産業地域としてどのような特徴を有していたか。表を参考にして述べよ。

2 探究ポイントを確認

(1) 江戸時代における民衆の服装に影響を与えたと考えられる特産物をいくつか挙げよ。

(2) 江戸時代の貨幣制度について、中世と比較しながら簡単に述べよ。

解答

1　移入した原料を加工し、製品化する手工業生産が活発に行われ、都市生活に必要な生活物資や輸出品の生産拠点となっていた。(57字)

2　(1) 河内や尾張の綿織物、桐生・足利の絹織物、越後・奈良の麻織物、阿波の藍・出羽の紅花など。(43字)

(2) 中世においては朝廷や幕府が貨幣を鋳造することはなく中国からの輸入銭に頼っていたが、江戸時代は幕府が座を設けて貨幣鋳造権を握り、金貨・銀貨・銭貨を流通させた。(78字)

第25講 近世の文化Ⅰ

この講では、安土・桃山時代から江戸時代前期の3つの文化、桃山文化・寛永文化・元禄文化の特色について、具体例とともにみていきます。**桃山文化は織田信長や豊臣秀吉**の統一政権、**寛永文化は鎖国体制**、**元禄文化は幕政の安定や経済の発展**など、それぞれの時代の影響を受けていることを意識しながらまとめていきましょう。

時代のメタマッピングとメタ視点

文化 ➡テーマ①

近世の文化区分・特色Ⅰ

桃山文化は豪華と侘びを合わせ持つ文化、寛永文化は桃山文化を継承・発展させた文化、元禄文化は武士や新興の町人を担い手とする文化である。

文化 ➡テーマ③④

江戸時代前期における儒学の発達／諸学問の発達

儒学が発達し、**朱子学は幕府に保護**された。儒学の発達で**実証的な研究方法が広がり**、歴史学・国文学だけでなく**実用的な学問が発達した**。

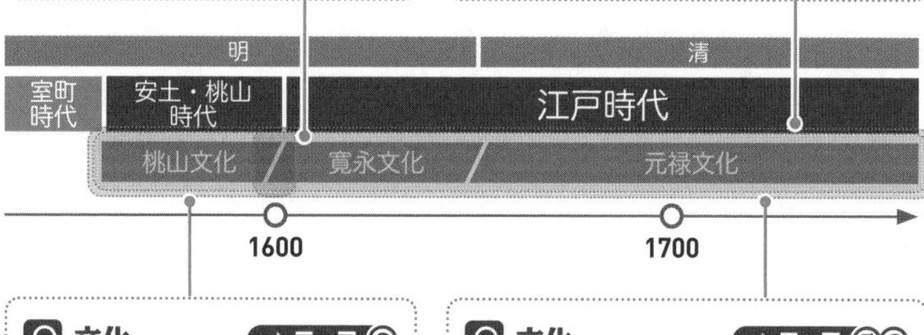

文化 ➡テーマ②

桃山文化期の美術

姫路城などの城郭が建てられ、内部を彩る**様々な障壁画**が描かれた。

文化 ➡テーマ⑤⑥

江戸時代前期の町人文芸／絵画・工芸

経済力をつけた庶民も文化の担い手となり、**現実的で享楽的な庶民の生活を題材とした文芸**が描かれた。また**庶民に浮世絵が好まれた。**

【文化に注目】近世の文化区分・特色Ⅰ

明		清
室町時代 / 安土・桃山時代		江戸時代
桃山文化	寛永文化	元禄文化
・豪華と侘びの共存 ・南蛮・朝鮮文化の影響	・桃山文化の継承 ・南蛮文化の流入制限	・儒学の発達、諸学問の発達 ・武士・新興の町人が担い手 ・現実主義、享楽的

この内容 近世前半の文化は、桃山文化・寛永文化・元禄文化。

桃山文化・寛永文化・元禄文化の時期と特色について、それぞれまとめていきます。

織豊政権期、豪華と侘びを合わせ持つ桃山文化が展開した

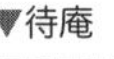

▼待庵

16世紀後半、織田信長・豊臣秀吉により強大な富と権力を持つ統一政権が生まれました［➡p.240］。この時代の文化は秀吉の居城であった**伏見城**の別名の桃山にちなんで**桃山文化**と呼ばれます。**下剋上によって成り上がった新興武士と経済力をつけた豪商を担い手として、城郭建築を象徴とする豪華で壮大な文化が形成されました。**一方で、室町時代に発展した茶の湯が武士や豪商に好まれ、**千利休**が静かな空間のなかで素朴な茶道具を用いて客人をもてなすため妙喜庵茶室（**待庵**）を完成させました。

桃山文化のもう一つの特徴として、**南蛮文化や朝鮮文化の影響を受けたこと**が挙げられます。キリスト教の布教のために来日した宣教師によってヨーロッパの文化がもたらされると、南蛮風の衣服を身につける者や天文学・医学・地理学などを学ぶ者が現れました。また、油絵や銅板画が伝わる一方で、外国人との交流の様子を題材とした**南蛮屏風**が狩野派などによって描かれました。他にも宣教師**ヴァリニャーノ**によって活字印刷術がもたらされ、**天草版（キリシタン版）**と呼ばれる書籍が出版されました。一方、朝鮮出兵の際に連行された捕虜などによって、肥前の**有田焼**をはじめとする陶磁器の技法や木版の活字印刷術などが伝えられました。

Q キリシタン版には、具体的にはどのようなものがありますか？

A ローマ字で書かれた『天草版平家物語』などの文学書籍や『日葡辞書』などの辞典がありました。

江戸時代初期、桃山文化を継承・発展した寛永文化が展開した

17 世紀前半、江戸時代初期の文化は徳川家光［➡ p.247］の頃の年号をとって**寛永文化**と呼ばれます。**寛永文化は桃山文化を引き継いでおり、美術の面で豪華と侘びが共存している**という特色を挙げることができます。豪華を象徴する建築物は徳川家康を祀った霊廟建築である**日光東照宮**で、神体をおさめる本殿に祭祀や礼拝を行う拝殿を連結させた**権現造**の建築様式をとりました。一方、後陽成天皇の弟八条宮智仁親王の別邸であった**桂離宮**は、書院造に草庵*1 風茶室を合わせた**数寄屋造**に回遊式庭園*2 を備えており、落ち着いた雅やかな印象を持ちます。後水尾天皇が自ら設計したといわれる**修学院離宮**も美しい庭園を備えています。

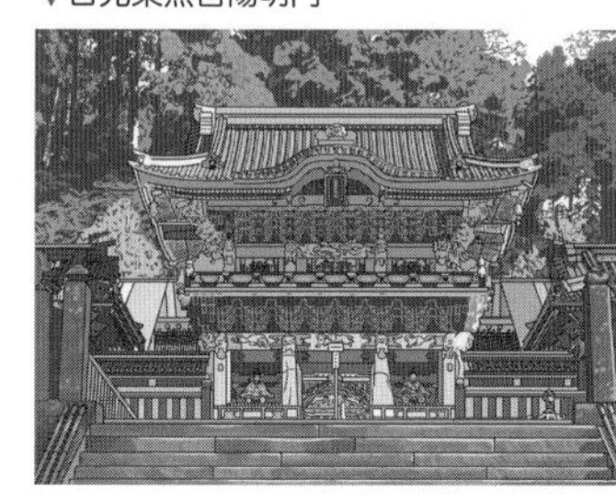
▼日光東照宮陽明門

桃山文化との相違点は、**鎖国体制の完成**［➡ p.265］**によって南蛮文化の流入が制限された**ことです。ただし、中国や朝鮮から新しい文化が入ってきました。明の禅僧**隠元隆琦**が来日し、山城宇治に中国風の万福寺を建て、禅宗の一派である**黄檗宗**を開きました。一方、九州・中国地方では陶磁器生産が広まり、有田焼・薩摩焼などのお国焼が発達しました。

17 世紀後半から 18 世紀前半、武士以外に庶民も担い手となった元禄文化が成熟した

17 世紀後半、明清交替の混乱が鎮まり東アジアに平和が到来すると、**幕政の安定と経済の発展を背景として武士や新興の町人を担い手とする文化**が成熟しました。この頃の文化は徳川綱吉［➡ p.274］の時の年号をとって**元禄文化**と呼ばれます。

幕府は「忠孝・礼儀」を重んじる儒学を歓迎し、儒学に基づく文治政治を展開しました［➡ p.274］。儒学は旗本・御家人の子弟や藩士の教育に利用されましたが、幕府は君臣・父子の別を重視する**朱子学**を特に重んじました［➡ p.304］。一方、儒学は合理的・実証的な思考を発達させ、様々な学問の発達につながりました。

新興の町人は、現実的で享楽的な庶民の生活を題材としたものに心を惹かれました。この**町人を担い手とした新しい町人文芸は小説・演劇・俳諧などのジャンルで発達していきます**。

Q 元禄は徳川綱吉の時期に用いられた年号ですが、元禄文化は綱吉の時期だけを指すのですか？

用語 ＊1 草庵…藁や茅の屋根の粗末で小さな家。
＊2 回遊式庭園…池の周りを歩きながら鑑賞できる庭園。

A いえ。もう少し時期の幅を広げ、17世紀後半の家綱の時期から18世紀前半の吉宗の時期までが元禄文化と区分されます。

テーマ① まとめ 近世の文化区分・特色Ⅰ

① **桃山文化**（16世紀後半）
豪華さと侘びの共存（新興武士・豪商が担い手）
南蛮文化・朝鮮文化の影響

↓

② **寛永文化**（17世紀前半）
桃山文化の継承
鎖国体制の完成➡南蛮文化の流入が制限される

↓

③ **元禄文化**（17世紀後半～18世紀前半）
儒学の発達（実証的）➡諸学問の発達
幕政の安定・経済の発展➡武士・新興の町人が担い手
庶民の生活を題材➡現実主義・享楽的

テーマ② 【文化に注目】桃山文化期の美術

明			清
室町時代	安土・桃山時代	江戸時代	
	桃山文化	寛永文化	元禄文化

・城郭建築（姫路城）
・障壁画（濃絵、水墨画）
・風俗画

この内容 桃山文化では城郭が建てられ、城の内部に障壁画が描かれる。

桃山文化は特に美術の面に注目して、豪華と侘びのコントラストを確認しましょう。

桃山文化期、城郭内部を彩る様々な障壁画が描かれた

桃山文化を象徴するのが城郭建築です。城郭は重層の**天守**を持つ本丸を中心として石垣や堀をともないました。城郭の建物には瓦や壁に金箔が貼られたものもあり、書院造の様式をとりいれた御殿が建てられました。現存する城郭としては後に拡張された**姫路城**が代表的ですが、**伏見城**の遺構は都久夫須麻神社本殿などに残り、**聚楽第**〔➡ p.239〕の遺構は西本願寺飛雲閣や大徳寺唐門にそれぞれ残されています。

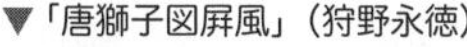

▼「唐獅子図屏風」（狩野永徳）

城の内部の襖などには障壁画が描かれました。障壁画には、金箔の上に青や緑の極彩色を施した**濃絵**や、水墨画などがあります。濃絵では、狩野派を継いだ**狩野永徳**が新しい装飾画を大成して**「唐獅子図屏風」**などの作品を残し、弟子の**狩野山楽**は装飾性の高い「牡丹図」を描きました。一方、**長谷川等伯**は独自の画風で「智積院襖絵」を完成させました。水墨画では、長谷川等伯が傑作といわれる「松林図屏風」を描いたほか、海北友松が「山水図屏風」などの優れた作品を残し、水墨画に新しい境地を開きました。

狩野派は伝統的な画題のほかにも都市や庶民の生活・風俗を題材とした風俗画も盛んに描いており、狩野永徳などの**「洛中洛外図屏風」**や狩野長信の「花下遊楽図屏風」では**小袖**が日常着として着用されていたことや都市の町屋の構造などを知ることができます。

テーマ②まとめ　桃山文化期の美術

① 城郭建築（重層の天守を持つ本丸が中心）
現存：**姫路城**など
遺構（伝）：**伏見城**（都久夫須麻神社本殿）
聚楽第（西本願寺飛雲閣・大徳寺唐門）

② 絵画
濃絵：**狩野永徳**「唐獅子図屏風」　**狩野山楽**「牡丹図」
長谷川等伯「智積院襖絵」
水墨画：**長谷川等伯**「松林図屏風」
海北友松「山水図屏風」
風俗画：狩野永徳など**「洛中洛外図屏風」**

【文化に注目】江戸時代前期における儒学の発達

明		清
室町時代	安土・桃山時代	江戸時代
桃山文化	寛永文化	元禄文化

・朱子学：幕府が保護

・陽明学：幕府が警戒

・古学：孔子・孟子の原点に帰る

この内容 儒学は朱子学・陽明学・古学の３つに大きく分けられる。

幕藩体制が安定すると、儒学が発達しました。
儒学は朱子学・陽明学・古学の３つに大別されます。

上下の秩序を重んじる朱子学は幕府によって保護された

江戸時代に入ると、政治のあり方や個人の生き方についての知識や教えが求められるようになり、これまで禅僧や公家の間で学ばれていた儒学が武士や庶民の間にも広まっていきました。

儒学は、孔子や孟子など古代中国の聖人の教えを学び、その教えを政治や道徳に利用する実践的な学問です。中国では南宋の朱熹が理論的に儒学を体系化し、**朱子学**を創始しました。朱子学は天地万物の法則と人間性とを結び付けて理解する理気二元論と、君臣・父子の別をわきまえて自己の職分に忠実である大義名分論に重点を置きました。

もと相国寺の禅僧であった**藤原惺窩**は、捕虜として日本に滞在していた朝鮮人の儒者姜沆と交わり朱子学の理解を深め、その啓蒙に努めました。一方、徳川家康は朱子学を社会秩序の維持に利用しやすい考え方であるとして、藤原惺窩の弟子である**林羅山**を登用し、その子孫（林家）は代々儒者として幕府に仕えました。

徳川綱吉の時代には、林羅山の孫である林鳳岡（信篤）が湯島聖堂の初代大学頭となったことはすでに学習しました［➡p.274］。

幕藩体制が安定する 17 世紀後半以降、朱子学は封建教学としてさらに発展を遂げました。**木下順庵**は加賀藩前田家に仕えた後に幕府の儒者となり、5 代将軍徳川綱吉の侍講をつとめました。彼は教育者としても優れ、徳川家宣・家継の侍講となった**新井白石**［➡p.275］、徳川吉宗の侍講となった**室鳩巣**、さらには対馬藩に仕えた**雨森芳洲**ら木門十哲を輩出しました。一方、土佐藩では**谷時中**が朱子学を修め、南学派を確立しました。この系統からは土佐藩の家老として藩政を担った**野中兼山**や、保科正之［➡ p.274］に儒学を講義した**山崎闇斎**らが出ました。山崎闇斎は吉川惟足から神道を学び、神儒一致の立場から**垂加神道**を唱え、のちの尊王思想［➡ p.328］に影響を与えたことでも知られます。

実践を重んじる陽明学は幕府に警戒された

儒学では幕府の保護のもとで朱子学が重んじられる一方、新しい学問を学ぶ者も登場しました。明の王陽明が体系化した**陽明学**は「知行合一」*をモットーとし、実践による認識を説きました。近江に私塾を開いた**中江藤樹**は日本に陽明学を広めた祖とされ、門下の**熊沢蕃山**は岡山藩主の池田光政に仕えました［➡ p.280］。ところが、『大学或問』で武士帰農を説き、参勤交代を批判したため、後に熊沢蕃山は下総古河に幽閉されてその地で病死しました。

▼儒学者系統図

	寛永期(17世紀前半)	元禄期(17世紀後半)	享保～寛政期(18世紀)	化政期(19世紀前半)
朱子学【京学】	**藤原惺窩**—**林羅山**	林鵞峰—**林信篤**	林信敬	林述斎
	石川丈山		柴野栗山	
	松永尺五	**木下順庵**—**新井白石**、室鳩巣、雨森芳洲	尾藤二洲	
朱子学【南学】	南村梅軒—谷時中	野中兼山		
		山崎闇斎—浅見絅斎	古賀精里	
		佐藤直方	岡田寒泉	
陽明学		**中江藤樹**—**熊沢蕃山**		
古学【聖学】		**山鹿素行**		
古学【古義学(堀川学)】		**伊藤仁斎**—伊藤東涯	青木昆陽	
古学【古文辞学】		**荻生徂徠**	**太宰春台**	

実証を重んじて原点を直接研究する古学の諸派が現れた

南宋や明の時代の儒学者から聖人の教えを学ぶ朱子学や陽明学に対して、『論語』や『孟子』などの原典を直接研究する**古学派**も興りました。兵学者でもあった**山鹿素行**は朱子学の観念や方法を批判し、『**聖教要録**』を刊行して古代の聖賢にかえることを主張した（聖学）ため、播磨赤穂に配流されました。京都の町人であった**伊藤仁斎**・**東涯**父子は**古義学**を唱え、京都堀川に私塾**古義堂**を開き、『論語』の原文を解釈することで道徳の平易な教えを説きました。江戸では**荻生徂徠**が**蘐園塾**を開き、聖人の教えを成立当時の言葉から解釈する**古文辞学**を唱えました。一方で徂徠は徳川吉宗［➡ p.314］の諮問に答えて『**政談**』を著し、武士土着論や貨幣経済の抑

用語 ＊知行合一…王陽明は、認識（知）と実践（行）を一体と考えた。

制を説きました。弟子の**太宰春台**は『**経済録**』を著して藩の専売制を説きました。

江戸時代前期における儒学の発達

① **朱子学**（南宋の朱熹が儒学を体系化）
理気二元論：天地万物の法則と人間性を結びつける
大義名分論：君臣・父子の別を重視➡幕府は保護する

② **陽明学**（明の王陽明が儒学を体系化）
知行合一：実践による認識を重視➡幕府は警戒する

③ **古学**（孔子・孟子の原典にかえる）
聖学：朱子学の観念・方法を批判
古義学〔京都〕：道徳の平易な教えを説く
古文辞学〔江戸〕：聖人の教えを成立当時の言葉で解釈する
➡為政者に政策を提言する

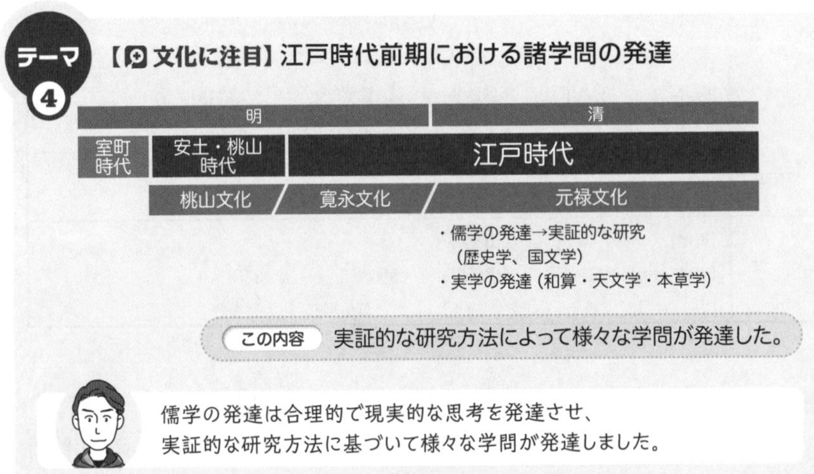

実証的な研究方法によって、歴史学や国文学が発達した

歴史学では史料に基づいて歴史を叙述する方法がとられ、軍記物や歴史物語は衰退しました。**林鵞峰**が完成させた『**本朝通鑑**』は、神代から江戸幕府成立までの歴史を編年体でまとめたものです。水戸藩主の徳川光圀[➡ p.280]は多くの学者を集め、『**大日本史**』の編纂に着手しました。一方、新井白石は徳川家宣に歴史を講義した

草稿を元に『読史余論』を著し、平安時代前期から江戸幕府成立までの時期を14の段階に分ける「九変五変説」によって武家政権の発展を論じました。

実証的な方法により、日本の古典や和歌の研究も進みました。**北村季吟**は『源氏物語湖月抄』を著して古典の理解を深め、幕府の歌学方*1に任命されました。江戸の戸田茂睡らは古今伝授〔➡p.229〕を批判して、和歌の自由な言葉づかいを求めました。**契沖**は『万葉代匠記』を著して『万葉集』の考証を行い、茂睡の説を支持しました。このような国文学の発達は、後に古代精神を探究する国学〔➡p.341〕の基礎となりました。

実証的な研究方法によって、実用的な学問も発達した

諸産業の発達にともない、庶民の生活を支える実用的な学問も発達しました。計算・測量を行うための和算では、**吉田光由**が『塵劫記』を著して算盤の普及に努め、**関孝和**は『発微算法』で筆算代数式や円周率計算などの業績をあげました。天文学では、**渋川春海**が従来の宣明暦の誤差を修正した**貞享暦**を作成し、幕府の天文方*2に任じられました。本草学*3の先駆者となった**貝原益軒**は『大和本草』で薬草の効用を紹介し、**稲生若水**は『庶物類纂』をまとめて本草学を博物学として集大成しました。農学では**宮崎安貞**が明の徐光啓がまとめた『農政全書』を参考にして『農業全書』をまとめ、農業技術や商品作物の栽培方法を紹介しました。

テーマ④ まとめ　江戸時代前期における諸学問の発達

① 前提：儒学の発達➡実証的な研究方法が発達する
② 歴史学（史料に基づく叙述）
『本朝通鑑』（林鵞峰）・**『大日本史』**（水戸藩）
『読史余論』（新井白石、九変五変説を唱える）
③ 国文学（古典研究・歌学、国学の先駆）
北村季吟（歌学方）・**契沖**（『万葉集』の考証）
④ 実学（理論<実用性）
和算：**吉田光由**『塵劫記』・**関孝和**『発微算法』
天文学：**渋川春海**（**貞享暦**の作成➡天文方）
本草学：**貝原益軒**『大和本草』　農学：**宮崎安貞**『農業全書』

用語　*1 歌学方…和歌に関する研究を司る江戸幕府の職名。*2 天文方…天文・測量・暦の編集などを行う江戸幕府の職名。*3 本草学…植物を中心とした薬物学。

【文化に注目】江戸時代前期の町人文芸

明			清	
室町時代	安土・桃山時代	江戸時代		
	桃山文化	寛永文化	元禄文化	

・俳諧：貞門派・談林派→蕉風俳諧（松尾芭蕉）
・小説：仮名草子　・小説：浮世草子（井原西鶴）
・演劇：人形浄瑠璃、歌舞伎（近松門左衛門）

この内容 庶民も文化の担い手となり、庶民を題材とした作品が作られる。

武士だけではなく、経済力をつけた庶民も文化の担い手となり、現実的で享楽的な庶民の生活を題材とした文芸が発達しました。

連歌から俳句が独立して町人の間に広まり、娯楽小説も流行した

戦国期、宗鑑らによって確立された滑稽をあつかった連歌は俳諧連歌と呼ばれました〔➡ p.232〕が、江戸時代初期に**松永貞徳**が連歌の発句を独立させて五・七・五の形式をとった俳諧が生まれました。貞徳が率いる貞門派に続いて、**西山宗因**を中心とする自由奔放な俳句を詠む談林派が勢力を伸ばしました。元禄期には**松尾芭蕉**が登場して貞門派・談林派を否定し、幽玄・閑寂を理想とする蕉風（正風）俳諧を提唱しました。芭蕉は**『おくのほそ道』**などの紀行文を残しており、全国を巡って自然のなかに素材を選んで俳句を詠みました。

江戸時代に入り、儒学が発達した影響により仏教の影響力が弱まっていきました。小説の分野では、仏教色の強い御伽草子が通俗的に変化していきます。寛永期には教訓的ながらもやや娯楽的な要素を含む**仮名草子**が生まれ、元禄期には町人を主人公にして現実の風俗や世相を描く娯楽小説である**浮世草子**が書かれました。浮世草子の代表的な作者である**井原西鶴**は大坂町人の家に生まれ、**『好色一代男』**に代表される恋愛をテーマとした好色物、**『日本永代蔵』**に代表される町人が財をなして成りあがるストーリーの町人物、『武道伝来記』や『武家義理物語』のように武士道を題材とした武家物の3つのジャンルの作品を生み出しました。

桃山文化期に生まれた町衆の芸能が元禄文化期に大成された

桃山文化期、堺の高三隆達が小歌に節をつけた**隆達小歌**が民衆の間で流行しました。こうした歌謡が琉球から伝来した**三味線**を用いて伴奏され、人形劇と語りを融合させることによって**人形浄瑠璃**が生み出されました。元禄期に**竹本義太夫**は大坂に人形浄瑠璃の竹本座を創設し、浄瑠璃の諸流派を統合して**義太夫節**を完成させました。

同様に、桃山文化期に**出雲の阿国**が京都において風流踊りや念仏踊りを取り入れた**かぶき踊り**を始め、人気を博しました。この**阿国歌舞伎**を諸国の遊女が模倣して**女歌舞伎**を興業しましたが、江戸時代には、幕府から風俗取締りを理由に禁止され、代わって若衆（美少年）によって歌舞伎が展開しました。ところが、17 世紀半ばにこの**若衆歌舞伎**も禁止されて成人男性だけで演じる**野郎歌舞伎**になると、舞踊中心のものから物語性を重視したものへと変化しました。歌舞伎役者としては、江戸で荒事を得意とする**市川団十郎**が活躍し、上方では恋愛もの（和事）を得意とした**坂田藤十郎**や女性役を演じる（女形）**芳沢あやめ**が活躍しました。

脚本家としては、**近松門左衛門**が人形浄瑠璃や歌舞伎の台本を書きました。近松の代表作としては当時の世相を題材とした世話物の**『曽根崎心中』**・『心中天網島』や史実を題材にした時代物の**『国性（姓）爺合戦』**などが挙げられます。

テーマ5 まとめ 江戸時代前期の町人文芸

① 俳諧（連歌から独立）
当初、貞門派（**松永貞徳**）・談林派（**西山宗因**）が中心
松尾芭蕉は貞門派・談林派を批判➡蕉風を提唱する

② 小説
仮名草子（教訓的・娯楽的）
浮世草子：**井原西鶴**（好色物・町人物・武家物）

③ 演劇
人形浄瑠璃：**竹本義太夫**（竹本座・義太夫節）
歌舞伎：女➡若衆➡野郎（舞踊中心➡物語性を重視）
脚本家：**近松門左衛門**（世話物・時代物）

テーマ6 【文化に注目】江戸時代前期の絵画・工芸

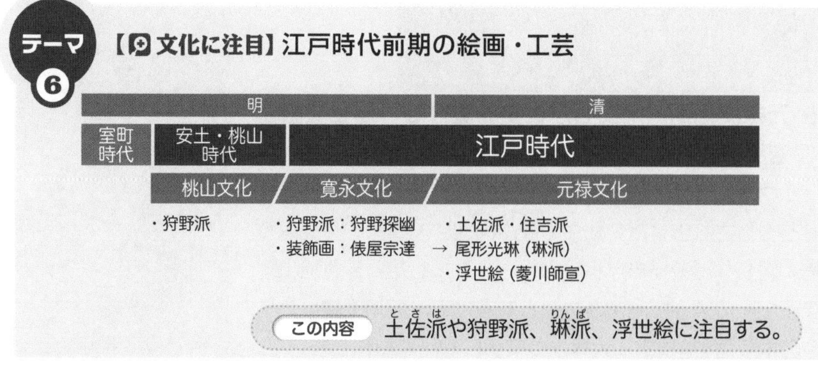

元禄文化期の絵画・工芸について、系統ごとにまとめていきます。

土佐派や狩野派は伝統を引き継ぐ一方、新しい装飾画が生み出された

室町時代以来、代表的な画派として確立した土佐派や狩野派は、血族・師弟により画法を継承することで朝廷や幕府からの支持を受け、その地位を保ちました。江戸時代に入ると、伝統的な大和絵では**土佐光起**が朝廷絵所預となって土佐派を再興しましたが、**住吉如慶**・**具慶**が土佐派から分かれて江戸に下り、幕府御用絵師となって住吉派を興しました。狩野派では、寛永文化期に**狩野探幽**が「大徳寺襖絵」をはじめとする多くの障壁画を描きました。余白を豊かに残したすっきりとした画風が受け継がれ、狩野派は幕府御用絵師の地位を保ちました。

一方、寛永文化期に土佐派から分かれた**俵屋宗達**は、躍動感とデザイン性の強い装飾画を生み出し、「風神雷神図屛風」を描きました。元禄文化期には宗達の画法を模倣した**尾形光琳**が「燕子花図屛風」や「紅白梅図屛風」など装飾性の強い作品を生み出しました。この俵屋宗達を先駆とする絵画の一派は**琳派**と称されます。

▼風神雷神図屛風（俵屋宗達）

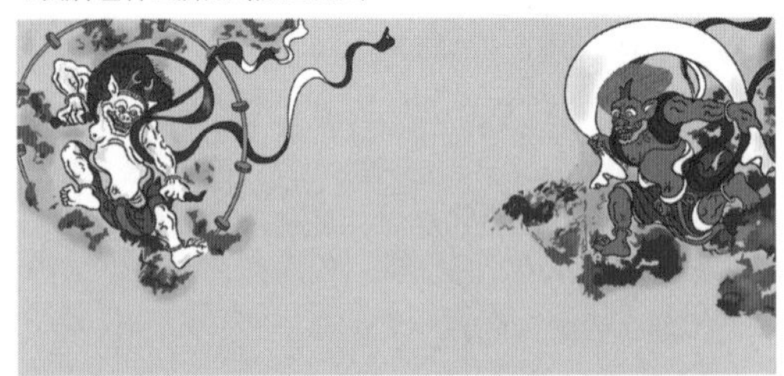

▼燕子花図屛風（尾形光琳）

▼見返り美人図（菱川師宣）

元禄文化期、庶民も浮世絵を愛好し、浮世絵版画を手に入れた

江戸時代に発達した美人画や役者絵などの風俗画は**浮世絵**と総称されました。江戸の**菱川師宣**は肉筆画の「見返り美人図」などを描き浮世絵の祖となりました。浮世絵に対する庶民の需要が高まったことをうけて、菱川師宣は墨一色の**木版画**を創始し、大量かつ安価に作品を製作しました。

蒔絵や陶芸の分野でも、名高い作品が数多く生み出された

蒔絵では、寛永文化期に**本阿弥光悦**が「舟橋蒔絵硯箱」を製作しました。彼の家は刀の鑑定などを本業としていましたが、蒔絵・焼物・書道など多才な才能があり、京都郊外の鷹ケ峰で人材育成も行いました。元禄文化期には**尾形光琳**が本阿弥光悦を慕って「八橋蒔絵螺鈿硯箱」を製作しました。

桃山文化期に伝来した有田焼では、寛永文化期に**酒井田柿右衛門**が上絵付の技法で**赤絵**を生み出しました。元禄文化期には、**野々村仁清**が京都に工房を構えて京焼と総称される作品を残し、弟子の**尾形乾山**は独特の絵付けを行いました。

他にも、染色では京都の**宮崎友禅**が繊細な絵模様を描くことのできる友禅染の技法を生み出したほか、彫刻では**円空**が全国を遊行して、鉈彫りによる素朴で力強い仏像を製作しました。

テーマ⑥ まとめ **江戸時代前期の絵画・工芸**

① 伝統的流派（血族・師弟により画法を継承）
土佐派：**土佐光起**が再興する／住吉派が分かれる
狩野派：**狩野探幽**

② 琳派（装飾画）
（寛永）**俵屋宗達**➡（元禄）**尾形光琳**（画法の模倣）

③ 浮世絵
（元禄）**菱川師宣**：肉筆画・木版画（墨一色／安価）

④ 工芸
蒔絵：（寛永）**本阿弥光悦**➡（元禄）**尾形光琳**
陶芸：（寛永）**酒井田柿右衛門**（赤絵）➡（元禄）**野々村仁清**（京焼）

確認問題

1 年代配列問題にチャレンジ

(1) 次の文Ⅰ～Ⅲについて、古いものから年代順に正しく配列したものを、後の①～⑥のうちから一つ選んで記号で答えなさい。

Ⅰ 五山僧であった藤原惺窩が京都を拠点として朱子学を広めた。
Ⅱ 古文辞学を提唱した荻生徂徠は、将軍の諮問に応えて『政談』を著した。
Ⅲ 江戸の湯島に聖堂が建てられ、林鳳岡（信篤）が初代大学頭となった。

① Ⅰ－Ⅱ－Ⅲ　② Ⅰ－Ⅲ－Ⅱ　③ Ⅱ－Ⅰ－Ⅲ
④ Ⅱ－Ⅲ－Ⅰ　⑤ Ⅲ－Ⅰ－Ⅱ　⑥ Ⅲ－Ⅱ－Ⅰ

(2) 次の文Ⅰ～Ⅲについて、古いものから年代順に正しく配列したものを、後の①～⑥のうちから一つ選んで記号で答えなさい。

Ⅰ 徳川家康を祀った霊廟建築の日光東照宮が造営された。
Ⅱ 俵屋宗達の画風を受けた尾形光琳が新たな装飾画を生み出した。
Ⅲ 堺の町人であった千利休によって侘茶が大成された。

① Ⅰ－Ⅱ－Ⅲ　② Ⅰ－Ⅲ－Ⅱ　③ Ⅱ－Ⅰ－Ⅲ
④ Ⅱ－Ⅲ－Ⅰ　⑤ Ⅲ－Ⅰ－Ⅱ　⑥ Ⅲ－Ⅱ－Ⅰ

2 探究ポイントを確認

(1) 桃山文化期の特色として、建築・美術の分野で豪華と侘びが共存したことが挙げられる。この具体例をいくつか挙げよ。

(2) 元禄文化期、井原西鶴と近松門左衛門の作品が新興の町人に広く受け入れられた理由についてどのようなことが考えられるか。彼らの作品の内容にふれながら説明せよ。

解答

1 (1) ②　(2) ⑤

2 (1) 桃山文化期、大名によって豪壮な城郭建築がつくられる一方、待庵などがつくられた。襖や屏風には、金碧（きんぺき）濃彩画の濃絵と水墨画の両方が描かれた。(67字)

(2) 彼らの作品は庶民の生活を題材にしており、現実的かつ享楽的な浮世を生きる人々の苦悩や葛藤などを描いている。新興の町人は自分たちにとって身近な題材に心を惹かれたからだと考えられる。(88字)

第26講 幕政改革と近世社会の変貌

第23講で幕府の財政悪化について学習しました〔➡p.276〕。これに対して、江戸時代中期には**享保の改革**や**田沼政治**でも**財政再建**が試みられます。しかし、17世紀後半から18世紀前半、経済の発展にともない農民の階層が分かれて**農村が解体**し、**近世社会は変貌**します。その背景についても解説します。

時代の**メタマッピング**と**メタ視点**

政治・経済 ➡テーマ①②③

享保の改革の概観／幕府機構の再編／享保の改革の財政再建

財政の悪化に対し**享保の改革**では**幕府機構の再編・財政再建**などが行われた。

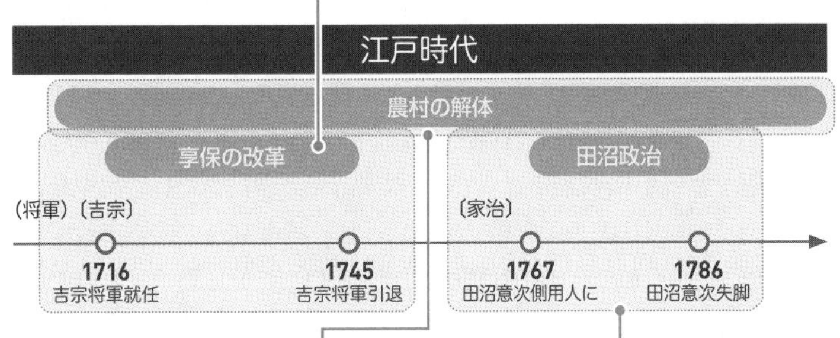

社会・経済の変化 ➡テーマ④

近世社会の変貌

享保の改革で一時的に財政は好転したが、農民の階層が分かれて**農村の解体が進み近世社会は変貌**した。

政治・経済 ➡テーマ⑤

田沼期の財政政策

農村の解体が進むなか、**田沼政治**が行われ、**年貢収入以外の財政再建策**が模索された。

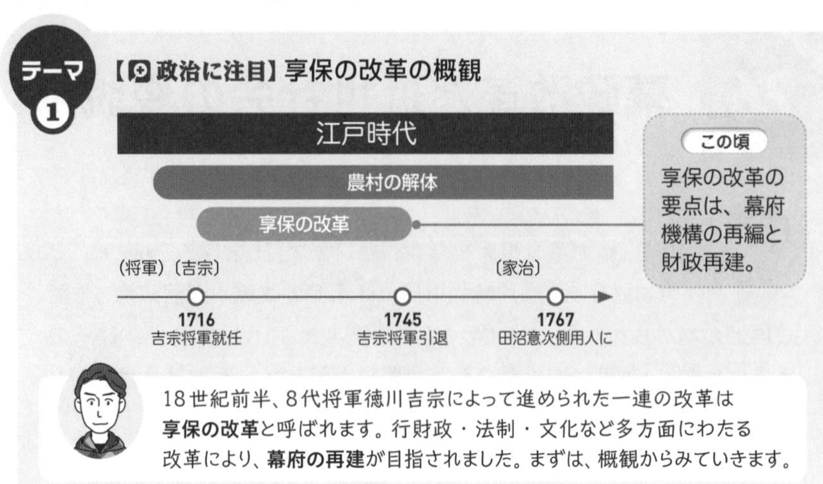

8代将軍徳川吉宗は幕府の再建を目指す

1716年、7代将軍の徳川家継が幼少のまま死去すると、紀伊藩主の**徳川吉宗**が江戸に招かれて将軍家を継ぎました。徳川吉宗は「諸事権現様御定の候通り」という復古主義*を掲げ、徳川家康の時代を理想としました。政治の刷新を図って間部詮房や新井白石を罷免し、側用人〔➡p.274〕による政治を廃止しました。一方、吉宗は老中や若年寄と連携することで政治を行い、将軍の意思を老中などに伝えるために**御用取次**を新たに設けました。

吉宗は新しい人材を積極的に登用しました。儒学者の**荻生徂徠**〔➡p.305〕は吉宗の諮問に応じて**『政談』**を献じ、武士土着論や貨幣経済の抑制を説きました。同じ儒学者の**室鳩巣**は侍講〔➡p.276〕となり、『六諭衍義大意』を著して民衆教化に努めました。一方、旗本出身の**大岡忠相**は町奉行として様々な江戸の都市政策を実施しました。宿駅の名主であった**田中丘隅**は**『民間省要』**を著して、治水による農政の建て直しを建議しました。また、勘定奉行として登用された**神尾春央**は、「胡麻の油と百姓は絞れば絞るほど出るものなり」という言葉を残したことで知られ、強力な年貢増徴策を断行しました。

こうして実力のある人材とともに、吉宗は**享保の改革**を断行しました。幕府の行政機構を再編するとともに、17世紀後半以降の幕府財政の悪化に対して財政再建を進めていきました。

Q 財政が悪化したことは学習しましたが、なぜ幕府機構を再編する必要があったのでしょうか？

A 紀伊藩から江戸へ招かれ将軍家を継いだ徳川吉宗は、財政再建に加えて幕府機構を整備することで将軍権力を示そうとしました。

用語 ＊復古主義…過去の体制に戻そうとする考え方。

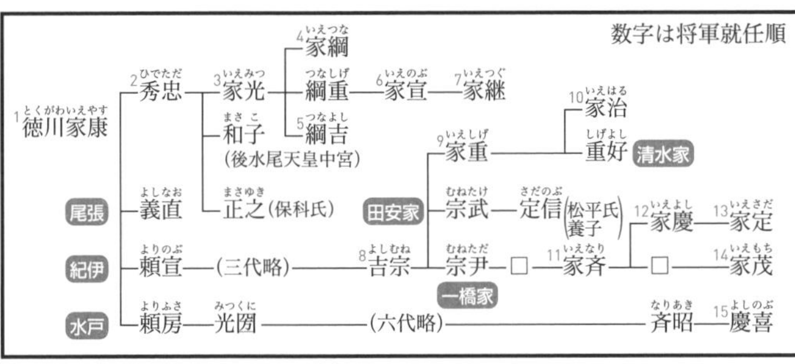

◀徳川氏系図

享保の改革の概観

① 主導：**徳川吉宗**（在職＝1716～45／もと紀伊藩主）
復古主義をとり、家康の時代を理想とする
側用人政治を廃止する ➡ **御用取次**を新設する

② 人材登用
荻生徂徠：著書『**政談**』　**室鳩巣**：著書『六諭衍義大意』
大岡忠相：町奉行として江戸の都市政策を実施する
田中丘隅：著書『**民間省要**』（治水事業の推進など）
神尾春央：勘定奉行として年貢増徴を断行する

③ 改革の要点
幕府機構の再編・財政再建

【政治に注目】幕府機構の再編

江戸時代

農村の解体

享保の改革

（将軍）〔吉宗〕　〔家治〕

1716 吉宗将軍就任
1745 吉宗将軍引退
1767 田沼意次側用人に

この頃
享保の改革では、幕府機構の再編のため行政組織・法典の整備を行う。

それでは、享保の改革における**幕府機構の再編**についてみていきます。

徳川吉宗は行政組織の整備を行い、職務の円滑化を目指した

徳川吉宗は行政組織の整備を目指しました。商業の発展により金銭上のトラブルが増えて、三奉行所のみならず評定所においても金銀貸借の訴訟（金公事）を取り扱っていました。そのため、一般の訴訟が疎かとなり政務に支障をきたしていました。そこで 1719 年、吉宗は**相対済し令**を出して金公事は当事者間で解決することとし、評定所・三奉行所の政務停滞を緩和させようとしました。

その上で、1721 年に吉宗は評定所前に**目安箱**を設置して庶民の意見を政治改革の参考にしようと試みました。目安箱の投書により施療機関である**小石川養生所**が設置されました。また、町人地の消火組織としてすでに設置されていた**町火消**はいろは 47 組（のち 48 組）に編成され、町奉行が統轄しました。

江戸幕府の役所の一つに勘定所があります。幕領からの年貢徴収を軸とした幕府財政の運営や幕領の訴訟など、職務は多岐にわたっていました。すでに徳川綱吉の時代には経理に通じた者を勘定吟味役とする改革が行われていましたが [➡ p.278]、吉宗は勘定所を幕領の財政を担当する**勝手方**と訴訟を扱う**公事方**に分けることで、職務が円滑に行われるように整備しました。

法典の整備を進め、裁判を迅速に行おうとした

徳川吉宗は法制の整備も進めました。1742 年、明律や清律など中国法の影響を受けて**公事方御定書**を編纂させました。これは老中松平乗邑を主任として寺社・町・勘定の三奉行における裁判・刑罰の基準をまとめたものです。これにより訴訟の迅速化が図られました。他にもこれまでの幕府法令を集大成した『御触書寛保集成』を編纂しました。

Q「明律」「清律」とは、古代で学習した律とどう違うのですか？

A それらは、明や清の時代に整備された律のことです。

幕府機構の再編

① **相対済し令**（1719）
金銀貸借の訴訟（金公事）は受けつけない
評定所・三奉行所の政務停滞を緩和しようとした

② **目安箱**による改革（1721）
小石川養生所（施療機関）の開設・**町火消**の編成

③ 勘定所の整備
勝手方（幕領の財政）と**公事方**（幕領の訴訟）に分ける
④ **公事方御定書**（1742）〔上下２巻〕
明律・清律などの影響をうける
裁判・刑罰の基準➡訴訟の迅速化を図る

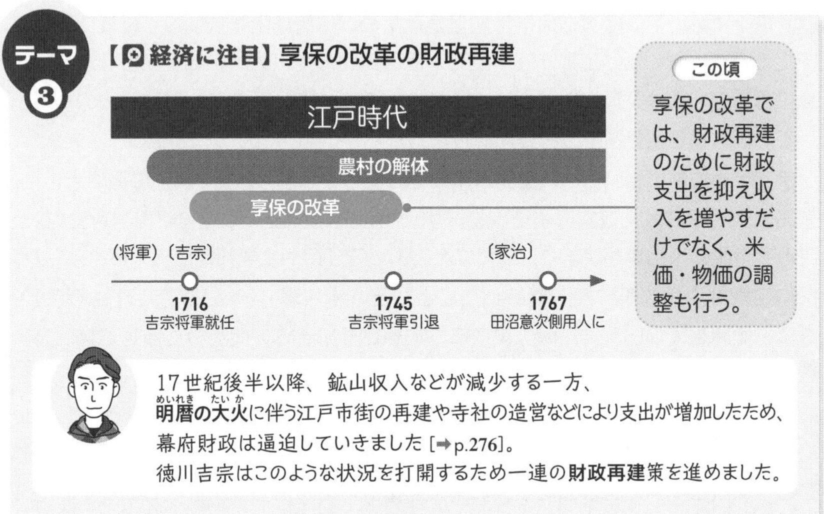

徳川吉宗は支出を抑えるための施策と、収入を増やすための施策を行った

まず支出面では、倹約令が出されて出費の削減につとめました。そして**足高の制**が制定されました。足高の制は、各役職の基準高（役高）を定め、これに満たない家禄の者が就任した場合、在任中に限り不足分を補うという制度です。これまでは退任後も不足分が家禄に組み込まれていたため余計な出費となっていました。したがって、足高の制は人材登用を積極的に進める目的以外にも人材登用に伴う経費を削減する狙いがあったのです。

収入面では、商人資本の力を借りて新田開発を推進し（町人請負新田）、米の増産を目指しました。また、生糸や朝鮮人参などの輸入品の国産化を進め、**青木昆陽**の提唱により**甘藷**（サツマイモ）栽培を奨励して凶作に備えました。さらに毎年年貢率が変動する**検見法**から一定期間年貢率を固定させる**定免法**に変更することにより徴税にかかるコストを削減するとともに年貢増徴を図りました。

他にも幕府の収入増加につながった政策が1722～30年に実施された**上げ米**

（**上米の制**）です。上げ米は、諸大名に対して石高１万石について **100 石**を上納させるもので、集められた米を合計すると、幕府の年貢収入の１割以上に相当したとされます。その代わりに幕府は諸大名に課していた参勤交代の江戸在府期間を半減させました。幕府の財政が好転すると、1731 年に上げ米を廃止し、参勤交代をもとに戻すことにより再び諸大名との主従関係の強化を図りました。

米価が安くなっていたことに対応して、吉宗は米価・物価の調整も行った

享保の改革の財政政策について支出面と収入面に分けて確認しましたが、これだけでは不十分です。年貢は原則米納だったため、幕府は米を換金して経費に充てていたのです。諸物価は上昇する一方で米価は飢饉の後以外あまり上がらなかったため、幕府の収入は実質的に減少していました 〔➡ p.277〕。そこで、財政政策の一環として米価・物価調整を行う必要がありました。

まず米価調整については、**堂島米市場**を公認して米価の維持・調整に努めました。堂島米市場では入札方式による現物取引以外にも帳面上での先物取引*が行われることで全国の米相場が決まり、飛脚などによって江戸や主要都市に伝えられました。徳川吉宗は米価政策に熱心であったことから「米将軍」「米公方」と呼ばれます。次に物価調整については、商工業者に同業組合である**株仲間**をつくらせて物価高騰を抑えようとしました。

他にも幕府は通貨量を安定させることで米価や物価を調整することを目指しました。改革当初は正徳政治の方針を受け継ぎ正徳金銀 〔➡ p.278〕 とほぼ同質の貨幣である享保金銀を鋳造しましたが、貨幣流通量は減少しました。そこで、貨幣の品質を落とした**元文金銀**に改鋳することで通貨量の安定を図ったのです。

このような一連の財政政策は幕府財政のたて直しに一定の成果をあげました。ところが、慢性的な物価上昇は解決せず、年貢増徴に加えて享保の飢饉 〔➡ p.320〕 が起こったため農民の生活は苦しくなりました。

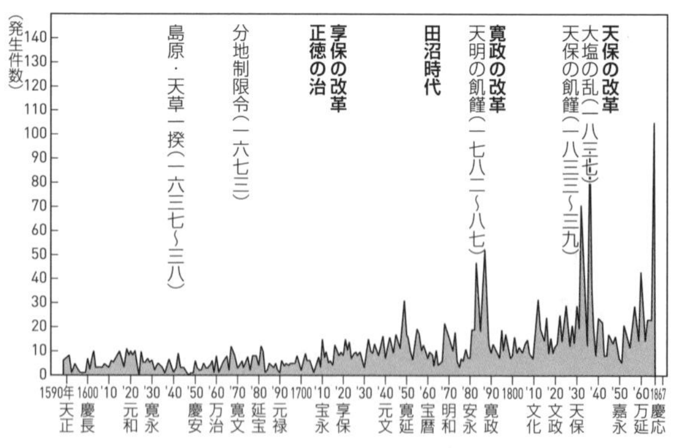

◀百姓一揆の発生件数

江戸時代後半、飢饉の発生や社会不安にともない一揆の件数が増加していきます。

用語 ＊先物取引…将来の取引について現時点で価格を決めておくこと。

テーマ③ まとめ

享保の改革の財政再建

① 支出抑制
倹約令を発布する
足高の制：人材登用にともなう経費の削減を行う
② 収入増加
新田開発（町人請負新田）、商品作物の栽培奨励
年貢増徴：**検見法**（毎年変動）から**定免法**（固定）へ
上げ米（1722～30）：諸大名に米を上納させる
③ 米価・物価調整
堂島米市場の公認、**株仲間**の公認
元文金銀の鋳造（品質の劣る貨幣を鋳造➡通貨量調節）

テーマ④

【社会・経済の変化に注目】近世社会の変貌

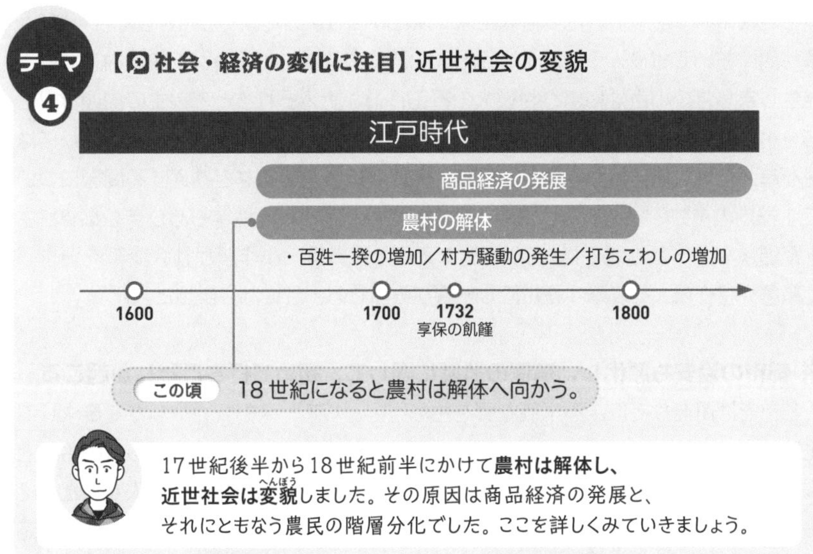

都市では武士の生活が困窮し、農村では農民の階層が分かれていく

17世紀後半以降、都市の発達にともない商品需要は増大し、生活必需品をはじめとする物価は上昇しました[➡p.277]。一方、米価はそれほど上がらなかったため、蔵米を換金して生活費用に充てている旗本・御家人などの武士の生活は困窮していきました。

都市における商品需要に応えていたのは農村における商業的農業でしたが[➡ p.284]、価格変動の大きい商業的農業の経営に失敗する農民が多く出現しました。**田畑永代売買の禁止令**により田畑の直接的な売買は禁じられていましたが、借金の返済ができない場合、その担保として質入れしていた田畑の所有権が質流れして所有権が譲渡されることは黙認されていました。こうして田畑を集積する地主と田畑を失う小百姓とに農民の階層は分かれていったのです。

年貢の増徴に対して、百姓一揆が起こる

幕府や大名による年貢増徴は農民の階層分化に拍車をかけました。こうした厳しい政治に対抗するため、村を単位とした百姓一揆が起きることがありました。すでに 17 世紀後半には村々の代表者が領主に直訴するタイプの**代表越訴型一揆**がみられました。この場合、代表者は処罰されることがあったため、下総の**佐倉惣五郎**のように義民として伝説を残す者もいました。17 世紀末以降、広い地域にわたる大規模な**惣百姓一揆**もみられました。惣百姓一揆は享保の改革の年貢増徴策に反対する一揆として各地に展開しました。闘争形態としては**強訴**[➡ p.205]が多く、藩全体の規模の村々が参加した場合は**全藩一揆**と呼ばれました。一方、18 世紀後半には、農村内において村役人ら豪農と小百姓との間に村政をめぐる争いである**村方騒動**が発生しました。小百姓により村役人の不正行為が訴えられると、領主の調停などもあり小百姓の意向を汲みとった村運営が行われることが多くなりました。なかには村を超えた地域的自治が進展し、肥料の値段を取り決めるなど共通する問題について 1 郡内の複数の村々で取り決める**郡中議定**が制定される地域もありました。民主化が進まなかった地域では、19 世紀に入ると、貧農・小作農が社会変革を要求して豪農や特権商人を攻撃する**世直し一揆**がみられるようになりました。

都市の治安も悪化し、享保の飢饉に際して、初めて打ちこわしが起こる

都市では飢饉などによる米価騰貴を主な原因として、米の安売りなどを要求して米屋などの豊かな商人を襲撃する**打ちこわし**がみられました。打ちこわしの主体となるのは都市の下層民です。農村の解体によって没落農民が都市に流入すると、その多くは棟割長屋*に住み日決めの賃稼ぎで生活する**日用**となりました。さらに定職・住所を持たない**無宿**（無宿人）となる者もいました。1732 年、西日本を中心に冷害と虫害による**享保の飢饉**が発生すると、都市部においても米価や物価は急騰し、翌 1733 年には江戸でも初めて打ちこわしが発生しています。

Q 近世の一揆は中世の一揆とは異なる点があるのですか？

 用語 ＊棟割長屋…一軒の建物を壁で仕切って数家族が住めるようにした長屋。

A 一揆の担い手が異なります。中世の一揆は国人（こくじん）や地侍（じざむらい）、
農民や馬借（ばしゃく）など担い手が多様であったのに対して、
近世の一揆は百姓が担い手となりました。
これは兵農分離（へいのうぶんり）が進んで武士が城下町（じょうかまち）で生活するようになったためです。

テーマ④ まとめ 近世社会の変貌

① 商品経済の発展（17 世紀後半〜）
都市：商品需要の増大（物価の上昇➡武士は困窮）
農村：商業的農業の発達➡階層の分化（地主・小百姓）

② 農村の解体（18 世紀前半〜）
背景：年貢増徴・**享保の飢饉**（1732／西日本）
影響：**百姓一揆**の増加（**惣百姓一揆**など）
村方騒動の発生

③ 都市の治安悪化
背景：没落農民の都市流入➡下層民（**日用**・**無宿**）となる
影響：**打ちこわし**の増加（特に飢饉後）

テーマ⑤ 【政治・経済に注目】田沼期の財政政策

江戸時代
農村の解体
田沼政治

（将軍）　〔家治〕
1745 吉宗将軍引退
1767 田沼意次側用人に
1786 田沼意次失脚

この頃
田沼政治は、年貢収入以外の収入を増やすだけでなく、米価・物価の調整も行う。

18世紀後半、幕藩領主による年貢増徴策が限界を迎えるなか、
10代将軍**徳川家治**（いえはる）の側用人であった**田沼意次**（おきつぐ）は老中を兼任して
幕政の主導権を握ります。田沼は**年貢以外の収入増加**を目指しました。

旧石器 縄文 弥生 古墳 飛鳥 奈良 平安 鎌倉 室町 安土・桃山 江戸 明治 大正 昭和 平成 令和

営業税の徴収や長崎貿易の奨励を行う

田沼意次は商品流通を活発化させることにより商人に利益をあげさせ、その利益の一部を幕府財政に取り込んでいこうとしました。田沼は「東日本の金遣い」「西日本の銀遣い」と東西で主に使用される貨幣が異なること〔➡p.292〕が商品流通の弊害になっていると考え、1772年、**南鐐二朱銀**と呼ばれる計数銀貨を鋳造して金銀通貨の一本化をねらいました。そして、都市や農村における**株仲間**〔➡p.289〕の結成を奨励し、営業独占を認める代わりに**運上**・**冥加**といった営業税を納めさせて幕府の収入源としました。さらに、銅・鉄・真鍮・朝鮮人参などの商品は、幕府が流通を統制して特定の商人（御用商人）のみに扱わせる専売制とし、利益の独占を図りました。

田沼意次は長崎貿易を奨励しました。そこで、金銀に代わる中国向けの輸出品の管理のため**俵物役所**を設け、俵物の増産を図りました。俵物とは、いりこ・ほしあわび・ふかのひれを俵に詰めたもので蝦夷地を主な産地としました。田沼は**工藤平助**の政治意見を聞き入れて蝦夷地の開発を計画し、1785年に**最上徳内**をはじめとする調査団を蝦夷地へ派遣して開発の余地を探らせましたが、開発は実現しませんでした。一方で、年貢収入を増やすために下総の印旛沼・手賀沼の干拓にも着手しましたが、完成にはいたりませんでした。

天明の飢饉を克服できず、田沼意次は失脚する

1782年から東北地方に冷害が続き、関東地方は**浅間山**大噴火により大凶作となる**天明の飢饉**を迎えました。これにより東北地方では多くの餓死者が出たほか、米価は高騰し、百姓一揆や打ちこわしが頻発しました。江戸においても**天明の打ちこわし**が起こり、ますます治安が悪化しました。

こうして社会が混乱すると、田沼による一連の政策は賄賂を横行させ、士風を退廃させたとして批判が高まりました。田沼意次の子で若年寄の田沼意知は父とともに権勢をふるいましたが、江戸城中において佐野政言に切られてしまいました。その後、将軍の徳川家治が亡くなると田沼意次は失脚しました。

Q 浅間山が噴火すると、なぜ関東地方は大凶作となったのですか？

A 火砕流や火山灰による被害に加え、噴煙が成層圏に達すると日照の妨げとなるため冷害が起こりやすくなるといわれています。そのため、農作物の成長に悪影響を与えるのです。

テーマ⑤ まとめ 田沼期の財政政策

① 流通・商業政策

南鐐二朱銀の鋳造：計数銀貨➡金銀通貨の一本化を図る

株仲間の奨励：**運上**・**冥加**を徴収する

専売制：御用商人に座を結成させる（銅座・鉄座など）

② 貿易・殖産興業

俵物役所の設置：俵物の輸出拡大

蝦夷地開発を企図➡**最上徳内**が北方探査を行う

印旛沼・手賀沼の干拓計画➡失敗

③ 改革の挫折

賄賂の横行➡士風の退廃を招いたと批判

天明の飢饉（**浅間山**大噴火）

旧石器 縄文 弥生 古墳 飛鳥 奈良 平安 鎌倉 室町 安土・桃山 江戸 明治 大正 昭和 平成 令和

【確認問題】

1 年代配列問題にチャレンジ

(1) 次の文Ⅰ～Ⅲについて、古いものから年代順に正しく配列したものを、後の①～⑥のうちから一つ選んで記号で答えなさい。

Ⅰ 江戸で明暦の大火が起こり、江戸市街の復興に多額の費用が投じられた。
Ⅱ 計数貨幣として金貨の単位を用いた計数銀貨である南鐐二朱銀が発行された。
Ⅲ 庶民の意見を採用して小石川養生所を設置し、貧民に医療を施した。

① Ⅰ－Ⅱ－Ⅲ　② Ⅰ－Ⅲ－Ⅱ　③ Ⅱ－Ⅰ－Ⅲ
④ Ⅱ－Ⅲ－Ⅰ　⑤ Ⅲ－Ⅰ－Ⅱ　⑥ Ⅲ－Ⅱ－Ⅰ

(2) 次の文Ⅰ～Ⅲについて、古いものから年代順に正しく配列したものを、後の①～⑥のうちから一つ選んで記号で答えなさい。

Ⅰ 米の安売りなどを要求する打ちこわしが江戸で初めて発生した。
Ⅱ 貧農・小作農が社会変革を要求して豪農・特権商人を攻撃する世直し一揆が起こった。
Ⅲ 佐倉惣五郎の伝承のように、村の代表者が百姓の利害を代表して直訴(じきそ)する一揆が起こった。

① Ⅰ－Ⅱ－Ⅲ　② Ⅰ－Ⅲ－Ⅱ　③ Ⅱ－Ⅰ－Ⅲ
④ Ⅱ－Ⅲ－Ⅰ　⑤ Ⅲ－Ⅰ－Ⅱ　⑥ Ⅲ－Ⅱ－Ⅰ

2 探究ポイントを確認

(1) 幕府や藩の財政悪化の原因はいくつか挙げられるが、「米価」との関係に注目して述べよ。

(2) 飢饉の際、都市において打ちこわしを起こした下層民とは具体的にどのような人々で、彼らはなぜ打ちこわしを起こしたのか述べよ。

解答

1 (1) ②　(2) ⑤

2 (1) 幕府や藩は原則として米を年貢収入としており、余剰分の米を市場で売却して経費をまかなっていた。そのため、米価が下がると幕府や藩の収入は減少することとなった。(77字)

(2) 都市の場末では農村から出稼ぎなどで流れ込んできた人々や日用で生計を立てる貧しい人々が生活していた。飢饉によって物価が上昇すると、こうした下層民の生活は成り立たなくなったため。(87字)

幕府の衰退と社会の動揺

江戸時代後期、11代将軍徳川家斉の若年期は**寛政の改革**、家斉が実権を握った**親政・大御所時代**を挟んで、家斉の死後は徳川家慶のもとで**天保の改革**が行われます。しかし改革は上手くいかず、対外危機もあり幕府は衰退していきます。また、飢饉などで荒廃した都市や農村の治安はなかなか改善せず、社会不安は増していきます。

時代の**メタマッピング**と**メタ視点**

政治 ➡テーマ①②

寛政の改革の要点Ⅰ・Ⅱ

11代将軍徳川家斉の若年期、松平定信による**寛政の改革**が行われ、農村・都市の復興が図られた。

政治 ➡テーマ③

親政・大御所時代の概要

徳川家斉の在職は50年に及び、将軍引退後も大御所として政治を主導した。

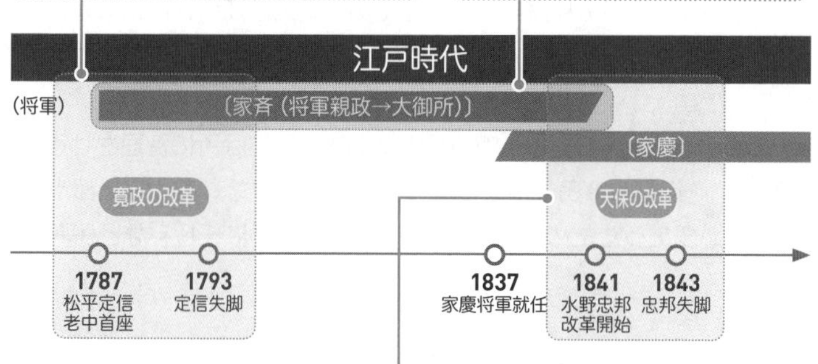

経済の変化

江戸中・後期における流通の変化

江戸中・後期、流通網の変化があった。 ➡テーマ④

政治

天保の改革の要点

家斉の死後、12代将軍のもと水野忠邦による**天保の改革**が行われた。 ➡テーマ⑤

政治

江戸中・後期の藩政改革

江戸中・後期、諸藩でも**藩政改革**が行われた。 ➡テーマ⑥

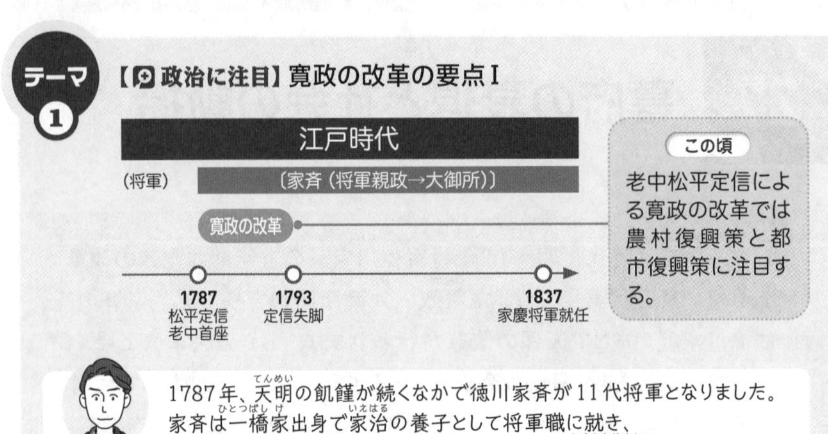

1787年、天明の飢饉が続くなかで徳川家斉が11代将軍となりました。家斉は一橋家出身で家治の養子として将軍職に就き、在職は50年に及びました。この家斉のもとで、白河藩主の松平定信は徳川吉宗の時代を理想とする寛政の改革に着手しました。

天明の飢饉に対して、寛政の改革では飢饉対策が行われる

天明の飢饉〔➡ p.322〕の影響が残るなか、**松平定信**は荒廃した農村の復興を目指しました。飢饉に備えて、各地に社倉・義倉をつくらせて米穀の貯蔵（**囲米**）を命じる一方、関東の農村から没落農民が江戸へ出稼ぎにくることを制限し、**旧里帰農令**を出して江戸流入民の帰村・帰農を奨励しました。

治安の悪化が進む江戸の秩序を再建するため、定信は江戸石川島に**人足寄場**を設置して無宿（無宿人）〔➡ p.320〕などを収容し、職業技術を身に付けさせて更生させようとしました。

一方、江戸の町入用を節約し、節約分の7割を江戸町会所に管理させる**七分積金**（**七分金積立**）を行い、貧民救済のための資金としました。こうした都市政策には潤沢な資金が必要だったため、両替商を勘定所御用達*に任じるなど民間資本を利用しました。

窮乏した旗本・御家人の救済が行われる

さらに、**寛政の改革**では、窮乏した旗本・御家人の救済を図りました。1789年、**棄捐令**を出して、6年以前すなわち1784年以前につくった札差からの借金の返済を免除しました。これにより札差は大打撃を被ったため、この後、貸し渋りがみられるようになりました。

一方、定信は大義名分論による旗本・御家人統制を徹底するため、1790年、湯島聖堂学問所において儒学を講義する際、当時主流であった古学や折衷学派による解釈を禁じ、朱子学を正学とする**寛政異学の禁**を実施しました。これを機に学問所

【用語】＊勘定所御用達…米価の調節や江戸町会所の運営を幕府と協力して実施した豪商。

の学制・施設が一新され、湯島聖堂学問所は1797年には幕府直営の**昌平坂学問所**（しょうへいざかがくもんしょ）となりました。

Q 旗本・御家人はなぜ困窮しているのですか？

A 以前学習した通り［➡p.277］、米価の下落と物価の上昇にともない、旗本・御家人の生活は苦しくなりました。

寛政の改革の要点 I

① 農村復興策

囲米（の制）：米穀の貯蔵➡社倉・義倉の設置

旧里帰農令：江戸流入民の帰村・帰農を奨励する

② 江戸の都市政策

人足寄場〔江戸石川島〕：無宿などに職業訓練を行う

七分積金：町入用の節約分の7割を積み立てる

勘定所御用達：両替商を任命し、民間資本を利用する

③ 旗本・御家人統制

棄捐令：札差に対する6年以前の借金を帳消しとする

寛政異学の禁：湯島聖堂学問所において朱子学を正学とする

【政治に注目】寛政の改革の要点 II

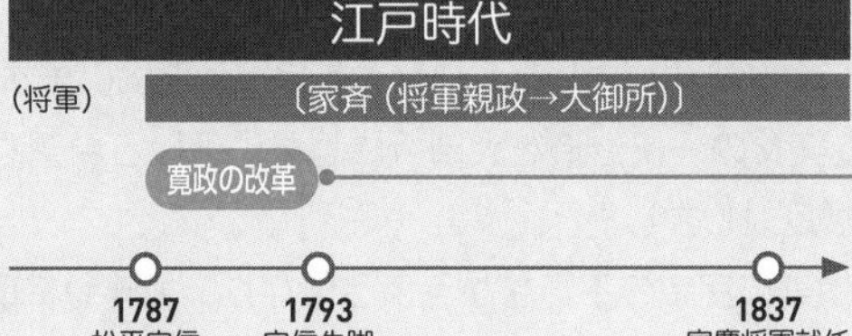

この頃

寛政の改革は風俗粛正（しゅくせい）・出版統制も行われていたが、厳しい政治で不評をかう。

寛政の改革では華美な生活を抑えるための倹約令が出されるとともに、風俗の取り締まりが強化されました。

寛政の改革における風俗粛正

まずは、出版統制が行われました。この時期、通と滑稽を主とした写実的な遊里文学である**洒落本**が江戸を中心に流行していましたが [➡ p.349]、作者の**山東京伝**は手鎖50日に処せられました。また、風刺を交えた大人向けの絵本である**黄表紙**も統制の対象となり、**恋川春町**の作品が幕府に咎められました。その他、出版元の蔦屋重三郎も処罰されました。こうした風俗粛正のほか、幕政批判も弾圧の対象となりました。**林子平**は**『海国兵談』**を著して幕府の海防策を批判したとして禁錮*に処せられました。

朝廷・将軍との対立から松平定信は失脚する

幕政改革の行き詰まりと対外的な危機を背景として、天皇を崇拝する尊王論が高まっていました。18世紀半ばにはすでに、神道家の**竹内式部**が京都の公家に尊王論を説いて京都から追放される**宝暦事件**が起こったほか、**『柳子新論』**を著した兵学者の**山県大弐**が謀反を企てたとして処刑される**明和事件**が起こるなど、この頃の尊王論は幕府批判をともなうものでした。そこで、松平定信は**大政委任論**を唱えて江戸幕府の正当性を主張しました。

Q 大政委任論とはどのような考え方ですか？

A 大政委任論とは、江戸幕府による全国統治を合理化する考えのことで、軍事的な実力ではなく天皇から将軍への委任による統治が行われているとしました。

ところが、朝幕関係に亀裂の入る事件が生じました。1789年、閑院宮家から新たに即位した**光格天皇**は実父の典仁親王に太上天皇の尊号を贈ろうとしました。天皇になっていない者に太上天皇号を贈ることは、承久の乱後に後堀河天皇が擁立された時にその父が後高倉院となったという先例がありますが、定信はこれを拒否し、天皇の意思を伝えた武家伝奏を処罰しました。これを**尊号一件**といいます。同じ頃、11代将軍徳川家斉もまた実父の一橋治済を大御所にしたいという希望を持っていましたが、こちらも定信は反対しました。

定信の厳しい政治は、次第に民衆の不評をかうようになり、朝廷や将軍家斉との対立もあって、定信は1793年に老中職を退くこととなりました。

閑院宮家は新井白石の時代につくられた新しい宮家でしたね。
p.275の系図で光格天皇をチェックしておきましょう。

用語 ＊禁錮…受刑者を監獄に閉じ込め、自由な活動を拘束する刑。

テーマ❷ まとめ　寛政の改革の要点 II

① 風俗粛正

出版統制：**山東京伝（洒落本）**・**恋川春町（黄表紙）**
　　　　　蔦屋重三郎（出版業者）➡処罰

幕政批判：**林子平**が幕府の海防策を批判する➡処罰

② 朝幕関係

尊王論の高まり➡**大政委任論**（幕府統治の正当化）

尊号一件：**光格天皇**が父への尊号宣下を要求する
　　　　　幕府は拒否し、武家伝奏を処罰する

③ 改革の挫折

民衆からの不評、朝廷・将軍との対立➡定信失脚

【政治に注目】親政・大御所時代の概要

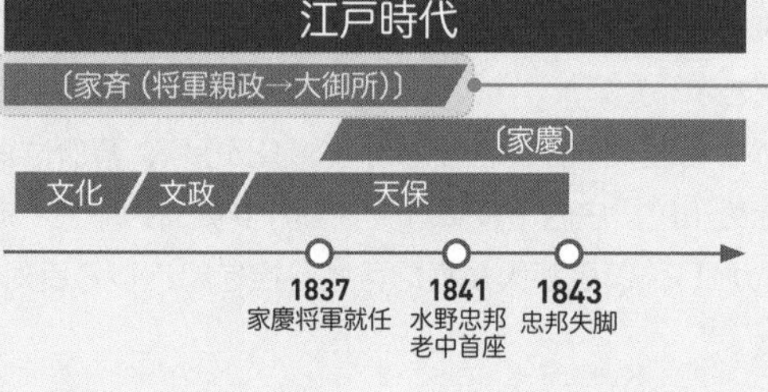

この頃

11代将軍の徳川家斉が権力を握ったのが親政・大御所時代。文化・文政・天保期に分けて考える。

11代将軍徳川家斉は将軍の在職期間が50年におよび、1837年に子の家慶に将軍職を譲った後も1841年までは大御所として実権を握り続けました。1804年以降は文化・文政・天保の3つの時期にしっかりと分けて内容を整理していきましょう。

文化・文政期は、寛政の改革の治安維持政策が継承される

まずは文化期です。松平定信の失脚後、寛政の遺老と呼ばれる老中松平信明らが徳川家斉を支え、緊縮財政などの定信の政治方針を引き継ぎました。関東周辺では農村の荒廃〔➡p.320〕が進んでおり、治安の悪化が目立っていました。そこで幕府は**関東取締出役**を置き、幕領以外にも藩領や私領を巡回させ、無宿や博徒*を取り締まりました。民間では**二宮尊徳**が農村復興に尽力しました。一方、**大原幽学**も農

【用語】＊博徒…賭博を専業とする者。

業技術の指導や農民生活の向上を目指す独自の運動を展開しました。

続いて文政年間には、すでに寛政の遺老たちが次々と老中職を辞したため政治が緩み、財政悪化が進んでいました。幕府は質の悪い**文政金銀**を大量に発行することで財政の建て直しを図りましたが、将軍家斉はぜいたくな暮らしを送り、大奥の生活も華美になりました。一方、関東周辺の治安は改善していませんでした。1827年、幕領・私領を問わず数十ヵ村を**寄場組合**（改革組合村）に編成し、関東取締出役の下部組織として治安維持に協力させました。

天保期は社会不安の時期

最後に、天保年間の内容をまとめます。1830年から1844年まで天保年間は続きますが、そのうち徳川家斉が死去する1841年までに注目します。1833年、天候不順による不作から**天保の飢饉**が起こり、全国で多くの餓死者が出ました。1835・36年も大飢饉となり、甲斐国郡内地方の郡内騒動や三河国加茂郡の加茂一揆など大規模な一揆が起こりました。大坂でも飢饉の影響で餓死者が出ていましたが、大坂町奉行所は江戸での打ちこわしを恐れる幕府の指示で江戸に米を廻送していました。こうした事態に対して、1837年、大坂町奉行所元与力で陽明学者の**大塩平八郎**は門弟や民衆とともに武装蜂起しました（**大塩の乱**）が、わずか半日で鎮圧されました。同年、越後柏崎でも国学者の**生田万**が代官所を襲うなど、大塩の乱の影響を受けた反乱が続きました。

飢饉対策が上手くいかず幕藩体制が動揺するなか、1840年、幕府は海防を担う川越藩の財政難援助のため川越・庄内・長岡3藩を動かす転封の命令である**三方領知替**を計画しました。しかし、領民が大規模な百姓一揆を起こして反対したため、この計画は失敗しました。

Q この頃、村を超えた結束が多くみられるようになったのはなぜですか。

A 18世紀後半に郡中議定が行われた[➡p.320]ことにより、村を超えた地域的自治が成立している地域があったからです。

親政・大御所時代の概要

① 文化期（1804～18）
関東取締出役：無宿・博徒などの取り締まりを行う

② 文政期（1818～30）
文政金銀の鋳造：質は劣る➡財政悪化に対応する
寄場組合：数十ヵ村を改革組合村に編成➡治安維持のため

③ 天保期（1830～41）　＊**天保年間は 1830～44 年**
天保の飢饉〔全国〕➡百姓一揆・打ちこわしの増加
大塩の乱〔大坂〕：陽明学者／大坂町奉行所元与力の蜂起
生田万の乱〔越後〕：国学者／大塩の門弟と自称する
三方領知替の計画：領民の反対により失敗する

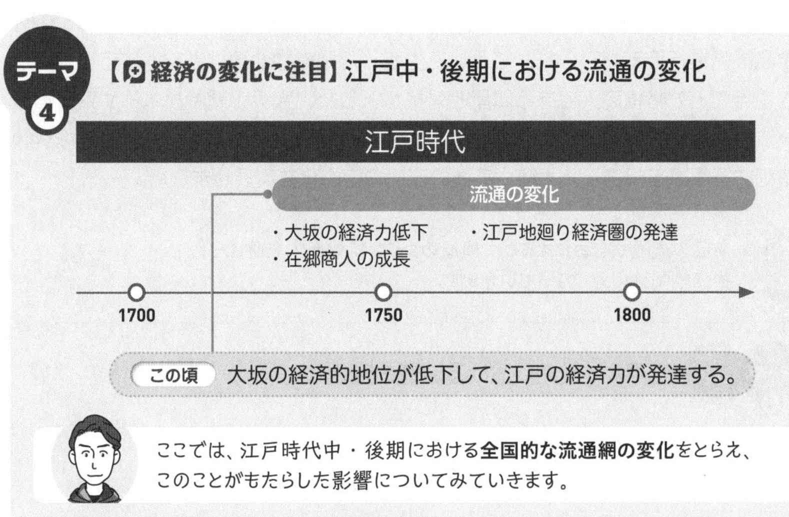

18 世紀後半から大坂の商品集荷力が低下していく

18 世紀前半までは、大坂・江戸間の商品輸送ルートが確立し、大坂の二十四組問屋（にじゅうしくみといや）と江戸の十組問屋（とくみといや）により商品の安全な輸送や円滑な取引が行われていました。ところが、18 世紀後半になると、西廻り（まわ）海運の日本海沿岸を就航する**北前船**（きたまえぶね）や太平洋沿岸を就航する**尾州廻船**（びしゅうかいせん）（内海船（うつみぶね））が商品の買い積みを積極的に行った〔➡ p.296〕ため、流通に変化が生じるようになりました。例えば、北前船は蝦夷地（えぞち）や北陸方面で買い入れた昆布（こんぶ）・鰊（にしん）・魚肥（ぎょひ）などを西国（さいごく）で売って利益を得ようとしたため、それらが大坂に運び込まれなくなったのです。また、諸藩においても大坂を経由させずに専売品を江戸などに直送したため、**大坂の経済的地位は低下していきました**。

江戸周辺には新しい市場が生まれる

一方、大消費都市の江戸で必要な生活物資については、江戸周辺の農村において新しい市場が形成されました。これを**江戸地廻り経済圏**といいます。代表的な地廻りものとして、**醤油**が挙げられます。従来は播磨国龍野などで生産された上方の醤油が大坂を経由して江戸へ運び込まれていましたが、18 世紀後半にはすでに下総国**野田**や**銚子**で生産された関東の醤油が江戸で消費されるようになりました。また、高機の技術が京都西陣から北関東へと伝わると、**桐生**や**足利**では絹織物が生産されて江戸で消費されました。

江戸時代中・後期には、商品の流通の自由が獲得された例もみられる

江戸時代中・後期には、農村を拠点として財力を蓄えた豪農が在郷商人として地域市場で活動しました [➡ p.289]。在郷商人のなかには、一つの作業場に農家の女性を集めて分業と協業によって商品を生産する工場制手工業（**マニュファクチュア**）による経営を行う者もみられ、こうして生産した絹織物や綿織物を地域市場で取り引きすることで特権商人である問屋と対抗しました。大坂の問屋が木綿や菜種の販売・流通の独占を幕府に求めると、1000 ヵ村以上の村々が連合して合法的な訴願闘争である**国訴**を起こし、木綿・菜種の流通の自由化を実現しました。

商品の流通が自由になると、問屋のような特権商人を通じた物価統制は困難になっていきます。

江戸中・後期における流通の変化

① 大坂の商品集荷力の低下
18 世紀前半：商品集荷➡問屋が加工品を江戸へ廻送する
18 世紀後半：**北前船**・**尾州廻船**（内海船）による買い積み方式になる
諸藩は専売品を江戸へ直送する（問屋を経由せず）

② **江戸地廻り経済圏**の発達
下総野田・銚子の醤油、桐生・足利の絹織物など

③ 在郷商人の成長
マニュファクチュアの発達（絹織物業・綿織物業）
国訴：合法的訴願闘争（1000 ヵ村以上）
➡木綿・菜種の流通自由化を実現する

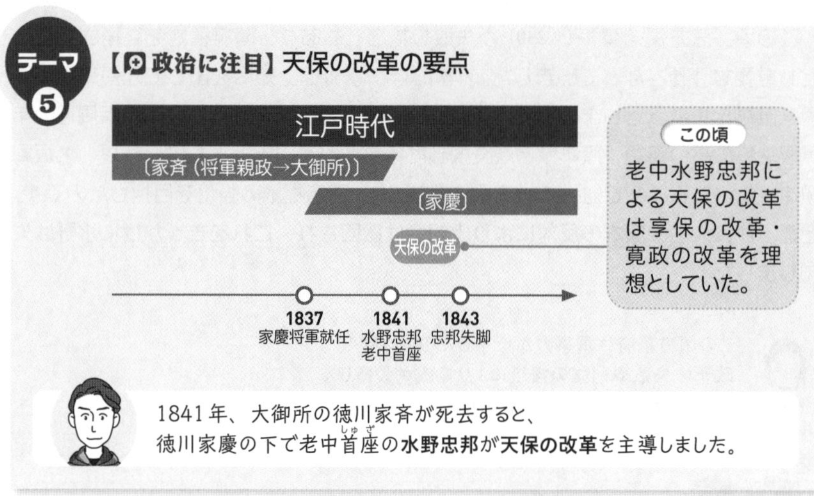

水野忠邦は倹約を徹底し、風俗の取り締まりを強化した

水野忠邦が主導した天保の改革では享保・寛政の改革を理想として徹底した倹約を行い、風俗の取り締まりも強化しました。豪華な衣服や料理などは禁止されたほか、歌舞伎の芝居小屋は場末に移転され、寄席〔➡ p.339〕も制限されました。また、出版統制も徹底され、恋愛をテーマとした人情本作者の為永春水は処罰され、黄表紙の流れを汲む合巻を執筆した柳亭種彦の本は絶版となりました〔➡ p.349〕。

この頃、江戸をはじめとする都市では物価が高騰し、庶民の生活は圧迫されていました。水野は株仲間による独占的な営業が物価高騰の原因であるとして、1841年、株仲間解散令を出して商人の自由な営業を認めようとしました。ところが、これにより在郷商人の活動がさかんとなり、大坂から江戸へ運ばれる商品が減少し、かえって物価が上昇しました。結局、株仲間は水野失脚後の1851年には再興されました。また、困窮する旗本・御家人の生計を救うため、棄捐令と類似の法も出されました。

一方、農村復興と江戸の治安維持のため、人返しの法が出されました。これにより定職・妻子を持たない江戸流入者を強制的に帰農させましたが、江戸を追われた無宿人や浪人らにより江戸周辺の農村の治安はますます悪化したため、十分な効果をあげることはできませんでした。

幕府権威の高揚を図るが、失敗した

対外政策としては、1842年、アヘン戦争〔➡ p.357〕で清がイギリスに対して劣勢であることを知ると、天保の薪水給与令を出して異国船に対して燃料・食料を与えることを認めました。海防強化にも取り組み、砲術家の高島秋帆の建議により西洋砲術を採用し、江戸郊外で訓練を行わせました。

この頃、三方領知替〔➡p.330〕が失敗したこともあり、幕府権威を高揚させることも重要な課題となっていました。1843年、水野は**上知令**を出して江戸・大坂周辺を直轄化しようとしました。年貢収納率の悪い幕府直轄地と江戸・大坂周辺の年貢収納率の高い藩領・旗本領とを交換して年貢増収を図るとともに、江戸・大坂周辺を直轄化することで列強に対する防備を固め、幕府権威の強化を目指したのです。ところが、**大名や旗本の反対により上知令は撤回され、これをきっかけに水野は失脚しました**。

この頃の幕府は軍事力が低下したのではなく、
改革の失敗や列強の接近により権威が失墜した
という点をおさえておきましょう。

天保の改革の要点

① 出版統制
為永春水（人情本）・**柳亭種彦**（合巻）

② 経済政策・農村復興策
株仲間解散令：物価引下げを企図する➡逆効果
人返しの法：定職・妻子を持たない江戸流入者を強制的に帰農させる

③ 対外政策・軍事改革
天保の薪水給与令：アヘン戦争で清がイギリスに劣勢になる
砲術訓練の実施：**高島秋帆**の建議

④ 幕府権威の高揚を企図
上知令：江戸・大坂周辺の直轄化を図る➡失敗

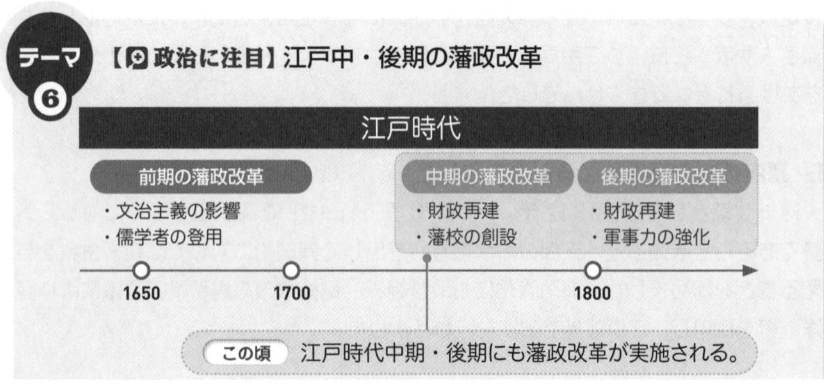

江戸時代中・後期にも諸藩で**藩政改革**が実施されました。
18世紀後半と19世紀前半に分けてまとめていきましょう。

江戸中期の藩政改革は、財政再建と藩士育成に力を入れる

18世紀後半、幕藩体制が動揺するなか、東北・九州地方の諸藩では藩主の主導により特産物の増産と専売制度による財政再建が目指されました。米沢藩主の**上杉治憲**は**興譲館**を再興し、秋田藩主の**佐竹義和**は**明徳館**を、熊本藩主の**細川重賢**は**時習館**を創設するなど、藩士の子弟の育成に力を入れました。

江戸後期の藩政改革は、財政再建と軍事力の強化が行われる

19世紀前半には、特に西南の諸藩において独自の藩政改革が進められ、幕府権力から自立する動きをみせました。

薩摩藩では下級藩士の**調所広郷**が登用され、両替商に対する藩の多額の借財を事実上踏み倒したほか、奄美産の黒砂糖の専売を実施し、琉球を介した密貿易によって大きな利益をあげました。

長州藩では中級藩士の**村田清風**が登用され、薩摩藩と同様にして藩の借財を整理する一方、ロウ・紙の専売を緩和して商人からの営業税を徴収しました。また、下関に設置した**越荷方**で諸国廻船からの商品の委託販売を行って収入を得ました。

肥前藩では、藩主**鍋島直正**みずから改革を主導し、有田焼など陶磁器の専売によって藩財政を好転させる一方、**均田制**を実施して地主の利益を抑制し、殖産興業を推進しました。薩摩藩や肥前藩では軍制改革も進められ、金属を溶かす溶解炉の一種である**反射炉**を建設して大砲の鋳造が行われました。

こうして**藩政改革により財政の再建や軍事力の強化に成功した西南の諸藩は雄藩と呼ばれ、幕末の政局への発言力を強めるようになっていきました。**

▼藩政改革

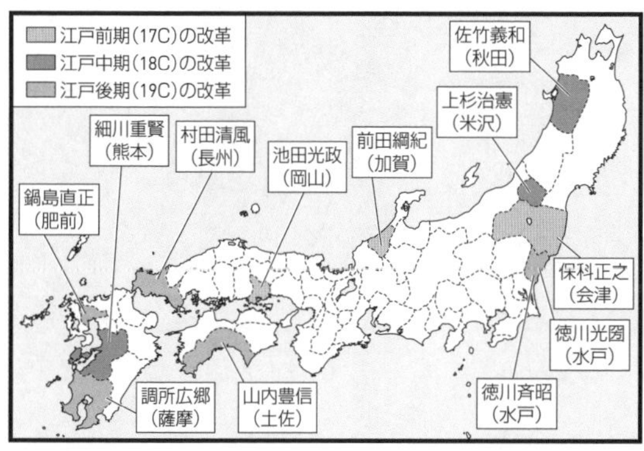

江戸時代前期の藩政改革は、p.280で学習した通り、儒学者を登用し、殖産興業や学問奨励などが進められました。

Q 幕府は薩摩藩や肥前藩のように大砲を鋳造しなかったのですか？

A 幕府も代官の江川太郎左衛門(えがわたろうざえもん)の建議で伊豆韮山(いずにらやま)に反射炉を築造しました。

江戸中・後期の藩政改革

① 江戸中期の藩政改革（18 世紀後半）
米沢藩：藩主**上杉治憲**が**興譲館**を再興
秋田藩：藩主**佐竹義和**が**明徳館**を創設
熊本藩：藩主**細川重賢**が**時習館**を創設

② 江戸後期の藩政改革（19 世紀前半）
薩摩藩：**調所広郷**が**黒砂糖**の専売を建議、琉球を介した密貿易
長州藩：**村田清風**が**越荷方**の設置を建議、ロウ・紙の専売緩和
肥前藩：藩主**鍋島直正**が**均田制**を実施、殖産興業の推進

③ 影響
西南の雄藩は幕末の政局への発言力を強める

確認問題

1 年代配列問題にチャレンジ

(1) 次の文Ⅰ〜Ⅲについて、古いものから年代順に正しく配列したものを、後の①〜⑥のうちから一つ選んで記号で答えなさい。

Ⅰ 江戸・大坂周辺を直轄地にするため上知令を出した。
Ⅱ 大坂町奉行所の元与力で、陽明学者の大塩平八郎が乱を起こした。
Ⅲ 朱子学を正学として、湯島聖堂学問所で朱子学以外の儒学を講じることを禁じた。

① Ⅰ－Ⅱ－Ⅲ　② Ⅰ－Ⅲ－Ⅱ　③ Ⅱ－Ⅰ－Ⅲ
④ Ⅱ－Ⅲ－Ⅰ　⑤ Ⅲ－Ⅰ－Ⅱ　⑥ Ⅲ－Ⅱ－Ⅰ

(2) 次の文Ⅰ〜Ⅲについて、古いものから年代順に正しく配列したものを、後の①〜⑥のうちから一つ選んで記号で答えなさい。

Ⅰ 長州藩の村田清風は藩政改革を主導し、借財の整理を進めた。
Ⅱ 水戸藩の徳川光圀は学問を奨励し、『大日本史』の編纂(へんさん)を開始した。
Ⅲ 米沢藩の上杉治憲は財政再建や産業振興などを進めた。

① Ⅰ－Ⅱ－Ⅲ　② Ⅰ－Ⅲ－Ⅱ　③ Ⅱ－Ⅰ－Ⅲ
④ Ⅱ－Ⅲ－Ⅰ　⑤ Ⅲ－Ⅰ－Ⅱ　⑥ Ⅲ－Ⅱ－Ⅰ

2 探究ポイントを確認

(1) 江戸時代後期、飢饉に際して都市部では打ちこわしが起こった。打ちこわしに対する松平定信の江戸の都市政策について述べよ。

(2) 18世紀後半から19世紀前半にかけて村の境界をこえて地域ぐるみの秩序維持が目指された。この地域的自治について具体例を2つ挙げて簡単に説明せよ。

解答

1 (1) ⑥　(2) ④

2 (1) 松平定信は江戸に人足寄場を設けて無宿人を収容して職業訓練を行わせ、七分積金により貧民救済用の資金を調達した。(54字)
(2) 18世紀後半、郡中議定により肥料の値段などを村々で取り決めるようになった。19世紀前半には大坂において広域的な訴訟である国訴が行われ、木綿や菜種の流通の自由化が実現した。(83字)

第28講 近世の文化Ⅱ

この講では、江戸時代後半の文化、宝暦・天明文化と化政文化の内容をまとめていきます。**宝暦・天明文化の特色は、幕藩体制が動揺し幕府に対する批判的精神が形成されたこと、化政文化の特色は、江戸の商品経済の発達により都市の下層民も文化の担い手になったこと**です。幕末や明治時代につながる文化にも注目しましょう。

時代の**メタマッピング**と**メタ視点**

文化 ➡テーマ①

近世の文化区分・特色Ⅱ

宝暦・天明期の文化は幕藩体制の動揺による**批判的精神の形成・合理主義**に注目し、化政文化は**庶民文化の成熟・文化の地方伝播**に注目する。

文化 ➡テーマ②

国学・洋学の発達

国学の発達は幕末の尊王攘夷思想につながった。洋学は語学研究の進展とともに様々な西洋の知識の研究が進んだ。

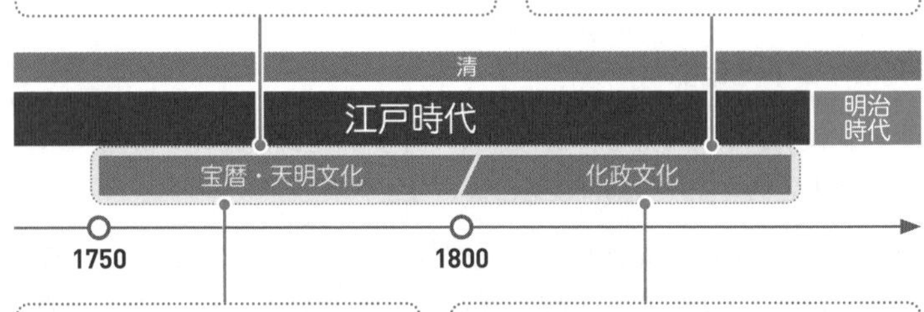

文化 ➡テーマ③

近世の政治・社会思想の発達

幕藩体制の動揺と社会の変化から、**商業を重視する思想**や、**幕政批判・外国排除・封建制批判の思想**も現れた。

文化 ➡テーマ④⑤

江戸時代後期における絵画の発達／文芸の発達

絵画では**浮世絵がさらに発展する**一方、様々な肉筆画も描かれた。文芸でも**小説が流行したが**、幕府の弾圧を受けるものもあった。

テーマ1 【文化に注目】近世の文化区分・特色Ⅱ

清		
江戸時代		明治時代
宝暦・天明文化	化政文化	

宝暦・天明文化
- 批判的精神の形成
- 洋学や国学や合理主義の発達
- オランダ・中国の影響
- 民衆の識字能力の向上

化政文化
- 下層民も文化の担い手になる
- 庶民文化の成熟
- 都市と地方の文化交流
- 地域に根差した独自の文化

この内容 幕藩体制の動揺は、文化にも変化をもたらした。

宝暦・天明文化、化政文化の時期と特色について、それぞれまとめていきます。

幕藩体制の動揺は、文化面にも大きな影響を与えた

18 世紀後半、江戸を中心として武士や町人など広範な文化の担い手によって**宝暦・天明文化**が花開きました。この頃、田沼意次（たぬまおきつぐ）［➡ p.322］や松平定信（まつだいらさだのぶ）［➡ p.326］が幕政改革を主導したものの上手くいかず、人々の間に幕府に対する不満が高まっていきました。

幕藩体制の動揺と社会の変化は学問や思想に大きな影響を与えました。18 世紀前半頃までは儒学者（じゅがく）によって幕藩体制を維持するための方策が説かれていましたが、**18 世紀後半頃からは古い体制からの脱却を図ろうとする批判的精神が形成されました**。儒教（じゅきょう）や仏教といった外来思想を批判する**国学**（こくがく）が形成される一方、西洋の学問・知識を吸収する**洋学**（ようがく）の研究が行われました。他にも、身分社会の否定や重商論*などを唱える合理主義が発達しました。

美術や文学の分野では、**西洋画**（せいようが）や文人画（ぶんじんが）、歴史・伝説を題材とした**読本**（よみほん）など、**オランダや中国の影響を受けたものが多く生み出されました**。一方、貨幣経済の進展とともに庶民は識字能力や計算能力を重視するようになり、それらを学ぶための**寺子屋**（てらこや）（手習所（てならいどころ））が普及しました。

化政文化期、都市の文化が地方に広がり、庶民文化や地域独自の文化も生まれた

19 世紀前半は、江戸地廻り（じまわり）経済圏［➡ p.332］の発達とともに江戸は全国経済の中心地として発展し、**商品経済の発達により都市で生活する下層民も文化の担い手として成長しました**。庶民は貸本屋（かしほんや）を通じて書物を読む機会が増え、**浮世絵版画**に興味を持ち、**寄席**（よせ）で娯楽を楽しみました。彼らは洒落（しゃれ）や通（つう）を好んで野暮（やぼ）を嘲笑（ちょうしょう）したため、派手を卑（いや）しむような庶民文化が成熟していきます。

用語 ＊重商論…商業を重視する思想。

地方都市の繁栄にともなう商人・文人らの全国的な交流や出版・教育の普及、寺社参詣の流行などにより**都市の文化が地方へと拡大したこと**にも注目することができます。一方で、**日待**・**月待**・**庚申講**など信仰に根ざした独自の文化も生まれました。社会不安を背景として、民衆が伊勢神宮に参詣する**お蔭参り**が60年周期でみられ、**中山みき**の**天理教**、**川手文治郎**の**金光教**、**黒住宗忠**の**黒住教**など新たな民衆宗教は貧しい人々の救済を説きました。

近世の文化区分・特色Ⅱ

① **宝暦・天明文化**（18世紀後半）
幕藩体制の動揺➡批判的精神の形成
洋学・国学・合理主義の発達
オランダ・中国の影響（西洋画・文人画など）
寺子屋の普及➡民衆の識字能力の向上

② **化政文化**（19世紀前半）
商品経済の発達➡下層民も文化の担い手となる
洒落・通を好む➡庶民文化の成熟
流通の活発化➡都市と地方の文化交流
地域に根ざした独自の文化が生まれる

【文化に注目】国学・洋学の発達

江戸時代		
元禄文化	宝暦・天明文化	化政文化
・国学：日本の古典研究	・国学：儒仏の排除、「漢意」の批判	・国学：復古神道の完成 尊王攘夷思想の普及
・洋学：伝聞による摂取	・洋学：漢訳洋書の輸入緩和 →翻訳作業や語学研究、実学の発達	

この内容 江戸時代後期には、国学・洋学が発達していった。

江戸時代後期、日本人精神の究明を目指す国学や、
西洋の学術や知識を吸収しようとする洋学が発達しました。

国学の発達は外来思想の排除へとつながり、尊王攘夷思想が醸成された

元禄文化期、契沖や北村季吟によって取り組まれた古典研究〔➡ p.307〕が基礎となり、儒教や仏教といった外来の思想が入る以前の独自の日本人精神を究明する国学が生まれました。

18 世紀前半、伏見の神官**荷田春満**は日本の古典復興を目指し、そのための学校の設立を幕府に求めました。18 世紀後半には、門人の**賀茂真淵**が日本古代の思想を追求し、儒教や仏教などの影響を受けない思想を主張する『国意考』を著して国学を形成しました。ついで**本居宣長**が現れると、彼は儒教的な観念を含む「漢意」を排して人間本来の「真心」を持って生活することを唱えました。宣長の著作は、『古事記』を詳細に研究した『**古事記伝**』や紀伊藩主に献上した『玉くしげ』が代表的です。一方、**塙保己一**は幕府の援助により**和学講談所**を設立し、国史研究を通じて『**群書類従**』をまとめました。

19 世紀に入ると、本居宣長の没後の門人と称する**平田篤胤**が国学の立場から**復古神道**を唱え、国学の排外主義*的な傾向が強まりました。社会の動揺を背景に復古神道は豪農らに受け入れられ、幕末の尊王攘夷思想〔➡ p.346〕に大きな影響を与えました。

▼国学者系統図

元禄期	享保～寛政期	化政～天保期
戸田茂睡 北村季吟 **契沖**	荷田春満 ── **賀茂真淵** ─┬─ **本居宣長** ─┬─ **平田篤胤** └─ **塙保己一**	└─ 伴信友

伝聞による西洋の知識の摂取から、翻訳を通じた方法へと変化した

儒学の発達によって実証的な考え方が定着することによって、ようやく西洋の学問や知識を研究する洋学を学ぶための受け皿ができあがりました。洋学は主にオランダ語を翻訳することで学ばれたため、蘭学とも呼ばれます。

洋学の先駆者として、『華夷通商考』を著して中国や西洋の物産などを紹介した**西川如見**や、イタリア人宣教師**シドッチ**を尋問することで『采覧異言』『西洋紀聞』を著して世界の地理・風俗についてまとめた**新井白石**〔➡ p.275〕を挙げることができます。**彼らはいずれも伝聞に基づいて西洋の知識を学んでいるという共通点があり、自身で翻訳作業を行ったわけではありません。**

享保期に入ると、徳川吉宗〔➡ p.314〕が漢訳洋書の輸入制限を緩和することで、翻訳を伴う洋学が本格的に始まりました。吉宗は天文学に興味があり、洋書の翻訳を通じて正確な知識を手に入れようとしたのです。そのために、**青木昆陽**や**野呂元丈**にオランダ語の習得を命じ、語学研究を行わせました。

用語 ＊排外主義…外国人や外国のもの・思想を排除する思想。

「漢訳洋書」とは中国語に翻訳された洋書のことです。
中国では宣教師によって洋書の翻訳作業が進められていました。
当初、幕府はキリスト教を警戒していたため漢訳洋書の輸入を禁じていました。

語学研究の進展とともに、翻訳を通じて様々な西洋の知識の研究が進んだ

18 世紀後半になると、**前野良沢**や**杉田玄白**らによってオランダ語の解剖書『ターヘル＝アナトミア』の訳述が進められ、**『解体新書』**と題して刊行されました。翻訳作業の苦労については、杉田玄白が**『蘭学事始』**を記して随想しています。これにより西洋医学がいかに進歩しているのかが判明するとともに、その他の分野においても洋書の翻訳が必要であることが明らかになりました。

洋書の翻訳には語学の進歩が必要不可欠でした。前野と杉田の弟子の**大槻玄沢**は蘭学の入門書である**『蘭学階梯』**を著し、ついで玄沢の門人の**稲村三伯**は蘭日辞書である**『ハルマ和解』**を刊行しました。

18 世紀後半、語学研究が進むことによって洋学はさらに発展を遂げました。**宇田川玄随**は『西説内科撰要』で西洋内科の知識をまとめ、**平賀源内**は摩擦発電器であるエレキテルを発明しました。幕府の天文方として寛政暦の作成にあたった**高橋至時**らは天文学の研究を進め、門人の**伊能忠敬**は幕府の命により全国を測量して『大日本沿海輿地全図』の製作をスタートさせました。

19 世紀になると、**志筑忠雄**［➡ p.265］が『暦象新書』を著して地動説やニュートンの万有引力の法則を紹介しました。幕府は天文方の高橋景保の建議により**蛮書和解御用**を設置し、天文学を中心とした蘭書の翻訳を本格化させました。蛮書和解御用は 1855 年に天文方から独立して**洋学所**となり、翌 1856 年には**蕃書調所**となりました。

幕府は蘭学を通じて世界情勢に詳しい蘭学者を弾圧することがありました。オランダ商館付医師として来日したシーボルトにより国禁の日本地図が海外に持ち出されたことが発覚し、高橋景保らが処罰されました（**シーボルト事件**）。一方、モリソン号事件を批判した**渡辺崋山**や**高野長英**が**蛮社の獄**で処罰されました［➡ p.356］。

▼洋学者系統図

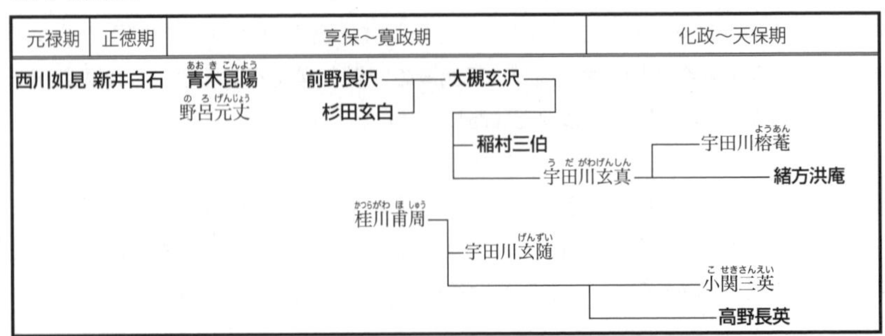

国学・洋学の発達

① 国学（古典研究➡日本人精神の究明）
先駆：（元禄）日本の古典研究
形成：（宝暦・天明）古代人の心の解明➡儒仏の排除
大成：（宝暦・天明）「漢意」の批判➡「真心」による生活を重視
派生：（化政）復古神道の完成➡尊王攘夷思想の普及

② 洋学（蘭学として発達、実学中心）
先駆：（元禄）伝聞に基づく西洋知識の摂取
契機：（享保）漢訳洋書の輸入緩和➡蘭語習得の始まり
形成：（宝暦・天明）翻訳作業・語学研究➡蘭語習得の進展
発展：様々な実学の発達⇔蘭学者の弾圧

トピック① 【文化に注目】近世の教育機関

藩校（藩士の教育／儒学中心）					
米沢藩	**上杉治憲**	**興譲館**再興（1776）	熊本藩	**細川重賢**	**時習館**（1755）
秋田藩	**佐竹義和**	**明徳館**（1789）	水戸藩	**徳川斉昭**	**弘道館**（1841）

郷学（武士・庶民の教育）		
岡山藩	**閑谷学校**	藩主池田光政の命により創立、庶民の入学を認める
大坂	**懐徳堂**	大坂町人の出資で設立、 学主＝三宅石庵・**中井竹山**（『草茅危言』）

私塾（民間の教育機関）			
宝暦・天明	儒学	**古義堂**〔京都〕：**伊藤仁斎**	**蘐園塾**〔江戸〕：**荻生徂徠**
	国学	**鈴屋**〔伊勢・松坂〕：**本居宣長**	
	洋学	**芝蘭堂**〔江戸〕：**大槻玄沢**	
化政	儒学	**咸宜園**〔豊後〕：**広瀬淡窓**	**洗心洞**〔大坂〕：**大塩平八郎**
	洋学	**鳴滝塾**〔長崎〕：**シーボルト**	**適塾**〔大坂〕：**緒方洪庵**

庶民教育
寺子屋（手習所）：読み･書き･そろばんを教える、往来物を教科書として使用

江戸時代には様々なタイプの教育機関が設立されました。
この教育機関を大きく4つに分けて整理していきましょう。

江戸時代の教育機関は、藩校・郷学・私塾・寺子屋の4つに分ける

まずは、諸藩の城下町で子弟教育のために設けられた**藩校**です。幕藩体制が動揺するなか、優秀な人材を育成するために各地で**藩校**が設けられ、主に上級藩士の子弟に対して儒学の教育が行われました。18世紀後半、米沢藩では**上杉治憲**が**興譲館**を再興したほか、熊本藩では**細川重賢**により**時習館**が設立され、秋田藩では**佐竹義和**により**明徳館**が設立されました〔➡ p.335〕。19世紀中頃には、水戸藩において**徳川斉昭**が**弘道館**を設立しました。

続いて、藩校に準じる形で作られたのが**郷学**です。17世紀後半、岡山藩の池田光政〔➡ p.280〕が設立した**閑谷学校**を先駆とし、18世紀前半には大坂の上層町人の有志が出資して**懐徳堂**が設けられ、徳川吉宗〔➡ p.314〕により公認されました。懐徳堂は、三宅石庵をはじめ、『草茅危言』を著して松平定信〔➡ p.326〕に政治意見を行った**中井竹山**など優れた人材が学主（預り人）をつとめ、朱子学を中心とした学問が教授されました。

さらに、多様な学問を授けるための私的な教育施設である**私塾**も各地に開かれました。元禄文化期にはすでに古義学派の**伊藤仁斎**〔➡ p.305〕が京都に**古義堂**を設け、古文辞学派の**荻生徂徠**〔➡ p.305〕は江戸に**蘐園塾**を設けて『論語』などの研究を行いました。宝暦・天明文化期には、国学を大成した**本居宣長**が伊勢・松坂で**鈴屋**を経営したほか、蘭学者の**大槻玄沢**は江戸で**芝蘭堂**を開き、ここで太陽暦の新年を祝うオランダ正月が開催されました。化政文化期には、広瀬淡窓が豊後日田に漢学を中心に学ぶための**咸宜園**を開設し、陽明学者の大塩平八郎は大坂に**洗心洞**を開設しました。洋学を学ぶための私塾としては、シーボルトによって長崎郊外に開かれた**鳴滝塾**や緒方洪庵によって大坂に開かれた**適塾**を挙げることができます。

最後に庶民の初等教育機関として**寺子屋**（**手習所**）が各地に置かれ、ここで庶民は読み・書き・そろばんや儒教的な日常道徳を学びました。寺子屋の普及により庶民は識字・計算能力を身につけて新しい文化の担い手となったほか、村役人の不正を見抜くことが多くなり、民主的な村政を求める**村方騒動**〔➡ p.320〕が頻発しました。一方、京都の**石田梅岩**は『都鄙問答』を著して庶民に対して正直・倹約・孝行などの日常道徳の実践を説き、商業の正当性を主張しました。梅岩の教えは**心学**と呼ばれ、弟子の**手島堵庵**や**中沢道二**らによって全国的に普及していきました。

テーマ 3 【文化に注目】近世の政治・社会思想の発達

江戸時代		
元禄文化	宝暦・天明文化	化政文化
・経世論：商業否定から商業容認	・経世論：重商論・開国論・開発論・海防論 ・尊王論：尊王斥覇	・尊王論：尊王攘夷

この内容 経世論や尊王論などの政治・社会思想が説かれる。

幕藩体制の動揺と社会の変化は、
政治・社会思想にも新たな展開をもたらしました。

当初商業は否定的にとらえられていたが、次第にその必要性が唱えられるようになった

儒学の考え方では生産性に乏しい商業は卑しいものとみなされ、「士農工商」という言葉で示されるように商人は武士・農民・職人などの下に置かれていました。ところが、批判的精神の高まりとともに次第に商業の正当性が認められるようになり、幕藩領主に経世済民*を説く経世論が唱えられました。

18 世紀前半に古文辞学を提唱した**荻生徂徠**は徳川吉宗の諮問に答えて**『政談』**を著し、都市の膨張を抑える武士土着論や貨幣経済の抑制を説きました。弟子の**太宰春台**は徂徠の考えを発展させて**『経済録』**を著して、武士が商業活動を独占する藩の専売制によって利益を上げるべきだと消極的に商業を容認しました。

18 世紀後半以降、幕府財政の窮乏化などを背景として重商論が唱えられました。**海保青陵**は**『稽古談』**で商品経済の発展に対応した積極的な殖産興業政策を説き、**本多利明**は**『西域物語』**や**『経世秘策』**で蝦夷地開発や西洋諸国との交易による富国策を論じました。**佐藤信淵**は**『経済要録』**や**『農政本論』**で統一権力による富国策を主張しました。他にも、**『赤蝦夷風説考』**でロシアの南下と蝦夷地開発の必要性を田沼意次 [➡ p.322] に説いた**工藤平助**や、**『海国兵談』**や**『三国通覧図説』**で海防を説いた**林子平**なども経世論者としてカテゴライズされます。

尊王論は幕政批判や外国排除をともなう思想へと変化していった

朱子学の大義名分論は徳をもって天下を治める天皇の権威を高めることになりました。18 世紀中頃には幕府政治の行き詰まりから、尊王論の立場から政治批判を行う者も現れました。

垂加神道を学んだ**竹内式部**は京都で公家に尊王論を説き、朝廷の秩序を乱したとして京都から追放されました（**宝暦事件**／ 1758 年）。江戸では兵学者の**山県大弐**

用語 ＊経世済民…国を治めて、民の生活を救うこと。

が『柳子新論』を著して幕府の腐敗を指摘するなどして、謀反の疑いがあるとして処刑されました（**明和事件**／1767年）。このほか、天皇陵の荒廃を嘆いて各地の古墳を調査した**蒲生君平**や、尊王論の立場から歴史書『**日本外史**』を著した**頼山陽**なども現れました。

19世紀前半には、列強の接近による対外的危機を背景として尊王論は外国排除を主張する攘夷論と結びつき、水戸藩を中心として尊王攘夷が唱えられました（後期水戸学）。水戸藩の**藤田幽谷**が『**正名論**』を著して尊王攘夷を主張し、幽谷の門人**会沢安**は『**新論**』を著して日本国家の建国原理（国体）を主張しました。徳川斉昭〔➡ p.344〕は藩政改革を行うにあたって、幽谷の子藤田東湖や会沢安を登用して藩校**弘道館**を開きました。

従来の政治・社会システムを批判する思想が広められた

江戸時代中頃から、批判的精神が高まったことにより、封建制を打破してそれを改めることを主張する者も現れました。

18世紀半ば、青森八戸の医者の**安藤昌益**は『**自然真営道**』を著して、武士が農民から収奪する社会や身分社会を否定し、万人が自ら生産活動を行うことを理想とする「**万人直耕**」の平等主義を唱えました。**富永仲基**は『**出定後語**』のなかで、仏教の教えは後世に創作された要素が混在していることを指摘し、国家仏教の基となった大乗仏教を否定しました。19世紀前半には、**山片蟠桃**が『**夢の代**』を著して、霊魂の存在を否定する無神論や地動説に基づく大宇宙説などの合理主義的な思想を示しました。なお、**富永仲基と山片蟠桃はいずれも懐徳堂出身である**ことを覚えておきましょう。

近世の政治・社会思想の発達

① 経世論
18世紀前半：商業否定（**荻生徂徠**）➡商業容認（**太宰春台**）
18世紀後半～：重商論・開国論（**海保青陵**・**本多利明**・**佐藤信淵**）
開発論・海防論（**工藤平助**・**林子平**など）

② 尊王論（幕府政治の批判）
18世紀後半：尊王斥覇（**宝暦事件**・**明和事件**）
19世紀前半～：尊王攘夷（後期水戸学／**藤田幽谷**・**会沢安**）

③ その他（批判的精神に基づく）
18世紀中頃：身分社会の否定（**安藤昌益**）・儒仏批判（**富永仲基**）
19世紀前半：無神論（**山片蟠桃**）＊富永・山片は懐徳堂出身

テーマ4 【文化に注目】江戸時代後期における絵画の発達

清		
江戸時代		明治時代
宝暦・天明文化	化政文化	
・浮世絵版画：喜多川歌麿・東洲斎写楽 ・文人画・写生画 ・西洋画	・浮世絵版画：葛飾北斎・歌川（安藤）広重 ・文人画・写生画	

この内容 浮世絵版画が広がり、様々な肉筆画も描かれる。

多色刷りの浮世絵版画が庶民の間で広く人気を集めたほか、中国の影響を受けた文人画やオランダの影響を受けた西洋画なども描かれました。

浮世絵が大量に生産されて、庶民の間に普及した

江戸時代後半、浮世絵版画は江戸で版元と呼ばれる出版社と結びつき、絵師・彫師・摺師らとの共同作業によって製作されました。18 世紀後半には、**鈴木春信**が多色刷り版画である**錦絵**を創始すると、様々なジャンルの浮世絵版画が描かれました。宝暦・天明文化期には、**喜多川歌麿**の「婦女人相十品」に代表される遊女を題材とした美人画や、**東洲斎写楽**の「市川鰕蔵」に代表される役者絵が**大首絵**の手法で製作されました。化政文化期には庶民の間で旅が流行したことを背景として、**葛飾北斎**の「富嶽三十六景」や**歌川（安藤）広重**の「東海道五十三次」に代表される風景画が描かれました。

このように江戸時代の錦絵は芸術面を重視したものでしたが、明治維新期前後には芸術性よりも報道性に重点を置いたものが作られるようになっていきました。

▼ポッピンを吹く女（喜多川歌麿）

▼市川蝦蔵（東洲斎写楽）

▼富嶽三十六景　神奈川沖浪裏（葛飾北斎）

浮世絵版画以外でも、様々なジャンルの絵画が生み出された

▼鷹見泉石像（渡辺崋山）

文人画は専門の画家によらない絵画の総称で、明・清文化の影響を受けて日本でも普及しました。中国の文人画は教養を備えた士大夫（知識人や官僚）が余技として描きましたが、日本では学者や文人が描きました。宝暦・天明文化期、**池大雅**が日本において文人画を大成し、俳諧師の**与謝蕪村**とともに「十便十宜図」を完成させました。化政文化期には文人画の重鎮である**谷文晁**の指導を受けた蘭学者の**渡辺崋山**が古河藩家老をモデルとした「鷹見泉石像」を描きました。

狩野派の画法をもとに西洋画の技法なども取り入れ、独自の写生画を形成したのが**円山応挙**です。「雪松図屏風」に代表されるように日本絵画の伝統的な画題を写実的に表現することを重視した円山派を創始しました。円山応挙の影響を受けて写生画を描いたのが**呉春**です。呉春とその一派は京都四条辺りに住んでいたため、四条派と呼ばれました。

遠近法や陰影法を取り入れた西洋画も描かれるようになりました。エレキテルや寒暖計を発明したことでも知られる**平賀源内**は絵画の分野にも秀でており、長崎で蘭画を学んで西洋画の先駆的な役割を果たしました。『解体新書』〔➡ p.342〕の挿絵を担当したことで知られる秋田藩士の**小田野直武**は平賀源内に師事し、秋田蘭画の創始者となりました。さらに、**司馬江漢**が日本で初めて銅板画を製作し、「不忍池図」を描いたほか、松平定信に仕えた**亜欧堂田善**は西洋画や銅板画の研究に努め、これらを広く普及しました。

江戸時代後期における絵画の発達

① 浮世絵絵画の発展
錦絵：**鈴木春信**が創始した多色刷り版画の総称
美人画：（宝暦・天明）**喜多川歌麿**「婦女人相十品」
役者絵：（宝暦・天明）**東洲斎写楽**「市川鰕蔵」
風景画：（化政）**葛飾北斎**「富嶽三十六景」
（化政）**歌川（安藤）広重**「東海道五十三次」

② その他の絵画
文人画：（宝暦・天明）**池大雅・与謝蕪村**　（化政）**渡辺崋山**
写生画：（宝暦・天明）**円山応挙**（円山派）　（化政）**呉春**（四条派）
西洋画：（宝暦・天明）**司馬江漢**（銅板画）・**亜欧堂田善**

【文化に注目】江戸時代後期における文芸の発達

清	
江戸時代	明治時代
宝暦・天明文化	化政文化
・小説：洒落本・黄表紙（弾圧）	・小説：人情本・合巻（弾圧） 滑稽本（十返舎一九） 読本（曲亭（滝沢）馬琴）

・俳諧や和歌、川柳、狂歌、紀行文、演劇などの流行

この内容 文芸では小説が流行したが弾圧も受けた。

江戸時代後半、文芸では出版文化の発展により様々なジャンルの小説が流行しました。他にも、俳諧・和歌・川柳・狂歌・紀行文、演劇の脚本など多様な町人文芸が発達しました。

様々な小説が流行したが、風紀を乱すという理由で弾圧されるものもあった

18世紀後半、浮世草子が衰える一方、遊里*の生活を写実的に描写した短編小説である**洒落本**や風刺のきいた絵入り小説である**黄表紙**が流行しました。ところが、寛政の改革〔➡ p.326〕で出版統制令が出されてこれらのジャンルは厳しく取り締まられ、黄表紙や洒落本を書いた**山東京伝**や出版業者の**蔦屋重三郎**らは処罰され、黄表紙を書いた**恋川春町**の作品も絶版となりました。

19世紀前半には、男女の恋愛を描いた**人情本**や黄表紙が長編化した**合巻**が流行しましたが、天保の改革〔➡ p.333〕で人情本を書いた**為永春水**は処罰され、**柳亭種彦**の合巻は絶版となりました。

一方、挿絵が少なく文章を主体とした**読本**や、庶民生活のなかの笑いや滑稽さを主題とした**滑稽本**は出版統制の対象とはなりませんでした。読本の代表的作者としては、怪奇小説『雨月物語』を書いた**上田秋成**や、歴史小説『南総里見八犬伝』を書いた**曲亭（滝沢）馬琴**が挙げられます。滑稽本の代表的作者としては、『東海道中膝栗毛』を書いた**十返舎一九**や『浮世床』『浮世風呂』を書いた**式亭三馬**が挙げられます。

俳諧は地方へと普及し、川柳や狂歌も流行した

江戸時代後半、都市の文化が地方へと広がっていきました。宝暦・天明文化期には蕉風の復興を唱える**与謝蕪村**が写実的な俳句を詠み、化政文化期には**小林一茶**が江戸から故郷の信濃へ移り、農民感情をこめた俳句を詠みました。越後の僧**良寛**は諸国を行脚したのち郷里に戻り、人間と自然を愛でる和歌を詠みました。

用語 ＊遊里…遊女屋が集まっている場所。

町人の間では、歌によって社会や政治を風刺する文化も流行しました。田沼時代〔➡p.322〕には、俳句の形式で人情・世相・風俗が詠まれ、**柄井川柳**が活躍したことからそれらは**川柳**と呼ばれるようになりました。和歌の形式で滑稽や洒落を盛り込んだものは**狂歌**と呼ばれ、**大田南畝**（蜀山人）や**石川雅望**（宿屋飯盛）らが活躍しました。

各地を巡遊して記録を残す者や地方の生活を観察する者も現れました。国学者の**菅江真澄**が東北各地を巡遊して農民の生活を記録した『**遊覧記**』を著す一方、越後の商人**鈴木牧之**は北陸地方に住む人々の生活をまとめ、『**北越雪譜**』を著しました。

演劇では、近松門左衛門〔➡p.309〕に師事した**竹田出雲**が『仮名手本忠臣蔵』などの浄瑠璃の脚本を著しました。その後、人形浄瑠璃は歌舞伎におされて衰え、唄浄瑠璃の各流派が生まれました。歌舞伎は花道や回り舞台などのしかけを備えた芝居小屋で上演されました。脚本家としては、生世話物と呼ばれる町人の生活を生々しく描いた**鶴屋南北**や、盗賊を主人公とした白浪物で評判を博した**河竹黙阿弥**が代表的です。

江戸時代後期における文芸の発達

① 小説

洒落本（遊里を題材）・**黄表紙**（風刺）➡寛政期に弾圧
人情本（恋愛を描く）・**合巻**（風刺）➡天保期に弾圧
読本（怪奇小説・歴史小説など）・**滑稽本**（庶民生活の滑稽さを描く）

② 俳諧・和歌など

俳諧：（宝暦・天明）**与謝蕪村**　（化政）**小林一茶**　和歌：（化政）**良寛**
川柳：（宝暦・天明）**柄井川柳**　狂歌：（宝暦・天明）**大田南畝**・石川雅望
紀行文・地誌：（化政）**菅江真澄**（東北）・**鈴木牧之**（北陸）

③ 演劇の脚本

（宝暦・天明）**竹田出雲**　（化政）**鶴屋南北**（生世話物）・河竹黙阿弥（白浪物）

確認問題

1 年代配列問題にチャレンジ

(1) 次の文Ⅰ～Ⅲについて、古いものから年代順に正しく配列したものを、後の①～⑥のうちから一つ選んで記号で答えなさい。

Ⅰ 漢訳洋書の輸入制限が緩和され、オランダ語の研究が進められた。
Ⅱ 寛政異学の禁により、聖堂学問所での朱子学以外の儒学の講義が禁じられた。
Ⅲ 平田篤胤は儒仏に影響されない純粋な古道を明らかにし、復古神道を唱えた。

① Ⅰ－Ⅱ－Ⅲ　② Ⅰ－Ⅲ－Ⅱ　③ Ⅱ－Ⅰ－Ⅲ
④ Ⅱ－Ⅲ－Ⅰ　⑤ Ⅲ－Ⅰ－Ⅱ　⑥ Ⅲ－Ⅱ－Ⅰ

(2) 次の文Ⅰ～Ⅲについて、古いものから年代順に正しく配列したものを、後の①～⑥のうちから一つ選んで記号で答えなさい。

Ⅰ 社会不安が増大するなか、「ええじゃないか」と連呼する民衆の狂乱が起こった。
Ⅱ 遊里を舞台とした洒落本が人気を博したが、幕府により取り締まりを受けた。
Ⅲ 大坂町人により懐徳堂が創設され、幕府の公認を受けた。

① Ⅰ－Ⅱ－Ⅲ　② Ⅰ－Ⅲ－Ⅱ　③ Ⅱ－Ⅰ－Ⅲ
④ Ⅱ－Ⅲ－Ⅰ　⑤ Ⅲ－Ⅰ－Ⅱ　⑥ Ⅲ－Ⅱ－Ⅰ

2 探究ポイントを確認

(1) 18世紀以降、蘭学（洋学）はどのように勃興し、どの分野を中心に広まっていったのか。簡単に説明せよ。

(2) 江戸時代後半、庶民の間で親しまれた浮世絵版画について、なぜ庶民が手に入れることができたのかという理由や、画題にふれて簡単に説明せよ。

解答

1 (1) ①　(2) ⑥

2 (1) 徳川吉宗が漢訳洋書輸入制限を緩和し、学者に蘭語習得を命じ、蘭学が勃興した。当初は西洋医学の研究が中心だったが、天文学や暦学、物理学や測量学など、多岐に渡る研究が行われるようになった。(91字)
(2) 浮世絵版画は安価で大量に供給できる木版画であったため、庶民は美人画や役者絵、さらには風景画などの絵画を手に入れることができた。(63字)

欧米列強の接近と開国

ここからが近代史です。18世紀後半から**欧米列強が日本に接近**してきます。江戸幕府は開国と通商（貿易）を求められ、**和親条約で開国**し、**修好通商条約で貿易を開始**します。2つの条約は日本社会に大きな影響を与えるとともに、江戸幕府の滅亡へつながっていきます。各国の動向にも注目しながら、このあたりの流れをつかみましょう。

時代の**メタマッピング**と**メタ視点**

海外の動き・外交 ➡テーマ①②

18世紀後半〜19世紀半ばの列強の動向／列強の接近と幕府の対応

18世紀後半から19世紀半ばにかけて**欧米列強が日本に接近**する。幕府は当初、外国船に厳しい態度をとった。

外交 ➡テーマ③

19世紀中頃の列強と中国の動き

19世紀中頃、アヘン戦争を機に日本は外国船への態度を改め、天保の薪水給与令を出すなどした。

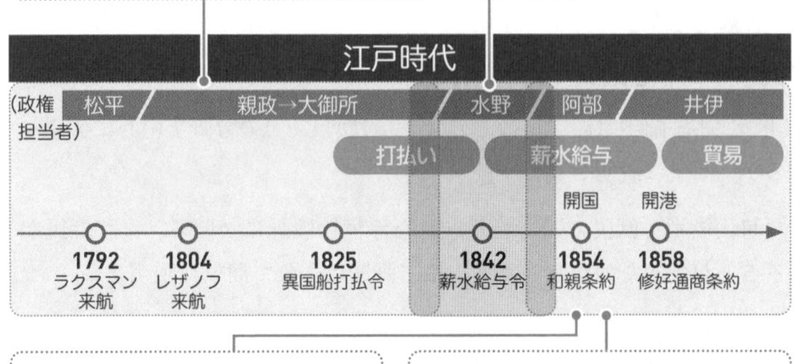

外交の変化 ➡テーマ④

日米間の2つの条約

日本は**和親条約で開国**し、**修好通商条約で貿易を始めた。**

経済 ➡テーマ⑤⑥

開港とその影響／関税について

開港後、日本では**流通が混乱**し、**物価が上昇**した。

テーマ1 【海外の動きに注目】18 世紀後半～19 世紀半ばの列強の動向

歴史総合

江戸時代

［ロシア］ シベリアの開発・貿易の拡大
［イギリス］ 産業革命 ・英仏戦争→イギリスの勝利
［アメリカ］ ・イギリスから独立 ・ゴールドラッシュ

1750　1800　1850

この頃 日本に接近してきた欧米列強は、ロシア・イギリス・アメリカ。

凍らない港を求めて南下政策を進める**ロシア**や、産業革命後にアジアへの進出を本格化させる**イギリス、**さらには新興国の**アメリカ**が**中国や日本に接近して開国や通商を要求します。**
18 世紀末から 19 世紀前半にかけてこれらの**欧米列強が日本に接近する**背景をみていきましょう。

通商などを求めて、ロシア・イギリス・アメリカが日本に接近する

17 世紀以降、ロシアは東方に進出してロシア東部のシベリア地方にまで到達し、清国と国境を接するようになると、両国は国境に関する条約を結びました。その後、ロシアは清国やアイヌに対してラッコの毛皮などを輸出するようになりました。18 世紀末、ロシアは毛皮生産を拡大するため、日本との交易を通じてシベリアへの食料供給ルートの確保を図りました。そこで、ロシア皇帝の命を受けた使節が来航し、日本に対して通商・国境画定を要求するのです。

イギリスでは 18 世紀後半に産業革命が始まり工業化が進展すると、照明や潤滑油として用いる鯨油が必要となり、捕鯨のために北太平洋に進出するようになりました。一方、国外市場や原料供給地を求めて植民地の獲得に乗り出し、東洋貿易の独占も図りました。**19 世紀初頭には、英仏戦争でフランスに勝利することによりイギリスが世界経済の覇権を確立しました。**

18 世紀後半にイギリスから独立をはたしたアメリカの領土は、当初、アメリカ大陸の東部に限定されていました。その後、領土を西方へと拡大し、19 世紀中頃には太平洋側にまで達して大陸を横断する国家へと発展していきました。1848 年にカリフォルニアで金鉱が発見されると、ゴールドラッシュが起こり、西部開拓が進んでいきました。

18世紀後半～19世紀半ばの列強の動向

① ロシア
シベリア（ロシア東部）の開拓を進める
清国・アイヌとの貿易を拡大する（毛皮の輸出）
日本に対し通商・国境画定を要求する

② イギリス
18世紀後半：産業革命➡国外市場や原料供給地を求める
19世紀初め：英仏戦争に勝利し、覇権を確立する

③ アメリカ
18世紀後半：イギリスからの独立をはたす
19世紀中頃：西部開拓をすすめ、太平洋側に進出する

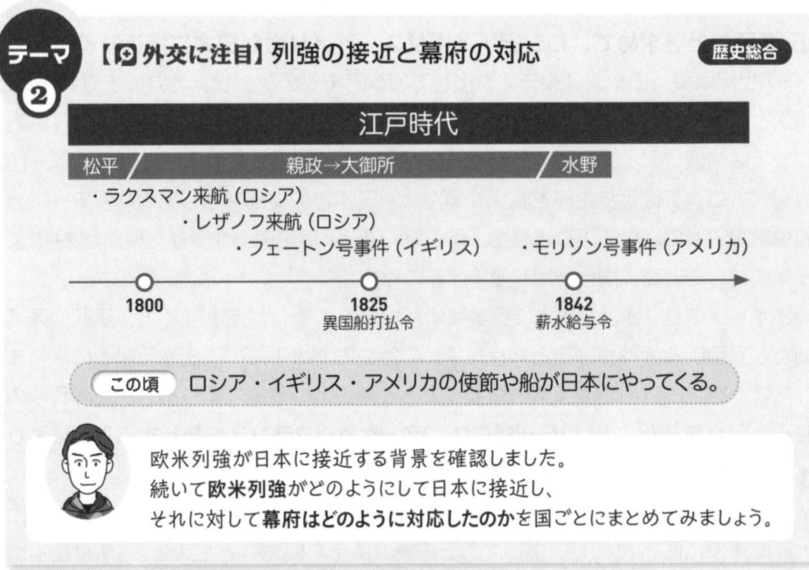

ロシアは18世紀後半から蝦夷地周辺に現れる

まずはロシアの接近からみていきます。18世紀後半にはすでにロシア船が蝦夷地周辺に現れており、**工藤平助**が**『赤蝦夷風説考』**のなかでロシアへの備えや蝦夷地開発を指摘していました。この指摘を受けて田沼意次は**最上徳内**らを蝦夷地へ派遣して調査に当たらせました［➡p.322］。

1792年、皇帝エカチェリーナ2世によって派遣されたロシア使節ラクスマンが根室に来航し、漂流民である大黒屋光太夫の送還とともに**通商を要求しました**。これに対して幕府は要求を拒否し、長崎の入港許可証である信牌を与えて帰国させました。このことが契機となって幕府は蝦夷地や江戸湾の海防を強化し、近藤重蔵や最上徳内に千島方面を探査させ、択捉島に「大日本恵登呂府」の標柱を立てさせて国境を主張しました。

1804年、ロシア使節レザノフが信牌を携えて長崎に来航し、通商を要求しました。ところが、**幕府は要求を拒否して使節を門前払いしたためロシアとの関係が悪化し、**ロシア軍艦は樺太や択捉島を攻撃しました。幕府は国防を強化するため、1807年に蝦夷地すべてを直轄領として松前奉行を設置し、東北諸藩にも警護に当たらせました。さらに翌1808年には、間宮林蔵に命じて蝦夷地北部にある樺太を探査させ、樺太が島であることを確認しました。その後、日本側が国後島に上陸したロシア軍艦の艦長のゴローウニンを捕らえ、ロシア側が淡路商人の高田屋嘉兵衛を捕らえるゴローウニン事件が起こりましたが、**人質交換により事件が解決すると日露関係が改善した**ため、1821年に蝦夷地も松前藩に還付されました。

大黒屋光太夫の見聞をもとに桂川甫周は『北槎聞略』を著しました。

イギリス船の出没に対し、幕府は外国船を撃退する法令を出す

続いてイギリスとの関係をまとめてみましょう。19世紀初頭、英仏戦争によりイギリスはフランスやオランダと緊張関係にあったことを背景として、1808年、イギリスの軍艦がオランダ船を捕らえるために長崎港に侵入するフェートン号事件が起こりました。その後も鯨油を獲得しようとするイギリスの捕鯨船が日本近海に出没したため、**1825年に幕府は異国船打払令（無二念打払令）を出して外国船の**

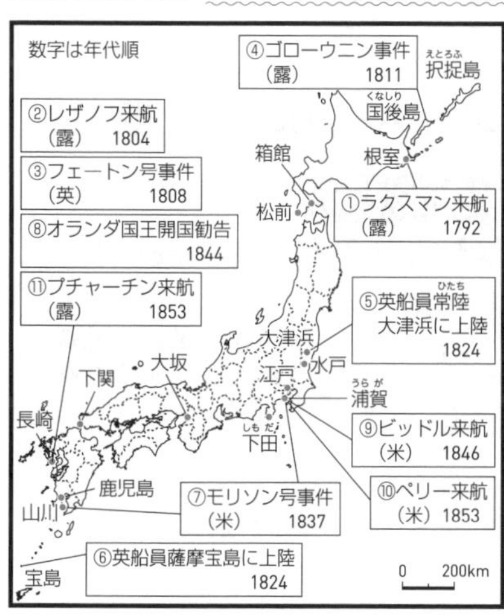

◀欧米列強の接近

欧米列強がどこにやってきたのか、地図上でもしっかりとおさえておきましょう。

撃退を命じました。その際、清・朝鮮・琉球の船は対象外とし、オランダ船は長崎以外の場所では打ち払うこととしました。

1830年代のアメリカ船の来航にも、幕府は強硬策をとる

最後にアメリカとの関係をおさえます。1837年、日本国内で**天保の飢饉**が続くなか、アメリカ船モリソン号が浦賀沖に接近し、漂流民を送還して通商を要求しようとしましたが、異国船打払令に基づき撃退される**モリソン号事件**が起こりました。これに対して蘭学者の**渡辺崋山**は**『慎機論』**、**高野長英**は**『戊戌夢物語』**を著して批判したため、1839年に彼らは処罰されました。これを**蛮社の獄**といいます。このように1830年代には、日本に接近する欧米列強に対して幕府は強硬策でのぞみました。

列強の接近と幕府の対応

① ロシアとの関係

ラクスマン来航（1792）〔根室〕：信牌を与えて帰国させる

レザノフ来航（1804）〔長崎〕：通商要求を拒否➡関係悪化

ゴローウニン事件：事件は解決（人質交換）➡関係改善

② イギリスとの関係

フェートン号事件（1808）：イギリス船が長崎港に侵入する

捕鯨船員による常陸上陸（1824）➡**異国船打払令**（1825）

③ アメリカとの関係

モリソン号事件（1837）：アメリカ船を撃退する

渡辺崋山・**高野長英**による批判➡**蛮社の獄**（1839）

【外交に注目】19世紀中頃の列強と中国の動き　歴史総合

この頃
清は列強との戦争に敗れて開港し、貿易を始める。

続いて、19世紀中頃の欧米列強と中国（清）の動きを確認しましょう。

清はイギリスとの戦争、イギリス・フランスとの戦争に敗れる

1840 年、対清貿易の利益をあげようとするイギリスは清との間に**アヘン戦争**を起こし、勝利しました。1842 年には**南京条約**が結ばれ、**清はイギリスに対して上海など 5 港の開港と香港島の割譲を認めました。**

翌年、追加条約が結ばれ、イギリスは清国に開港地に滞在する外国人に対する**領事裁判権**〔➡ p.359〕を認めさせたほか、他国に与えた最も良い待遇と同等の待遇を与える**最恵国待遇**を一方的に承認させました。清国はアメリカ・フランスとも同様の条約を結びました。

貿易の開始にともない清から海外へ銀が流出し、銀価格が上昇すると、そのしわ寄せによって民衆の生活も圧迫されました。1851 年、洪秀全率いる宗教結社は清王朝の腐敗に対して挙兵し、**太平天国の乱**を起こしました。太平天国軍は南京占領後、一時は北京を奪取する勢いをみせましたが、内部対立と清の攻勢により鎮圧されました。

1856 ～ 60 年には、清とイギリス･フランス連合軍との戦争である**アロー戦争**（第 2 次アヘン戦争）が起こりました。この戦争でも清は敗れ、1858 年には天津条約を、1860 年には北京条約を結び、天津など 11 港を開港したほか、キリスト教布教の自由などを認めました。

Q 清はこれまで欧米と貿易をしていなかったのですか？

A 貿易港は広州に限定され、特許を得た商人だけが貿易を行うことができました。ところが、南京条約や天津条約により欧米との自由貿易が行われることになりました。

19 世紀中頃の列強と中国の動き

① **アヘン戦争**（1840 ～ 42）
イギリスが清に勝利する
南京条約：香港割譲、上海など 5 港を開港する
追加条約：領事裁判権、最恵国待遇などを承認する

② **太平天国の乱**（1851 ～ 64）
洪秀全率いる宗教結社が清に対して反乱を起こす
内部対立と清の攻勢により鎮圧される

③ **アロー戦争**（1856 ～ 60）
イギリス・フランスが清に勝利する
天津条約（1858）・北京条約（1860）：天津などを開港する

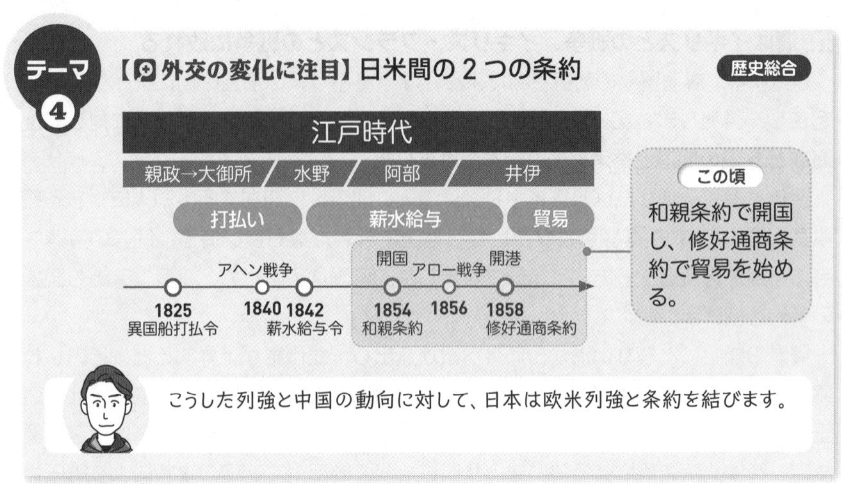

1840年代の段階では、幕府は開国しない方針だった

アヘン戦争で清の劣勢が日本に伝わると、1842年に幕府は**天保の薪水給与令**を出し、漂着した外国船への薪水・食料の供給を認めました[➡ p.333]。一方で1844年、オランダ国王の開国勧告に対しては鎖国体制の堅持を祖法*として開国を拒否し、1846年に浦賀に来航したアメリカ東インド艦隊司令長官**ビッドル**の開国要求も拒絶しました。**1840年代の段階では、幕府は薪水給与を認めても開国はしないという姿勢を貫いた**のです。

和親条約で日本は開国するが、通商（貿易）は認めなかった

ところが1853年、対清貿易の定期船や捕鯨船の寄港地を獲得するため、アメリカ東インド艦隊司令長官の**ペリー**が黒船4隻を率いて浦賀に来航すると、フィルモア大統領の国書を提出して日本に開国を求めました。幕府は紛争を避けるため国書を受け取り、翌年に回答することを約束していったん軍艦を退去させました。そして**翌1854年に再来航したペリーとの間に日米和親条約（神奈川条約）を締結しました**。これにより、**下田**・**箱館**の開港、薪水・食料・石炭の供給、**領事**の駐在などを認めたほか、一方的な**最恵国待遇**が義務づけられました。

同じ頃、ロシア使節**プチャーチン**も長崎に来航して開国と国境画定を要求し、アメリカと同様にロシアとの間にも**日露和親条約**（神奈川条約）が結ばれました。これにより**下田**・**箱館**・**長崎**を開港したほか、千島列島では択捉島以南を日本領、得撫島以北をロシア領として、樺太は国境を定めずに雑居地としました。同様の和親条約はイギリス・オランダとも結ばれ、日本は開国しましたが、通商を認めなかったことから実際のところ薪水給与令と大差はありませんでした。

【用語】＊祖法…先祖代々伝わる法。

この間、幕府内部では老中阿部正弘を中心に挙国一致体制がとられていました。すなわち、**開国要求を朝廷に報告し、雄藩の大名や幕臣の意見もとり入れようとした**のです。これにより雄藩［➡ p.335］の大名は発言力を強め、朝廷の権威も上昇したことは覚えておいて下さい。阿部正弘が老中であった時期には江戸湾に砲台の台場が築かれたほか、大船建造が解禁され、江戸に砲術訓練のための講武所や翻訳機関である洋学所、長崎に海軍伝習所が設立されるなど、国防強化が図られました（安政の改革）。

修好通商条約で日本は通商を認め、貿易が開始された

太平天国の乱［➡ p.357］により対清貿易が不調になると、アメリカは日本との貿易を望むようになりました。1856年に着任した総領事ハリスはアロー戦争での清の敗北とイギリス・フランスの脅威を説いて、阿部正弘に代わって老中首座となった堀田正睦に対して通商を迫りました。堀田は攘夷派の反発を抑えるため孝明天皇に通商条約調印の勅許＊を求めましたが、それを得ることができませんでした。1858年に彦根藩主の井伊直弼が大老に就任すると、**井伊は無勅許のまま日米修好通商条約に調印し**、ついでオランダ・ロシア・イギリス・フランスとも同様の条約を締結しました。これを安政の五カ国条約といいます。

修好通商条約の内容については以下の通りです。まず、下田・箱館に加えて神奈川・長崎・新潟・兵庫を開港して、開港場での自由貿易が認められました。

ただし、宿駅に近い神奈川は横浜に変えられ、横浜に近い下田は閉鎖されました。開港場には外国商人が居住・営業するための居留地が設けられる一方、外国人の国内移動は厳しく制限されました。ただし、外国商人は許可を得れば、江戸や大坂の市場で取引することも可能でした。清やインドで民衆の反乱が起こり、欧米諸国は日本に対して軍事的な圧力を強める余裕はなかったため、下田の閉鎖や居留地の設定など日本にとって有利になる要素も含まれていたのです。しかし、日本にとってきわめて不平等な条件が含まれており、**在留外国人の裁判はその国の領事が自国の法律で裁く領事裁判権を認めたほか、日本側には関税自主権がなく協定関税制となりました。**

関税については、この講の最後のテーマで
詳しく説明しますので、その部分を確認して下さい［➡ p.362］。

用語　＊勅許…天皇の許可。

テーマ④ まとめ 日米間の2つの条約

① **日米和親条約**（1854）〔神奈川〕
薪水・食料・石炭などの供給を認める（**下田**・**箱館**を開港）
領事の駐在を認める（総領事＝**ハリス**）
片務的な**最恵国待遇**（後の条約にも適用）

② **日米修好通商条約**（1858）
自由貿易を開始する
神奈川・**長崎**・**新潟**・**兵庫**を開港、下田は閉鎖される
居留地の設置（一般外国人の国内移動は制限される）
不平等条約：領事裁判権を認める、協定関税制をとる
批准：新見正興（しんみまさおき）が渡米する（勝海舟（かつかいしゅう）の咸臨丸（かんりんまる）も随行する）

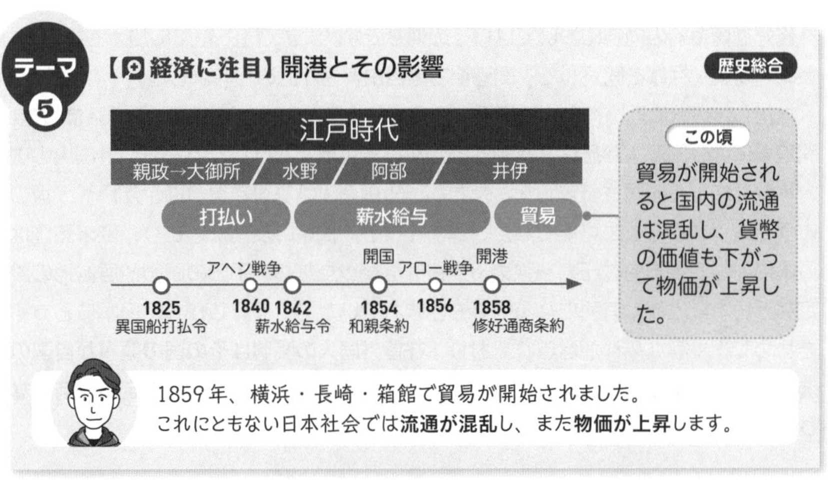

開港後、商品の流通機構が崩れ、金が国外に大量に流出する

開港場に設けられた居留地において、日本の売込商[*1]・引取商[*2]と外国商人が銀貨を用いて貿易を行いました。**貿易額は横浜が圧倒的に多く、貿易相手国は**アメリカが国内の南北戦争で後退したため**イギリスが中心となりました。**

日本からは**生糸**（きいと）・茶・蚕卵紙（さんらんし）などが輸出される一方、外国からは**毛織物**・**綿織物**・軍需品などが輸入されました。**開国当初の貿易は大幅な輸出超過となった**ため、主

【用語】＊1 売込商…外国人に輸出商品を売込む商人。＊2 引取商…外国人から輸入品を買い取る商人。

要輸出品である生糸を生産する製糸業は発展しましたが、絹織物業は原料である生糸が不足したため圧迫されました。一方、毛織物の生産は日本では行われていなかったので打撃はありませんでしたが、イギリスから安価な綿織物が輸入されると、日本の綿業全体は打撃を受けました。

在郷商人は開港地の売込商に商品を直接送るようになったため、**従来の問屋を中心とする流通機構が崩れました**。1860 年、幕府は**五品江戸廻送令**を発して、生糸・雑穀・水油（菜種油）・呉服・ロウを生産地から一度江戸に送ることを命じましたが、外国商人や在郷商人の反発があったため効果はなく、流通は混乱したままでした。

また、金銀比価の違いによる金の大量流出も問題となりました。金銀比価は日本では 1：5、欧米では 1：15 で同種同量交換の規定がありました。すなわち、外国商人は日本に銀貨を持ち込み、同じ重さの日本の銀貨に交換し、日本の銀貨を日本の金貨に交換して自国に帰り、国際相場で金貨を銀貨に交換すれば 3 倍の銀を入手することができたのです。幕府は金の流出を防ぐため、金量を 3 分の 1 に減らした**万延小判**を鋳造して金銀比価を国際相場に揃えましたが、**国内では、貨幣の質が下がったことで物価騰貴に拍車がかかり、下級武士や民衆の生活が圧迫されました。**

Q アメリカの南北戦争についてよくわかりません。

A 1861 年、アメリカ合衆国の南部と北部で奴隷制や関税問題をめぐり対立が激化したことによって生じた内戦のことです。奴隷解放宣言で知られるリンカーン大統領が率いる北部アメリカが勝利し、1865 年に戦争は終結しました。

開港とその影響

① 国内産業の動向
製糸業：生糸の輸出増加 ➡ 発展する
絹織物業：国産生糸の不足 ➡ 打撃を受ける
綿業：安価な綿製品の大量輸入 ➡ 打撃を受ける

② 流通の混乱
在郷商人が商品を開港地に直送する
幕府は**五品江戸廻送令**で対応（1860） ➡ 反発を受ける

③ 貨幣価値の下落
金銀比価の相違 ➡ 金の海外流出を招く
幕府は**万延小判**（質量劣る）の鋳造で対応 ➡ 物価上昇

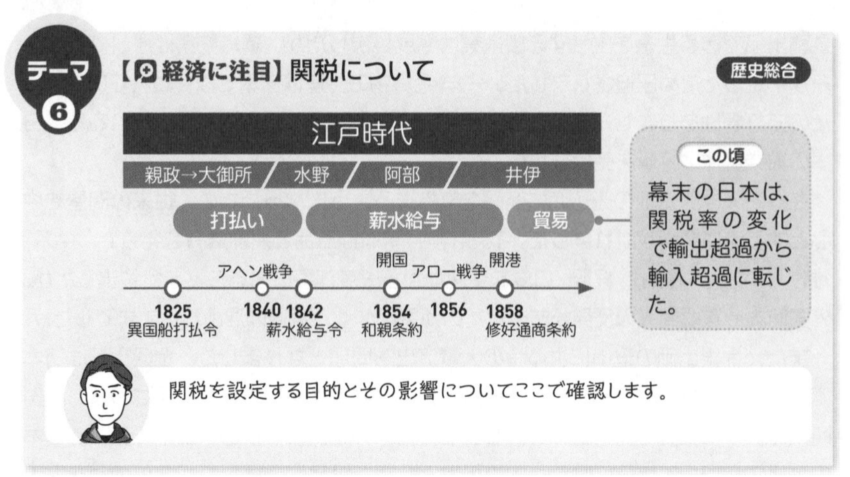

関税は海外との貿易に際して、国内の産業を守るために設定されるもの

関税は、外国と貿易する際、自国の経済を守るために輸入品と輸出品に設定された税金で、輸入税と輸出税の2つに大別されます。

外国からの輸入品に対して**輸入税を課すことによって**、外国製品の価格が上がって売れにくくなるため、**国内産業が保護されます**。例えば、イギリスの機械工場で生産された安価な綿織物が日本に輸入されると、日本の綿織物業が打撃を受けます。そこで輸入税を課すことによりイギリス製品の価格が上がるため、日本製品が売れやすくなるというわけです。一方、日本製品を外国に輸出する際に**輸出税を課すことによって**、その日本製品が売れにくくなります。これは日本製品が外国へ流出することで、**国内で品不足になることを防ぐ**という狙いがあります。これらの関税は自国の経済を守るためのものなので本来は自国で決定すべきものですが、安政の五カ国条約では**協定関税制**となりました。

1858年に調印された**日米修好通商条約**では、関税については別冊の**貿易章程**(しょうてい)で取り決めることとされました。この貿易章程では輸入税は商品ごとに5～35%課され、平均すると約20%とやや高めに設定されました。一方、輸出税は一律5%しか課されなかったので、輸入量よりも輸出量が多くなり、**貿易は輸出超過となりました**。

ところが、1860年代に入り、アメリカが南北戦争のため対日貿易から後退すると、貿易の主導権を握ったイギリスの圧力もあって1866年に**改税約書**(かいぜいやくしょ)が結ばれ、輸入税は一律5%に引き下げられました。この頃、イギリス・フランス向けの軍事物資の需要が少なくなり輸出額が減っていたこともあって、**貿易は輸入超過に転じました**。

▼開国後の横浜港の貿易額の推移

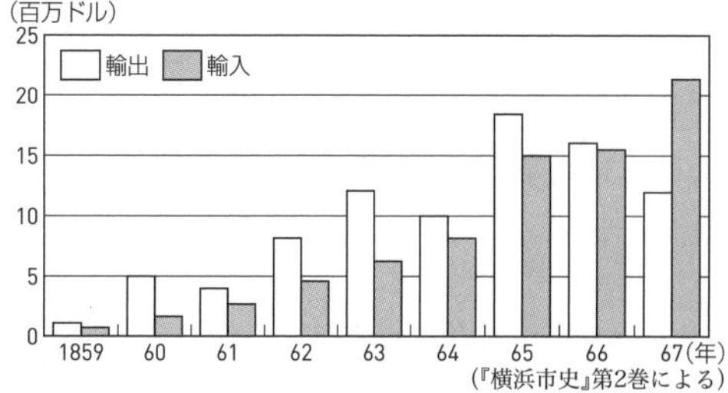

1859年の貿易開始後は輸出量が輸入量よりも多く、輸出超過となっていましたが、1867年に逆転して輸入超過となりました。

テーマ⑥ まとめ 関税について

① 種類と目的

輸入税：国内産業を守るため

輸出税：品不足による物価高騰を防ぐため

② **貿易章程**（1858）：日米修好通商条約の別冊

輸入税：平均20%（商品ごとに5～35%）

輸出税：一律5%

結果：輸出超過が進む

③ **改税約書**（1866）

輸入税：一律5%に引き下げ

結果：輸入超過に転じる

確認問題

1 年代配列問題にチャレンジ

(1) 次の文Ⅰ～Ⅲについて、古いものから年代順に正しく配列したものを、後の①～⑥のうちから一つ選んで記号で答えなさい。

Ⅰ 異国船打払令により、アメリカのモリソン号が撃退された。
Ⅱ イギリスのフェートン号が、オランダ船を追って長崎に侵入した。
Ⅲ ラクスマンが漂流民をともなって根室に来航した。

① Ⅰ－Ⅱ－Ⅲ　② Ⅰ－Ⅲ－Ⅱ　③ Ⅱ－Ⅰ－Ⅲ
④ Ⅱ－Ⅲ－Ⅰ　⑤ Ⅲ－Ⅰ－Ⅱ　⑥ Ⅲ－Ⅱ－Ⅰ

(2) 次の文Ⅰ～Ⅲについて、古いものから年代順に正しく配列したものを、後の①～⑥のうちから一つ選んで記号で答えなさい。

Ⅰ アヘン戦争の情報を受けた幕府により、薪水給与令が出された。
Ⅱ 幕府の命により間宮林蔵が樺太を調査し、島であることを確認した。
Ⅲ 老中阿部正弘が諸大名に対し、アメリカ大統領国書への対応についての意見を求めた。

① Ⅰ－Ⅱ－Ⅲ　② Ⅰ－Ⅲ－Ⅱ　③ Ⅱ－Ⅰ－Ⅲ
④ Ⅱ－Ⅲ－Ⅰ　⑤ Ⅲ－Ⅰ－Ⅱ　⑥ Ⅲ－Ⅱ－Ⅰ

2 探究ポイントを確認

(1) 19世紀初頭における日本とロシアとの関係の推移について、簡単に述べよ。

(2) 開港が国内産業に与えた影響について、輸出・輸入の両側面に分けて述べよ。

解答

1 (1) ⑥　(2) ③

2 (1) ロシア使節レザノフが長崎に来航して通商を求めたが、幕府が冷淡な対応をして拒否したため両国の関係は悪化した。ところが、ゴローウニン事件を解決したことで、両国の関係は改善された。(87字)

(2) 生糸の輸出が進み製糸業が発達する一方、生糸不足から絹織物業は打撃を受けた。一方、イギリスから安価な綿織物が輸入され、国内の綿業全体は打撃を受けた。(73字)

第30講 幕末の動乱と明治維新

貿易を開始したことで社会が混乱します。そのなかで、**幕府の権威を高めようとする派閥と幕府を倒そうとする派閥が争います。**この幕末の動乱をへて、**薩摩藩と長州藩の下級武士が政治の主導権を握り、天皇を中心とする新しい政府の樹立**が宣言されます。新政府は民衆と土地をみずから支配する中央集権化を進めます。

時代のメタマッピングとメタ視点

政治 ➡テーマ①

幕府側の動向

幕府や雄藩の大名は幕府の権威を高めようとする。

政治 ➡テーマ②

反幕府側の動向

下級武士が中心となり、直接攻撃による討幕・外国排除を行うが、尊王攘夷を諦めて武力討幕を目指す。

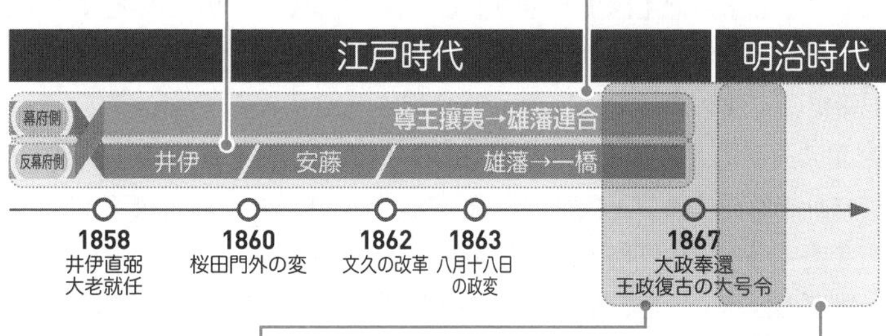

政治 ➡テーマ③④

大政奉還と王政復古／明治新政府の成立

徳川慶喜が大政奉還を行った後、**薩長両藩が政局の主導権を握り、新政府の樹立が宣言**される。

政治 ➡テーマ⑤

中央集権化の達成

明治新政府は版籍奉還・廃藩置県で全国の藩を解体し、**中央集権化**を達成した。

【政治に注目】幕府側の動向（幕府・雄藩の大名が中心）

歴史総合

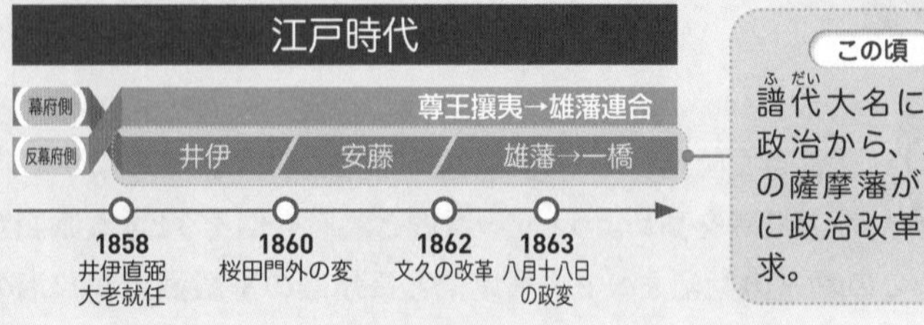

この頃

譜代大名による政治から、雄藩の薩摩藩が幕府に政治改革を要求。

欧米列強の圧力に屈して開港したことが社会の混乱を招くと、幕府の権威はますます失墜していきました。
幕府や雄藩の大名は幕府権威を高めるために奔走しました。

井伊直弼は反対派を処罰し、これに反発した浪士に殺害される

開港にともない物価が上昇し社会不安が広がるなか、江戸幕府も将軍継嗣＊問題に揺れていました。13代将軍の徳川家定は体質が虚弱で後継者がおらず、親藩から養子をとる必要がありました。

彦根藩主井伊直弼を中心とする譜代大名らは若年の紀伊藩主徳川慶福を後継者にすえようとしました（南紀派）。一方、幕政介入を強める越前藩主松平慶永や薩摩藩主島津斉彬らは水戸藩主徳川斉昭の子で一橋家を継いだ徳川慶喜をすえようとしました（一橋派）。1858年に井伊直弼が大老に就任すると、一橋派を押し切って徳川慶福を後継者に決めました（14代将軍徳川家茂）。

井伊直弼は天皇の勅許を得ないまま**日米修好通商条約**を結んだ［➡ p.359］ため、その外交方針を批判する尊王攘夷派が幕府を攻撃しました。尊王攘夷とは天皇のもとに幕府を置くことで外国勢力の排除を主張する考え方のことです。これに対して井伊は尊攘派の公家や大名、福井藩士の**橋本左内**・長州藩士の**吉田松陰**などの武士を多数処罰する**安政の大獄**を起こしました。

1860年、井伊の強圧的な処置に不満を持った水戸藩の浪士（仕える主君がいない武士のこと。自ら脱藩した者も含まれる）らは井伊を殺害する事件を起こしました。これを**桜田門外の変**といいます。このように下級武士や浪士を中心として尊王攘夷思想は過激なものになっていき、幕府の要人や外国人の殺傷事件などが起こるようになりました。

Q 外国人の殺傷事件とは具体的にどのようなものがありましたか。

 用語 ＊継嗣…あとつぎのこと。

A ハリスの通訳であったオランダ人**ヒュースケン**が殺害された事件や、イギリス仮公使館が襲撃された**東禅寺**事件、薩摩藩士によりイギリス人が殺傷された**生麦事件**、長州藩士による**イギリス公使館焼打ち事件**などがありました。

井伊直弼の死後、将軍家と天皇家の政略結婚（公武合体）が画策される

井伊直弼の死後、幕政の主導権を握ったのは老中の**安藤信正**です。**安藤は朝廷との融和によって幕府権威を回復し、政治の主導権を握ろうとする公武合体の方針をとりました。**そこで、**孝明天皇**の妹**和宮**を将軍家茂の夫人に迎え、代わりに攘夷を約束する政略結婚を推進しました。ところが、このことがかえって尊攘派を刺激してしまい、安藤は水戸藩の浪士に襲撃されて負傷し、老中を退きました。これを**坂下門外の変**といいます。

安藤信正の失脚後、幕政の主導権を握ろうとしたのが薩摩藩主の父である**島津久光**です。1862年、島津久光は幕政改革を要求するため薩摩から江戸へ向かいました。雄藩の一角である薩摩藩の国父とはいえ、外様大名の父が幕政に干渉することは一筋縄ではいきません。そこで久光は途中、京都に立ち寄り孝明天皇の勅許を得ることに成功し、勅使をともない幕府に改革を要求したのです。この改革は**文久の改革**と呼ばれます。

改革の要点は以下の通りです。まず、安政の大獄で謹慎処分とされていた一橋派の幕政参加を求め、徳川慶喜を**将軍後見職**、松平慶永を**政事総裁職**としました。さらに会津藩主の松平容保を**京都守護職**に任じて京都の治安を強化しました。そして、西洋式軍制を採用し、参勤交代も３年１勤と緩和しました。

幕府側の動向（幕府・雄藩の大名が中心）

① 譜代大名による専制
大老・**井伊直弼**による**安政の大獄**が起こる
井伊は尊攘派により**桜田門外の変**で殺害される

↓

② 公武合体Ａ（幕府主導）
老中・**安藤信正**が**孝明天皇**に攘夷を約束する
和宮降嫁：孝明天皇の妹和宮が将軍家茂と結婚する
安藤は尊攘派により**坂下門外の変**で襲撃される

③ 公武合体B（雄藩主導）
薩摩藩国父・**島津久光**が勅使と共に幕府の改革を要求する
もと一橋派の幕政参加、西洋式軍制の採用を行う

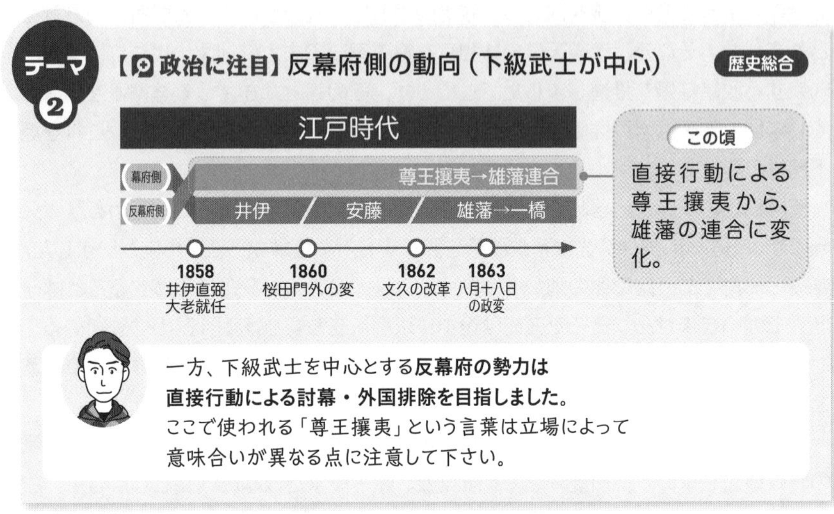

下級武士は最初、直接行動で外国勢力を排除しようとする

大名など上級武士は公武合体を進め、天皇・幕府中心の国家体制を構築して不平等条約の改正などを目指しましたが、下級武士は直接行動による討幕や外国勢力の排除を目指しました。例えば、水戸藩の脱藩浪士らは**桜田門外の変**や**坂下門外の変**を起こして幕府要人を襲撃したほか、一連の外国人殺傷事件を起こしました〔➡p.366〕。薩摩藩の下級武士は、島津久光の上洛に呼応して京都伏見で挙兵を計画しましたが、久光によって粛清されました（寺田屋事件）。

京都では下級武士が主張する尊王攘夷を藩論とする長州藩が急進派の公家と結んで朝廷を動かそうと画策していました。彼らは朝廷を動かして攘夷の実行を幕府に迫り、1863年5月10日をその決行日としました。幕命を受けた長州藩は関門海峡を通過する外国船を砲撃しました（**長州藩外国船砲撃事件**）が、それ以外の藩は直接行動には出ませんでした。

一方、幕府側の薩摩藩と会津藩は巻き返しを図り、佐幕*派の公家と結んで朝廷内の実権を奪い、長州藩と三条実美ら尊攘派の公家を京都から追放しました。これを**八月十八日の政変**といいます。翌1864年、一度京都を退いた長州藩は京都を奪還するため、**池田屋事件**を契機に京都に攻め上り、薩摩藩・会津藩・桑名藩などと

【用語】＊佐幕…江戸幕府を支持して協力すること。

争う**禁門の変**（**蛤御門の変**）を起こしましたが、敗れてしまいました。

その後、幕府は長州藩を取り囲む諸藩に命じて、**第１次長州征討**を計画しましたが、長州藩は戦わずして幕府に従いました。時を同じくして、長州藩は前年の外国船に対する砲撃の報復を受けました。イギリスを筆頭にフランス・アメリカ・オランダによる**四国艦隊下関砲撃事件**が起こり、敗れた長州藩は攘夷の決行が不可能であることを悟りました。

薩摩藩と長州藩は手を結ぶ

さて、ここまでの状況をみると幕府側が優位を占めていますが、その後倒幕派が巻き返していきます。

まず、薩摩藩では幕府側の島津久光が徳川慶喜と対立を深めて幕政改革から退く一方、**生麦事件**の報復のためにイギリス軍艦が鹿児島湾を襲った**薩英戦争**をへて**西郷隆盛**・**大久保利通**ら下級武士が藩内の主導権を握りました。その後彼らはイギリス公使の**パークス**に接近し、軍制の近代化を目指しました。

一方で長州藩は、第一次長州征討後に保守派が主流となり幕府に対して一時的に従う姿勢をみせましたが、身分にとらわれない混成部隊である**奇兵隊**を率いる**高杉晋作**や**桂小五郎**（**木戸孝允**）が藩の主導権を握ると、再び討幕を目指しました。幕府の領地削減の命令に長州藩が従わなかったことから、**第２次長州征討**が計画されると、土佐藩を脱藩した坂本龍馬・中岡慎太郎の仲介により長州藩は薩摩藩と結びついて**薩長連合**を結成し幕府に対抗しました。第二次長州征討は実行に移され、大村益次郎のもとで西洋式軍備を整えた長州藩は屈強に抵抗しました。戦争のさなか大坂城に出陣していた14代将軍**徳川家茂**が急死したため、幕府軍は撤退しました。

その後、15代将軍となった**徳川慶喜**はフランス公使**ロッシュ**と結んで幕政改革に努めました。ところが、公武合体の立場をとっていた**孝明天皇**が急死し、幕府権威はさらに低下することになります。朝廷では**岩倉具視**が台頭し薩長連合と結びつくと、両者はさらに対立を深めていくこととなりました。

Q 生麦事件の報復とはどういう意味ですか？

A 文久の改革のために江戸へ向かった島津久光一行は、薩摩藩への帰路、武蔵国生麦村でイギリス人を殺傷する事件を起こしました。これを生麦事件といいます。イギリスは薩摩藩に対して犯人の引き渡しと賠償金を要求しましたが、薩摩藩が応じなかったため薩英戦争に発展しました。

社会不安は増大し、民衆の熱狂的な騒動が起こった

幕末期、物価上昇や政治抗争にともない社会不安が増大しました。世直しを期待

する民衆が一揆を起こし、江戸や大坂でも打ちこわしが続発しました。1867 年、東海地方で始まったええじゃないかの集団乱舞は京都・大坂へ波及し、支配層は危機感を募らせました。

反幕府側の動向（下級武士が中心）

① 尊王攘夷（直接行動による討幕・外国排除）
水戸：脱藩浪士が幕府要人や外国公使館を襲撃する
薩摩：**寺田屋事件**で粛清される
長州：急進派公家と結ぶ➡外国船を砲撃する（1863 年 5 月）
八月十八日の政変➡京都から追放される
禁門の変、長州征討➡一時的に幕府に従う

② 雄藩連合（イギリスの協力）
薩摩：**西郷隆盛**・**大久保利通**らが藩政を掌握する
長州：**高杉晋作**（**奇兵隊**）・**木戸孝允**らが藩政を掌握する
朝廷：**孝明天皇**の急死、**岩倉具視**の台頭

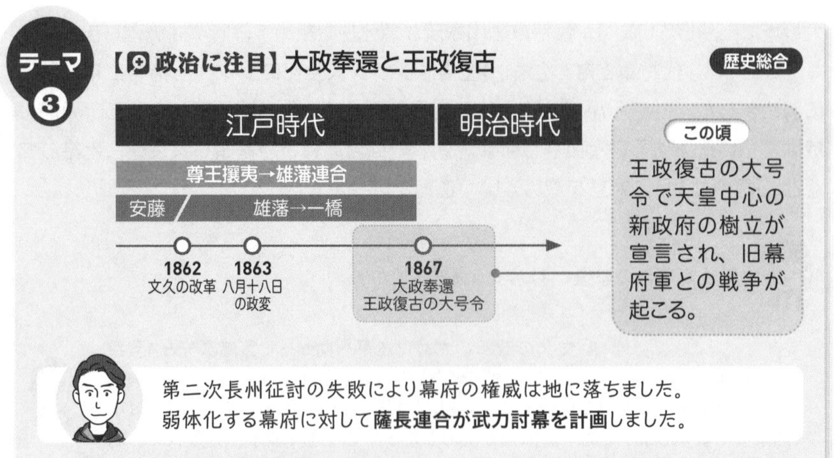

徳川慶喜は雄藩連合政権を目指すが、天皇中心の新政府樹立が宣言される

15 代将軍に就任した徳川慶喜は新しい政治体制のなかで主導権を握ろうとしま

した。その慶喜に影響を与えたのは**公議政体論**を唱える土佐藩でした。公議政体論とは、公衆の認める議論によって政治を行うことで、具体的には将軍を議長とする大名会議を構想するものでした。そのため、土佐藩士の**後藤象二郎**らが前藩主・**山内豊信**を通じて将軍の政権を天皇に返還する**大政奉還**を建議しました。慶喜は朝廷のもとに徳川主導の雄藩連合政権の樹立を目指すため、いったん政権を返上しました。討幕の密勅を手に入れて武力討幕論を進めていた薩摩藩と長州藩は機先を制される形となりました。

1867 年 12 月 9 日、西郷隆盛や岩倉具視らは朝廷に**王政復古の大号令**を出させ、天皇を中心とする新政府の樹立が宣言されました。これにより摂政・関白や幕府が廃止され、新たに**総裁**・**議定**・**参与**の**三職**が設けられました。すなわち、若年の**明治天皇**を推戴*して、幕府を除いた公家や雄藩が天皇を支える体制をとろうとしたのです。さらに京都御所内で三職による**小御所会議**が開かれ、徳川慶喜に対する内大臣の辞職（辞官）や領地の一部返上（納地）を決定しました。徳川慶喜はこれに反発し京都から大坂に引き上げ、新政府と武力衝突することを決めました。こうして起こったのが**戊辰戦争**です。

旧幕府軍と新政府軍との戦いは、新政府軍の勝利に終わる

1868 年 1 月、旧幕府軍は大坂城から京都奪還を目指して進撃しました。ところが、**鳥羽・伏見の戦い**で敗れると、徳川慶喜は海路で江戸城へと逃れました。新政府は東征軍を結成し江戸へ向かいましたが、同年 4 月には**江戸城を無血開城させました**。この間、**相楽総三**が赤報隊を組織して新政府軍の先鋒として参加しました。相楽は年貢半減を掲げて農民軍を組織しましたが、方針転換した新政府によって偽官軍として処刑されてしまいました。

江戸城開城後も旧幕臣の一部は抵抗を続け、東北・北陸地方の諸藩も**奥羽越列藩同盟**と呼ばれる反政府同盟を結びました。ところが、拠点であった会津若松城が落城して同盟は崩壊し、箱館の**五稜郭**に立て籠もった旧幕臣の**榎本武揚**も降伏したため、1869 年 5 月には戊辰戦争は終結しました。

テーマ③ まとめ **大政奉還と王政復古**

① **大政奉還**（1867 年 10 月 14 日）

前土佐藩主・**山内豊信**の建議 ➡ 徳川慶喜が上表する

後藤象二郎（土佐藩士）らの公議政体論が背景にある

徳川主導の雄藩連合政権の樹立を目指す

用語 ＊推戴…長として上にいただき仕えること。

② **王政復古の大号令**（1867年12月9日）
摂政・関白・幕府などを廃止する
三職（総裁・議定・参与）を設置する

③ **小御所会議**〔京都〕：三職らが開催
徳川慶喜の辞官納地を決定
慶喜はこれに反発して大坂城に引き上げ➡**戊辰戦争**へ

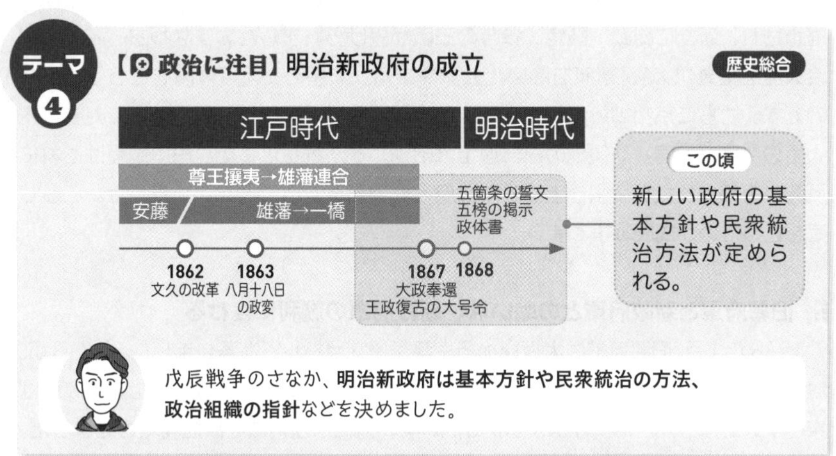

政府の基本方針が五箇条の誓文で定められるが、民衆統治はそのまま

1868年3月、天皇が諸官を率いて神々に誓約する形式をとって、**五箇条の誓文**と呼ばれる国是（国家のとるべき方向）が広く示されました。なかでも第1条は「広ク会議ヲ興シ、万機公論ニ決スベシ」と天下の政治は世論によって行うべきであると規定されました（**公議世論**）。一方、第4条では攘夷の風潮を悪習として、世界共通の普遍的な道理に基づく**開国和親**の方針が示されました。

その翌日、民衆統治の方針を示した**五榜の掲示**が発せられましたが、こちらは江戸幕府の方針を継承したものでした。すなわち、儒教道徳をすすめ、徒党・強訴・逃散を禁止し、キリシタンを厳禁としました。長崎では**浦上信徒弾圧事件**が起こり、キリシタンに対する弾圧が行われました。その後、諸外国からの抗議などを受け、**1873年にキリシタン禁制高札**[*1] **は撤廃され、キリスト教は黙認されました。**

新政府の政治組織は三権分立を採用したが、実際は太政官に権力が集中した

続いて、1868年閏[*2]4月には新政府の政治組織を規定する**政体書**が定められました。政体書では、アメリカ憲法にならって三権分立制が採用されましたが、実際

用語 ＊1 高札…禁令などを書いて人目につくところに立てた札。
＊2 閏月…太陰暦では暦と天体の運行のずれを調整するため、ある月を2度繰り返した。

には**太政官**に権力が集中し、立法と行政の区別も明確ではありませんでした。また、高級官吏は任期を4年として半数を選任する**互選制***とされましたが、1度しか実施されませんでした。

1868年、戊辰戦争が進行して4月に江戸城が無血開城すると、7月には江戸を**東京**と改めました。9月に年号を明治と改元して**一世一元の制**を採用しました。翌1869年、天皇が京都から東京へ移り住むと、政治的な機能も東京に移され、東京が日本の首都となりました。

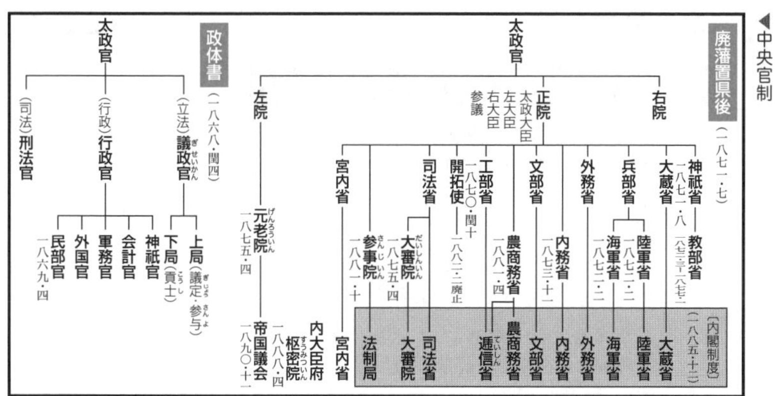

◀中央官制

政体書の政治組織は、版籍奉還や廃藩置県の後[➡p.375]に変更します。

Q 先ほど出てきた総裁・議定・参与の三職はどうなったのですか？

A 政体書が出されると、三職は廃止されました。

明治新政府の成立

① **五箇条の誓文**（1868年3月）：基本方針
公議世論の尊重・**開国和親**などを目指す
天皇が諸官を率いて神々に誓約する形式をとる

② **五榜の掲示**（1868年3月）：民衆統治（江戸幕府を継承）
五倫道徳の遵守、徒党・強訴・逃散の禁止
キリシタンの禁止など
浦上信徒弾圧事件➡キリシタン禁制高札の撤廃（1873）

用語 ＊互選制…特定の人々のなかから互いに選挙して選ぶこと。

③ **政体書**（1868年閏4月）：政治組織
三権分立制（アメリカ憲法を参考）・官吏互選制をとる
実態は**太政官**への権力集中

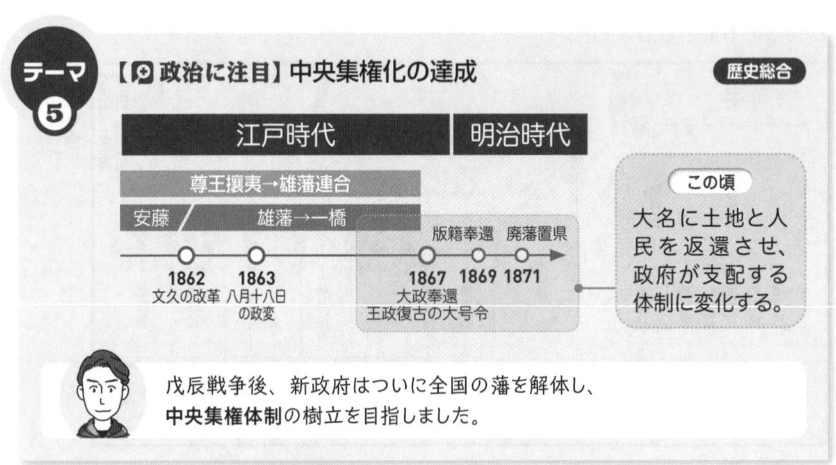

版籍奉還で大名は土地と人民を天皇に返還するが、旧大名の権力は残る

戊辰戦争中に定められた政体書では、中央において太政官に権力が集中する一方、地方においては府藩県(ふはんけん)三治制がとられました。すなわち、新政府は幕府から没収した直轄地(ちょっかつち)のうち要地を府、それ以外を県とし、藩はそのまま残しました。

戊辰戦争が終結すると、新政府は段階的に中央集権化を進めていきました。1869年、木戸孝允・大久保利通の建議により、大名が土地と人民を天皇に返還する**版籍奉還**を行いました。旧藩主は天皇から**知藩事**(ちはんじ)に任じられ、各藩には依然として軍事力と徴税権が残されました。

一方、この時に政府は身分制度を整えました。すなわち、公家と知藩事は**華族**(かぞく)、旧旗本(はたもと)・御家人(ごけにん)・藩士(はんし)は**士族**(しぞく)、百姓(ひゃくしょう)や町人は**平民**(へいみん)とされました。そして華・士族に対しては**家禄**(かろく)が与えられました。旧大名には年貢収入の10分の1の家禄が与えられ、藩財政と分離されました。

廃藩置県で藩が解体されて、新しい府県の長が中央から派遣される

藩体制は維持されたものの、財政の窮乏化により自発的に廃藩を申し出る藩も出てきました。1871年、新政府は薩摩・長州・土佐藩から募(つの)った**親兵**(しんぺい)の軍事力を背景に、**廃藩置県**を断行しました。これによりすべての藩は解体され、3府302県が

成立しました。知藩事は罷免され、家禄と華族身分を保障されて東京に移住する一方、府県には新たに**府知事**・**県令**が中央から派遣されました。**こうして新政府の中央集権化は達成されました。**

その後、華族·士族·平民の相互の結婚や苗字の許可、さらには解放令によるえた·非人などの賤称の廃止など、いわゆる**四民平等**が進められ、1872年には最初の近代的戸籍である**壬申戸籍**がつくられました。

同時に中央政府の政治組織も再編されました。版籍奉還の段階では、祭政一致による政治が目指されていたため、**神祇官**と**太政官**を併置して各省を太政官の下におく2官6省制がとられました。1870年代に入り、新政府が神道国教化に挫折すると、廃藩置県後には太政官を**正院**・**左院**・**右院**の**三院制**として正院のもとに各省を置き、神祇官は**神祇省**へと改められました。そして、少数の公家と薩摩・長州・土佐・肥前（薩長土肥）の実力者が太政官の参議*や各省の卿・大輔として実権を握ることになり、**藩閥政府**が確立しました。

Q 政治組織として、古代律令制と同じ名前の太政官や神祇官が置かれたのですね。

A はい。ただし、新政府による神道国教化が挫折した後 [➡p.462]、1871年の廃藩置県にともなう官制改革で神祇官は神祇省となりました。

テーマ⑤ まとめ 中央集権化の達成

① 府藩県三治制（1868／政体書）
旧幕領➡府・県（新政府の直轄地）になる
藩はそのまま残される

② **版籍奉還**（1869）
版（土地）・籍（人民）を天皇に返還する
天皇が旧大名を**知藩事**に任命する（身分＝**華族**）

③ **廃藩置県**（1871）
背景：**親兵**の軍事力、藩の財政難
経過：知藩事を罷免して東京在住とする
　　　新たに**府知事**・**県令**を派遣する

用語 ＊参議…大臣を補佐し政治に参加する役職。

確認問題

1 年代配列問題にチャレンジ

(1) 次の文Ⅰ～Ⅲについて、古いものから年代順に正しく配列したものを、後の①～⑥のうちから一つ選んで記号で答えなさい。

Ⅰ 土佐藩出身者の斡旋(あっせん)により、薩長同盟（連合）が成立した。
Ⅱ 安政の大獄に憤激した水戸浪士たちは桜田門外の変を起こし、大老井伊直弼が暗殺された。
Ⅲ 八月十八日の政変で、長州藩士と急進派公家が京都から追放された。

① Ⅰ－Ⅱ－Ⅲ　② Ⅰ－Ⅲ－Ⅱ　③ Ⅱ－Ⅰ－Ⅲ
④ Ⅱ－Ⅲ－Ⅰ　⑤ Ⅲ－Ⅰ－Ⅱ　⑥ Ⅲ－Ⅱ－Ⅰ

(2) 次の文Ⅰ～Ⅲについて、古いものから年代順に正しく配列したものを、後の①～⑥のうちから一つ選んで記号で答えなさい。

Ⅰ 政体書が制定され、中央政府の新しい組織が整えられた。
Ⅱ 旧来の藩主が知藩事に任じられ、藩政にあたった。
Ⅲ 薩摩・長州・土佐の３藩から御親兵が組織された。

① Ⅰ－Ⅱ－Ⅲ　② Ⅰ－Ⅲ－Ⅱ　③ Ⅱ－Ⅰ－Ⅲ
④ Ⅱ－Ⅲ－Ⅰ　⑤ Ⅲ－Ⅰ－Ⅱ　⑥ Ⅲ－Ⅱ－Ⅰ

2 探究ポイントを確認

(1) 薩摩藩の国父である島津久光が勧めた文久の改革の要点を３つ答えよ。

(2) 徳川慶喜が大政奉還を行った目的について説明せよ。

解答

1 (1) ④　(2) ①

2 (1) 安政の大獄で処罰された者を赦免(しゃめん)すること。参勤交代を緩和し、3年1勤とすること。西洋式軍制を採用すること。(52字)
(2) 薩長による武力討幕の気運が高まるなか、機先を制して討幕の口実を奪うとともに、朝廷のもとに徳川氏を含む諸藩の連合政権をつくろうとした。(66字)

第31講 富国強兵と明治初期の外交

中央集権化を達成したあと、新政府は**強力な近代国家をつくる富国強兵**を目指して、**兵制や土地制度・税制など様々な改革**を進めます。また、**産業も政府が主導して育成**し、そのために必要な**近代的な貨幣・金融制度も整備**されます。一方、欧米列強(おうべいれっきょう)による新しい国際秩序のなかで、**中国・朝鮮(ちょうせん)との関係も変化**します。

時代の**メタマッピング**と**メタ視点**

政治、社会・経済
明治(めいじ)期の兵制改革／地租改正(ちそかいせい)

中央集権化の達成後、新政府は**富国強兵のため、兵制・土地制度・税制などの改革を進めた。**

➡テーマ①②

社会・経済
明治初期の殖産興業(しょくさんこうぎょう)

富国強兵を実現するために、**政府主導による産業の育成が行われた。**

➡テーマ③

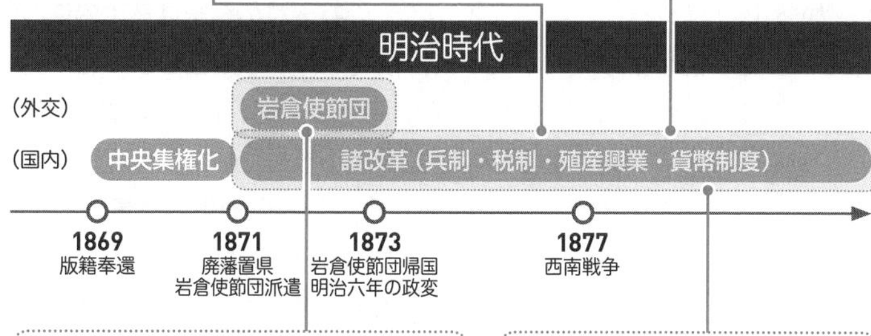

外交
主権国家体制と国民国家の形成／明治初期の列強との関係／明治初期の東アジア諸国との関係

欧米列強によって開かれた新しい国際秩序のなかで、**東アジア情勢も変化した。**

➡トピック① テーマ⑤⑥

社会・経済
明治初期の貨幣・金融制度

産業の育成のため、**近代的な貨幣・金融制度が整備された。**

➡テーマ④

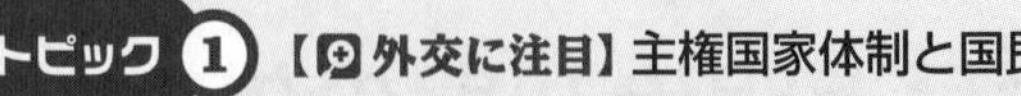

トピック① 【外交に注目】主権国家体制と国民国家の形成　歴史総合

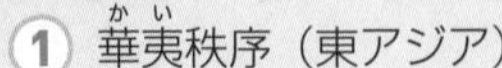

① 華夷秩序（東アジア）

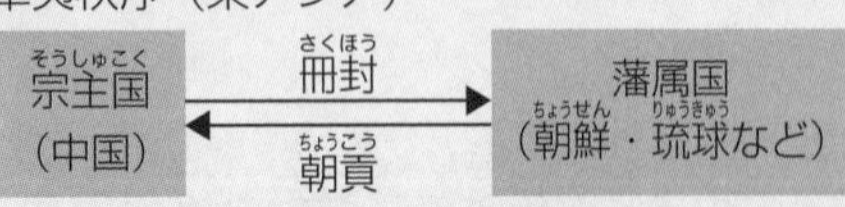

② 主権国家体制（国際法）

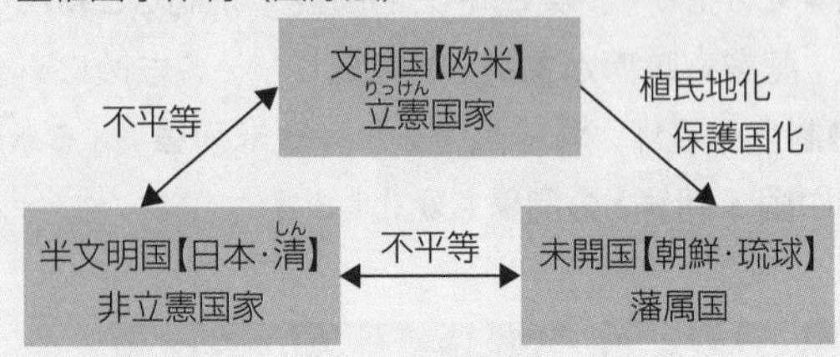

近代国際法では、欧米のように憲法に基づいて議会政治を行う立憲国家は「文明国」と呼ばれました。
一方、憲法を持たないものの自国の政治・外交を自ら決定できる国家は「半文明国」とされ、憲法を持たず政治・外交について他国からの干渉を受ける場合は未開国とされました。

明治政府はヨーロッパのような「文明国」になることを目指した

16 世紀から 18 世紀のヨーロッパにおいて、**それぞれの国家は領土内において他国の干渉を受けない主権国家であるとする主権国家体制が成立しました**。主権国家は「文明国」であるヨーロッパ諸国が中心であったため、「半文明国」である清・日本などに対しては不平等条約を押し付けて干渉しました。また、琉球や朝鮮など他国へ朝貢〔➡ p.23〕していた国は「未開国」として植民地化・保護国化〔➡ p.436〕を進めようとしました。明治政府はこうした主権国家体制を理解し、富国強兵や立憲制の整備を進めることで「半文明国」の立場から抜け出し、欧米と同様の「文明国」となることを目指しました。

こうした主権国家を成立させるには、同じ国家に属している人々に「国民」という帰属意識を自覚させなければなりません。そのためには、立憲制に基づく議会を開設して人々の政治参加を認めることや、義務教育を実施して人々に自国の歴史や共通の国語を学ばせる必要がありました。また、交通機関や通信機関を発達させることなども求められました。こうした国民国家が近代日本においても形成され、産業の発達や軍事力の強化へとつながり、富国強兵が進んでいきました。

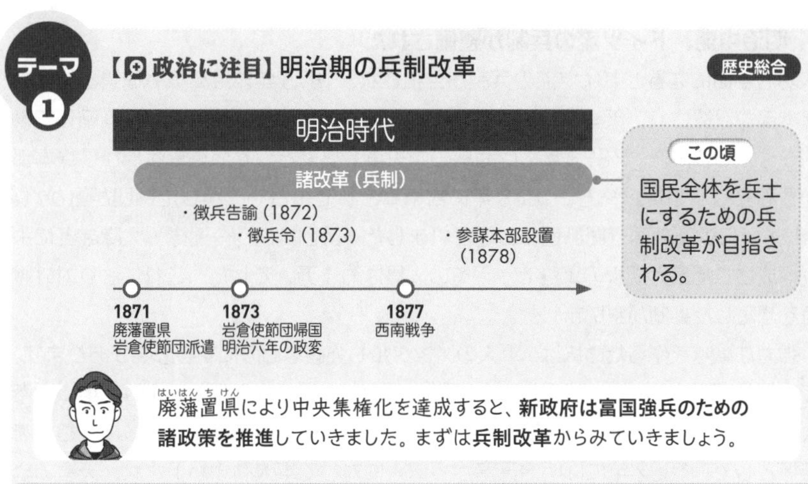

明治初期、国民全体を兵士にする「国民皆兵」が目指された

明治新政府は長州出身の**大村益次郎**と**山県有朋**を中心として軍隊の創設に着手しました。1869年、軍隊を統轄する官庁として設置された兵部省は1872年には陸軍省・海軍省に改組されました。廃藩置県に際して薩摩・長州・土佐から集められた**親兵**〔➡ p.374〕は近衛兵に改組されて天皇の警護にあたりました。一方、常備軍として各地に**鎮台**が設けられ、反乱や一揆の頻発に備えました。

この新たな常備軍は士族により編成されるものではなく国民全体を兵士とする国民皆兵の方針がとられました。1872年11月、**徴兵告諭**が出され国民皆兵の理念が示されましたが、このなかにあった「血税」の字句の誤解もあって**血税一揆**と呼ばれる騒動が起こりました。翌1873年1月には**徴兵令**が発布され、**満20歳以上の男性を兵籍に編入して、平時における国内の治安維持と内乱などの非常事態に備えました**（徴兵制度）。

ただし、当初は兵役の免除規定（免役規定）がありました。戸主・後継ぎ・官吏・学生・代人料納入者などは免除規定があったため、徴兵適齢年齢の若者のうちほとんどは徴兵されませんでした。したがって、多くの兵士を集めることはできず、国民皆兵とは程遠い状態だったといえます。

Q「国民皆兵」を目指していたにもかかわらず、なぜ免除規定が設けられたのですか？

A 明治新政府は廃藩置県にあたって藩債（藩の債務）を肩代わりしていたため財政難に陥っていました。兵士に対する給与を支払う余裕がなかったため、免除規定を設けました。

明治中期、ドイツ流の兵制が整備された

明治中期になるとドイツ流の兵制が目指され、1878 年に最高軍令機関として**参謀本部**が設置され、天皇に直属しました。陸軍省・海軍省は軍政のみを管轄して役割を分担しました。1893 年には海軍の中央軍令機関として**海軍軍令部**が参謀本部から独立しました。一方、1888 年に常備軍として鎮台を改編した**師団**が置かれ、1891 年に近衛兵は**近衛師団**に改組されました。師団は旅団・連隊・大隊などにより構成された最大規模の軍隊で、平時の人員は約 1 万人でした。これにより対外戦争を想定した兵制が整いました。

強力な軍隊を作るためには、軍人のメンタルも強固なものにする必要があります。自由民権運動〔➡ p.393〕が広がると軍隊の兵士にも影響を及ぼし、1878 年に近衛兵が西南戦争〔➡ p.396〕の恩賞不足を不満として**竹橋事件**を起こしました。これを契機として、1882 年には明治天皇から軍人に対して**軍人勅諭**が下され、天皇の統帥権を明示するとともに軍人の政治不関与を説きました。

Q「軍令」と「軍政」はどう違うのでしょうか？

A「軍令」とは軍の指揮・命令を行うこと、
「軍政」とは軍の人事・会計のことで、
ドイツ流の兵制ではこれらの役割を分離しました。

明治期の兵制改革

① 常備軍の再編成（兵部省➡陸軍省・海軍省）
鎮台の設置（1871～88）：反乱・一揆に備える

② 国民皆兵の整備（**大村益次郎**が立案、**山県有朋**が推進）
徴兵告諭（1872）：**血税一揆**が生じる
徴兵令（1873）：満 20 歳以上の男性を兵籍に編入する
役免除：戸主・後継ぎ・官吏・学生など

③ 軍令の独立（ドイツ流）
参謀本部の設置（1878）➡**海軍軍令部**の分離（1893）
軍人勅諭（1882）：天皇への忠節➡政治関与を抑制する
鎮台➡**師団**に変更（1888～）：対外戦争を想定

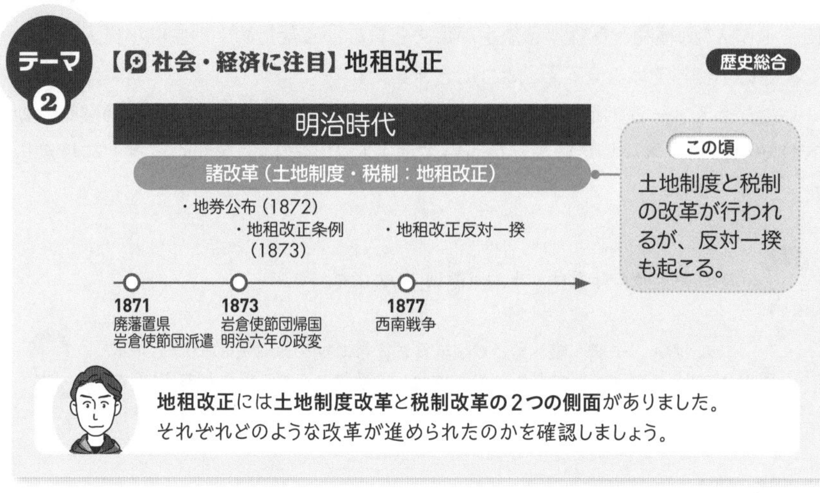

明治初期、土地制度改革と税制改革が行われた

廃藩置県後、新政府は税制の基礎となる土地制度改革に着手しました。1871 年に作付け*1 の自由を認めると、翌 1872 年には**田畑永代売買**〔➡ p.255〕**を解禁**して、土地の所有者に対して**地券**を交付しました。これにより封建的な土地制度は撤廃されることとなり、地主・自作農*2 の土地所有権が確立しました。ただし、村の共有地である入会地のうち所有権が不明確なものは官有地とされました。

こうした土地制度改革を背景として 1873 年には**地租改正条例**が制定され、税制改革が進められました。これにより従来の石高に代えて**地価**（土地の価格）が課税単位とされ、**収穫量にかかわらず地価の 3%を地租として金納するということが制度化されました**。納税者は実際の耕作者ではなく地券所有者である地主・自作農とされました。ただし、地主・小作人〔➡ p.382〕関係は維持されたため、小作料は現物納のままでした。

政府は毎年の予算に基づいて政治を行うことを想定していました。そのためには地租収入の定額金納化が前提条件だったので、**地租改正による税制改革により政府財政の基礎は固まった**といえます。政府は従来の税収を減らさない方針で地価の算定にあたったため、地価が高く設定されました。そのため農民の負担は軽減されず、茨城・三重を中心に大規模な**地租改正反対一揆**が起こりました。これを受けて政府は地租を地価の 3%から **2.5%**に引き下げました。

地租改正事業は 1880 年前後には終了しましたが、いくつかの問題点も残されました。まず、高額の地租を金納する必要があったため、デフレにより農産物価格が下落すると自作農のなかには土地を失ってしまう者が出てくることになります。次

【用語】＊1 作付け…田畑に作物を植え付けること。＊2 自作農…自分の土地を持つ農家。

に、小作人*の権利を保護する規定が定められなかったため、地主は小作人に対して高額の小作料を取り立てることができました。

したがって、一連の地租改正事業は、小作料収入に依存した地主が自ら農業活動をせず小作料に依存した農業を行う**寄生地主制**の形成に道を開くこととなりました。

Q 江戸時代の年貢は、米納が原則でしたよね。

A はい。一部、畿内などでは年貢を貨幣で納める地域もありましたが、原則として米で納められたため、米を換金して経費に充てる必要がありました。

テーマ❷ まとめ 地租改正

① 土地制度改革
田畑永代売買の解禁➡**地券**の発行（1872）
入会地の一部は官有地に編入される

② 税制改革
地券所有者は**地価の 3%**を**金納**する
地主・小作人関係は維持➡小作料は**現物納**のまま

⬇

③ 影響
地租の定額金納化➡政府財政の基礎が固まる
地租改正反対一揆➡地租率を **2.5%**に引き下げる
寄生地主制が形成される契機となる

用語 ＊小作人（小作農）…地主から土地を借り使用料を払って耕作する農家。

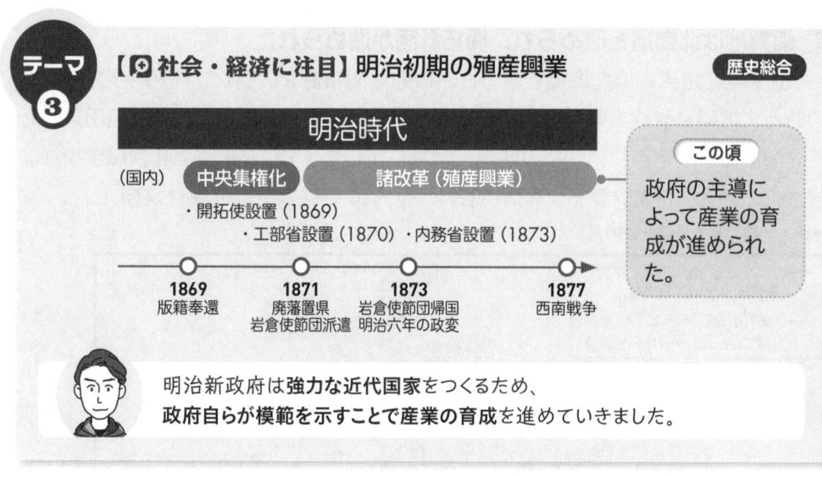

工部省と内務省の主導のもと、政府主導の殖産興業が進められた

まず、産業の発展の弊害となる株仲間は廃止され、関所も撤廃されました。また、民衆の居住・職業選択の自由が認められるなど、封建的な規制は取り除かれていきました。その上で、新政府は外国人教師の指導を受けながら1870年に設置した**工部省**や1873年に設置した**内務省**を中心として富国強兵の基礎となる殖産興業政策を進めていきました。

工部省は伊藤博文が初代工部卿となり鉱工業・交通・通信*部門を担当しました。まず鉱工業では、幕府や藩が経営していた炭鉱や軍事工場、造船所などを政府が引き継ぎました。1872年には官営模範工場である**富岡製糸場**が群馬県に設立され、フランス人ブリューナの指導を受けて輸出生糸の品質向上を目指しました。交通では、イギリス人モレルの協力により1872年に新橋－横浜間、1874年に大阪－神戸間に官営鉄道が敷設されました。通信では電信線の架設が進められ、1869年に東京－横浜間、1875年には北海道から長崎まで電信が開通しました。一方、1871年には**前島密**の建議により郵便制度が発足しました。ただし、海運業は官営事業としては展開されず、土佐藩出身の**岩崎弥太郎**の三菱会社が政府の保護を受けて発展しました [➡ p.402]。

一方、内務省は**大久保利通**が初代内務卿となり、警察・地方行政とともに農業・牧畜・軽工業部門を担当しました。農業・牧畜では1874年に**三田育種場**が創設され、優良な種や苗の育成が図られました。また、近代的農業機関として東京大学農学部の前身となる**駒場農学校**が設立されました。1877年には、内務省の主導により東京上野で西南戦争中に第1回**内国勧業博覧会**が開催され、産業技術の発達に大きな役割を果たしました。

用語 ＊通信…郵便・通信などのこと。

蝦夷地は北海道と改められ、開拓計画が進められた

1869 年、蝦夷地は**北海道**と改称され政府は**開拓使**を設置し、開拓 10 カ年計画のもと炭鉱開発や鉄道敷設が進められました。1875 年には失業士族が**屯田兵**として北海道に送り込まれ、開拓と防備に当たりました。1876 年には**札幌農学校**が開設され、アメリカ人**クラーク**を招いてアメリカ式大農法の移植が行われました。

▼明治初期の官営工場と鉄道

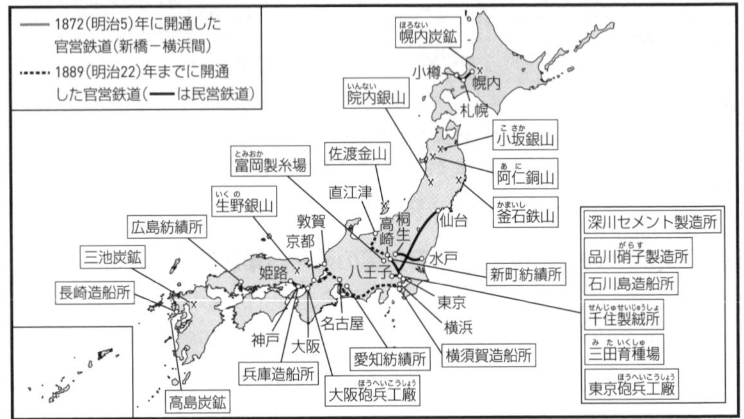

官営工場の多くは赤字で、
1880 年代に三井や三菱といった企業に払い下げられます [➡p.399]。

テーマ③ まとめ　明治初期の殖産興業

① 前提
株仲間の廃止、関所の撤廃、居住・職業選択の自由
官営事業の推進（外国人教師）、政商の保護

② **工部省**設置（1870）：初代工部卿＝**伊藤博文**
鉱工業・交通・通信部門、のち**逓信省**に変更（1885 〜）

③ **内務省**設置（1873）：初代内務卿＝**大久保利通**
警察・地方行政（〜 1947）
農業・牧畜・軽工業部門／のち**農商務省**に移行（1881 〜）

④ **開拓使**（1869）：開拓 10 カ年計画（～ 1882）
札幌農学校の開設（アメリカ式大農法／**クラーク**を招く）

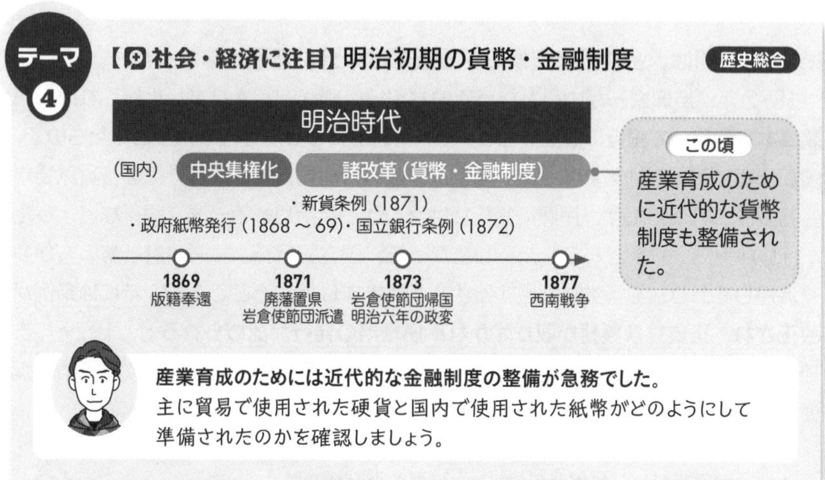

明治初期、政府によって紙幣や硬貨が発行された

戊辰戦争のさなか成立した明治新政府は、当初、戦費調達のために**太政官札**や**民部省札**といった紙幣を発行しました。まだ銀行が作られていない段階なので、これらは銀行ではなく政府が発行した紙幣です。紙幣は金貨や銀貨などの正貨との兌換*により信用をつける必要がありましたが、まだ新貨幣が整備されていない段階だったので、これらは正貨と兌換できない不換紙幣となりました。不換紙幣は金や銀の保有量と連動せず、無制限に発行できるため通貨量が多くなる傾向があります。

1871 年、中央集権化を達成した新政府は**新貨条例**を公布し、金貨・銀貨・銅貨を発行しました。これらの新硬貨は円・銭・厘の十進法をとり、1 円は 100 銭、1 銭は 10 厘とされました。貨幣制度の基礎に金をすえる金本位制が目指されましたが、開港場では貿易の決済に銀（銀貨）が用いられ、国内では不換紙幣が用いられました。

用語 ＊兌換…紙幣などを金貨・銀貨の正貨と引き換えること。金・銀の価値で貨幣の信用を保証した。

Q 金本位制がいまいちよくわかりません。

A 金本位制はいくつかに分けて理解することをお勧めします［➡p.510］。
ここでは、貿易の決済を金で行うこと、
国内で使用する紙幣を金と交換できるようにすることの
2点をおさえておきましょう。

明治初期は、金や銀と交換できる紙幣は十分に流通しなかった

1872年、渋沢栄一(しぶさわえいいち)が中心となって国立銀行条例が制定されました。これは、**民間資本を利用して銀行の設立を図り、それを国法によって運営しようとしたもの**で、国が立てた銀行ではありません。当初、国立銀行が発行する銀行券には正貨兌換が義務づけられましたが、民間にも正貨は乏(とぼ)しかったため、第一国立銀行などたった4行(こう)しか設立されませんでした。したがって、国立銀行券よりも政府紙幣の方が多く流通しており、銀行券が不足する状態が続きました。そこで**1876年には条例が改正され、正貨兌換義務が取り除かれ不換紙幣の発行が認められる**と、1879年までに153行の国立銀行が設立されました。しかしその間、並行して政府紙幣も流通しており、兌換銀行券を十分に流通させることはできませんでした。

国立銀行は、紙幣発行権を持つ民間の金融機関です。
1882年、銀行券を発行する中央銀行として日本銀行が設立されると、
翌年国立銀行は紙幣発行権を失いました。

▼太政官札

▼民部省札

▼1円金貨

▼50銭銀貨

▼1銭銅貨

▼半銭銅貨

▼1厘銅貨

明治初期の貨幣・金融制度

① 硬貨（金貨・銀貨・銅貨）
新貨条例（1871）：円・銭・厘の十進法をとる
金本位制を目指す➡開港場では銀貨を使用

② 紙幣（政府紙幣・銀行券、兌換か不換かに注意）
太政官札・民部省札（1868～69／戊辰戦争後）
　政府紙幣・不換➡乱発されインフレ*を招く
国立銀行条例（1872）：**渋沢栄一**が中心
　国法によって設立・運営された民間銀行
　銀行券の正貨兌換が義務づけられる（当初、設立は4行）
　条例改正（1876）➡兌換義務停止（153行が設立）

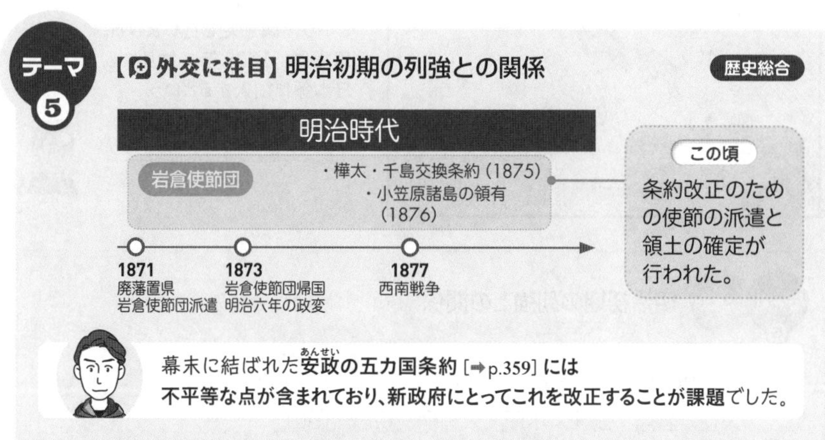

岩倉使節団は条約改正交渉の成果をあげられなかった

1871年、新政府は右大臣の**岩倉具視**を代表とし、**木戸孝允**・**大久保利通**・**伊藤博文**・山口尚芳を副使とする**岩倉使節団**を米欧に派遣しました。使節団員は46名に及び、**中江兆民**や**津田梅子**ら約60名の留学生が同行しました。翌1872年、アメリカとの間に条約改正の予備交渉を行いましたが、成果をあげることはできず、使節団は米欧の制度や文物を視察して帰国しました。

この後の条約改正をめぐる交渉については、
第33講［➡p.413］で説明します。

用語 ＊インフレ（インフレーション）…物価が持続的に上昇し、貨幣の価値が下がり続ける現象。

1870年代中頃には、列強と交渉することで領土を確定しました。ロシアとの間には、1875年、**樺太・千島交換条約**を結ぶことで、日露和親条約では雑居地となっていた樺太を手放してロシア領とする代わりに得撫島以北を含む千島全島を日本の領土としました。

翌1876年には帰属が明確でなかった**小笠原諸島**の領有を英米に通告し統治を再開しました。国際法ではいずれの国にも属していない無主地は先に支配することで自国の領土とすることのできる無主地先占が認められていました。江戸幕府が17世紀後半に小笠原諸島の開拓を試みた事実が国際的に認められることで、小笠原諸島は日本領であることが確定しました。

◀明治初期の国境確定

1895年、日本政府は無主地先占を根拠として尖閣諸島を日本領に編入するという閣議決定を行いました。同様に、1905年、竹島を日本領に編入するという閣議決定も行いました。

明治初期の列強との関係

① **岩倉使節団**派遣(1871～73)
大使：岩倉　副使：木戸・大久保・伊藤・山口
留学：中江兆民・**津田梅子**ら約60名
記録：**久米邦武**(『米欧回覧実記』)
目的：条約改正の予備交渉と欧米視察

② 領土の確定
樺太・千島交換条約(1875)
　樺太－ロシア領　千島－日本領
小笠原諸島の領有(1876)
　アメリカ・イギリスは容認➡内務省が管轄する

テーマ6 【外交に注目】明治初期の東アジア諸国との関係

歴史総合

明治時代

岩倉使節団

（中国）・日清修好条規（1871）、琉球帰属問題（1871～1895）

（朝鮮）・江華島事件（1875）→日朝修好条規（1876）

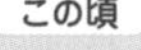

清とは対等な条約を、朝鮮とは不平等条約を結んだ。

1871	1873	1877
廃藩置県 岩倉使節団派遣	岩倉使節団帰国 明治六年の政変	西南戦争

前近代の東アジアには、独自の**華夷秩序**が形成されていました［➡p.378］。華夷秩序のもとでは、宗主国である中国のもとに藩属国である周辺諸国が朝貢し、中国皇帝から称号を得ようとしました（宗属関係）。江戸時代、日本は清国との間に国交はなく朝貢の使節を遣わすことはありませんでしたが、朝鮮や琉球は使節を遣わせていました。

明治政府は清と対等な日清修好条規を結ぶ

1871年、新政府は江戸時代には国交のなかった清との間に**日清修好条規**を結び、**相互に領事裁判権（りょうじさいばんけん）を認めるなど対等な内容で国交を開きました**。ただし、両国間では琉球帰属問題が浮上しました。これは江戸時代、薩摩藩の支配下にあって日本に服属していた琉球王国は一方で清を宗主国としていたためです［➡p.268］。1872年、新政府は**琉球藩**を設置して**尚泰（しょうたい）**を藩王（はんおう）とし、天皇の家臣としました。1874年には、琉球の漂流民が台湾（たいわん）先住民に殺された事件（琉球漂流民殺害事件、1871年）への報復を理由に**台湾出兵**を実行し、清への朝貢をやめさせました。イギリスの調停もあって日本の行為を正当な行動として清に認めさせると、1879年には軍隊を琉球に送って藩と王府を廃し、沖縄県を設置しました。これを**琉球処分**といいます。

琉球の支配者層はこれを不服とし、清も日本の沖縄領有を認めなかったため琉球帰属問題はなおも続きました。1895年に日清戦争で日本が清に勝利し、清から日本に台湾が割譲（かつじょう）される［➡p.422］と、沖縄県も事実上日本の領土となりました。

明治政府は朝鮮と不平等な日朝修好条規を結ぶ

江戸時代に国交のあった朝鮮に対して新政府が王政復古（おうせいふっこ）を通告した際、従来と異なる形式の文書を用いたため朝鮮は日本からの文書受理を拒みました。これに対して岩倉使節団の欧米歴訪中に留守を預かっていた**西郷隆盛（さいごうたかもり）**や**板垣退助（いたがきたいすけ）**らは士族の不満をそらすため武力的な圧力をかける**征韓論（せいかんろん）**を主張しました。しかし、1873年に西郷の訪朝が行われる直前に岩倉使節団が帰国すると、岩倉・木戸・大久保らが国内の政治を優先する内治優先をといて征韓を阻止したため西郷らは下野（げや）*しました。

用語 ＊下野…官職を辞め民間人になること。

これを**明治六年の政変**（征韓論政変）といい、政変後は**大久保利通**が政府の中心となりました。

岩倉使節団の外遊中、留守政府は徴兵令や地租改正、国立銀行条例など様々な改革を行いましたが、士族は不満を持ち、反対一揆も多く起こっていました。

1875年、日本軍艦が江華島に侵入して示威*行為を行い朝鮮と交戦する**江華島事件**が起こると、翌1876年には、これを機に使節を派遣して**日朝修好条規**を結んで朝鮮と国交を樹立し、釜山など3港を開港させました。**いまだ清の冊封下にあった朝鮮と主権国家である日本との関係は日本にとって有利なものとなり**、日本の領事裁判権を認めさせたほか、清との宗属関係を否定させました。

明治初期の東アジア諸国との関係

① 日清関係
日清修好条規（1871）：国交樹立（対等）
琉球帰属問題（1871～95）
　琉球藩の設置（1872）：**尚泰**を藩王とする
　台湾出兵（1874）➡**沖縄県**の設置（1879）

② 日朝関係
征韓論：留守政府の西郷・板垣らが主張➡西郷らは失脚
江華島事件（1875）：日本軍艦による示威行為
日朝修好条規（1876）：国交樹立（不平等）
　釜山など開港、清との宗属関係を否定させる

【用語】＊示威…勢力や威力を示すこと。

確認問題

1 年代配列問題にチャレンジ

(1) 次の文Ⅰ～Ⅲについて、古いものから年代順に正しく配列したものを、後の①～⑥のうちから一つ選んで記号で答えなさい。

Ⅰ 国民皆兵を理念とした軍隊を編成するため、徴兵令を公布した。
Ⅱ 廃藩置県により全国が政府直轄地となり、中央集権体制が確立した。
Ⅲ 西南戦争中に産業技術の発展のため、第1回内国勧業博覧会が開催された。

① Ⅰ－Ⅱ－Ⅲ　② Ⅰ－Ⅲ－Ⅱ　③ Ⅱ－Ⅰ－Ⅲ
④ Ⅱ－Ⅲ－Ⅰ　⑤ Ⅲ－Ⅰ－Ⅱ　⑥ Ⅲ－Ⅱ－Ⅰ

(2) 次の文Ⅰ～Ⅲについて、古いものから年代順に正しく配列したものを、後の①～⑥のうちから一つ選んで記号で答えなさい。

Ⅰ 明治政府は軍隊を派遣して、琉球藩の廃止と沖縄県の設置を強行した。
Ⅱ 日本は朝鮮に軍事的圧力をかけて、不平等条約である日朝修好条規を結んだ。
Ⅲ 日本と清との間で日清修好条規が結ばれ、国交が樹立した。

① Ⅰ－Ⅱ－Ⅲ　② Ⅰ－Ⅲ－Ⅱ　③ Ⅱ－Ⅰ－Ⅲ
④ Ⅱ－Ⅲ－Ⅰ　⑤ Ⅲ－Ⅰ－Ⅱ　⑥ Ⅲ－Ⅱ－Ⅰ

2 探究ポイントを確認

(1) 地租改正によって税制はどのように変わったのか、納税者と納入方法を中心に説明せよ。

(2) 留守政府が進めた政策を提示した上で、西郷隆盛がなぜ征韓論を唱えたのかを述べよ。

解答

1 (1) ③　(2) ⑥

2 (1) 江戸時代の納税者は本百姓であり、個人ではなく村が責任をもって領主に年貢を納入していた。地租改正によって納税者は地券所有者となり、個人が国に地価の3%を金納するようになった。(86字)
(2) 留守政府は徴兵令や地租改正、国立銀行条例など諸政策を進めていたが、一連の改革は士族や農民から不興をかい反対一揆が頻発した。西郷隆盛は士族の不満を国外に向けようとして征韓論を唱えた。(90字)

自由民権運動の展開

自由民権運動とは簡単にいえば**国会の開設を求める運動**です。当初は明治六年の政変で政府を離れた**元参議が中心**でしたが、士族の反乱がおさまると**商工業者や豪農にも広がり、政府も国会開設時期を決定**します。1880年代前半に行われた**デフレ政策で不況になると運動は衰退**しますが、1880年代後半に**再結集**が図られます。

時代のメタマッピングとメタ視点

政治 ➡テーマ①

自由民権運動の始まり（士族民権）

自由民権運動は当初、**明治六年の政変で下野した元参議**たちによって展開した。

政治 ➡テーマ②

士族の解体

特権を剥奪され**近代化政策に不満を持つ士族は反乱を起こした。**

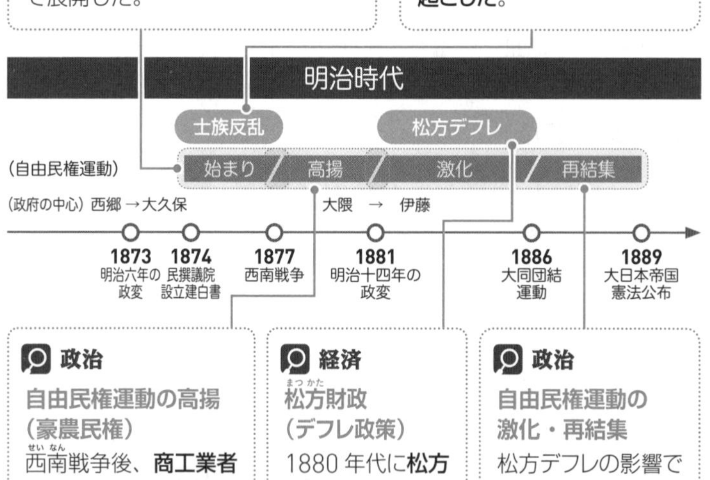

政治

自由民権運動の高揚（豪農民権）

西南戦争後、**商工業者や豪農も自由民権運動に参加した。**

➡テーマ③

経済

松方財政（デフレ政策）

1880年代に**松方大蔵卿はデフレ政策をとった。**

➡テーマ④

政治

自由民権運動の激化・再結集

松方デフレの影響で**激化した民権派の再結集が図られる。**

➡テーマ⑤

テーマ ① 【政治に注目】自由民権運動の始まり（士族民権）　歴史総合

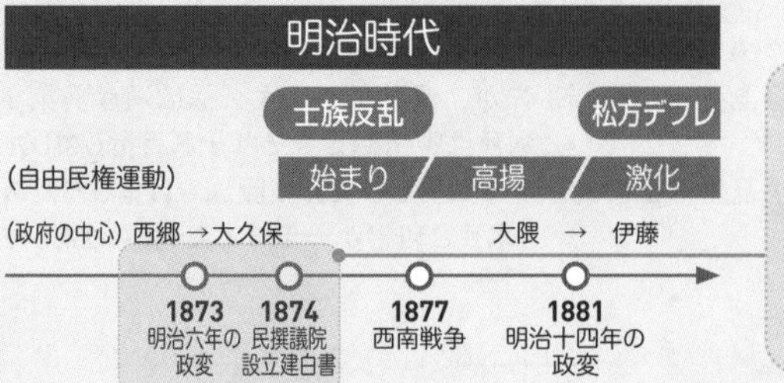

この頃
明治六年の政変で下野した元参議たちを中心に自由民権運動が起こる。

明治初期、啓蒙思想家らによってフランスの天賦人権思想[➡p.459]が紹介されると、これを根拠として官僚による**専制政治を否定する自由民権運動が起こりました。**
当初、明治六年の政変（征韓論政変）[➡p.390]**で下野した元参議らによって民権運動は展開しました。**

民撰議院設立建白書により国会開設が要求された

1873年、**明治六年の政変**で征韓派参議は一斉に下野しましたが、**板垣退助**や**江藤新平**らは**愛国公党**を結成し、1874年、立法機関の左院［➡p.375］に対して**民撰議院設立建白書**を提出しました。この建白書は官僚が政権を独占している状態を批判し、民撰議院（国会）の開設を要求したもので、**自由民権運動**の出発点となりました。ところが、**大久保利通**を首班とする藩閥政府［➡p.375］は**内務省**のもとで殖産興業を進めることを優先事項としていたため、国会開設は時期尚早であるとして建白書を棄却しました。

1874年、板垣退助や片岡健吉が高知に創立した**立志社**をはじめ、各地で政治結社が結成され、天賦人権論などの民権思想が宣伝されました。翌1875年には全国の政治結社の連合組織として**愛国社**が創立されました。こうした動きに対して、大久保利通は民権派の板垣退助や台湾出兵後に政府を離れていた木戸孝允と**大阪会議**を開催しました。これにより、2人の政府復帰を条件に立憲制への漸進的移行を決定する**漸次立憲政体樹立の詔**が出されました。

大久保は民権派のリーダーを味方に取り込むことで民権運動の広がりを抑えようとしたのですが、まもなく木戸は病死し、板垣は他の政府首脳と意見が合わず、再び参議を辞職してしまいました。立憲政体を目指す政府は、立法諮問*機関として**元老院**、最高司法機関として**大審院**を設置し、府知事・県令からなる**地方官会議**の開催も決まりました。一方で、**讒謗律**や**新聞紙条例**を出して言論活動を制限し、民権運動を厳しく取り締まりました。

旧石器 縄文 弥生 古墳 飛鳥 奈良 平安 鎌倉 室町 安土・桃山 江戸 明治 大正 昭和 平成 令和

用語　＊諮問…有識者などに政策などの意見を求めること。

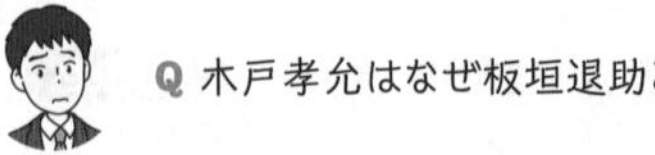

Q 木戸孝允はなぜ板垣退助と手を組んだのですか？

A 征韓論政変に際して、大久保利通と木戸孝允はともに「内治優先」を主張しましたが、具体的には大久保は殖産興業を、木戸は憲法制定をそれぞれ目指しました。一方、板垣退助は征韓論政変で敗れると議会の設立を目指したため、木戸と利害が一致するようになりました。

自由民権運動の始まり（士族民権）

① **民撰議院設立建白書**（1874）
愛国公党が国会開設要求を左院へ提出する
政府は時期尚早として棄却する

② 政社の結成
立志社〔高知〕・**愛国社**〔大阪／政社の全国組織〕

③ **漸次立憲政体樹立の詔**（1875）〔大阪会議による〕
政府：**大久保**　在野：**板垣**・**木戸**
立憲制への漸進的移行を決定する
開設：**元老院**（立法）・**大審院**（司法）・地方官会議
弾圧令：**讒謗律**・**新聞紙条例**など

史料を読んでみよう！ ―民撰議院設立建白書―

臣等(注1)伏シテ方今政権ノ帰スル所ヲ察スルニ、上帝室ニ在ラズ、下人民ニ在ラズ、而独り有司(注2)ニ帰ス。……乃チ之ヲ振救スルノ道ヲ講求スルニ、唯天下ノ公議ヲ張ル(注3)ニ在ル而已。天下ノ公議ヲ張ルハ、**民撰議院**ヲ立ルニ在ル而已。則有司ノ権限ル所アツテ、而シテ上下其安全幸福ヲ受ル者アラン。請フ遂ニ之ヲ陳ゼン。夫レ人民政府ニ対シテ租税ヲ払フノ義務アル者ハ、乃チ其政府ノ事ヲ与知可否スルノ権理ヲ有ス。……今民撰議院ヲ立ルノ議ヲ拒ム者曰ク、我民不学無智、未ダ開明ノ域ニ進マズ、故ニ今日民撰議院ヲ立ル尚応サニ早カル可シト。臣等以為ラク、若シ果シテ真ニ其謂フ所ノ如キ乎。

則チ之ヲシテ学且智、而シテ急ニ開明ノ域ニ進マシムルノ道、即チ民撰議院ヲ立ルニ在リ。

『日新真事誌』

（注 1）建白書の署名者で、板垣退助・後藤象二郎・副島種臣・江藤新平・由利公正・岡本健三郎・古沢滋・小室信夫の 8 名。　（注 2）官僚、専制政府をさす。　（注 3）五箇条の誓文にいう「公議世論」の主張である。

この史料は、1874 年に板垣退助・後藤象二郎・副島種臣・江藤新平ら愛国公党によって左院に提出された民撰議院設立建白書です。この建白書では官僚が独裁政治を行う「有司」の専制を批判し、欧米なみの文明国となるためには五箇条の誓文 [➡ p.372] にいう「公議世論」の主張を実現することが必要で、すなわち民撰議院（＝国会）を設立するのが一番良いとしています。

ただし、板垣たちは「政府ノ事ヲ与知可否スルノ権理」を有する者は「人民政府ニ対シテ租税ヲ払フノ義務アル者」としており、**参政権に納税資格を設けることを主張している**ことは注目すべき点です。また、民撰議院の設立に反対する者は一般の人々が政治に関する知識を持っておらず時期尚早であると唱えているのに対し、板垣らは**先に民撰議院を設立することにより人々は学んで知識を高める**ので文化の発展につながることを指摘しています。

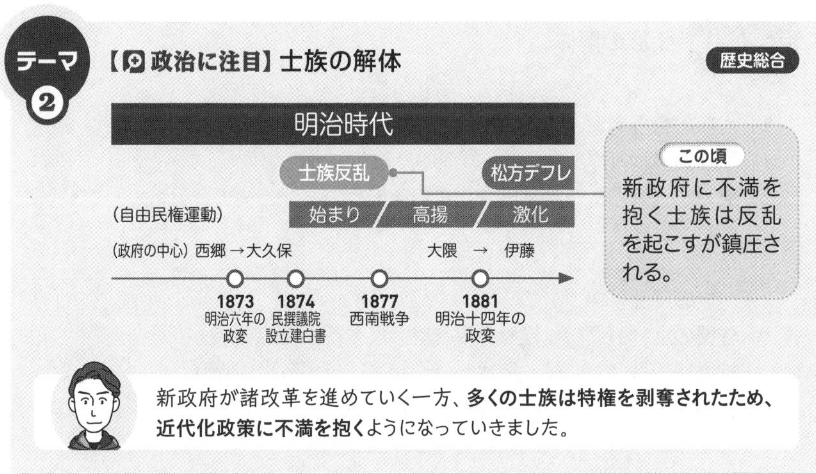

特権を奪われ不満を抱いた士族は反乱を起こすが、政府軍に鎮圧される

版籍奉還後、身分制度が整えられ [➡ p.374]、華族以外に職を失った士族に対しても家禄や賞典禄などの秩禄と総称される給与が支給されました。ところが、華・士

族に対する秩禄支給は国家財政を圧迫したため、**秩禄処分**が進められました。政府は 1876 年には**金禄公債証書**を交付して秩禄の支給を全廃したため、士族は経済的基盤を失うこととなりました。

一方、同年政府は**廃刀令**によって士族の帯刀を禁止しました。士族は精神的シンボルも失うことになり、不満を持った士族は西日本各地で反乱を起こしました。

1874 年、民撰議院設立建白書に署名をした**江藤新平**は、佐賀の不平士族の首領に担ぎ上げられ、**佐賀の乱**を起こしましたが、すぐに鎮圧されました。1876 年に廃刀令が出されると、熊本で**神風連の乱**（敬神党の乱）、福岡で**秋月の乱**が続き、山口では前参議の**前原一誠**が**萩の乱**を起こしました。翌 1877 年には**西郷隆盛**を擁する鹿児島の士族らによる最大規模の反乱である**西南戦争**が起こりました。ところが、いずれの反乱も徴兵制によって編成された政府軍によって鎮圧されました。

不平士族は武力反抗の不可能を悟り、言論による反政府運動に加わるようになりました。以後、自由民権運動は高揚していくことになります。

Q 西南戦争では徴兵された政府軍の方が士族よりも強かったのですか？

A 政府軍は6万人を超える兵士を投入し、大砲や小銃など様々な武器を使用したため士族に勝利することができました。

士族の解体

① 士族の特権剥奪

秩禄処分（1873 ～ 76）：経済的基盤を失う

廃刀令（1876）：精神的シンボルを失う

② 士族の反乱

佐賀の乱（1874）：**江藤新平**を首領とする

神風連の乱（1876）〔熊本〕・秋月の乱（1876）〔福岡〕

萩の乱（1876）〔山口〕：**前原一誠**が中心

西南戦争（1877）〔鹿児島〕：**西郷隆盛**が中心

③ 影響

武力反抗の終結➡民権運動の高揚

テーマ3 【政治に注目】自由民権運動の高揚（豪農民権） 歴史総合

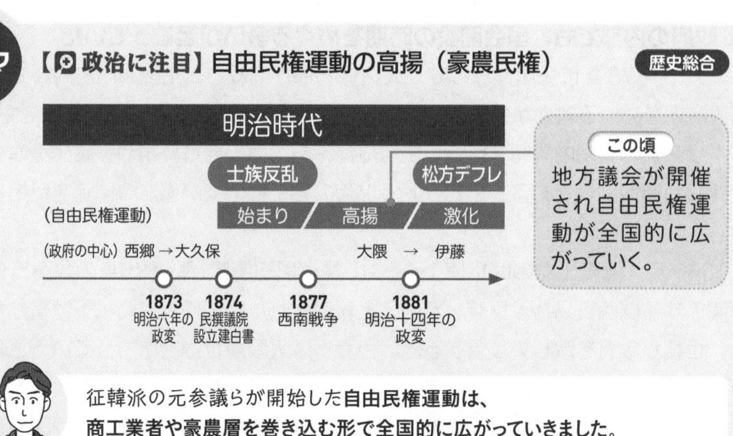

征韓派の元参議らが開始した**自由民権運動は、商工業者や豪農層を巻き込む形で全国的に広がっていきました。**
一方、政府内においても国会開設時期をめぐって意見が対立しました。

地方議会が開催されると、自由民権運動は全国的に広がっていった

1877年、西南戦争のさなかに立志社の**片岡健吉**は政府の失政を掲げた**立志社建白**を天皇に提出しようとしましたが、却下されました。翌1878年には、解散状態だった愛国社が再興されたほか、郡区町村編制法（ぐんくちょうそんへんせいほう）・府県会規則（ふけんかいきそく）・地方税規則（ちほうぜい）の**地方三新法**（ちほうさんしんぽう）が制定され、翌年に地方議会である府県会が開催されると、民権運動に西南戦争によるインフレで成長した都市の商工業者や地域の豪農などが参加するようになり民権運動は全国的な運動に発展していきました。

この頃、ジャーナリズムの発展によって
天賦人権思想 [➡p.459] や立憲君主制*1 が広く紹介されたという背景もあります。

1880年、**国会期成同盟**（こっかいきせいどうめい）が結成され、国会開設請願書を政府に提出しましたが、受理されませんでした。続いて、国会期成同盟の第2回大会では各政治結社*2 が憲法草案を起草することが決定し、1880～81年には**私擬憲法**（しぎ）と総称される憲法私案が多く作られました。例えば、植木枝盛（うえきえもり）が起草した**「東洋大日本国国憲按」**（こっけんあん）は法の下の平等を掲げ、政府の暴虐（ぼうぎゃく）行為に実力で抵抗することのできる抵抗権や政府が国民の権利を踏みにじった時には新しい政府を建設することのできる革命権を定めました。また、千葉卓三郎（ちばたくさぶろう）が東京都五日市町（いつかいちまち）の住民たちとの討論会をもとにまとめた**「日本帝国憲法」**（**「五日市憲法草案」**）は、国民の権利と立法権を重視したものでした。

こうした民権運動の高揚に対して、政府は**集会条例**を定めて集会・結社を規制しました。

用語 *1 立憲君主制…憲法に基づき行われる、君主による政治体制。
*2 政治結社…政治的な目的で結成された政治活動を行う団体。

政府の内部でも、国会開設の時期をめぐる争いが起こっていた

一方、1878年に**紀尾井坂の変**で大久保利通が暗殺された後、政府内部では国会開設時期をめぐる対立が生じていました。参議**大隈重信**は国会の即時開設を主張し、イギリス流の議院内閣制を目指しましたが、右大臣の**岩倉具視**や参議**伊藤博文**は国会開設が時期尚早であるとして、ドイツ流の君主権の強い憲法の制定を目指しました。

1881年、薩摩出身の開拓使〔➡p.384〕長官**黒田清隆**が薩摩出身の政商五代友厚が関係する関西貿易社と癒着していると報道された開拓使官有物払下げ事件が起こり、世論が政府を激しく攻撃すると、伊藤らは大隈が世論をあおっているとして政府から追放するとともに払下げを中止しました。これを**明治十四年の政変**といいます。一方で、**国会開設の勅諭**を出して**1890年に国会を開設することや天皇自身が憲法を制定する欽定憲法の方針**を確認しました。これにより私擬憲法起草の動きは衰退しました。

Q 伊藤博文はどうして国会開設を時期尚早と考えたのですか？

A 伊藤は、上院にあたる元老院（後の貴族院）を充実させることを優先しました。その後、下院にあたる国会を開設する予定だったのです。

自由民権運動の高揚（豪農民権）

① 背景
立志社建白（1877）、**愛国社**の再興（1878）

② 民権運動の拡大
国会期成同盟の結成（1880）：**集会条例**で弾圧される
私擬憲法の作成が進む（1880～81）

③ 国会開設時期をめぐる政府内部の対立
大隈重信：即時開設・イギリス流の議院内閣制
伊藤博文：時期尚早・ドイツ流の立憲君主制

④ **明治十四年の政変**（1881）：大隈を追放
国会開設の勅諭：1890年の国会開設、欽定憲法の方針

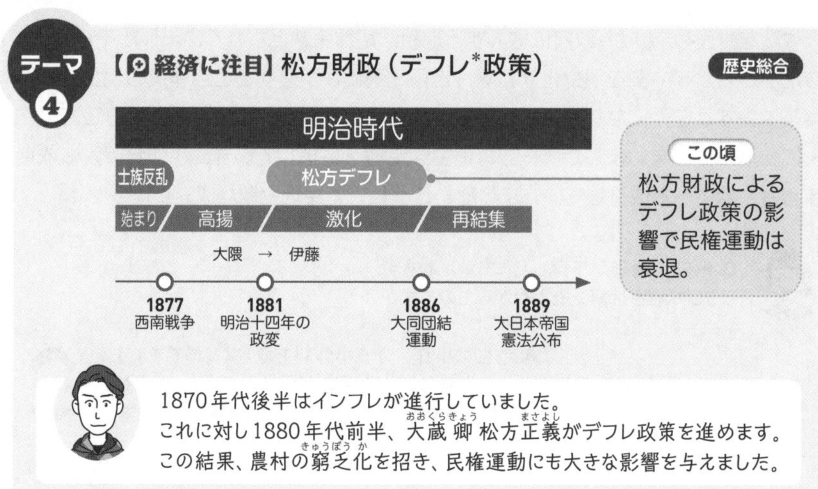

1870年代後半は激しいインフレが生じたので、デフレ政策がとられた

1870年代後半、国立銀行条例が改正されて国立銀行券が不換紙幣として増発された［➡ p.386］ほか、西南戦争の戦費調達のために政府によって多額の不換紙幣が発行され、インフレが進行しました。インフレについては2つの側面を考えることにしましょう。まず、**1つ目は物価上昇の側面です**。物価上昇は日本商品が割高になるため、輸入超過になりやすく、正貨が海外に流出することにつながります。**もう1つは貨幣価値下落の側面です**。政府の地租収入は額面上一定ですが、貨幣価値が下落し物価が上昇すると実質収入が減少することになり、国家財政は危機に陥りました。そこで政府は、官営事業の払下げ［➡ p.384］などに着手し始めました。

1881年、**松方正義**が大蔵卿に就任すると、デフレ政策を進めていきました。酒造税などの増税による歳入増加と軍事費以外の歳出抑制が図られたほか、官営事業払下げの弊害となっていた**工場払下概則**が廃止されたため、工場払下げも本格化しました。こうした緊縮財政が進められたことにより、不換紙幣は回収され正貨が蓄積されていきました。1882年に中央銀行として**日本銀行**が創設されると、1885年には銀兌換の日本銀行券が発行され、翌1886年には政府紙幣の銀兌換も開始され、**銀本位制**が確立しました。一方、これまで国立銀行が持っていた発券機能は失われ、国立銀行は普通銀行に転じました。

松方財政のデフレ政策は不況を招き、小作人が増加した

この松方財政により兌換制度が確立しましたが、一方で米価・繭価の下落から深刻な不況が続き、特に米や繭を生産する農民が打撃を受けました。当時の自作農は

【用語】＊デフレ（デフレーション）…物価が持続的に下落し、貨幣の価値が上がり続ける現象。

米や繭を生産しますが、政府に納入する地租は定額金納とされていました[➡ p.381]。したがって、米や繭を現金化する際、米価・繭価が下落すると自作農の現金収入は実質減少することになり、生活が苦しくなるのです。多くの自作農が没落して小作人に転落してしまいました。一方、地主は土地を集積していき、小作料収入に依存する寄生（きせい）地主へと成長していきました。こうして**寄生地主制**が成立したのです。

Q 米価・繭価が下落したにもかかわらず、どうして地主は窮乏化しなかったのですか？

A 地主は小作人から小作料を取ることができます。地租改正に際して小作料に関する規定が設けられなかったため、地主は小作料収入を増やすことによって不況を乗り越えたのです。

▼貨幣の発行量と米価

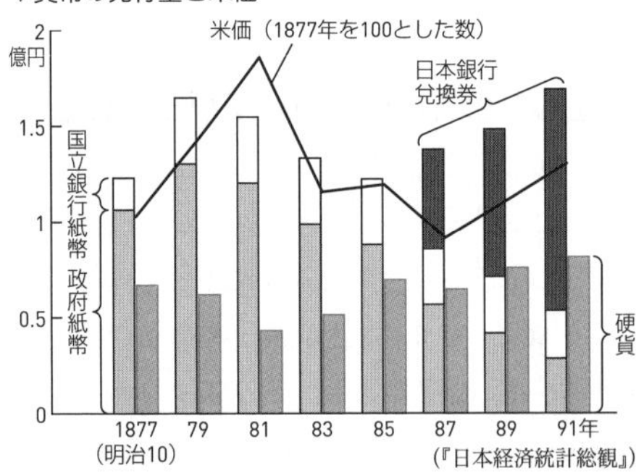

1870年代後半、国立銀行紙幣と政府紙幣の発行量が増加しています。一方、輸入超過にともない正貨が流出したため、硬貨の量は減少しています。1880年代前半、デフレ政策により政府紙幣の整理が進められると、輸出超過に転じて正貨が蓄積されたため銀本位制の準備が整うこととなりました。

テーマ4 まとめ 松方財政（デフレ政策）

① 緊縮財政
増税（酒造税など）、軍事費以外の抑制
工場払下げの本格化（**工場払下概則**の廃止）

② 兌換制度の確立
日本銀行設立（1882）：唯一の発券銀行となる
銀本位制：銀兌換の日本銀行券を発行する（1885）
政府紙幣の銀兌換を開始する（1886）

↓

③ デフレ政策の結果
米価・繭価の下落➡自作農の没落（小作人に転落）
地主の土地集積➡**寄生地主制**の成立

テーマ5 【政治に注目】自由民権運動の激化・再結集 歴史総合

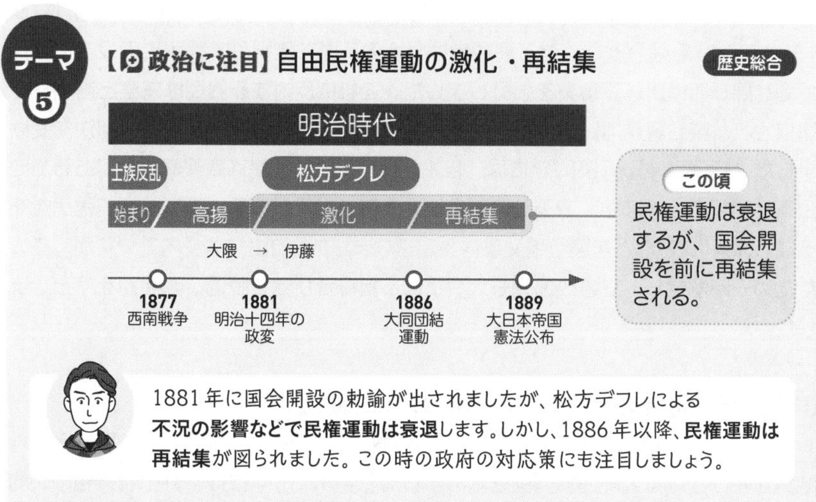

1881年に国会開設の勅諭が出されましたが、松方デフレによる**不況の影響などで民権運動は衰退**します。しかし、1886年以降、**民権運動は再結集**が図られました。この時の政府の対応策にも注目しましょう。

国会開設に向けて政党が結成された

1881年、**国会開設の勅諭**が出されると、政党の結成が相次ぎました。板垣退助は**自由党**(じゆうとう)を結成してフランス流の急進的自由主義を唱え、豪農層を中心に党勢を拡大していきました。翌1882年、大隈重信は**立憲改進党**(りっけんかいしんとう)を結成してイギリス流の立憲君主制と議会政治を目指し、都市の商工業者や知識人を支持基盤としました。同年、福地源一郎(ふくちげんいちろう)は政府系の政党（御用(ごよう)政党）である**立憲帝政党**(ていせい)を結成し、欽定憲法・

立憲君主制を唱えました。立憲帝政党は士族・神官など保守勢力を支持層としましたが、組織力は弱く政府も保護をやめたため、翌年には解党しました。

民権運動は政府の懐柔策と激化事件により弱体化した

藩閥政府に対抗する政党が一つにまとまらなかったことにより、政府は政党の分裂や懐柔を図るようになりました。1882 年、集会条例を改正して政党の支部設置を禁止するとともに、三井(みつい)を通じて板垣退助と後藤象二郎の欧州への渡航に資金援助しました。立憲改進党が政府と自由党との結びつきを攻撃すると、自由党は大隈重信と三菱(みつびし)との結びつきを非難したため、両者の対立は深まりました。

Q 三井や三菱は政府と結びついていたということですか？

A はい。三井や三菱は**政商**と呼ばれ、政府高官と結びつくことで営業上の特権を受けていました。

一方、松方デフレによる不況が続くなか、**民権運動は農民による反政府運動と結びついて激化し、経済的な余裕を失った豪農は民権運動から離れていきました。**1882 年、福島県令となった**三島通庸**(みしまみちつね)は県会の反対を無視して県民に労役または負担金を課して道路建設事業を強行しました。これに反対する農民は警察と衝突して逮捕され、県会議長**河野広中**(こうのひろなか)ら自由党員も内乱を企てているとして有罪判決を受けました（**福島事件**）。1884 年には、自由党員らによる三島通庸襲撃計画である**加波山事件**(かばさん)が起こったほか、埼玉県の秩父(ちちぶ)地方で自由党員が農民に呼びかけて困民党(こんみんとう)を結成し、高利貸しなどを襲う**秩父事件**が起こりました。自由党は党内で分裂が起こったため一時解党し、立憲改進党も大隈重信ら指導者が党を脱退して活動を停止しました。

民権派は再結集を図ったが、再び政府に弾圧された

1886 年、自由党の**星亨**(ほしとおる)は立憲改進党との対立を克服しようとして、民権派の再結集を呼びかける**大同団結運動**(だいどうだんけつうんどう)を始めました。翌 1887 年には、**井上馨**(いのうえかおる)外相の条約改正交渉 [➡ p.414] への反対運動が盛り上がり、地租軽減・言論集会の自由・外交失策の挽回(ばんかい)を掲げた**三大事件建白運動**(さんだいじけんけんぱく)も展開されました。両運動は結びつき、**後藤象二郎**(ごとうしょうじろう)も加わりました。ところが、政府は**保安条例**(ほあん)を制定して民権派約 570 名を東京から追放し、盛り上がりをみせた運動を弾圧しました。また、民権派のリーダーであった大隈重信と後藤象二郎を入閣させる懐柔*策により大同団結運動を分裂させました。こうした政府と民権派との対立は帝国議会の開設後も続き、初期議会において予算をめぐる攻防戦を繰り広げていきました [➡ p.412]。

 用語 ＊懐柔…うまく丸め込むこと。

• 主要自由民権運動の騒動地
数字は発生年月
0 300km
福島事件 1882.11〜12
高田事件 1883.3
加波山事件 1884.9
飯田事件 1884.12
板垣退助遭難 1882.4
秩父事件 1884.10〜11
名古屋事件 1884.12
群馬事件 1884.5
大阪事件 1885.11
静岡事件 1886.6
高田 福島 妙義山 秩父 加波山 飯田 東京 岐阜 大阪 名古屋 静岡

◀新政府への抵抗

民権運動の激化事件が
それぞれどこで起こったのか
を地図上でおさえて
おきましょう。

自由民権運動の激化・再結集

1 民権運動の衰退（1881 〜 86）
民権派は**自由党**・**立憲改進党**を結成
デフレ政策による農村の不況

2 激化事件（1882 〜 86）
福島事件・**加波山事件**➡自由党は一時解散する
秩父事件：没落農民が困民党を結成して武力蜂起を行う

3 民権運動の再結集（1886 〜 89）
大同団結運動：星亨らが民権派を結集する
三大事件建白運動：条約改正への反対運動が契機
政府の対応：**保安条例**により民権派を追放する

確認問題

1 年代配列問題にチャレンジ

(1) 次の文Ⅰ～Ⅲについて、古いものから年代順に正しく配列したものを、後の①～⑥のうちから一つ選んで記号で答えなさい。

Ⅰ　星亨らを中心に大同団結運動が始まった。
Ⅱ　板垣退助・後藤象二郎らが、民撰議院設立建白書を左院に提出した。
Ⅲ　明治十四年の政変が起こり、国会開設の勅諭が発せられた。

① Ⅰ－Ⅱ－Ⅲ　② Ⅰ－Ⅲ－Ⅱ　③ Ⅱ－Ⅰ－Ⅲ
④ Ⅱ－Ⅲ－Ⅰ　⑤ Ⅲ－Ⅰ－Ⅱ　⑥ Ⅲ－Ⅱ－Ⅰ

(2) 次の文Ⅰ～Ⅲについて、古いものから年代順に正しく配列したものを、後の①～⑥のうちから一つ選んで記号で答えなさい。

Ⅰ　政府は集会条例によって民権運動の高揚を抑えようとした。
Ⅱ　讒謗律や新聞紙条例が制定されると、民権運動は一時的に沈滞した。
Ⅲ　保安条例によって民権派が首都から追放された。

① Ⅰ－Ⅱ－Ⅲ　② Ⅰ－Ⅲ－Ⅱ　③ Ⅱ－Ⅰ－Ⅲ
④ Ⅱ－Ⅲ－Ⅰ　⑤ Ⅲ－Ⅰ－Ⅱ　⑥ Ⅲ－Ⅱ－Ⅰ

2 探究ポイントを確認

(1) 1870年代後半、民権運動が広がりをみせたのはなぜか。運動の担い手と文化面の進展にふれながらまとめよ。

(2) 松方財政でとられた貨幣政策と、デフレが農村に与えた影響について述べよ。

解答

1 (1) ④　(2) ③

2 (1) 西南戦争によってインフレが進むと、経済的余裕を持つようになった地主や商工業者が運動の担い手となったほか、ジャーナリズムの発達により天賦人権論や立憲君主制が広く紹介されたため。(87字)

(2) 緊縮財政により不換紙幣が回収されるとともに中央銀行として日本銀行が設立され、兌換制度をともなう銀本位制が確立した。農村では米価・繭価の下落により多くの自作農が土地を失って小作人に転落して一部の地主に土地集中が進み、寄生地主制が成立した。(118字)

第33講 立憲国家の形成

明治政府は立憲国家を目指していました。1881年、国会開設の勅諭［➡p.398］により国会開設時期が決定すると、政府は**内閣制度を導入**し、憲法の制定に着手します。1889年に**大日本帝国憲法が発布**され、1890年に**第1回帝国議会が開催**されました。最初の頃の議会では、**予算をめぐって政府と政党が攻防を繰り広げました。**

時代の**メタマッピング**と**メタ視点**

政治 ➡テーマ①

明治憲法下の国家機構

国会開設に向けて、国家機構の整備が進められ、**内閣制度が導入**された。

政治 ➡テーマ④

初期議会における予算をめぐる攻防

予算の成立には議会の同意が必要で、**初期議会では予算をめぐって政府と政党の攻防**があった。

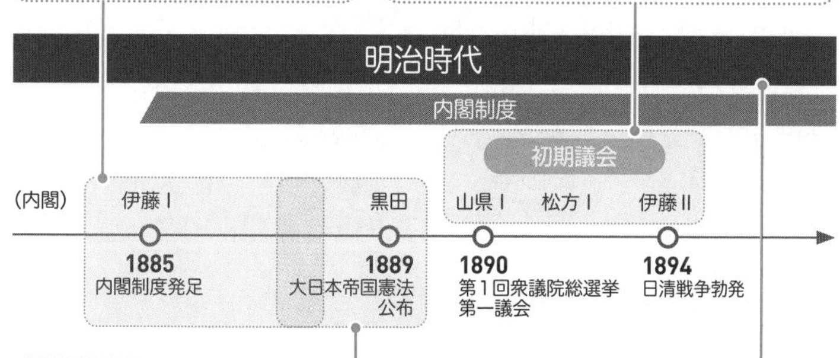

政治 ➡テーマ②③

大日本帝国憲法における天皇の立場・権限／大日本帝国憲法における臣民の権利と政治機構

大日本帝国憲法における、**天皇の立場と権限、臣民の権利と政治機構**を確認する。

外交 ➡テーマ⑤⑥

条約改正交渉の難航／条約改正の実現

明治政府は**不平等条約の改正を外交の最重要課題とみなし、条約改正交渉を進め**た。

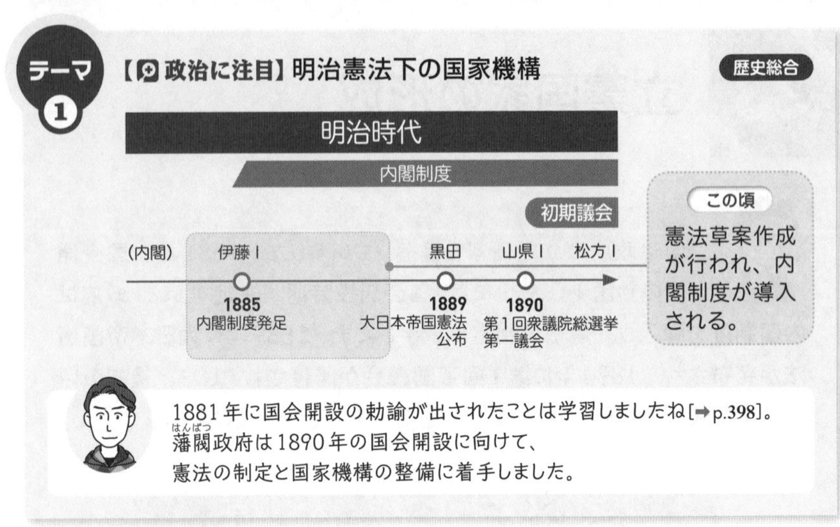

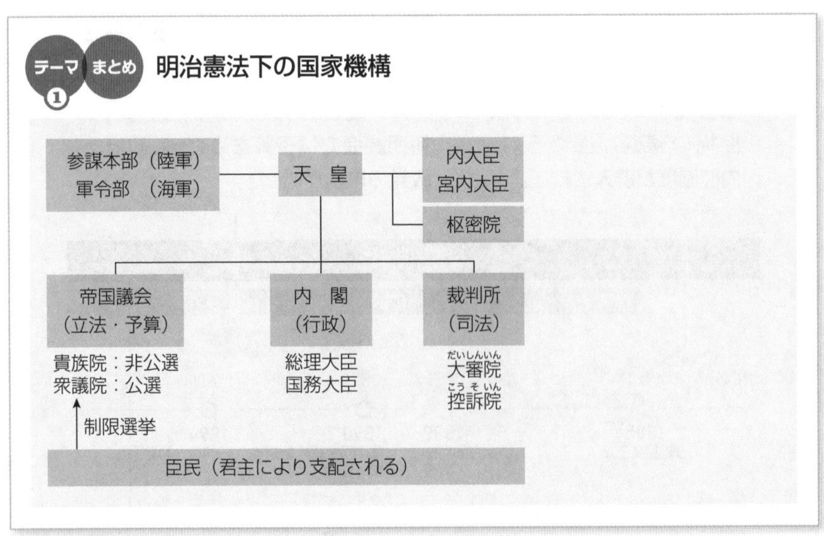

憲法制定に先駆けて、国家機構が整備され内閣制度が導入される

欽定(きんてい)憲法の方針と1890年の国会開設を約束した政府は、1882年、憲法調査のため伊藤博文(いとうひろぶみ)をヨーロッパに派遣しました。伊藤はドイツでは**グナイスト**、オーストリアでは**シュタイン**にドイツ流の君主権が強い憲法理論を学んで帰国すると、ドイツ人法学者の**ロエスレル**を顧問として**井上毅**(いのうえこわし)・**伊東巳代治**(いとうみよじ)・**金子堅太郎**(かねこけんたろう)らとともに1886年頃から憲法草案の作成に着手しました。

立憲政治の開始に先だって、国家機構の整備が進められました。帝国議会は公選

【用語】＊1 爵位…身分上の段階を示す。この時日本では公・侯・伯・子・男の5つが定められた。
＊2 国務大臣…外務大臣、文部大臣など、内閣を構成する大臣。

議員で構成される衆議院と非公選の皇族や華族により構成される貴族院の二院制となることが予定されていました。1884年、華族令が発布され、従来の公家や旧大名に加えて伊藤・山県ら国家に勲功のあった政治家や軍人などにも爵位*1が与えられて華族とされ、貴族院議員となることができるようにしました。1885年には太政官制が廃止されて、内閣制度が導入されました。現在と同様、政府は総理大臣と国務大臣*2といった閣僚からなる内閣と各省庁に務める官僚を中心として構成され、行政を担いました。初代内閣総理大臣（首相）には伊藤博文が就任し、国務大臣は薩長藩閥中心のメンバーとなりました。一方、宮中*1の管理と天皇の補佐にあたる宮内大臣や内大臣は内閣には入らず、宮中・府中*2を区別する原則がとられました。

1888年、天皇の最高諮問機関として枢密院が設置され、憲法草案を審議しました。初代枢密院議長には伊藤博文が就きましたが、枢密院議長と内閣総理大臣は兼任できなかったため、伊藤博文内閣は退陣しました。後を受けた黒田清隆内閣のもとで大日本帝国憲法（明治憲法）が発布されることになります。

Q 太政官制 [➡p.373] と内閣制度はどのように異なるのですか？

A 太政官制では太政大臣・左大臣・右大臣などには皇族・華族しか任じられませんでした。一方、内閣制度では藩閥の実力者が閣僚となって直接天皇を補佐することができました。

皇室制度の基本法も定められ、中央集権的な地方制度も確立する

一方、憲法とは別に皇室の基本法を制定する作業が進められていました。すでに皇室制度の整備は岩倉具視が中心となって宮内省のもとで行われていました。1883年に岩倉具視が死去すると、代わって伊藤博文が皇室法の研究を本格化させ、1889年、皇室典範が制定されました。

地方制度では、ドイツ人顧問モッセの助言を得て、山県有朋が中心となって整備されました。1888年には市制・町村制、1890年には府県制・郡制が制定され、府県知事は内務省が派遣するなど中央集権的な地方制度が確立しました。

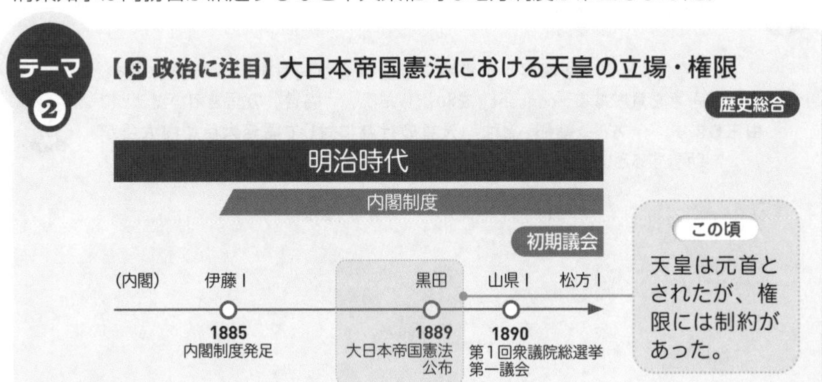

用語 *1 宮中…天皇の住む場所。宮廷。*2 府中…行政府のこと。

1889年2月11日、**大日本帝国憲法が天皇の名によって発布**されました。
まずは、**天皇の立場や権限**について確認してみましょう。

天皇は大きな権限を持ったが、権限の行使には制約があった

天皇は権力の頂点に位置づけられ、「万世一系（ばんせいいっけい）」かつ「神聖不可侵（しんせいふかしん）」とされました。ヨーロッパの立憲政治はキリスト教の宗教改革をもとに生まれたため、宗教の自由や個人の権利を前提としていますが、日本では皇室を軸とした立憲政治を行おうとしたのです。また、**天皇は国家の元首（げんしゅ）として統治権のすべてを握るとされました。**

ただし、天皇の統治権は無制限ではなく「憲法ノ条規」に基づくものとされました。これは、伊藤博文がヨーロッパに留学した際、シュタインから学んだ君主機関説を反映させたものです。君主機関説とは君主権は国家により制約されるという考え方で、君主は内閣や議会などの決定に対してなるべく関与せず調停者の立場をとらなければなりません。

以上の天皇の立場を前提として、続いて天皇の権限を具体的にみていきましょう。まず、天皇は立法権を持ち、議会閉会中には緊急勅令（きんきゅうちょくれい）を発令することができました。ただし、**緊急勅令の発令**には**枢密院への諮問が必要である**とした上で、**次の議会で承諾を得られなければ失効する**という制約が設けられました。すなわち、天皇は「帝国議会ノ協賛」をもって立法権を行使したのです。

さらに天皇には統帥権（とうすいけん）が与えられ、大元帥（だいげんすい）として陸海軍の指揮権を持ちました。ただし、この**統帥権も軍令機関である参謀本部（さんぼう）や海軍軍令部の輔弼（ほひつ）により行使されました**。他にも、天皇は**文武官（ぶんぶかん）の任免、兵力量の決定、宣戦・講和・条約締結などの外交権**を持ちました。これらはいずれも**内閣の輔弼により執行されました**。このようにして天皇の権力は、一定の法的な制約のもとに置かれたのです。

Q「協賛」や「輔弼」の意味がわからないのですが、
どういう意味ですか？

A「協賛」とは、法律案や予算案に帝国議会が同意するという意味です。伊藤が同意を意味する「consent」を和訳した際、「協賛」の語を用いたことに由来します。一方、「輔弼」とは、天皇の行為に対して国務大臣や内大臣が助言するという意味です。「advice」の和訳の一つとしてとらえましょう。

大日本帝国憲法における天皇の立場・権限

① 天皇の立場
神格化（万世一系・神聖不可侵）
元首：統治権のすべてを握る
憲法の条規により行う（君主機関説）

② 天皇大権(たいけん)：議会が関与できない権限
緊急勅令：議会閉会中・枢密院の諮問が必要
次の議会で承諾を得られなければ失効となる
統帥権：陸海軍の指揮権（軍令機関の輔弼による行使）
文武官の任免、兵力量の決定（内閣の輔弼により執行）
外交権：宣戦・講和・条約締結（内閣の輔弼により執行）

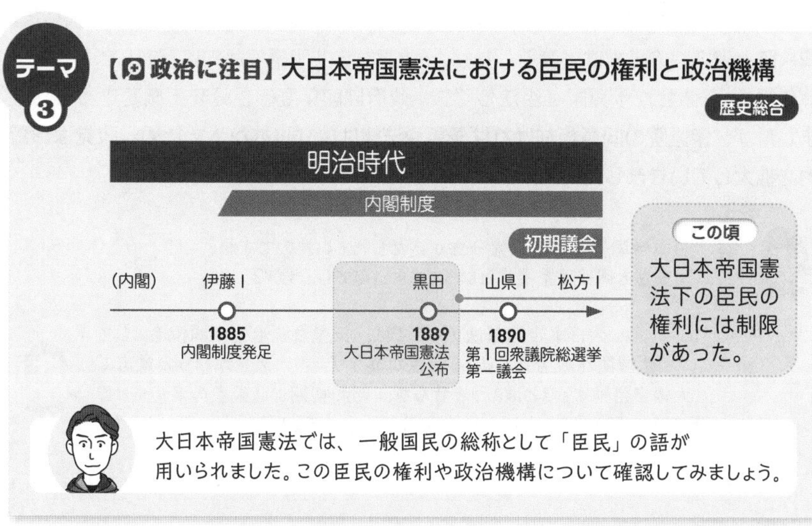

臣民の権利には制限が設けられた

臣民には天皇への忠誠と絶対的服従が求められました。一方で、近代的な憲法の精神として、君主権の制限以外に臣民の権利保護が挙げられ、これらを調整する必要がありました。

憲法では、兵役・納税の義務に続いて信教・言論・出版・集会などの自由が規定されました。ただし、**これらの人権は法律の範囲内という制限が付けられました。**憲法に矛盾しない現行の法令はすべて有効とされましたので、集会条例・新聞紙条例・出版条例などの自由を制約する法律も生き残ることとなりました。

大日本帝国憲法でも三権分立*がとられた

大日本帝国憲法では政治機構が定められ、天皇のもとの三権分立が採用されました。天皇の立法権を協賛した**帝国議会**は、皇族・華族・勅任議員などによって構成される**貴族院**と選挙によって臣民から選ばれる**衆議院**の二院制をとりました。ただし、選挙権を持つ者が限定される制限選挙により衆議院議員は選出されました。

一方、行政権は国務大臣の輔弼をもって天皇が行使することが定められ、**内閣や首相に関する規定はありませんでした**。内閣は憲法発布に先だって1885年に創設されましたが、当初は内閣総理大臣が強いリーダーシップを持つ大宰相主義がとられました。ところが、憲法発布後は国務大臣が単独で天皇を輔弼することとなり、内閣総理大臣の反対を推し切って天皇に国策を奏上することができるようになりました（単独輔弼主義）。一方、司法権は**裁判所**が天皇の名をもって行使しました。

最後に予算についてみていきましょう。帝国議会は立法権以外に予算審議権を持ち、予算の成立には議会の同意が必要でした。ただし、大蔵省が作成した予算案のうち、天皇大権に関する事項は議会が政府の同意なく削減できないとされました。貴族院と衆議院の権限は対等でしたが、予算案はまず衆議院が先に審議しました（予算先議権）。議会が予算案を否決しても、政府は前年度の予算を実施できるとされましたが、**衆議院の同意がなければ予算や法律は成立しなかったため、政党は影響力を拡大していきました**。

Q 大日本帝国憲法でも三権分立が定められていたのですね。日本国憲法と同じ国家機構といってもよいのでしょうか？

A 大日本帝国憲法のもとでは、天皇を統治権の総攬者として諸機関が統合されるという点が異なります。天皇が自らの意志で大権を発動することはありませんが、昭和初期には天皇の名のもとに軍部の支配力が増大し、政治運営が混乱するという事態となりました。

大日本帝国憲法における臣民の権利と政治機構

1. 臣民の権利
   信教・言論・出版・集会などの自由を規定
   法律の範囲内という制限があった
2. 帝国議会（**貴族院**・**衆議院**）
   天皇の立法・予算を協賛する

用語 ＊三権分立…国の権力を立法権・行政権・司法権の３つに分散させる仕組み。

③ 国務大臣（内閣・首相の規定なし）
各国務大臣が個別に天皇に対して責任を持つ

④ 予算（大蔵省が作成➡帝国議会の協賛が必要）
審議（衆議院➡貴族院の順、過半数の賛成が必要）
不成立の場合、前年度予算が施行される

テーマ4 【政治に注目】初期議会における予算をめぐる攻防 歴史総合

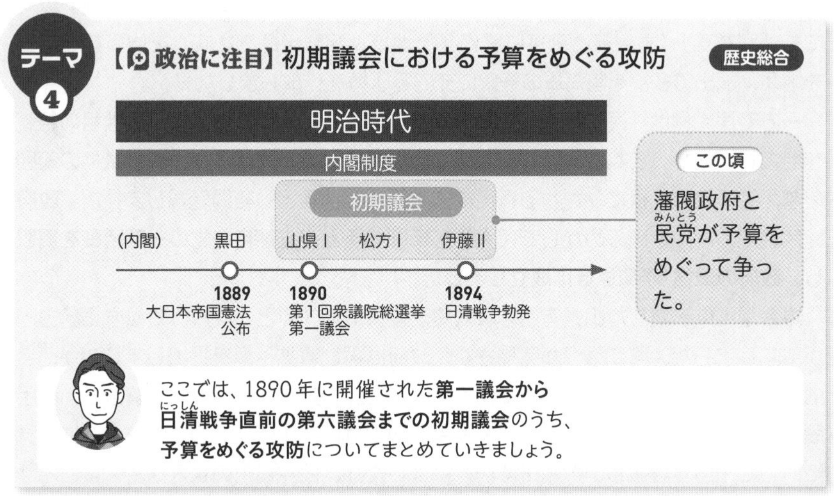

ここでは、1890年に開催された**第一議会から日清戦争直前の第六議会までの初期議会**のうち、**予算をめぐる攻防**についてまとめていきましょう。

衆議院議員選挙が行われ、帝国議会開設の準備が整った

大日本帝国憲法の発布と同日に、**衆議院議員選挙法**が公布されました。これにより、衆議院議員の定数300名、任期4年、小選挙区制が原則とされたほか、**選挙人は直接国税15円以上を納める25歳以上の男性（被選挙人は30歳以上）である**ことが定められました。選挙人の総数は人口比の1.1%にすぎず、主に地主でした。

翌日には、**黒田清隆**首相による演説が行われ、政府は政党の動向に左右されず公正な政策を行うという趣旨のいわゆる**超然主義**が表明されました。これにより政党政治は拒まれたものの、予算をめぐる攻防で政党は存在感を示していくこととなります。

1890年、第１次山県有朋内閣のもとで**第１回衆議院議員総選挙**が実施されました。投票率が約94%と非常に高かったのは、選挙人である地主の多くが地方議員の経験者で政治への関心が高かったからです。総選挙の結果、藩閥政府と対立する**立憲自由党**と**立憲改進党**を中心とする野党[*1]勢力である**民党**が過半数を占め、藩閥政府を支持する大成会などの吏党[*2]は少数勢力となりました。

用語 ＊1 野党…政権を担当しない政党。＊2 吏党…初期議会の頃、政府寄りだった政党。

Q 立憲自由党は従来の自由党と同じなのですか?

A 1884年に自由党は解党しましたが、1890年、初期議会の開催に際して旧自由党系の諸派が統合して立憲自由党として再興しました。翌1891年には再び自由党と改称しました。

初期議会においては、予算をめぐり藩閥政府と民党が対立した

1890年から1891年にかけて第一議会が開催され、初年度の予算について審議されました。山県有朋首相は施政方針演説のなかで、国土にあたる「主権線」以外にも「利益線」(主権線と密接に関係する地域。朝鮮半島をさす)を防護する方針を唱え、歳出の多くを陸海軍の経費に充てる予算を作成しました。

一方で民党側は「民力休養・政費節減」を掲げ、政府予算を削減して地租の軽減を目指しました。これに対して政府側は、民党による予算削減が予算審議権の範囲を越えて天皇の大権にかかわる費用にまで及んでいるとして問題視しました。政府は衆議院の解散をほのめかして民党側を牽制すると、**立憲自由党の一部議員を買収し、政府の軍拡*予算はほぼ成立しました。**

議会運営に苦慮した山県有朋は議会終了後に辞職すると、代わって松方正義内閣が成立しました。第二議会が開催され、政府は再び軍拡予算を提出しましたが、自由党勢力が再結集を図ってこれに反対しました。松方内閣は衆議院の解散という手段をとって対抗しました。第2回総選挙で政府は内務大臣品川弥二郎を中心に民党に対して圧迫する激しい選挙干渉を行いましたが、民党優位の状況を変えることはできませんでした。その後、松方内閣は選挙干渉の責任を問われて総辞職しました。

1892年、第2次伊藤博文内閣が成立しました。伊藤内閣は政府の主要な政治家である元勲を中心に構成され、第四議会において海軍拡張予算をめぐり民党と対立しました。伊藤は政府と議会の協力を求める和衷協同の詔書を天皇に出させて予算を成立させました。

初期議会における予算をめぐる攻防

① 第一議会(1890～91)【山県Ⅰ】
政府:軍備増強(主権線・利益線の確保)
民党:**民力休養・政費節減**
立憲自由党の一部が妥協し、政府予算はほぼ成立する

↓

用語 *軍拡…軍備拡張のこと。

② 第二議会（1891）【松方Ⅰ】
民党は軍拡予算に反対する ➡ 衆議院は解散される
第２回総選挙：政府の選挙干渉が起こるが、民党が優位

③ 第四議会（1892～93）【伊藤Ⅱ】
政府の海軍拡張予算に民党が反対する
和衷協同の詔書により予算が成立する

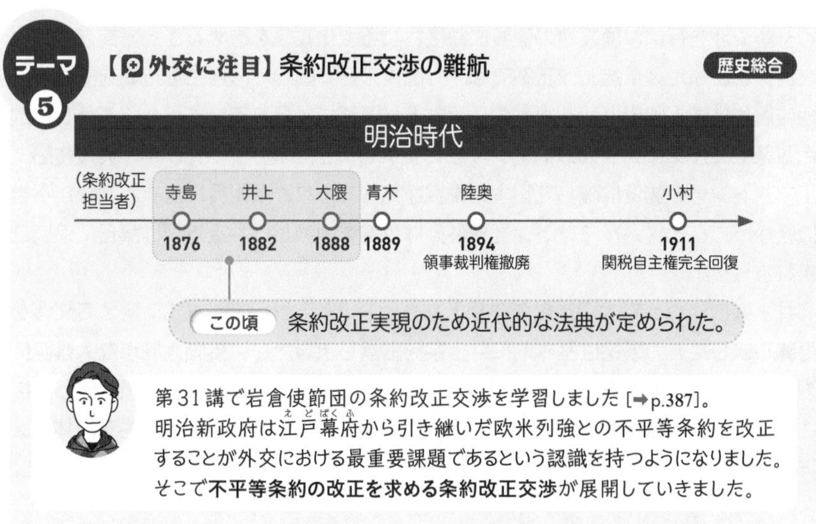

法典の整備が進んでいなかったため、条約改正交渉は難航した

まず、不平等条約の改正ポイントとしては、領事裁判権を撤廃すること（法権回復）と関税自主権を獲得すること（税権回復）の大きく２つが挙げられます。

1876年から外務卿*の**寺島宗則**が中心となり税権回復を中心とした条約改正交渉が始まりました。地租改正反対一揆［➡p.381］の高まりを背景に、政府は税権を回復することで関税率を高め、地租収入の減少を関税収入で補おうとしたからです。1878年にはアメリカの合意を得ましたが、イギリスやドイツなどが反対したため交渉は失敗に終わりました。

近代的な法治国家であることが条約改正には必要でした。政府は条約改正を実現するために、フランス人法学者の**ボアソナード**を顧問に迎え、近代的な法典の編纂を進めました。1880年には**刑法**と**治罪法**、1889年には憲法、1890年には治罪法に代わる刑事訴訟法・民事訴訟法、**民法**・商法などが相次いで公布されました。

用語 ＊外務卿…外務省の長官。1885年の内閣制度創設以降は外務大臣（外相）。

ただし、**民法・商法は日本の家族制度や商制度と合わないという理由で施行が延期されました。**

Q ボアソナードが起草した刑法は従来の刑罰法とどこが異なるのですか？

A ボアソナードが起草した刑法には、法律で犯罪と刑罰を定められない限り刑罰を科せられない罪刑法定主義の原則が採用されました。

外国人判事を任用するかどうかで条約改正交渉は難航した

こうした近代的な法典整備を背景として、1882年からは外務卿の**井上馨**が中心となり主に法権回復を求める交渉を開始しました。井上は列国の代表を東京に集める一斉交渉を行い、**鹿鳴館**の建設に象徴される欧化政策を進めることで交渉の実現を目指しました。また、改正案では、外国人の日本国内での自由な行動を認める内地雑居や外国人判事（裁判官）の任用などが義務づけられていました。こうした欧化政策や交渉案に対する政府内外からの批判が高まるなか、1886年、英貨物船ノルマントン号の沈没に際して日本人乗客が見捨てられ、乗組員に対する判決が不当に軽かったこと（**ノルマントン号事件**）は世論を刺激し、井上外相は辞任に追いこまれました。

井上馨に代わって**大隈重信**が外相となり、1888年から国別方式に変えて交渉を再開しました。大隈案は基本的に井上案を継承しましたが、外国人判事を大審院に限定するという点が異なりました。1889年、大隈案がイギリスの新聞で明らかにされると、国内では条約改正に対する反対運動が高まりました。国家主義団体の玄洋社社員に大隈外相は襲撃され、黒田内閣の退陣とともに交渉は中止となりました。

これはフランス人画家のビゴーが描いた風刺画で、ノルマントン号事件の対応を皮肉ったものです。

テーマ⑤ まとめ　条約改正交渉の難航

① 改正ポイント
領事裁判権の撤廃・関税自主権の回復

② **寺島宗則**の交渉（1876 ～ 78）
税権回復を目指す ➡ 米は同意、英・独は応じず

③ **井上馨**の交渉（1882 ～ 87）
内地雑居・外国人判事の任用（←政府内外からの批判）
政府の欧化政策への反発 ➡ 井上外相辞任

④ **大隈重信**の交渉（1888 ～ 89）
内地雑居・外国人判事の**大審院**への任用
反対運動の高揚 ➡ 大隈外相は襲撃される

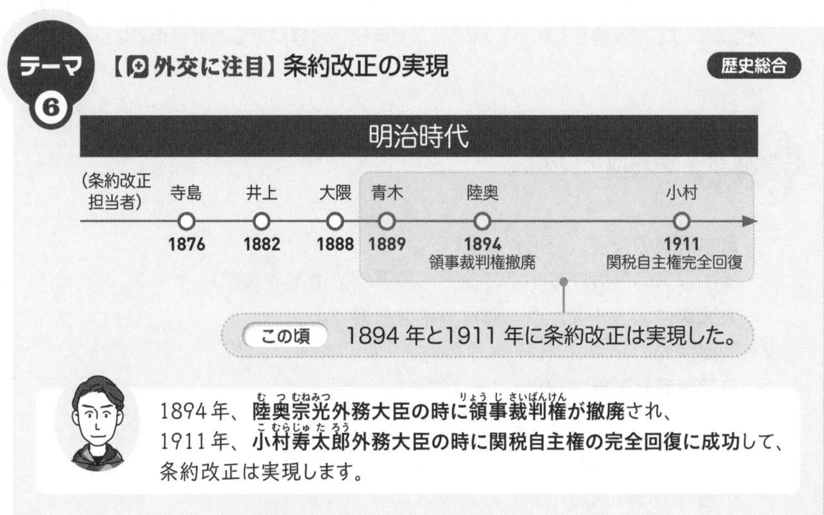

イギリスが日本に好意的となり、条約改正交渉は前進した

1889 年、第 1 次山県有朋内閣の外務大臣に就任したのは**青木周蔵**でした。この頃、ロシアがシベリア鉄道を起工して東アジア進出を強化させると、イギリスは大日本帝国憲法の制定をはじめとする法典が整備されたとして日本への接近を図りました。これを機に青木周蔵は条約改正交渉を優位に進めようとしましたが、1891 年、来日中のロシア皇太子ニコライ（後のニコライ 2 世）が巡査津田三蔵に切りつけられて負傷した**大津事件**が起こると、責任をとって辞職しました。なお、日露関係の悪化をおそれた日本政府は謝罪につとめ、津田を極刑にしようとしましたが、大審院長の児島惟謙はこれを退け、刑法に従い無期徒刑を言い渡し、司法の独立を守りました。

1894 年、第 2 次伊藤博文内閣の外務大臣を務めた**陸奥宗光**のもとで**日英通商航**

海条約が調印され、**日本は内地雑居を認める一方、領事裁判権の撤廃と輸入関税率の一部引き上げなどに成功しました**。イギリス以外の列国とも同様の条約が結ばれました。ところが、この時点ではまだ民法と商法の施行が延期されていたので、すぐに発効とはなりませんでした。1898·99年に民法·商法がそれぞれ施行されると、ようやく条約が発効されました。

1911年、第2次桂太郎内閣の外務大臣を務めた**小村寿太郎**のもとで**日米通商航海条約**が改正され、**日本は関税自主権を完全に回復させました**。

Q 関税自主権の完全回復はなぜ1911年まで長引いたのですか？

A 1899年に発効した日英通商航海条約の有効期限は12年間でした。期限が満了して条約を更新するタイミングで条約の内容が改正されたのです。

条約改正の実現

① **青木周蔵**の交渉（1889～91）
イギリスの態度が軟化（ロシアの東アジア進出を警戒）
大津事件の責任をとり、青木外相は辞職する

② **陸奥宗光**の交渉（1892～94）
日英通商航海条約締結（1894）
　領事裁判権を撤廃・輸入関税率を引き上げる
　民法・商法の施行延期➡条約発効は1899年

③ **小村寿太郎**の交渉（1911）
日米通商航海条約改正（1911）
　関税自主権の完全回復に成功する

トピック 1 北海道と沖縄の参政権について

歴史総合

地方制度が整備されるなか、
北海道や沖縄の近代化は大きく遅れました。

1869年、新政府は蝦夷地を**北海道**と改称し、**開拓使**を設置して農地の開拓や鉱山の開発を行いました[➡p.384]。アメリカ式大農法の導入も成功し、北海道への移民は増えていきました。1882年に開拓使が廃止されると1886年に北海道庁が設けられましたが、衆議院議員選挙法の施行は1900年、道議会の開設は1901年まで遅れました。一方、先住民族であるアイヌ民族の生活空間も「無主(むしゅ)の地」とされて官有地に組み入れられていきました。1899年、**北海道旧土人保護法(きゅうどじんほごほう)**が制定されると、アイヌ民族に対しては保護を名目に徹底した同化政策がとられ、生活様式の転換が図られました。

沖縄県においては、土地制度・租税制度・地方制度などで旧制度が温存される一方で、日本語教育を中心とした同化政策が推進されました。やがて1899～1903年には地租改正が、1909年には府県制が実施されました。参政権については、1899年、**謝花昇(じゃはなのぼる)**が沖縄倶楽部を結成して県民擁護(ようご)の立場から参政権獲得運動を行い、1912年になってようやく衆議院議員選挙が実施されました。

Q 現在もアイヌ民族に対する同化政策は続いているのですか？

A 1997年にアイヌ文化振興法(しんこうほう)が制定され、同化政策は廃止されました。さらに2019年には、アイヌを先住民族と明記したアイヌ施策推進法(しさくすいしんほう)が施行されました。

確認問題

1 年代配列問題にチャレンジ

(1) 次の文Ⅰ～Ⅲについて、古いものから年代順に正しく配列したものを、後の①～⑥のうちから一つ選んで記号で答えなさい。

Ⅰ 太政官制が廃され、内閣制度が創設された。
Ⅱ 黒田清隆内閣のもとで大日本帝国憲法が発布された。
Ⅲ 憲法草案審議のため枢密院が設置された。

① Ⅰ－Ⅱ－Ⅲ　② Ⅰ－Ⅲ－Ⅱ　③ Ⅱ－Ⅰ－Ⅲ
④ Ⅱ－Ⅲ－Ⅰ　⑤ Ⅲ－Ⅰ－Ⅱ　⑥ Ⅲ－Ⅱ－Ⅰ

(2) 次の文Ⅰ～Ⅲについて、古いものから年代順に正しく配列したものを、後の①～⑥のうちから一つ選んで記号で答えなさい。

Ⅰ 民党は「民力休養・政費節減」を唱えて、政府の予算案を認めなかった。
Ⅱ 政府は天皇の詔勅により、民党の反対を抑え、予算を成立させた。
Ⅲ 首相により超然主義演説が行われ、政党の勢力拡大を抑制しようとした。

① Ⅰ－Ⅱ－Ⅲ　② Ⅰ－Ⅲ－Ⅱ　③ Ⅱ－Ⅰ－Ⅲ
④ Ⅱ－Ⅲ－Ⅰ　⑤ Ⅲ－Ⅰ－Ⅱ　⑥ Ⅲ－Ⅱ－Ⅰ

2 探究ポイントを確認

(1) 大日本帝国憲法において衆議院の権限は制限されたにもかかわらず、衆議院を基盤とする政党の影響力が拡大することになったのはなぜか。

(2) 井上馨による条約改正交渉の改正案と、交渉を進めるためにとった政策について述べよ。

解答

1 (1) ②　(2) ⑤

2 (1) 予算や法律の成立には帝国議会の同意が必要だったため、内閣は政策を進める上で衆議院を基盤とする政党と協力しなければならなかったから。(65字)

(2) 井上馨は領事裁判権を撤廃する代わりに外国人判事の任用や内地雑居を認めようとした。そして、条約改正を成功させるために鹿鳴館を建設するなどの欧化政策が進められた。(79字)

日清戦争と明治後期の議会

1880年代から90年代前半、**明治政府は朝鮮をめぐって清国と対立**します。この対立を解消しようという動きもありましたが、1894年に**日清戦争が開始**されます。戦争は日本の勝利に終わり、**日本は清から様々な権益を得ます。**また**日清戦争後、藩閥政府は予算を成立させるために政党と提携**するようになります。

時代の**メタマッピング**と**メタ視点**

外交 ➡テーマ①

朝鮮問題と日清戦争開戦

日清戦争の背景には、1880年代～90年代前半の**朝鮮をめぐる問題がある。**

政治 ➡テーマ③

藩閥政府と政党との提携

日清戦争後、藩閥政府と政党は予算を成立させるため提携するようになった。

外交 ➡テーマ②

日清戦争の戦後処理

日清戦争に勝利した日本は、**下関条約で清国から様々な権益を得た。**

政治 ➡テーマ④

第2次山県有朋内閣の諸政策

第2次山県有朋内閣も政党と提携するが、**政党の影響力を抑える諸政策**を行った。

旧石器 縄文 弥生 古墳 飛鳥 奈良 平安 鎌倉 室町 安土・桃山 江戸 明治 大正 昭和 平成 令和

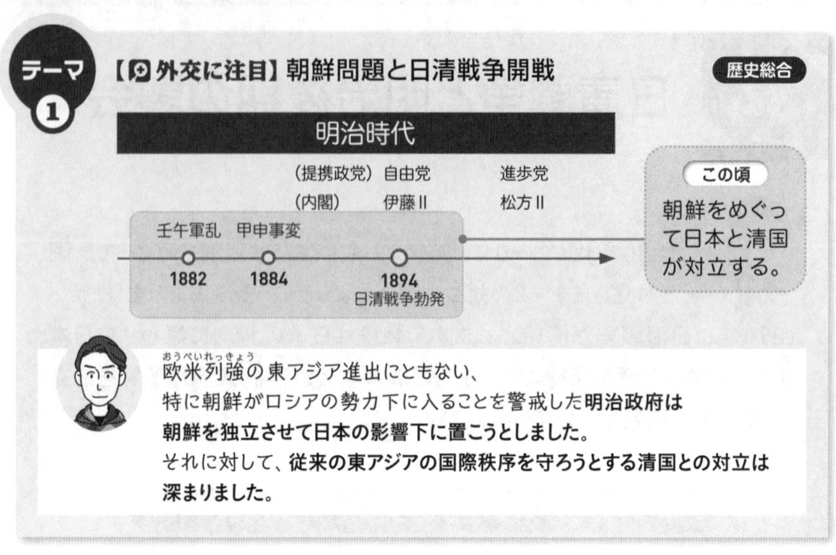

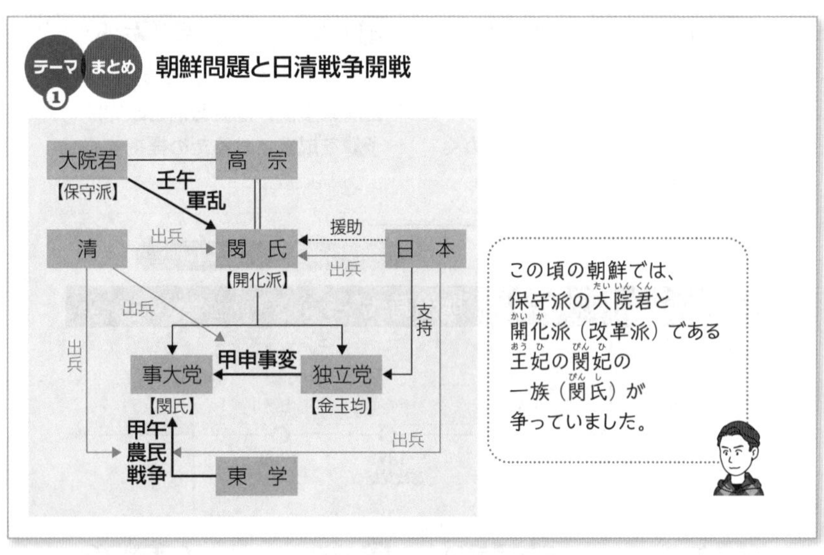

朝鮮国内で起こった政変は、清国軍の介入により解決した

1876年、保守派の大院君を退けた閔氏政権との間に**日朝修好条規**を結ぶことにより、日本は朝鮮と国交を樹立しました [➡ p.390]。この条約には「朝鮮国ハ自主ノ邦」という文言が含まれ、朝鮮に対する清の宗主権を否定しました。これ以降、閔氏政権は日本の援助のもとで軍制改革を実施していきました。

1882年、日本と閔氏政権との結びつきに不満を持つ勢力が大院君を支持して反乱を起こし、日本公使館を襲撃し、一時大院君が政権を握りました。これを**壬午軍乱**（**壬午事変**）といいます。日本は直ちに朝鮮に出兵しましたが、清は宗主国であることを根拠として朝鮮に影響力を及ぼそうとして機先を制して大院君政権を倒しました。

これ以後、清は軍隊を朝鮮に駐留させて影響力を強めていきました。一方、日本は朝鮮政府と済物浦条約を結び、首都漢城に公使館を警備するための軍隊を駐留させる権利を認めさせることで清の朝鮮に対する影響力に対抗しようとしました。

壬午軍乱後、閔氏政権は清国への依存を強め事大党と呼ばれました。一方、対立する**金玉均**ら独立党は日本を頼りました。1884年、清仏戦争*を契機として、独立党は駐留日本軍の援助を得てクーデターを決行しました。これを**甲申事変**といいます。ところが、まもなく袁世凱率いる清国軍が介入してきたため、政変は失敗に終わりました。これにより日本の朝鮮に対する影響力は失われました。

▦ 日清間の対立解消が目指されたものの、結局、日清戦争が開始された

1885年、**福沢諭吉**が発行人となった新聞**『時事新報』**に**「脱亜論」**という社説が掲載されました。これは、日本は未開のアジアを脱して西洋列強と進退をともにすべきであるという帝国主義的な構想です。一方、旧自由党左派の**大井憲太郎**らは朝鮮の独立党と手を結び、朝鮮の独立を確立する一方で日本国内の民権派による改革も進めていこうとして検挙されました。これを**大阪事件**といいます。このように朝鮮情勢は国内において国権論〔➡ p.460〕が高揚することにつながりました。

同年、**伊藤博文**は天津に赴いて清国宰相の**李鴻章**との間に**天津条約**を結びました。これにより日清両軍の朝鮮からの撤退や再派兵する場合の事前通告などが定められ、日清両国の関係調整が図られました。また、ロシアの朝鮮進出に対抗するため、日清間で協調関係を構築しようとする動きもみられました。1889年、朝鮮の地方役人が穀物の対日輸出を禁じる**防穀令**を出した際も、1893年に日本は清に調停を依頼することで朝鮮との関係を調整しました。

1894年、朝鮮で民衆宗教として創始された東学の信者が、減税と排日を求めて朝鮮政府に対して蜂起しました。これを**甲午農民戦争**といいます。朝鮮政府は清に出兵を依頼しましたが、日本も公使館警備を名目に朝鮮に出兵しました。甲午農民戦争はいったん収束しましたが、日清間は一転して対立を深めました。日本軍は朝鮮王宮を占拠し、豊島沖で清国の艦隊と交戦しました。こうして1894年7月、**日清戦争**が始まりました。

用語 ＊清仏戦争…1884～85年の清とフランスの戦争。勝利したフランスがベトナムを保護国化。

Q 1880年代後半になって日本と清国がロシアに対抗しようとしたのは何か理由があるのですか？

A 1885年、ロシアがシベリア鉄道 [➡p.415] 計画を発表すると、日清両国にとってロシアの脅威が現実的になったためです。

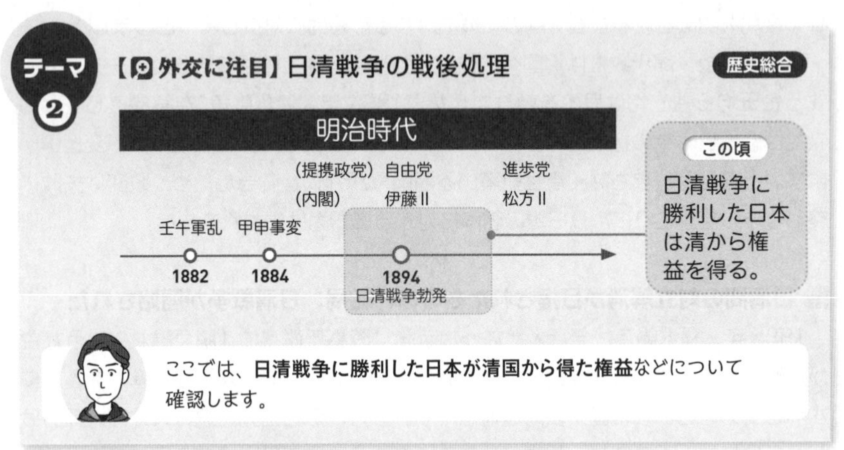

日清戦争は日本の勝利に終わり、下関条約が結ばれた

日清戦争は、黄海海戦で日本海軍が清国の主力艦隊を破るなど日本軍の優勢が続き、清が講和を申し出ました。1895年、日本全権の**伊藤博文**首相・**陸奥宗光**外相と清国全権の**李鴻章**との間で**日清講和条約**（**下関条約**）が下関で締結されました。それでは、講和条約の内容を確認しましょう。

まず、日清両国により朝鮮の独立が確認され、清は宗主権を放棄することとなりました。また、清国は日本に対して**遼東半島**・**台湾**・**澎湖諸島**を割譲し、賠償金**2億両**（約3億円）を銀で支払うことを認めました。さらに、清国は日本に対して長江沿いにある**沙市**・**重慶**・**蘇州**・**杭州**の開市・開港と長江の航行権を承認しました。

日本は台湾統治を進める一方、遼東半島は清国に返還した

ところが、遼東半島については、ロシアがドイツ・フランスとともに中国へ返還することを勧告しました。これを**三国干渉**といいます。日本が中国の首都に近い要地である遼東半島を獲得したことに対して、満洲進出をもくろむロシアは危機感を高めたのです。日本政府は勧告を受け入れましたが、国民の間では「臥薪嘗胆」を合言葉としてロシアへの対抗心が強まりました。

台湾では1895年に台湾民主国の独立が宣言されるなど、各地で日本の支配に対

する抵抗運動が起こりました。海軍大将の**樺山資紀**は**台湾総督**に任じられ、この抵抗を武力でおさえようとしましたが、その後もゲリラ戦は続きました。1898年以降、民政局*長に就任した**後藤新平**のもとで土地調査事業や産業振興が進められ、台湾銀行や台湾製糖会社が創設されるなど植民地経営が展開されました。

1896年、下関条約に基づき、日清修好条規に代わる**日清通商航海条約**が北京で結ばれました。この条約は領事裁判権や協定関税を認めさせるなど日本にとって有利な条件となっています。また、欧米と同様の最恵国待遇を受けますので、日本はこれを利用して中国市場に進出していきました。

Q 日本が受けた最恵国待遇とは具体的にどのようなものがありましたか？

A 例えば、アヘン戦争後の南京条約 [➡p.357] で開港された上海など5港やアロー戦争後の北京条約で開港された天津港などを日本も欧米と同様の条件で使用できるようになりました。

◀日清戦争関係図

▼台湾征服戦争関係図

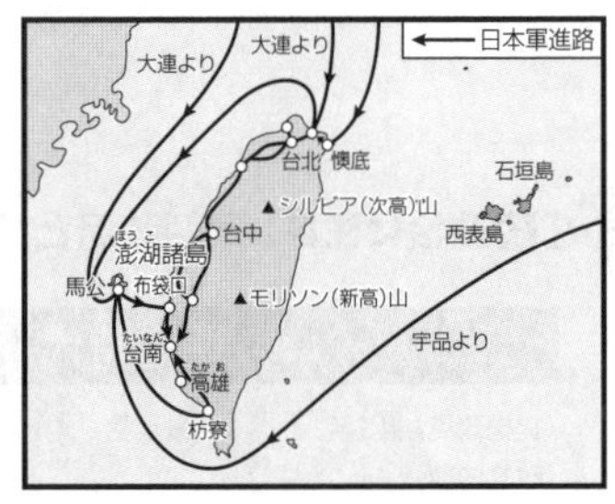

下関条約によって台湾は清から日本へ割譲されることが決まりましたが、一部の台湾住民は**台湾民主国**を建国して清からの独立を宣言し、日本の支配に抵抗しました。日本軍の攻撃により抵抗運動は壊滅しましたが、以後も日本の支配に対する武装蜂起が続きました。

用語 ＊民政局…台湾総督府で行政・司法を担当した機関。

テーマ② まとめ **日清戦争の戦後処理**

① **日清講和条約（下関条約）**（1895）
朝鮮の独立を認める（清の宗主権を否定）
遼東半島・台湾・澎湖諸島の割譲
賠償金**2億両**／沙市・重慶・蘇州・杭州の開市・開港

② 遼東半島の返還（1895）
三国干渉（露・独・仏）の圧力に屈する

③ **台湾総督府**の設置（1895）：抵抗運動を武力弾圧する
後藤新平が土地調査事業・産業振興を進める
④ **日清通商航海条約**（1896）：日本に有利な条約
最恵国待遇（欧米と同等➡日本は中国市場に進出する）

【政治に注目】藩閥政府と政党との提携

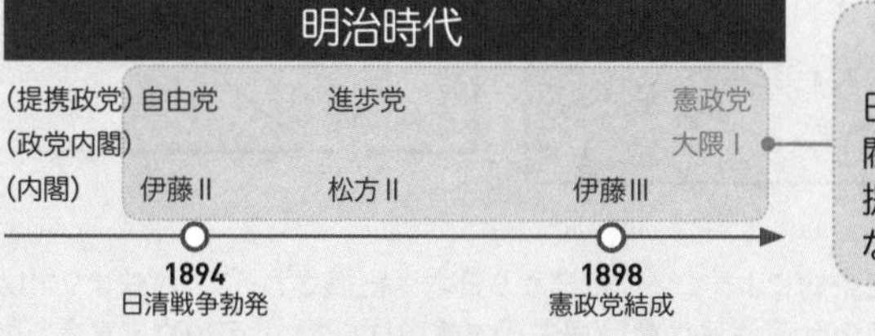

この頃
日清戦争後、藩閥政府は政党と提携するようになる。

藩閥政府と政党は初期議会では予算をめぐる攻防を繰り広げました［➡p.412］が、日清戦争後、藩閥政府は政党と提携し、国務大臣に政党員を起用するようになります。

日清戦争後、藩閥政府と政党は提携して予算を成立させた

日清戦争前から条約改正交渉における内地雑居（ないちざっきょ）［➡p.414］を認めることにより自由党は藩閥政府に接近していました。一方、政府の側も日清戦争によって生まれた新しい国際情勢に対応するため大規模な軍拡予算を成立させるために衆議院で多数

の議席を占める政党と協力する必要があり、**超然主義**〔➡p.411〕**を放棄して政党との提携に踏み切りました。**

第2次伊藤博文内閣は板垣退助を内務大臣として入閣させることで自由党**と提携し、予算を成立させました**。ところが、進歩党との提携をめぐって伊藤首相が板垣内相と対立したため内閣不統一となり、第2次伊藤内閣は退陣しました。続く**第2次松方正義内閣は**大隈重信を外務大臣として迎えることで進歩党**と提携し、松隈内閣と呼ばれました**。ところが、松方内閣は大軍拡を実現するために地租増徴*を提案したことが引き金となり、進歩党との提携が解消されて内閣総辞職となりました。

その後、第3次伊藤博文内閣が発足しました。**第3次伊藤内閣は自由党・進歩党の両党との提携に失敗し**、地租増徴案は否決に追い込まれました。さらに、自由党・進歩党の両党が合同して憲政党を結成したため、議会運営の見通しを失った伊藤内閣は退陣に追い込まれました。

続いて組閣の大命が下ったのは、大隈重信と板垣退助でした。そこで、大隈重信が首相、板垣退助は内相を務め、以下軍部大臣以外はすべて政党員が大臣を占めました。こうして憲政党を与党とする初の政党内閣（第1次大隈重信内閣、隈板内閣）が成立したのです。

ところが、そもそも憲政党は藩閥政府に対抗するために結成された政党だったため、組閣したことにより政党内部の対立が激化しました。尾崎行雄文相が演説内容を問題視されて辞任した共和演説事件をきっかけに、憲政党は旧自由党系の憲政党と旧進歩党系の憲政本党に分裂し、内閣はわずか4ヵ月で退陣しました。

▼近代における政党の変遷

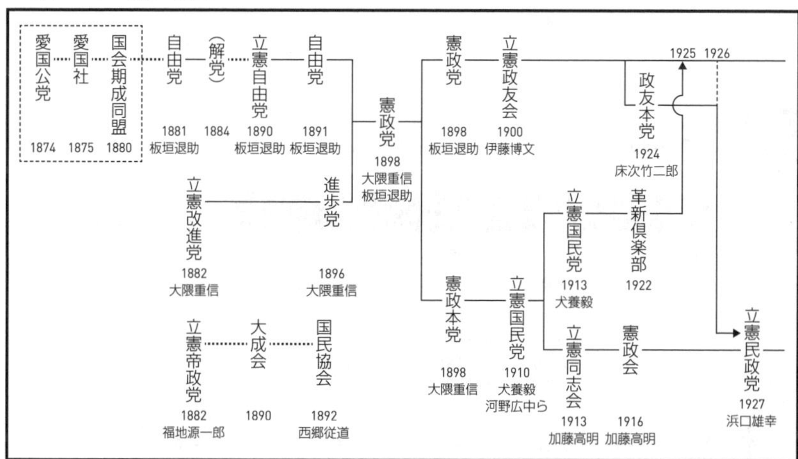

近代における政党の変遷図です。明治時代は自由党の系譜と立憲改進党の系譜をおさえ、大正時代はさらに立憲同志会の系譜をおさえましょう。

用語 ＊地租増徴…地租を今までより多く取り立てること。

Q 共和演説事件は何が問題だったのですか？

A 尾崎行雄は当時の金権*政治を批判して、「日本で共和政治が行われたと仮定すれば、三井・三菱は大統領候補となるだろう」という演説をしました。共和制というのは君主を国家元首としない政治体制のことなので、天皇に対する不敬ととらえられ、尾崎は天皇の信任を失って辞職しました。

藩閥政府と政党との提携

① 第２次伊藤博文内閣（1892〜96）
自由党と提携する（内相＝**板垣退助**）

② 第２次松方正義内閣（1896〜98）
進歩党と提携する（外相＝**大隈重信**）

③ 第３次伊藤博文内閣（1898）
政党との提携に失敗➡地租増徴案は否決される
自由党と進歩党との合同➡**憲政党**の結成

④ 第１次大隈重信内閣（1898）【憲政党／隈板内閣】
共和演説事件：文相・**尾崎行雄**の辞任
憲政党は**憲政党**（旧自由党系）と**憲政本党**（旧進歩党系）に分裂する

テーマ 4 【政治に注目】第２次山県有朋内閣の諸政策

歴史総合

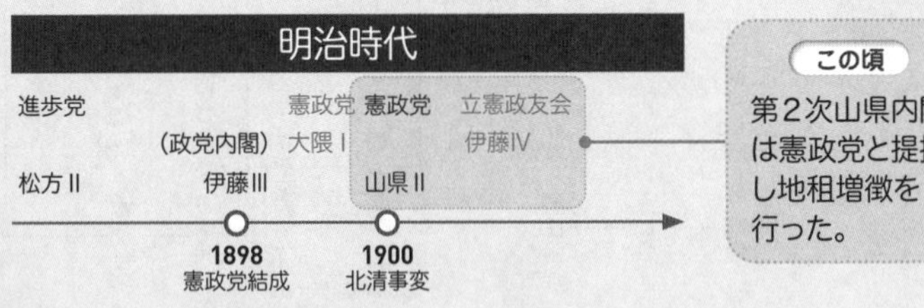

憲政党の政党内閣である第１次大隈重信内閣が瓦解すると、
第２次山県有朋内閣が成立し、
日清戦争後の軍備拡張のための財源確保に乗り出しました。

用語 ＊金権…金を持つことで生まれた権力。

第2次山県内閣も政党と提携したが、政党の影響力を抑える政策をとった

これまで山県有朋は超然主義を標榜してきましたが、組閣後に憲政党と提携することにより、**念願の地租増徴案を成立させました**。ただし、地租率は妥協が図られ、地価の3.3%となりました。

山県内閣は政党の影響力が拡大することを懸念して、1899年には**文官任用令**を改正しました。それまでは、各省の次官・局長など高級官吏の任用には決まりがなかったため、各省大臣の推薦により高級官吏は選ばれていました。そのため、大臣が政党員だった場合には高級官吏も政党員が就任することとなり、官僚内における政党の影響力が拡大することにつながりました。ところが、法令改正により高級官吏には試験任用が拡大され、自由任用は制限されました。1900年には**軍部大臣現役武官制**が制定されました。これまで規定のなかった陸・海軍大臣の任用資格を現役の大将・中将に限定することにより、政党員が陸・海軍大臣に就任する道を阻もうとしたのです。

一方で、山県内閣は憲政党の要求を受け入れる形で、1900年、衆議院議員選挙法を改正しました。選挙人の**納税資格を従来の直接国税15円以上から10円以上へと引き下げた**ほか、被選挙人の納税資格を撤廃し、小選挙区制を大選挙区制へと改めました。これにより商工業者のなかに選挙権を持つ者が拡大しました。また同年、山県内閣は**治安警察法**を成立させました。これは労働者の団結権や争議権を制限するもので、広がりつつあった労働運動を取り締まるために制定されました［➡p.452］。

明治時代後期に高揚する労働運動については、第36講で学習します［➡p.451］。

伊藤博文は立憲政友会を結成し、第4次伊藤内閣が発足する

山県内閣は憲政党との提携により安定した政治運営を行いましたが、憲政党が要求する憲政党員の入閣は認めませんでした。1900年頃から憲政党は山県内閣と距離を取り、伊藤博文に接近し始めました。**伊藤博文はかねてから新党を結成する準備を進めていた**ことから両者は結びつくこととなりました。1900年、**憲政党は解党して伊藤が結成した立憲政友会に合流しました**。この立憲政友会の発足を受けて山県内閣は総辞職し、立憲政友会を基盤とする第4次伊藤博文内閣が発足しました。

ところが、第4次伊藤博文内閣は**貴族院**との対立などにより半年余りで退陣すると、伊藤・山県は政治の第一線から退き、**元老**として後継首相を推薦し、内閣を裏から動かすようになりました。山県の後継者である**桂太郎**と伊藤の後を継いで立憲政友会の総裁となった**西園寺公望**が交互に政権を担当する**桂園時代**へと移っていきます［➡p.477］。

Q 元老とはどういう立場だったのですか？

A 元老は元勲とも呼ばれ、天皇のもとで後継首相の推薦など重要政務の決定に大きな影響力をもった政治家の総称です。憲法上に規定はありませんでした。最初は、伊藤博文・黒田清隆・山県有朋・松方正義・井上馨・西郷従道・大山巌の７人が元老をつとめ、後に桂太郎・西園寺公望が加わりました。

第２次山県有朋内閣の諸政策

① 地租増徴案可決（1898）
地租は地価の**3.3%**になる（憲政党の協力）

② **文官任用令**改正（1899）
高級官吏の任用：自由任用➡試験任用

③ **軍部大臣現役武官制**（1900）
陸・海軍大臣を現役の大将・中将だけに限定する
衆議院議員選挙法改正（1900）
納税資格：直接国税 **10 円**以上になる（人口比 2.2%）

④ **治安警察法**（1900）
労働運動・社会運動の抑圧

確認問題

1 年代配列問題にチャレンジ

(1) 次の文Ⅰ～Ⅲについて、古いものから年代順に正しく配列したものを、後の①～⑥のうちから一つ選んで記号で答えなさい。

Ⅰ 金玉均らは日本公使館の援助のもとにクーデターを起こしたが、清国軍の出動で失敗に終わった。

Ⅱ 伊藤博文と李鴻章との間で天津条約が結ばれ、日清両軍の朝鮮からの撤兵などが定められた。

Ⅲ 朝鮮政府が甲午農民戦争のため清国に出兵を依頼すると、日本も対抗して朝鮮に出兵した。

① Ⅰ－Ⅱ－Ⅲ　② Ⅰ－Ⅲ－Ⅱ　③ Ⅱ－Ⅰ－Ⅲ
④ Ⅱ－Ⅲ－Ⅰ　⑤ Ⅲ－Ⅰ－Ⅱ　⑥ Ⅲ－Ⅱ－Ⅰ

(2) 次の文Ⅰ～Ⅲについて、古いものから年代順に正しく配列したものを、後の①～⑥のうちから一つ選んで記号で答えなさい。

Ⅰ 軍部大臣現役武官制が制定され、政党員の陸海軍大臣への就任が阻まれた。

Ⅱ 桂太郎と西園寺公望が交互に政権を担当する桂園時代が訪れた。

Ⅲ 地租増徴案が、自由党と進歩党の反対で否決された。

① Ⅰ－Ⅱ－Ⅲ　② Ⅰ－Ⅲ－Ⅱ　③ Ⅱ－Ⅰ－Ⅲ
④ Ⅱ－Ⅲ－Ⅰ　⑤ Ⅲ－Ⅰ－Ⅱ　⑥ Ⅲ－Ⅱ－Ⅰ

2 探究ポイントを確認

(1) 日清戦争後、国内でロシアに対する敵対心が高まったのはなぜか。

(2) 藩閥政府が自由党や進歩党などの政党と提携したのはなぜか。

解答

1 (1) ①　(2) ⑤

2 (1) 日本は下関条約で遼東半島の割譲を受けたが、極東進出をねらうロシアがドイツ・フランスとともに三国干渉を行って遼東半島を清国へ返還させたため。(69字)

(2) 自由党や進歩党など反政府の立場をとる政党が衆議院で多数の議席を確保しており、政党の協力なしには予算や法律が成立しなかったため。(63字)

日露戦争と大陸情勢

日清戦争後、**ロシアは朝鮮・満洲への進出を本格化**させました。その結果、日本と対立し、1904年に**日露戦争が勃発します。**その後、日本は**韓国の保護国化・植民地化**を進めます。列強との関係も変化し、**日本はロシア・イギリス・フランスと接近する一方、アメリカとは対立する**ようになります。

時代の**メタマッピング**と**メタ視点**

外交 ➡トピック① テーマ①

列強の中国分割／日露開戦までの流れ

日清戦争後、南下政策を進める**ロシアが朝鮮・満洲への進出を本格化させ、日本との対立を深める。**

外交 ➡テーマ③

韓国併合の過程

日露戦争後、**日本は韓国の保護国化を進めたが、日本への抵抗が強まった。**

明治時代

中国分割　北清事変　日露戦争

桂園時代

(内閣)　山県Ⅱ　伊藤Ⅳ　桂Ⅰ　西園寺Ⅰ　桂Ⅱ　西園寺Ⅱ

1900 北清事変 — 1904 日露戦争 — 1910 韓国併合

外交 ➡テーマ②

日露開戦の経過と講和

日露戦争は総力戦となり、国民の負担も大きかったが、**ポーツマス条約でロシアからの賠償金は得られなかった。**

外交 ➡テーマ④⑤

日露戦争後の列強との関係／日清戦争後の清国の動向

日露戦争後、**日本はロシア・イギリス・フランスと接近し、アメリカに対抗した。**

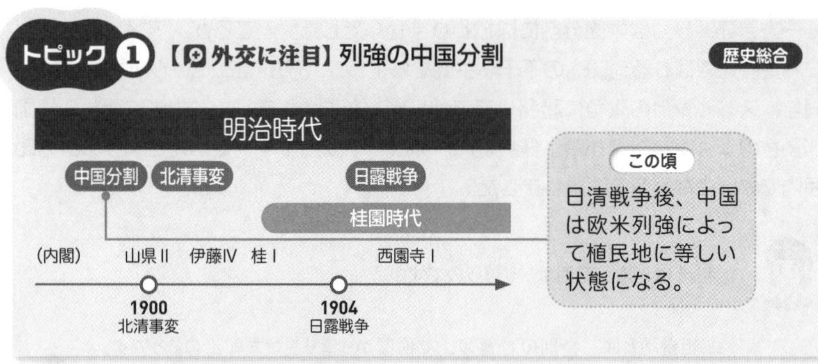

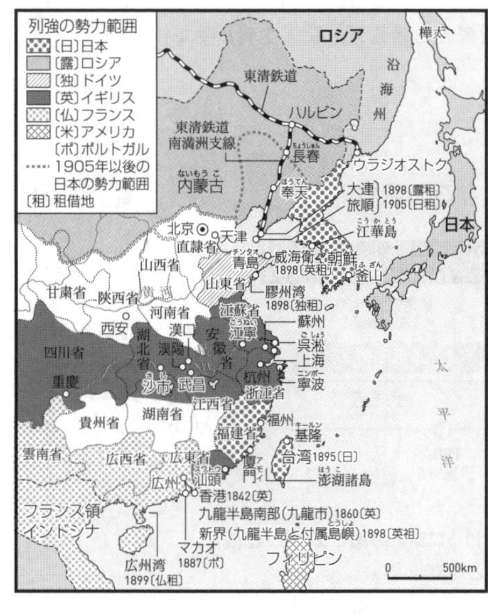

◀列強による中国の分割

日清戦争後、列強が競って中国の利権の獲得に乗り出す

日清戦争〔➡ p.421〕で清が敗北すると、巨額の賠償金を負った清に対して列強は租借地を担保として資金を貸し付けました。1898年、ドイツは山東半島の**膠州湾**を租借すると、ロシアは遼東半島の**旅順**・**大連**、イギリスは**威海衛**・**九龍半島**を租借し、翌1899年にはフランスが**広州湾**を租借しました。さらに、租借地を拠点として鉄道の敷設や鉱山の開発などの権益が認められる勢力範囲を設定していきました。日本は租借地を獲得することはできませんでしたが、台湾を拠点として大陸に進出するため、清国との間に**福建省**の不割譲条約を結び、福建省を勢力範囲として認めさせました。列強が競って中国における利権の獲得に乗り出したため、中国は事実上、植民地に等しい状態となりました。

一方、アメリカは中国分割には加わりませんでした。ところが、アメリカはモンロー主義と呼ばれる他国への不干渉主義を修正し、1898年にハワイを併合すると、同年、スペインとの戦争に勝利してフィリピンを併合しました。中国に関しては国務長官のジョン＝ヘイが領土保全・門戸開放*1・機会均等*2を唱えて列強の勢力範囲内での自由な通商を要求しました。

Q 租借地と勢力範囲はどう違うのですか？

A 租借地とは、特別の合意の上で他国から借り受けた領土のことです。25年間もしくは99年間という期間だったため、実質的には割譲に等しいです。勢力範囲は鉄道の敷設や鉱山の開発などの権益が認められた地域のことです。こうした国家の膨張政策は帝国主義と呼ばれます。

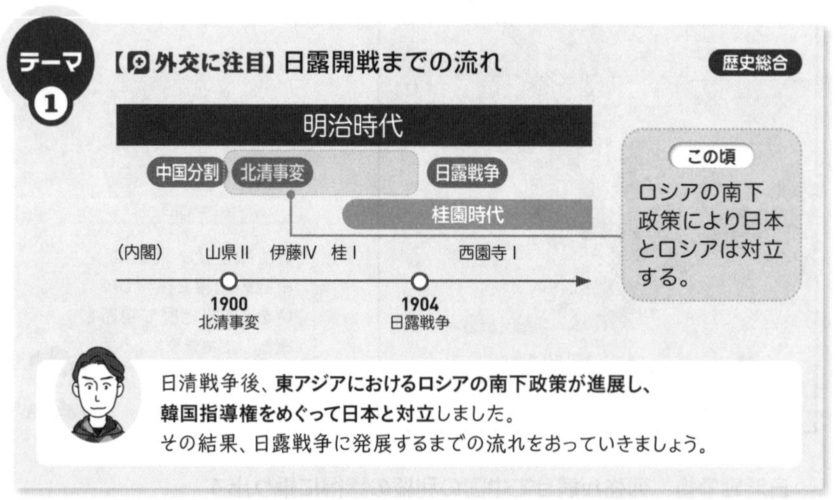

三国干渉後、ロシアが朝鮮と満洲に進出し、日本との緊張が高まる

三国干渉［➡ p.422］後、朝鮮では親露派の閔妃が主導権を握り、ロシアの影響力が強まりました。これに対し、日本公使の三浦梧楼らは勢力挽回を図り、朝鮮王宮に侵入して**閔妃殺害事件**を起こしました。事件後、高宗はロシア公使館に避難し、親露政権を樹立したため日本の影響力は失われました。1897年には、高宗は国号を**大韓帝国**と改め、清からの独立を明らかにしました。

列強の利権拡大に対して清国内では排外運動が高まり、1899年に「扶清滅洋」を唱える**義和団**が蜂起しました（義和団戦争）。翌1900年、義和団が北京の列国公使館を包囲すると、清政府も列国に宣戦布告したため、**北清事変**に発展しました。

用語　*1 門戸開放…経済的活動のため港や市場を開放すること。

日本軍を主力とする列強の連合軍が北京を占領して清国を降伏させると、1901年に**北京議定書**（ペキンぎていしょ）が結ばれて日本と列強は多額の賠償金と北京における駐兵権などを獲得しました。

事件後、ロシアは清国の領土内を通過してウラジオストクにいたる東清（とうしん）鉄道を開通させ、遼東半島の旅順・大連にも支線を伸ばしました。この東清鉄道の守備を名目にロシア軍は満洲に駐留したため、朝鮮半島を勢力圏に入れようとする日本との間に緊張が高まりました。

イギリスと協力して権益を守ろうとして日英同盟が結ばれる

日本では、伊藤博文（いとうひろぶみ）や井上馨（いのうえかおる）が中心となり**日露協商**が目指され、ロシアの満洲支配を認める代わりに日本の韓国支配を認めさせる満韓（まんかん）交換が提唱されました。日露協商が難航すると、桂太郎（かつらたろう）首相や小村寿太郎（こむらじゅたろう）外相はイギリスの協力によりロシアとの交渉を有利に進めようとして、1902年、**日英同盟**（にちえいどうめい）が結ばれました。

国内では、日露間の緊張に対して戦争による解決を求める主戦論が高まり近衛篤麿（このえあつまろ）を中心とする**対露同志会**（たいろどうしかい）や東京帝国大学などの七博士（しちはくし）が世論をあおりました。これに対して、『万朝報』（よろずちょうほう）を退社して**平民社**（へいみんしゃ）を組織した社会主義者の**幸徳秋水**（こうとくしゅうすい）・**堺利彦**（さかいとしひこ）らは『平民新聞』で非戦論（ひせんろん）を唱えました。同じく『万朝報』を退社した**内村鑑三**（うちむらかんぞう）はキリスト教徒の立場から平和主義を訴え、歌人**与謝野晶子**（よさのあきこ）は反戦詩「君死にたまふことなかれ」を『明星』（みょうじょう）に発表しました。

日英同盟は韓国や清国の利権を守るための戦いに際して、
敵国が一国（ロシアを想定）の場合、同盟国は中立を守り、
敵国に他国（フランスを想定）が加わった場合は同盟国も参戦するというものです。

テーマ①　まとめ　**日露開戦までの流れ**

① 朝鮮の動向
閔妃殺害事件➡高宗は親露政権を樹立する（**大韓帝国**）

② 満洲の動向
北清事変の後、ロシア軍が満洲を事実上占領する

③ 日本の対応（日露間の交渉決裂➡開戦（1904.2））
日露協商（伊藤・井上）：満韓交換➡交渉は難航する
日英同盟（1902）：イギリスの協力により権益を守る

用語　*2 機会均等…諸外国の経済的活動に対し平等の待遇を与えること。

④ 国内の世論
主戦論：**対露同志会**・東京帝国大学などの七博士ら
非戦論：**平民社**（**幸徳秋水**・**堺利彦**）・内村鑑三・与謝野晶子

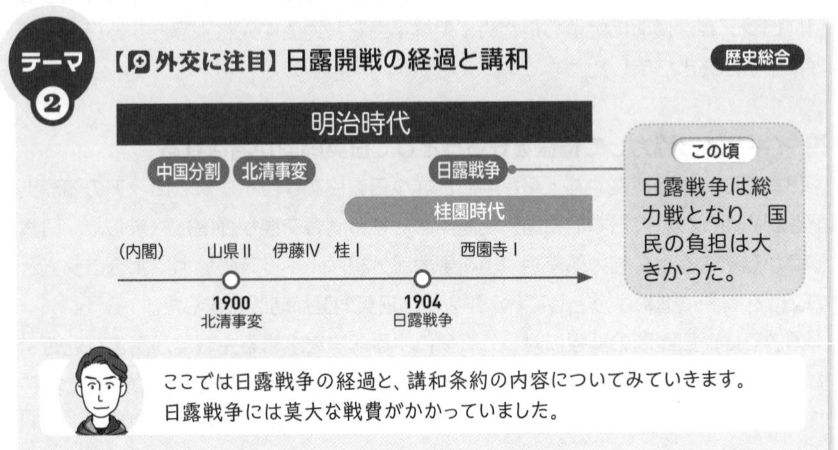

日露戦争は総力戦で、戦費は民衆の負担となった

日露間の交渉は決裂し、1904 年 2 月、日露戦争が開戦しました。日本軍は朝鮮半島に上陸し、韓国の首都漢城に進駐すると、中立を宣言していた韓国との間に**日韓議定書**を締結し、韓国国内における日本軍の軍事行動の自由を約束させました。さらに日本軍は満洲に進出すると、旅順を陥落させて優勢に立ち、**奉天会戦**でロシア軍の主力を破り、**日本海海戦**でもロシア最大の艦隊であるバルチック艦隊を壊滅させました。

ところが、戦争に必要な約 17 億円もの莫大な戦費は内外の国債*のほか相続税や通行税などの新設された税によりまかなわれたため、国民負担の限度に達していました。一方、ロシア側も国内で革命の気運が高まっていて戦争の継続は困難でした。そこで、アメリカ大統領**セオドア＝ローズヴェルト**の斡旋により日本全権**小村寿太郎**とロシア全権**ウィッテ**の間で日露講和条約（**ポーツマス条約**）が調印され、戦争は終結しました。

日露講和条約で賠償金を獲得できなかったことに国民は暴動を起こした

日露戦争は、ロシアが南下を進め、満洲のみならず韓国にまで影響を与えようとしたことに端を発しました。戦争に勝利した日本は、韓国に対する日本の指導・保護などをロシアに認めさせました。他にも、ロシアが清から獲得していた**旅順・大連**の租借権、**長春**以南の鉄道とその付属の利権を日本に譲渡すること、北緯 50 度

【用語】＊国債…国が税金不足を補うために発行する債権。国内で募集したものは内債、海外で募集したものは外債。

以南の**南樺太**と付属の諸島を日本に譲渡すること、**沿海州**・カムチャツカ半島沿岸における日本の漁業権を認めさせました。ところが、**総力戦でのぞんだ戦争だったにもかかわらず賠償金が取れなかったことが民衆に知れ渡ると、民衆は不満を爆発させ、警察署や政府系新聞社などを襲いました**。この暴動は**日比谷焼打ち事件**と呼ばれます。第１次桂太郎内閣は責任をとる形で総辞職しました。

Q 総力戦とはどういうことですか？

A 総力戦は第一次・第二次世界大戦のように国力を総動員して行われる戦争のことです。

日露開戦の経過と講和

① 経過
陸軍は**奉天会戦**で、海軍は**日本海海戦**で勝利する
戦費は約 17 億円➡国債のほか相続税・通行税などを新設

② **日露講和条約（ポーツマス条約）**（1905）
全権：（日）**小村寿太郎**　（露）**ウィッテ**
斡旋：（米大統領）**セオドア＝ローズヴェルト**
内容：日本の韓国指導権を認可する
旅順・**大連**の租借権、**長春**以南の鉄道利権の日本への譲渡
日本が**南樺太**を領有
結果：賠償金なし➡**日比谷焼打ち事件**が起こる

テーマ③ 【外交に注目】韓国併合の過程　歴史総合

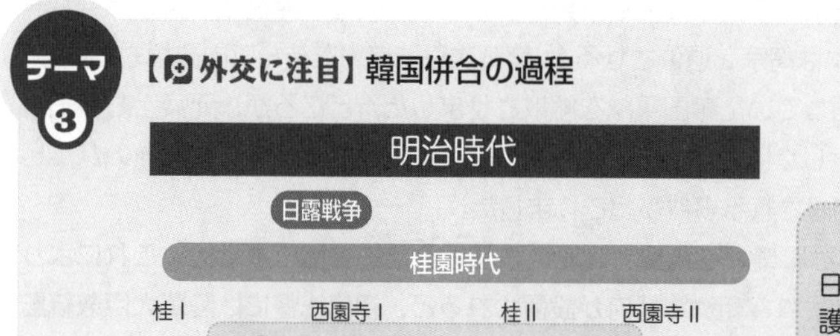

この頃
日本は韓国を保護国化し、その後韓国併合が行われる。

日露戦争後、**日本は韓国の保護国化**を進めましたが、韓国では日本に抵抗する動きがみられました。

日本は韓国を保護国化し、指導権を得ようとした

1897年、ロシアと日本の対立を利用して、朝鮮は**大韓帝国**と国号を改めて独立国となりました〔➡ p.432〕。ところが、1904年、日露戦争の開始後まもなく**日韓議定書**(にっかんぎていしょ)が結ばれると、日本は軍事上必要な場所を韓国から収用することを認めさせ、日本が韓国に干渉する契機としました。その後、**第1次日韓協約**(にっかんきょうやく)が結ばれると、韓国政府は日本政府が推薦する財政顧問と外交顧問を雇うことが定められ、日本は韓国の財政と外交に影響を与えることになりました。

1905年、日露戦争が終結すると、**第2次日韓協約**が結ばれました。これにより韓国の外交権は失われ、外交事務を管理する（韓国）**統監府**(とうかんふ)が漢城に設置されると、初代統監には**伊藤博文**が就任しました。**このように外交権を奪われた状態を保護国化といいます**。すでに日本は非公式にアメリカと**桂・タフト協定**を結び、アメリカのフィリピン支配を認める一方で日本の韓国保護国化を認めさせていました。また、イギリスとは日英同盟〔➡ p.433〕を改定して、インドを同盟の適用範囲とすることで日本の韓国保護国化を承認させていました。

Q 保護国とはどういう状態のことですか？

A ある国が形式的には独立国の体裁はとっているものの、外交権などを他国に譲って保護を受けている状態のことです。

日本は韓国を併合し、植民地支配が行われた

1907年、韓国皇帝の高宗はオランダのハーグで開催された第2回万国平和会議に密使(みっし)を送って日本の不当な支配を抗議しましたが、列国に無視されました（**ハーグ密使事件**）。日本は高宗を退位させると、**第3次日韓協約**を結んで内政権も掌握(しょうあく)し、クーデターを計画していた韓国軍隊を解散させました。ところが、元兵士も参加した**義兵運動**(ぎへい)が激化したほか、1909年には統監を辞任した伊藤博文が満洲のハルビン駅で**安重根**(あんじゅうこん)に暗殺される事件が起こりました。

1910年、日本は軍事力を背景として、**韓国併合条約**(へいごう)を結びました。**これにより韓国は日本に併合され、朝鮮総督府**(ちょうせんそうとくふ)**が設置されると、初代総督には陸軍大臣兼統監の寺内正毅**(てらうちまさたけ)**が任命されました**。

Q 韓国併合とはどういう状態のことですか？

A 韓国が日本の一部となり、統治権を失った状態のことです。韓国は日本の植民地になったとも表現されます。

日本の植民地となった朝鮮・台湾では、日本本土とは異なる統治が行われた

併合後の朝鮮では、朝鮮における土地所有権の確立と地税賦課の整備を目指した土地調査事業が推進されました。その際、所有権が不明確な農地・山林は朝鮮総督府に接収され、日本人地主や**東洋拓殖会社**（とうようたくしょくがいしゃ）に払い下げられました。土地を失った朝鮮人は、小作人（こさくにん）となったほか、日本や満洲に移住しました。

朝鮮や台湾では、法令や予算を審議する議会は設置されず、統治機関である総督府が強大な権限を持ちました。日本本土とは異なる統治が行われ、帝国議会で制定された法律は一部しか施行されませんでした。また、植民地の人々は基本的に選挙権を持たず、議会に議員を送り出すこともできませんでした。

韓国併合の過程

①第１次日韓協約（1904）：顧問の設置（財政・外交）
②第２次日韓協約（1905）：保護国化（外交権掌握）
統監府の設置（初代統監＝**伊藤博文**）
米（桂・タフト協定）・英（第２次日英同盟）で承認を得る
③第３次日韓協約（1907）：統監府が内政権も掌握する
ハーグ密使事件（失敗）、**義兵運動**が激化
④韓国併合条約（1910）〔桂Ⅱ〕：植民地化
朝鮮総督府の設置（初代総督＝**寺内正毅**）
⑤土地調査事業（朝鮮全土）
農地・山林の接収➡日本人地主・東洋拓殖会社に払い下げ

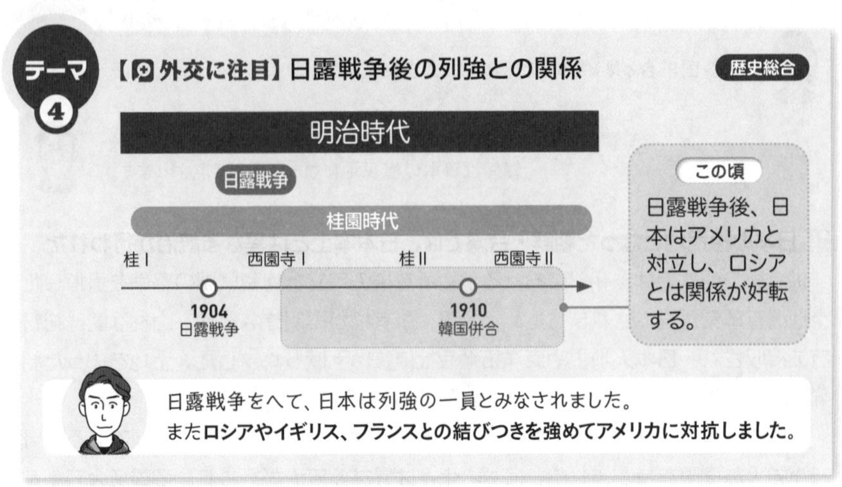

日露戦争後、日本は満洲進出をめざすアメリカと対立した

日本がロシアから利権を継承した遼東半島の租借地（旅順・大連）は**関東州**（かんとうしゅう）と名づけられ、1906 年、旅順に**関東都督府**（かんとうととくふ）が置かれて統治に当たりました。一方、ロシアから得た鉄道を経営するため、同年、半官半民の**南満洲鉄道株式会社**（みなみまんしゅう）（**満鉄**（まんてつ））を大連に設立し、鉄道経営や鉱山開発などを行いました。**後藤新平**（ごとうしんぺい）が初代満鉄総裁に就任し、満鉄の経営基盤を確立していきました。

アメリカの鉄道企業家ハリマンが満鉄の共同経営を桂首相に提案していましたが、小村寿太郎外相の反対でこれを破棄したことを背景として、**アメリカは門戸開放を唱えて日本の南満洲権益の独占に反対しました**。アメリカ西海岸を中心に日本人移民*排斥運動が激化していたこともあって、日米関係は悪化していきました。

ロシアやイギリス・フランスとは関係を深めた

ロシアとの間には**第 1 次日露協約**を結んで東アジアの現状維持を約束するとともに、秘密協定で日本の南満洲、ロシアの北満洲の勢力範囲を相互に認め合いました。1909 年にアメリカの国務長官ノックスが列強 7 ヵ国による満鉄共同経営という満鉄中立化案を提案した際も、翌 1910 年、第 2 次日露協約を結んでこれを阻止しました。

イギリスとの間には、1911 年、**第 3 次日英同盟**を結びました。これはドイツの太平洋進出に対応したものですが、英米接近と日米関係改善のため、アメリカを日英同盟の適用外としました。

1907 年、**日仏協約**（にちふつ）が結ばれ、日本はフランスのインドシナ半島支配を容認しました。これ以前、フランスの植民地下にあったベトナムでは、独立のための人材を育成するため日本に留学生を送り込んでいました。ところが、日本はフランスとの

用語 ＊日本人移民…アメリカで中国人移民が制限されたことで日本人移民が増加したが、1907年に制限。

関係を重視したため留学生に対して国外退去を命じるなど、必ずしもアジアの独立運動に好意的ではなく、彼らを失望させました。

▼日露戦争後のアジアの勢力範囲

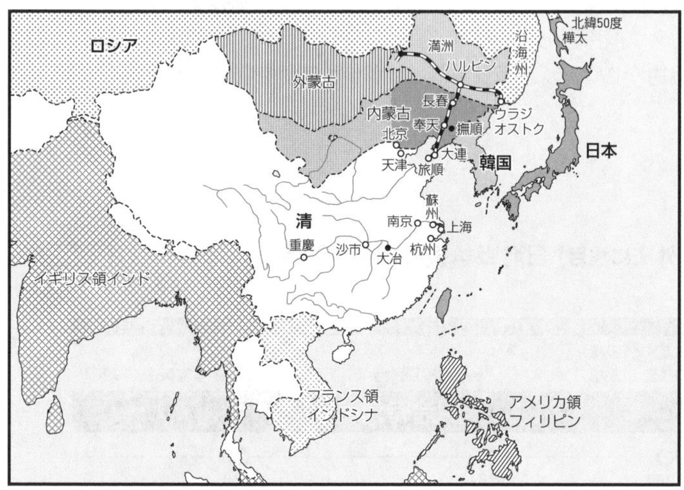

日露戦争後のアジアの勢力範囲を示しています。
ベトナムがフランスの植民地であること、フィリピンがアメリカの植民地であること、インドがイギリスの植民地であることなどを確認しておきましょう。

Q ベトナムから日本に留学生が来ていたのですか？

A はい、この後説明しますが、中国からも留学生が来ています。アジアの新興国である日本が大国のロシアに勝利したことで、インドやベトナムにおける民族運動が高揚しました。

日露戦争後の列強との関係

① アメリカ：南満洲権益をめぐり対立
桂・ハリマン協定（1905）➡小村外相が破棄する
日本人移民排斥運動の激化
ノックスの満鉄中立化案（1909）

② ロシア：関係好転／アメリカを警戒
第1次日露協約（1907）：満蒙権益を相互承認する（秘密）
③ イギリス：関係維持
第3次日英同盟（1911）：英米接近➡アメリカを適用外とする
④ フランス：関係強化
日仏協約（1907）：フランスのインドシナ支配を容認する

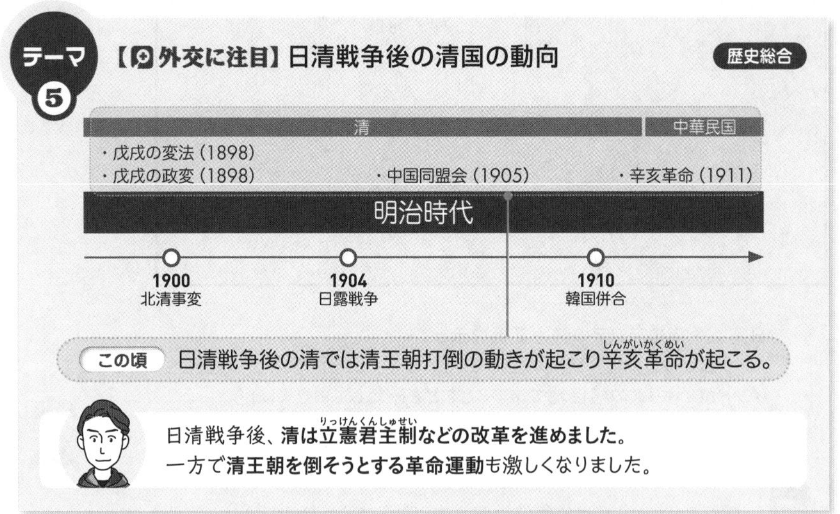

清でも政治改革が行われたが、革命が起こり中華民国が成立する

清は日清戦争で日本に敗れると、1898年、康有為らの改革派が中心となって政治改革運動である**戊戌の変法**が進められました。この運動は日本の明治維新を模範としたもので、帝政を維持しつつも憲法の制定や国会の開設を目指すものでした。ところが、西太后と結んだ保守派の巻き返しにあってわずか百日余りで失敗に終わり、改革派は日本へ亡命しました。これを**戊戌の政変**といいます。

一方、**孫文**は清朝打破の革命運動のためハワイで興中会を結成し、1895年には広州で最初の挙兵を企てました。ところが、事前に発覚したため失敗し、孫文は日本へ亡命しました。孫文は民族主義（反帝国主義）・民権主義（基本的人権と民主主義）・民生主義（国家資本主義と耕作者自身の土地所有）の**三民主義**を唱え、1905年、東京で**中国同盟会**を結成して反清革命運動を進めました。中国同盟会は社会運動家である宮崎滔天や国家主義者の頭山満らの支援を受け、東京に留学中の蔣介石らも加入しました。

1911年、孫文らは清王朝打倒のための反乱を起こしました。その際、清王朝から大権を与えられていた**袁世凱**（えんせいがい）と妥協し、翌1912年、袁世凱を臨時大総統とすることで**中華民国**を成立させました。この革命は**辛亥革命**（しんがいかくめい）と呼ばれます。ところが、袁世凱はしだいに独裁を強めて孫文を追放し、正式に大総統に就任すると、1915年には帝政宣言を発して自身が皇帝（こうてい）になろうとしました。袁世凱に対する反発から中国国内は軍閥（ぐんばつ）*抗争が始まり、その中で袁世凱は急死しました。

中国は帝政を打破して共和制（きょうわせい）を建てることで国力回復を目指したのですが、結局内戦が激化することとなり、欧米列強の勢力を排除することはできませんでした。

テーマ⑤ まとめ 日清戦争後の清国の動向

① **戊戌の変法**（1898）
改革派（康有為ら）が立憲制の導入などを目指す

② **戊戌の政変**（1898）
保守派（西太后ら）が主導権を握る

③ **中国同盟会**の結成（1905）〔東京〕
孫文の指導により、帝政打破を目指す
三民主義（民族主義・民権主義・民生主義）を提唱する

④ **辛亥革命**（1911～12）
孫文が清王朝を打倒する ➡ **中華民国**の成立（臨時大総統＝**袁世凱**）
袁世凱の帝政宣言（1915）➡ 軍閥抗争の始まり

用語 ＊軍閥…近代中国では軍人の地方政権を指す。

確認問題

1 年代配列問題にチャレンジ

(1) 次の文Ⅰ～Ⅲについて、古いものから年代順に正しく配列したものを、後の①～⑥のうちから一つ選んで記号で答えなさい。

Ⅰ 講和条約で、旅順・大連の租借権、樺太南半分の領有などが日本に認められた。

Ⅱ ロシアの勢力拡大を警戒するイギリスと同盟を結んだ。

Ⅲ ロシアと４次にわたる協約を結び、満洲など極東における権益を相互に承認した。

① Ⅰ－Ⅱ－Ⅲ　② Ⅰ－Ⅲ－Ⅱ　③ Ⅱ－Ⅰ－Ⅲ
④ Ⅱ－Ⅲ－Ⅰ　⑤ Ⅲ－Ⅰ－Ⅱ　⑥ Ⅲ－Ⅱ－Ⅰ

(2) 次の文Ⅰ～Ⅲについて、古いものから年代順に正しく配列したものを、後の①～⑥のうちから一つ選んで記号で答えなさい。

Ⅰ アメリカはモンロー主義を修正し、フィリピンを併合した。

Ⅱ アメリカ大統領の斡旋によりポーツマス条約が締結された。

Ⅲ 日米通商航海条約が改正され、関税自主権の完全回復に成功した。

① Ⅰ－Ⅱ－Ⅲ　② Ⅰ－Ⅲ－Ⅱ　③ Ⅱ－Ⅰ－Ⅲ
④ Ⅱ－Ⅲ－Ⅰ　⑤ Ⅲ－Ⅰ－Ⅱ　⑥ Ⅲ－Ⅱ－Ⅰ

2 探究ポイントを確認

(1) 日露戦争が起こる原因となった朝鮮半島情勢と満洲情勢についてそれぞれ述べよ。

(2) 日本は韓国の保護国化をアメリカ・イギリス・ロシアにどのようにして認めさせたのか、説明せよ。

解答

1 (1) ③　(2) ①

2 (1) 朝鮮半島ではロシアの支援で日本に対抗しようとする動きが強まり、親露政権が樹立した。満洲では、北清事変を機にロシア軍が駐留して日本の朝鮮半島における権益をおびやかした。(83字)

(2) アメリカとは桂・タフト協定を結んでアメリカのフィリピン統治を認めた。イギリスとは日英同盟を改定して同盟の適用範囲にインドを加えた。ロシアに対してはポーツマス条約により韓国指導権を認めさせた。(95字)

第36講 産業革命の進展

産業革命とは、近代的な工場において動力を用いた機械を導入して製品を大量生産すること、それにともない社会構造が変化することをいいます。**日本の産業革命は、まず軽工業で進展します。**日清戦争後は、**賠償金をもとに重工業も展開し、様々な社会資本も形成されます。**しかし資本主義の発展にともない社会問題も起こり、**労働運動や社会主義運動**も始まります。

時代の**メタマッピング**と**メタ視点**

社会・経済 ➡テーマ①

明治期における軽工業の発達

日本の産業革命は、**製糸業・紡績業などの軽工業の分野で進展**した。

社会・経済 ➡テーマ②

明治期における重工業の形成

重工業は、**日清戦争後の賠償金をもとにつくられた八幡製鉄所の操業とともに展開**した。

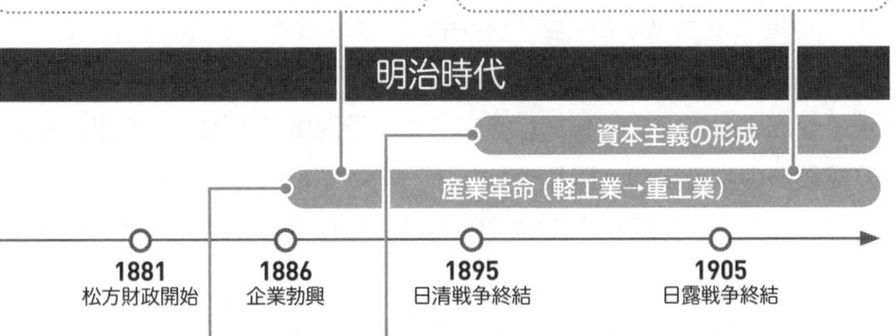

社会・経済

運輸業の発達

明治時代、**経済の発達のために必要な鉄道業・海運業も発達**する。

➡テーマ③

社会・経済

日本資本主義の形成

日清戦争の賠償金をもとに、**資本主義の形成につながる様々な社会資本が形成される。**

➡テーマ④

社会・経済

明治期の労働運動／社会主義運動／その他の社会運動

資本主義の発達にともない様々な**社会問題**が起こり、**様々な運動が起こる。**

➡テーマ⑤⑥⑦

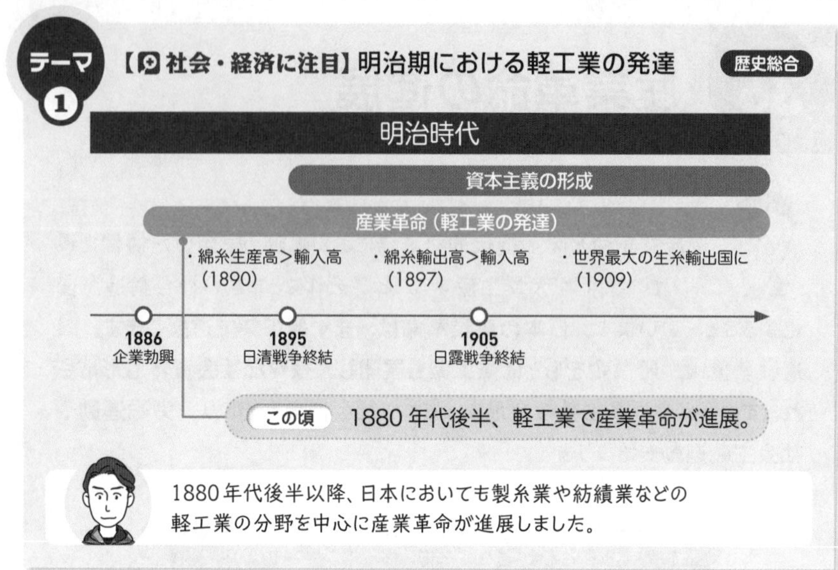

幕末から主要輸出品だった生糸の輸出は、1909年に世界最大になる

まずは、製糸業の発達からみていきましょう。製糸業は農家が育てた国産の繭を原料として半製品（製造・加工途中の製品）である生糸をつくる工業です。江戸時代中期には生糸の国産化が進められ、桐生・足利などの北関東を中心に生産されるようになり［➡ p.287］、幕末には欧米向けの主要輸出品となりました［➡ p.360］。

明治時代初期には手動装置の器具を用いた座繰製糸による生産が普及しましたが、1872年、群馬県に富岡製糸場が設立され、フランスの技術が導入されたことで器械製糸が広まっていきました。その結果、**日清戦争の頃には座繰製糸の生産高よりも器械製糸の生産高が上回りました。**日露戦争後にはアメリカ向けを中心に生糸輸出はさらに伸び、**1909年には清国を追い越して世界最大の生糸輸出国となりました。**

国産生糸から絹布をつくる絹織物業では機械化はなかなか進みませんでした。国産の力織機によって輸出向けの羽二重の生産は行われましたが、国内向けの絹織物製品は、問屋制家内工業や小規模経営の手工業生産が行われました。

綿糸は1897年に、綿布は1909年に、輸出高が輸入高を上回る

次に、綿花から綿糸を作る紡績業の発達をみていきましょう。江戸時代後半、工場制手工業（マニュファクチュア）によって、国産の綿花を原料として綿糸・綿布が生産されていました［➡ p.332］。ところが、幕末開港後にイギリス製の綿製品が大量に輸入されると、国内の綿業は全体的に大打撃を受けました［➡ p.361］。

明治初期には輸入綿糸と手織機を用いた綿布生産がしだいに行われるようになり、それにともない、綿糸の国産化が目指されました。1870 年代は、手動装置の手紡や水力を用いた**ガラ紡**による綿糸生産が中心でしたが、1880 年代には蒸気機関を用いた輸入の紡績機械と輸入綿花による生産が行われるようになりました。その先駆となったのが、1883 年、**渋沢栄一**らにより開業された**大阪紡績会社**です。綿糸生産高は増加し、**1890 年には綿糸生産高が輸入高を上回りました**。日清戦争頃には中国・朝鮮への綿糸輸出も増加し、**1897 年には綿糸輸出高が輸入高を上回りました**。

臥雲辰致が発明したガラ紡は、1877 年に開催された
第 1 回内国勧業博覧会で最高賞を受賞し、東海地方を中心に普及しましたが、
機械紡績の定着とともに衰退しました。

こうして綿糸の国産化が定着すると、綿織物業の生産高も上昇しました。日露戦争後、大紡績会社は輸入力織機を利用して綿布をさかんに生産し、朝鮮・満洲市場への進出を強めました。農村の問屋制家内工業においても**豊田佐吉**らが考案した小型の国産力織機を導入し、小工場へと転換する動きが進みました。**1909 年には綿布の輸出高が輸入高を上回り**、綿織物業も輸出産業として定着しました。

テーマ① まとめ　明治期における軽工業の発達

① 製糸業（国産の繭を**生糸**にする）
座繰製糸（手動）から**器械製糸**（水力）に
主に欧米に輸出される（特にアメリカ）➡外貨獲得手段

② 絹織物業（国産生糸を**絹布**にする）
手織機（手動）・力織機（水力）

③ 紡績業（輸入綿花を**綿糸**にする）
手紡（手動）・**ガラ紡**（水力）から**機械紡績**（蒸気力）に
主に中国・朝鮮に輸出される

④ 綿織物業（綿糸（輸入➡国産）を**綿布**にする）
手織機から力織機（輸入・国産）に

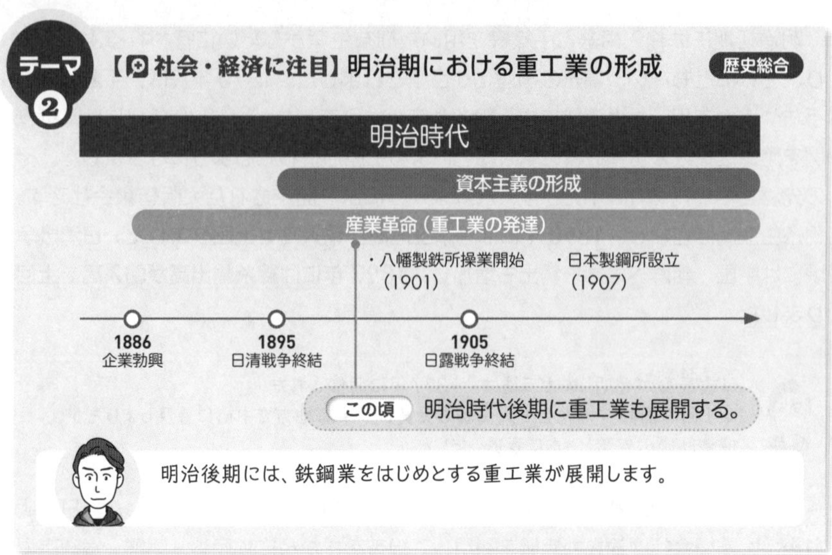

日清戦争の賠償金で建てられた八幡製鉄所が鉄鋼の国産化を目指す

重工業の基礎となるのが鉄鋼業です。江戸時代は炉に砂鉄と木炭を交互に投げ入れ、足踏み式の送風装置を用いて燃焼させて鉄塊をつくる**たたら製鉄**が行われましたが [➡ p.286]、明治時代には高炉で鉄鉱石と石炭を用いる製鉄法がとられました。まず、高炉において鉄鉱石から銑鉄を取り出します。ただし、銑鉄は炭素を多く含んでおり、圧延・鍛造などの加工が困難であるという欠点があります。そこで、転炉で酸素ガスを吹き付けることにより炭素などを除去し、鋼にする必要がありました。

重工業の発達は軽工業と比べ立ち遅れていましたが、日清戦争の賠償金をもとに**1901年、官営の八幡製鉄所が操業を開始し、鉄鋼生産の国産化が目指されました**。原料となる鉄鉱石は国内産のみならず中国**大冶鉄山**の鉄鉱石を安価に輸入し、燃料の石炭は**筑豊炭田**のものが用いられ、ドイツの技術が導入されました。

日露戦争後の**1907年、北海道の室蘭に北海道炭礦汽船とイギリス企業との共同出資によって日本製鋼所が設立されました**。日本製鋼所は日本最大の民間兵器製造会社として、主に海軍向けの兵器を生産しました。**鉄鋼の生産は国内の需要を十分満たすことはできませんでした**が、造船業や機械工業の形成につながりました。横須賀海軍工廠や三菱長崎造船所では軍艦を建造したほか、池貝鉄工所は工作機械である旋盤でアメリカ製と同等の性能を持つものを製作しました。

Q 旋盤とはどのような用途をもつ機械なのですか？

A 旋盤は、鉄や銅などを削り、機械の部品をつくるための工作機械です。

テーマ② まとめ　明治期における重工業の形成

① 鉄鋼の製造

銑鉄：高炉で鉄鉱石を溶解する（燃料＝石炭）

鋼鉄：転炉で酸素ガスを吹き込み、炭素を除去する

② 鉄鋼業

官営：**八幡製鉄所**操業開始（1901）〔北九州〕：ドイツの技術を導入する

　　　中国・**大冶鉄山**の鉄鉱石と**筑豊炭田**の石炭を用いる

民営：**日本製鋼所**（1907）〔室蘭〕：外資を導入して設立

③ 造船業・機械工業の形成

三菱長崎造船所➡軍艦を建造

池貝鉄工所➡アメリカ製と同精度の旋盤を製作

テーマ③ 【社会・経済に注目】運輸業の発達　歴史総合

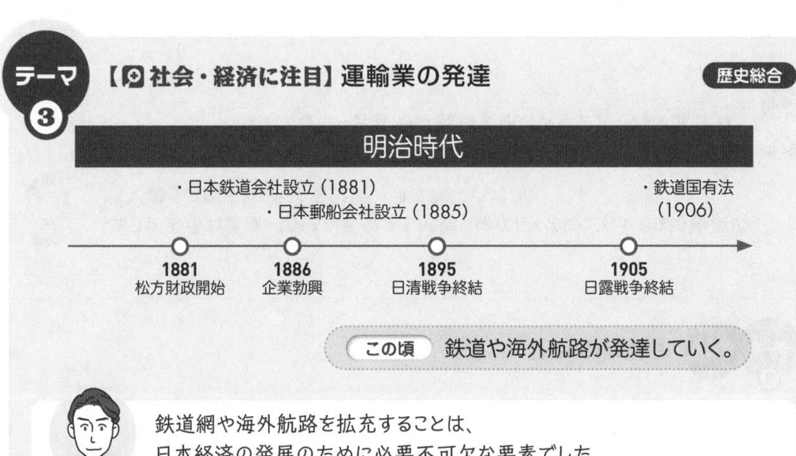

鉄道業は民営鉄道ブームが起こるが、日露戦争後にはほぼ国有化される

明治初期、官営事業を中心とした殖産興業が進められるなか、1872年に敷設された新橋―横浜間の官営鉄道［➡p.383］は拡張され、1889年には東京―神戸間を結ぶ東海道線が全通しました。一方、民営鉄道では、1881年に華族らの金禄公債を資本として設立された**日本鉄道会社**が次々と東北地方の路線を開通させ、1891年には上野―青森間が全通しました。経営は良好で民営鉄道ブームを牽引しました。九州鉄道や山陽鉄道・名古屋鉄道などの民営鉄道が次々と開通し、日清戦争後には

青森－下関間が鉄道で結ばれるようになりました。日露戦争後、1906年には軍事的な必要性から輸送の一元化を図るため**鉄道国有法**が公布され、日本鉄道以下私鉄17社（鉄道営業距離の約90%）が国家に買収されました。これにより長距離の運賃が下がり、人や物資が円滑に輸送されるようになりました。

海運業は三菱と共同運輸会社の争いの後、日本郵船会社が設立される

海運業では、1875年に**岩崎弥太郎**によって設立された三菱汽船会社が大隈重信と結びついて業界を独占していましたが、明治十四年の政変で大隈重信が下野すると［➡ p.398］、政府の保護を受けた共同運輸会社が設立され、三菱と激烈な競争を行いました。共倒れをおそれた政府の調停で両者は1885年に合併し、**日本郵船会社**となりました。日本郵船会社は政府の保護を受けて定期航路の開設につとめ、1893年には綿花輸送のためインドのボンベイに航路を開きました。日清戦争後の1896年には**航海奨励法**により海運業に対する政府の助成が拡大され、日本郵船はヨーロッパ・アメリカ・オーストラリアなどの主要港を結ぶ定期航路を広げ、貿易の発展を支えました。

Q 綿花を輸入するために海外航路が必要だったのですね。

A はい。ただし、綿花をインドや中国から輸入し、紡績機械もイギリスやアメリカから輸入する必要があり、貿易は赤字でした。

運輸業の発達

① 鉄道業の発達
官営：鉄道敷設（1872）〔新橋－横浜間〕
　　　東海道線全通（1889）〔東京－神戸間〕
民営：**日本鉄道会社**（1881）〔上野－青森間／1891〕
　　　鉄道ブーム（民営鉄道拡大）➡**鉄道国有法**（1906）

② 海運業の発達
三菱汽船会社（1875）：**岩崎弥太郎**が創業、大隈重信と結びつく
共同運輸会社（1882）：政府と三井の共同出資で設立
日本郵船会社（1885）：三菱と共同運輸が合併する
航海奨励法（1896）：奨励金付与➡遠洋航路の開拓

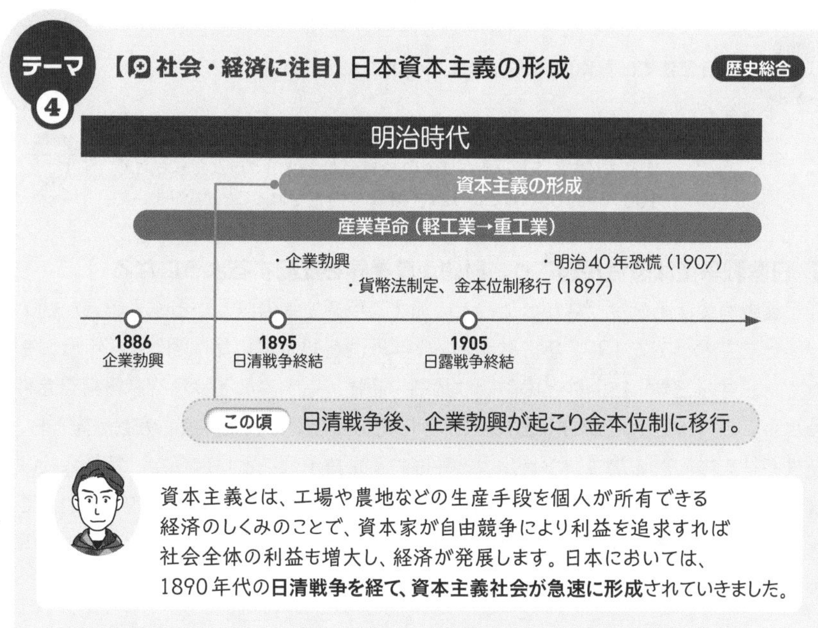

日清戦争の賠償金が新しい会社の設立や金本位制につながる

日清戦争後、政府は清国から得た巨額の賠償金［➡ p.422］をもとに、軍備拡張や産業振興を推進しました。その結果、新しい会社が設立される**企業勃興**が相次ぎ、空前の好景気を迎えました。政府は金融面や貿易面の整備を進めて好景気をバックアップしました。

まず金融面では、普通銀行を通じて産業界に資金が供給されたほか、特定の目的のために法令によって特殊銀行が設立されました。1887年にはすでに**横浜正金銀行**が特殊銀行化して貿易の為替決済を取り扱っていましたが、1890年代後半から1900年代前半にかけて、日本勧業銀行や各府県の農工銀行、台湾銀行、日本興業銀行といった特殊銀行が次々と設立され、資金を供給することで日本企業の活動を支えました。

続いて、貿易面の整備も進められました。欧米では19世紀前半以降、**金本位制**が採用されており、貿易の決済に金が用いられていましたが、日本・中国をはじめとするアジア諸国では**銀本位制**がとられていました。したがって、日本の企業が欧米の企業と貿易する際には金・銀の交換が必要となりました。金・銀の相場は変動したため、貿易は非常に不安定でした。そこで、日清戦争の賠償金を利用して金を準備すると、1897年には**貨幣法**を制定して日本は**金本位制**を採用しました。これにより為替は安定したため貿易の振興が見込めたほか、円の価値が高まり軍事物資の輸入に有利となりました。

Q 貨幣法では具体的にどのようなことを取り決めたのですか？

A 貨幣法では1円あたりの金の含有量を0.75グラムと定めました。1ドルあたり金の含有量は約1.5グラムだったため、100円=約50ドルという為替相場が固定されることとなりました。

日露戦争後は恐慌が起こり、財閥が産業界を支配するようになる

日露戦争後、賠償金がなかったことに加えて軍備拡張の必要から輸入超過が続いたことも加わって、1907年には明治40年恐慌を迎えました。明治40年恐慌をへて、三井・三菱・古河などの**財閥**は金融・運輸・鉱山業など多角的な経営を進めるようになりました。三井財閥は1909年に持株会社である**三井合名会社**を設立し、持株会社を中心とした**コンツェルン**と呼ばれる企業形態をとりました。持株会社は株式を通じて子会社や孫会社を支配してグループをつくり、グループ内で協力して不況を乗り切る体制を整えました。三菱や古河などの財閥も同様にコンツェルンの形態を整えて、産業界を支配するようになりました。

Q 持株会社とはどのような会社なのですか？

A 持株会社は企業支配を目的として多くの企業の株式を所有する会社のことで、財閥の一族や幹部社員により運営されました。

日本資本主義の形成

① 日清戦争後の好景気
賠償金を利用➡軍備拡張・産業振興

② 金融面の整備（資金供給）
横浜正金銀行の特殊銀行化（1887）➡貿易金融を行う
日本勧業銀行（1897）・台湾銀行（1899）などを設立する

③ 貿易面の整備
貨幣法（1897）：1円＝金0.75g、100円＝約50ドルとする
金本位制へ移行（為替の安定➡貿易振興）

④ 日露戦争後の軍備拡張
賠償金なし・輸入超過➡明治40年恐慌（1907）

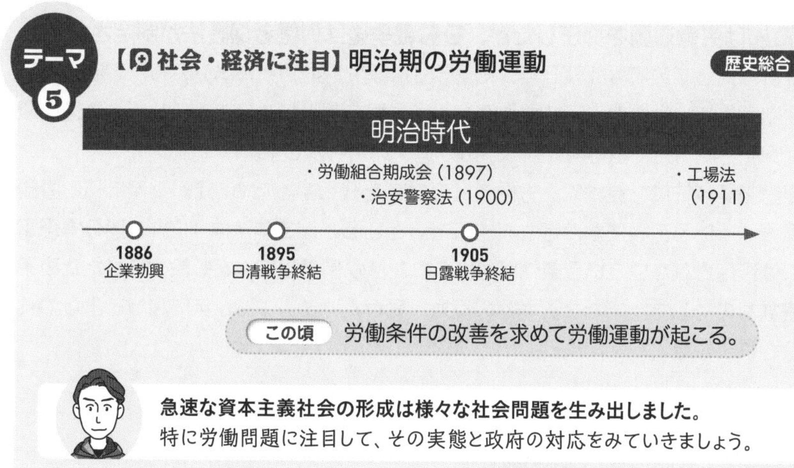

工場労働者は劣悪な条件で働かされた

工業化の発達にともない多くの工場が設立されると、工場労働者の数も増えていきました。製糸業や紡績業などの繊維工業の労働者は農村から出稼ぎにきた女性（女工）が中心で、重工業や鉱山業の労働者は男性が中心でした。いずれも労働条件は劣悪で、製糸業では 15 ～ 18 時間労働、紡績業では昼夜 2 交代制の 12 時間労働でした。また、不衛生な寄宿舎に住んだため、肺結核などを患うこともありました。

こうした労働者の実態を明らかにしたのが、1899 年に『日本之下層社会』を著した横山源之助です。横山は桐生・足利の女性労働者や都市の貧民窟と呼ばれるスラム街の状況を調査しました。一方、農商務省は工場労働者の実情を調査して、1903 年に『職工事情』をまとめました。

労働条件の改善を求めて労働運動が起こる

こうした状況下で、労働者は劣悪な労働条件を改善することを要求するため、一致団結するようになりました。その先駆となったのが、1886 年に甲府で起こった雨宮製糸ストです。これは日本最初のストライキ（同盟罷業）で、女工たちが労働時間短縮などを求めて決起しました。以後、こうした争議は続発し、1889 年に大阪で大規模なストライキである天満紡績ストが起こりました。日清戦争後には、アメリカで労働運動を学んで帰国した高野房太郎を中心として 1897 年に職工義友会が結成され、同年片山潜が加わって労働組合期成会へと改組し、その指導のもとに様々な労働組合*が結成されました。

【用語】＊労働組合…労働条件改善や生活の安定のために労働者が結成する組織。

政府は労働運動を抑圧したが、日露戦争後は労働者保護法が制定された

これに対して政府は1900年、第2次山県有朋内閣〔➡ p.427〕のもとで**治安警察法**を制定して、労働者の団結権やストライキ権を制限しました。これにより労働運動は抑圧され、労働組合期成会は解散へ追い込まれました。

日露戦争後には、資本家と労働者との対立を緩和するため、1911年に初の労働者保護法である**工場法**が制定されました。ところが、**工場法は15人未満の零細工場には適用されないという条件が付けられたほか例外規定なども設けられたため不徹底なもの**でした。また、資本家の反対を受けたため、1916年になってようやく施行されました。

明治期の労働運動

① 労働者の実態調査
　横山源之助『**日本之下層社会**』、農商務省『**職工事情**』

② 労働者の抵抗
　ストライキ（同盟罷業）：雨宮製糸〔甲府〕・天満紡績〔大阪〕
　労働組合：**高野房太郎**が職工義友会を結成する（1897）
　　➡**片山潜**が加わり**労働組合期成会**に改組

③ 政府の対応
　治安警察法（1900）【山県Ⅱ】：労働運動・社会運動を抑圧する
　工場法制定（1911）【桂Ⅱ】➡施行（1916）【大隈Ⅱ】
　　初の労働者保護法（条件付き・例外規定あり）

史料を読んでみよう！ ―工場法―

第一条　本法ハ左ノ各号ノ一ニ該当スル工場ニ之ヲ適用ス。

　一　常時十五人以上[注1]ノ職工ヲ使用スルモノ。……

第二条　工業主ハ十二歳未満ノ者ヲシテ工場ニ於テ就業セシムルコトヲ得ス。但シ本法施行ノ際十歳以上ノ者ヲ引キ続キ就業セシムル場合ハ此ノ限ニ在ラス。……

第三条　工業主ハ十五歳未満ノ者及女子ヲシテ、一日ニ付十二時間ヲ超エテ就業セシムルコトヲ得ス。

第四条　工業主ハ十五歳未満ノ者及女子ヲシテ、午後十時ヨリ午前四時ニ至ル間ニ於テ就業セシムルコトヲ得ス。

（『法令全書』）

（注 1）1923 年には 10 人以上に改正した。なお、労働組合期成会は、1897 年の時点で 5 人以上の工場を対象とする立法を要求していた。

まず、第一条では工場法の適用を受ける条件が決められており、**原則として 15 人以上の職工を使用する工場にのみこの法律が適用されました**。すなわち、工場法は零細工場には適用されなかったことから労働者保護法としては不十分なものであったといえます。

第二条では就業の最低年齢について決められています。ここでは **12 歳未満の者を就業させることが禁止されました**。ただし、引き続きの雇用なら、10 歳以上の者を就業させることができるという例外規定が設けられました。

第三条・第四条では、**15 歳未満の年少者と女子について、1 日に 12 時間を超える就業**と午後 10 時から午前 4 時までの**深夜業の就業が禁止されました**。ただし、深夜業の禁止については昼夜 2 交代制をとる工場を経営する紡績業界から猛反対を受け、条件付きで深夜業の就業が認められました。

このように工場法は条件が付けられたり例外規定が設けられたため、労働条件の改善はあまり進みませんでした。

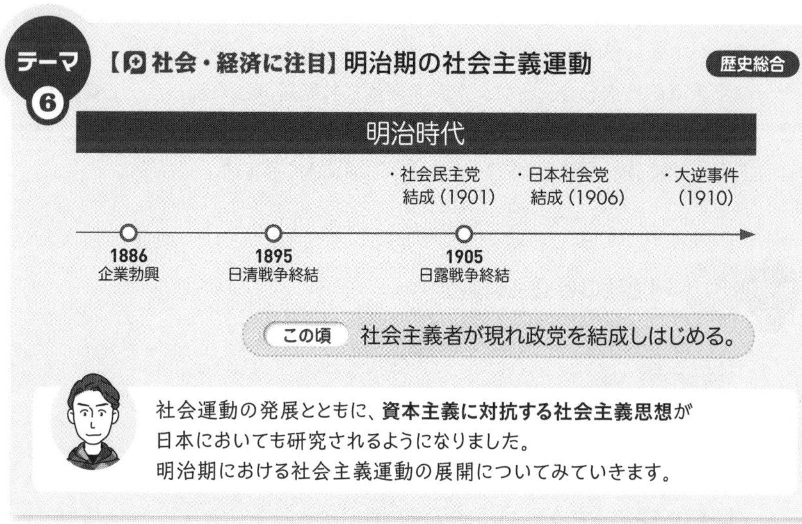

明治時代、社会主義思想が日本にも広がる

社会主義とは、工場・機械・農地などの生産手段を個人が自由に持つことができず、社会が所有する経済のしくみのことです。社会的な不平等は生まれにくいですが、競争がないため勤労意欲がわかず、経済的な発展が遅れてしまいます。19 世紀後半、ヨーロッパにおいて資本主義経済の弊害が生じるなか、ドイツの経済学者マルクスが社会主義経済を提唱し、日本においても労働運動の指導理論として社会主義を唱える者が現れました。

1901 年、安部磯雄・片山潜・幸徳秋水・木下尚江らにより、日本最初の社会主義政党である**社会民主党**が結成されました。社会民主党は土地や資本の公有、軍備全廃などの政策を掲げましたが、2 日後に結社禁止となりました。日露戦争開戦前、**幸徳秋水**と**堺利彦**らは**平民社**を結成すると、**『平民新聞』**を発行して非戦論を訴え[➡p.433]、社会主義思想の宣伝を行いました。日露戦争開戦後、幸徳秋水は渡米してロシア人と交流を深めると、しだいに無政府主義（アナーキズム）に傾倒していきました。**無政府主義とは国家や宗教などの一切の権力を否定する思想で、法整備ではなく直接行動によりその実現を目指そう**としました。

合法的な社会主義政党も結成されたが、1910年以降は「冬の時代」となる

1906 年、第 1 次西園寺公望内閣の社会主義取り締まりの緩和を受けて、最初の合法社会主義政党として**日本社会党**が結成されました。ところが、日本社会党は議会政策派と直接行動派が対立し、後者が優勢となったため、翌年には結社禁止となりました。直接行動派による活動がエスカレートすると、1908 年には社会主義者らが警官隊と衝突して逮捕される赤旗事件が起こりました。さらに 1910 年、**幸徳秋水**ら無政府主義者が明治天皇の暗殺を計画したとされる**大逆事件**が起こり、証拠不十分なまま幸徳秋水ら 12 名が大逆罪を適用されて処刑されました。この事件を契機に警視庁に**特別高等警察**が設けられ、思想の取り締まりが強化されると、日本の社会主義運動は「冬の時代」と呼ばれる低迷期に入りました。

明治期の社会主義運動

① 社会主義
生産手段（工場・機械・農地など）の社会的所有を目指す

② 社会主義政党の結成
社会民主党（1901）：2日後に結社禁止となる
日本社会党（1906）：合法➡翌年結社禁止となる

③ 日露非戦論

平民社（1903）：**幸徳秋水**・**堺利彦**／**『平民新聞』**を発行する

④ 弾圧事件

赤旗事件（1908）【西園寺Ⅰ】：社会主義者が警官隊と衝突する

大逆事件（1910）【桂Ⅱ】：幸徳秋水ら12名が処刑される

テーマ 7 【社会・経済に注目】明治期のその他の社会運動

明治時代

・田中正造の天皇直訴（1901）

1886 企業勃興
1895 日清戦争終結
1905 日露戦争終結

この頃 様々な社会運動が展開される。

明治時代には、労働運動や社会主義運動以外にも**公害問題への反対運動、普選運動、廃娼運動などの様々な社会運動**が展開されました。

資本主義の発展にともない、環境・公害問題が発生した

資本主義の進展にともなって、環境・公害問題も発生しました。古河財閥が経営する**足尾銅山**では、鉱毒が渡良瀬川に流出して付近の住民に大きな被害をもたらしていました。これに対して栃木県選出の衆議院議員であった**田中正造**は1891年に帝国議会で被害について言及し、足尾銅山の操業停止を訴えました。その後、田中は議員を辞職して天皇に直訴するなど鉱毒反対運動を主導しました。一方、政府も調査に乗り出しましたが足尾銅山の操業は停止されず、被害地の谷中村を廃村として遊水池*を設け、住民を集団移住させることで決着をつけました。田中はそれ以後も谷中村に住んで抗議を続けました。

Q どうして政府は足尾銅山を操業停止にしなかったのでしょうか？

A 足尾銅山から得られる銅は主要輸出品の一つでした。国家にとっても外貨獲得のための重要な産業だったのです。

用語 ＊遊水池…大雨などであふれた水を溜めるための池。この時は鉱毒を沈殿させるために作られた。

明治時代には先駆的な普通選挙運動や廃娼運動も起こった

明治時代には先駆的な普通選挙運動が展開しました。民撰議院設立建白書のなかで納税資格について言及されていた〔➡p.395〕ように、当初、民権派の多くは納税資格を当然としていました。1897年、長野県松本で中村太八郎らによって**普通選挙期成同盟会**が結成されると、社会主義者も加わり普通選挙の獲得を要求する運動が拡大しました。ところが、第2次桂太郎内閣はこうした普選運動を社会主義運動に準ずるものとして弾圧しました。

最後に公娼（公認された売春婦）廃止を求める廃娼運動についてまとめます。江戸時代には、都市郊外において遊女を集めた遊廓が幕府によって公認され、性産業の営業が認められていました。明治時代に入ると、娼妓解放令により人身売買は禁止されたものの、公娼制度は維持されていました。これに対して1886年、矢島楫子を中心とする**日本キリスト教婦人矯風会**が廃娼運動を開始し、1895年にはプロテスタントの一派である**救世軍**が創設され様々な社会事業を進めるなかで、ここに山室軍平らが参加して廃娼運動を推進しました。その結果、遊廓が廃止される地域は次第に拡大され、第二次世界大戦後の1958年になってようやく公娼制度が全廃されました。

明治期のその他の社会運動

① 環境・公害問題

足尾鉱毒事件〔栃木〕

足尾銅山から流れ出る鉱毒が渡良瀬川流域を汚染する

田中正造を中心とする鉱毒反対運動が起こる

谷中村を廃村として住民を集団移住させる

② 普選運動

普通選挙期成同盟会（1897）：中村太八郎らが松本で結成する

③ 廃娼運動

日本キリスト教婦人矯風会（1886）：矢島楫子が中心

救世軍の創設（1895）：山室軍平らが参加

確認問題

1 年代配列問題にチャレンジ

(1) 次の文Ⅰ～Ⅲについて、古いものから年代順に正しく配列したものを、後の①～⑥のうちから一つ選んで記号で答えなさい。

Ⅰ 松方財政によって物価が下落し、多くの自作農が没落し小作農となった。
Ⅱ 綿糸の国産化が進み、生産量が輸入量を上回った。
Ⅲ 鉄鋼の国産化を目指して、官営八幡製鉄所が操業を開始した。

① Ⅰ－Ⅱ－Ⅲ　② Ⅰ－Ⅲ－Ⅱ　③ Ⅱ－Ⅰ－Ⅲ
④ Ⅱ－Ⅲ－Ⅰ　⑤ Ⅲ－Ⅰ－Ⅱ　⑥ Ⅲ－Ⅱ－Ⅰ

(2) 次の文Ⅰ～Ⅲについて、古いものから年代順に正しく配列したものを、後の①～⑥のうちから一つ選んで記号で答えなさい。

Ⅰ 日本社会党が合法社会主義政党として結成を容認された。
Ⅱ 明治天皇の暗殺を企てたとして社会主義者が処刑される大逆事件が起きた。
Ⅲ 幸徳秋水・片山潜らによって結成された社会民主党は、２日後に解散させられた。

① Ⅰ－Ⅱ－Ⅲ　② Ⅰ－Ⅲ－Ⅱ　③ Ⅱ－Ⅰ－Ⅲ
④ Ⅱ－Ⅲ－Ⅰ　⑤ Ⅲ－Ⅰ－Ⅱ　⑥ Ⅲ－Ⅱ－Ⅰ

2 探究ポイントを確認

(1) 紡績業の発展にともない綿糸の輸出量が増加したにもかかわらず、綿業における貿易赤字が膨らんだ原因としてどのようなことが考えられるか。

(2) 明治期の労働運動に対する政府の対応について、日清戦争後と日露戦争後に制定された法律を挙げて簡単に説明せよ。

解答

1 (1) ①　(2) ⑤

2 (1) 紡績業の原料となる綿花をインドや中国から輸入していたことに加え、紡績機械もイギリスやアメリカから輸入する必要があったため。(61 字)

(2) 日清戦争後、政府は治安警察法を制定して労働運動を取り締まった。一方、日露戦争後は工場法を制定して労働者の保護を図ったが内容に不備が多かった。(70 字)

近現代の文化Ⅰ

この講では、明治時代の文化をまとめていきます。明治時代の文化は、約10年ごとに大きく4期に区分して特色をつかみましょう。明治時代の政治・外交・社会を背景として、**1860・70年代は西洋文化・啓蒙思想**、**1880年代は民権思想**、**1890年代はナショナリズム**、**1900年代は個人主義・社会主義**に注目しましょう。ジャンルによっては区分を組み変えてまとめることもあります。

時代の**メタマッピング**と**メタ視点**

文化 ➡テーマ①

明治期の文化区分・特色

明治期の文化は**約10年ごとに大きく4期に区分して**それぞれの時期の特色をまとめていく。

文化 ➡テーマ②③

明治初期の宗教政策とその影響／明治期のナショナリズムの発展

宗教政策としては、**初期に神道国教化が目指された。明治時代中期には、ナショナリズムが発展した。**

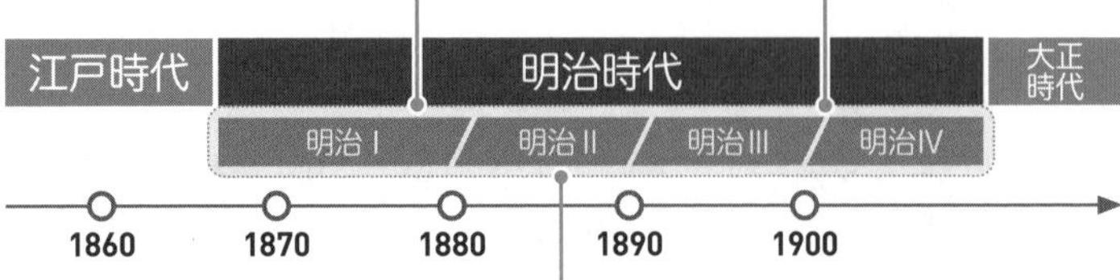

文化

明治期の教育

初期は**国民皆学を目指し**、中期には**国家主義的になり**、末期には**教育統制が強化**された。 ➡テーマ④

文化

明治期の文学／芸能・音楽

文学はそれぞれの時期に流行したジャンルで、芸能は3つのジャンルで整理する。 ➡テーマ⑤⑦

文化

近代の絵画

絵画は**西洋画と日本画**で分けて整理する。 ➡テーマ⑥

テーマ 1

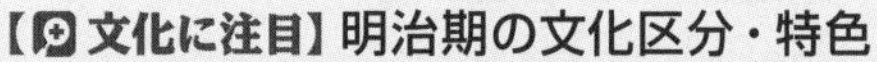

【文化に注目】明治期の文化区分・特色

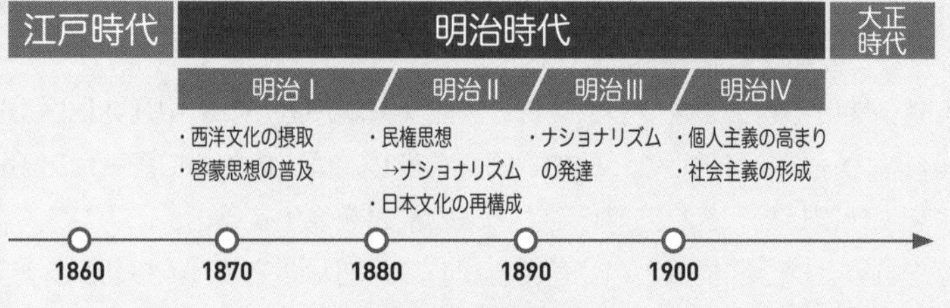

この内容 明治期の文化は大きく4期に分けて考える。

明治期の文化については約10年ごとに大きく4期に区分してそれぞれの時期の特色をまとめていきます。ジャンルによっては、明治初期・中期・末期など区分の仕方を変えるなどの工夫も必要です。

明六社のメンバーは、欧米の思想を日本に普及させた

江戸時代幕末から明治時代にかけて、多くの留学生が欧米に派遣され、外国人教師（お雇い外国人）〔➡ p.465〕が政府に雇われました。彼らの尽力もあって西洋の文明や思想などが取り入れられ、富国強兵が進んでいきました。**明治時代初期に大都市を中心に広まった欧米化の風潮は、文明開化と呼ばれます**。

1873（明治6）年、啓蒙思想の普及を目的として**明六社**が結成されました。明六社は**『明六雑誌』**を発行し、欧米の政治制度や個人の幸福のために立身出世を追求する功利主義などの近代思想を紹介しました。その中心メンバーには、後に初代文部大臣となる**森有礼**や**『学問のすゝめ』**、『文明論之概略』、『西洋事情』などを著した**福沢諭吉**のほか、イギリス人のスマイルズやミルの著書を翻訳して『西国立志編』、『自由之理』を著した**中村正直**、『真政大意』で天賦人権思想*を紹介した**加藤弘之**などがいました。明六社のメンバー以外にも、**植木枝盛**はフランス流の民権思想を紹介しました。

文明開化の風潮として、洋服の着用やざんぎり頭、東京銀座通りの煉瓦造りの建物、ガス灯・鉄道馬車・牛鍋などを挙げることができます。他にも、1872年から旧暦（太陰太陽暦）を廃して**太陽暦**が採用されたことや、**本木昌造**が鉛製活字を導入したことにより日刊新聞や雑誌が次々と発刊されたことなどもおさえておきましょう。

用語 ＊天賦人権思想…人権を生まれつき与えられたものとする思想。

1880年代、民権論から国権論へ転じる者が現れ、ナショナリズムが形成された

1880年代、自由民権運動［➡ p.393］が展開される一方で、藩閥政府はドイツをモデルとした立憲国家を形成していきました。

文明開化期に引きつづきフランス流の天賦人権論が広がり、**中江兆民**はルソーの社会契約論の一部を翻訳して**『民約訳解』**を著し、個人のために国家があるという民権論を説きました。これに対して、国家の権力を強化することにより人々の権利が保障されるという国権論という考え方があり、**加藤弘之**は『人権新説』を著してこれまで自身が唱えていた天賦人権論を否定して国権論を説きました。

また、**政府が条約改正交渉に際して極端な欧化政策**［➡ p.414］**をとったことに対して、極端な西洋崇拝に反対するナショナリズム*が形成されました。**

ナショナリズムには様々な形があります。
これについては後のテーマでまとめます［➡ p.463］。

日清戦争後に対外膨張が唱えられたが、日露戦争後は個人主義が高まった

1890年代、**日清戦争**［➡ p.421］に勝利すると日本は大陸への進出を深め、**ナショナリズムが高揚して対外膨張主義が強まりました。**教育の目的は啓蒙主義から国家主義へと変わり、思想の自由も制限されました。一方、この頃は産業革命の進展により国力が増強しましたが、労働問題などの資本主義の矛盾がみられるようになりました。

1900年代に入り**日露戦争**［➡ p.434］を終えると、明治維新以来の国家目標は達成され、**人々の間には国家よりも個人を重視する傾向が高まりました。**こうした個人主義の高まりに対して、政府は**戊申詔書**を出して勤労・倹約を促しました。一方、この頃は**社会主義運動が始まりました**が、政府は徹底して弾圧の方針をとり、1910年には社会主義者が大量に検挙・死刑となる**大逆事件**が起こりました。

明治期の文化区分・特色

① 明治Ⅰ：1860・70年代（文明開化）
西洋文化の摂取、啓蒙思想の普及（功利主義など）

用語 ＊ナショナリズム…国家や民族の統一、独立、繁栄を目指す思想。

② 明治Ⅱ：1880 年代（立憲国家の形成）
民権思想➡ナショナリズムの形成
西洋をモデルとした日本文化の再構成

③ 明治Ⅲ：1890 年代（日清戦争・資本主義の形成）
ナショナリズムの発達（対外膨張・思想統制）

④ 明治Ⅳ：1900 年代（日露戦争・資本主義の発展）
個人主義の高まり➡**戊申詔書**で抑圧
社会主義の形成➡**大逆事件**で弾圧

テーマ❷ 【文化に注目】明治初期の宗教政策とその影響

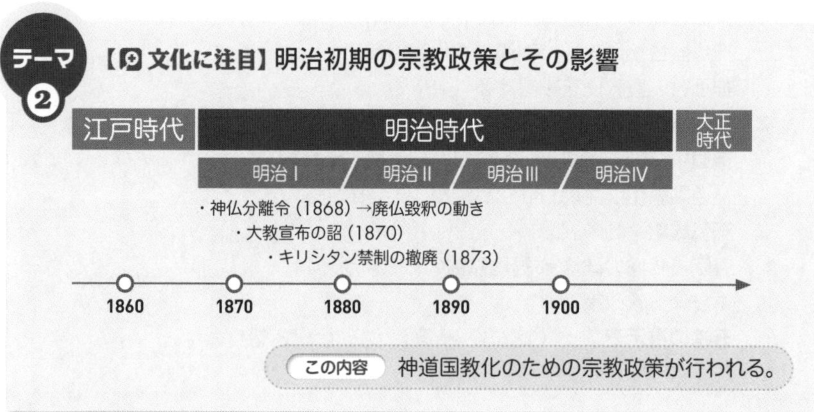

明治初期、神道国教化が目指されたものの、民衆の反発を招いたため実現しなかった

江戸時代までは、神仏習合が寺院、神社の双方で行われていました。ところが、明治政府は天皇中心の国家をつくるにあたって神道国教化を目指し、1868 年に**神仏分離令**を出してこれまでの神仏習合を否定する政策を打ち出し、翌 1869 年には神祇官や宣教使を設置しました。そして、1870 年には**大教宣布の詔**を出して神道を中心とする国民教化を目指し、1873 年には皇室中心の行事である**紀元節**や**天長節**を国家の祝祭日として位置づけました。神仏分離を契機に各地では神官や国学者が中心となって仏教を排斥する**廃仏毀釈**運動が展開し、寺院や仏像が破壊されました。

その後、海外の宗教を視察した浄土真宗の僧侶**島地黙雷**によって仏教革新運動が進められ、彼は仏教の復興のため政府に信仰の自由を進言しました。こうして神道国教化は結局実現せず、神祇官や宣教使は廃止されましたが、天皇崇拝は宗教を問わず民衆の間に浸透していきました。

キリスト教については、1868年に出された**五榜の掲示**で禁止することが確認されました。ところが、長崎浦上のキリシタンが各地に流罪となった浦上信徒弾圧事件を契機に欧米諸国からの抗議を受け、**1873年にキリシタン禁制の高札は撤廃され、事実上黙認されることとなりました**。幕末に来日したヘボンやフルベッキに続いてクラークやジェーンズら多くの外国人宣教師が来日し、キリスト教は教育や医療、廃娼運動や社会事業などで多くの成果をあげました [➡ p.456]。

テーマ② まとめ 明治初期の宗教政策とその影響

① **神仏分離令**(1868)
神仏習合を禁止し、神道国教化を目指す
神祇官・宣教使を設置する(1869)

② **大教宣布の詔**(1870)
神道中心の国民教化(祝祭日＝**紀元節**・**天長節**)
神道国教化は実現しなかったが、天皇崇拝は浸透する

③ **廃仏毀釈**運動の展開
寺院・仏像の破壊 ➡ **島地黙雷**の仏教革新運動

④ キリスト教政策
五榜の掲示で禁止(1868) ➡ 高札の撤廃(1873)

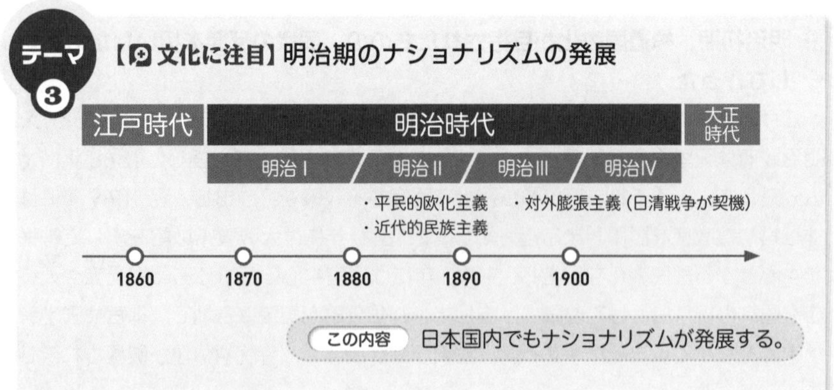

明治時代中期、ナショナリズムが発展し、日本社会に大きな影響を与えました。ナショナリズムには様々なタイプのものがあるので、しっかりと整理しておきましょう。

平民的欧化主義や近代的民族主義が発展し、対外膨張主義へと変わっていった

1880年代、日本は朝鮮において独立党が起こしたクーデター（**甲申事変**）に援助を与えたものの、清国の介入によりクーデターは失敗に終わりました [➡ p.421]。この朝鮮問題を機に**大井憲太郎**らが**大阪事件**を起こすなど、民権論者のなかに国権論へと転じる者が現れました。一方、藩閥政府が主導する条約改正交渉は不調が続き、政府の欧化政策に対する反発も強まりました。

こうしたことを背景として、1880年代後半には日本国内でナショナリズムが形成されていきました。**徳富蘇峰**は**民友社**を結成して平民的欧化主義（平民主義）を唱え、政府の欧化主義を貴族的なものとして否定した上で、社会の担い手である平民の生活を欧米なみに向上させることを雑誌**『国民之友』**を通じて提唱しました。一方、**三宅雪嶺**や志賀重昂は**政教社**を結成して近代的民族主義（**国粋主義**）を唱え、日本の歴史や文化の優れた点を雑誌**『日本人』**を通じて主張しました。**陸羯南**は**国民主義**を唱えて日本国民の特性を主張したほか、新聞**『日本』**を通じて政府の条約改正交渉への取り組みなどを批判しました。

1890年代に入ると、日清戦争をきっかけに新聞や雑誌などのメディアが戦意高揚を促し、ナショナリズムもさらに高揚していきました。**徳富蘇峰**は開戦と同時に**国家主義**に転じ、対外膨張を唱えました。一方、**高山樗牛**は**日本主義**を唱えて日本の大陸進出を肯定し、雑誌**『太陽』**を創刊して忠君愛国やキリスト教排撃を主張しました。

テーマ③ まとめ　明治期のナショナリズムの発展

① 背景
朝鮮問題をめぐり清と対立、条約改正交渉の不調

⬇

② 平民的欧化主義：生活重視➡国力増強
平民主義：徳富蘇峰（民友社／『国民之友』）

③ 近代的民族主義（自国の歴史・文化を発揚する）

国粋主義：三宅雪嶺（政教社／『日本人』）

国民主義：陸羯南（『日本』）

④ 対外膨張主義（日清戦争を契機とする）

国家主義：徳富蘇峰（平民主義から転向）

日本主義：高山樗牛（『太陽』）

トピック ① 【文化に注目】明治期の学問

主な外国人教師（御雇外国人）

教育	**クラーク**	米	開拓使に招かれ、札幌農学校教頭となる 札幌バンド（キリスト教に入信した学生のグループ）
科学	**モース**	米	動物学者　1877年、大森貝塚を発見
	ナウマン	独	地質学者　フォッサマグナを指摘
	ベルツ	独	医学者　憲法発布に際し、『ベルツの日記』を著す
美術	**フェノロサ**	米	哲学者　東京美術学校の創立（1887年）に尽力
	ラグーザ	伊	彫刻家　工部美術学校でロダン以前の西洋彫刻を日本に紹介
	フォンタネージ	伊	風景画に優れ、工部美術学校で浅井忠らに油絵を教授
建築	**コンドル**	英	鹿鳴館・ニコライ堂を設計

自然化学

分野	学者	事項
医学	**北里柴三郎**	破傷風血清療法・ペスト菌発見・伝染病研究所
	志賀潔	赤痢菌発見
薬学	**高峰譲吉**	アドレナリン抽出・タカジアスターゼ創製
	鈴木梅太郎	オリザニン（ビタミンB1）抽出
	秦佐八郎	梅毒の化学療法剤のサルバルサン創製
物理学	田中館愛橘	地磁気の測定
	長岡半太郎	原子模型の理論を発表

地震学	大森房吉	大森式地震計の発明
天文学	木村栄	緯度変化公式のZ項を発見
植物学	牧野富太郎	植物分類学に貢献

人文科学

分野	学者	著作	事項
歴史学	田口卯吉	『日本開化小史』	文明史観の展開
	久米邦武	「神道は祭天の古俗」	神道家からの反発➡帝大教授辞任

外国人教師の業績を受け、明治時代後期には日本人の学者が活躍した

明治時代の前半、新しい西洋の制度・知識・文化を摂取するため、多くの外国人教師（お雇い外国人）が来日しました。札幌農学校に招かれたアメリカの教育家クラークは、キリスト教精神に基づく教育を行い、内村鑑三や新渡戸稲造など多くの人材を育成しました。このほか、大森貝塚［➡ p.12］を発見したアメリカの動物学者のモース、ナウマンゾウ［➡ p.11］の名の由来となったドイツの地質学者ナウマン、ドイツ人医師ベルツなどもそれぞれ成果をあげました。美術の分野では、岡倉天心とともに東京美術学校の創設に尽力したアメリカ人のフェノロサ、工部美術学校で彫刻を指導したイタリア人のラグーザと油絵を指導したイタリア人のフォンタネージ、鹿鳴館やニコライ堂を設計したイギリス人のコンドルなどがそれぞれ成果をあげました。

明治時代の後半には日本人の学者が台頭して専門的な研究を行いました。まず、自然科学の分野から確認すると、医学では北里柴三郎が細菌学の研究で成果をあげ、伝染病研究所を創設しました。その教え子である志賀潔は赤痢菌を発見しました。薬学では高峰譲吉がアドレナリンを抽出したほか、タカジアスターゼという消化薬を創製しました。一方、鈴木梅太郎はオリザニン（ビタミンB1）の抽出に成功し、ビタミン不足が脚気という病気をもたらすことを発見しました。

他にも物理学では長岡半太郎が原子構造の研究を行ったほか、地震学では大森房吉が地震計を発明して地震学の創始者となりました。天文学では木村栄が緯度変化の公式にZ項を加えるべきことを発見し、植物学では牧野富太郎が独自の植物分類法を確立しました。

人文科学の分野では、西洋の科学的な研究方法が取り入れられ、様々な業績が残されました。明治初期には文明史観に基づく新しい歴史の見方が取り入れられ、田

口卯吉が『日本開化小史』を刊行しました。ドイツ流の実証主義を学んだ**久米邦武**は神道の実証的研究を行ったものの、論文「神道は祭天の古俗」が神道家の攻撃を受け、帝大教授の辞任を余儀なくされました。

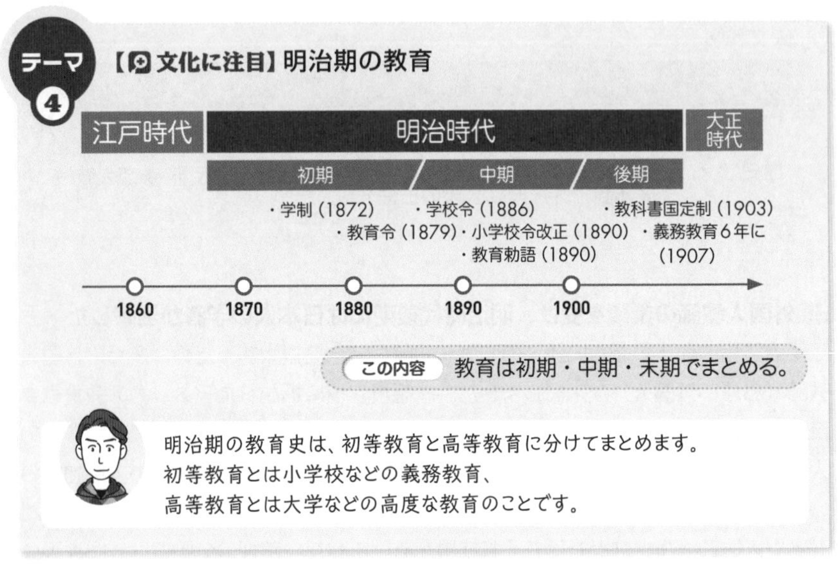

国民皆学を目指して小学校の設置が急がれたが、設立費用が問題となった

明治時代初期、民衆に「国民」という帰属意識を自覚させるため、義務教育を実施して自国の歴史や共通の国語を学ばせる必要がありました［➡p.378］。1871年、新政府は**文部省**を設置し、翌1872年には**学制**を公布してフランスの学区制を採用しました。すなわち、全国を8つの大学区に分け、各大学区に中等学校を32、各中学区に小学校を210設けて全国の小学校を5万校以上つくろうと計画しました。学制の序文「学事奨励に関する太政官布告（被仰出書）」では、国民皆学や実学の理念などが示されました。ただし、小学校の設立費用は民衆負担であったため、民衆による反対一揆が起こりました。

その後、1879年に**教育令**が出されて学区制は廃止され、学校設立や教育方針は地方の実情に合わせて自由に裁量できるようになりました。ところが同年、「教学聖旨」が出されて天皇制教育の確立への動きが強まると、翌1880年には教育令が改正され、文部省への中央集権化が進められました。

ナショナリズムの高まりを背景に教育理念は国家主義へと変わっていった

明治時代中期、ナショナリズムが高まりをみせるなか、体系的な学校教育制度が整えられるとともに教育理念にも変化が生じました。1886 年、第 1 次伊藤博文内閣の文部大臣**森有礼**は、帝国大学令・師範学校令・中学校令・小学校令からなる一連の**学校令**を公布し、1890 年には小学校令が改正され、尋常小学校の 3 ～ 4 年が義務教育期間とされました。同年、**井上毅**らが起草した**教育勅語**が公布され、忠君愛国が学校教育の基本であることが示され、教育政策は功利主義よりも国家主義を重視するようになりました。翌 1891 年には、第一高等中学校の嘱託教員であった**内村鑑三**が教育勅語の宸筆（天皇の直筆）に最敬礼しなかったことが問題となり、職を追われる事件が起こりました（**内村鑑三不敬事件**）。

明治時代後期には、教育統制が強化されました。従来、小学校においては政府による教科書の検定が実施されていましたが、1903 年に**国定教科書制度**が導入され、天皇を中心とした国家体制が培養されました。一方、1900 年に小学校の義務教育期の授業料が廃止されたこともあって就学率は高まっていき、1907 年に義務教育期間が 4 年から 6 年に延長され、就学率は 98%以上に達しました。

高等教育の充実も進められ、東京大学のほか師範学校や女学校、民間の専門学校が設立された

高等教育の面では、1877 年に旧幕府の開成所や医学校を統合して**東京大学**が設立され、多くの外国人教師が招かれました [➡ p.465]。東京大学は 1886 年の帝国大学令により**帝国大学**に改編されました。また、教員養成のための**師範学校**や女子教育のための**女学校**も政府の主導でつくられました。

一方民間では、1858 年に福沢諭吉の**慶應義塾**、1875 年に新島襄の**同志社英学校**、1882 年に大隈重信の**東京専門学校**（のち早稲田大学）などの専門学校が創設されました。女子の専門学校としては、1900 年頃に成瀬仁蔵の**日本女子大学校**や津田梅子の**女子英学塾**（のち津田塾大学）が創設されました。

テーマ④ まとめ　明治期の教育

① 明治初期：国民皆学を目指す
学制（1872）：フランスの学区制を採用（費用は民衆負担）
教育令（1879）：地方の自主性を認める ➡ 翌年改正

⬇

② 明治中期：学校系列の整備
学校令（1886）：帝国大学令・師範学校令・中学校令・小学校令
小学校令改正（1890）：3～4年間を義務教育とする
教育勅語（1890）：「忠君愛国」の精神を育てる

③ 明治末期：教育統制の強化
教科書：検定制➡**国定制**（1903）
義務教育：4年➡6年（1907）

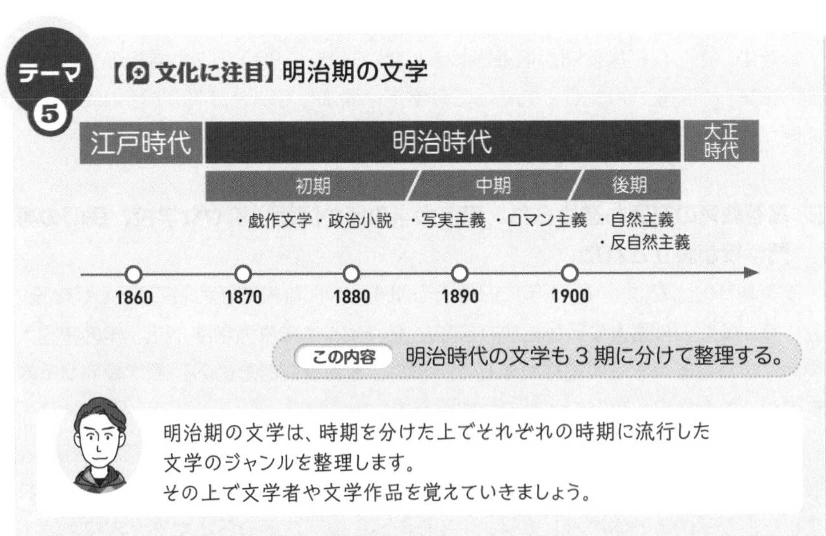

荒唐無稽な誇張や勧善懲悪主義を否定した近代小説が生み出された

明治時代初期、江戸文学の伝統を継承した大衆文芸である**戯作文学**が人気を博しました。**仮名垣魯文**は『安愚楽鍋』で文明開化後の新時代の文化や風俗を描きました。1870年代から80年代にかけて、自由民権運動〔➡ p.393〕の発展とともに民権運動を宣伝するための**政治小説**というジャンルが盛んになりました。立憲改進党員の**矢野龍溪**は『経国美談』、**東海散士**は『佳人之奇遇』をそれぞれ著しました。

1880年代中頃になると、西洋の近代文学の影響を受けて戯作文学の勧善懲悪主義を否定した**写実主義**と呼ばれるジャンルが出てきます。儒教的な道徳や政治から自立し、人間の内面や世相を客観的に描くことを提唱したのが**坪内逍遥**の『**小説神髄**』です。**二葉亭四迷**は言文一致体で『**浮雲**』を完成させました。**尾崎紅葉**を中心とする**硯友社**が雑誌『我楽多文庫』によって文芸小説の大衆化を目指す一方、**幸田露伴**は理想主義の立場から東洋哲学の観念を作品に取り込んでいきました。

日清戦争期はロマン主義、日露戦争期は自然主義が隆盛を迎えた

1890年代には**ロマン主義**文学が一世を風靡するようになりました。ロマン主義とは個人の内面の自由を表現する文学技法で、**北村透谷**が発行人となった**『文学界』**を中心として広がりをみせました。**森鷗外**の**『舞姫』**や**樋口一葉**の**『たけくらべ』**、徳冨蘆花の『不如帰』などの小説が書かれたほか、詩歌の分野でも**島崎藤村**は**『若菜集』**で新体詩を発展させ、**与謝野鉄幹・晶子**夫妻は雑誌**『明星』**を創刊して情熱的な短歌を詠みました。一方で、**正岡子規**は門下の高浜虚子とともに俳句革新運動を進め、写生的な作風の俳句を集めた**『ホトトギス』**を創刊しました。

1900年代になると文芸思潮の中心はロマン主義から**自然主義**へと移っていきました。自然主義は人間の内面の暗い部分をありのまま描写するという特徴があります。**島崎藤村**は被差別部落出身の主人公を描く**『破戒』**を発表し、**田山花袋**は**『蒲団』**、**国木田独歩**は『武蔵野』などを著しました。こうした自然主義の隆盛に対立する形で個人主義の立場から国家や社会を鋭く批判する反自然主義の立場をとったのが**夏目漱石**です。彼は『吾輩は猫である』などの独創的な作品を残しました。また先にロマン派として活躍した**森鷗外**は『阿部一族』という殉死をテーマとした歴史小説を著しました。詩歌の分野では**石川啄木**が社会主義思想を盛り込んだ生活詩を歌いあげました。

日刊新聞が創刊され、近代思想の普及に大きな役割を果たした

1870年、西洋にならって日本最初の日刊新聞**『横浜毎日新聞』**が発行されました。その下地として**本木昌造**が発明した鉛製活字という活字印刷術がありました。

1880年代には次々と新聞が発行され、自由民権運動の広がりを支えました。この時期の新聞は大きく**大新聞**と**小新聞**に分けられます。大新聞は政治・評論が中心で、立憲改進党の機関誌となった**『郵便報知新聞』**や自由党の機関誌となった**『自由新聞』**、福沢諭吉の創刊した**『時事新報』**、イギリス人のブラックが創刊した**『日新真事誌』**、政府支持の論調を展開した**『東京日日新聞』**などがありました。小新聞は社会事件や娯楽が重視されたもので、**『読売新聞』**が代表的です。

明治期の文学

① 1870年代・80年代（明治前期）

戯作文学：江戸時代以来の大衆文芸

政治小説：自由民権運動の宣伝

写実主義：道徳・政治からの自立、言文一致体

硯友社（文芸小説の大衆化を目指す）

② 1890年代（日清戦争期）

ロマン主義：個人の内面の自由を表現する／雑誌『文学界』

③ 1900年代（日露戦争期）

自然主義：人間の暗い現実をありのまま描く

反自然主義：個人主義の立場から国家や社会を批判する

テーマ 6 【文化に注目】近代の絵画

江戸時代 | 明治時代 | 大正時代

明治Ⅰ／明治Ⅱ／明治Ⅲ／明治Ⅳ

（西洋画）・工部美術学校（1876）・明治美術会（1889）・白馬会（1896）

（日本画）・東京美術学校（1887）・日本美術院（1898）

・文展（1907～）

この内容 西洋画がまず広がり、ついで伝統的な日本画が復興する。

近代の絵画については、油絵技法を駆使した西洋画と伝統的な日本画の2つのジャンルに分けた上で、時期を分けて変遷をみていきます。

当初、政府の主導のもとで西洋画の育成が図られたが、やがて独自の洋画団体が発足した

まずは、西洋画の広がりについてみていきます。幕末、高橋由一（たかはしゆいち）は蕃書調所（ばんしょしらべしょ）[➡p.342]

に入って西洋画を学んだ後、ワーグマンに師事して写実的な描写を追求し、「鮭」を描くなどして西洋画家の先駆者となりました。1876年には日本初の美術学校として**工部美術学校**がつくられ、イタリア人洋画家の**フォンタネージ**やイタリア人彫刻家の**ラグーザ**が外国人教師として招かれました。

▼読書（黒田清輝）

▼鮭（高橋由一）

伝統美術育成の方針から工部美術学校が閉鎖された後、1889年には**浅井忠**らによって**明治美術会**が発足しました。この洋画団体に所属する画家は暗い画風で知られ、脂派とも称されます。浅井忠は代表作「収穫」を描きました。一方、フランスから帰国した**黒田清輝**は、1896年に**白馬会**を結成しました。こちらはフランス印象派の影響を受けた明るい作風から**外光派**とも呼ばれ、画壇の主流となりました。黒田清輝の代表作としては「湖畔」や「読書」が挙げられます。1900年代には**青木繁**が「海の幸」を描いて白馬会展に出品しました。

伝統美術復興の方針から日本画が復興され、西洋画との融合が図られた

▼悲母観音（狩野芳崖）

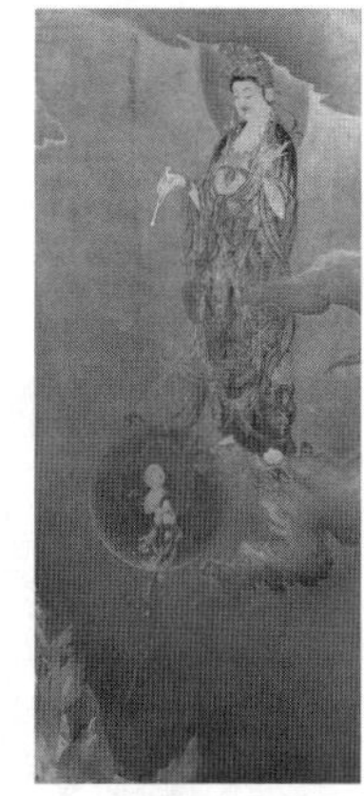

1880年代には、国粋主義〔➡ p.463〕の高まりとともに日本画が復興しました。アメリカ人の**フェノロサ**は**岡倉天心**とともに日本の伝統美術育成に尽力し、1887年には西洋美術を除外した**東京美術学校**が設立されました。日本画の代表的な画家としては、フェノロサに師事して「悲母観音」を描いた**狩野芳崖**や「竜虎図」を描いた**橋本雅邦**が挙げられます。

1896年には東京美術学校に西洋画科が設けられますが、その後岡倉天心は校長を辞し、1898年に**日本美術院**を発足させました。その門下には「無我」を描いた**横山大観**や「大原御幸」を描いた**下村観山**らがいます。やがて日本美術院は内紛や岡倉天心の渡米によって衰退し、事実上解散状態となりました。岡倉の死後、1914年には横山大観らが日本美術院を再興して**院展**＊を開き、新しい様式を開拓していきました。

用語 ＊院展…日本美術院が開く展覧会の略称。

政府主催の美術展覧会が開催されたが、これに対抗する在野の団体が美術会の中心となった

▼麗子微笑（岸田劉生）

1907年、文部省の主催により、日本画・洋画・彫刻の3部門からなる第1回文部省美術展覧会（**文展**）が開催されました。反目しあう美術界の抗争を収拾することが目的でしたが、洋画部の審査がアカデミズム中心になっていったことに対して若手洋画家たちが反発し、「紫禁城」を描いた**梅原龍三郎**らが1914年に**二科会**を結成し「金蓉」を描いた**安井曽太郎**も参加しました。一方、院展の日本画部と相いれない層、すなわち「麗子像」を描いた**岸田劉生**らが分かれて1922年に**春陽会**を興しました。1919年、文展は保守的な体質からの脱却を図って帝国美術院展覧会（帝展）に改組しましたが、在野の団体が美術会の中心となりました。

外国人教師に学んだ日本人によって洋風建築が設計され、彫刻作品が生み出された

建築では**コンドル**が**鹿鳴館**〔➡p.414〕や**ニコライ堂**の設計を行い、日本の洋風建築の発達に尽力しました。コンドルに学んだ**辰野金吾**は日本銀行本店や東京駅など、洋風建築を設計し、**片山東熊**は東宮御所（現在の迎賓館赤坂離宮）を設計しました。

彫刻では**高村光雲**が**「老猿」**などを作って伝統的な木彫を復興させる一方、フランスやアメリカに留学した**荻原守衛**はロダンの彫刻の影響を受け、**「女」**など西洋彫刻を模した作品を残しました。

▼老猿（高村光雲）

▼女（荻原守衛）

テーマ⑥ まとめ 近代の絵画

① 西洋画

工部美術学校（1876）：外国人教師を招く

明治美術会（1889）：浅井忠ら／脂派

白馬会（1896）：黒田清輝・青木繁ら／外光派

② 日本画

東京美術学校（1887）：岡倉天心・フェノロサが創設➡

西洋画科の設置（1896）➡岡倉辞任

日本美術院（1898）：事実上の解散➡再興（1914／院展を開催）

③ **文展**の開催（1907～）

若手洋画家らが決別➡**二科会**（1914）

テーマ⑦ 【文化に注目】明治期の芸能・音楽

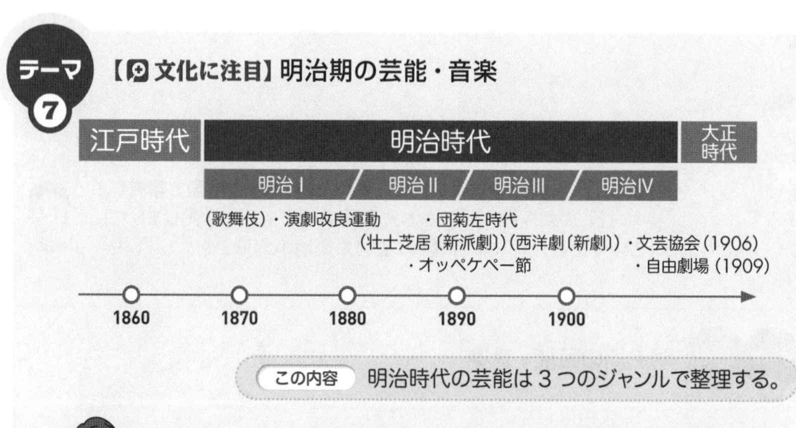

この内容 明治時代の芸能は３つのジャンルで整理する。

近代の芸能については、歌舞伎（旧劇）・壮士芝居（新派劇）・西洋劇（新劇）の３つのジャンルに分け、それぞれの隆盛をまとめます。
音楽の分野では西洋音楽が輸入され、人々の生活のなかに定着しました。

伝統的な歌舞伎に加え、新派劇や新劇など新しい演劇が上演された

明治時代初期、政府主導のもとで日本の近代化の一環として演劇改良運動が進められました。歌舞伎（旧劇）では、劇場施設の改良や女形の廃止など西洋演劇にならった改革が主張され、９代目市川団十郎も運動に関わりましたが、失敗に終わりました。

明治時代中期には国粋主義［➡ p.463］の高まりを背景として歌舞伎が復興しました。この時期、９代目市川団十郎・５代目尾上菊五郎・初代市川左団次らの名優が活躍

したことから、「団菊左時代」と呼ばれました。一方、当時の世相を批判し、自由民権運動を鼓吹する壮士芝居が人気を博し、オッペケペー節という時事風刺の演歌で人気を博した**川上音二郎**が**新派劇**の基礎をつくりました。

明治時代末期には、シェイクスピアやイプセンなどの翻訳上演である**新劇**が生まれ、自我に目覚めた個人と社会との関わりを題材としたシナリオが当時の知識人の支持を得ました。この頃の新劇の団体としては、1906 年に**坪内逍遥**と**島村抱月**が発足させた**文芸協会**と、1909 年に**小山内薫**と 2 代目市川左団次が結成した**自由劇場**が挙げられます。

文明開化以降、ヨーロッパを中心とした西洋音楽が日本に入ってきた

江戸時代は、歌舞伎から派生した長唄などの唄物や義太夫節・常磐津節・清元節などの語り物が主流でした。明治時代に入ると西洋音楽が積極的に輸入され、軍楽隊で採用されました。文部省にも音楽取調掛が設置され、**伊沢修二**が中心となって西洋の音楽を模倣した**唱歌**が小学校教育に取り入れられました。1887 年には**東京音楽学校**が創設され、「荒城の月」を作曲した**滝廉太郎**など、優れた人材を輩出しました。

Q 大正期以降、新劇はどのように発展したのですか？

A 島村抱月は松井須磨子とともに**芸術座**を結成し、東京丸の内に建設された**帝国劇場**を中心に活動しました。一方、小山内薫は1924 年に近代的な舞台機構を整えた**築地小劇場**を創立しました。

明治期の芸能・音楽

① 歌舞伎（旧劇）
明治初期：演劇改良運動 ➡ 失敗
明治中期：国粋主義 ➡ 復興（「**団菊左時代**」）

② 壮士芝居（新派劇）
川上音二郎（オッペケペー節で人気を博す）が創始

③ 西洋劇（新劇）
文芸協会（1906）：**坪内逍遥**・**島村抱月**が創始
自由劇場（1909）：**小山内薫**・2 代目市川左団次が中心

④ 西洋音楽の輸入（**伊沢修二**が中心）
小学校で**唱歌**の導入、**東京音楽学校**の創設（1887）

【確認問題】

1 年代配列問題にチャレンジ

(1) 次の文Ⅰ～Ⅲについて、古いものから年代順に正しく配列したものを、後の①～⑥のうちから一つ選んで記号で答えなさい。

Ⅰ 徳富蘇峰は政府が進める欧化主義を批判し、平民中心の欧化主義を唱えた。
Ⅱ 明六社が結成され、啓蒙思想の普及に努めた。
Ⅲ 高山樗牛は『太陽』の誌上で、日本の対外的膨張を唱えた。

① Ⅰ－Ⅱ－Ⅲ　② Ⅰ－Ⅲ－Ⅱ　③ Ⅱ－Ⅰ－Ⅲ
④ Ⅱ－Ⅲ－Ⅰ　⑤ Ⅲ－Ⅰ－Ⅱ　⑥ Ⅲ－Ⅱ－Ⅰ

(2) 次の文Ⅰ～Ⅲについて、古いものから年代順に正しく配列したものを、後の①～⑥のうちから一つ選んで記号で答えなさい。

Ⅰ アメリカの制度を参考にして、地方の自主性を大きく認めた教育令が公布された。
Ⅱ 義務教育の期間が4年から6年へと延長され、就学率は98%以上に達した。
Ⅲ 学校令が公布され、国家主義的な教育観が示された。

① Ⅰ－Ⅱ－Ⅲ　② Ⅰ－Ⅲ－Ⅱ　③ Ⅱ－Ⅰ－Ⅲ
④ Ⅱ－Ⅲ－Ⅰ　⑤ Ⅲ－Ⅰ－Ⅱ　⑥ Ⅲ－Ⅱ－Ⅰ

2 探究ポイントを確認

(1) 学制の序文に示された教育観と1890年に発布された教育勅語の教育観の違いについて述べよ。

(2) 日清戦争期と日露戦争期の文学における潮流の違いについて、具体的な作家の名前を挙げて説明せよ。

解答

1 **(1)** ③　**(2)** ②

2 **(1)** 学制の序文では個人の立身出世のための啓蒙主義的な教育観が示された。一方、教育勅語では忠君愛国や儒教的な道徳思想をもとに天皇制の強化が図られた。(71字)

(2) 日清戦争期は感情や個性の優位を強調するロマン主義が流行し、森鷗外や樋口一葉らが作品を発表した。日露戦争期には、人間の内面の暗い部分をありのまま描写する自然主義が主流となり、島崎藤村や田山花袋らが作品を残した。(104字)

第38講 大正政変

第34講では、第4次伊藤博文内閣の後、桂太郎と西園寺公望が交代で内閣を組織するようになったところまで学習しました。この講では、その**桂園時代**から**第1次護憲運動（大正政変）をへて政党が勢力を拡大させ、本格的な政党内閣が成立するまで**を学習します。一方、世界に目を向けると**第一次世界大戦**が起こっています。この時期の**中国への進出や大戦景気**についても確認します。

時代のメタマッピングとメタ視点

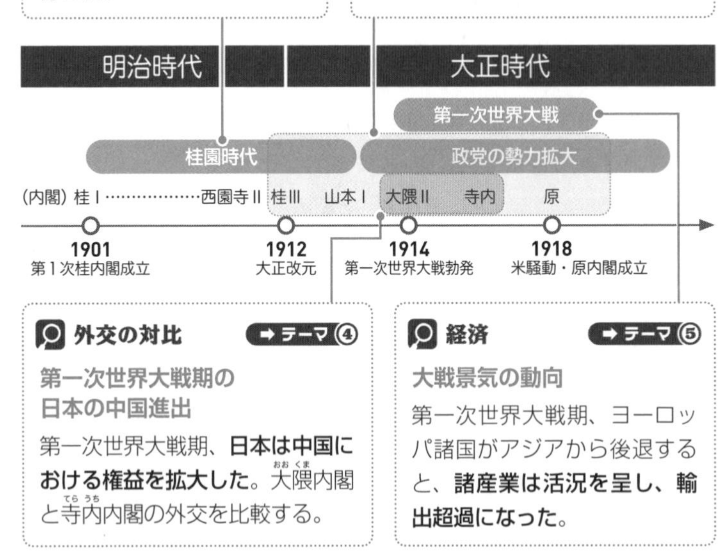

テーマ1 【政治の対比に注目】桂園時代の財政

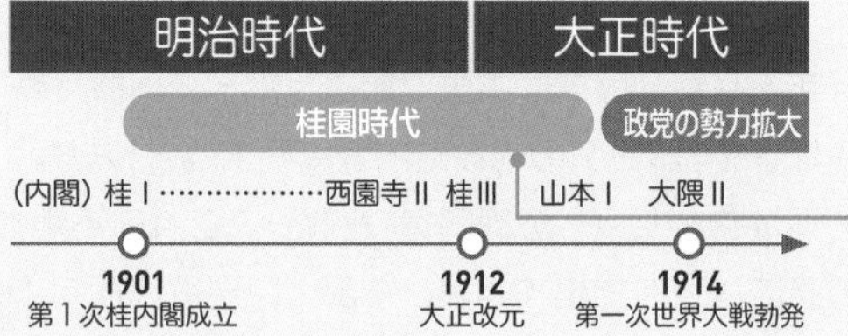

この頃
当初、桂と西園寺は提携して積極財政を進めたが、財政が逼迫すると協調は解消された。

明治時代末期、山県有朋と伊藤博文が政界の第一線から退くと、**陸軍・官僚閥*の桂太郎と、立憲政友会の総裁西園寺公望とが協調関係を築いて交互に組閣する桂園時代**を迎えました[➡p.427]。この桂園時代の動向について財政を中心にまとめていきます。

日露戦争後も軍備拡張政策は継続し、国民に負担がのしかかった

20世紀初頭、ロシアとの対立が深まるなか、第1次桂太郎内閣はロシアに対抗するため軍備拡張を進め、立憲政友会との妥協がはかられました。開戦に際して多額の戦費は国内外の国債や各種の増税により捻出されましたが、**ポーツマス条約**で賠償金が獲得できなかったことに対する国民の不満から**日比谷焼打ち事件**が起こると、桂内閣は退陣しました[➡p.435]。

第1次西園寺公望内閣が組閣すると、1907年、山県有朋が立案した**帝国国防方針**に基づく大規模な軍備拡張計画が進められました。一方、立憲政友会を基盤とする内閣は、選挙に際しての地方票を獲得するために鉄道拡充や河川開発など地方の利益につながる政策を進めようとしました。ところが、外債の利払いなどで正貨流出が続き、明治40年恐慌[➡p.450]を迎えました。財政整理が必要となるなかで西園寺内閣は退陣し、再び桂太郎が組閣しました。ここで協調関係は解消されます。

Q 帝国国防方針とは具体的にどのような計画だったのですか。

A 陸軍は第一にロシアを仮想敵国として17個師団を25個師団に増設すること、海軍はアメリカに対抗して戦艦・巡洋戦艦を各8隻建造する(八・八艦隊)ことを計画しました。

第2次桂内閣からは緊縮財政がとられた

日露戦争後も軍備拡張のために増税が行われたため国民の不満が高まると、1908年、第2次桂太郎内閣のもとで**戊申詔書**が出されました。これは、日露戦争後に台頭した個人主義に対し、勤労や節約を説いたものです。この戊申詔書を指導

用語 ＊官僚閥…高級官吏を中心とするグループ。

理念として、内務省を中心に町村の行財政改革を目指す**地方改良運動**が展開されました。その後、**大逆事件**〔➡ p.454〕を機に桂内閣は退陣し、第2次西園寺公望内閣が発足しました。

政府の財政悪化が進行するなか、陸軍は中国で起こった**辛亥革命**〔➡ p.441〕に対応するため朝鮮に駐屯させる2個師団*の増設を内閣に要求しましたが、内閣は財政難を理由にこの要求を退けました（2個師団増設問題）。これに不満を持った陸相の**上原勇作**は単独で天皇に辞表を提出すると、軍部大臣現役武官制〔➡ p.427〕を利用して陸軍は後任の大臣を出さなかったため西園寺内閣は総辞職に追い込まれました。

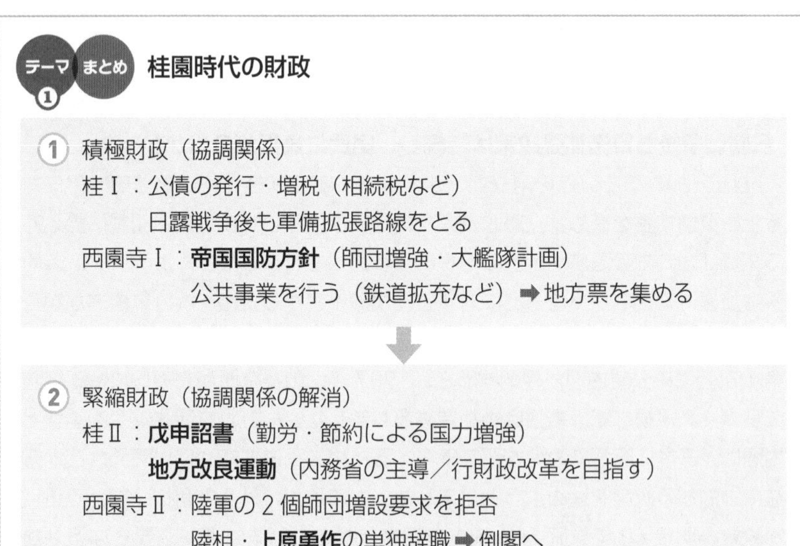

テーマ① まとめ　**桂園時代の財政**

① 積極財政（協調関係）

桂Ⅰ：公債の発行・増税（相続税など）
日露戦争後も軍備拡張路線をとる

西園寺Ⅰ：**帝国国防方針**（師団増強・大艦隊計画）
公共事業を行う（鉄道拡充など）➡地方票を集める

⬇

② 緊縮財政（協調関係の解消）

桂Ⅱ：**戊申詔書**（勤労・節約による国力増強）
地方改良運動（内務省の主導／行財政改革を目指す）

西園寺Ⅱ：陸軍の2個師団増設要求を拒否
陸相・**上原勇作**の単独辞職➡倒閣へ

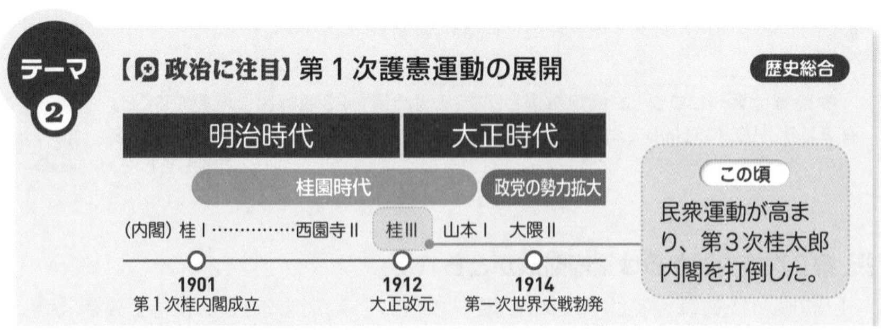

用語　＊師団…陸軍の部隊を編制する単位の一つ。

大正時代前期、国民としての自覚を強めた**都市民衆たちは第１次護憲運動などの民衆運動**を展開し、専制政治を行う政府に圧力をかけました。

第１次護憲運動が広がると、桂太郎内閣は倒された

第２次西園寺公望内閣の退陣後、元老の山県有朋らの推薦で即位後まもない**大正天皇**の側近として内大臣の地位にあった桂太郎が３度目の組閣を行いました（第３次桂太郎内閣）。内大臣からの組閣は「宮中・府中の別*」を乱すものであるとして問題化し [➡ p.480]、政党政治家や都市民衆を中心とした反対運動が高揚しました。

この民衆運動は**立憲政友会**の**尾崎行雄**と憲政本党の後継政党である**立憲国民党**の**犬養毅**が中心となり、商工業者や新聞記者も加わって、**「閥族打破・憲政擁護」**をスローガンとして旧来の政治体制の変革を要求しました。これを**第１次護憲運動**（**憲政擁護運動**）といいます。

これに対して桂首相は**立憲同志会**の結成準備を進めて運動の切り崩しにかかりました。山県有朋は最後まで政党を認めませんでしたが、後継者の桂太郎は新政党を結成するプランを以前から持っており、元老政治と決別することで独自の政党政治を行う方針を固めていたのです。なお、桂の死後に結成された立憲同志会には立憲国民党の一部と桂派閥の官僚（加藤高明・若槻礼次郎ら）が加わりました。

運動に刺激された都市民衆が国会議事堂を取り囲んで警官隊と衝突するなど暴動が起こったため、桂内閣はわずか２ヵ月足らずで退陣することとなりました。第１次護憲運動によって引き起こされたこの政変劇は**大正政変**と呼ばれます。

日比谷焼打ち事件 [➡ p.435] に続いて大正政変もまた、民衆運動の高揚が政局に大きな影響を与えました。

第１次護憲運動の展開

① 第３次桂太郎内閣（官僚内閣）
桂は内大臣から組閣➡「宮中・府中の別」を乱すと批判される

⬇

用語 ＊宮中・府中の別…当時、内大臣や侍従長は政治に関わらないという慣例があった。

旧石器 縄文 弥生 古墳 飛鳥 奈良 平安 鎌倉 室町 安土・桃山 江戸 明治 大正 昭和 平成 令和

② 民衆運動の高揚
スローガン：「**閥族打破・憲政擁護**」
➡旧来の政治体制の変革を要求する
中心：**立憲政友会**の**尾崎行雄**、**立憲国民党**の**犬養毅**

③ **大正政変**（1913）
桂太郎は**立憲同志会**の結成準備を行い、民衆運動に対抗する
民衆が議会を包囲する➡桂内閣は総辞職

史料を読んでみよう！ ―尾崎行雄の議会演説―

彼等(注1)は常に口を開けば、直ちに忠愛を唱へ、恰も忠君愛国は自分の一手専売の如く唱へてありまするが、其為すところを見れば、常に玉座(注2)の蔭に隠れて、政敵を狙撃するが如き挙動を執って居るのである。(拍手起る) **彼等は玉座を以て胸壁(注3)となし、詔勅(注4)を以て弾丸に代へて政敵を倒さんとするものではないか。**……又其内閣総理大臣の位地に立って、然る後政党の組織に着手する(注5)と云ふが如きも、彼の一輩が如何に憲法を軽く視、其精神のあるところを理解せないかの一班が分る。

（『帝国議会衆議院議事速記録』）

（注1）第3次桂太郎内閣を中心とする軍閥・官僚。　（注2）天皇の御座所。　（注3）弾丸よけの防壁。　（注4）詔書と勅語、天皇の意思を伝える公式の文書のこと。　（注5）桂は組閣後、立憲同志会という新党の結成準備を始めた。

上の史料は、第1次護憲運動の際に立憲政友会の尾崎行雄によって行われた桂首相に対する弾劾*演説です。桂首相が内閣を組織する際、大正天皇の勅語を用いて「宮中・府中の別」の慣例〔➡p.407〕を破ったことや、海軍が海相を出さなかったことに対して勅語を用いて斎藤実を留任させたことなどについて、「彼等は玉座を以て胸壁となし、詔勅を以て弾丸に代へて政敵を倒さんとするものではないか。」という言葉で非難しました。一方、尾崎は桂が新政党を結成して対抗しようとしたことに対しても、首相在任中に政党を結成することは憲法を軽視する行動であるとして批判しています。

この結果、数万人の民衆が議会を包囲して警官隊と衝突したため、桂首相は内閣総辞職を決意しました。

用語　*弾劾…公の責任がある立場の人の罪を調べ公表、責任を追及すること。

テーマ 3 【政治に注目】大正前期における政党の伸張

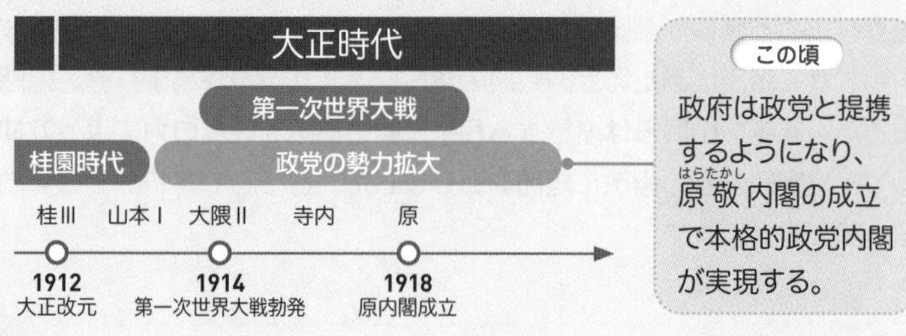

長州・陸軍閥の第3次桂太郎内閣が倒れた後、**政党が勢力を伸ばして政局に影響を与える**ようになり、民衆の支持を得て**政党内閣を目指しました。**

大正政変後、政党の政府に対する影響力は強まり、ついに本格的政党内閣が発足する

1913年、桂内閣の後を受けて薩摩・海軍閥の**第1次山本権兵衛内閣**が発足しました。**山本内閣は、立憲政友会総裁の原敬を内相に迎え、立憲政友会を与党としました。**山本内閣は陸軍や官僚の政党への影響力を抑制するため、**軍部大臣現役武官制**［➡ p.427］を改め、現役ではない予備役*1・後備役*2の大将・中将も大臣に就任することを可能としました。さらに、**文官任用令**［➡ p.427］を再改正して政党勢力が高級官吏になる道を開きました。ところが、海軍高官による汚職事件である**ジーメンス事件**が発覚すると、民衆運動の高まりを受けて退陣しました。

1914年、元老の山県らは国民から人気の高かった**大隈重信**を政界復帰させ、組閣を命じました。**第2次大隈重信内閣は、桂太郎の死後立憲同志会の総裁を引き継いだ加藤高明を外相に迎え、同志会を与党としました。**加藤外相は第一次世界大戦に積極的に参戦したほか、中華民国の**袁世凱**政権に**二十一カ条の要求**を行うなど、積極的な大陸進出を目指しました［➡ p.483］。その過程で実現が目指されていた2個師団増設案を可決させました。ところが、独断で外交政策を進めたことにより元老と対立を深め、総辞職しました。

Q 2個師団の増設を実現することができたのはなぜですか？

A 戦争中は国内が挙国一致体制［➡ p.535］をとることが多かったため、第一次世界大戦への参戦を背景として2個師団の増設が実現しました。

大隈内閣に代わって長州・陸軍閥の**寺内正毅内閣**が成立しました。寺内内閣は超然内閣ではあったものの前内閣の与党**憲政会**と対立して立憲政友会と事実上の提携

用語 ＊1 予備役…現役後に一定期間服する兵役。＊2 後備役…予備役を終了した者に課した兵役。

関係を結び、中国への勢力拡張を継続しました。第一次世界大戦と**シベリア出兵**〔➡p.484〕による米価急騰を契機として、富山県で「越中女房一揆」が起こると、米の安売りを求める騒擾が全国に拡大しました。これを**米騒動**といいます。政府は軍隊を出動させて鎮圧にあたると、政府の責任を追及する声が高まり寺内内閣は総辞職しました。**元老の山県らは度重なる民衆運動の高揚を政党の力によって抑制しようとして、立憲政友会の原敬に組閣を命じました**。こうして本格的な政党内閣である原敬内閣が成立します。

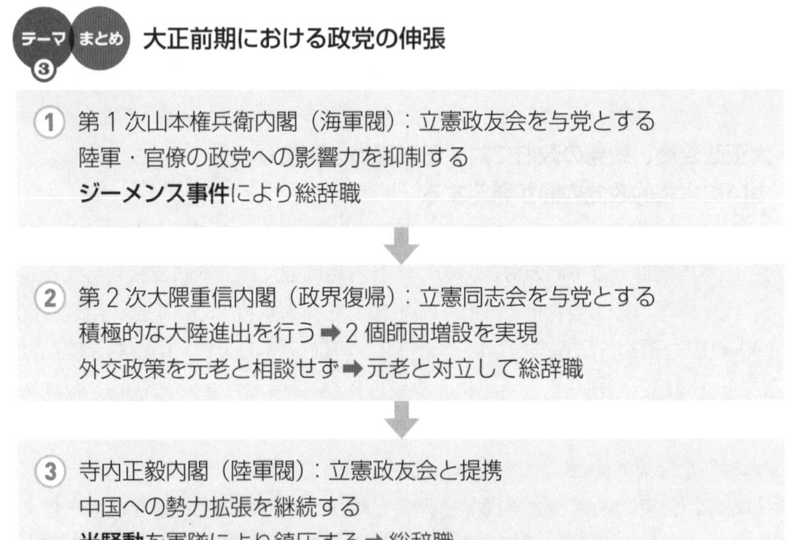

テーマ③ まとめ 大正前期における政党の伸張

① 第１次山本権兵衛内閣（海軍閥）：立憲政友会を与党とする
陸軍・官僚の政党への影響力を抑制する
ジーメンス事件により総辞職

↓

② 第２次大隈重信内閣（政界復帰）：立憲同志会を与党とする
積極的な大陸進出を行う➡２個師団増設を実現
外交政策を元老と相談せず➡元老と対立して総辞職

↓

③ 寺内正毅内閣（陸軍閥）：立憲政友会と提携
中国への勢力拡張を継続する
米騒動を軍隊により鎮圧する➡総辞職
元老は民衆運動の高揚を警戒し、政党内閣を容認する

テーマ④ 【外交の対比に注目】第一次世界大戦期の日本の中国進出

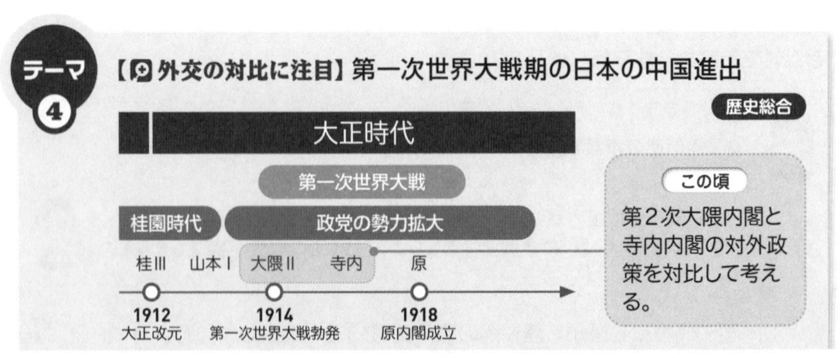

20世紀初頭、ヨーロッパでは、イギリス・フランス・ロシアの三国協商とドイツ・オーストリア・イタリアの三国同盟が植民地をめぐり争っていました。親露派のセルビア人の青年によりオーストリア皇位継承者夫妻が暗殺されるサライェヴォ事件を契機に、1914年7月、ドイツ・オーストリア陣営（同盟国）とイギリス・フランス・ロシア陣営（連合国）が対立し、第一次世界大戦が始まりました。

大隈内閣は第一次世界大戦に参戦し、中国に対する進出を強めていった

1914年に**第一次世界大戦**が勃発すると、第2次大隈重信内閣はイギリスから東シナ海におけるドイツ武装商船の撃破を要請されました。この要求に対して**加藤高明外相は日英同盟を口実にドイツに宣戦布告した**ものの、当初はイギリスの要請には応じず、アジアにおけるドイツの根拠地を占領していきました。陸軍はドイツの租借地である山東省の**青島**を占領し、海軍は**ドイツ領南洋諸島**を占領しました。1917年にようやくイギリスの要請に応じて地中海に軍艦を派遣し、ドイツ軍と戦いました。

ヨーロッパにおいて戦争が激化するなか、大隈内閣は中国での勢力拡大を図り、中国国内が内戦中であることを利用して**二十一カ条の要求**を袁世凱政権に突きつけました。要求は5号からなり、(1) 山東省の旧ドイツ権益の継承、(2) 旅順・大連の租借期限および南満洲の鉄道権益の99ヵ年延長、(3) 漢冶萍公司（中国の製鉄会社）の日中合弁、(4) 中国沿岸および島嶼の不割譲、(5) 中国政府の財政・軍事顧問に日本人を採用することでした。アメリカの反対もあって (5) など一部を撤回したものの、その大部分を承認させました。受諾日の5月9日は中国では国恥記念日とされ、以後、反日運動が高まることとなりました。

日本の中国進出に対してアメリカやイギリスが警戒心を強めると、日本はロシアとの提携を深めることで対抗しようとしました。1916年、**第4次日露協約**を結び、満蒙（満洲とモンゴル）権益を相互に確認するとともに他国と戦争になった際の軍事的援助も密約しました。

アメリカが世界大戦に参戦すると、寺内内閣は中国問題についてアメリカと調整した

1917年、**ロシア革命**が起こってロシアの帝政が崩壊し、社会主義政権である**ソヴィエト政権**が誕生すると、この政権はドイツ・オーストリアと単独講和を結んで連合国側から脱退しました。ロシアがなくなったため日露協約は破棄され、ドイツの無制限潜水艦作戦が契機となりアメリカが連合国側に立って参戦すると、寺内内閣は**石井・ランシング協定**を結んで中国における利害の調整を図りました。アメリ

力は日本の中国に対する特殊権益、すなわち満蒙権益を認める代わりに、日本はアメリカが主張する中国の領土保全・門戸開放・機会均等を承認しました。袁世凱の死後、その後を継いだ**段祺瑞**政権に対しては、無担保で多額の借款＊を与える**西原借款**を行い中国に対する影響力の拡大を図りましたが、その後段祺瑞政権は内戦で敗れてしまったので、借款を回収することはできませんでした。

ソヴィエト政権の成立により、連合国諸国は社会主義革命の影響が自国に及ぶことを恐れ、チェコスロヴァキア軍の救出を名目に**シベリア出兵**を行ってロシア革命に干渉しました。ところが十分な成果をあげることができず、1920年にアメリカ・イギリス・フランスは撤兵しました。しかし大規模な軍隊を派遣していた日本は撤退が遅れ、1922年になってようやくシベリアから撤兵しました。

Q なぜ、チェコスロヴァキア軍がシベリアにいたのですか？

A イギリス・フランスはロシアの捕虜となっていたチェコスロヴァキア軍の兵士をシベリア鉄道経由でウラジオストクからヨーロッパ戦線に送りこもうとしていました。ところが、これに反対するソヴィエト政権とチェコスロヴァキア軍が衝突したのです。

第一次世界大戦期の日本の中国進出

① 第2次大隈重信内閣（1914～16）
二十一カ条の要求（1915）➡**袁世凱**政権に対して
ドイツの山東省権益の継承、満蒙権益の強化
第4次日露協約（1916）
満蒙権益の相互確認（軍事的援助の密約あり）

② 寺内正毅内閣（1916～18）
石井・ランシング協定（1917）〔日米間〕
日本の中国に対する特殊権益と中国の門戸開放を相互承認する
西原借款（1917）➡**段祺瑞**政権に対して
無担保で多額の借款を与える➡回収できず

 用語 ＊借款…国家間における資金融資。

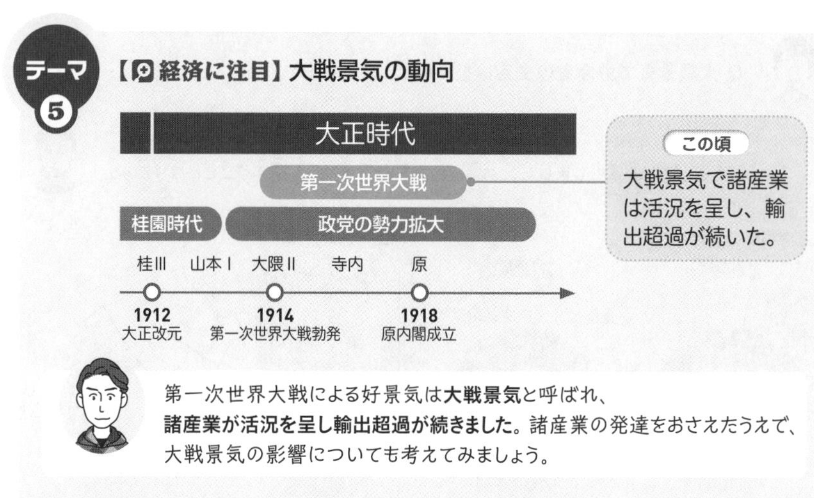

諸産業は活況を呈し、国際収支と産業構造は転換した

まずは軽工業の分野についてです。製糸・絹織物業は、主要相手国であるアメリカが好景気であったため生糸や羽二重*の輸出を順調に伸ばしました。**紡績・綿織物業では、イギリスやイタリアが中国をはじめとするアジア市場から後退したため、日本製の綿糸・綿織物の輸出が急増しました**。大戦後、日本企業は安価な労働力を求めて中国に紡績会社を設立しました（**在華紡**）。

続いて、鉄鋼業では八幡製鉄所が拡張したほか、二十一カ条の要求で鉄鉱石の採掘権を得た南満洲で満鉄が**鞍山製鉄所**を設立しました。**造船・海運業は大戦の影響で世界的に船舶が不足したため発展を遂げ**、急速に富を蓄積した**船成金**が出現しました。薬品・染料・肥料などを生産する化学工業は、大戦で敵国となったドイツからの輸入が途絶えたため、国産化が進められました。

第一次世界大戦は「化学の戦争」とも呼ばれ、機関銃・戦車・毒ガス・飛行機などの新兵器が投入されました。化学力が戦争の勝敗を決すると考えられるようになり、1917年には**理化学研究所**が設立され、化学力の育成が図られました。一方、新しいエネルギーとして電気が普及しました。福島県の**猪苗代水力発電所**が設立されると東京への長距離送電が完成し、電灯が普及したほか工業原動力も電力が蒸気力を上回りました。

大戦景気によって日本経済は大きな成長を遂げました。**国際収支は貿易黒字が定着**するとともに、**債務国から債権国へと転じました**。産業構造は、工業の発展とともに農業生産高よりも工業生産高の方が上回り、日本はアジア最大の工業国となりました。**ただし、重化学工業よりも軽工業の方が依然として生産高が上回っていた**ことに注意しましょう。**工業の発展は都市化の進展をもたらし**、都市の景観や市民生活を大きく変貌させました［➡ p.616］。

【用語】＊羽二重…絹織物の一つ。

Q 大戦景気で労働者の生活は豊かになったのですか？

A いいえ。労働者の賃金以上に物価が上昇したため、実質賃金は減少しました。大戦後は労働運動が高揚することとなります。

▼産業構造の変化

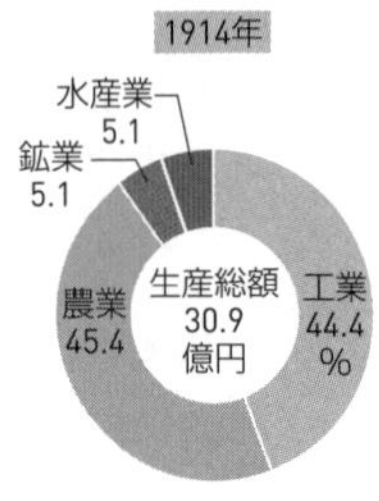

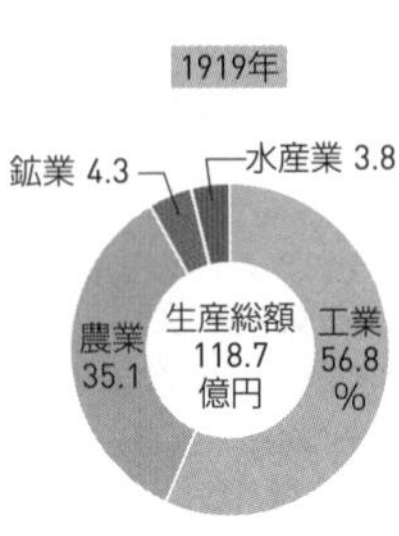

（『日本資本主義発達史年表』）

▼輸出入額の推移

億円
30
20
10
0
1914 15 16 17 18 19 20 21 22 23 24 25 26年
第一次世界大戦
大戦景気
輸入
輸出
戦後恐慌
関東大震災

（『近代日本経済史要覧』）

テーマ⑤ まとめ 大戦景気の動向

① 諸産業の活況

製糸・絹織物業：アメリカ向けに輸出を伸ばす

紡績・綿織物業：アジア市場の独占

鉄鋼業：満鉄が**鞍山製鉄所**を設立する

造船・海運業：世界的な船舶不足が生じる➡**船成金**の登場

化学工業：ドイツからの輸入が途絶する➡国産化が進む

電力業：水力発電の発達➡**電灯**の普及、工業原動力の電化

電力＞蒸気力

② 影響

国際収支：債務国➡債権国／輸出超過（1915～18）

産業構造：農業生産高＜工業生産高（軽工業＞重化学工業）

確認問題

1 年代配列問題にチャレンジ

(1) 次の文Ⅰ～Ⅲについて、古いものから年代順に正しく配列したものを、後の①～⑥のうちから一つ選んで記号で答えなさい。

Ⅰ 米騒動の後、立憲政友会を与党とする本格的な政党内閣が成立した。
Ⅱ ジーメンス事件の後、立憲同志会を与党とする内閣が組織された。
Ⅲ 大正政変の後、立憲政友会を与党とする内閣が組織された。

① Ⅰ－Ⅱ－Ⅲ　② Ⅰ－Ⅲ－Ⅱ　③ Ⅱ－Ⅰ－Ⅲ
④ Ⅱ－Ⅲ－Ⅰ　⑤ Ⅲ－Ⅰ－Ⅱ　⑥ Ⅲ－Ⅱ－Ⅰ

(2) 次の文Ⅰ～Ⅲについて、古いものから年代順に正しく配列したものを、後の①～⑥のうちから一つ選んで記号で答えなさい。

Ⅰ 中国における権益拡大を目指して、袁世凱政権に対して二十一カ条の要求を行った。
Ⅱ 日本は日英同盟を理由に連合国の側に立って、ドイツに対して宣戦布告した。
Ⅲ アメリカと石井・ランシング協定を結び、日本の中国における特殊権益を確認しあった。

① Ⅰ－Ⅱ－Ⅲ　② Ⅰ－Ⅲ－Ⅱ　③ Ⅱ－Ⅰ－Ⅲ
④ Ⅱ－Ⅲ－Ⅰ　⑤ Ⅲ－Ⅰ－Ⅱ　⑥ Ⅲ－Ⅱ－Ⅰ

2 探究ポイントを確認

(1) 第一次世界大戦期、日本は中国権益の拡大につとめた。大隈内閣と寺内内閣の対中国外交の違いについて簡単に述べよ。

(2) 大戦景気の影響について、国際収支と産業構造に注目してまとめよ。

解答

1 (1) ⑥　(2) ③

2 (1) 大隈内閣は袁世凱政権に対して二十一カ条の要求を行い、山東省権益の継承や満蒙権益の強化を実現した。寺内内閣は段祺瑞政権に対して西原借款を行い影響力の強化を図ったが、借款を回収することはできなかった。(98 字)

(2) 輸出の急増により国際収支は大幅に黒字となり、日本は債務国から一転して債権国となった。また、工業生産高が農業生産高を超え、日本はアジア最大の工業国となった。(77 字)

ワシントン体制と政党政治の展開

第一次世界大戦後の**ヨーロッパの新しい秩序をヴェルサイユ体制**、**アジア・太平洋地域の新しい秩序をワシントン体制**と呼びます。またこの頃、民主主義の風潮が高まり**様々な社会運動が起こります**。**第2次護憲運動の後には、満25歳以上の男子に選挙権を与える普通選挙法が制定**され、二大政党が交互に内閣を組織する**「憲政の常道」**が始まります。

時代のメタマッピングとメタ視点

政治 ➡トピック① テーマ①

天皇機関説と民本主義／原敬内閣の国内政治の動向

本格的な政党内閣である原敬内閣は積極政策を推進した。

外交 ➡テーマ②③

ヴェルサイユ体制と民族自決／ワシントン会議

パリ講和会議で**ヴェルサイユ体制が築かれ、これを補完するためワシントン体制が築かれた。**

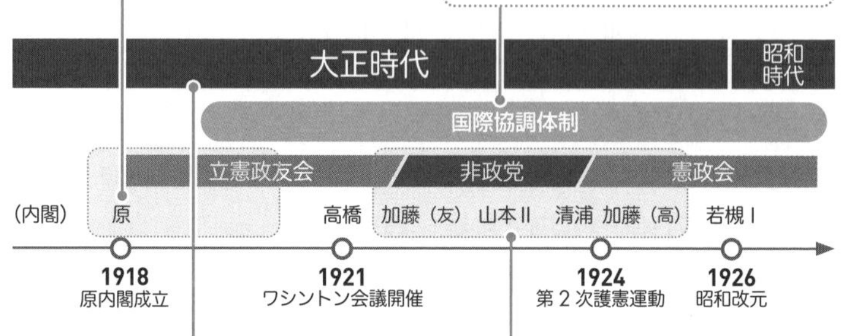

社会 ➡テーマ④⑤

大正期の社会運動／大正期の社会主義運動

大正時代後期、**様々な社会運動が高まる**一方、**社会主義を目指す組織は厳しく弾圧された。**

政治 ➡テーマ⑥

大正後期の政治動向

非政党内閣の時代に関東大震災が起こり、第2次護憲運動後に発足した**加藤高明内閣の時代に普通選挙法が制定された。**

トピック 1 【政治に注目】天皇機関説と民本主義

明治時代末期から大正時代にかけて、日比谷焼打ち事件以降、
大正政変、米騒動など民衆運動が高揚し、
民衆は政党を通じての政治参加を求めました。
こうした民主主義的な傾向は政治面のみならず、社会や文化面でも
広くみられ、**大正デモクラシー**と総称されます。
このような動きの理論的支柱となった学説を2つ挙げてみます。

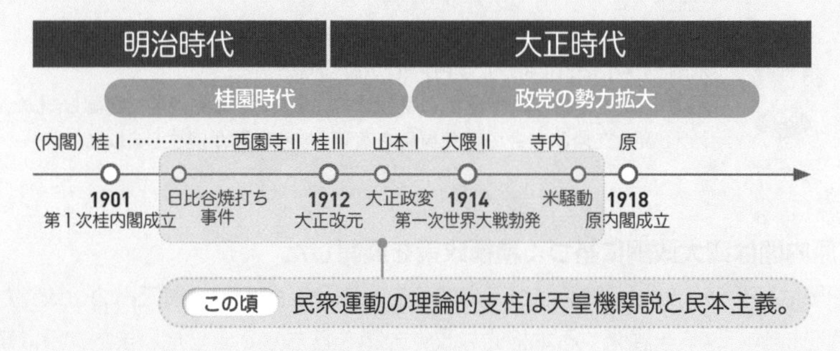

大正デモクラシーを支えたのは天皇機関説と民本主義

まず1つ目は、美濃部達吉が唱えた天皇機関説と呼ばれる憲法学説です。大日本帝国憲法は天皇主権を原則としており、天皇権力を制限しないと民衆の政治参加は実現できません。そこで、**統治権は法人である国家にあり、天皇はその最高機関であると美濃部は解釈しました**。すなわち、国家を会社組織に見立てると天皇は社長に相当します。会社の運営は社長の一存ではなく役員会議によって決められるように、国家の運営もまた天皇だけでなく役員に相当する諸機関の総意により決められるとして民衆の政治参加の正当化を図ろうとしたのです。

2つ目は、吉野作造によって提唱された民本主義です。1916年、吉野は総合雑誌『中央公論』に自らの政治理論を発表し、民衆の政治参加を進める考えとして民主主義というデモクラシーの訳語を用いることの危険性を指摘しました。なぜなら、民主主義は欧米から入ってきた考えで国民に主権があるという意味が含まれており、天皇主権の憲法に合わないため憲法改正が必要だという誤解が生じるからです。そこで、**現状の憲法のままで民衆の福利増進を目指し、政策決定の際に民衆の意向を重視する**考えとして民本主義という語を用い、その実現のために普通選挙*制と政党内閣制を目指すことを提唱しました。

用語 ＊普通選挙…若干の例外はあるものの、すべての成年者に選挙権・被選挙権を与える制度。

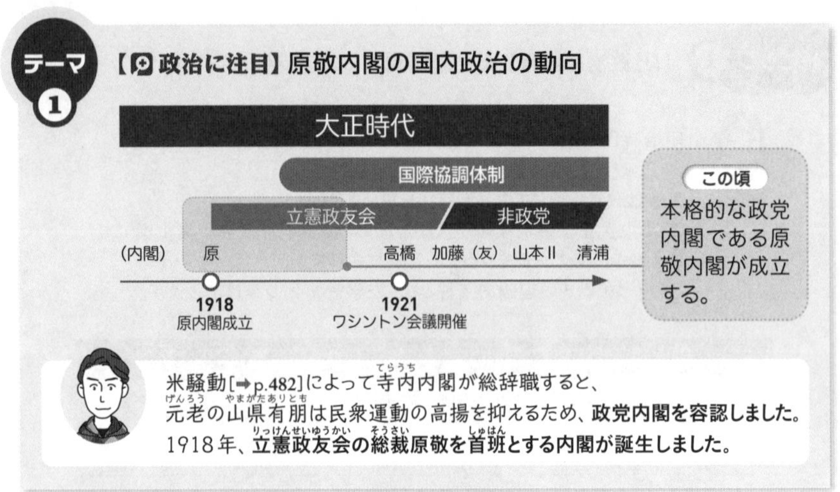

原内閣は四大政綱に基づく積極政策を展開した

原敬は陸・海・外相を除くすべての閣僚を**立憲政友会**の政党員で占め、政党が主導権を持って政策を展開する本格的な政党内閣を打ち立てました。また、原は華族でも藩閥でもなく、衆議院に議席を持つ首相であったため、**平民宰相**と呼ばれました。

まず、原内閣が進めようとした政策の要点をみていきます。
原内閣は積極財政*のもと、四大政綱と呼ばれる政治方針を定めました。

四大政綱の**第一は交通機関の充実です**。これは主として鉄道の拡充です。1906年の鉄道国有法の制定〔➡p.448〕以来、国家による全国的な鉄道網の完成が目指されていました。原は特にローカル線を充実させることで地方票を集めようという狙いがありました。

第二の教育機関の充実は高等教育機関の拡大を目指すものでした。明治時代を通じて初等教育機関は充実しましたが、その上の高等教育機関が不十分でした。そこで、**大学令**の公布により公立・私立・単科大学が認可され、産業界に輩出できる人材の育成が図られました。

第三の産業発展のための施策とは、各種産業分野における生産や通商の拡大を支援しようとするものでした。これにともない、1920年に始まった**戦後恐慌**に対して政府は日本銀行を通して融資を行いました〔➡p.508〕。

第四の国防の充実とは、1907年の帝国国防方針以来、実現が目指されていた八・八艦隊の建設計画の確定を指します。これは組閣の際に元老山県との妥協が図られたことによるもので、そのために軍拡予算が組まれることとなりました。

【用語】＊積極財政…政府が積極的に支出を増やす政策。

原敬は普通選挙の実施には消極的で、党勢の拡大に努めた

政党内閣による政治が行われるなか、民衆はもう一つの目標である普通選挙制の実現を求めました。これに対して原敬は消極的な態度でした。原はロシア革命を念頭に置き、普通選挙による政治的平等が実現すると、続いて経済的平等を求める社会主義が広まる可能性があることを懸念していたのです。

そこで1919年、衆議院議員選挙法を改正し、選挙権を持つ者の納税資格を10円以上から**3円**以上に引き下げて有権者数を倍増させるにとどめました。また、選挙区制は**小選挙区制**（しょうせんきょくせい）を採用して地方の有権者から安定した議席を獲得しようとしました。この選挙法のもとで原敬は1920年の総選挙にのぞみ、立憲政友会は圧倒的な勝利を収めました。

このように、原内閣は党勢の拡大に専念し、党員の汚職も発覚しました。成立当初は歓迎ムードだった世論もやがて批判的となり、1921年、原首相は一青年により東京駅で殺害されました。**高橋是清**（たかはしこれきよ）が政友会総裁となって内閣を引き継いだものの、党内をまとめあげることができず短命に終わりました。

小選挙区制は、選挙区を細かく分けてそのなかで
最も多い得票を得た候補者1名が当選するため、
多くの候補者を立てることのできる大きな政党に有利です。

テーマ① まとめ　原敬内閣の国内政治の動向

① 四大政綱（積極財政）
交通：鉄道の拡充➡地方票を集める
教育：**大学令**の交付（公立・私立・単科大学の認可）
産業：生産・通商拡大の支援を行う
国防：八・八艦隊の建造計画、シベリア出兵の続行

② 選挙法改正（1919）
納税資格：直接国税**3円以上**、**小選挙区制**の採用
普通選挙の実施には消極的だった

⬇

③ 結果
党勢の拡大や汚職に対する反発➡原首相が暗殺される

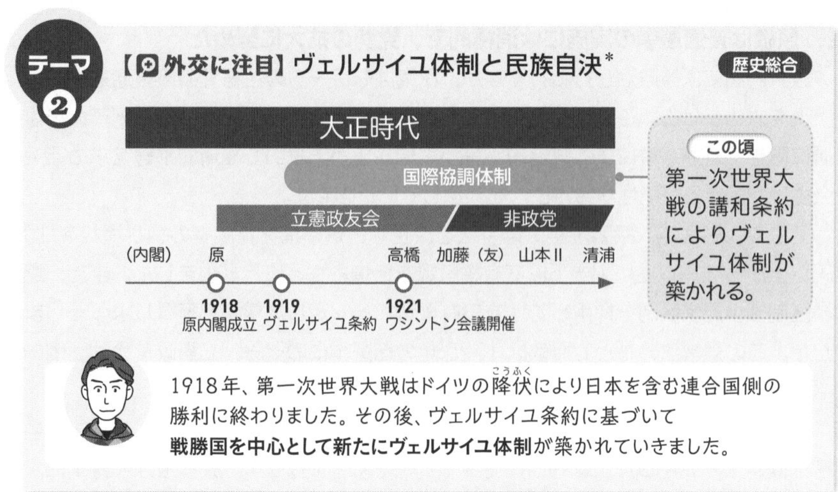

ヴェルサイユ条約で民族自決の原則、国際連盟の創設などが決定する

1919年、パリで**講和会議**が開かれ、日本からは**西園寺公望**・牧野伸顕が全権として参加しました。ここで**ヴェルサイユ条約**が調印され、日本は山東省の旧ドイツ権益を継承するとともに、赤道以北の旧ドイツ領南洋諸島の**委任統治権**を得ました。

パリ講和会議では、**ウィルソン**米大統領が提唱した14ヵ条の原則にしたがって、新しい国際秩序が目指されました。以後、民族自決の原則が確認され、東欧に多数の独立国家が成立しました。ところが、この原則はヨーロッパ社会にのみ適用されたため、中国や朝鮮など非ヨーロッパ地域の植民地や保護国が解放されることにはつながりませんでした。

1920年、ウィルソン米大統領の提唱により、国際平和機構として**国際連盟**が成立しました。イギリス・フランス・日本・イタリアが常任理事国となりましたが、**アメリカは議会の反対により参加しませんでした**。また、総会の決議に強制力がなく制裁も経済的手段に限られているなどの問題がありました。

Q ウィルソン米大統領の14ヵ条は、
民族自決以外にどのような内容があったのですか?

A 他にも、秘密外交の廃止や経済的障壁の除去、
国際平和機関の創設(国際連盟設立)などの内容が含まれていました。

中国・朝鮮では日本の支配に抵抗する運動が高まりをみせた

山東省権益が中国へ返還されず日本に継承されたことや二十一ヵ条の要求の撤回拒否に対して、1919年、中国では**五・四運動**が起こりました。北京での学生集会をきっかけとして中国各地で学生や労働者を中心とした日本製品の不買運動(日貨

【用語】*民族自決…それぞれの民族が自分たちの政治を自分たちで決定できること。

排斥）が広がり、中国はヴェルサイユ条約への調印を拒否しました。

同年、朝鮮においても**三・一独立運動**が起こりました。京城で知識人や学生らが日本からの独立を宣言すると、独立を求める運動が朝鮮全土に広がっていきました。運動は非暴力的なものでしたが、朝鮮総督府はこれを弾圧しました。

その結果、政府は国際世論に配慮して植民地支配の転換を図り、従来は武官しか就任できなかった朝鮮総督は文官も就任できるように官制改革を行ったほか、憲兵警察*を廃止しました。

▼ヴェルサイユ体制下の日本の領土

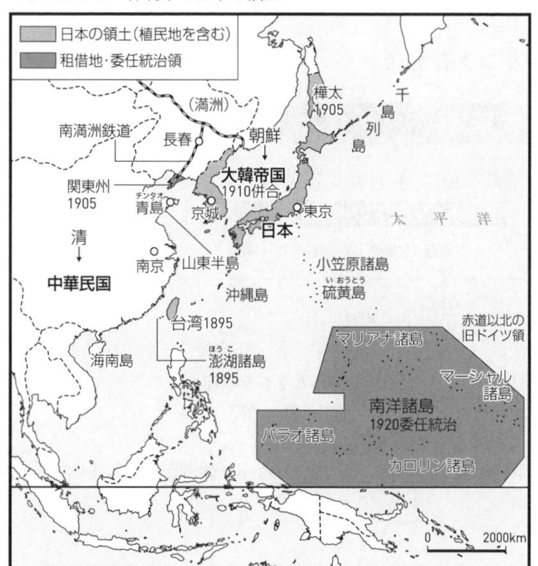

委任統治とは、第一次世界大戦後、国際連盟が一定の地域の統治権を有力国に委任することです。日本は赤道以北の旧ドイツ領南洋諸島の委任統治権を得ました。

ヴェルサイユ体制と民族自決

① 民族自決の原則（ヨーロッパ社会にのみ適用）
ウィルソン米大統領の 14 ヵ条の原則に基づく
東欧に多数の独立国家を成立させる

② **国際連盟**の発足（1920）
常任理事国：英・仏・日・伊（アメリカは不参加）

用語 ＊憲兵警察…軍人・軍隊に関わる警察のこと。民衆運動の弾圧や思想の取り締まりも行った。

③ 日本への抵抗とその影響
三・一独立運動（1919）〔朝鮮〕
弾圧への国際世論に配慮する➡官制改革・憲兵警察の廃止
五・四運動（1919）〔中国〕
中国はヴェルサイユ条約の調印を拒否、日貨排斥が広がる

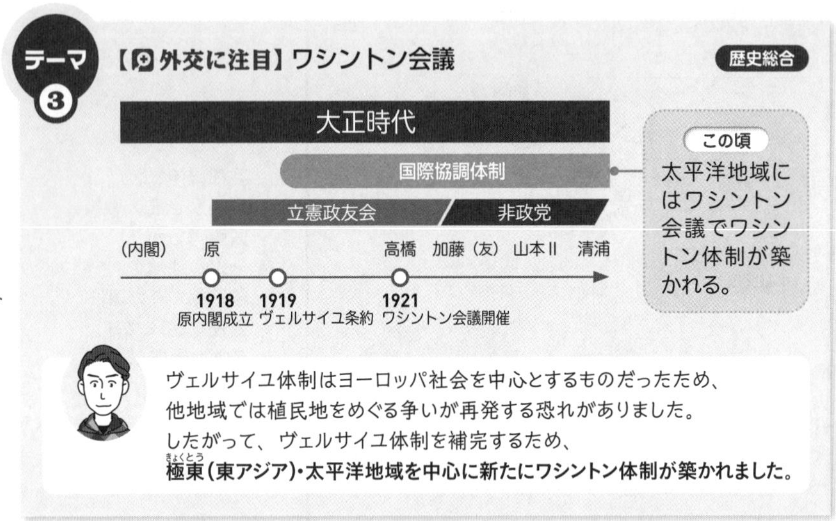

ワシントン会議では、太平洋や極東、軍備縮小に関する条約が結ばれた

第一次世界大戦後、国際社会において影響力を強めたアメリカは新しい国際秩序の構築につとめました。**ハーディング**大統領は、建艦競争による財政の圧迫を軽減するとともに、極東（東アジア）・太平洋地域における日本の勢力拡大を抑えるため**ワシントン会議**を開催しました。日本からは、海軍大臣の**加藤友三郎**・駐米大使の**幣原喜重郎**・貴族院議長徳川家達が全権として参加しました。

ワシントン会議では大きく3つの条約が結ばれました。1921年、**四ヵ国条約**がアメリカ・イギリス・日本・フランスにより調印されました。これにより、太平洋地域の島々に対する権利を相互に尊重し、現状を維持することが取り決められました。1911年に結ばれた第3次日英同盟〔➡ p.438〕は有効期限が10年間とされていましたが、今後は2国間ではなく多国間で安全保障を目指すこととなり、**満期を迎えた日英同盟は更新されず廃棄されました**。

続いて1922年には**九ヵ国条約**が締結されました。九ヵ国条約は中国の領土保全・門戸開放・機会均等を取り決めたもので、アメリカ・イギリス・日本・フランス・

イタリア・ポルトガル・ベルギー・オランダ・中国により調印されました。これにより、日本が経済的な特権を得ることのできる勢力範囲は事実上解消され、**石井・ランシング協定**〔➡ p.483〕**は廃棄されました。**

最後に 1922 年には**海軍軍縮条約**（海軍軍備制限条約）が調印されました。これはアメリカ・イギリス・日本・フランス・イタリアの 5 ヵ国により調印され、主力艦の建造を 10 年間停止したうえで、保有量を米英：日：仏伊で 5：3：1.67 と取り決めました。これにより、八・八艦隊の建造計画〔➡ p.477〕は中止になりました。

このようにして構築された極東（東アジア）・太平洋地域の国際秩序は**ワシントン体制**と呼ばれ、列強の間では戦争の再発防止のための協調外交が目指されました。一方、**ワシントン会議とは別にアメリカ・イギリスの仲介により日中間に交渉がもたれ、山東半島の旧ドイツ権益を中国へ返還することも決まりました。**

Q 主力艦とはどういう船ですか？

A 主力艦とは戦艦・巡洋戦艦など
海軍の主力の役割を務める戦闘艦のことです。
一方、戦闘以外の軍艦である巡洋艦・駆逐艦・潜水艦などは補助艦と呼ばれます。

ワシントン会議

1. 提唱：**ハーディング**米大統領
2. 全権：**加藤友三郎**（海相）・**幣原喜重郎**（駐米大使）ら
3. **四ヵ国条約**（1921）〔米・英・日・仏〕
   太平洋の現状維持、**日英同盟**の廃棄
4. **九ヵ国条約**（1922）〔米・英・日・仏・伊・ポ・ベ・蘭・中〕
   中国の領土保全・門戸開放など、**石井・ランシング協定**の廃棄
5. **海軍軍縮条約**（1922）〔米・英・日・仏・伊〕
   主力艦の建造停止（10 年間）・保有比制限（日本は対米英 6 割）
6. 中国との協調（米英の仲介）
   山東省の権益を中国へ返還する

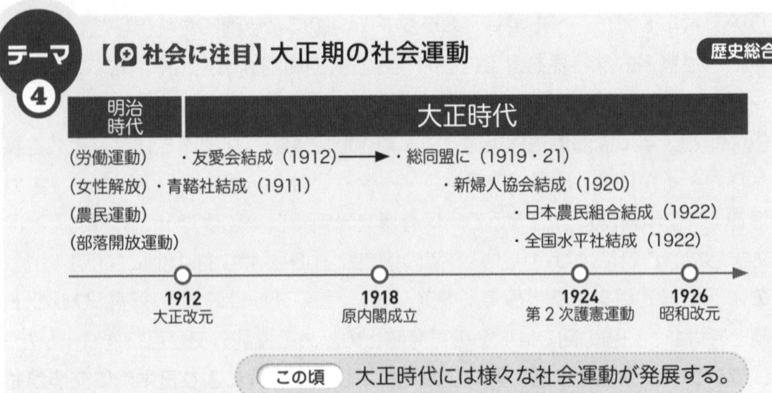

第一次世界大戦後、世界的な民主主義の風潮の高まりや米騒動の影響から、**日本国内でも様々な社会運動が発展しました。**

第一次世界大戦後、労働運動は高揚し、大規模な労働争議が各地で起こった

まずは、労働運動についてです。1912年、**鈴木文治**が東京で結成した**友愛会**は、労働者の社会的地位を向上させることを目指しました。大戦景気により資本主義が急速に成長し、労働者数は増加し物価も上昇したため、賃金の引き上げなどを求める労働運動も高揚しました。1919年、友愛会は**大日本労働総同盟友愛会**へと改組して労働組合の全国組織となることを表明すると、1920年には初の**メーデー**を主導し、最低賃金制や8時間労働制を主張しました。1921年には**日本労働総同盟**へと発展し、労働者の賃金上昇を目指す労資協調路線から社会的格差を克服しようとする階級闘争路線へと方針を変更して労働運動を指導するようになりました。これに対して政府は労働組合の結成やストライキなどを黙認するようになりました。

Q メーデーとはどういうものですか?

A 毎年5月1日に世界各地で行われる労働者の行事で、ここで労働者は団結して権利を主張しました。

女性の地位は向上したが、参政権の獲得にはまだ至らなかった

女性差別からの解放を目指す運動(女性解放運動)もさかんになりました。その先駆となったのが、1911年に**平塚らいてう**らによって結成された女性文学者団体の**青鞜社**です。青鞜社は雑誌『**青鞜**』を創刊し、女性に関わる様々な問題を論じました。当時は儒教思想により培われた良妻賢母主義*により女性の社会進出が制限されていたため、女性の自我を促すことが目指されました。1920年には**市川房枝**

 用語 *良妻賢母主義…献身的に夫を支え、子どもの養育に励む女性を理想的とする考え方。

や平塚らいてうが中心となって**新婦人協会**が結成され、1922 年には治安警察法第 5 条の改正を実現しました。これにより女性の政治演説会への参加が実現しました。さらに、女性の参政権を目指すために 1924 年、婦人参政権獲得期成同盟会が組織されました。その結果、1931 年には女性参政権を認める法案が衆議院を通過しましたが、貴族院が反対したため、実現は 1945 年になりました。

小作人や被差別部落の住民の権利を保護することも目指された

最後に農民運動と部落解放運動をまとめましょう。明治初期の地租改正 [➡ p.381] は地主・小作人関係を整備できず、高額の小作料が小作人の生活を圧迫していました。小作争議が頻発するなか、1922 年に**賀川豊彦**・**杉山元治郎**らによって結成された**日本農民組合**は日本初の小作人の全国的な組織として成立しました。

一方、**西光万吉**らは被差別部落の住民に対する社会的差別を打開することを目指して京都で**全国水平社**を結成し、水平社宣言を発表しました。

Q 欧米では女性の参政権は実現していたのですか?

A 第一次世界大戦は総力戦となったため、戦争への協力を求められた女性の間に政治的な関心が高まりました。その結果、イギリス・アメリカ・ドイツなどで女性の参政権が認められました。

大正期の社会運動

① 労働運動

友愛会(1912/労資協調)➡**日本労働総同盟**(1921/階級闘争)

第 1 回**メーデー**開催(1920)/各地で労働争議が起こる

② 女性解放運動

青鞜社(1911):良妻賢母主義の否定➡女性の社会進出を促す

新婦人協会(1920):治安警察法の改正要求➡政治演説会へ参加容認

婦人参政権獲得期成同盟会(1924):女性の参政権を目指す

③ 農民運動・部落解放運動

日本農民組合(1922):小作争議(小作料減免など)を主導する

全国水平社(1922):水平社宣言の発表

テーマ5 【社会に注目】大正期の社会主義運動

大正時代 | 昭和時代

(社会主義運動)　・日本社会主義同盟結成 (1920)　・赤瀾会結成 (1921)　・日本共産党結成 (1922)

(国家社会主義)　・猶存社結成 (1919)

1918 原内閣成立

1924 第2次護憲運動

1925 治安維持法制定

1926 昭和改元

この頃 ロシア革命の影響で日本でも社会主義運動が広がる。

1917年に起こったロシア革命は社会主義者を鼓舞することになり、**大正時代にも社会主義運動が展開されていきました。**

社会主義が様々な形で広がったものの、政府はこれを弾圧した

第一次世界大戦後、社会運動が高揚するなか、大逆事件以来「冬の時代」にあった[➡ p.454]社会主義運動も活動を再開しました。1920年には**堺利彦**らが中心となって**日本社会主義同盟**が結成され、個別に活動していた社会主義運動の統一が進められましたが、翌年には結社禁止の処分をうけました。

一方、1921年には**山川菊栄**・**伊藤野枝**らによって女性の社会主義団体である**赤瀾会**が組織され、社会主義の実現による女性解放が唱えられました。

1922年には社会主義の国際的な組織であるコミンテルンの日本支部として**日本共産党**が非合法に組織されました。日本共産党は**堺利彦**や**山川均**らが中心となって、ソ連に置かれたコミンテルンの本部からの指示を受け、君主制の廃止や資本主義の打破を目指しました。一方、**大杉栄**らは労働組合の直接行動による革命を目指す**無政府主義**を唱えて活動しました。

一方、国家主義的な立場から天皇制のもとでの平等社会の実現を図ろうとする**国家社会主義**も生まれました。1919年、**北一輝**や**大川周明**は**猶存社**を結成し、絶対的な天皇制のもとで対外進出を強めることによる国家改造を目指しました。猶存社は北・大川の対立によりわずか4年で解散したものの、後に彼らの思想は国家改造を目指す軍部の青年将校に大きな影響を与えました[➡ p.523]。

1925年、**加藤高明内閣のもとで治安維持法が制定され、国体*の変革を目指す共産主義や無政府主義、私有財産制度を否認する社会主義などを取り締まりました。**1928年には緊急勅令により治安維持法が改正され、最高刑が死刑とされました。

 【用語】＊国体…国家の体制、国のあり方。すなわち、天皇制のこと。

Q 国家改造とはどのようなことを目指すことなのですか？

A 国家改造とは、クーデターやテロをはじめ、謀略や扇動など様々な形態をとって政党政治の打破を目指すことです。

テーマ⑤ まとめ 大正期の社会主義運動

① **日本社会主義同盟**（1920）➡翌年結社禁止

② **赤瀾会**（1921）：女性の社会主義団体／**山川菊栄**・**伊藤野枝**

③ **日本共産党**（1922）：非合法／**堺利彦**・**山川均**
コミンテルンの日本支部（本部はソ連）
君主制の廃止・資本主義の打破を目指す

④ **猶存社**（1919～23）：**北一輝**・**大川周明**
絶対的天皇制・対外進出➡国家改造（国家社会主義の実現）

⑤ **治安維持法**（1925）〔加藤（高）〕
国体の変革・私有財産制度を否認する思想を弾圧
改正（1928）：共産・無政府主義に対し最高刑を死刑とする

【政治に注目】大正後期の政治動向

歴史総合

大正時代 ｜ 昭和時代

国際協調体制

立憲政友会 ／ 非政党 ／ 憲政会

（内閣）高橋　加藤（友）　山本Ⅱ　清浦　加藤（高）　若槻Ⅰ

1919 ヴェルサイユ条約
1924 第２次護憲運動
1926 昭和改元

この頃
非政党内閣のあと、第２次護憲運動が起こり護憲三派内閣が成立する。

原敬首相が東京駅で暗殺され、後継の高橋是清内閣も短命に終わると、**非政党内閣が続きました**。その後、**第２次護憲運動が起こります**。

関東大震災の混乱のなか、様々な虐殺事件が発生した

1922 年、海軍閥の**加藤友三郎**が内閣を組閣しました。加藤内閣は軍縮の方針をとり、シベリアに出兵していた日本軍を撤退させましたが、一部の兵は北樺太に残りました。加藤友三郎首相が急死すると、**山本権兵衛**に組閣の命が下りました。

1923年9月1日、**関東大震災**が起こりました。これにより東京市と横浜市が壊滅的な被害を受け、死者・行方不明者の数は10万人余りにのぼりました。建物の倒壊により圧死した人よりも火災により焼死した人の方が多くを占めました。また、混乱のさなかパニックに陥った民衆が自警団と称して在日の朝鮮人らを虐殺する事件も起きました。戒厳令*1が布告されて事態の収拾が図られましたが、警察署で社会主義者たちが虐殺された**亀戸事件**や、甘粕正彦憲兵大尉によって大杉栄・伊藤野枝ら無政府主義者が虐殺された**甘粕事件**が起こりました。

一方、無政府主義者の難波大助が摂政宮裕仁親王（後の昭和天皇）を狙撃した**虎の門事件**も起こり、混乱を抑えられなかったとして山本内閣は総辞職しました。

第2次護憲運動の結果、護憲三派内閣が成立した

1924年、枢密院議長の**清浦奎吾**が超然内閣を発足させると、**憲政会**・**立憲政友会**・**革新倶楽部**は**護憲三派**を結成して特権内閣打倒を目指す**第2次護憲運動**を起こしました。護憲三派は普選断行・貴族院改革などをスローガンに掲げて総選挙に臨もうとしましたが、立憲政友会の半数以上は分裂して**政友本党**を結成し、清浦内閣の支持に回りました。1924年5月の総選挙では護憲三派が圧勝したため清浦内閣は退陣し、衆議院第一党の憲政会総裁**加藤高明**が護憲三派内閣を組織しました。

1925年、加藤内閣は**普通選挙法**を制定し、**納税資格を撤廃して満25歳以上の男子に選挙権を与えました**。これにより有権者は約4倍となり、人口比約20%が選挙権を持ちました。その一方で、**治安維持法**を制定して共産主義・社会主義思想を取り締まりました。加藤内閣は外相に**幣原喜重郎**を迎えて協調外交*2を基本とし、1925年に**日ソ基本条約**を結んでソ連と国交を樹立させ、北樺太の兵を撤退させました。さらに、**宇垣一成**を陸相として4個師団を削減し、それと引き換えに軍備の近代化につとめ、中等学校以上の学校に軍事教練を導入して陸軍の基盤を強化しました。

一連の政策を進めたのち、護憲三派の提携は解消され、加藤内閣は憲政会を与党とする単独内閣となりました。加藤高明が病死すると、憲政会総裁を継いだ**若槻礼次郎**が内閣を組織しました（第1次若槻礼次郎内閣）。一方、立憲政友会は革新倶楽部を吸収すると、陸軍・長州閥の**田中義一**を総裁に迎え、陸軍とも協調関係を築きました。

こうして1924年に加藤高明内閣が成立して以降、**立憲政友会**と**憲政会**（後に政友本党が合流して**立憲民政党**）が交互に組閣しました。この政党政治の慣行は「**憲政の常道**」と呼ばれます。憲政の常道は1932年に犬養毅内閣が倒れるまで続きました［➡ p.521］。

 【用語】 ＊1 戒厳令…天皇大権の一つ。非常時、軍隊に治安維持のための権限を与える。

Q 政党政治の慣行とは具体的にどういう意味なのでしょうか？

A 現行の日本国憲法では国民主権のもとで議院内閣制が採用されているため、一般的に衆議院で多数を占める政党が内閣を組織します。ところが、大日本帝国憲法は天皇主権で議院内閣制が採用されておらず、西園寺公望ら元老が衆議院の多数政党の総裁を首相に選定しました。政党内閣制と似ているようで少し違うので、政党政治の慣行と呼ばれるのです。

▼政党の変遷

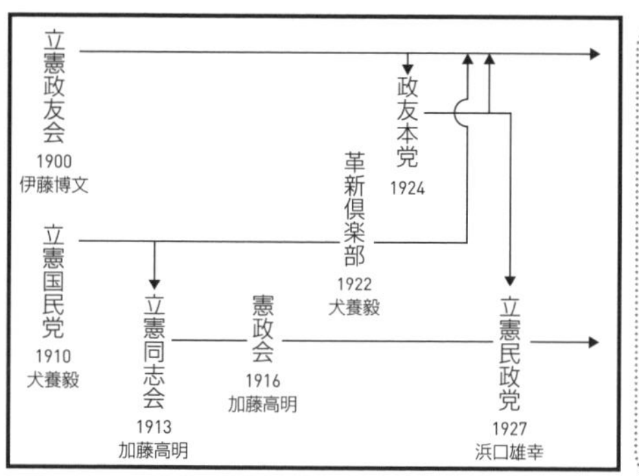

1925年に立憲政友会は革新倶楽部を吸収しました。一方、第2次護憲運動の際に立憲政友会から分裂した政友本党は、1927年に憲政会と合流して立憲民政党となりました。「憲政の常道」のもとでは、立憲政友会と憲政会（のち立憲民政党）が二大政党となりました。

大正後期の政治動向

① 非政党内閣（元老＝西園寺公望・松方正義）
加藤友三郎：軍縮の実施（**シベリア撤兵**／ 1922）
山本権兵衛Ⅱ：**関東大震災**（1923）➡戒厳令の布告
亀戸事件・甘粕事件・**虎の門事件**➡内閣総辞職
清浦奎吾：**第 2 次護憲運動**（1924）により総選挙で敗れる

② 加藤高明内閣（第 1 次：護憲三派　第 2 次：憲政会単独）
普通選挙法（1925）：納税資格の撤廃（人口比 20.8%）
治安維持法（1925）：共産主義・無政府主義・社会主義の弾圧
日ソ基本条約（1925）：ソ連と国交を樹立（外相＝幣原喜重郎）
宇垣軍縮（1925）：4 個師団の削減➡軍備の近代化

用語 ＊2 協調外交…幣原外交では英米との関係を重視し中国の内政には不干渉の方針をとった。

確認問題

1 年代配列問題にチャレンジ

(1) 次の文Ⅰ～Ⅲについて、古いものから年代順に正しく配列したものを、後の①～⑥のうちから一つ選んで記号で答えなさい。

Ⅰ 鈴木文治らにより、労使協調の労働団体として友愛会が結成された。
Ⅱ 幸徳秋水（こうとくしゅうすい）・堺利彦らは平民社（へいみんしゃ）を結成し、戦争反対を主張した。
Ⅲ 市川房枝らが新婦人協会を組織し、女性の解放などを求めた。

① Ⅰ－Ⅱ－Ⅲ　② Ⅰ－Ⅲ－Ⅱ　③ Ⅱ－Ⅰ－Ⅲ
④ Ⅱ－Ⅲ－Ⅰ　⑤ Ⅲ－Ⅰ－Ⅱ　⑥ Ⅲ－Ⅱ－Ⅰ

(2) 次の文Ⅰ～Ⅲについて、古いものから年代順に正しく配列したものを、後の①～⑥のうちから一つ選んで記号で答えなさい。

Ⅰ ワシントン会議が開催され、東アジア・太平洋地域の新しい国際秩序がつくられた。
Ⅱ 関東大震災の混乱のなか、社会主義者が殺害・弾圧される事件が起こった。
Ⅲ 第２次護憲運動の結果、護憲三派による連立内閣が発足した。

① Ⅰ－Ⅱ－Ⅲ　② Ⅰ－Ⅲ－Ⅱ　③ Ⅱ－Ⅰ－Ⅲ
④ Ⅱ－Ⅲ－Ⅰ　⑤ Ⅲ－Ⅰ－Ⅱ　⑥ Ⅲ－Ⅱ－Ⅰ

2 探究ポイントを確認

(1) 第一次世界大戦後に提唱された民族自決の原則の問題点と、問題点に対する東アジアの人々の動きについて述べよ。

(2) 原敬内閣と加藤高明内閣の普通選挙に対する政策の違いについて述べよ。

解答

1 (1) ③　(2) ①

2 (1) 民族自決の原則はアジア・アフリカには適用されなかったため、戦勝国による植民地支配は続いた。中国では五・四運動、朝鮮では三・一独立運動が展開され、日本の支配に対して抵抗した。(86字)

(2) 原敬内閣は普通選挙には消極的な姿勢をとり、選挙権の納税資格を３円以上に引き下げ、小選挙区制を導入するにとどめた。加藤高明内閣は普通選挙法を制定させ、選挙権の納税資格を撤廃した。(88字)

第40講 恐慌の時代

「憲政の常道」のもと、**憲政会（のち立憲民政党）と立憲政友会が二大政党として交代で内閣を組織する**ようになりました。これら2党は中国の民族運動への対応は正反対でしたが、**英米との関係はともに協調外交を展開**しました。一方、1920年代の**日本は恐慌が連続した時代**でもありました。1929年に世界恐慌が起こると、**翌1930年には金解禁の影響もあって日本は昭和恐慌に陥りました。**

時代の**メタマッピング**と**メタ視点**

外交 ➡テーマ①

中国民族運動の高揚

中国において民族運動が高まると、蔣介石が北伐による中国統一を目指した。

外交 ➡テーマ②

英米との協調外交

立憲政友会の田中内閣、立憲民政党の浜口内閣はともに**英米との協調外交を展開した。**

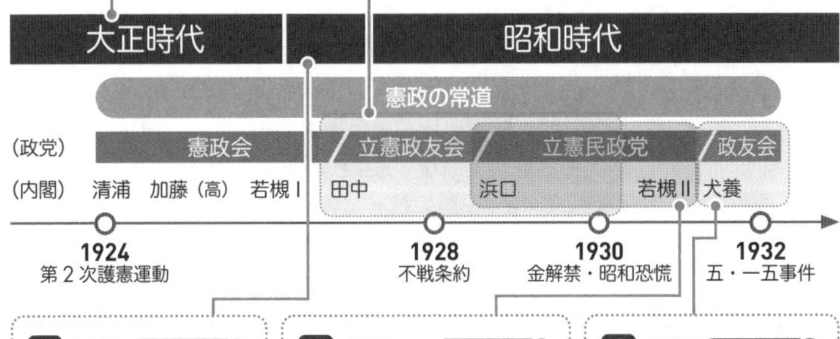

経済 ➡テーマ③

1920年代の恐慌の連続

1920年代に恐慌が連続すると、政府は事態の収拾を図った。

経済 ➡テーマ⑤

井上財政

浜口雄幸内閣の**井上準之助蔵相**は日本経済の建て直しを図るため**金解禁を断行した**が、**昭和恐慌に陥った。**

経済 ➡テーマ⑥

高橋財政

犬養毅内閣の**高橋是清蔵相は金輸出再禁止と積極財政により昭和恐慌を脱出した。**

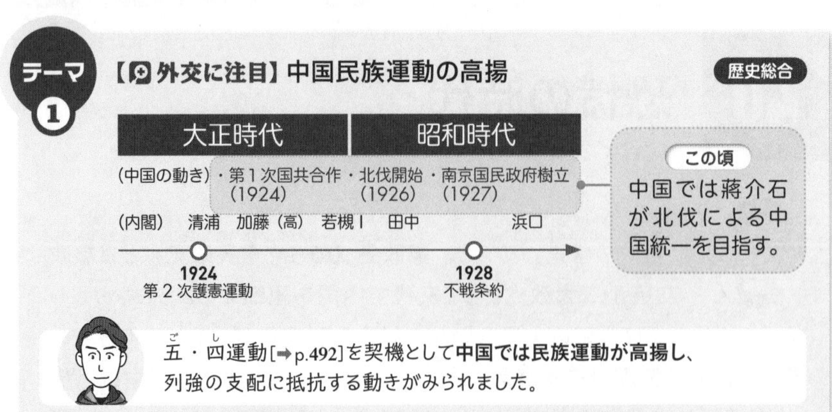

孫文の後を継いだ蔣介石は北伐を開始し、中国統一を目指した

中国では各地で軍閥が割拠する状況が続いていました［➡p.441］。1924年、孫文が結成した中国国民党はコミンテルンの支部である中国共産党と第１次国共合作を成立させて中国全土の統一を目指しましたが、翌年、孫文は死去しました。1925年、上海にある在華紡で起こった中国人労働者のストライキに対する弾圧を契機に反帝国主義運動が高まる（五・三〇事件）と、翌1926年、**孫文の後継者となった蔣介石が各地の軍閥を打倒して中国を統一するため、国民革命軍を率いて北伐を開始しました**。1927年、蔣介石は南京を占領して新しく国民政府を樹立しましたが、これまで提携していた中国共産党を弾圧したため国共合作は崩壊しました。

Q 蔣介石はなぜ共産党を弾圧したのですか？

A 共産党は列強の支配に対し、大衆を動員して外国施設を破壊するなど過激な活動を展開しました。蔣介石は外国との対立が深まることにより中国の統一に弊害が生じると考えたのです。

憲政会内閣は中国へ不干渉の方針をとったが、立憲政友会内閣は山東出兵を行った

こうした国民政府の動きに対して、若槻礼次郎内閣の外相であった幣原喜重郎は不干渉の方針をとりました。国民革命軍が華北まで進出すると、日本の権益が損なわれることを危惧した軍部*や立憲政友会は幣原外交を軟弱外交として批判しました。

金融恐慌の収拾をめぐって若槻内閣が退陣する［➡p.508］と、立憲政友会の田中義一内閣は軍部・外務省・大蔵省などの幹部を集めて東方会議を開き、満蒙地域の権益を守るため積極的な行動をとることを決めました（積極外交）。そのなかで**満洲軍閥の張作霖を支援するとともに、日本人居留民の保護と権益確保のため３次に**

【用語】＊軍部…軍隊の上層部による政治勢力。

わたって山東出兵を実施しました。第２次山東出兵の際には、日本軍と国民革命軍が武力衝突する**済南事件**が起こりました。

しかし、国民革命軍が北京に入城して張作霖が満洲へ敗走すると、関東軍参謀の河本大作は満洲を直接軍事占領するきっかけをつくるため、張作霖の乗った列車を爆破する**張作霖爆殺事件**（満洲某重大事件）を起こしました。ところが、関東軍のねらい通りにはいかず、張作霖の子の**張学良**は国民政府と合流し、満洲を国民政府の支配下において反日の姿勢を明確にしました。一方、事件の処理に失敗した田中内閣は総辞職しました。

▼北伐と山東出兵

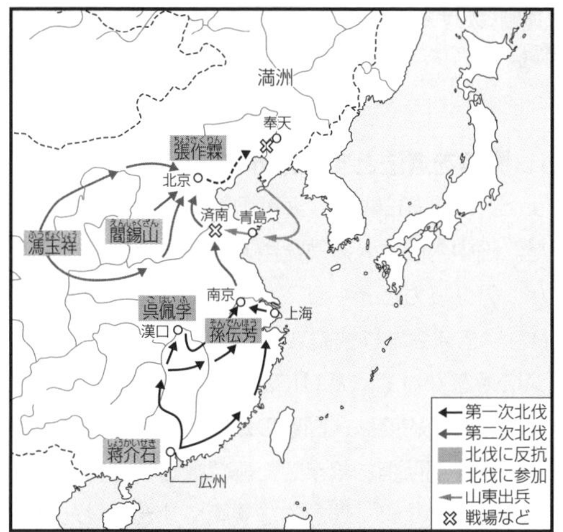

1919年、三・一独立運動[➡p.493]の最中、関東都督府は廃止され、民政を担当する関東庁と軍政を担当する関東軍に分離しました。関東軍の当初の編制は小規模な軍であったため、北伐による余波が南満洲に及ぶことが懸念されていました。

中国民族運動の高揚

① **第１次国共合作**（1924）
中国国民党（孫文）は**中国共産党**と提携する
中国全土の統一を目指すが、孫文は死去（1925）

② **五・三〇事件**（1925）〔上海〕
中国人労働者のストライキを弾圧する➡反帝国主義の動き

③ **北伐**開始（1926）
蔣介石が国民革命軍の総司令就任、
張作霖など北方軍閥の打倒を目指す

④ 南京に**国民政府**の樹立（1927）〔南京〕
反共クーデターにより蔣介石は共産党と絶縁する

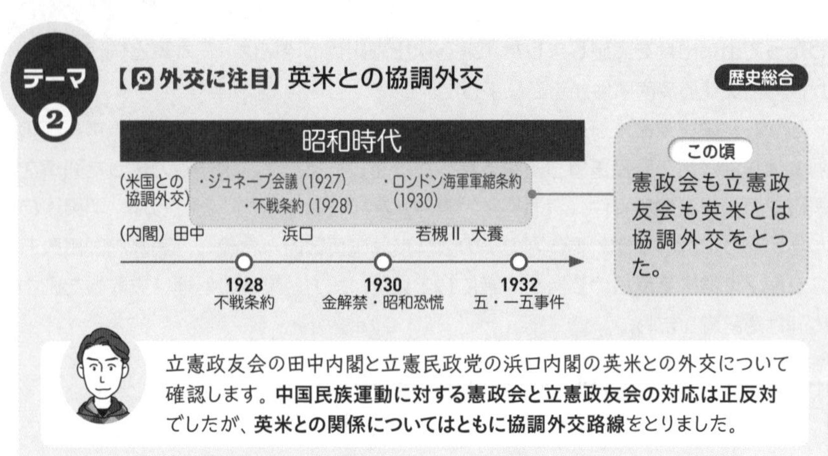

田中内閣は不戦条約を締結し、戦争を違法とする方針をとった

1927年、アメリカ大統領クーリッジの提案により、海軍の補助艦を制限するためジュネーブ会議が開催されました。田中内閣は元海軍大臣で朝鮮総督の斎藤実を全権として派遣しました。ところが、アメリカとイギリスが対立したため条約の締結は行われず、補助艦制限は行われないまま会議は決裂してしまいました。

翌1928年、アメリカ・フランスの呼びかけで、パリにおいて日本を含む15ヵ国により不戦条約が調印されました。この条約では、国家の政策としての戦争は放棄され、平和的手段による国際紛争の解決が目指されました。ただし、自衛による戦争は認められた上に制裁規定も欠いていたため、理念的な規範にすぎませんでした。第1条には「人民の名に於いて」という文言があることから、枢密院は日本の憲法とは合わないとして条約調印に反対しました。最終的には、この部分だけは日本に適用されないという留保条件をつけて条約は批准されました。

第二次世界大戦後に制定・施行された日本国憲法第9条第1項は、この不戦条約を参考にしたとされています。

浜口内閣はロンドン海軍軍縮条約に調印し、補助艦の保有量を制限した

1929年、田中義一内閣に代わって立憲民政党を与党とする浜口雄幸内閣が発足すると、外務大臣には幣原喜重郎が就任し、協調外交を展開しました。1930年には日中関税協定を結んで中国の関税自主権を認め、中国との関係改善を図りました。

同年、ロンドンで海軍軍縮会議が開催されると、浜口内閣は元首相の若槻礼次郎と海相の財部彪を全権として派遣しました。ここではジュネーブ会議で決裂した補助艦の制限が話し合われました。その結果、日本の補助艦保有量は対米英6.975割、

大型巡洋艦は対米英 6 割という内容を受け入れ、浜口内閣は条約に調印しました。

当初より軍縮に反対する海軍軍令部の加藤寛治は大型巡洋艦の対米英 7 割を主張していました。また、野党の立憲政友会は軍令部の同意を得ずに内閣が兵力量を決定することは憲法違反であると主張して立憲民政党内閣のネガティブキャンペーンを張ると、海軍軍令部の加藤も**統帥権干犯**であるとして内閣を攻撃しました（統帥権干犯問題）。浜口内閣は反対を押し切って条約の批准にこぎつけましたが、浜口首相が東京駅で右翼*の青年に狙撃され重傷を負い、内閣総辞職をよぎなくされました。

Q 結局のところ、内閣が兵力量を決定することは憲法違反に当たったのでしょうか？

A 例えば、憲法学者の美濃部達吉は兵力量の決定は内閣（海軍省）の権限であるとし、憲法違反に当たらないという解釈をとっていました。

英米との協調外交

① 田中義一内閣の協調路線
ジュネーブ会議（1927）
補助艦の制限➡英米の対立により決裂する
パリ不戦条約（1928）
戦争放棄を宣言する（自衛権を妨げない）

② 浜口雄幸内閣の協調路線（外相＝**幣原喜重郎**）
ロンドン海軍軍縮条約（1930）
全権＝**若槻礼次郎**・財部彪（海相）
補助艦の制限（日本は対米英約 7 割、大型巡洋艦は 6 割）
統帥権干犯問題（立憲政友会・海軍軍令部）➡浜口首相狙撃

用語 ＊右翼…極端な保守主義や国粋主義を持つ勢力。

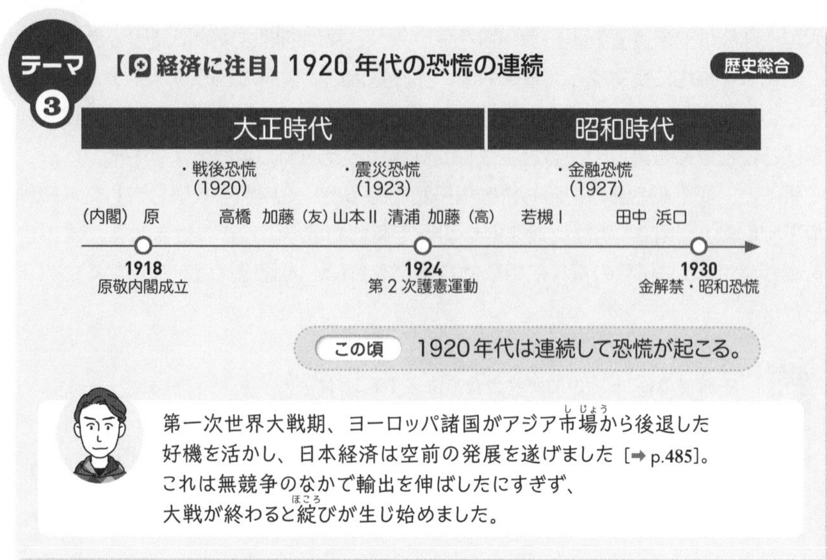

戦後恐慌・震災恐慌は日本銀行や政府の特別融資で一時をしのいだ

第一次世界大戦後、ヨーロッパ諸国の復興が進んで国際競争が復活すると、日本の輸出は後退して貿易収支は輸入超過に転じました。そして、1920年の株式の暴落をきっかけに日本経済は**戦後恐慌**を迎えました。政府の指示により日本銀行が貸付けを行って支援したため、競争力のない企業が淘汰されないまま残り続けることとなりました。

1923年、関東大震災により東京・横浜が大きな被害を受けると、銀行から資金を借り入れていた多くの企業は経営が悪化したため、決済不能となった**震災手形**が発生しました。日本銀行は銀行に、政府は被災した企業に特別融資を行って支援し、震災手形の一部を日本銀行が引き受けて債権を肩代わりしました。

田中内閣は金融恐慌を収拾したものの、日本企業の競争力低下は続いた

1927年、憲政会の若槻礼次郎内閣の大蔵大臣片岡直温の失言により震災手形を抱える一部の銀行の経営悪化が伝えられると、預金者が一斉に預金を引き出しに銀行に殺到する**取付け騒ぎ**が起こりました。さらに、大戦景気で急成長した**鈴木商店**が破綻し、鈴木商店に不良貸付を行っていた**台湾銀行**が経営危機におちいりました。これらの混乱は**金融恐慌**と呼ばれます。

若槻内閣は緊急勅令による台湾銀行の救済を企図しましたが、憲政会の幣原外交に不満を持っていた枢密院の承諾を得ることができなかったため救済に失敗して、内閣総辞職に追い込まれました。

代わって組閣した立憲政友会の田中義一内閣は大蔵大臣に高橋是清を起用して事

態の収拾に当たりました。まず、モラトリアム（支払猶予令）を出してしばらく銀行を臨時休業とし、その間に日本銀行がフル稼働して片面印刷の紙幣を大量に準備して各銀行の店頭に積み上げることで民衆の不安を解消しました。さらに、日本銀行に非常貸し出しを行わせることで台湾銀行を救済しました。

こうして金融恐慌は収拾しましたが、中小銀行の多くは財閥系の三井・三菱・住友・安田・第一の５大銀行に吸収され、財閥は銀行を通じて産業界への支配を強めていきました。

Q 取付け騒ぎはどういう点が問題なのですか？

A 銀行は預金者から預かったお金を企業や個人に貸し出して金利を得ています。普段は預金者が一斉にお金を引き出しにくることはないので、対応可能な額の現金は用意されておらず、全員の引き出しには応じられないため、預金者に不安が広がることが問題です。

1920年代の恐慌の連続

① **戦後恐慌**（1920）
国際競争力の不足➡株式が暴落する

② **震災恐慌**（1923）
震災手形の発生➡日銀と政府の特別融資により事態を収拾する

③ **金融恐慌**（1927）
問題：蔵相の失言➡中小銀行を中心に休業・倒産がつづく
　　　台湾銀行の経営危機（**鈴木商店**への不良貸付）
若槻礼次郎Ⅰ：緊急勅令による台湾銀行の救済に失敗する➡退陣
田中義一：モラトリアムの発令、日銀の非常貸し出し➡収拾
結果：財閥系銀行に預金が集中する➡金融支配が強まる

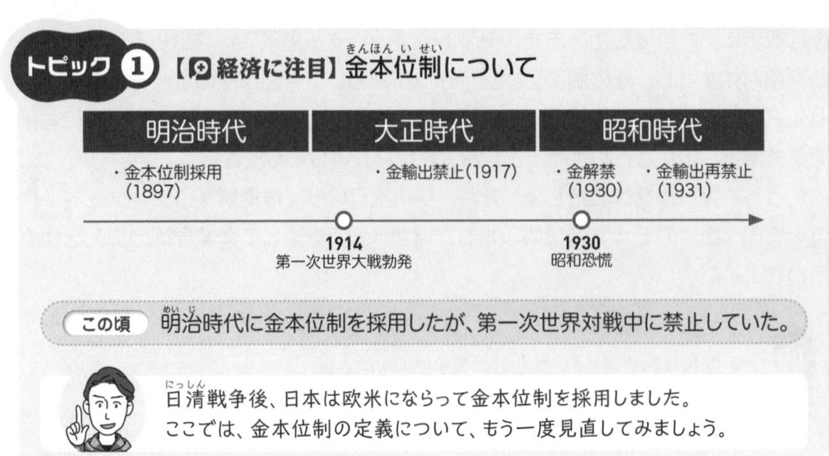

明治時代からの金本位制の変遷について確認する

1871年、**新貨条例**［➡ p.385］が発布されて明治政府により新硬貨が発行され、金貨は1円＝金1.5gと定められました。しかし、金準備の不足から発行量が少量となったほか、東アジアにおいて貿易取引の決済は銀中心でした。そのため、開港場では銀が、国内では不換紙幣が用いられ、金本位制は実現しませんでした。1885年、松方財政において銀兌換銀行券が発行されると、日本では**銀本位制**が確立しました［➡ p.399］。

ところが、欧米では金本位制がとられていたため、欧米との貿易取引に際しては金と銀を交換する必要がありました。当時は世界的に銀の供給が増大し、銀相場は下落傾向にあったため、日本企業が外国企業から商品を輸入する際に不利に働きました。また、外国通貨に対する円の価値を安定させるべきだという気運も高まっていました。このようななか、日清戦争の勝利により多額の賠償金が手に入ったため、これを準備金として1897年、貨幣法によりついに**金本位制**が採用されました［➡ p.449］。

金本位制の採用にはいくつかの条件がありました。まず、**金の輸出入の自由を認めること**が必要で、これを**金解禁**といいます。**金解禁により貿易取引の決済に金を使用することが可能となる**のです。金は金貨として用いられたほか、地金（インゴット）の形で重さを量って使用されることもありました。金貨には20円金貨・10円金貨・5円金貨などがありましたが、貨幣法に基づいて1円＝0.75gとされました。当時、1ドル＝金約1.5gだったため、**円とドルの為替相場は100円＝約50ドルと固定され、為替相場の安定は貿易の振興をもたらしました**。

ただし、**金本位制の採用により国内紙幣の金兌換が義務づけられるため、日本銀**

行券の発行量に制限がかかるようになりました。日露戦争前後は軍需の高まりから輸入超過が進んだため、金が国外に流出し、これにともない日本銀行券の発行量が減少しました。1907 年、明治 40 年恐慌が生じたのはそのためです [➡ p.450]。

1914 年に第一次世界大戦が勃発するとヨーロッパ交戦国は輸入超過にともなう金流出を懸念して、金輸出を禁止しました。1917 年、アメリカが金輸出を禁止すると日本も金輸出を禁止しました。第一次世界大戦が終わり欧米諸国が次々と金本位制に復帰するなか、**1920 年代に日本が金本位制に復帰できなかったのは、度重なる恐慌の連続に対して日銀による特別融資を行う必要があったため**です。田中義一内閣が金融恐慌を収拾すると、いよいよ日本においても金解禁により金本位制に復帰する動きがみられました。

▼対米為替相場の推移

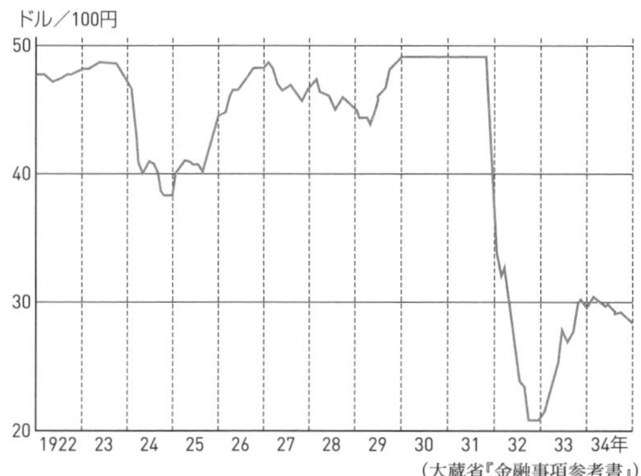

(大蔵省『金融事項参考書』)

1920年代の日本は金本位制をとっていなかったため、通貨量によって為替相場が変動しました。通貨量が増大すると円安、通貨量が減少すると円高となりました。

金本位制について

① 定義
金の輸出入の自由を認める（**金解禁**）
貿易取引の決済に金（金貨・地金）を使用する
国内紙幣の金兌換義務 ➡ 紙幣発行量に制限がつく

② **貨幣法**（1897）
1 円＝金 0.75g（1 ドル＝金約 1.5g）
為替相場：100 円＝約 50 ドル（固定）

③ 変遷
採用（1897）➡ 金輸出禁止（1917）
金解禁（1930.1）➡ **金輸出再禁止**（1931.12）

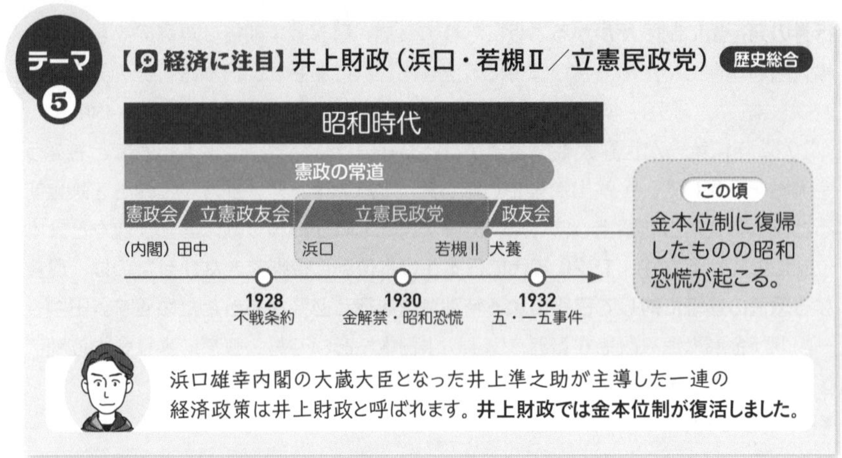

浜口内閣の井上蔵相により金本位制が採用された

1920 年代、欧米諸国は金本位制を復活させていましたが、日本は恐慌が連続したため金本位制を停止したままでした。円とドルとの為替相場をみると（p.511 のグラフを参考）、1920 年代の日本は金本位制をとっていないため、通貨量によって円の価値が変動しました。特に**震災恐慌**と**金融恐慌**の時には日銀の特別融資が行われたため、それぞれ 100 円＝約 40 ドル、100 円＝約 45 ドルと、金本位制で為替相場が固定されていた頃より円安傾向になっており、国際的な信用は高まらず、日本商品の輸出も伸び悩んでいました。

1929 年、**大蔵大臣に就任した井上準之助は緊縮財政をしくことで日銀による金利の引き上げを促し、物価を引き下げるデフレ政策を進めました**。これにより産業合理化を促進するとともに、国際競争力を回復させれば、旧平価（へいか）による金解禁で円高（100 円＝約 50 ドル）になったとしても、輸出を拡大することができると考えていたからです。その上で、1930 年 1 月、旧平価での**金解禁**を断行しました。

ところが、1929 年 10 月、ニューヨーク・ウォール街の株価が大暴落して銀行や企業が次々と倒産し、またたく間に大恐慌が世界に波及して**世界恐慌**となっていました。世界恐慌が広がるなか、円の切り上げをともなう金解禁を断行したため、割高となった日本商品は輸出が伸びず、日本においても**昭和恐慌**を迎えることとなりました。

Q なぜアメリカでは大恐慌が起こったのでしょうか？

A 1920年代、アメリカでは安価な自動車が大量生産されるなど、大衆消費社会を迎えました。ところが、好景気によって過剰生産が起こったことから株式市場が大暴落しました。世界経済の中心であるアメリカが不景気になると、世界中の資本主義国にも大きな影響を与えました。

昭和恐慌は農村へも大きな影響を与えた

日本では、輸出の伸び悩みにより多くの企業が倒産したため失業者は増加しました。また、賃金引き下げや人員整理が相次いだため労働運動が高揚しました。これに対して浜口内閣は**重要産業統制法**を制定して、基幹産業のカルテルの結成を促し、生産性の低い企業を淘汰・整理する産業合理化を進めていきました。

一方、アメリカに対する生糸の輸出が激減したことから生糸の原料となる繭の価格が暴落し、養蚕農家は大打撃を受けました。1930年には豊作のために米価が下落して「豊作貧乏」となり、翌1931年には東北・北海道を中心に大凶作となりました。農村では貧しさから学校に弁当を持参できない欠食児童や女子の身売りが続出するなど、昭和恐慌は農村へも深刻な影響を与え、小作争議も頻発しました。

井上財政（浜口・若槻Ⅱ／立憲民政党）

① 準備（1929）
緊縮財政による物価引き下げ（デフレ）

② **金解禁**（1930）〔旧平価〕
為替相場を安定させ、産業合理化の促進・貿易振興を目指す
世界恐慌（1929．10）の影響により輸出が伸びず

⬇

③ **昭和恐慌**（1930～33）
企業の倒産・失業者の増加➡労働運動の高揚
重要産業統制法（カルテルを助長➡産業合理化の促進）

④ 農村の窮乏化（繭価・米価の下落）
生糸輸出の激減、「豊作貧乏」（1930）・大凶作（1931／東北・北海道）

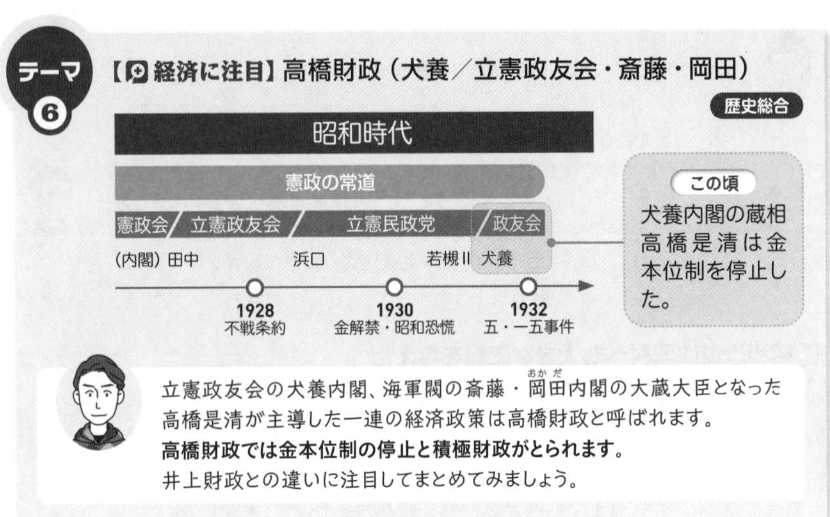

犬養内閣の高橋蔵相により金本位制が再び停止された

1931年9月に満洲事変が勃発すると立憲民政党の第2次若槻礼次郎内閣は退陣し ［➡ p.518］、代わって立憲政友会の犬養毅内閣が成立しました。**犬養内閣の大蔵大臣に就任した高橋是清は満洲事変にともなう軍需*の高まりを背景に一連の財政政策を進めていきました。**

1931年12月、高橋蔵相は金輸出再禁止を実施し、円の金兌換を停止しました。これにより日本は金本位制を離脱することとなりました。さらに、管理通貨制度へと移行し、政府が国内の通貨量を調整できるようになりました。これにより金保有量にかかわらず政府の主導により景気対策を行うことが可能となりました。

Q 管理通貨制度による通貨量の調整には何も制約はなかったのですか？

A 通貨量によって為替相場が変動するため、本来は多国間で協定を結ぶことによって通貨量を調節する必要があります。高橋財政ではこうした手続きを無視したため、国際的に孤立することとなりました。

低為替政策により輸出が拡大し、積極財政により重化学工業が発達した

犬養・斎藤内閣は赤字国債を発行して予算を拡大することにより円相場を大幅に下落させ、円安を利用する低為替政策により輸出を伸ばしていきました。特に綿織物の輸出がアジア市場に進み、イギリスに代わって輸出額が世界第1位となりました。列強は日本政府や資本家が労働者の条件を劣悪にすることで不当な安売りを行っている（＝ソーシャル・ダンピング）として日本を非難しました。一方で本国

【用語】＊軍需…軍隊や戦争に必要な物資。民需は民間の需要。

と植民地とで排他的なブロック経済*圏をつくり、関税率を高めることで自国の産業を守る保護貿易を展開していきました。こうした軋轢により日本とイギリスとの関係は悪化したため、日本はアメリカへの経済依存を強めていきました。

一方、積極財政により軍事費が拡大されたことにより、軍需産業を中心に重化学工業が発展し、繊維産業などの軽工業の生産高を上回るようになりました。自動車工業では**鮎川義介**により創業された**日産**が満洲へと進出しました。一方、化学工業では**野口遵**により創業された**日窒**が朝鮮へと進出しました。日産や日窒は**新興財閥**と呼ばれ、軍部と結びつくことにより成長していきました。一方、1934 年には八幡製鉄所を中心に製鉄大合同が行われて**日本製鉄会社**が発足し、鉄鋼の自給が達成されました。輸出増進や重化学工業の発展により日本経済は 1933 年には恐慌以前の生産水準を回復しました。

高橋財政では軍事費以外にも農業恐慌対策として**時局匡救費**が捻出され、建設業を中心とする公共事業を拡大することで没落農民を就労させて現金収入を得させようとしました。同時に**農山漁村経済更生運動**により産業組合を通じた自力更生も促していきました。ところが、1934 年には東北地方で再び大凶作に見舞われたため、農村の窮状を打開することはできませんでした。

テーマ⑥ まとめ　高橋財政（犬養／立憲政友会・斎藤・岡田）

① 背景
満洲事変による軍需の高まり（1931）

② **金輸出再禁止**（1931. 12）
円の金兌換停止が行われる
管理通貨制度へ移行（政府が通貨量を調節する）

③ 低為替政策（円安誘導）
綿織物の輸出が拡大（アジア市場へ）
イギリスとの関係が悪化➡アメリカに経済依存

④ 積極財政（赤字国債の発行➡軍事費・時局匡救費）
新興財閥の成長➡重化学工業の発達（重化学工業＞軽工業）

用語 ＊ブロック経済…自国とその植民地だけで貿易を行い、外国の商品を締め出す経済政策。

確認問題

1 年代配列問題にチャレンジ

(1) 次の文Ⅰ～Ⅲについて、古いものから年代順に正しく配列したものを、後の①～⑥のうちから一つ選んで記号で答えなさい。

Ⅰ 九カ国条約が結ばれることで、日米間の石井・ランシング協定が廃棄された。
Ⅱ 政府が海軍軍令部の反対を押し切って条約の調印をしたことで、統帥権干犯問題が発生した。
Ⅲ 戦争の放棄を「其ノ各自ノ人民ノ名ニ於テ」宣言した、不戦条約が結ばれた。

① Ⅰ－Ⅱ－Ⅲ　② Ⅰ－Ⅲ－Ⅱ　③ Ⅱ－Ⅰ－Ⅲ
④ Ⅱ－Ⅲ－Ⅰ　⑤ Ⅲ－Ⅰ－Ⅱ　⑥ Ⅲ－Ⅱ－Ⅰ

(2) 次の文Ⅰ～Ⅲについて、古いものから年代順に正しく配列したものを、後の①～⑥のうちから一つ選んで記号で答えなさい。

Ⅰ 管理通貨制度を採用することで、新規国債発行額が大幅に増大した。
Ⅱ 鈴木商店が経営破綻し、これに巨額の融資を行っていた台湾銀行が経営危機におちいった。
Ⅲ 重要産業統制法が制定され、基幹産業におけるカルテルが促進された。

① Ⅰ－Ⅱ－Ⅲ　② Ⅰ－Ⅲ－Ⅱ　③ Ⅱ－Ⅰ－Ⅲ
④ Ⅱ－Ⅲ－Ⅰ　⑤ Ⅲ－Ⅰ－Ⅱ　⑥ Ⅲ－Ⅱ－Ⅰ

2 探究ポイントを確認

(1) 憲政会・立憲民政党で外務大臣を務めた幣原喜重郎の対中国外交の方針について内閣ごとに述べよ。

(2) 1930 年 1 月、井上準之助蔵相が金解禁を断行した目的について述べよ。

解答

1 (1) ②　(2) ④

2 (1) 第 1 次若槻内閣では、蔣介石による北伐に対して不干渉の姿勢をとり、浜口内閣では日中関税協定により中国の関税自主権を回復した。第 2 次若槻内閣では、満洲事変の勃発に際して不拡大方針をとった。(92 字)

(2) 井上蔵相は、金本位制をとることにより為替相場を安定させ、輸出を促進して景気を回復しようとした。また、企業の国際競争力を高めるために徹底した産業合理化政策をとった。(81 字)

満洲事変と軍部の台頭

1931年9月、満洲とモンゴル（満蒙）の権益の保護を目的として**関東軍は柳条湖事件を起こし、軍事行動を開始します。** 翌1932年には五・一五事件で政党内閣が終わり、陸軍をはじめとする**軍部の政治的発言力が強くなっていきます。** 1936年の二・二六事件で陸軍の内部対立が解消されると、陸軍はますます政治的発言力を強め、政党と対立しました。

時代の**メタマッピング**と**メタ視点**

外交 ➡テーマ①

満洲事変の動向

柳条湖事件を契機に**満洲事変が勃発し**、関東軍により満洲国が建国された。

政治 ➡テーマ④

政治勢力の錯綜

二・二六事件後、政治的発言力を強めた**陸軍と政党とが対立した**ため、**内閣の政治運営は錯綜した。**

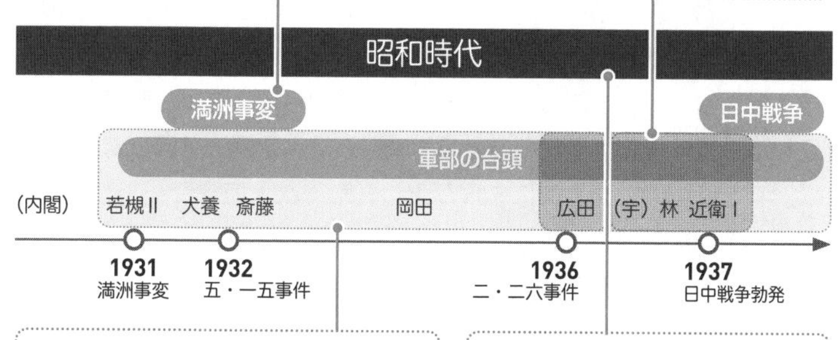

政治 ➡テーマ②③

政党内閣の終焉／陸軍の政治介入

軍部・右翼はクーデターにより政党・財閥を打破し、**天皇のもと軍中心の強力な内閣をつくる国家改造を目指した。**

社会 ➡テーマ⑤

昭和初期の社会主義運動

共産党に対する弾圧が加えられる一方、満洲事変の進展にともない**国家社会主義が台頭する。**

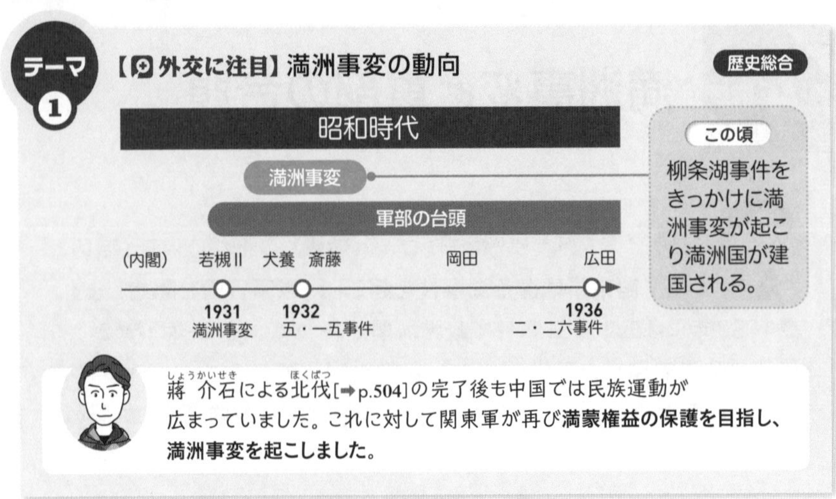

関東軍は満洲権益を守るため、満洲事変を起こした

満洲では国民政府の支配下に入った**張学良**による国権回復運動が進められていました。張学良が満鉄並行線計画などで日本の権益を揺るがすと、国内では「満蒙は日本の生命線」という言葉が流行し、「満蒙の危機」が叫ばれました。関東軍は、張学良の対日強硬政策に対する危機感に加え、世界恐慌の最中に計画経済 [➡p.530] で5ヵ年計画を進行させているソ連による満洲占領も警戒していました。

1931年9月18日、関東軍参謀の**石原莞爾**らは奉天郊外の柳条湖で満鉄の線路を爆破する**柳条湖事件**を起こし、これを中国軍の仕業として軍事行動を開始しました。第2次若槻礼次郎内閣は事変の不拡大方針を出しましたが、関東軍は満洲の主要部を次々と占領していきました。若槻内閣が閣内不統一により総辞職すると、新たに発足した犬養毅内閣は国民政府との外交交渉による解決を図りました。ところが、1932年1月、戦火は上海にも飛び火し（**第1次上海事変**）、その間に清朝の最後の皇帝であった**溥儀**を執政とする**満洲国**の建国が宣言されました。関東軍によるこの一連の動きを**満洲事変**といいます。

Q 関東軍が満洲国の建国を進めたのはどういう意図があったのですか？

A 満洲の地が中華民国の勢力下に置かれると九カ国条約の適用を受けるため、日本軍の駐留は認められませんでした。「満洲国」として中華民国から独立させることにより軍隊を駐留させる名目を得ようとしたのです。

日本は国際連盟から脱退し、国際社会で孤立した

中国の国民政府が満洲事変について国際連盟に提訴すると、国際連盟は日本の提案を受けて**リットン調査団**を日本・中国に派遣して報告書の作成にあたりました。一方、犬養内閣に代わって組閣した斎藤実内閣は**日満議定書により満洲国を住民の意思に基づいて建国されたとして承認し、日本軍を満洲に駐留させることで満洲を日本の支配下に置こうとしました**。ところが、1933年に開催された国際連盟臨時総会では、**リットン報告書**に基づき日本の軍事行動と満洲国の不承認が可決されました。これに対し全権の**松岡洋右**らは総会の議場から退場し、マスコミによって煽られた国民の戦争熱の後押しを受けて斎藤内閣は国際連盟に脱退を通告しました。その後、日本は国民政府との間に**塘沽停戦協定**を結び、河北省東部の冀東地区に非武装地帯を設定して満洲事変を収束させました。

▼満洲事変関係図

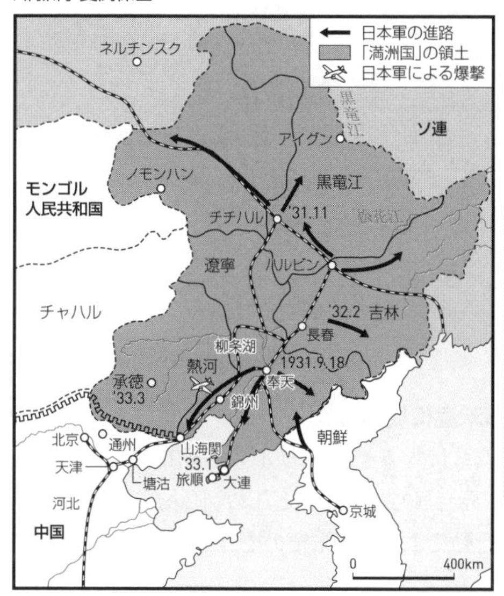

満洲国は、東三省（黒竜江省・吉林省・遼寧省）および熱河省につくられた関東軍による傀儡*国家です。清朝の廃帝であった溥儀を執政とし、吉林省長春を新京と改称して首都としました。1934年には帝政が施行され、溥儀は皇帝となりました。

テーマ まとめ ① 満洲事変の動向

① **柳条湖事件**（1931．9.18）
関東軍が奉天郊外で満鉄線路を爆破する➡**満洲事変**の開始
第2次若槻礼次郎内閣は不拡大方針をとる➡内閣総辞職

② **満洲国**建国（1932）：執政＝**溥儀**（のち皇帝）
斎藤実内閣は**日満議定書**に調印して承認する

用語 ＊傀儡…操り人形のこと。傀儡国家は、実質的に他国の意思で動く国家を指す。

③ 国際連盟からの脱退
国際連盟総会では**リットン報告書**に基づき満洲国を不承認
松岡洋右は議場から退場➡国際連盟脱退通告（1933）
④ **塘沽停戦協定**（1933）
非武装地帯の設定➡満洲事変の収束

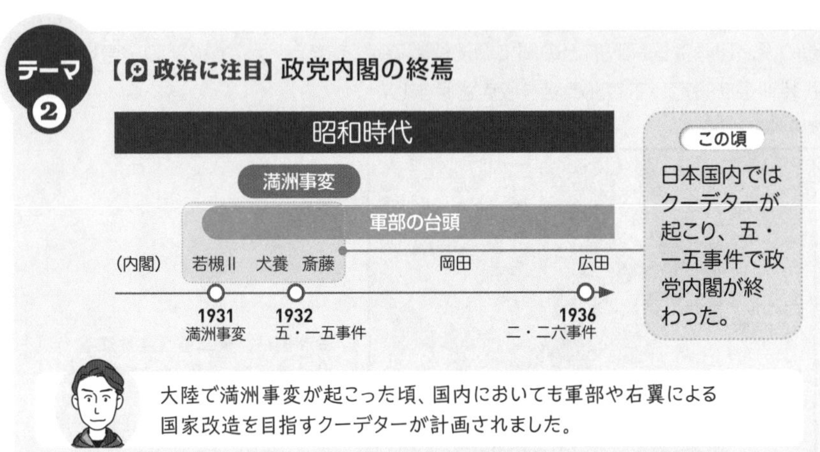

軍部政権の樹立計画はいずれも未遂に終わった

1930年代に入ると、政党政治の腐敗に対する革新の気運が高まってきました。**軍部の青年将校や民間の右翼団体は**、元老（げんろう）・政党・財閥などが私利私欲にふけり国家・国民を衰亡させているとして、**直接行動による軍部政権の樹立を目指すようになりました**。

1931年3月、浜口（はまぐち）内閣を打倒して軍部政権の樹立を図る**三月事件**（さんがつ）が計画されました。計画の中心は陸軍の秘密結社桜会（さくらかい）です。陸軍の中堅将校である橋本欣五郎（はしもときんごろう）と、かつて猶存社（ゆうぞんしゃ）［➡p.498］を興（おこ）して国家改造を目指した大川周明（おおかわしゅうめい）が中心となり、陸軍の宇垣一成（うがきかずしげ）を首班に据（す）えようとしましたが、失敗に終わりました。同年10月には、満洲事変の勃発（ぼっぱつ）を背景として、同じく桜会が若槻礼次郎内閣の閣僚を殺害して荒木貞夫（あらきさだお）中将（ちゅうじょう）を首班とする軍部政権の樹立を目指す**十月事件**（じゅうがつ）が計画されました。こちらも未遂に終わりましたが、若槻内閣の退陣に影響を与えました。

五・一五事件により政党内閣が打倒された

同じ頃、民間の右翼団体も政界・財界の指導者に対するテロによる国家改造を目指しました。1932年2月、井上日召の指導のもと茨城県の農村の青年らが「一人一殺」主義を唱えて結成した血盟団により、前蔵相の**井上準之助**と三井合名理事長の**団琢磨**が相次いで殺害されました（**血盟団事件**）。ついで5月には、海軍青年将校が農本主義[*1]を唱える右翼団体の愛郷塾とともに、首相官邸を襲って犬養毅首相を殺害する**五・一五事件**が起こりました。この一連の直接行動は支配者層に大きな影響を与える一方、マスコミは弱者救済に立ちあがった青年将校らを賞賛するような報道を繰り返したため、国家改造の動きは収束しませんでした。元老の西園寺公望らは陸軍の政党内閣反対論を考慮して、海軍穏健派の**斎藤実**を首班とする内閣を発足させました。斎藤首相は陸海軍・官僚・政党（立憲政友会・立憲民政党）から閣僚を立て、**挙国一致内閣[*2]が成立したため、「憲政の常道」は終焉することとなりました。**

Q 青年将校とは、陸・海軍のなかでどれぐらいの階級の者たちだったのですか？

A 陸・海軍の階級は、上から将官（大将・中将・少将）・佐官（大佐・中佐・少佐）・尉官（大尉・中尉・少尉）となります。青年将校とは陸軍士官学校や海軍兵学校を出たばかりの若い軍人のことなので、尉官の者が中心です。

テーマ② まとめ　政党内閣の終焉

① 軍部政権の樹立計画（1931）：いずれも未遂
中心：桜会（橋本欣五郎ら）・大川周明
計画：**三月事件**（宇垣一成政権の樹立を目指す）
　　　十月事件（荒木貞夫政権の樹立を目指す）

② **血盟団事件**（1932）
中心：血盟団（井上日召が中心）
殺害：**井上準之助**（前蔵相）、**団琢磨**（三井合名会社理事長）

③ **五・一五事件**（1932）
中心：海軍青年将校・愛郷塾
殺害：**犬養毅**首相（➡政党内閣の終焉）

用語　＊1 農本主義…国家の経済面で農業を重視する思想。
＊2 挙国一致内閣…対立する政党や官僚などが協力した内閣。

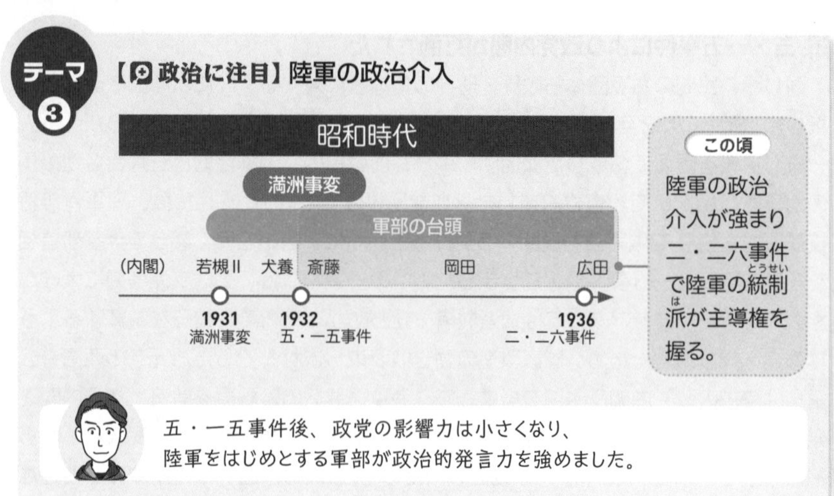

陸軍の内部では2つの派閥が対立していた

犬養内閣の崩壊後、斎藤実内閣・岡田啓介内閣と海軍穏健派内閣が続くと、1934年に陸軍省が「国防の本義と其強化の提唱」といういわゆる**陸軍パンフレット**を発行しました。これは陸軍が軍事面以外の政治・経済の運営に関与する意欲を示したもので、軍部の政治的発言力が強まりました。

ところが、陸軍の内部では2つの派閥が対立していました。一方は、**皇道派**と呼ばれる荒木貞夫・真崎甚三郎らを中心とするグループで、クーデターにより政党・財閥などの支配層を倒し、天皇のもとで軍部の独裁政権を樹立する急進的な国家改造を目指しました。皇道派には、北一輝の『日本改造法案大綱』に思想的影響を受けた青年将校たちが集まりました。

もう一方は、**統制派**と呼ばれる永田鉄山・東条英機らを中心とするグループで、革新官僚や財閥と提携することにより陸軍の強力な統制のもとで総力戦体制を築こうとしました。統制派は中堅幕僚*将校の支持を集めました。統制派が陸軍の中枢から皇道派の人々を左遷する人事を行うと、皇道派の相沢三郎中佐が統制派の永田鉄山軍務局長を斬殺する**相沢事件**が起こりました。この事件により皇道派は陸軍内部で窮地に立たされることとなりました。

Q 陸軍パンフレットではどのようなことが主張されたのですか？

A 陸軍は、天皇を中心とする国民統合や経済の計画化、ワシントン体制の打破などを主張しました。

【用語】＊幕僚…軍隊で、司令官に直属し参謀事務を行う高級将校。

皇道派は二・二六事件を起こしたものの、反乱軍として粛清された

1936 年 2 月、皇道派の青年将校らは約 1400 名の兵士を率いてクーデターを敢行し、首相官邸や閣僚・内大臣の私邸、警視庁などを襲い、蔵相の**高橋是清**・内大臣の**斎藤実**・陸軍教育総監の渡辺錠太郎らを殺害し、国会を含む国政の中枢を 4 日間にわたって占拠しました。これを**二・二六事件**といいます。

皇道派の青年将校らは彼らに同情する天皇の側近を通じて新内閣の発足を目指しましたが、天皇は重臣が殺されたことに憤慨し反乱軍として厳罰を命じ、統制派によって鎮圧されました。青年将校の指導者は軍法会議によって死刑とされたほか、彼らに影響を与えた**北一輝**らも事件の黒幕として死刑になりました。一方、皇道派の中心であった真崎甚三郎と荒木貞夫は現役軍人を引退して予備役に編入されました。この結果、統制派を中心に、軍部の発言力が強化されました。

陸軍の政治介入

① **陸軍パンフレット**（1934）
軍事面以外の諸改革を主張する

↓

② 陸軍内部の対立
皇道派：荒木貞夫・真崎甚三郎／青年将校
急進的な国家改造を目指す（クーデターの実行）
統制派：永田鉄山・東条英機／中堅幕僚
陸軍の統制強化を目指す（革新官僚や財閥と提携）

↓

③ **二・二六事件**（1936）
経過：皇道派青年将校が**高橋是清**・**斎藤実**らを殺害する
結果：戒厳令が出され鎮圧される ➡ 軍部の発言力強化

【政治に注目】政治勢力の錯綜

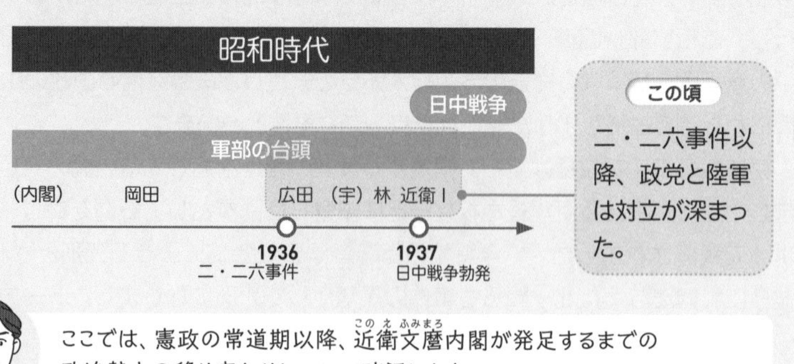

ここでは、憲政の常道期以降、近衛文麿内閣が発足するまでの政治勢力の移り変わりについて確認します。

テーマ4 まとめ 政治勢力の錯綜

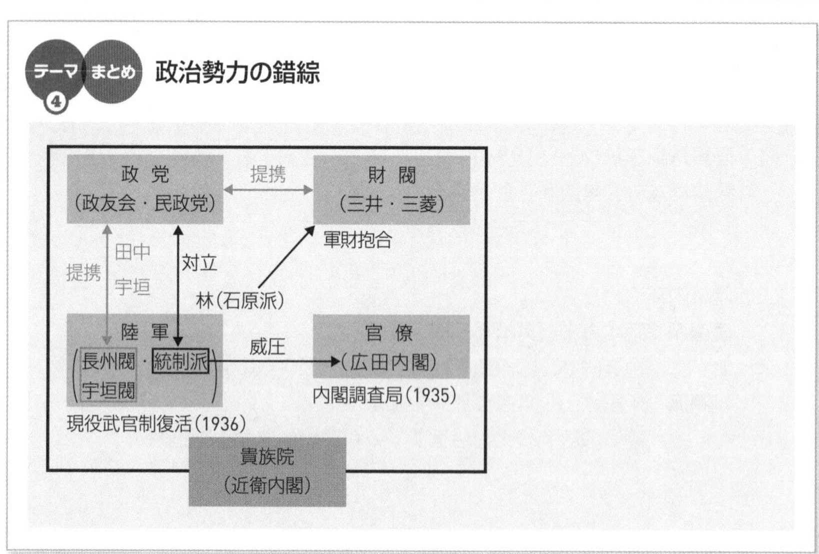

政党と陸軍が対立し、政権運営は難航した

憲政の常道期、立憲政友会と立憲民政党の二大政党が政治の主導権を握り、三井や三菱といった既成財閥も政党と結びついていました。昭和恐慌により労働争議や小作争議が高まるなかでも、財閥は円売り・ドル買い*によって利益を得ていたのです。

軍部(陸軍)のなかでは長州閥・宇垣閥と呼ばれる一派も政党と提携していました。例えば、田中義一 [➡p.500] は立憲政友会の総裁を務めたほか、宇垣一成は加藤高明内閣の陸軍大臣として4個師団の削減に協力しました [➡p.500]。ところが、五・一五事件を契機として政党勢力は弱体化し、陸軍が政治的発言力を強めて政党と対立しました。

用語 *円売り・ドル買い…金輸出再禁止により円安・ドル高になることを見越して、事前に行われた為替投機のこと。

二・二六事件後、岡田内閣に代わった官僚出身の**広田弘毅内閣**は組閣に際して陸軍の威圧を受け、蔵相の馬場鍈一は公債を発行して国防を充実させるための大規模な軍拡予算を組みました。1936 年にはワシントンとロンドンで締結した海軍軍縮条約 [➡ p.495、506] の失効にともない、帝国国防方針を改定した「国策の基準」を決定し、大規模な軍拡計画を推進しました。さらに、**日独防共協定**を結んで反ソ連でドイツと提携を強めました。一方、**広田内閣は陸軍の要求に従って軍部大臣現役武官制を復活させたため、内閣に対する陸軍の発言力が強まることとなりました。** ところが、1937 年 1 月、大規模な軍拡予算に対する政党の反発を受けて広田内閣は総辞職しました。

広田内閣に代わって陸軍出身の**宇垣一成**に組閣が命じられましたが、政党と協力関係にある宇垣に反発する陸軍は軍部大臣現役武官制を利用して陸相を推挙しなかったため、宇垣内閣は組閣できませんでした。代わって陸軍大将の**林銑十郎**が組閣すると、林内閣は政党と提携関係にある財界の力を借りて軍部に有利な財政を展開しようとしました（軍財抱合）が、総選挙で失敗し短命に終わりました。その後、貴族院議長を務めていた公家出身の**近衛文麿**が元老・軍部や国民の期待を集め、内閣を組織しました（第 1 次近衛文麿内閣）。

Q 軍部大臣現役武官制によって組閣できなかった例はこれまでにもありましたか？

A 組閣できなかった例は今回が初めてです。ただし、大正初期の第 2 次西園寺公望内閣は軍部大臣現役武官制を利用して倒閣されました [➡ p.478]。

テーマ 5 【社会に注目】昭和初期の社会主義運動

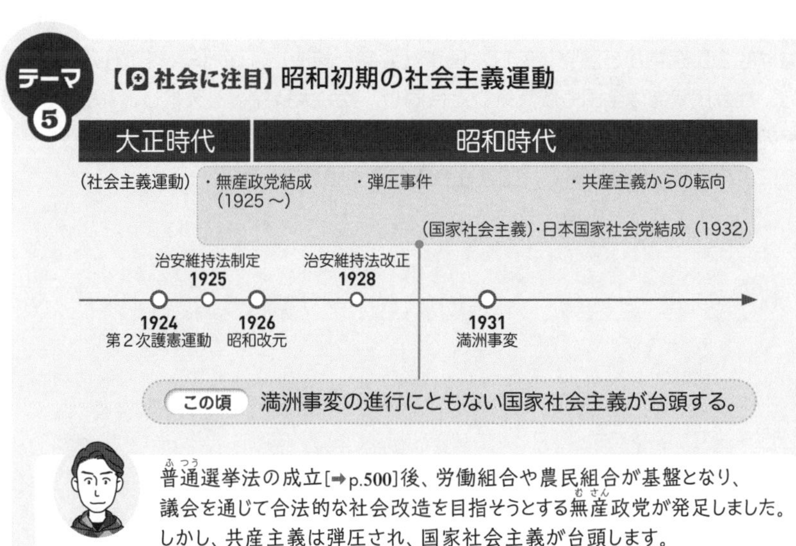

普通選挙法の成立 [➡ p.500] 後、労働組合や農民組合が基盤となり、議会を通じて合法的な社会改造を目指そうとする無産政党が発足しました。しかし、共産主義は弾圧され、国家社会主義が台頭します。

普通選挙が実施された後、日本共産党に対する大弾圧が行われた

労働運動や農民運動が高まりをみせるなか、1926 年には無産政党*として労働農民党が発足しました。ところが、党内で共産党員を受け入れる動きが強まると、これに反発する勢力は脱党して日本労農党や社会民衆党を組織しました。

1928 年、田中義一内閣のもとで普通選挙制による最初の総選挙が実施されました（第 1 回普通選挙）。治安維持法の威圧効果があったものの無産政党から 8 名の当選者を出しました。ところが、この選挙に際して共産党が公然と活動したため、田中内閣は治安維持法を適用して党員など 1600 名以上を一斉に検挙しました（三・一五事件）。そして緊急勅令により**治安維持法を改正して、国体の変革を目的とする結社の指導者に対する刑罰に死刑を追加する** ［➡ p.498］とともに、目的遂行罪を導入して協力者も処罰の対象としました。目的遂行罪は広範囲の弾圧を可能としたため、これを運用することで自由主義者や宗教団体の弾圧にも利用されました。その上で、翌年には再び共産党員の大規模な検挙が行われました（四・一六事件）。こうした政府の弾圧によって共産党は大打撃を受けました。

満洲事変の勃発後、国家社会主義が台頭した

1931 年 9 月、満洲事変が勃発すると、国内では国家主義（ナショナリズム）が高まり、共産主義者のなかには国家社会主義へと転向する者が現れました。1933 年、共産党の指導者であった佐野学・鍋山貞親は獄中で国家社会主義への転向を声明し、コミンテルンとの決別を図ると、これに同調した共産党員は次々と転向していきました。

一方、無産政党のなかにも軍部に接近する勢力が生まれました。1932 年、赤松克麿は社会民衆党から脱党して日本国家社会党を結成し、満洲国を容認しました。一方、社会民衆党は全国労農大衆党と合同し、社会大衆党へと改組し、1934 年には党の幹部が陸軍パンフレットの起草に参画しました。このように軍部と結びつくことにより無産政党は変質し、国家社会主義を主張しました。

 用語 ＊無産政党…大正・昭和前期、労働者・農民などが基盤となった社会主義政党。

▼社会主義政党の変遷

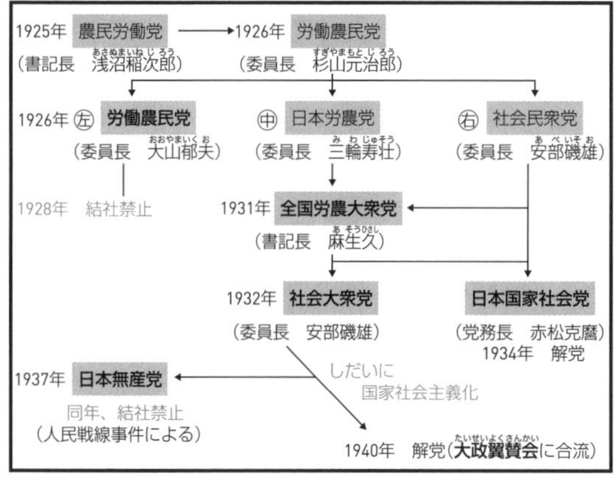

1925年の普通選挙法
成立前後からの
社会主義政党の
変遷です。
1931年の満洲事変
以降に国家社会主義化
が進んでいきます。

昭和初期の社会主義運動

1 無産政党の結成（1925～）
労働農民党（左派）・**社会民衆党**（右派）
1928年の総選挙で無産政党から8名が当選する

2 共産主義・社会主義の弾圧
治安維持法の改正（1928）：死刑追加・目的遂行罪を導入
三・一五事件（1928）、**四・一六事件**（1929）

3 国家社会主義の広がり（満洲事変後）
共産主義者の**転向**（佐野学・鍋山貞親）
日本国家社会党：満洲国を容認する
社会大衆党：軍部に接近する（右傾化）

確認問題

1 年代配列問題にチャレンジ

(1) 次の文Ⅰ～Ⅲについて、古いものから年代順に正しく配列したものを、後の①～⑥のうちから一つ選んで記号で答えなさい。

Ⅰ 溥儀を執政とする満洲国が建国された。
Ⅱ 山東半島への出兵のなかで、済南事件が起こった。
Ⅲ 関東軍が、柳条湖で満鉄の線路を爆破し、軍事行動を開始した。

① Ⅰ－Ⅱ－Ⅲ　② Ⅰ－Ⅲ－Ⅱ　③ Ⅱ－Ⅰ－Ⅲ
④ Ⅱ－Ⅲ－Ⅰ　⑤ Ⅲ－Ⅰ－Ⅱ　⑥ Ⅲ－Ⅱ－Ⅰ

(2) 次の文Ⅰ～Ⅲについて、古いものから年代順に正しく配列したものを、後の①～⑥のうちから一つ選んで記号で答えなさい。

Ⅰ 一人一殺を掲げる血盟団員が、団琢磨三井合名会社理事長らを暗殺した。
Ⅱ 陸軍の青年将校らが、部隊を率いて政府要人や重要施設を襲撃した。
Ⅲ 桜会が軍部政権の樹立を計画したが、未遂に終わった。

① Ⅰ－Ⅱ－Ⅲ　② Ⅰ－Ⅲ－Ⅱ　③ Ⅱ－Ⅰ－Ⅲ
④ Ⅱ－Ⅲ－Ⅰ　⑤ Ⅲ－Ⅰ－Ⅱ　⑥ Ⅲ－Ⅱ－Ⅰ

2 探究ポイントを確認

(1)「満洲国」の建国に対する斎藤内閣と国際連盟の対応の違いについて述べよ。

(2) 二・二六事件について、事件を起こした陸軍皇道派の青年将校の目的と、事件の結果について簡単にまとめよ。

解答

1 (1) ④　(2) ⑤

2 (1) 斎藤内閣は満洲国が住民の意思に基づいて建国されたとして、日満議定書を結んで承認した。一方、国際連盟はリットン報告書に基づいて満洲国は日本の傀儡国家であるとして認めなかった。(86字)

(2) 陸軍皇道派の青年将校は天皇のもとで軍部が政治の主導権を握ることを目指した。事件が起きると、天皇は首謀者の厳罰を指示したため皇道派が粛清され、統制派が主導権を握り軍部の発言力は強まった。(92字)

第42講 日中戦争

1937年7月、盧溝橋（ろこうきょう）での日中（にっちゅう）両軍の衝突から**日中戦争が始まります。**第1次近衛文麿（このえふみまろ）内閣は近衛声明を発しますが、**日中戦争は収束せず長期化していきます。**日中戦争が始まると、国内では戦争を最優先する**戦時経済体制に移行していきます。**国民にも戦争協力が求められ、様々な学問や思想が弾圧されるようになります。

時代のメタマッピングとメタ視点

外交 ➡テーマ①

日中戦争の開始

盧溝橋事件を契機に日中戦争が勃発し、日本軍は首都南京（ナンキン）を占領したが戦争を終結させることはできなかった。

外交 ➡テーマ②

日中戦争の長期化

3度にわたる近衛声明を発したものの効果はなく、**日中戦争は長期化した。**

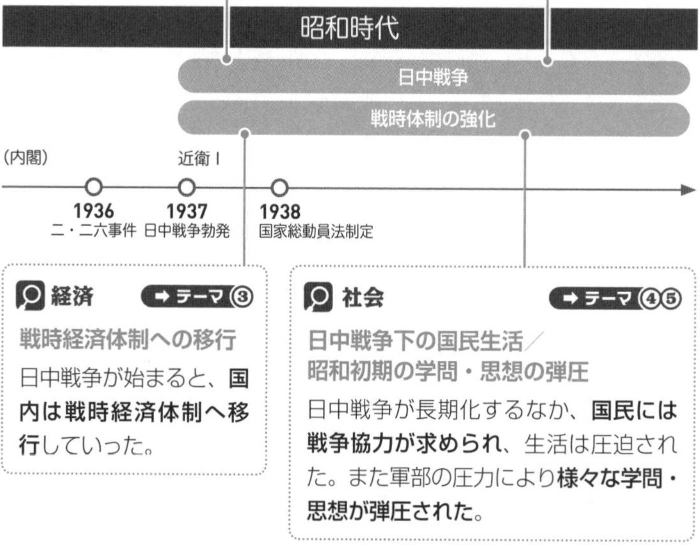

昭和時代

日中戦争

戦時体制の強化

(内閣) 近衛Ⅰ

1936 二・二六事件
1937 日中戦争勃発
1938 国家総動員法制定

経済 ➡テーマ③

戦時経済体制への移行

日中戦争が始まると、**国内は戦時経済体制へ移行**していった。

社会 ➡テーマ④⑤

日中戦争下の国民生活／昭和初期の学問・思想の弾圧

日中戦争が長期化するなか、**国民には戦争協力が求められ**、生活は圧迫された。また軍部の圧力により**様々な学問・思想が弾圧された。**

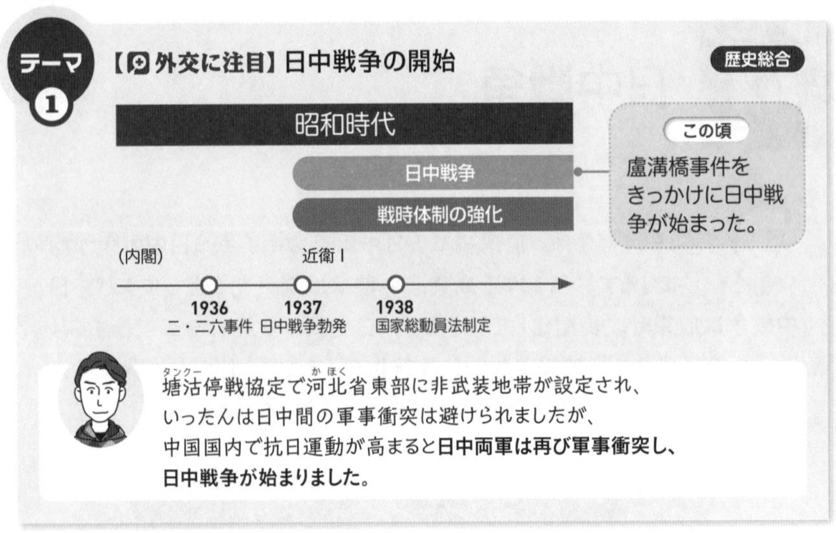

日本は華北(かほく)分離工作を進める一方、中国では内戦が停止した

　スターリンの計画経済によって国力を増強したソ連は、1934年に国際連盟に加盟し、国際社会での立場を強めていました。ソ連の影響力が満蒙(まんもう)に及ぶことを警戒した関東軍は、中国北部を国民政府の支配下から切り離して独立させ、支配下に置くことを計画しました。これを**華北分離工作**(かほくぶんりこうさく)といいます。その結果、河北省東部の非武装地帯に**冀東**(きとう)**防共自治政府**という傀儡(かいらい)政権が発足しました。

　同じ頃、中国国内では国民政府と中国共産党との内戦が続いていました。1936年、共産党攻撃のリーダーとして西安(せいあん)に駐留していた張学良(ちょうがくりょう)のもとへ蔣介石(しょうかいせき)が視察に訪れると、張学良は蔣介石を監禁し、内戦停止と一致抗日を要求しました。これを**西安事件**といいます。この事件を機に国共内戦は停止し、共同して日本へ対抗する契機となりました。

Q スターリンの計画経済とは何ですか?

A 生産物の生産、流通、販売などについて、
国が生産から消費まで計画を立てて運営する経済体制のことです。
ソ連のスターリンは5年を一区切りとして第1次5ヵ年計画を
1928～32年に実施しました。

日中両軍が衝突すると、戦線は拡大し、収拾することができなくなった

　1937年7月7日、北京(ペキン)郊外の盧溝橋で支那駐屯軍(しなちゅうとんぐん)と中国軍が武力衝突する**盧溝橋事件**が起こりました。第1次近衛文麿内閣は不拡大方針を声明しながらも、軍部

の圧力に屈して方針を変更し、兵力を増やして戦線を拡大しました。日中両国ともアメリカ経済に依存しており、戦争状態にある国への武器などの輸出を禁じるアメリカの中立法が適用されることを避けるため、**両国とも宣戦布告を行いませんでした**。ところが、8月には**第2次上海事変**により戦線は華北から華中へと広がり、9月には**第2次国共合作**により抗日民族統一戦線が結成されると、実質的には全面戦争へと進展していきました（**日中戦争**）。

日本は次々と大軍を投入し、12月には国民政府の首都**南京**を占領しました。その際、日本軍は捕虜や民間人を含む多数の中国人を殺害する**南京事件**を起こしたため、国際的な非難を浴びました。国民政府は南京を逃れ、漢口をへて、四川省の**重慶**に首都を移して徹底抗戦を続けました。四川省は道路の舗装が十分ではなく日本の戦車部隊が攻め込むことができなかったため、日本軍は空襲に切り替えました。ところが、国民政府はアメリカ・イギリス・ソ連などから援蒋ルート*を通じての援助を受けながら抗戦を続けました。

▼日中戦争関係図

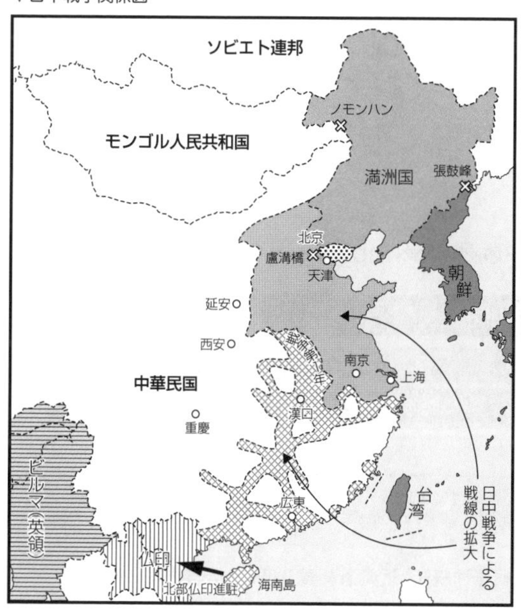

国民政府の首都は南京から重慶へと移りました。
都市については地図上でしっかりと確認しましょう。

用語 ＊援蒋ルート…中国の支援のため米・英・ソなどが物資を輸送したルート。

テーマ① まとめ 日中戦争の開始

① **盧溝橋事件**（1937.7.7）〔北京郊外〕
支那駐屯軍が中国軍と衝突する
軍部の圧力に屈し、近衛内閣は軍隊を増やして派遣

↓

② 全面戦争への進展
当初は宣戦布告せず
第2次上海事変（1937.8）：戦線が華中へ拡大する
第2次国共合作（1937.9）：抗日民族統一戦線が結成される

↓

③ **南京**占領（1937.12）
国民政府は**重慶**に逃れ、徹底抗戦を続ける
国民政府は米・英・ソの援助を受ける➡戦争の長期化

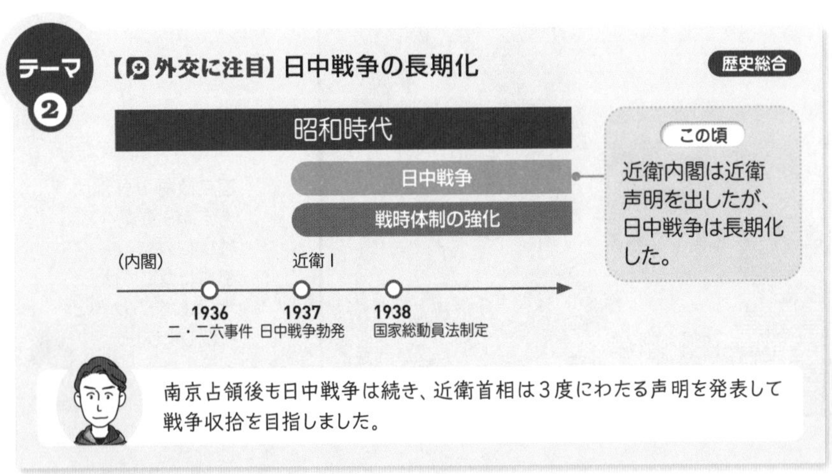

近衛内閣は近衛声明を発したが、日中戦争は収束しなかった

1937年10月以降、第1次近衛文麿内閣の外相である広田弘毅（ひろたこうき）は駐華（ちゅうか）ドイツ大使トラウトマンを介して日中戦争の和平工作を進めていました。当初は国民政府も講和に応じる態度を示していましたが、同年12月の南京占領後、突如日本側が交

渉を打ち切りました。

1938年1月、近衛首相は「国民政府を対手とせず」という趣旨の第1次近衛声明を発表しました。この声明は**国民政府に代わる新政権の発足を促し、その政権との間に国交を樹立する**という意図がありました。ところが、「対手とせず」という文言が曖昧だったため、和平交渉を行わずに国民政府を「抹殺」するまで戦い続けるという意味としてとらえられました。

その後、国民政府は重慶に首都を移すと、軍事衝突はすぐに収束するという楽観的な見方がなされなくなります。同年11月、近衛首相は第2次近衛声明を発表して、**戦争の目的は日本・満洲国・中華民国の提携による「東亜新秩序」の建設であると呼びかけ**、以前の声明を修正しました。この声明に呼応した国民政府の要人汪兆銘は重慶からベトナムのハノイへ脱出しました。一方、アメリカやイギリスは、「東亜新秩序」の建設は従来の東アジアの秩序であるワシントン体制〔➡p.495〕を否定するものであると非難し、国民政府の側を支持するようになりました。

翌12月、近衛首相は第3次近衛声明を発表して「善隣友好·共同防共·経済提携」の近衛三原則を示し、汪兆銘に親日政権をつくらせようとしました。1940年、汪を中心とする新政権（新国民政府）が南京に樹立しましたが、汪政権は中国国内の支持を得ることはできず、結局戦争を終結させることはできませんでした。

Q 日中戦争は結局、アジア・太平洋戦争の終結まで続いたのですか？

A はい。アジア・太平洋戦争の開戦後、国民政府が日本に宣戦布告をしました。アジア・太平洋戦争も日中戦争も第二次世界大戦の一部に含まれました。

テーマ❷まとめ　日中戦争の長期化

① **第1次近衛声明**（1938.1）
トラウトマン（独）の和平工作は決裂する
「国民政府を対手とせず」
➡新興支那政権の樹立を促す

② **第2次近衛声明**（1938.11）
「**東亜新秩序**」の建設が目的と呼びかける
ワシントン体制の否定➡英米との関係が悪化する
汪兆銘は重慶からハノイへ脱出

③ **第3次近衛声明**（1938.12）
「善隣友好・共同防共・経済提携」➡効果なし

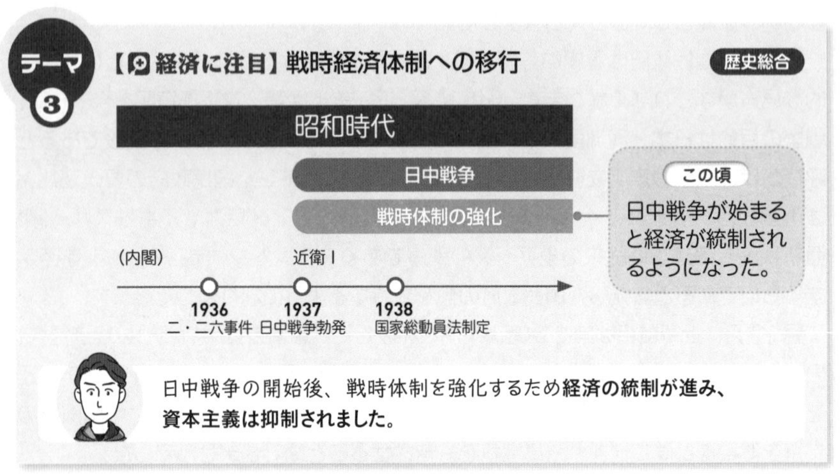

戦時経済体制へ移行するため、国家総動員法が制定された

広田弘毅内閣〔➡p.525〕の時に軍備拡張の方針が固められると、以後、軍事支出にともなう国家財政が膨張するとともに軍事物資の輸入増大のため国際収支も悪化していきました。

1937年7月、日中戦争が勃発すると、企業の資金調達を政府の許可制とする臨時資金調整法や、不要不急の物資の輸出入の停止を定めた輸出入品等臨時措置法が公布され、軍需産業の育成が図られました。また、戦時における物資動員計画の立案など経済統制の強化を進める中心官庁として、内閣直属の**企画院**が創設されました。

1938年、**国家総動員法**が**定められると、議会の承認を得ることなく、勅令により戦争遂行に必要な物資や労働力を動員することが可能となりました**。これを利用して政府は企画院の物資動員計画を実行していきます。例えば、1939年に出された**国民徴用令**により重要産業の労働力を強制的に確保することが可能となり、同年に出された**価格等統制令**により物価統制のための公定価格制が導入されました。他にも勅令により物資の生産・配給・輸送、企業の管理、利益処分などが統制されました。

戦時体制の強化の一環として、私企業に対する統制も進められました。1938年、電力〔国家〕管理法が制定されると、主要な発電所と送電装置が日本発送電会社に集中され、政府による電力の国家管理が行われました。一方、職場ごとに産業報国会が結成されると、労働組合は解散して労資一体による戦争協力が目指されました。

Q 戦争のために様々な物資や労働力が動員されることになるのに、企業や国民は反対しなかったのですか？

A 挙国一致の国づくりを行うためには全体主義*を徹底する必要があります。そのための思想統制や相互監視体制についてはこの後で説明します。

戦時経済体制への移行

1. 軍需産業の育成（1937）
   臨時資金調整法・輸出入品等臨時措置法
   企画院：内閣直属／物資動員計画の立案を行う
2. **国家総動員法**（1938）
   議会の承認なく勅令により労働力や物資を統制する
   勅令：**国民徴用令**（1939）：国民を重要産業に動員する
   　　　価格等統制令（1939）：公定価格制を実施する
3. 私企業の統制
   電力〔国家〕管理法（1938）：日本発送電会社に統合される
   産業報国会（1938）：職場ごと／労資一体による戦争協力を目指す

用語 ＊全体主義…個人の自由より国家や民族などの全体が優先されるとする思想。

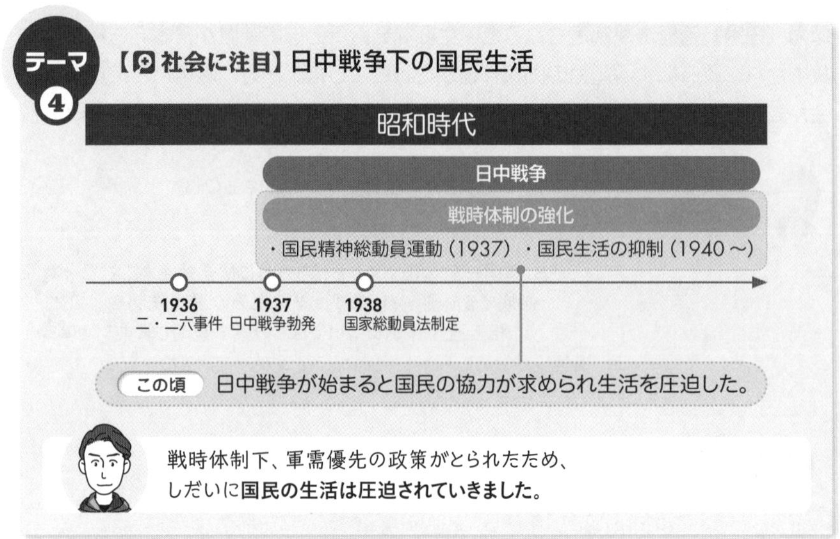

国民には戦争協力が求められ、そのための思想統制も行われた

日中戦争の開始後、第1次近衛文麿内閣のもとで、戦争協力のための教化運動である**国民精神総動員運動**(こくみんせいしんそうどういんうんどう)が開始されました。この運動は挙国一致(きょこくいっち)・尽忠報国(じんちゅうほうこく)・堅忍持久(けんにんじきゅう)の3つを目標としましたが、国民の積極的な支持を得ることはできず、あまり高揚しませんでした。一方、1937年に文部省教学局は『国体の本義(こくたいのほんぎ)』を発行して、天皇を頂点とした国家観を説きました。

戦時体制下において兵士や国民の体力向上や結核(けっかく)の対策強化が求められると、1938年、**厚生省**(こうせいしょう)が内務省から独立し、公衆衛生行政を一元的に担当しました。ところが、戦争の激化にともない十分な対策は講じられないままでした。

戦争が長期化するなか、軍需品の優先的な確保が続き、国民の生活必需品が欠乏しました。そのため、国民に対する日用品の統制が強まりました。1940年、砂糖・マッチなどの**切符制**(きっぷせい)が始まり、政府から支給された切符がなければ商品を購入できなくなりました。また、**七・七禁令**(しち・しちきんれい)によりぜいたく品の製造・販売が禁止されました。一方、農村における自作農創設のため農地調整法(のうちちょうせいほう)が制定され、政府は地主(じぬし)・小作人(こさくにん)関係への介入を目指しました。また米不足が顕著となるなか、政府による米の強制的な買い上げを行う**供出制**(きょうしゅつせい)が実施されると、やがて米の**配給制**(はいきゅうせい)がしかれ、生活必需品に対する統制が一層強まりました。

教育面では欧米の個人主義が否定され、皇国民(こうこくみん)の道を目指す思想統制が進められました。1941年、**国民学校令**(こくみんがっこうれい)が発布され小学校が国民学校に改められ、国家主義的な教育が実施されました。一方、植民地の台湾(たいわん)や朝鮮(ちょうせん)では皇民化(こうみんか)政策が強化され、神社参拝や日本語教育が強要されたほか、特に朝鮮では姓名を日本風に改める創氏改名(そうしかいめい)が実施されました。

Q この頃に設置された厚生省は現在の厚生労働省につながるのですか？

A はい。戦後、労働行政はいったん新設の労働省に譲りましたが、2001年に厚生省と労働省が統合され、厚生労働省となりました。

テーマ④ まとめ 日中戦争下の国民生活

1. **国民精神総動員運動**の開始（1937）
   国民に対して戦争協力を呼びかける
2. **厚生省**の設置（1938）：内務省から独立
   公衆衛生行政を担当する
3. 国民生活の抑制（1940～）
   切符制（砂糖・マッチなど）、**七・七禁令**
   米の**供出制**（政府による強制買い上げ）➡**配給制**
4. 皇国民の練成
   国民学校令：小学校を国民学校と改称する
   皇民化政策：植民地の人々に対する同化政策

テーマ⑤ 【社会に注目】昭和初期の学問・思想の弾圧

昭和時代

・滝川事件（1933）
・天皇機関説事件（1935）
・矢内原事件（1937）
・人民戦線事件（1937～38）

1931 満洲事変勃発
1937 日中戦争勃発
1941 太平洋戦争勃発

この頃 軍部の圧力で学問・思想が弾圧された。

国家主義思想が高まると、**自由主義的な学問や思想も取り締まりを受けました。**満洲事変勃発後と日中戦争勃発後に分けて、学問・思想の弾圧をまとめていきます。

満洲事変以降、軍部の圧力により、学問の自由は抑圧された

満洲事変以降、軍部による思想統制が強化されるなか、1933年には**滝川事件**が起こりました。これは、京都帝国大学法学部教授の滝川幸辰の著書『刑法読本』が赤化思想（共産主義的な思想）に基づくものとして、大学を休職処分とされたという事件で、国家権力による大学自治への抑圧事件としてとらえられます。

ついで1935年には憲法学者美濃部達吉の天皇機関説〔➡ p.489〕が反国体的であるとして政治問題化した**天皇機関説事件**が起こりました。これは、軍人出身の貴族院議員である菊池武夫が貴族院本会議で美濃部の天皇機関説を非難したことに始まり、その後、岡田啓介内閣は**国体明徴声明**を出して天皇機関説を否定しました。結局、美濃部は貴族院議員を辞任することになり、著書は発禁処分とされました。明治憲法の正統学説とされていた美濃部の学説が否定されたことにより、立憲政治の根幹が崩されることになったといっても過言ではありません。

Q 滝川幸辰の著書が赤化思想に基づくものであるというのはどういうことですか？

A 滝川幸辰は個人の自由を重んじる立場から、不倫した女性だけに課せられる姦通罪や国家の秩序を破壊しようとしたものに課せられる内乱罪を見直すべきであるという学説を唱えていました。こうした自由な刑法学説は共産主義に基づくものであるとして非難されました。

日本では軍部の主導により独自のファシズム体制が目指された

世界恐慌による資本主義の行き詰まりを打開するため、イタリアやドイツではムッソリーニやヒトラーといった独裁者が専制的な支配体制をつくり上げていきました。彼らによってつくられた新しい支配体制をファシズムといいます。その特徴として、イデオロギーの面では反自由主義・反共産主義の立場から全体主義・超国家主義*1を唱え、政治体制としては近代的な法治主義を否定したという点があげられます。この体制のもとで国民の自由や権利は制限され、画一的な国民統合が進んでいきました。

日中戦争勃発後、対外的な危機を背景として、日本においても軍部が中心となりファシズム体制が築かれていきました。ただし、日本の場合は独裁者ではなく絶対的な天皇制のもとで国民統合が目指されました。

1937年、植民地政策の研究者である東京帝国大学教授の**矢内原忠雄**は日本の大陸政策を批判すると、その論文が発禁処分とされ、矢内原は大学を辞職させられました。また、反ファシズムを掲げる日本無産党や労農派*2がコミンテルン〔➡ p.498〕の指導する人民戦線を結成しようとしたとして、山川均や大内兵衛ら関係者が検挙された**人民戦線事件**が2度にわたって起こりました。

【用語】＊1 超国家主義…日本において、天皇制の絶対化と国家至上主義を唱える極端な国家主義。

さらに、自由主義の立場から共産主義やファシズムに反対の立場をとった東京帝国大学教授の**河合栄治郎**の著書が発禁処分となり、河合は休職処分となりました。一方、徹底した史料批判により『古事記』や『日本書紀』の神話を実証的に解明しようとした**津田左右吉**は、『神代史の研究』などの著作が発禁処分となりました。

テーマ⑤ まとめ 昭和初期の学問・思想の弾圧

① 満洲事変勃発後

滝川事件：滝川幸辰らが京大を休職処分とされる

天皇機関説事件：反国体的として非難を受ける

➡**国体明徴声明**（岡田啓介内閣は天皇機関説を否定する）

② 日中戦争勃発後

矢内原事件：大陸政策を批判➡東大辞職

人民戦線事件：コミンテルンに呼応した疑惑

➡日本無産党・労農派（大内兵衛ら）を検挙

河合栄治郎事件：ファシズムを批判➡東大休職になる

津田左右吉事件：神話の実証的研究を行う➡発禁処分

用語 ＊2 労農派…昭和初期のマルクス主義理論の一派。

確認問題

1 年代配列問題にチャレンジ

(1) 次の文Ⅰ～Ⅲについて、古いものから年代順に正しく配列したものを、後の①～⑥のうちから一つ選んで記号で答えなさい。

Ⅰ 近衛文麿首相は、「国民政府を対手とせず」という声明を発表した。

Ⅱ 張学良が起こした西安事件をきっかけとして、中国国内の国共内戦は停止した。

Ⅲ 国民政府の首都南京を占領した日本軍は、南京事件を引き起こした。

① Ⅰ－Ⅱ－Ⅲ　② Ⅰ－Ⅲ－Ⅱ　③ Ⅱ－Ⅰ－Ⅲ
④ Ⅱ－Ⅲ－Ⅰ　⑤ Ⅲ－Ⅰ－Ⅱ　⑥ Ⅲ－Ⅱ－Ⅰ

(2) 次の文Ⅰ～Ⅲについて、古いものから年代順に正しく配列したものを、後の①～⑥のうちから一つ選んで記号で答えなさい。

Ⅰ 天皇機関説は国体に反するという理由で美濃部達吉は貴族院議員を辞職に追い込まれた。

Ⅱ 京都帝国大学教授の滝川幸辰の刑法学説が危険思想であるとして、滝川は休職処分となった。

Ⅲ 人民戦線の結成をはかったとして、経済学者の大内兵衛が治安維持法違反容疑で検挙された。

① Ⅰ－Ⅱ－Ⅲ　② Ⅰ－Ⅲ－Ⅱ　③ Ⅱ－Ⅰ－Ⅲ
④ Ⅱ－Ⅲ－Ⅰ　⑤ Ⅲ－Ⅰ－Ⅱ　⑥ Ⅲ－Ⅱ－Ⅰ

2 探究ポイントを確認

(1) 満洲事変（1931～33）の契機となった事件と日中戦争（1937～45）の契機となった事件をそれぞれ説明せよ。

(2) 企画院の立てた物資動員計画を実行するために政府が制定した法律名を挙げ、その法律について簡単に説明せよ。

解答

1 (1) ④　(2) ③

2 (1) 満洲事変の契機となった事件は、関東軍が奉天(ほうてん)郊外で満鉄(まんてつ)線路を爆破した柳条湖事件である。一方、日中戦争の契機となった事件は、支那駐屯(しなちゅうとん)軍が北京郊外で中国軍と衝突した盧溝橋事件である。(88字)

(2) 政府は国家総動員法を制定し、議会の承認なしに勅令により戦争遂行に必要な物資や労働力を動員することが可能となった。(56字)

第43講 第二次世界大戦

日中戦争が長期化するなか、**ヨーロッパで第二次世界大戦が勃発しますが**、日本は当初は不介入の方針をとりました。第2次近衛文麿内閣は**総力戦体制の構築を目指し、すべての政党が解散しました。**また日本は新たな経済圏を求めて東南アジア方面に進出し、英米との関係が悪化、ついに**アジア・太平洋戦争が始まります。**

時代のメタマッピングとメタ視点

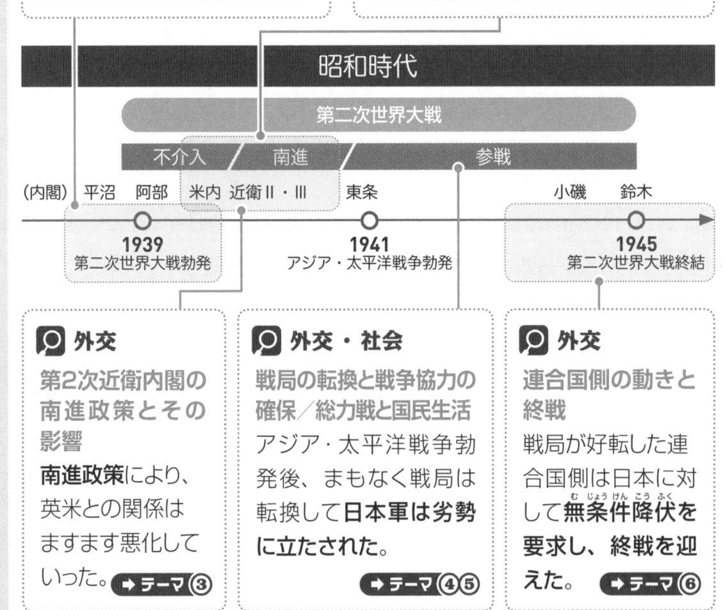

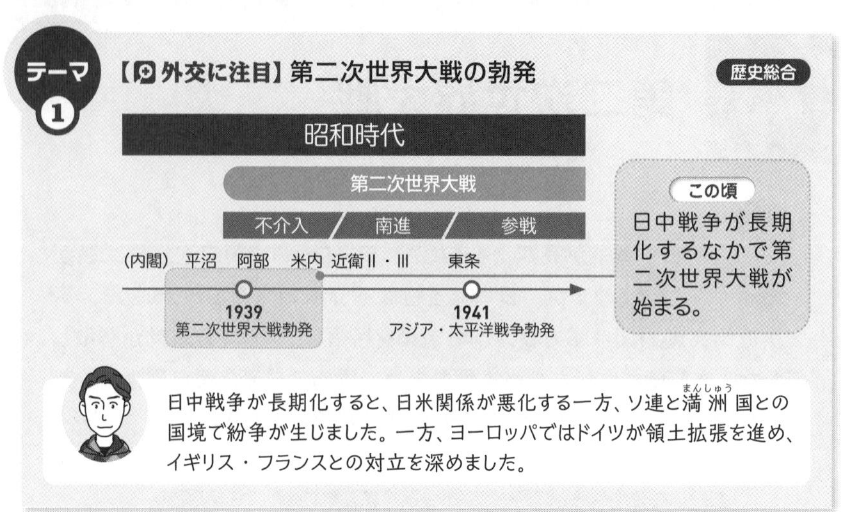

アメリカ・イギリスとの関係は悪化し、国境付近でソ連との局地戦が起こった

日中戦争が拡大するなか、日本は軍事行動を拡大していきました。これに反発したアメリカは 1939 年、**日米通商航海条約**の廃棄を通告しました。結局、日米両国の関係は修復されず、翌 1940 年に条約は失効しました。これによりアメリカは日本に対して貿易制限を行うことが可能となりました。

一方、ソ連との間には、満洲の国境紛争が続いていました。1938 年、満洲国東部とソ連との国境において日本軍とソ連軍とが軍事衝突する**張鼓峰事件**が起こりました。ドイツ・イタリアと軍事同盟を結ぼうとする軍部の提案に対して閣内不統一となり、第 1 次近衛文麿内閣は総辞職しました。代わって枢密院議長の**平沼騏一郎**が組閣すると、1939 年、満蒙国境において日本軍がソ連・モンゴル連合軍と軍事衝突する**ノモンハン事件**が起こり、日本軍は大敗しました。ドイツ・イタリアとの軍事同盟をめぐって閣内が対立するなか、突如ドイツがソ連との間に**独ソ不可侵条約**を結びました。平沼内閣は外交の方向性を見失って総辞職しました。

ドイツがポーランドに侵攻し、第二次世界大戦が始まる

1939 年 9 月、ドイツはポーランドに侵攻を開始しました。地理的にポーランドはドイツとソ連に挟まれた位置にあるため、ドイツとソ連は不可侵条約の秘密協定で両国の勢力範囲を確定しようとしたのです。これに対してイギリス・フランスはドイツに宣戦布告したため、**第二次世界大戦**が始まりました。ドイツは電撃作戦により連勝を重ね、1940 年 6 月にはパリを占領し、フランスはドイツに降伏しました。同じ頃、イタリアはドイツの側に立って参戦しました。

平沼内閣の後を受けた陸軍穏健派の**阿部信行内閣**、その後を受けた海軍穏健派の

米内光政内閣はいずれも大戦には不介入の方針をとりました。陸軍はドイツと軍事同盟を結んで南方に進出することを目指したため両者は対立し、陸軍の圧力により阿部・米内内閣ともに総辞職しました。

Q 日本とドイツは日独防共協定 [➡p.525] を結んでいたのに、ドイツはソ連と不可侵条約を結んだのですか？

A そうです。反共を主張するドイツと反ファシズムを標榜するソ連は、それぞれのポーランド分割とバルト3国の併合を求めて協定を結びました。

▼第二次世界大戦中のヨーロッパ

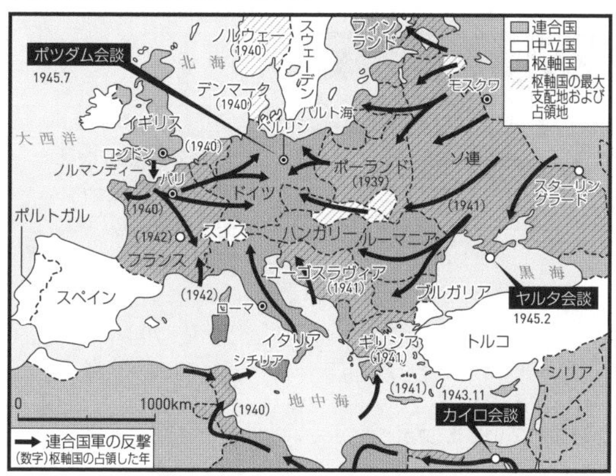

第二次世界大戦ではイギリス・フランス・アメリカなどを連合国、ドイツ・イタリア・日本などを枢軸国と呼びます。カイロ会談・ヤルタ会談・ポツダム会談は第二次世界大戦で連合国側が優勢になってからの連合国側の会談です [➡p.553]。

第二次世界大戦の勃発

① アメリカとの対立激化

アメリカが**日米通商航海条約**の廃棄を通告（1939）➡失効（1940）

② ソ連との局地戦（いずれも大敗）

張鼓峰事件：満ソ国境で軍事衝突

ノモンハン事件：満蒙国境で軍事衝突

③ **独ソ不可侵条約**（1939）
欧州情勢に対応できず、平沼騏一郎内閣は退陣
④ **第二次世界大戦**勃発（1939.9）
ドイツのポーランド侵攻➡英・仏が宣戦布告する
阿部・米内内閣は不介入の方針➡軍部と対立して総辞職

テーマ2 【政治に注目】総力戦体制の構築

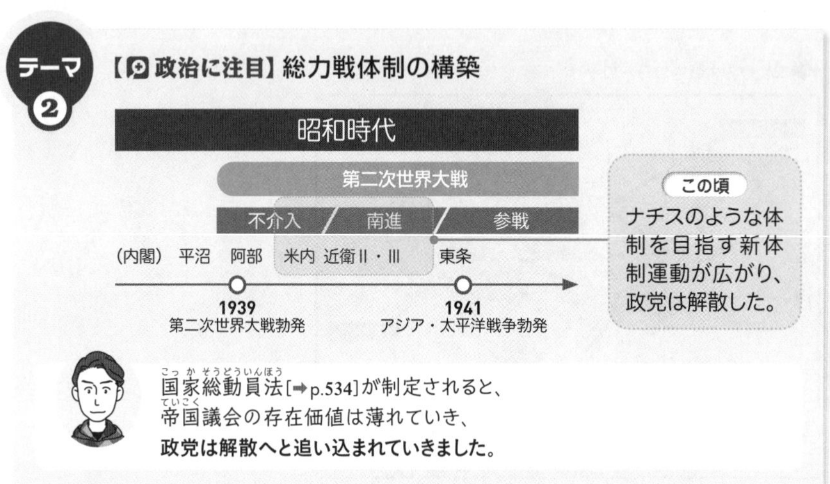

近衛文麿のもと新体制運動が実施され、大政翼賛会が発足した

1930年代後半、軍部の政治介入が進む一方、政党の政治的発言力は低下しました。1940年、立憲民政党の**斎藤隆夫**は日中戦争の目的や汪兆銘政権の樹立工作など、軍部の圧力を受けた政府の政策を批判しました。この演説に対して陸軍が「聖戦」を冒瀆するものとして処分を要求すると、立憲政友会や社会大衆党の一部も陸軍に同調したため、斎藤隆夫は議員を除名されました。

ヨーロッパにおけるドイツ軍の軍事的優勢が伝えられると、ドイツのような強い指導力をもつ一国一党体制を目指す**新体制運動**が広がりました。この実現のため枢密院議長の**近衛文麿**は再び組閣し（第2次近衛内閣）、三国同盟の締結をのぞむ陸軍も近衛内閣を支持しました。立憲政友会·立憲民政党·社会大衆党は次々に解散し、新体制運動に加わりました。

1940年、総理大臣である近衛文麿を総裁とする**大政翼賛会**が発足しました。当初、大政翼賛会は一国一党体制を実現するための政治組織としての役割が期待されましたが、実際には上意下達*の国民組織にとどまり、総裁が政治的指導力を発揮するには至りませんでした。とはいえ、町内会・部落会・**隣組**などの下部組織を置き、

用語 *上意下達…上位の地位にある者の命令が下位の者に伝わること。

また、産業報国会を統轄する**大日本産業報国会**や20歳以上の女性が強制的に加入させられた**大日本婦人会**を傘下に置き、政府の指示をスムーズに国民に伝えて戦争協力を強制することが可能となりました。

1942年、東条英機内閣［➡ p.548］は政府が推薦する候補者を立てて衆議院議員総選挙を実施しました。その結果、当選者の80%以上が推薦候補者であったためこの選挙は**翼賛選挙**と呼ばれ、当選者のほとんどは翼賛政治会に組織され、議会は政府の提案を承諾するだけの機関となりました。

Q ドイツのナチスはどのようにして一党独裁を実現したのですか？

A 1932年の選挙で第1党となり、1933年、ナチスは全権委任法を制定し、立法権を政府に委譲させました。これによりナチスは他の政党を解散させた上で新党の結成を禁止して一党独裁を実現しました。

総力戦体制の構築

① 議会の空洞化
斎藤隆夫の反軍演説（1940）➡斎藤は議員を除名される

② **新体制運動**の広がり（1940）
すべての政党が解散➡一国一党体制を目指す

③ **大政翼賛会**の発足（1940）：上意下達の国民組織
総裁：首相（政治的指導力は持たない）
下部組織：町内会・部落会・**隣組**
傘下：**大日本産業報国会**・大日本婦人会

④ **翼賛選挙**（1942）
政府の推薦候補者の多くが当選➡翼賛政治会に組織される

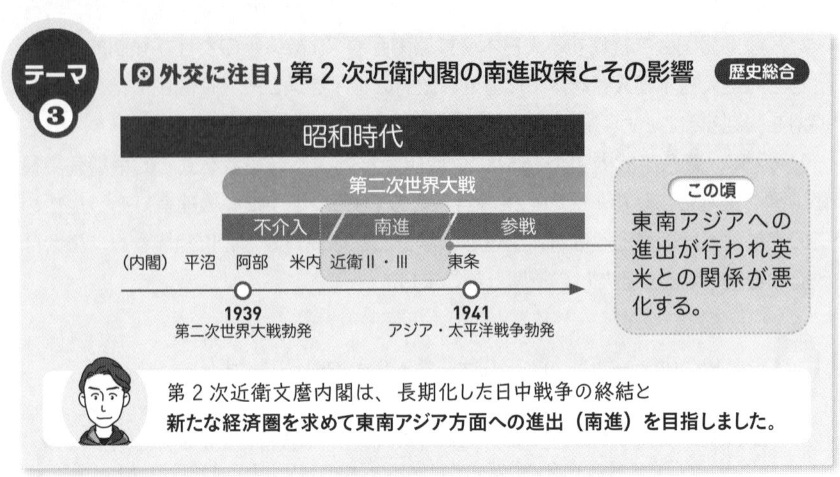

日本はドイツ・イタリアと軍事同盟を結び、南進政策を進めていった

1940 年 9 月、第 2 次近衛文麿内閣は大戦不介入の方針を改め、ドイツの支配下に置かれたフランスのヴィシー政権と交渉し、フランス領インドシナ（仏印）の北部へと侵攻を行いました。これを**北部仏印進駐**といいます。その目的は、アメリカやイギリスの援蔣ルートを遮断することで日中戦争を終わらせることと、東アジア・東南アジアを勢力圏とする政治的・経済的ブロックである「**大東亜共栄圏**」を建設することにありました。

同月に松岡洋右外相はベルリンで**日独伊三国同盟**を締結し、ヨーロッパにおけるドイツ・イタリアの指導的地位と東アジア・東南アジアにおける日本の指導的地位を相互承認し、3 国のうちいずれか 1 国が他国から攻撃された場合の相互援助を取り決めました。すなわち、これはアメリカを仮想敵国とした同盟といえます。これにより**アメリカは**仏印進駐を行う日本に対して直接的な攻撃を仕掛けることは難しくなりましたが、**屑鉄の輸出を禁じることで経済的な制裁を与えました**。

1941 年には、松岡外相はソ連との関係調整を図り、モスクワで**日ソ中立条約**を結びました。この条約は日ソ間の相互不可侵を定めたもので、有効期間は 5 年間とされました。これにより満ソ国境付近での軍事衝突が避けられるので北方の平和が確保できたといえます。さらに、ソ連との接近によりアメリカを牽制するねらいもありました。

Q 日独伊三国同盟は防共協定を発展させたものだと思いますが、ソ連は仮想敵国ではなかったのですか。

A はい。ソ連は同盟の適用外としました。したがって、日本とソ連が接近するきっかけにもなりました。

アメリカとの関係調整を図るための日米交渉が行われたが、交渉は難航した

第2次近衛内閣の南進政策により日米関係が悪化する一方、近衛文麿首相は日米交渉を行って日米関係の調整を図りました。1941年4月から**野村吉三郎**(のむらきちさぶろう)駐米大使と**ハル**国務長官との間で交渉が始まりましたが、両国の要求はかみ合わず、交渉は難航しました。

1941年6月、ドイツは不可侵条約を破って突如ソ連に攻め込み、**独ソ戦争**が勃発しました。軍部の強い主張によって、日本は2つの軍事作戦を立てました。1つ目は、仏印(ふついん)をさらに南方へ進んで資源獲得のための拠点を設けること、2つ目は、ソ連がドイツに敗北した場合に備えてソ連を攻撃する準備（関東軍特種演習）をすることでした。ところが、独ソ戦争はドイツが劣勢だったこともあり、ソ連を攻撃する計画は中止されました。

一方、近衛首相は日米交渉を優先させようとして、強硬論を唱える松岡外相を外すために一度内閣を総辞職し、第3次近衛内閣を組閣しました。ところが、日米交渉は進展せず、日本軍が**南部仏印進駐**(なんぶふついんしんちゅう)を開始すると**アメリカは在米日本資産を凍結するとともに石油の対日輸出禁止で対抗しました**。これにより日本の経済的な窮乏(きゅうぼう)は決定的となり、南方資源獲得のためにアメリカ・イギリスとの開戦を主張する声が高まりました。

テーマ❸ まとめ　第2次近衛内閣の南進政策とその影響

1. **北部仏印進駐**（1940.9）
   目的：援蔣ルートの遮断、「**大東亜共栄圏**」の建設
2. **日独伊三国同盟**（1940.9）
   欧・亜における指導的地位の相互承認
   アメリカを仮想敵国とし、ソ連を除外する
   ➡アメリカは屑鉄の対日輸出を禁止する
3. **日ソ中立条約**（1941）：5年間の不可侵
   北方の平和確保、アメリカを牽制
4. 独ソ戦争開始➡**南部仏印進駐**（1941.7）
   アメリカは在米日本資産を凍結し、石油の対日輸出を禁止する

史料を読んでみよう！ ―帝国国策遂行要領―

一、帝国ハ、自存自衛ヲ全フスル為、対米（英蘭）戦争ヲ辞セサル決意ノ下ニ、概ネ十月下旬ヲ目途トシ戦争準備ヲ完整ス。

二、帝国ハ、右ニ竝行シテ、米英ニ対シ外交ノ手段ヲ尽シテ(注1)帝国ノ要求(注2)貫徹ニ努ム。……

三、前号外交交渉ニ依リ、十月上旬頃ニ至ルモ尚我要求ヲ貫徹シ得ル目途ナキ場合ニ於テハ、直チニ対米（英蘭）開戦ヲ決意ス。……

『日本外交年表竝主要文書』

（注 1）外交交渉。　（注 2）日本の要求事項。

上記の史料は、1941 年 9 月の御前会議[*1]で決定した**帝国国策遂行要領**です。内容を確認すると、1 つ目に日本は自衛のため、10 月下旬を目途としてアメリカ・イギリス・オランダとの戦争準備を終わらせることが述べられています。アメリカの経済制裁により日本はすでに資源不足に陥っており、石油の備蓄が尽きる前に産油地帯である蘭印（オランダ領東インド）を攻略しようとしたのです。2 つ目は、戦争準備と並行して米英に対する外交交渉（実際には日米交渉）を継続することが決められました。日本側の要求事項は、仏印からの撤兵を条件として米英の日中戦争への不介入や通商の回復を求めるものでした。3 つ目に、もし日米交渉で 10 月上旬までに日本の要求が通らない時は、米英両国との開戦を決意するということが方針とされました。

ところが、アメリカは仏印ではなく中国からの撤兵を要求してきました。これに対して東条英機陸相は対米開戦を主張し、近衛文麿内閣は総辞職しました。その後、**木戸幸一**内大臣ら重臣会議[*2]の推薦によって**東条英機**が後継首相に任命されましたが、任命にあたって 9 月の御前会議で決定した帝国国策遂行要領を再検討することが条件とされたため、東条内閣は開戦準備と対米交渉を並行して進めました。ところが、11 月 26 日にアメリカのハル国務長官が提示した最終提案（**ハル＝ノート**）は、中国と仏印からの全面撤退や三国同盟の実質的破棄、満洲国や汪兆銘政権の否認など、満洲事変以前の状態に戻すことを要求したものでした。交渉は絶望的となり、12 月 1 日の御前会議で米英との開戦が決定しました。

1941 年 12 月 8 日、**日本陸軍が南部仏印からイギリス領マレー半島に上陸し、海軍もハワイの真珠湾を奇襲攻撃する**など軍事行動を開始し、米英に対して宣戦布告しました。こうして**アジア・太平洋戦争**が勃発しました。すると、三国同盟にしたがってドイツ・イタリアもアメリカに宣戦布告し、国民政府も日本に対して宣戦布告したため、アジア・太平洋戦争も日中戦争も第二次世界大戦のなかに組み込ま

【用語】＊1 御前会議…大日本帝国憲法下、国家の重大な事態に天皇が出席して開かれた最高会議。

れることとなりました。

Q 元老の西園寺公望ではなく内大臣の木戸幸一らが後継首相を推薦したのはなぜですか？

A 1940年に西園寺公望は死去しました。ただし、1937年に第1次近衛文麿内閣が成立した後、西園寺はすでに後継首相推薦の任を辞していました。

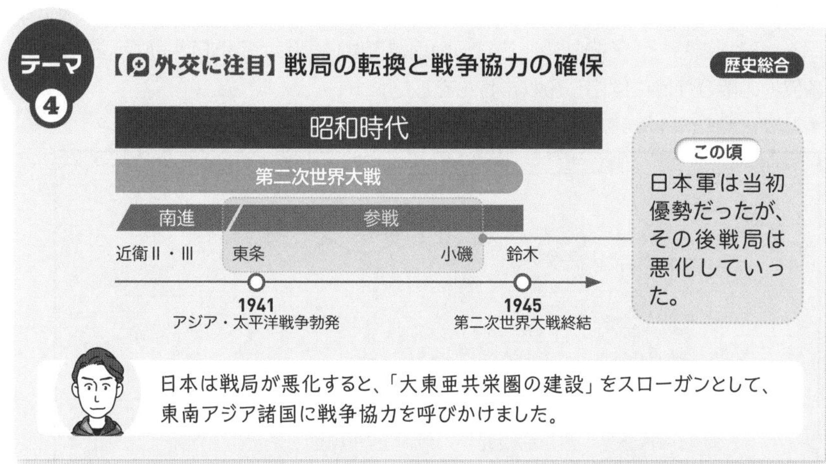

開戦から半年間は日本軍が優勢だったが、その後、戦局は悪化していった

アジア・太平洋戦争の開戦後、最初の半年間は日本軍による快進撃が続きました。アメリカ領フィリピンやイギリス領マレー・ビルマ、オランダ領東インド（インドネシア）などを相次いで占領し、東南アジア全域を制圧しました。日本は、このアジア・太平洋戦争と日中戦争を合わせて**大東亜戦争**と称し、アメリカによる経済封鎖に対する危機感のなかで自存自衛のための戦争と位置づけ、**大東亜共栄圏**[➡ p.546]の建設を掲げて戦争を正当化しました。

ところが、**1942年6月、ミッドウェー海戦で敗北すると、これをきっかけとして太平洋における制海権や制空権は徐々に奪われていきました。**1943年には、南太平洋のガダルカナル島から補給路を断たれた部隊が撤退したほか、アリューシャン列島のアッツ島もアメリカの反攻によって占領されました。1944年7月には、マリアナ群島の一つである**サイパン島**の日本軍が全滅しました。これにより本土防衛上必要不可欠な地点とされた絶対国防圏が崩され、アメリカ軍機による**本土空襲**が本格化しました。この責任をとる形で東条英機内閣は総辞職し、陸軍大将の**小磯国昭**が海軍大将の米内光政と協力して内閣を組閣しました。

用語 ＊2 重臣会議…昭和天皇の側近（重臣）による会議。

日本は東アジア・東南アジア諸国に戦争協力を呼びかけた

日本の劣勢が続くなか、1943年11月、東京に汪政権・満洲国・タイ・ビルマ・フィリピン・自由インドなどの代表が招かれ、**大東亜会議**が開催されました。ここで日本は、アジア諸国の解放と相互協力をうたった大東亜共同宣言を発表して、欧米の植民地支配からの脱却を目指し、各国に戦争協力を呼びかけました。

ところが、日本軍は占領地において軍政をしき、**軍票**と呼ばれる紙幣を発行して物資を強制的に集めて戦争を遂行しようとしました。また、捕虜や強制連行した人々を大量に動員してタイとビルマを結ぶ**泰緬鉄道**を建設させ、その過程で多くの労務者が犠牲となりました。さらに、シンガポールでは多数の華僑と呼ばれる中国系住民を虐殺しました。そのため、これらの地域では住民による抗日運動が起こり、戦争協力の呼びかけには応じられませんでした。

▼アジア・太平洋戦争関係図

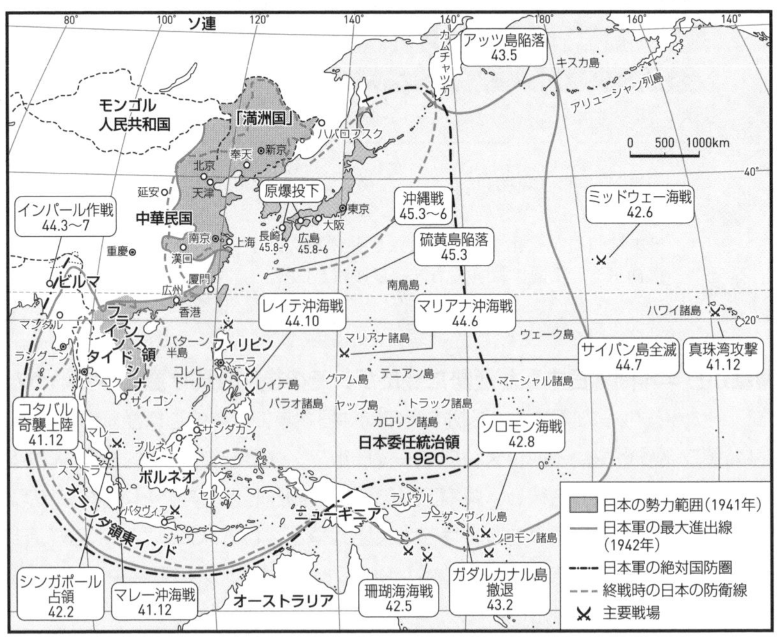

日本軍が奇襲攻撃を仕掛けた真珠湾、戦局転換のきっかけとなったミッドウェー海戦、アッツ島やガダルカナル島、さらにはサイパン島の位置などを確認しておきましょう。

戦局の転換と戦争協力の確保

① 戦局の転換
ミッドウェー海戦敗北（1942.6）
サイパン島全滅（1944.7）
② **大東亜会議**（1943）〔東京〕
大東亜共栄圏の建設を呼びかける
参加：汪政権・満洲国・タイ・ビルマ・フィリピンなど
③ 占領地の軍政
軍票の乱発（物資を収奪して戦争を遂行）
泰緬鉄道の建設（捕虜・強制連行した人々を動員）
華僑（中国系住民）の殺害

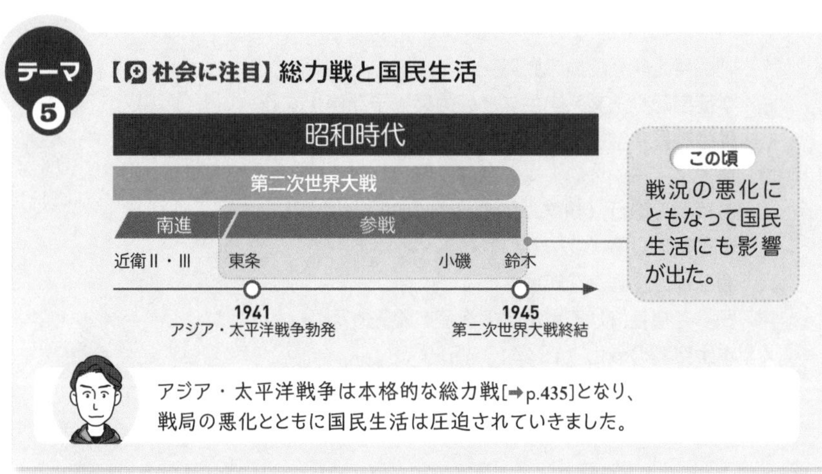

戦局が悪化するなか、非戦闘員や植民地の人々も戦争に動員された

ミッドウェー海戦に敗北し、日本軍の戦局が悪化すると、戦闘員の動員が強まりました。1943年、大学生および高等・専門学校生徒の徴兵猶予（ちょうへいゆうよ）が停止され、法文系学生の多くが徴兵され、戦地に送られました（**学徒出陣**（がくとしゅつじん））。一方、国内の労働力不足を補うために勤労動員が強化され、中等学校以上の生徒へ学徒動員を行ったほか独身女性を**女子挺身隊**（じょしていしんたい）として組織し、軍需工場などに配置しました。

一方、植民地下の朝鮮（ちょうせん）や台湾（たいわん）において徴兵制が施行されたほか、占領地の中国から多くの人々が日本や戦地に強制連行され、彼らは軍需工場や鉱山などで危険な重労働に酷使されました。また、女性のなかには従軍慰安婦として戦地に送られ、兵士の性欲処理のための慰安所で働かされる者もいました。

戦局の悪化にともない軍需品が欠乏すると、航空機を中心とする軍需品の増産を図るため、商工省と企画院が統合して**軍需省**が発足しました。ところが、陸海軍の対立とアメリカの海上封鎖による生産力低下により目的を達することはできず、民需を犠牲にしただけに終わりました。

1944年7月にサイパン島が陥落して本土空襲が激化すると、八幡製鉄所など軍需工場への爆撃が行われ、国民学校の児童は近郊農村や地方都市へ集団移動しました（**学童疎開**）。当初は日本の生産力を落とす目的で軍需工場が狙われましたが、しだいに殺戮目的の無差別攻撃へと変わっていきました。1945年3月に行われた**東京大空襲**では燃える油を詰めた焼夷弾が使用されたため、東京の下町一帯が焼け野原となり約10万人にのぼる死者を出しました。

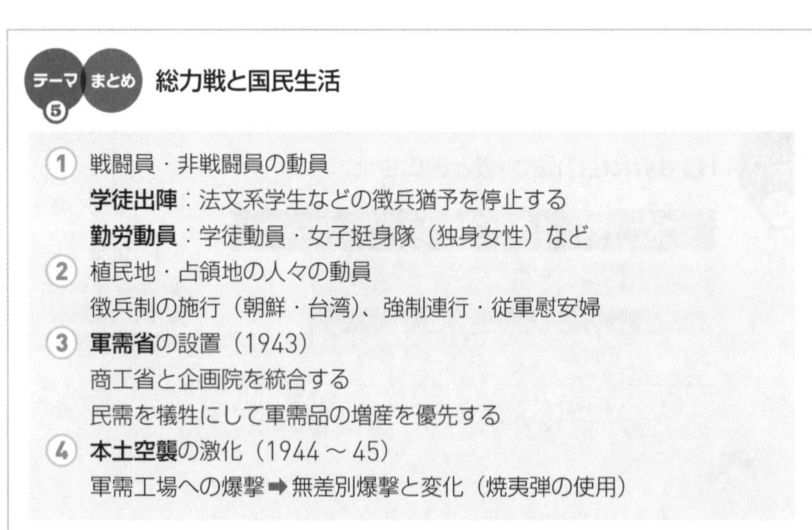

テーマ⑤ まとめ　総力戦と国民生活

① 戦闘員・非戦闘員の動員
学徒出陣：法文系学生などの徴兵猶予を停止する
勤労動員：学徒動員・女子挺身隊（独身女性）など

② 植民地・占領地の人々の動員
徴兵制の施行（朝鮮・台湾）、強制連行・従軍慰安婦

③ **軍需省**の設置（1943）
商工省と企画院を統合する
民需を犠牲にして軍需品の増産を優先する

④ **本土空襲**の激化（1944～45）
軍需工場への爆撃➡無差別爆撃と変化（焼夷弾の使用）

テーマ⑥ 【外交に注目】連合国側の動きと終戦　歴史総合

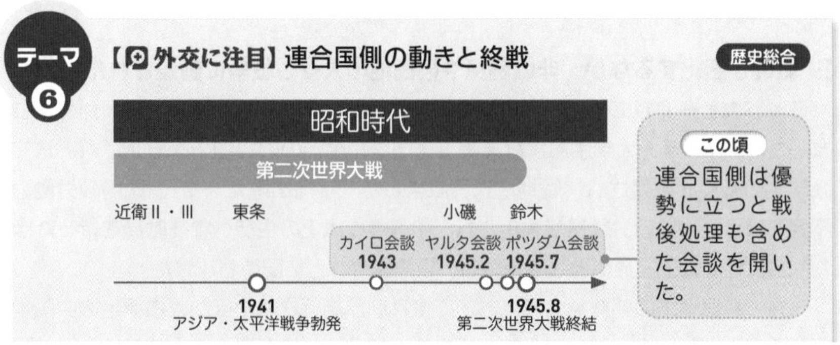

戦局が好転した連合国側の動きをおさえ、終戦までの流れをまとめます。

連合国側は優勢に立つと、カイロ宣言を発し、ヤルタ秘密協定を結んだ

1943年、ドイツがソ連に大敗すると、連合国軍の反攻が始まりました。アメリカ・イギリス軍がシチリア島を占領したことでイタリアが降伏し、アメリカ大統領のF・ローズヴェルト、イギリス首相のチャーチル、中華民国主席の蔣介石がエジプトのカイロに集まり、対日戦について協議しました（**カイロ会談**）。その結果、**カイロ宣言**が発せられ、第一次世界大戦以後に日本が奪った領土の剝奪、満洲・台湾の中国への返還、朝鮮の独立などの日本領土の処分方針や、日本の無条件降伏まで3ヵ国が力を合わせて戦うことが決められました。これには、アジアの植民地を解放することを目的とする日本の戦争理念に対抗するというねらいがありました。

1944年7月にサイパン島が陥落すると、10月にはアメリカ軍によるフィリピンへの侵攻が開始されました。フィリピン中部のレイテ沖が主戦場となり、アメリカ軍の猛攻により日本海軍は壊滅的打撃を受けました。

1945年2月、クリミア半島のヤルタでアメリカ・イギリス・ソ連の首脳により**ヤルタ会談**が開かれ、ローズヴェルト・チャーチル・スターリンによって第二次世界大戦後の処理問題が協議されました。ここで、ソ連への南樺太及び千島列島の帰属を条件として、ドイツ敗北後のソ連の対日参戦に関する**ヤルタ秘密協定**も結ばれました。

同年4月、アメリカ軍が沖縄本島に上陸すると小磯国昭内閣は総辞職し、海軍出身の**鈴木貫太郎**が組閣しました。この時日本軍は本土決戦を覚悟しており、時間稼ぎのために沖縄を捨て石にしようとしていたため住民の避難や安全確保は不十分でした。また、沖縄戦では兵力や看護要員の不足を補うため、中等学校の男女生徒らが**鉄血勤皇隊**や**ひめゆり学徒隊**などに組織されました。日本軍により集団自決を強いられたり、スパイの疑いで殺されたりすることもあり、多くの県民が犠牲となりました。

ポツダム宣言が発表されたが、日本は受諾を見送った

同年5月にドイツが無条件降伏すると、7月にはアメリカのトルーマン・イギリスのチャーチル（途中、総選挙によってチャーチルはアトリーに代わる）・ソ連のスターリンの3巨頭による**ポツダム会談**がドイツで開催されました。ここでヨーロッパの戦後処理方針が討議されたほか、日本に対して無条件降伏を勧告する**ポツダム宣言**を発することが決定しました。ところが、日本はポツダム宣言の受諾に応じませんでした。

アメリカはソ連参戦前に戦争の決着をつけるため、実験が成功したばかりの原子爆弾を８月６日に広島へ投下し、８月９日には長崎へも投下しました。この核兵器の使用により甚大な数の人々が殺傷されました。一方、ソ連は日ソ中立条約[➡ p.546]を無視して８月８日に対日参戦しました。ソ連軍は満洲・朝鮮や樺太南部などに侵攻し、多くの日本人が殺害されるかソ連軍の捕虜となりました。

８月14日、鈴木貫太郎内閣は軍部の反対を押し切ってポツダム宣言を受諾し、翌15日には天皇がラジオ放送で国民に対して敗戦を伝えました。鈴木貫太郎内閣は総辞職して皇族の東久邇宮稔彦内閣が発足すると、９月２日、アメリカの戦艦ミズーリ号上で日本全権重光葵が降伏文書に調印し、アジア・太平洋戦争は終了しました。

Q なぜ7月の段階で鈴木内閣はポツダム宣言を受諾しなかったのですか？

A ポツダム宣言のなかに国体護持に関する項目がなかったため、昭和天皇が戦争犯罪人として処罰されることを恐れたためです。天皇制を守るための交渉の余地を探ろうとしたのです。

連合国側の動きと終戦

①カイロ会談（1943.11）➡**カイロ宣言**
（米）ローズヴェルト・（英）チャーチル・（中）蔣介石
日本領土の処分方針と、日本の無条件降伏まで戦うことを決める

②ヤルタ会談（1945.2）➡**ヤルタ秘密協定**
（米）ローズヴェルト・（英）チャーチル・（ソ）スターリン
ドイツの敗北後、ソ連の対日参戦を密約する

③ポツダム会談（1945.7）➡**ポツダム宣言**
（米）トルーマン・（英）チャーチルのちアトリー・（ソ）スターリン
宣言は、米・英・中（蔣介石）の名で発表される
日本の無条件降伏を勧告、戦後処理方針を決定する

確認問題

1 年代配列問題にチャレンジ

(1) 次の文Ⅰ～Ⅲについて、古いものから年代順に正しく配列したものを、後の①～⑥のうちから一つ選んで記号で答えなさい。

Ⅰ アメリカが、B29 爆撃機による東京大空襲を行った。
Ⅱ 日本軍によるマレー半島の奇襲上陸や、ハワイ真珠湾への奇襲攻撃が行われた。
Ⅲ 日本海軍は、ミッドウェー海戦で航空母艦４隻を失う大敗北を喫した。

① Ⅰ－Ⅱ－Ⅲ　② Ⅰ－Ⅲ－Ⅱ　③ Ⅱ－Ⅰ－Ⅲ
④ Ⅱ－Ⅲ－Ⅰ　⑤ Ⅲ－Ⅰ－Ⅱ　⑥ Ⅲ－Ⅱ－Ⅰ

(2) 次の文Ⅰ～Ⅲについて、古いものから年代順に正しく配列したものを、後の①～⑥のうちから一つ選んで記号で答えなさい。

Ⅰ 米・英・中３国の首脳が会談し、カイロ宣言を発表した。
Ⅱ 日本に対して無条件降伏を勧告するポツダム宣言が発せられた。
Ⅲ ソ連が対日参戦し、満洲・朝鮮や樺太南部などに侵攻した。

① Ⅰ－Ⅱ－Ⅲ　② Ⅰ－Ⅲ－Ⅱ　③ Ⅱ－Ⅰ－Ⅲ
④ Ⅱ－Ⅲ－Ⅰ　⑤ Ⅲ－Ⅰ－Ⅱ　⑥ Ⅲ－Ⅱ－Ⅰ

2 探究ポイントを確認

(1) アジア・太平洋戦争における戦局の転換点となった戦いと、本土空襲が本格化する契機となった出来事について述べよ。

(2) 日本は大東亜会議を開催してアジア各国に戦争協力を呼びかけたが、あまり効果はなかった。それはなぜだと考えられるか。

解答

1 (1) ④　(2) ①

2 (1) 1942 年６月、ミッドウェー海戦においてアメリカ軍に大敗したことにより日本軍は制海・制空権を失っていった。1944 年７月、サイパン島が占領されると、本土空襲が本格化した。(81 字)
(2) 日本軍は占領地において皇民化政策のもと圧政と収奪を行い、占領地では抗日運動が展開されたため。(46 字)

占領下の日本

ここからが現代史になります。**第二次世界大戦は日本のポツダム宣言受諾で終わり**、日本は連合国によって占領されます。**日本を間接統治したGHQは**日本が再び戦争を起こさないよう、**憲法改正の指示や非軍事化・民主化を進めるための五大改革指令を出しました。**こうした占領下における日本国内の動向についてみていきましょう。

時代の**メタマッピング**と**メタ視点**

政治 ➡テーマ① ➡トピック①

占領政策の開始／戦争責任と極東国際軍事裁判

GHQによる占領政策が開始され、日本政府に対して**非軍事化・民主化**が命じられた。

政治 ➡テーマ③

総選挙の実施と政党政治

1946年の総選挙で**日本自由党の吉田茂内閣が発足**したが、翌1947年の総選挙で**日本社会党の片山哲首班の連立内閣へ**と変わった。

昭和時代

冷戦（1947～89）

GHQによる占領政策（1945～52）

（内閣） 東久邇宮　幣原　吉田Ⅰ　片山　芦田　吉田Ⅱ～Ⅴ

1945 第二次世界大戦終結
1947 日本国憲法施行
1948 極東国際軍事裁判判決
1952 占領の終了

政治 ➡テーマ②

日本国憲法の制定過程

マッカーサー草案を帝国議会で審議・修正して日本国憲法が公布·施行された。

政治 ➡テーマ④

戦後の労働・教育改革

五大改革指令に基づき、**労働組合の結成**が奨励され、**教育の自由主義化**が図られた。

経済 ➡テーマ⑤

経済機構の民主化

五大改革指令の一つである経済の民主化を進めるため、**財閥解体**と**農地改革**が実行された。

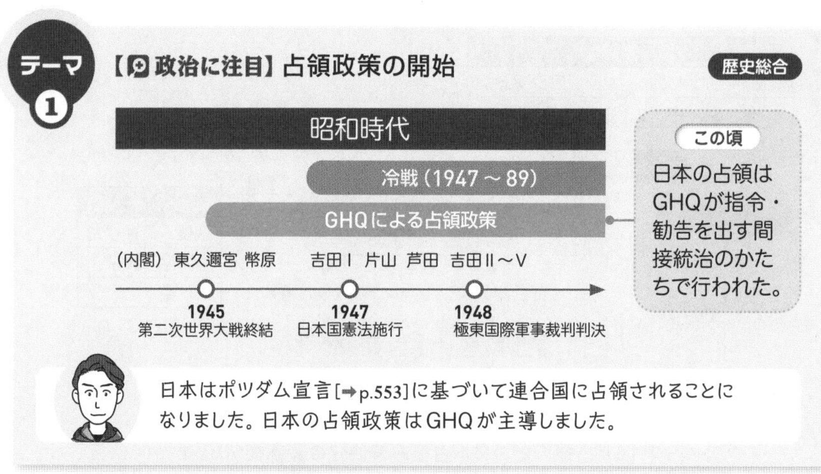

GHQが設置され、間接統治が進められた

ポツダム宣言の受諾後、連合国軍最高司令官（れんごうこくぐんさいこうしれいかん）としてマッカーサーが来日し、**連合国軍最高司令官総司令部**（そうしれいぶ）（GHQ／SCAP）が設置されました。日本の主権がおよぶ範囲は本州などの4つの島と連合国の定める諸小島とされ、GHQの指令・勧告にしたがって日本政府が政治を行う**間接統治の形態がとられました**。一方、沖縄・奄美（あまみ）などの南西諸島と小笠原（おがさわら）諸島はアメリカ軍、南樺太（みなみからふと）・千島列島（ちしまれっとう）などはソ連軍の直接軍政*下に置かれました。

沖縄返還などについては、第46講で学習します[➡p.589]。

GHQは**東久邇宮稔彦**（ひがしくにのみやなるひこ）内閣に対して、治安維持法（ちあんいじほう）や特別高等警察（とくべつこうとうけいさつ）の廃止や共産党（きょうさんとう）員などの政治犯の釈放を命じる人権指令を出しましたが、東久邇宮内閣は天皇制を守るためにこれらの指令を受け入れず、総辞職しました。

代わって親英米派の**幣原喜重郎**（しではらきじゅうろう）が政界に復帰して首相に就任しました。幣原内閣はGHQから憲法の改正の示唆をうけて、政府内に**憲法問題調査委員会**を設置し、新しい憲法草案を起草しました[➡p.560]。一方、非軍事化・民主化を理念とする**五大改革指令**がマッカーサーから出され、**女性の解放、労働組合の結成奨励、教育の自由主義化、圧政的諸制度の撤廃（秘密警察などの廃止）、経済機構の民主化が目指されました**。さらに、GHQは**神道指令**（しんとう）を発して神社・神道に対する政府の保護・監督を禁じ、戦前に天皇崇拝を教化するために利用された国家神道も解体されました。

用語 ＊直接軍政…軍隊が直接政治を行うこと。

▶連合国の日本統治機構

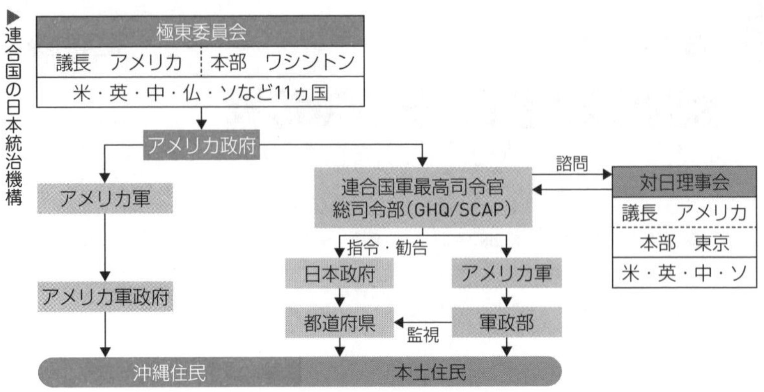

1945年12月、連合国の日本占領政策決定の最高機関として
ワシントンに**極東委員会**が設置されました。極東委員会の決定は
アメリカ政府を通じてGHQに伝えられましたが、11ヵ国間で
合意が成立しない場合はアメリカが中間指令を出しました。
一方、最高司令官の諮問機関として東京に**対日理事会**が設置されました。
対日理事会は米・英・中・ソの4ヵ国により構成されましたが、
農地改革を除いて大きな影響力を持ちませんでした。

占領政策の開始

① GHQの設置（1945）〔東京〕
最高司令官＝**マッカーサー**
間接統治：日本本土（GHQが日本政府に指令・勧告）
直接軍政：南西諸島・小笠原諸島（米軍）、南樺太・千島列島（ソ連）

② **東久邇宮稔彦内閣**への指示
思想・言論の自由を指令➡内閣は総辞職する

③ **幣原喜重郎内閣**への指示
憲法改正：憲法問題調査委員会の発足
五大改革指令：非軍事化・民主化を理念とする
神道指令：国家神道の解体

トピック1 【政治に注目】戦争責任と極東国際軍事裁判

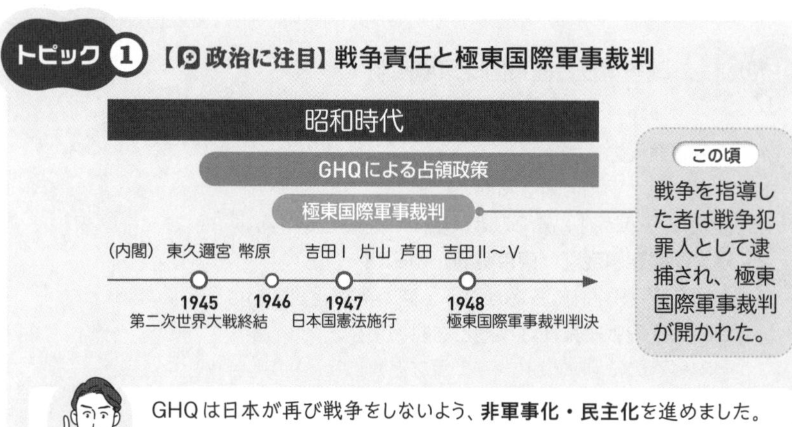

GHQは日本が再び戦争をしないよう、**非軍事化・民主化**を進めました。陸海軍は解体され、戦争指導者は逮捕されました。

戦争犯罪人が逮捕され、軍国主義の指導者は公職追放された

占領政策の開始後まもなく、日本の戦争指導者は**戦争犯罪人**（戦犯）として逮捕されました。従来の戦争犯罪者はB級戦犯とされる一方、侵略戦争を計画・準備・開始・実行した「平和に対する罪」を侵した者はA級戦犯、戦前・戦時において一般住民に対して犯した非人道的行為の罪を犯した者はC級戦犯として新たに類型化されました。

このうちA級戦犯として28名が起訴されると、東京で**極東国際軍事裁判（東京裁判）**が開廷され、25名（病死など3名を除く）が有罪判決を受け、東条英機元首相ら7名が死刑となりました。ところが、この裁判では昭和天皇の戦争責任は追及されませんでした。そして、1946年1月、昭和天皇はいわゆる**天皇の人間宣言**を発して天皇の神格性を否定しました。一方、B級・C級戦犯として起訴された約5700名は横浜やマニラなど国内外で開廷された裁判にかけられ、約1000名が死刑となりました。

1946年1月から1948年5月までに、GHQは戦争犯罪人を含む軍人・軍国主義者・超国家主義者など約21万人に対して**公職追放**を命じ、政・財・官界から言論界にいたる各界の指導者は職を奪われました。

Q ドイツでも同じように戦争犯罪人の裁判が行われたのですか？

A ドイツではナチスの戦争犯罪を裁くためニュルンベルク国際軍事裁判が行われました。ここでは12名のナチス高官に死刑判決が下りました。

戦争責任と極東国際軍事裁判

① **戦争犯罪人**の逮捕

A級戦犯：平和に対する罪

B級・C級戦犯：通常の戦争犯罪・人道に対する罪

② **極東国際軍事裁判（東京裁判）**（1946～48）

A級戦犯28名中25名が有罪、東条英機元首相らは死刑になる

昭和天皇の戦争責任は不問とされる

③ 国内外での裁判（横浜・マニラなど）

B級・C級戦犯約5700名中、約1000名が死刑になる

④ **公職追放**（1946～48）

戦争犯罪人を含む軍人・軍国主義者・超国家主義者などを追放する

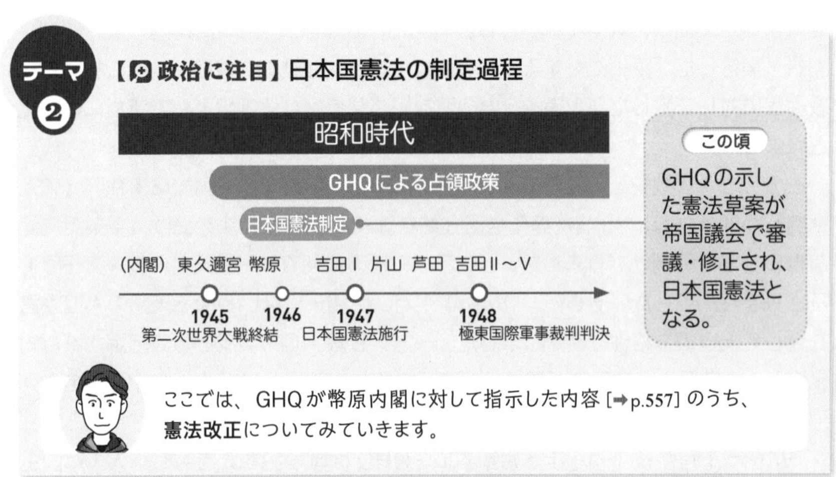

日本国憲法は、GHQが提示した草案を修正・審議してつくられた

GHQは日本政府に対して憲法の改正を求めました。早速、幣原内閣は松本烝治（まつもとじょうじ）を委員長とする**憲法問題調査委員会**を設置して、憲法案の作成にあたらせました。ところが、委員会が作成した憲法案は天皇の統治権を残す内容で「天皇は至尊にして侵すべからず」と規定していたため、GHQはこれを認めませんでした。

GHQやアメリカ政府は、天皇制廃止によって日本社会に大きな混乱がもたらされることを予想し、天皇制を占領支配に利用する考えを持っていました。一方、戦勝国には天皇制の存続に対して強い反発を持つ国があったため、GHQは極東委員会が活動を始める前に自ら改正試案を作成することにしました。その際マッカーサーは、天皇制存続・戦争放棄・華族制度の廃止を内容とする**マッカーサー三原則**を指示したほか、高野岩三郎や鈴木安蔵らをメンバーとする民間の憲法研究会が発表した「憲法草案要綱」を参考にしました。その結果、天皇は「象徴」とされ（象徴天皇制）、政治上の実権を失い、国事行為のみを行うとされました。

このいわゆる**マッカーサー草案は**そのまま日本国憲法になったわけではなく、**政府が手を加えた上で帝国議会において審議されました**。その過程で、国会はマッカーサー草案の一院制から**衆議院**・**参議院**の**二院制**となり、戦力不保持の項目は自衛のための軍隊保持に含みを残しました。**貴族院・枢密院でも可決され、1946年11月3日に日本国憲法として公布され**、1947年5月3日から施行されました。

Q 現在の日本国憲法では、国会は衆議院と参議院の二院制となっていますが、貴族院はなくなったのですか？

A はい。日本国憲法が施行されると、貴族院や枢密院など憲法に規定されていない機関はなくなりました。

日本国憲法では、**主権在民**・**平和主義**（**戦争放棄**）・**基本的人権の尊重**が三大原則とされました。国会は唯一の立法機関であるとともに国権の最高機関とされ、内閣は国会に対して連帯責任を負う（**議院内閣制**）と定められました。国会の議決に基づいて指名を受けた首相は、各大臣の任免権を持ち、閣僚の過半を国会議員とすることで政党内閣が保障されました。

新憲法の制定後、その他の法典にも修正が加えられました。1947年に改正された新しい民法では、戸主制度を廃止して男女同権の家族制度が定められ、婚姻・家族関係における男性優位の規定は廃止されました。また、新しい刑法では、皇室に対する大逆罪や不敬罪、女性の不倫を罰する姦通罪などが廃止されました。

一方、地方行政や警察に強い影響力を持っていた内務省は廃止され、1947年に**地方自治法**が制定されました。これにより都道府県知事や市町村長は公選制*となり、地方行政に住民の意思が反映されることとなりました。また、**警察法**が制定され、中央集権的な警察組織が解体され、市町村長の所轄のもと、人口5000人以上の市町村に自治体警察が置かれました。

テーマ② まとめ　日本国憲法の制定過程

① GHQによる憲法改正指示【幣原喜重郎内閣】
憲法問題調査委員会の設置（委員長＝松本烝治）
天皇の統治権を残す内容➡GHQは認めず

 用語 ＊公選制…公共の職務につく者を有権者の選挙で決めること。

② GHQ の憲法草案
マッカーサー三原則：天皇制存続・戦争放棄・華族制度の廃止
憲法研究会の「憲法草案要綱」を参考にする

③ GHQ 改正案の検討
幣原内閣の政府案：一院制➡二院制（**衆議院・参議院**）
衆議院で修正・可決：自衛のための軍隊保持に含みを残す
貴族院・枢密院で可決➡公布（1946.11.3）【第 1 次吉田茂内閣】

テーマ ③ 【政治に注目】総選挙の実施と政党政治

歴史総合

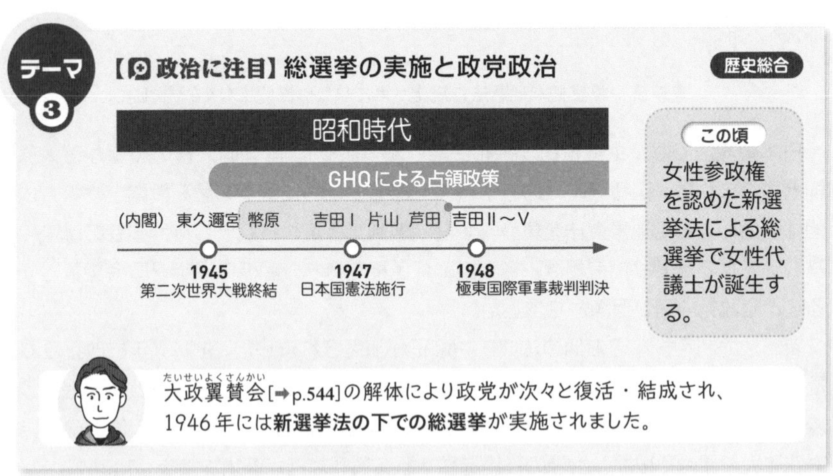

大政翼賛会[➡p.544]の解体により政党が次々と復活・結成され、1946 年には**新選挙法の下での総選挙**が実施されました。

政党が復活・結成され、総選挙も実施された

1945 年から民主化政策の一環として政党も次々と復活・結成されました。戦前には非合法な政党として弾圧された日本共産党［➡p.498］は徳田球一を中心に合法的な活動を開始しました。また、旧無産政党は片山哲を書記長とする日本社会党に統合されました。

一方、旧立憲政友会系は日本自由党、旧立憲民政党系は日本進歩党を結成し、資本主義の修正を目指す中道政党*である日本協同党も結成されました。

1945 年に衆議院議員選挙法が改正され、**女性参政権が認められ、満 20 歳以上の男女に選挙権が与えられました**。翌 1946 年に新選挙法による戦後初めての選挙が実施されました。その結果、39 名の女性議員が誕生し、日本自由党が第 1 党となりました。選挙直後に自由党総裁の鳩山一郎が公職追放処分を受けたため、代わって吉田茂が総裁となり日本進歩党の協力を得て内閣を組閣しました（第 1 次吉田内

【用語】＊中道政党…保守政党にも革新政党にも偏らない中間的な政党。

閣)。

1947年、日本国憲法下の新しい政府を組織するため、衆・参両議院の選挙が行われました。その結果、日本社会党が僅差(きんさ)で第1党となりました。そして**片山哲**委員長が首班となり、民主党(みんしゅとう)・国民協同党(こくみんきょうどうとう)との連立内閣を発足させました(片山内閣)。ところが、連立内閣は結束力が弱く、炭鉱国家管理問題により片山内閣は総辞職しました。その後、総選挙は行われないまま民主党総裁の**芦田均**(あしだひとし)が同じ3党連立で内閣を組織しました。しかし、芦田内閣も昭和電工との贈収賄(ぞうしゅうわい)*事件(**昭和電工事件**)で退陣しました。

Q 炭鉱国家管理問題とはどういう問題ですか?

A 日本社会党が当時の主要産業である石炭産業を国の管理下に置こうと計画したことに対して、片山内閣の不十分な法案に対し社会党左派から反対論が高まりました。これを契機として連立内閣は内部対立が強まりました。

▶戦後の政党の変遷

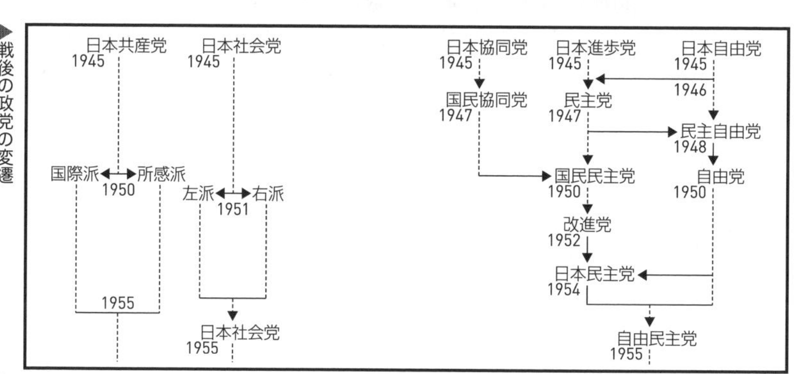

1955年までの時期は多くの政党が混在してややこしいので、図をみて主要なものを確認してみましょう。

総選挙の実施と政党政治

① 総選挙Ⅰ(1946)【幣原喜重郎内閣】
満20歳以上の男女に選挙権が与えられ、39名の女性議員誕生
第1党:**日本自由党**(総裁=鳩山一郎→**吉田茂**)
第1次吉田茂内閣の成立(日本進歩党との連立内閣)

用語 *贈収賄…公務員に賄賂を贈ったり公務員が賄賂を受け取ったりすること。

② 総選挙Ⅱ（1947）【第１次吉田茂内閣】
第１党：**日本社会党**（委員長＝**片山哲**）
片山哲内閣の成立（民主党・国民協同党との連立内閣）

③ 中道連立政権
片山哲内閣：炭鉱国家管理問題で分裂➡退陣
芦田均内閣：**昭和電工事件**（汚職）➡退陣

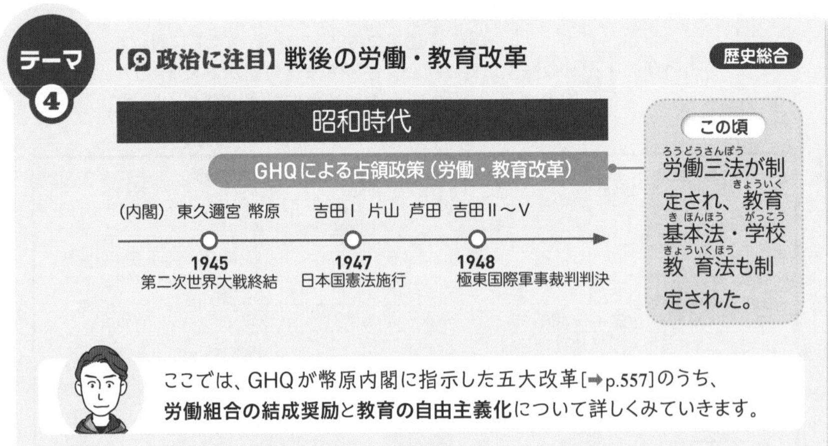

労働組合が結成されるとともに、労働者の権利を保護する法整備が実施された

戦後、大日本産業報国会［➡p.545］は解散し、GHQの指示のもとで労働組合の結成が奨励されるとともに、**労働三法**が制定されました。1945年12月に**労働組合法**が制定され、労働者の団結権*1・団体交渉権*2・争議権が保障されました。1946年、**労働関係調整法**の制定により労働委員会による調停が定められると、翌1947年には**労働基準法**が制定され、8時間労働制が定められました。そして日中戦争期以降、公衆衛生行政を一元的に担当していた**厚生省**［➡p.536］から労働行政を担当する**労働省**が分離独立しました。

労働組合の結成が進むなか、労働組合の全国組織もつくられました。戦前の労働指導者が集まって右派の日本労働組合総同盟（**総同盟**）と左派の全日本産業別労働組合会議（**産別会議**）がつくられました。産別会議は日本共産党の影響を受けた組織だったため、しばしば総同盟と対立しました。

【用語】 *1 団結権…労働組合をつくる権利。*2 団体交渉権…労働組合が労働条件の改善を会社と交渉する権利。

一方、復活した労働組合の指導のもとで**メーデー**が開催され、労働者が自主的に生産・業務を管理しようとする生産管理闘争が活発になりました。1947年には、官公庁労働者を中心に数百万人が参加して**吉田内閣の打倒を目指す二・一ゼネストが計画されましたが、GHQの命令により前日に中止となりました**。

一連の教育改革により、教育の自由主義化が進められた

まず、軍国主義教育を払拭するため、積極的に戦争に協力した教員は教職から追放され、教科書の内容も点検（「墨塗り」）されました。**修身**・**日本歴史**・**地理**の授業は一時的に停止とされましたが、日本歴史・地理の授業は1947年社会科として再開されました。

1946年、アメリカ教育使節団が来日すると、教育の民主化を勧告しました。この勧告に基づき、1947年**教育基本法**が制定され、教育の機会均等や男女共学の原則が定められるとともに、**義務教育の期間も6年から9年へと延長されました**。また同年、**学校教育法**が制定され、6・3・3・4制の新しい学校体系が整備されました。

教育行政の地方分権も進められ、新しく都道府県・市町村ごとに**教育委員会**が発足しました。**教育委員は当初、住民の選挙により選ばれていました**（公選制）が、1956年に各自治体の首長による任命制へと変更されました。

Q どうして1956年に教育委員の選出方法が任命制へと変わったのですか？

A 1954年、**教育二法**が定められ、教員による政治活動が禁止されました。これにともない、選挙により教育委員を選出することで教育行政の政治色が強まることが懸念されたためです。

戦後の労働・教育改革

① 労働組合の結成奨励
労働組合法（1945）：労働三権の保障
労働関係調整法（1946）：労働委員会による調停
労働基準法（1947）：8時間労働制
全国組織：**産別会議**（左派・共産党系）・**総同盟**（右派・社会党系）

② 教育の民主化（自由主義を目指す）
軍国主義の否定（一部の授業停止・教科書点検）
教育基本法（1947）：教育の機会均等、義務教育9年制
学校教育法（1947）：6・3・3・4制
教育委員の公選制（教育行政の地方分権を目指す）

【経済に注目】経済機構の民主化

歴史総合

昭和時代

GHQによる占領政策（経済機構の民主化）

（内閣）東久邇宮 幣原　吉田Ⅰ 片山 芦田 吉田Ⅱ～Ⅴ

1945 第二次世界大戦終結　1947 日本国憲法施行　1948 極東国際軍事裁判判決

この頃
財閥と寄生地主制が解体されて、経済機構の民主化が進められる。

GHQは、**財閥の企業支配や地主の土地支配**が日本の軍国主義を支えた経済力の温床とみなし、これらを**解体**することを指示しました。

財閥解体が進められたが、不徹底に終わった

戦前、三井や三菱などの財閥は持株会社が子会社・孫会社をピラミッド型に支配するコンツェルンの形態［➡ p.450］をとり、多角的な経営を行っていました。

1945年、GHQの指示により、三井・三菱・住友・安田をはじめとする15財閥の資産が凍結されると、翌1946年には持株会社整理委員会が発足し、持株会社から譲渡された株式の公売を進めました。こうして財閥解体がはじまります。1947年には、財閥解体の成果を維持するための法整備が行われました。持株会社やカルテル（企業提携）・トラスト（企業合同）の結成などを禁止する独占禁止法が制定されたほか、巨大独占企業の分割を指示する過度経済力集中排除法も制定されました。

ところが、**1948年に占領政策が転換され、経済機構の民主化よりも経済復興が優先されると**、旧財閥の力は温存され、**財閥解体は不徹底に終わりました**。独占禁止法は緩和され、持株会社は依然として禁止されたものの不況下のカルテルは容認されました。また、巨大企業として分割の指定を受けていた325社のうち実際に分割されたのは、日本製鉄や三菱重工業など11社にとどまり、旧財閥系の銀行も分割されないまま残りました。

冷戦の影響が東アジアに及ぶと、アメリカの対日占領政策は転換しました。詳しくは第45講［➡ p.574］で扱います。

寄生地主制が解体され、多くの自作農が生まれた

戦前、一部の地主が農地を集積していたため、およそ半分の農地が小作地で、約70%程度の農民は小作人（自小作者を含む）でした［➡ p.400］。こうした農民層の窮乏が対外侵略の動機の一つであったとして、GHQは農地改革を指示しました。

幣原内閣が主導した第1次農地改革では、農地委員会の主導のもと、1938年に

制定された**農地調整法**［➡p.536］が改正され、これにより所有する土地所在地に居住していない不在地主は認められず、在村地主の小作地の保有限度は5町歩以内とされました。ところが、日本においては中小地主が多く、5町歩を超える小作地を持つ地主はそれほど多くなかったため、**GHQは農地改革の徹底を命じました**。

第2次農地改革では、農地調整法が再改正され、**自作農創設特別措置法**が制定されました。これにより在村地主の小作地の保有限度は1町歩以内（北海道は4町歩以内）とされ、規定を超える小作地は国家が強制的に買収して小作人に優先的に売り渡すことになりました。そして実際には、市町村ごとに地主3・自作農2・小作農5の割合で選ばれた農地委員会が買収と売り渡しを計画しました。

農地改革の結果、小作地は約10%程度にまで減少し、自作農が多く生まれました。農村における地主の社会的地位は下落し、小作地における小作料も現物納から金納へと変更されました。一方、自作農の経営規模は相変わらず零細なものであったため、1947年には農業経営を支援する**農業協同組合**（**農協**）が各地に設立されました。

Q 1町歩というと、現在でいうとどれぐらいの広さになりますか？

A 1町歩はおよそ1ヘクタール（100メートル四方）だととらえて下さい。
日本全国の農地は約500万町歩ほどでした。

▼農地改革の実施と結果

	第1次【幣原内閣】	第2次【第1次吉田内閣】
法的根拠	**農地調整法**改正	**農地調整法**再改正 **自作農創設特別措置法**制定
小作地保有限度（不在地主）	保有を認めず	
小作地保有限度（在村地主）	5町歩	内地1町歩・北海道4町歩
自小作地保有限度	規定なし	内地3町歩・北海道12町歩
総保有面積の計算	個人単位	世帯単位
譲渡方法	地主・小作人間の協議	国家が強制買収 ➡小作人に売却
小作料	原則金納	原則金納
農地委員会の構成	地主5：自作農5：小作農5	地主3：自作農2：小作農5

経済機構の民主化

① **財閥解体**（1945～48）：**持株会社整理委員会**の主導
15財閥の資産を凍結する➡株式の公売が開始される
独占禁止法：持株会社・カルテルなどを禁止する
過度経済力集中排除法：巨大独占企業の分割が行われる
結果：占領政策の転換により不徹底に終わる

② **農地改革**（1945～50）：**農地委員会**の主導
第1次：**農地調整法**の改正（在村地主の小作地は5町歩以内）
第2次：**自作農創設特別措置法**（在村地主の小作地は1町歩以内）
結果：寄生地主制の解体（小作地は約10%）
　　　農民の生産意欲向上⇔経営規模の零細化

確認問題

1 年代配列問題にチャレンジ

(1) 次の文Ⅰ～Ⅲについて、古いものから年代順に正しく配列したものを、後の①～⑥のうちから一つ選んで記号で答えなさい。

Ⅰ 戦後初の衆議院総選挙が実施され、吉田茂内閣が発足した。
Ⅱ 自由な思想を奨励する人権指令が出されたが、内閣は受け入れずに総辞職した。
Ⅲ 昭和電工との贈収賄事件により内閣が退陣した。

① Ⅰ－Ⅱ－Ⅲ　② Ⅰ－Ⅲ－Ⅱ　③ Ⅱ－Ⅰ－Ⅲ
④ Ⅱ－Ⅲ－Ⅰ　⑤ Ⅲ－Ⅰ－Ⅱ　⑥ Ⅲ－Ⅱ－Ⅰ

(2) 次の文Ⅰ～Ⅲについて、古いものから年代順に正しく配列したものを、後の①～⑥のうちから一つ選んで記号で答えなさい。

Ⅰ 教育委員の選出方法が公選制から任命制へ変わった。
Ⅱ 教育の機会均等や男女共学を規定した教育基本法が制定された。
Ⅲ 五大改革指令により教育の自由主義化が目指された。

① Ⅰ－Ⅱ－Ⅲ　② Ⅰ－Ⅲ－Ⅱ　③ Ⅱ－Ⅰ－Ⅲ
④ Ⅱ－Ⅲ－Ⅰ　⑤ Ⅲ－Ⅰ－Ⅱ　⑥ Ⅲ－Ⅱ－Ⅰ

2 探究ポイントを確認

(1) 大日本帝国憲法と日本国憲法の天皇の位置づけの違いについて、簡単に述べよ。

(2) 2度にわたる農地改革により、農民の階層はどのように変化したのか、簡単に述べよ。

解答

1 (1) ③　(2) ⑥

2 (1) 大日本帝国憲法では、天皇は国家元首(げんしゅ)として統治権のすべてを握り、内閣や軍令機関のもとで天皇大権を行使したのに対し、日本国憲法では天皇は日本国と国民統合の象徴とされ、憲法で決められた国事行為のみ行うとされた。(102字)

(2) 地主は小作地の多くを失う一方、小作人の多くが自作農となったため、寄生地主制は解体した。(43字)

第45講 国際社会への復帰と保守政権の成立

第二次世界大戦後、**アメリカ側**（自由主義陣営／西側）と**ソ連側**（共産主義陣営／東側）**との間では冷戦が始まります。**冷戦のなかで日本の占領政策も非軍事化・民主化から改められ、再軍備や治安対策を徹底する逆コース政策が進展します。**1951年、日本はサンフランシスコ平和条約に調印し、主権を回復させました。**この条約をめぐっても冷戦の影響がありました。

時代のメタマッピングとメタ視点

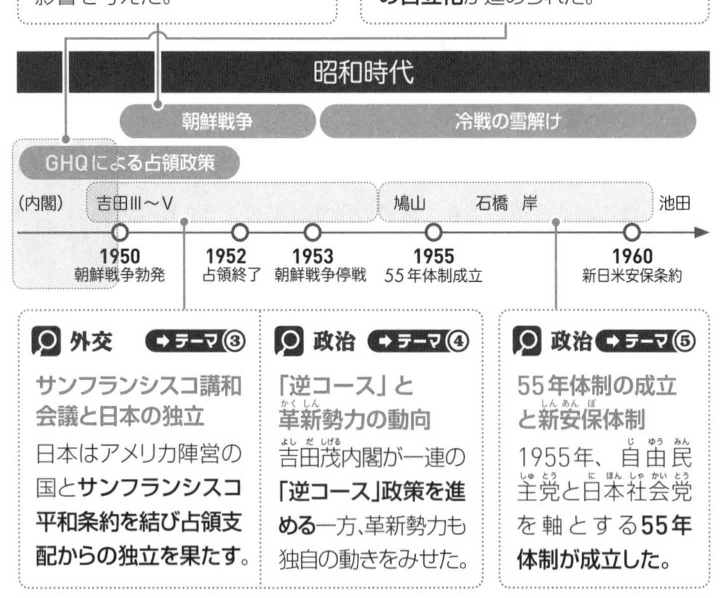

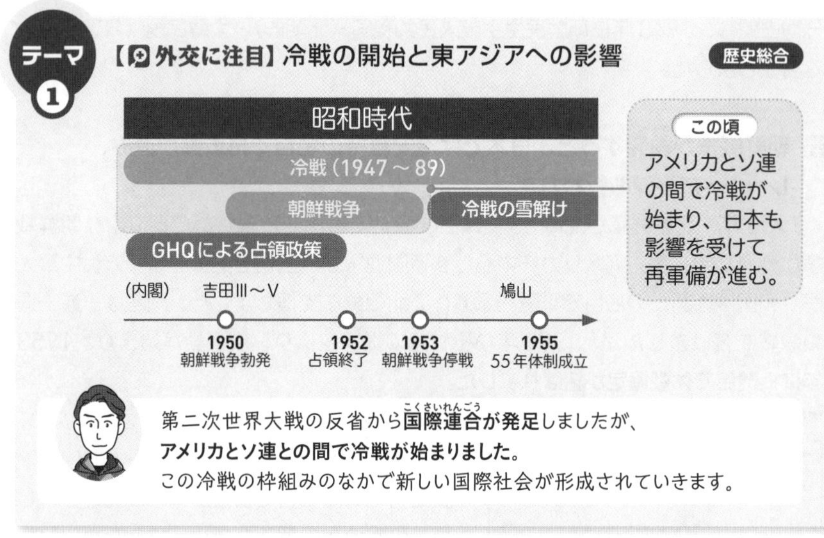

第二次世界大戦後、アメリカ・ソ連の政治的・軍事的対立が続いた

1945年10月、国際連盟に代わる国際機関として**国際連合**が発足しました。国際連合は、総会以外にも**安全保障理事会**や国際司法裁判所などの機関からなり、平和と安全の維持を任務としました。なかでも安全保障理事会は武力制裁の決定など大きな権限を持っていますが、その決議についてアメリカ・イギリス・フランス・ソ連・中国の**常任理事国**に拒否権がありました。

ところが、1947年頃からアメリカとソ連の間で**冷戦**（冷たい戦争）と呼ばれる対立が強まりました（米ソ対立）。アメリカのトルーマン大統領はトルーマン＝ドクトリンでソ連の「封じ込め」政策をとなえ、アメリカ側（資本主義陣営／西側陣営）は、**マーシャル＝プラン**（ヨーロッパ経済復興援助計画）を発表します。西ヨーロッパ諸国に対して軍事・経済上の援助を与えるもので、1949年には**NATO**（北大西洋条約機構）と呼ばれる軍事同盟の体制が整いました。一方、ソ連側（社会主義陣営／東側陣営）は主に東ヨーロッパの社会主義国との間に相互防衛体制を築き、1955年には**ワルシャワ条約機構**を発足させました。

中国の内戦は共産党が勝利し、朝鮮半島では南北にそれぞれ国家が誕生した

冷戦の影響は東アジアにも及び、1946年から中国で内戦が再開しました。ソ連の支援をうけた毛沢東の率いる**中国共産党**とアメリカの支援を受けた蔣介石の率いる**国民党**が争った結果、共産党が勝利し、1949年には毛沢東を主席とする**中華人民共和国**が成立しました。一方、敗れた国民党は台湾に逃れ、**中華民国**となりました。

朝鮮半島では、北緯38度線を境として北側をソ連、南側をアメリカがそれぞれ

分割占領し、1948年に**朝鮮民主主義人民共和国**（北朝鮮）・**大韓民国**（韓国）として独立しました。

朝鮮戦争が勃発すると、日本では治安維持の名目で再軍備が進み、レッド=パージも行われた

1950年、北朝鮮軍が北緯38度線を侵犯して韓国を攻撃したことにより**朝鮮戦争**が勃発しました。アメリカを中心とする国連軍が韓国側を支援する一方、中華人民共和国は義勇軍の名目で軍隊を派遣して北朝鮮を支援しました。両者は一進一退の激戦を続けましたが、1951年からソ連の提案により休戦会談が始まり、**1953年に板門店で休戦協定が結ばれました。**

▼朝鮮戦争関係図

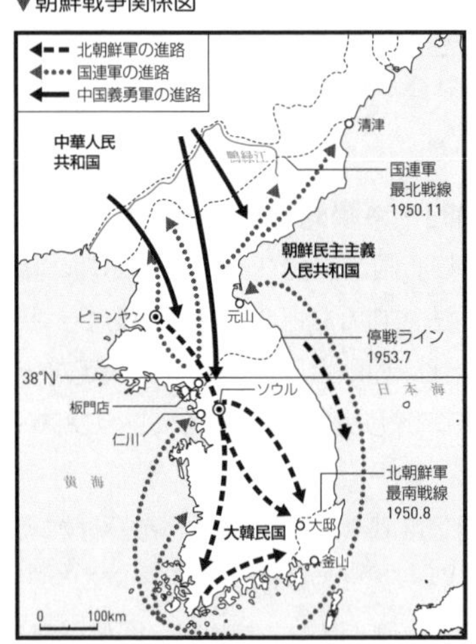

朝鮮戦争には在日米軍も動員されたため、1950年、在日米軍の留守中に日本国内の治安維持を行う名目で**警察予備隊**が発足しました。公職追放の解除も進められたため、警察予備隊には陸海軍の解体により職を失っていた旧軍人も採用されました。一方、GHQの指示により官公庁をはじめ多くの職場で共産主義者が追放されました（**レッド＝パージ**）。これは労働運動にも大きな影響を与え、日本共産党系の**産別会議**〔➡ p.564〕の弱体化が進み、1950年には産別会議から脱退した組合などが合流して**総評**（日本労働組合総評議会）を結成し、運動の主導権を握りました。

Q 朝鮮戦争に際して、ソ連は北朝鮮側に加わらなかったのですか？

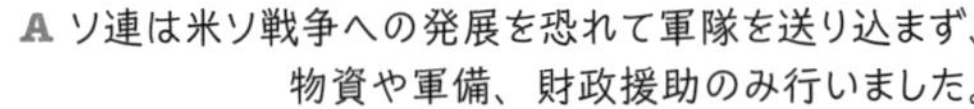

A ソ連は米ソ戦争への発展を恐れて軍隊を送り込まず、物資や軍備、財政援助のみ行いました。

冷戦の開始と東アジアへの影響

① 東西冷戦の開始（トルーマン＝ドクトリンが契機）
西側：マーシャル＝プラン（西欧諸国への経済援助）
　　　NATO（米・西欧の軍事同盟）（1949）
東側：**ワルシャワ条約機構**（ソ連・東欧の軍事同盟）（1955）

②　中国の内戦再開（1946）
共産党が国民党に勝利➡**中華人民共和国**の樹立（1949）

③　**朝鮮戦争**（1950～53）
対立：朝鮮民主主義人民共和国・大韓民国
結果：**板門店**で休戦会談➡朝鮮休戦協定（1953）
影響：**警察予備隊**の新設、**レッド＝パージ**の始まりなど

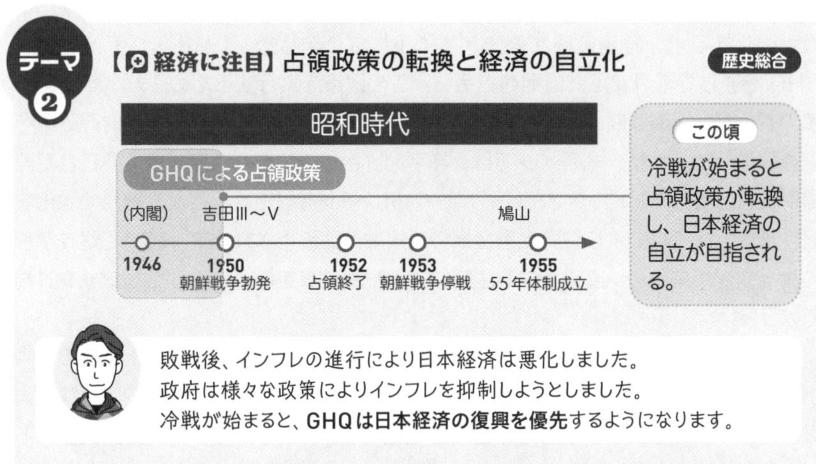

第二次世界大戦後、インフレが加速し、人々は生活難におちいった

第二次世界大戦後、政府は終戦処理の支払いや占領軍の駐留(ちゅうりゅう)費用を負担したため、通貨量は増大しました。一方、空襲により生産力は大幅に低下していたため、生活必需品などの物資不足は深刻でした。人々は農村へ買い出しに出かけ、各地に**闇市**(やみいち)も生まれました。戦時体制が解除されたため、海外にいた兵士の**復員**(ふくいん)や一般人の**引揚げ**(ひきあ)も進み、人口は急速に増加しました。そのため**インフレーションは加速し、人々の生活難は深刻化**しました。

幣原(しではら)内閣は通貨量の収縮を目指し、吉田(よしだ)・片山(かたやま)・芦田(あしだ)内閣は物資不足の克服を目指した

そこで、幣原内閣は通貨量の収縮によるインフレ抑制に努めました。1946年、

金融緊急措置令を出して預金封鎖*1と新円切り替え*2を実施しましたが、効果は一時的なものでした。つづく第1次吉田内閣は物資不足の克服を目指して1946年に傾斜生産方式を閣議決定し、片山・芦田内閣も方針を継承しました。この政策は経済学者の有沢広巳が発案し、石炭・鉄鋼など基礎産業部門に資金と資材を集中させて生産力の向上を図るというものです。その際、復興金融金庫と呼ばれる政府系の金融機関を設立し、基礎産業部門の設備資金の融資を行いました。これにより物資不足は次第に解消されたものの、**通貨量が増大したためインフレは収束しませんでした（復金インフレ）**。

ドッジ=ラインとシャウプ勧告によってインフレは抑制されたものの、安定恐慌を迎えた

GHQは当初、日本の占領政策の理念を非軍事化・民主化としていましたが、冷戦が激化すると、経済復興を優先するようになりました。1948年、アメリカがGHQを通じて経済安定九原則を指令し、この政策を実行するため1949年に銀行家のドッジが経済顧問として来日し、ドッジ=ラインといわれる一連の財政政策を実施しました。ドッジ=ラインでは、赤字を許さない超均衡予算をつくることで緊縮財政を目指し、1ドル=360円の単一為替レートを設定することで貿易の強化を図りました。これにより復興金融金庫の新規融資は停止されます。続いて財政学者のシャウプが来日し、直接税中心主義による税制改革を指示しました（シャウプ勧告）。

これらの財政政策によりインフレは抑制され、政府の財政も安定したものの、中小企業の倒産や失業者の増加などの不況は深刻化しました（安定恐慌）。国鉄の人員整理、つまりリストラをめぐり紛争が激化するなかで、1949年に国鉄総裁の下山定則が怪死する下山事件や、無人電車が暴走する三鷹事件、進行妨害により列車が転覆する松川事件などが起こりました。これらの怪事件は国鉄労働組合や日本共産党が関与していると政府が発表したため、労働運動への共産党の影響力は大きく後退しました。

Q 1ドル=360円の固定為替はいつまで続いたのですか？

A 1944年のブレトン=ウッズ協定に基づいてドルを基軸通貨とする国際通貨体制が構築され、日本は1952年に加わりました。ブレトン=ウッズ体制は1971年まで続き［➡p.601］、その間は1ドル=360円の固定為替でした。このことについては後で学習します［➡p.591］。

用語 ＊1 預金封鎖…銀行などに預けている預金の引き出しを制限・禁止すること。

▼戦後の通貨発行高と物価指数

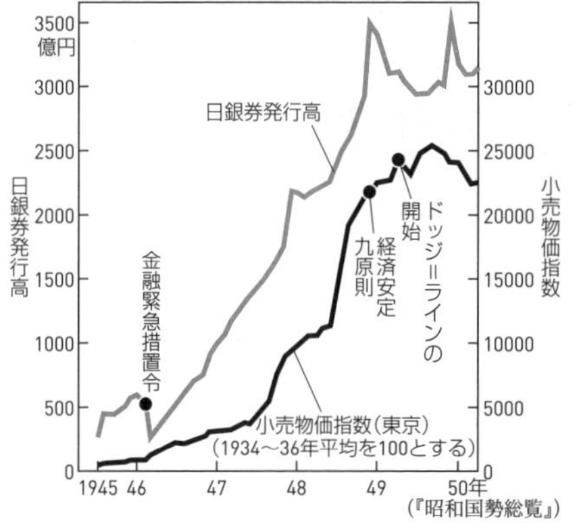

金融緊急措置令で
通貨量（日銀券発行高）が
一時的に減少したことと、
ドッジ=ラインの後に物価が
安定したことを
確認しておきましょう。

占領政策の転換と経済の自立化

① インフレの進行の原因

通貨量の増大、物資不足、人口増加（**復員**・**引揚げ**）

② 政策Ⅰ（1946～48）

金融緊急措置令【幣原】：預金封鎖・新円切り替え➡効果は一時的

傾斜生産方式【吉田・片山・芦田】：重要産業の育成

➡復金インフレが起こる

結果：インフレを抑制できず

③ 政策Ⅱ（1949～50）：**経済安定九原則**の実行

ドッジ=ライン：超均衡予算、単一為替レート（1ドル＝360円）

シャウプ勧告：税制改革（直接税中心）

結果：インフレは収束したが、安定恐慌を迎える

用語 ＊2 新円切り替え…新紙幣（新円）を発行、旧紙幣は停止し、預金封鎖で新円の引出しを制限しインフレ抑制を図った。

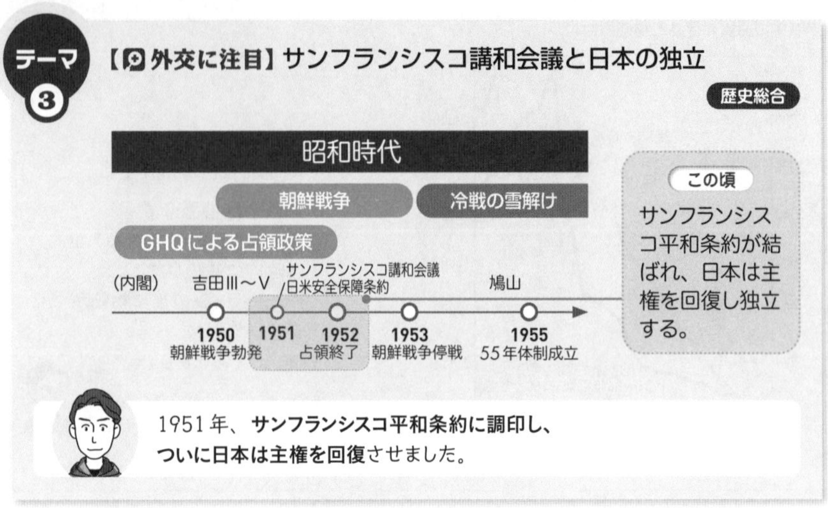

吉田内閣はソ連など社会主義国を除く国と単独講和により独立をはたした

朝鮮戦争が始まると、アメリカは日本の戦略的価値を評価し、連合国による占領を終わらせて日本を自由主義陣営の一員として独立させ、アメリカ軍の駐留を認めさせる動きをみせました。日本側もアメリカ軍の駐留を認めることで安全保障をアメリカに依存し、経済復興に力を注ぐ方針をとりました。

ところが、ソ連をはじめとする一部の国は日本との講和には時期尚早という態度をとりました。**日本政府は即時講和を目指したため、アメリカ陣営のみとの単独講和によって独立を回復する方針をとりました**。これに対して国内ではソ連を含むすべての交戦国との講和を求める**全面講和**運動が展開し、南原繁や大内兵衛などの知識人は全面講和の論陣を張りました。一方、日本社会党は党内で対立が生じ、左右両派に分裂しました。

1951 年 9 月、**サンフランシスコ講和会議**が開催され日本を含む 52 ヵ国が参加しましたが、日本はソ連などを除く 48 ヵ国との間で**サンフランシスコ平和条約**を調印しました。これにより占領は終了し、日本は主権を回復しました。

インドやビルマは米ソの対立に巻き込まれることを懸念して会議には出席せず、アメリカ・イギリスの意見の相違により 2 つの中国（中華人民共和国・中華民国）はいずれも会議に招かれませんでした。その後、1952 年には中華民国と**日華平和条約**、インドと**日印平和条約**、1954 年にはビルマと**日ビルマ平和条約**をそれぞれ結びました。

サンフランシスコ平和条約の調印と同じ日に**日米安全保障条約**（安保条約）が結ばれました。これにより**アメリカ軍が日本の独立後も日本国内に駐留することが決まりました**。ただし、日本はアメリカ軍の望むところに基地を提供する一方、アメリカ軍の日本防衛義務は規定されなかったため、片務的であるという問題点がありました。翌 1952 年には、条約に基づき**日米行政協定**が締結され、日本の基地提供や駐留費用分担などアメリカ軍の特権が定められました。

Q 日本社会党内ではどのような対立が生じたのですか？

A この頃の日本社会党左派は日本共産党とは異なる方法論を志向していたもののマルクス主義的な社会主義革命の実現を目指していて、天皇制には否定的な考えを持っていました。これに対して右派は反共主義的な考えを持つ人が多くいました。

サンフランシスコ講和会議と日本の独立

① 講和をめぐる対立
単独講和（アメリカ側陣営とのみ）or 全面講和（全交戦国）

② **サンフランシスコ講和会議**（1951）【単独講和】
不調印：ソ連など　不参加：インド・ビルマなど
不招請：中華人民共和国・中華民国など

③ サンフランシスコ平和条約（1951）
占領終結➡独立回復、南西・南方諸島はアメリカの施政権下

④ **日米安全保障条約**（1951）
米軍が日本に駐留する（日本防衛義務なし）
日米行政協定（1952）：基地提供・駐留費用分担などを定める

史料を読んでみよう！ ―サンフランシスコ平和条約―

第一条　(a)　日本国と各連合国との間の戦争状態は、第二十三条[注1]の定めるところによりこの条約が日本国と当該連合国との間に効力を生ずる日[注2]に終了する。

(b)　**連合国は、日本国及びその領水**[注3]**に対する日本国民の完全な主権を承認する。**

第二条　(a)　日本国は、**朝鮮の独立を承認**して、済州島、巨文島及び鬱陵島を含む朝鮮に対するすべての権利、権原[注4]及び請求権を放棄する。

(b)　日本国は、**台湾及び澎湖諸島**に対するすべての権利、権原及び請求権を**放棄**する。

(c)　日本国は、**千島列島**並びに日本国が千九百五年九月五日のポーツマス条約の結果として主権を獲得した**樺太の一部**及びこれに近接する諸島に対するすべての権利、権原及び請求権を**放棄**する。

第三条　日本国は、北緯二十九度以南の**南西諸島**(**琉球諸島**及び大東諸島(注5)を含む)、孀婦岩の南の南方諸島(**小笠原群島**、**西之島及び火山列島**(注6)を含む)並びに沖の鳥島及び南鳥島を合衆国を唯一の施政権者とする**信託統治制度**(注7)の下におくこととする国際連合に対する合衆国のいかなる提案にも同意する。

第六条　(a)　連合国のすべての占領軍は、この条約の効力発生の後なるべくすみやかに、且つ、いかなる場合にもその後九十日以内に、日本国から撤退しなければならない。但し、この規定は、一又は二以上の連合国を一方とし、日本国を他方として双方の間に締結された若しくは締結される二国間若しくは多数国間の協定に基く、又はその結果としての外国軍隊の日本国の領域における駐とん又は駐留を妨げるものではない(注8)。

第十四条　(a)　日本国は、戦争中に生じさせた損害及び苦痛に対して、連合国に賠償を支払うべきことが承認される。しかし、また、存立可能な経済を維持すべきものとすれば、日本国の資源は、日本国がすべての前記の損害又は苦痛に対して完全な賠償を行い且つ同時に他の債務を履行するためには現在充分でないことが承認される。

……

(『法令全書』)

(注1) この条約の批准についての規定。　(注2) 1952年4月28日。　(注3) 領海(当時は3カイリ)。　(注4) 法律上、権利を正当なものとする根拠。　(注5) 1972年5月に返還(現在の沖縄県)。　(注6) 1968年に返還(現在の東京都小笠原村)。　(注7) 国際連合が、日本・イタリアの統治下から離れた地域の行政権を加盟国に委ねる制度。　(注8) この部分が日米安全保障条約による米軍駐留の根拠とされた。

1951年に調印されたサンフランシスコ平和条約の主な内容を確認しましょう。

まず第一条では、**日本と連合国との戦争状態が条約の発効する1952年に終了し、日本の主権は回復する**ということが定められています。ただし、第六条をみると、連合国のすべての占領軍が日本国から撤退するものの、あらたに日本が他国(2国間もしくは多数国間)と協定を結んだ場合、**その協定に基づく外国軍隊の駐留は妨げられないと**規定しており、この部分が日米安全保障条約による米軍駐留の根拠とされました。

次に第二条では日本の領土を限定することが定められています。この部分は

1943 年にアメリカ・イギリス・中華民国の間で発表されたカイロ宣言 [➡ p.553] に基づいていて、日本は朝鮮の独立を承認した上で、台湾・澎湖諸島・千島列島・樺太の一部（南樺太）を放棄しました。一方、第三条では沖縄を含む南西諸島や小笠原諸島を含む南方諸島について取り決められました。**これらの島々は当初、アメリカによる信託統治が予定されていましたが、アメリカは国際連合に提案せずに施政権下に置きました**。ただし、奄美諸島は 1953 年に日本に返還されました。

最後に日本の賠償についてです。第十四条では日本の連合国に対する賠償が規定されているものの、当時の日本の経済力は賠償を行う余裕がないことも記されています。その結果、アメリカをはじめとする多くの交戦国が賠償請求権を放棄しました。日本は東南アジアでは 4 ヵ国とのみ賠償協定を結び、生産物やサービスを提供するという形で賠償を実施しました。

この後、日系企業は東南アジアに経済市場を確保していきます。
日系企業の東南アジア進出は高度経済成長 [➡ p.591] の一因にもなります。

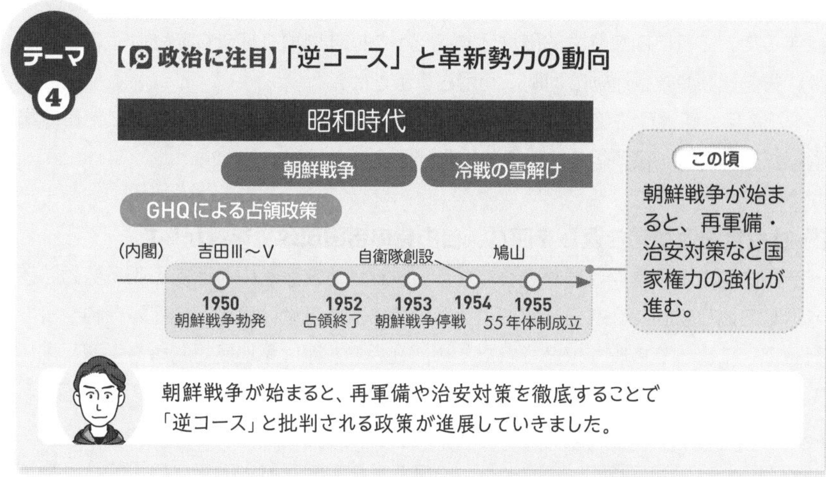

1950年代前半、警察予備隊➡保安隊➡自衛隊と再軍備が図られた

1950 年、朝鮮戦争が勃発 [➡ p.572] すると、日本の再軍備が始まりました。朝鮮戦争に在日米軍が動員された際、その留守中に日本国内の治安維持を行う目的で**警察予備隊**が発足しました。1952 年、サンフランシスコ平和条約の発効により日本が独立を果たすと、警察予備隊は**保安隊**へ改組され、海上警備隊とともに**保安庁**のもとに置かれました。

1953 年に朝鮮休戦協定が結ばれると、翌 1954 年には **MSA 協定**（**日米相互防**

衛援助協定）が締結されました。これによりアメリカは日本の防衛力を増強させて在日米軍の負担を軽くする一方、日本はアメリカから経済援助を受けて陸・海・空の３隊から成る**自衛隊**を発足させ、**防衛庁**を創設しました。当初は憲法第９条に違反するとの違憲論がありましたが、政府は自衛のための戦力を否定していない［➡ p.561］としました。

Q 解体された陸海軍と自衛隊とはどういう点で異なるのですか？

A 自衛隊の最高指揮監督権は内閣総理大臣が持ち、その下で防衛大臣（防衛庁の頃は長官）が指揮・監督を行います。戦前の陸海軍が内閣から独立していたのに対し、自衛隊は文民*である大臣の統制下に置かれている点が異なります。

労働運動の高揚に対して、治安対策が強化された

再軍備と並行して治安対策も整備されました。1952年、独立回復後初のメーデーが行われた際、使用禁止とされていた皇居前広場にデモ隊が侵入して警察官と衝突した血のメーデー事件が起こりました。これを契機として**破壊活動防止法**が制定されました。これにより暴力的破壊活動を行った団体は取り締まりを受けることとなり、労働運動や社会運動の抑制に利用されました。

1954年、**新警察法**により自治体警察が廃止されると、警察庁のもとに都道府県警察が組織され、警察組織の中央集権化が図られました。

社会党左派が巻き返しを図り、自由党の吉田茂政権を脅かした

吉田内閣による長期政権が続くなか、日本社会党左派を中心とする革新勢力は巻き返しを図りました。在日米軍によって設置された基地は日米安全保障条約や日米行政協定によって接収が継続されたため、社会党左派は基地反対闘争を主導しました。1952～53年の**内灘事件**は反対闘争が全国化する端緒となり、1955～57年の**砂川事件**は地元民が中心となり基地の拡張を断念させました。

一方、1954年にアメリカによるビキニ沖水爆実験で日本のマグロ漁船**第五福竜丸**が被爆したことがきっかけとなり（第五福竜丸事件）、翌1955年には**第１回原水爆禁止世界大会**が広島で開催されました。

【用語】＊文民…軍人以外の国民。

テーマ④ まとめ 「逆コース」と革新勢力の動向

① 再軍備
朝鮮戦争の勃発➡**警察予備隊**が発足（1950）
サンフランシスコ平和条約の発効（独立回復）➡**保安隊**へ改組（1952）
MSA 協定➡**自衛隊**・防衛庁の創設（1954）

② 治安対策
破壊活動防止法（1952）：皇居前広場事件（血のメーデー事件）が契機
新警察法（1954）：自治体警察の廃止➡都道府県警察が組織される

③ 革新勢力の巻き返し（日本社会党左派が中心）
基地反対闘争：**内灘事件**〔石川〕・**砂川事件**〔東京〕
第五福竜丸の被爆（1954）➡第１回原水爆禁止世界大会（1955）

テーマ⑤ 【政治に注目】55 年体制の成立と新安保体制 歴史総合

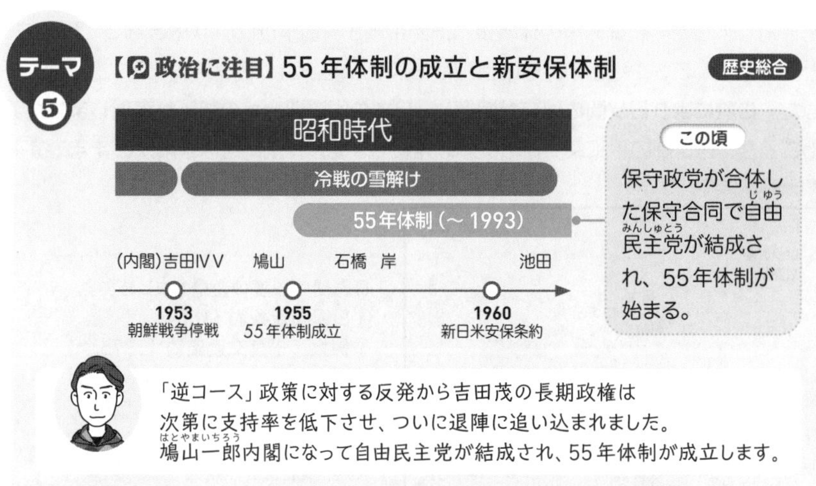

鳩山内閣のもとで自由民主党が結成され、55年体制が始まった

　独立回復後、吉田茂が長期政権を維持していましたが、1954 年、造船政策に関わる贈収賄事件である**造船疑獄事件**により自由党から鳩山一郎ら反吉田派が離党して**日本民主党**を結成しました。その後、吉田内閣が退陣すると鳩山一郎内閣が発足し、憲法改正・再軍備を主唱しました。一方、1955 年の総選挙で日本社会党左右両派が議席を増やし、社会党左右両派で改憲阻止に必要な３分の１の議席を確保し

ました。

1955年、**日本社会党が左派と右派を統一（社会党再統一）させて政権奪取を図る**と、財界[*1]の要望を背景に日本民主党と自由党が合体して**自由民主党**を結成しました（**保守合同**）。総選挙の結果、保守勢力は3分の2弱、革新勢力は約3分の1の議席を占め、憲法改正は実現しなかったものの自由民主党が単独で政権を担当し、社会党と対立する**55年体制**が成立することになります。55年体制は1993年まで続きました［➡p.610］。

Q 憲法改正にはどのような手続きが必要なのですか？

A 憲法改正には、衆・参各議員の3分の2以上の賛成で国会が発議し、国民投票によって過半数の賛成が必要です。したがって、自由民主党は憲法改正ができなかったのです。

鳩山内閣は自主外交を目指し、ソ連と国交を回復した

鳩山内閣は「自主外交」を掲げ、吉田内閣が実現できなかったソ連との国交回復を目指しました。朝鮮戦争の休戦後、東西冷戦が「雪解け[*2]」状態となっていることを背景として、1956年、鳩山首相はモスクワを訪れ、**日ソ共同宣言**に調印しました。**これにより日ソ間の国交が回復し、日本の国際連合への加盟が実現しました。**ところが、日ソ間の平和条約締結交渉は難航し、北方領土問題は未解決のままです。

▼日露間の国境の変遷

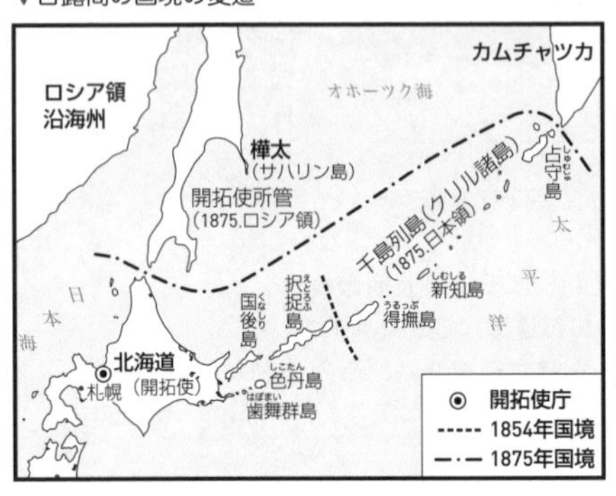

日露間の国境の変遷をまとめます。
①**日露和親**条約（1854）
②**樺太・千島交換条約**（1875）
③**ポーツマス条約**（1905）
④**サンフランシスコ平和条約**（1951）
⑤**日ソ共同宣言**（1956）

岸内閣は革新勢力との対立を強めつつも、安保条約を改定した

鳩山一郎内閣が退陣すると、代わって**石橋湛山**内閣が発足しました。石橋湛山は『**東洋経済新報**』のリベラル派ジャーナリスト出身で、第一次世界大戦後には「小日本主義」を唱えて日本の植民地政策を批判した経歴があります。ところが、石橋首相の病気により、2ヵ月で総辞職しました。

続いて、**岸信介**が内閣を継承すると、「日米新時代」を唱えて日米相互協力体制

用語 ＊1 財界…経済に強い影響力を持つ実業家や金融業者の社会。経済界とも。

の強化を図りました。岸内閣は革新勢力との対決姿勢を強め、教員に対する勤務評定を全国的に実施することで日本共産党系の日本教職員組合の弱体化を図りました。一方、警察官の権限を強化する警察官職務執行法の改正を企てましたが、こちらは反対運動が激化したため廃案となりました。

1960 年、岸首相は渡米して**日米相互協力及び安全保障条約**（**新安保条約**）に調印しました。この新安保条約の期限は 10 年間（自動延長）とされ、**日本は防衛力を増強させる一方で、アメリカの日本防衛義務が明文化され、双務的な関係が築かれました**。さらに、在日米軍が大規模な軍事行動をとる際に日本政府と事前協議をすること（事前協議制）が付属文書で定められました。

日本社会党・日本共産党・総評などは**安保改定阻止国民会議**を結成して、条約改定反対闘争を展開しました。政府が国会での条約の批准に際して衆議院で強行採決すると、議会制民主主義の擁護が叫ばれ、反対運動は高揚して巨大なデモが連日国会議事堂を取り巻きました。この**安保闘争**により予定されていたアイゼンハワー米大統領の来日が中止される一方、混乱の責任をとって岸信介内閣は総辞職しました。

55 年体制の成立と新安保体制

① 鳩山一郎内閣：憲法改正・自主外交を目指す
日本社会党の再統一（1955）：政権奪取を図る
保守合同（1955）：**自由民主党**の結成（総裁＝鳩山）
日ソ共同宣言（1956）：ソ連と国交回復➡国連へ加盟
　平和条約締結交渉は継続➡北方領土問題は未解決

② 岸信介内閣：「日米新時代」（日米間の相互協力体制）
日米相互協力及び安全保障条約（1960）：期限は 10 年間（自動延長）
双務的：（日）防衛力増強⇔（米）日本防衛義務追加
安保闘争の激化：安保改定阻止国民会議が主導
衆議院で強行採決➡反対運動が高揚する

用語 ＊2「雪解け」…1950年代半ば、米ソの対立が緩和する動きが生まれたこと。

確認問題

1 年代配列問題にチャレンジ

(1) 次の文Ⅰ～Ⅲについて、古いものから年代順に正しく配列したものを、後の①～⑥のうちから一つ選んで記号で答えなさい。

Ⅰ 基礎産業部門に資金と資材を集中させる傾斜生産方式がとられた。
Ⅱ 第1回原水爆禁止世界大会が開催され、原水爆禁止運動が発展した。
Ⅲ ドッジ＝ラインにともない、インフレーションはほぼ収束に向かった。

① Ⅰ－Ⅱ－Ⅲ　② Ⅰ－Ⅲ－Ⅱ　③ Ⅱ－Ⅰ－Ⅲ
④ Ⅱ－Ⅲ－Ⅰ　⑤ Ⅲ－Ⅰ－Ⅱ　⑥ Ⅲ－Ⅱ－Ⅰ

(2) 次の文Ⅰ～Ⅲについて、古いものから年代順に正しく配列したものを、後の①～⑥のうちから一つ選んで記号で答えなさい。

Ⅰ アメリカと双務的な関係を目指して、新安保条約が結ばれた。
Ⅱ 日本民主党と自由党が合体して自由民主党が誕生した。
Ⅲ 血のメーデー事件を契機に破壊活動防止法が制定された。

① Ⅰ－Ⅱ－Ⅲ　② Ⅰ－Ⅲ－Ⅱ　③ Ⅱ－Ⅰ－Ⅲ
④ Ⅱ－Ⅲ－Ⅰ　⑤ Ⅲ－Ⅰ－Ⅱ　⑥ Ⅲ－Ⅱ－Ⅰ

2 探究ポイントを確認

(1) 朝鮮戦争勃発後、吉田内閣のもとで進められた再軍備政策について、段階的に述べよ。

(2) 吉田内閣と鳩山内閣の外交方針の違いについて、国際環境にふれながらまとめよ。

解答

1 (1) ②　(2) ⑥

2 (1) 朝鮮戦争勃発後、国内の治安維持のため警察予備隊が発足した。サンフランシスコ平和条約の発効後、警察予備隊は保安隊へ改組された。朝鮮戦争が休戦すると、MSA協定が締結され、アメリカの経済援助を受けて自衛隊が創設され、防衛庁が設置された。(116字)

(2) 朝鮮戦争のさなか、吉田内閣はアメリカとの関係を重視し、サンフランシスコ平和条約に調印してアメリカ陣営のみと国交を結んだ。一方、鳩山内閣は自主外交を唱え、冷戦の雪解けを利用して日ソ共同宣言を発表し、ソ連との国交を回復した。(110字)

第46講 保守政権の安定と高度経済成長

1950年代後半から1960年代、アジア・アフリカで国家の独立が進み、東西両陣営も多極化しました。日本は保守政党である**自民党が安定した政権運営を行います。**外交では1960年代から70年代に**大韓民国や中華人民共和国と国交を樹立**して、**小笠原諸島や沖縄も返還されます。**経済では、**高度経済成長をへて**、日本は先進国の仲間入りを果たします。

時代のメタマッピングとメタ視点

外交 ➡テーマ①
平和共存と冷戦構造の多極化
アメリカ・ソ連の地位にかげりがみえ、**第三勢力の台頭**など新しい国際秩序が模索された。

外交 ➡テーマ②
池田勇人～福田赳夫内閣の対外関係
大韓民国や中華人民共和国との国交を樹立させ、**小笠原・沖縄の施政権を取り戻した。**

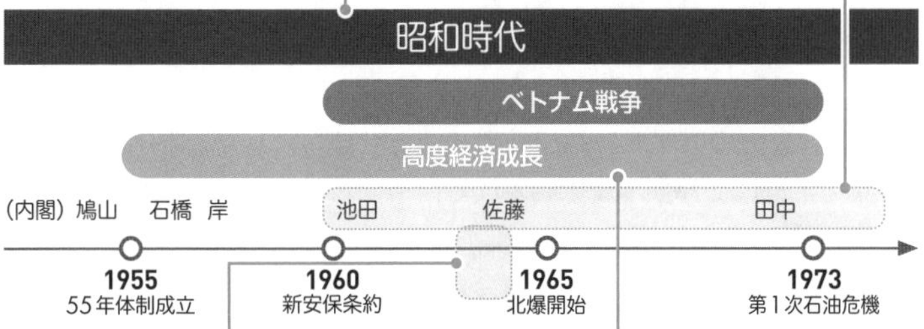

昭和時代
ベトナム戦争
高度経済成長
(内閣) 鳩山 石橋 岸 池田 佐藤 田中
1955 55年体制成立
1960 新安保条約
1965 北爆開始
1973 第1次石油危機

経済 ➡テーマ④
開放経済体制と新しい企業社会
1960年代半ば以降、**開放経済体制へと移行**し、日本企業は輸出を拡大した。

経済 ➡テーマ③
高度経済成長の概観
高度経済成長期、**日本は急激な経済成長を遂げ、先進国の仲間入りを果たした。**

社会・経済 ➡テーマ⑤⑥
大衆消費社会の形成／高度経済成長のひずみ
個人所得の増大とともに**大衆消費社会が形成**される一方、**公害問題をはじめとする様々な社会問題が発生した。**

テーマ① 【外交に注目】平和共存と冷戦構造の多極化 歴史総合

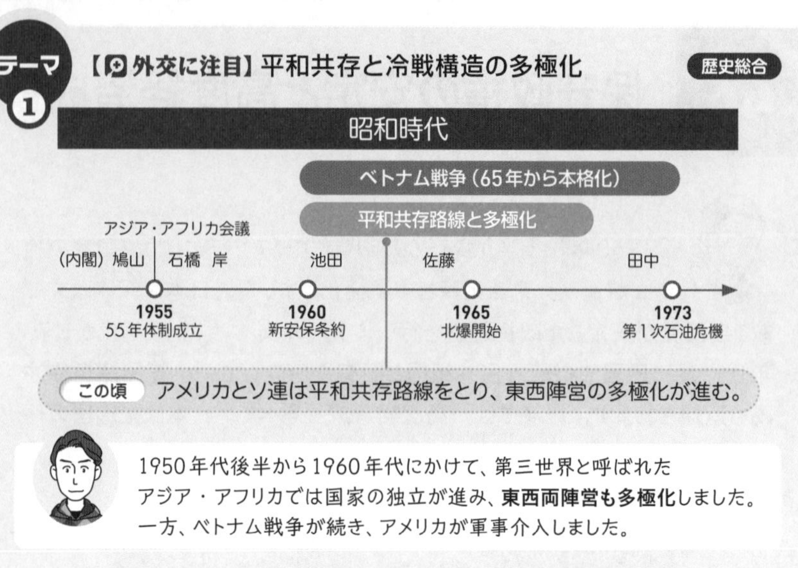

アジア・アフリカでは第三勢力が台頭し、ヨーロッパ諸国も自立化を進めた

2度の世界大戦を経て、植民地下にあったアジア・アフリカ諸国はさらに権利意識を高めて宗主国（そうしゅこく）からの独立を目指しました。1954年、中国の周恩来（しゅうおんらい）とインドのネルーは会談を開き、領土・主権の尊重など平和五原則を発表しました。翌1955年には、インドネシアのバンドンでアジア・アフリカの新興独立国を中心に29ヵ国の代表が集まって**アジア・アフリカ会議**（**バンドン会議**）が開催され、国際紛争の平和的解決などをうたった平和十原則が採択されました。

スターリンの死後、ソ連の**フルシチョフ首相**は米ソ間の平和共存路線を説き、1959年にアメリカの**アイゼンハワー大統領**と会談しました。1963年には、アメリカ・ソ連・イギリスが地下核実験を除く部分的核実験禁止条約を結び、1968年には**核兵器拡散防止条約**（かくへいきかくさんぼうしじょうやく）（NPT）が調印されました。

こうした情勢にともない、東西両陣営は多極化していきました。アメリカ側陣営の西ヨーロッパ諸国は、これまでマーシャル＝プランを通じてアメリカに経済を依存していましたが、1967年に**ヨーロッパ共同体**（EC）が組織され、経済の自立化を進めていきました。ソ連側陣営では、中ソ対立が表面化しました。

ベトナムはフランスからの独立を果たしたものの、南北に分断して内戦が続いた

1946年以降、インドシナ半島ではベトナムがフランスからの独立を目指す**インドシナ戦争**が続いていました。ホー＝チ＝ミン率いるベトナム民主共和国（北ベトナム）はソ連・中国の支援を受けてフランスに勝利し、1954年に**インドシナ休戦**

協定が結ばれ、フランス軍は撤退しました。ところが、インドシナ半島が社会主義圏に入ることを懸念したアメリカはベトナム南部にベトナム共和国をつくったため、南北分断のもとで内戦は続きました。1965年からは、南ベトナム政府を支援するアメリカが北ベトナムへの爆撃（北爆）を開始し、**ベトナム戦争**は激化しました。戦争の長期化により、アメリカの国家財政は窮乏化していくこととなります。

Q ベトナム戦争にアメリカが介入したことに対する世界の反応はどのようなものだったのでしょうか？

A 国際的にベトナム反戦運動が高揚しました。日本においてもべ平連（ベトナムに平和を！市民連合）が組織され、反戦デモが展開しました。

平和共存と冷戦構造の多極化

① 第三勢力の台頭（中立の立場・植民地反対）
アジア・アフリカ会議の開催（1955）〔バンドン〕

② 平和共存路線
部分的核実験禁止条約（1963）・核兵器拡散防止条約（1968）の締結

③ 東西両陣営の多極化（1960年代）
ヨーロッパ共同体（EC）の結成：経済統合を進める
中ソ対立の表面化

④ **ベトナム戦争**の本格化（1965〜73）
内戦にアメリカ軍が介入する➡北爆を開始する
内戦の長期化➡アメリカの財政が窮乏化する

テーマ2 【外交に注目】池田勇人〜福田赳夫内閣の対外関係 歴史総合

昭和時代

・LT貿易（1962〜）
・日韓基本条約（1965）
・小笠原諸島返還（1968）
・沖縄返還協定（1971）
・日中共同声明（1972）
・日中平和友好条約（1978）

（内閣）池田　佐藤　田中　三木　福田（赳）

1960 新安保条約
1965 北爆開始
1973 第1次石油危機

この頃　韓国・中国と国交を樹立し、沖縄返還が実現する。

1960年代から70年代にかけて、日本は**大韓民国や中華人民共和国との国交を樹立し**、アメリカから**小笠原諸島や沖縄が返還**されます。

池田勇人内閣は経済政策を優先し、中華人民共和国との間にも民間貿易を開始した

1960年、安保闘争(あんぽとうそう)によって岸信介(きしのぶすけ)内閣が総辞職すると、池田勇人内閣が発足しました。**池田内閣は革新勢力との対決をさけ、「寛容と忍耐」を掲げて経済政策を優先しました**。ここで「政治の季節」から「経済の季節」へと路線を変更したことで、保守政権は安定期を迎えることとなります。

この頃の経済政策については、後でまとめます[➡p.592]。

一方、対外政策の面では、政経(せいけい)分離の方針を掲げて国交のない中華人民共和国との間で覚書を交わし、LT貿易と呼ばれる日中間の民間貿易を開始しました。1964年に開催された東京オリンピックの後、池田勇人は病気を理由に総辞職しました。

Q LT貿易の「LT」というのはどういう意味ですか？

A 交渉にあたった廖承志(りょうしょうし)と高碕達之助(たかさきたつのすけ)の頭文字を取ってLT貿易と命名されました。

佐藤栄作はニクソン大統領と交渉し、沖縄の施政権を回復した

1964年、池田内閣に代わって佐藤栄作内閣が発足しました。佐藤政権は3次にわたって内閣を組織し、7年以上にわたる長期政権となりました。

1965年、佐藤内閣は韓国との間に日韓基本条約を結んで国交を樹立しました。この条約により韓国併合［➡ p.436］の年である1910年以前に結ばれた諸条約と協定の無効を確認するとともに、韓国を「朝鮮にある唯一の合法的な政府」と位置づけました。したがって、北朝鮮との断交状態は継続することとなりました。また、日本は韓国に対して経済援助などを行うという協定も結ばれました。

同じ頃、アメリカがベトナム戦争に直接介入したため、日本の本土や沖縄にある米軍基地は戦争の後方基地とされました。日本国内でベトナム戦争に対する反戦運動が高まり、特に沖縄では祖国復帰運動が高まっていました。1960年に調印された新安保条約［➡ p.583］の有効期限は10年間とされていたため、佐藤内閣は条約を自動延長するかどうかの決断に迫られました。1967年、佐藤内閣は国会の答弁で非核三原則（「持たず・作らず・持ち込ませず」）を守ることを述べる一方、アメリカとの領土返還交渉を進め、**1968年には小笠原諸島の返還が実現しました。**1969年にはニクソン大統領との日米首脳会談が開催され、沖縄返還のための協議に入ることが決まると、結局、新安保条約は自動延長されました。1971年に沖縄返還協定が結ばれ、**翌1972年に沖縄返還が実現しました。**しかし、広大な米軍基地は残され、国民の間に不満が残ることとなりました。

▼日本の領域の変遷

現在でも領土について他国との問題が起こっている北方領土や竹島、尖閣諸島の位置について確認しておきましょう。

Q 米軍基地は沖縄以外にも多く作られているんですよね？

A はい。沖縄をはじめ、長崎県、山口県、東京都、神奈川県、青森県などに米軍基地が置かれました。ただし、米軍基地の約70％が沖縄県に集中しています。

日本はアメリカに追随(ついずい)して中華人民共和国と国交を正常化させた

ベトナム戦争が長期化すると、アメリカは中華人民共和国を介して北ベトナムとの和平を図りました。1971年、ニクソン大統領は訪中計画を発表し世界に衝撃を与えると、翌年に訪中して米中関係を改善しました（米中国交樹立は1979年1月）[➡ p.601]。1973年に**ベトナム和平協定**が成立し、アメリカの後ろ盾を失った南ベトナムは1975年に首都サイゴンが陥落し、翌1976年にベトナム社会主義共和国のもとに南北は統一しました。

このように世界情勢が変化するなか、日本はアメリカ外交に追随する道をとりました。**1972年、田中角栄(たなかかくえい)首相は訪中して日中共同声明(にっちゅうきょうどうせいめい)を発表し、中華人民共和国との国交を正常化させました**。ここで日本は中華人民共和国を中国で唯一の合法政府と認めたため、中華民国との国交は断絶し、貿易などの民間交流のみが行われることとなりました。1978年には**福田赳夫(ふくだたけお)**内閣のもとで日中間の平和友好を固めて経済発展を図るため**日中平和友好条約(にっちゅうへいわゆうこう)**が結ばれました。

池田勇人～福田赳夫内閣の対外関係

① **LT貿易**（日中準政府間貿易）の取り決め（1962）【池田勇人内閣】
政経分離の方針➡民間貿易が始まる

② **日韓基本条約**（1965）【佐藤栄作内閣】
国交樹立、資金供与、北朝鮮との断交は継続

③ アメリカとの領土返還交渉（⇔安保自動延長）【佐藤栄作内閣】
小笠原諸島の返還（1968）
沖縄返還協定（1971）➡沖縄の本土復帰（1972）

④ 中国との関係（アメリカ外交に追随）
日中共同声明（1972）【田中角栄内閣】：国交正常化、中華民国と断交
日中平和友好条約（1978）【福田赳夫内閣】：経済発展を目指す

テーマ 3 【経済に注目】高度経済成長の概観

歴史総合

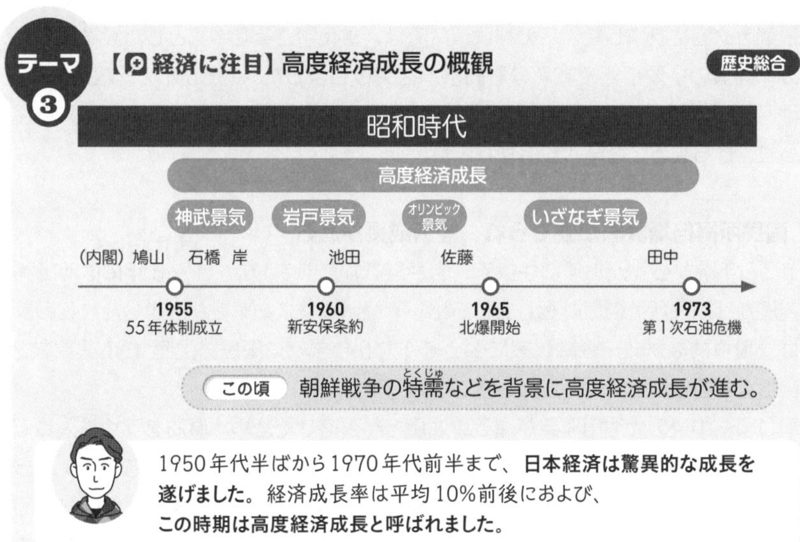

1950年代半ばから1970年代前半まで、**日本経済は驚異的な成長を遂げました。** 経済成長率は平均10%前後におよび、**この時期は高度経済成長と呼ばれました。**

特需景気により日本経済は安定恐慌を脱出した

1950～53年、朝鮮戦争に際してアメリカ軍からの需要が高まり、日本は繊維製品や金属製品の輸出をのばしました。この**特需景気**により安定恐慌 [➡ p.574] を脱出するとともに高度経済成長の土台が築かれることとなりました。

一方、1952年に日本は**IMF**（国際通貨基金）に加盟しました。IMFとは第二次世界大戦末期に調印された**ブレトン＝ウッズ協定**に基づき設立された国際金融機関で、金本位制停止後 [➡ p.514] の為替レートの変動による世界貿易の混乱を教訓とし、為替レートの安定による貿易拡大を目標としました。ドルを基軸通貨（金1オンス*＝35ドル）とし、各国の通貨をドルにリンクさせる固定相場制のもとで貿易が行われました。1955年、関税による障壁をなくして自由貿易を目指す**GATT**（関税および貿易に関する一般協定）に加盟したことも、高度経済成長の土台となりました。

当時は1ドル=360円で為替相場が固定され、
かなり円安だったため、日本にとっては輸出が有利となりました。
こうしたなかで高度経済成長が展開されます。

神武景気が始まり、高度経済成長はスタートした

1955年頃から1957年にかけて、大型の好景気が到来しました。「日本の歴史上、これほど景気が良かったことはない」ということから神話上の天皇の名をとって**神**

用語 ＊オンス…重さの単位。ポンドの16分の1で、約28.35g。

武景気と命名されました。この神武景気では、重化学工業を中心とした設備投資が進み、経済の主要指標で戦前の最高水準を突破しました。1956年の『経済白書』では、「もはや戦後ではない。……今後の成長は近代化によって支えられる」と述べられ、さらなる技術革新が促(うなが)されました。

国民所得倍増計画が立てられ、経済成長が進む

1958年頃から1961年にかけて、岩戸(いわと)景気が訪れました。1960年には池田勇人内閣が「国民所得倍増計画」を打ち出して経済成長に拍車をかけました。この計画は、積極的な財政・金融政策によって1970年までに国民総生産（GNP）を2倍に拡大することを目標としたものです。

同じ頃、中東の大油田開発が進み原油価格が下落したため、原油を安く輸入して合成繊維や合成樹脂などを製造する石油化学産業が飛躍しました。一方、石炭から石油へのエネルギー転換は石炭産業を斜陽化させました。1959～60年にかけて三井三池炭鉱(みついみいけたんこう)で大量解雇が行われると、労働組合は無期限のストライキで対抗しましたが、組合側の敗北に終わりました。

1961年には、農業と非農業間の格差を是正するため、農業の大型化を目指す農業基本法が制定されました。関連政策によって農業機械の購入に補助金が与えられ、機械を用いた大規模経営を行うことが期待されましたが、実際には機械を用いて合理化が進行し、兼業農家が増加することとなりました。

東京オリンピックやベトナム特需により、経済成長はさらに進む

1964年の東京オリンピック開催にともない東海道(とうかいどう)新幹線が開通し、インフラ*の整備に巨額の投資が行われました。この公共事業を中心とする好景気はオリンピック景気（1963～64年）と呼ばれます。この間、貿易と為替の自由化を行う開放経済体制［➡ p.594］へと移行していきました。

1965年以降、アメリカ軍がベトナム戦争に介入したことからベトナム特需が生じました。これにともなう好景気はいざなぎ景気（1966～70年）と呼ばれます。この時期には鉄鋼・自動車などの重化学工業製品の輸出が拡大し、貿易収支の黒字が定着しました。また、GNP（国民総生産）は資本主義国でアメリカについで第2位となりました。

【用語】＊インフラ…インフラストラクチャー。電気、交通、水道、学校、病院など、生活や産業の基盤となる施設。

テーマ③ まとめ 高度経済成長の概観

① 土台
特需景気（1950～53）、**IMF・GATT**へ加盟
② **神武景気**（1955～57）
「もはや戦後ではない」（**『経済白書』**）➡技術革新を促す
③ **岩戸景気**（1958～61）
三井三池炭鉱争議（労働者側敗北）、**農業基本法**の制定
④ **オリンピック景気**（1963～64）
公共事業中心の好景気、開放経済体制へ移行（貿易・為替の自由化）
⑤ **いざなぎ景気**（1966～70）
ベトナム特需による、GNPは資本主義国第2位になる

テーマ④ 【経済に注目】開放経済体制と新しい企業社会　歴史総合

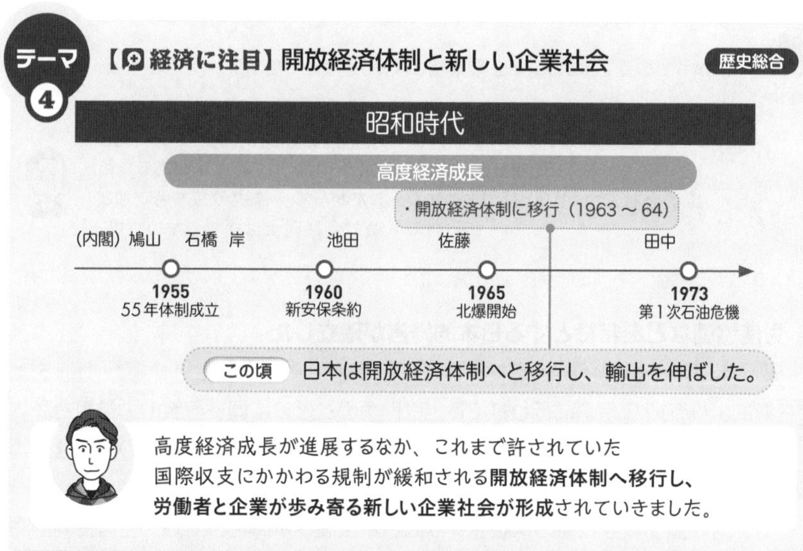

高度経済成長が進展するなか、これまで許されていた国際収支にかかわる規制が緩和される**開放経済体制へ移行し、労働者と企業が歩み寄る新しい企業社会が形成**されていきました。

国際収支*上の規制が緩和され、日本は輸出を伸ばしていった

サンフランシスコ平和条約が発効して日本の国際社会への復帰が実現すると、IMF（国際通貨基金）やGATTへ正式に加盟してブレトン＝ウッズ体制のもとの国際的な貿易や為替に参加しました [➡ p.591]。**加盟当初**、敗戦国の日本は経済的に困難な国として認識されており、**国際収支上の理由による輸入制限や為替管理が認められる立場でした**。

用語 ＊国際収支…ある国が一定期間に行った外国との取引で、支払額・受取額を集計したもの。

しかし、1963～64年にはこうした規制が緩和されます。まずGATT11条国へ移行し、国際収支上の理由による輸入管理が行われなくなると、ついでIMF8条国へ移行し、国際収支上の理由による為替制限ができなくなりました。また、先進国クラブとも呼ばれるOECD（経済協力開発機構）に加盟することで、日本は先進国として扱われることとなり、国際的な信用も高まりました。ただし、OECDに加盟するためには資本の自由化を認める必要がありました。すなわち、外資系企業が日本国内に支社を置くことを認めたほか、外国人投資家が日本企業の株式を購入できるようになりました。

こうして開放経済体制に移行したことで貿易や資本の取引は青天井となるためさらなる経済成長を導くチャンスがつくられる一方、国際収支の悪化が雪だるま式に膨れ上がる危険性も高まりました。そこで日本企業は旧財閥系の銀行が中心となって、企業集団を形成することで外資系企業に対抗しました。すなわち、三井・三菱・住友・富士・三和・第一勧銀を中心とする六大企業集団の傘下に各企業は入り、株式の持ち合い・銀行の系列内融資・社長会などの人的結合により企業同士は結びつきを強めました。

Q かつてのコンツェルンと企業集団とはどう違うのですか？

A コンツェルンは持株会社［➡p.450］が系列会社の株式をすべて所有しましたが、企業集団は独占禁止法があるため持株会社をつくることはできません。したがって、株式の持ち合いなど別の方法で企業同士は提携したのです。

労使協調などを特徴とする日本的経営が確立した

1955年以降、春闘が実施されるようになりました。春闘とは、総評［➡p.572］の指導により春期3月頃に行われる賃上げ闘争のことで、同一産業の労働組合が歩調を合わせて賃上げを要求しました。この春闘の定着により、労働者の賃金は上昇していきました。

一方、財界諸団体は政府の保護を受けて日本生産性本部を設立し、生産性向上運動を展開しました。この運動は、労働者が主体となる従来の職場づくりではなく、経営者が主体となって労働者に目標を与え、そのなかで競争させることによって生産性を高めていこうとするものです。企業の業績に奉仕することにより高い賃金が約束されることから労資協調路線がとられることとなり、終身雇用＊1・年功賃金＊2・企業別労働組合＊3などを特徴とする日本的経営が行われるようになりました。

【用語】＊1 終身雇用…労働者を定年まで雇用すること。
＊2 年功賃金…年齢や勤続年数で賃金が上がること。

テーマ④ まとめ 開放経済体制と新しい企業社会

① 開放経済体制に移行（1963～64）：国際収支上の規制の緩和
GATT11条国：国際収支上の理由により輸入制限が不可になる
IMF8条国：国際収支上の理由により為替管理が不可になる
OECD 加盟：先進国クラブ／資本の自由化が進む

② **企業集団**の形成：三井・三菱・住友・富士・三和・第一勧銀
株式の持ち合い、銀行の系列内融資、人的結合などで結びつく

③ 新しい企業社会
労働者：**春闘**の定着（総評の指導）➡賃金上昇
企業：**日本生産性本部**の設立➡生産性向上運動
結果：**日本的経営**の推進（終身雇用・年功賃金・企業別労働組合）

テーマ⑤ 【社会・経済に注目】大衆消費社会の形成 歴史総合

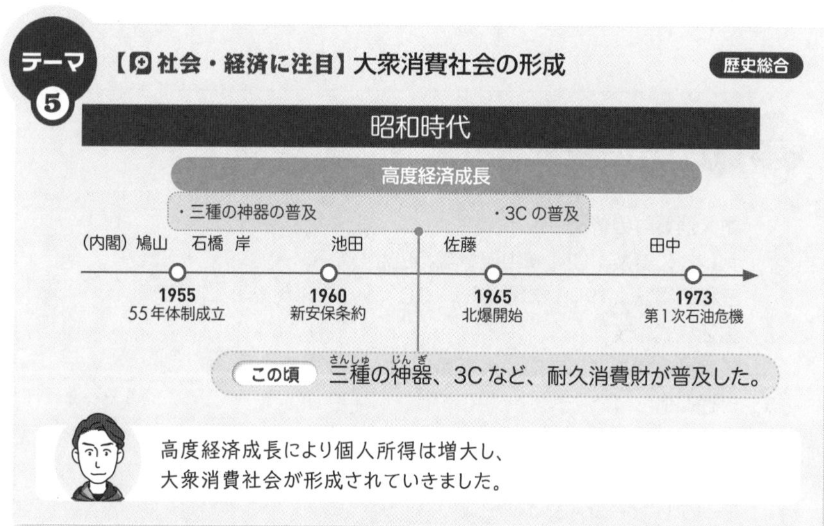

耐久消費財の普及により、家族形態に変化が生じた

高度経済成長期、個人所得の増大とともに人々の生活は豊かになり、便利な電化製品が使用されるようになりました。テレビCMの効果により購買意欲が高まり、人並みの生活を送りたいという**中流意識**も芽生えました。その結果、1950年代後半には、白黒テレビ・電気洗濯機・電気冷蔵庫の「**三種の神器**（さんしゅのじんぎ）」、1960年代後半には、自動車（カー）・クーラー・カラーテレビの**3C**が普及しました。

用語 ＊3 企業別労働組合…企業単位の労働組合。同じ産業の労働者の組合は産業別労働組合という。

電化製品が普及すると家事労働の負担が軽くなり、家族形態は大家族から夫婦と未婚の子どもによって構成される核家族へと変わっていきました。一方、都市化の進展により農村から大都市へと人口が流出すると、核家族のなかには鉄筋コンクリート造りの団地と呼ばれる集合住宅群や都市郊外に開かれたニュータウンなどで生活を営む者が現れ、地域社会との関係が希薄になる者も増加しました。

流通革命やモータリゼーションも進んだ

消費革命とともに流通革命も起こりました。小売業界ではスーパーマーケットが成長し、ダイエーの売上高は老舗百貨店の三越を抜いて第1位となりました（1972年）。スーパーマーケットでは様々な食料品が安く手に入るため、食生活は洋風化し、インスタント食品も普及しました。一方で、人々の米離れが進んだため、米の生産調整を行う立場にあった政府は減反を指示して米価維持を図りました（1970年～）。

自動車は交通手段の主力となり、鉄道をしのぐようになりました（モータリゼーション）。1965年に最初の自動車専用高速道路として名神高速道路が全通すると、全国に高速道路網が形成されていきました。

大衆消費社会の形成

① 耐久消費財の普及
テレビの普及：CM ➡ 中流意識の広がり
三種の神器（1950年代後半）・**3C**（1960年代後半）

② 生活様式の変化
核家族の増加（都市部）➡ 団地・ニュータウン

③ 流通革命
売上高：百貨店<スーパーマーケット
食生活の洋風化、インスタント食品の普及 ➡ 米の**減反**が始まる

④ モータリゼーション
自動車利用の普及、高速道路網の形成

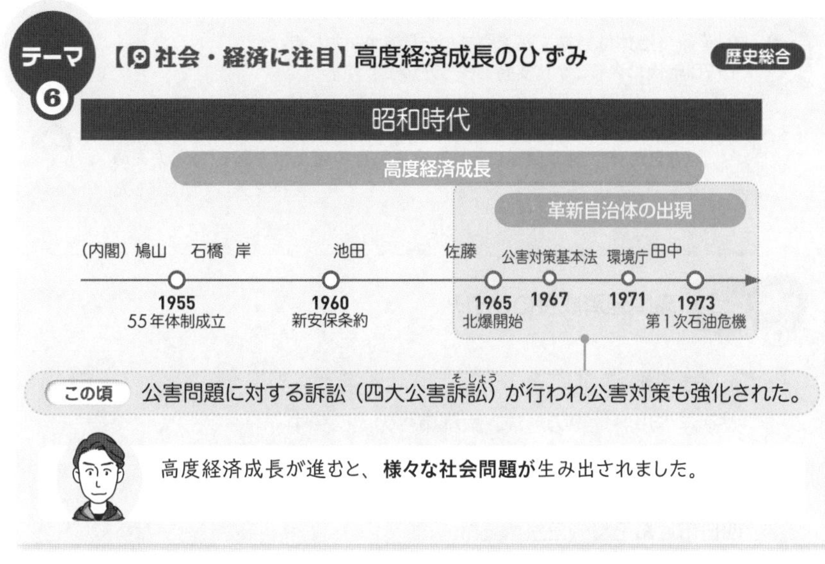

公害問題が深刻化すると、環境保全を求める住民運動が展開された

経済成長の過程で産業構造の高度化が進みました。すなわち、農林水産業を中心とする第一次産業の比重が低下する一方、製造業・建設業を中心とする第二次産業やサービス業を中心とする第三次産業の比重が高まりました。また、重化学工業の発達により太平洋ベルト地帯に工業地帯が広がり、大都市への人口集中も進みました。

一方で、全国的に公害問題が深刻化しました。化学物質が河川や土壌を汚染したことにより、熊本県と新潟県では**水俣病**、富山県では**イタイイタイ病**が発生し、石油化学コンビナートによる大気汚染により三重県では**四日市ぜんそく**が発生しました。これらの公害の被害者は訴訟を提起し（四大公害訴訟）、**訴訟はいずれも1970年代前半に被害者側が勝利を収めました。**

こうした公害問題の深刻化に対して環境保全を求める住民運動が広がりをみせると、1960年代後半から70年代前半にかけて、東京都知事の**美濃部亮吉**のように東京や大阪をはじめとする都市部の地方自治体では社会党・共産党系の首長（革新首長）が登場しました。これらの自治体は経済発展よりも市民生活や環境の整備を重視し、**革新自治体**と呼ばれました。革新自治体が公害対策や社会福祉で成果をあげると、政府も重い腰をあげて公害対策に取り組むようになり、1967年には**公害対策基本法**を制定し、1971年には**環境庁**を設置して公害行政を強化しました。

Q 革新自治体は当初支持を得ていたにもかかわらず、
1970年代に入るとなぜ支持を失ったのですか？

A 公害対策や社会福祉には潤沢(じゅんたく)な資金が必要となります。
地方自治体は財政問題に苦しみ公共料金の値上げを図るなどしたため、
支持を失っていきました。

高度経済成長のひずみ

① 重化学工業の発達
太平洋ベルト地帯の形成、大都市への人口集中

② 四大公害訴訟（1970年代前半）
水俣病〔熊本・新潟〕・**イタイイタイ病**〔富山〕
四日市ぜんそく〔三重〕
結果：いずれも被害者側が勝訴する

③ **革新自治体**の出現（1960年代後半〜70年代前半）
市民生活や環境整備を重視する（東京都知事＝**美濃部亮吉**）

④ 政府の公害行政
公害対策基本法（1967）➡**環境庁**（1971）

確認問題

1 年代配列問題にチャレンジ

(1) 次の文Ⅰ～Ⅲについて、古いものから年代順に正しく配列したものを、後の①～⑥のうちから一つ選んで記号で答えなさい。

Ⅰ 首相自ら訪中して日中国交正常化を実現した。
Ⅱ 韓国との国交正常化交渉が推進し、日韓基本条約が調印された。
Ⅲ 沖縄に関する対米交渉が進められ、沖縄返還の合意にいたった。

① Ⅰ－Ⅱ－Ⅲ　② Ⅰ－Ⅲ－Ⅱ　③ Ⅱ－Ⅰ－Ⅲ
④ Ⅱ－Ⅲ－Ⅰ　⑤ Ⅲ－Ⅰ－Ⅱ　⑥ Ⅲ－Ⅱ－Ⅰ

(2) 次の文Ⅰ～Ⅲについて、古いものから年代順に正しく配列したものを、後の①～⑥のうちから一つ選んで記号で答えなさい。

Ⅰ 日本はIMF8条国に移行し、国際収支の悪化を理由とした為替管理を行えなくなった。
Ⅱ 日本経済は戦前の水準を超え、『経済白書』に「もはや戦後ではない」と記された。
Ⅲ 公害問題に対して公害対策基本法が制定され、環境庁が発足した。

① Ⅰ－Ⅱ－Ⅲ　② Ⅰ－Ⅲ－Ⅱ　③ Ⅱ－Ⅰ－Ⅲ
④ Ⅱ－Ⅲ－Ⅰ　⑤ Ⅲ－Ⅰ－Ⅱ　⑥ Ⅲ－Ⅱ－Ⅰ

2 探究ポイントを確認

(1) 1970年前後のアメリカとの領土返還交渉について、新安保条約にふれながらまとめよ。

(2) 1963～64年の開放経済体制への移行について、具体的に説明せよ。

解答

1 (1) ④　(2) ③

2 (1) 新安保条約の有効期限が迫るなか、まず小笠原諸島が返還された。次いで佐藤栄作首相とニクソン大統領との会談が開催され、新安保条約の自動延長を認める一方で沖縄返還協定が結ばれ、沖縄返還が実現した。(95字)

(2) GATT11条国へ移行して国際収支上の理由による輸入制限ができなくなり、IMF8条国へ移行して国際収支上の理由による為替管理を行えなくなった。一方、OECDに加盟することで資本の自由化が促進された。(98字)

第47講 世界の激動と日本

1970年代にはアメリカの地位が低下し、2度の石油危機が起こります。1980年代前半には貿易摩擦問題により日米関係が悪化し、両国間の関係強化が図られます。そして**1989年には冷戦が終結**し、日本でもバブル経済の崩壊と汚職による政治不信から、**1993年に55年体制が崩壊します。**

時代の**メタマッピング**と**メタ視点**

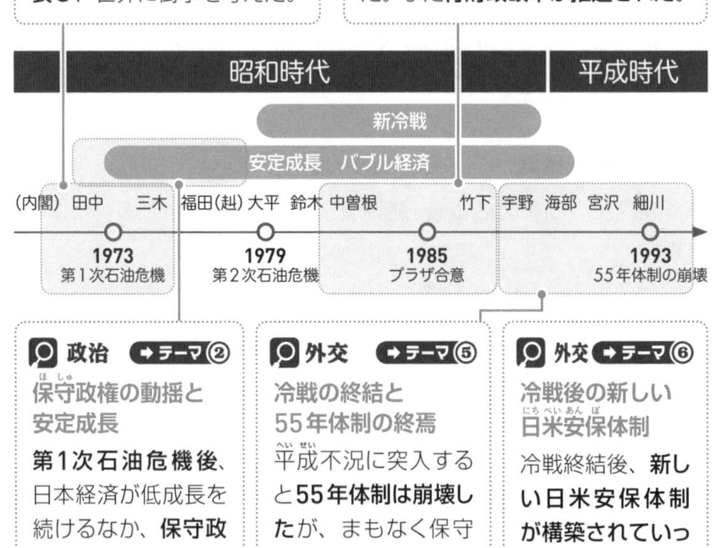

テーマ 1

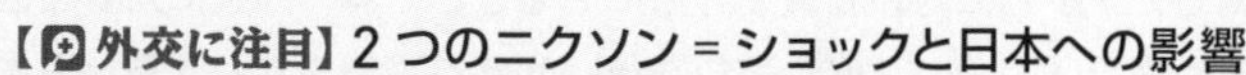

【外交に注目】2つのニクソン＝ショックと日本への影響

歴史総合

昭和時代
新冷戦
ニクソン＝ショック
安定成長　バブル経済
（内閣）田中　大平　鈴木　中曽根
1971　1973 第1次石油危機　1979 第2次石油危機　1985 プラザ合意

この頃
アメリカのニクソン大統領は、外交面と経済面で大きな政策転換を発表した。

1970年代に入ると、ベトナム戦争[➡p.587]の長期化と日本・西ドイツの経済的な成長によりアメリカの国際的な地位は大きく低下しました。このなかで**ニクソン大統領は、外交面・政治面での政策転換を発表します。**

外交面では、ニクソン大統領が中国に接近し、日本も追随した

ベトナム戦争の長期化により、アメリカは国際収支が悪化するとともに軍事支出の増加により財政も悪化しました。こうした状況を打開しようとしたのがニクソン大統領です。

まず、ニクソン大統領は中華人民共和国を通じてベトナム戦争の終結を図ろうとしました[➡p.590]。そこで1971年7月、アメリカ大統領として初めて訪中する計画を発表しました。この米中接近により、同年に国連の中国代表権は中華民国（台湾）から中華人民共和国に移り、1979年には米中の国交が正常化することになります。**田中角栄**内閣はアメリカ外交に追随し、1972年にみずから訪中して**日中共同声明**を発表して中華人民共和国との国交を正常化しました[➡p.590]。

経済面では、金・ドルの交換が停止され、最終的に変動相場制へ移行した

次に1971年8月、ニクソン大統領は、アメリカの国際収支悪化にともない国内から金が流出している状態（＝ドル危機）に歯止めをかけようとして、金・ドル交換停止を発表し、各国の通貨とドルとの交換比率の変更を要請しました（**ドル＝ショック**）。これにより金・ドル本位制に基づくブレトン＝ウッズ体制[➡p.574]は崩壊し、ドルの国際的地位は低下しました。

当時は為替相場の安定が貿易の振興をもたらすという考え方が定着していたため、1ドル＝360円から1ドル＝**308円**へ**円の切り上げ**によって固定相場制を維持しようとする動きが一時的にみられましたが、結局のところ、1973年には**変動相場制**へと移行しました。

変動相場制は貿易黒字国の通貨価値が上昇する傾向にあります。日本の自動車の

輸出が好調でアメリカに対して貿易黒字になると、日本の通貨に対する信用が高まり、投資家や銀行は円買い・ドル売りを行いやすくなります。すると日本の商品は割高となり、価格が上がった分、輸出は抑制されます。このように自動調節作用が働くのが変動相場制の特徴です。逆に、日本がアメリカに対して貿易赤字になると、日本の通貨に対する信用が低くなり、投資家や銀行は円売り・ドル買いを行いやすくなります。するとアメリカの商品は割高となるため、その分、輸入は抑制されることとなります。

▼円とドルの外国為替相場の推移

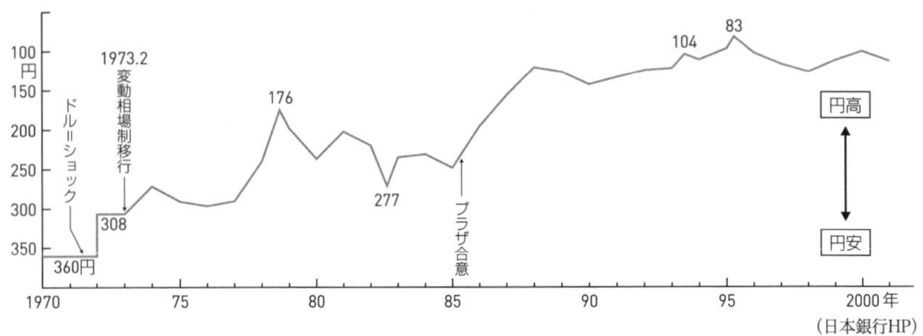

1973年以降は変動相場制ですが、
1971年までは1ドル=360円の固定相場制であることを確認しましょう。

2つのニクソン=ショックと日本への影響

① 背景
ベトナム戦争にともなうアメリカの国際収支悪化

② 外交面（1971. 7）
内容：ニクソン大統領が訪中計画を発表する➡翌年中国を訪問
目的：中華人民共和国を介してベトナム戦争の終結を図る
影響：日本もアメリカに追随する➡中国との国交正常化

③ 経済面（1971. 8）
内容：ニクソンが金・ドルの交換停止を発表する（**ドル=ショック**）
影響：円の切り上げ（1ドル= **308円**）（1971～73）
変動相場制へ移行（1973～）

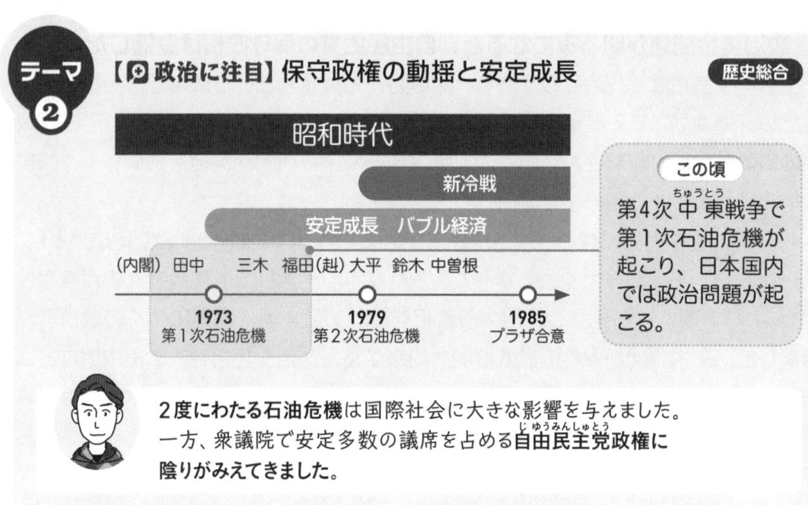

1970年代前半、原油価格の高騰と地価の高騰による狂乱物価が生じた

1972年に誕生した田中角栄内閣は、「日本列島改造論」を発表し、都市から地方への工業の分散と交通網の整備に着手しました。新幹線や高速道路の建設計画に刺激されて各地で土地開発が進められると、地価の上昇を見越した土地投機が進んだため地価は高騰しました。

1973年、第4次中東戦争の勃発により、アラブ石油輸出国機構（OAPEC）は石油生産を減少させて輸出制限と価格引き上げを行ったため、原油価格は高騰しました。これを第1次石油危機といいます。石油関連製品の価格も騰貴し、地価の高騰と合わせて「狂乱物価」と称されました。

その結果、石油化学産業の比重が高い日本経済は大打撃を受け、**1974年度の経済成長率は戦後初のマイナス成長を記録しました**。翌1975年、世界的な経済不況を打開するためフランスで先進国首脳会議（サミット）が開催されると、日本も参加して経済調整を図りました。

Q 第4次中東戦争とはどのような戦争だったのですか？

A イスラエルとアラブ諸国との間で起こった戦争です。
アメリカはイスラエルを支持したため、
アラブ産油国は石油輸出の制限と原油価格の引き上げを行いました。

政治資金問題が明るみになると、自由民主党の保守政権は動揺した

田中角栄首相は「政治は数であり、数は力、力は金」という政治理念を持っていたため、様々な方法で政治資金を調達していました。ところが、こうした手法が政治の腐敗を生むと攻撃され、いわゆる金脈問題により内閣総辞職を余儀なくされました。

1974年、田中角栄に代わって三木武夫が組閣すると、石油危機後の安定成長と「クリーン政治」をスローガンとしました。1976年、アメリカ航空会社との汚職事件（ロッキード事件）が発覚し、田中前首相をはじめ政・財・官界に多くの逮捕者が出ました。三木内閣が事件の徹底解明を約束すると、自由民主党内の田中派などは「三木おろし」といわれる倒閣運動を起こしました。これに対して三木首相は衆議院総選挙を行って対抗しようとしましたが、自由民主党の議席は過半数を割り込んでしまい、責任を取る形で三木内閣は総辞職しました。

代わって、福田赳夫が首相となり、内閣を組織しました。福田内閣は1978年に日中平和友好条約を結び［➡ p.590］、中華人民共和国との経済関係を発展させました。ところが、この頃自民党内部では派閥*争いが激化しており、総裁選に敗れて内閣総辞職となりました。

第2次石油危機により世界経済はさらに打撃を受けた

福田赳夫に代わって組閣したのは、田中派の支援を受けた大平正芳です（大平内閣）。この頃、イラン革命（親米派政権が打倒される）とイラン＝イラク戦争が契機となって原油価格が上昇し、第2次石油危機が起こりました。ところが、日本は生産設備にME（マイクロエレクトロニクス）を搭載するなどして人件費削減や省エネを徹底したため、世界でもいち早く立ち直りを見せ、1970年代後半も経済成長率5%程度の安定成長を実現しました。

1980年、与党である自由民主党の議席が過半数を占めているにもかかわらず、内閣不信任決議案が自民党反主流派の欠席により可決され、史上初の衆参同日選挙が実施されました。この選挙期間中に大平正芳首相が急死するというアクシデントを乗り越え、自由民主党は衆参ともに過半数の議席を確保し、鈴木善幸が首相に就任しました。

保守政権の動揺と安定成長

① 狂乱物価【田中角栄内閣】
「日本列島改造論」：地価が高騰する
石油危機（オイル・ショック）：原油価格が高騰する

用語 ＊派閥（自由民主党）…同じ政策や利害関係で結びついている議員集団。

② **先進国首脳会議（サミット）**（1975）【三木武夫内閣】
パリ近郊で開催、石油危機後の不況打開を目指す

③ 政治資金問題
金脈問題の追及（1974）【田中角栄内閣】：田中内閣退陣
ロッキード事件（1976）【三木武夫内閣】：田中前首相逮捕

④ 自由民主党の内部対立
派閥争いの激化（三木➡福田（赳）➡大平（急死））

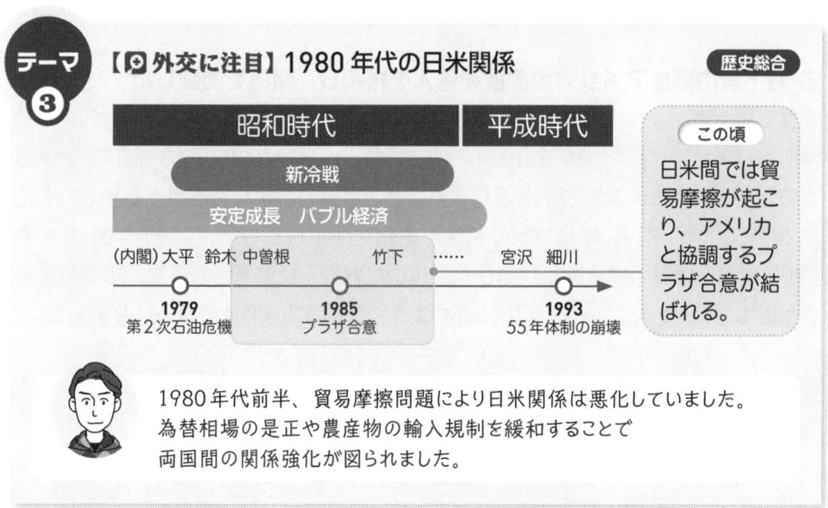

新冷戦が始まる一方、日米間では貿易摩擦問題が激化した

1979年、ソ連がアフガニスタンへの軍事侵攻により社会主義政権を支援すると、これに反発したアメリカは反政府勢力に武器を提供したため、米ソの対立が再開しました。この対立は新冷戦と呼ばれます。1981年、アメリカで**レーガン大統領**が就任すると、イギリスの**サッチャー首相**らと歩調を合わせて対ソ強硬政策をとったためソ連との対立は深まりました。

アメリカは軍拡競争による財政赤字と貿易赤字の**「双子の赤字」**に苦しみました。これに対して日本はアメリカへ円安を利用して集中豪雨的に鉄鋼や自動車などを輸出したため、**貿易摩擦問題**が激化しました。アメリカは日本に内需拡大・輸出規制を求めましたが、鈴木善幸内閣は貿易摩擦問題を解決できずに退陣しました。

中曽根康弘首相はレーガン大統領と協調関係を築き、プラザ合意に応じた

1982年、**中曽根康弘**は首相に就任すると、アメリカのレーガン大統領と協調の

姿勢をとりました。1985年、ニューヨークのプラザホテルでG5と称するIMFの5大国（米・日・西独・仏・英）の財務相と中央銀行総裁の会議を開催し、ドル高是正の介入に合意しました。これを**プラザ合意**といいます。以後、円高が急速に進行したため輸出不振となり、日本は円高不況を迎えることとなりました。

そのほか、中曽根内閣は防衛費をGNPの1%枠に抑えるという従来の方針を改め、日米防衛協力を強化させました。

Q 変動相場制は為替相場が市場の需給関係によって変動する体制ですが、どのようにしてドル高を是正したのですか？

A 預金を用いて投資している銀行に円買いを行わせることで円高へと誘導しました。

竹下登内閣はアメリカの農産物輸入を緩和し、関係を調整した

プラザ合意により円高・ドル安は進んだものの、それでもアメリカの対日赤字は解消されませんでした。中曽根康弘内閣に代わって発足した**竹下登**内閣は、アメリカの農産物輸入に関する規制を緩和することで貿易の調整を図ろうとしました。そこで1988年、**牛肉・オレンジ**の輸入自由化を決定しました（1991年実施）。翌1989年からは日米構造協議が開かれ、自由な貿易・投資を阻む日米間の障壁の撤廃が目指されました。1993年には日本はコメ市場の部分開放に踏み切りました。

1980年代の日米関係

① 鈴木善幸内閣（1980～82）
貿易摩擦問題（自動車・鉄鋼など）
アメリカは日本に内需拡大・輸出規制を求める

② 中曽根康弘内閣（1982～87）
プラザ合意（1985）
ドル高是正による貿易摩擦問題の解消を図る
円高により輸出不振になる（円高不況）
防衛協力の強化：防衛費の増強（GNP1%枠を突破）

↓

③ 竹下登内閣（1987～89）
牛肉・オレンジの輸入自由化を決定する

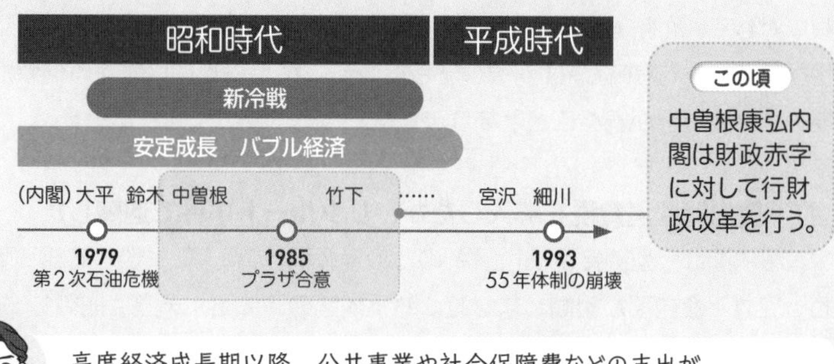

高度経済成長期以降、公共事業や社会保障費などの支出が増加したことから大幅な財政赤字が続きました。これに対する**政府の行財政改革**についてみていきます。

中曽根内閣は国鉄などの民営化を断行した

1980年に成立した鈴木善幸内閣は、翌年「増税なき財政再建」を掲げ、臨時行政調査会（第2次臨調）を発足させました。先の大平内閣で打ち出されていた大型間接税の導入を見送り、緊縮財政の方針を徹底しました。

続く中曽根康弘内閣は、鈴木内閣の方針を継承して行財政改革に取り組みました。中曽根内閣は「戦後政治の総決算」を標榜し、アメリカやイギリスと歩調を合わせた新自由主義を導入しました。すなわち、政府の財政支出を減らすために社会保障を後退させたほか、**電電公社（電話事業）・専売公社（たばこ産業）・国鉄（鉄道事業）の民営化を断行し**、それぞれの組織はNTT・JT・JRへと改組されました。

Q 新自由主義とは、どのような思想をいうのですか？

A 新自由主義とは、政府の市場への介入をなるべく抑制し、自由競争の徹底を目指す思想のことです。そのため、公的支出の抑制による「小さな政府」が目指されます。結果、官営事業の民営化が進んで企業間の競争が促進される一方、格差社会がもたらされることにもなります。

プラザ合意後の円高不況への対応はバブル経済へとつながった

中曽根内閣はプラザ合意後の円高不況を克服するため、国内市場の拡大に努めました。超低金利政策により日銀の公定歩合*を大幅に引き下げ、企業が金融機関から資金を調達しやすい環境を整えました。これにより企業に余剰資金が生まれ、設備投資以外に不動産や株式市場に投資する財テクが行われたため、1986年から地

【用語】＊公定歩合…日本銀行が一般の銀行に貸し出す際の基準となる金利。

価や株価の異常高騰が起きました。これをバブル経済といいます。

この間、投機が優先されたため技術革新は停滞しました。1991 年、日本経済の膨張に対して、政府･日銀は土地総量規制*と公定歩合の引き上げを行ったため地価･株価が暴落し、バブル経済は崩壊しました。その後、金融機関に対する信頼がゆらぎ、長期的な平成不況が続くこととなりました。

竹下登内閣は消費税を導入したが、リクルート事件で退陣した

中曽根内閣は大型間接税（売上税、のちの消費税）の導入に失敗して総辞職すると、代わって竹下登内閣が組閣しました。竹下内閣の時に昭和天皇は崩御し、明仁親王が皇位を継いで年号が「平成」へと変わりました。1989 年、竹下内閣は財政再建のため、商品の販売やサービスの提供に対して 3%の消費税を導入しました。ところが同じ頃、リクルートコスモス社の未公開株が政界や官界に譲渡された疑惑が表面化し（リクルート事件）、竹下内閣は退陣に追い込まれました。

1980 年代の行財政改革

① 鈴木善幸内閣（1980 ～ 82）
「増税なき財政再建」 ➡ 緊縮財政の方針

⬇

② 中曽根康弘内閣（1982 ～ 87）
「戦後政治の総決算」 ➡ **新自由主義**の導入
社会保障の後退、民営化の推進（国鉄など）
超低金利政策（円高不況に対応）
バブル経済を創出する（1986 ～ 91）
大型間接税の導入に失敗 ➡ 退陣

⬇

③ 竹下登内閣（1987 ～ 89）
消費税を導入する（3%）

用語 ＊土地総量規制…地価高騰の抑制のため、金融機関の不動産融資に規制を行った。

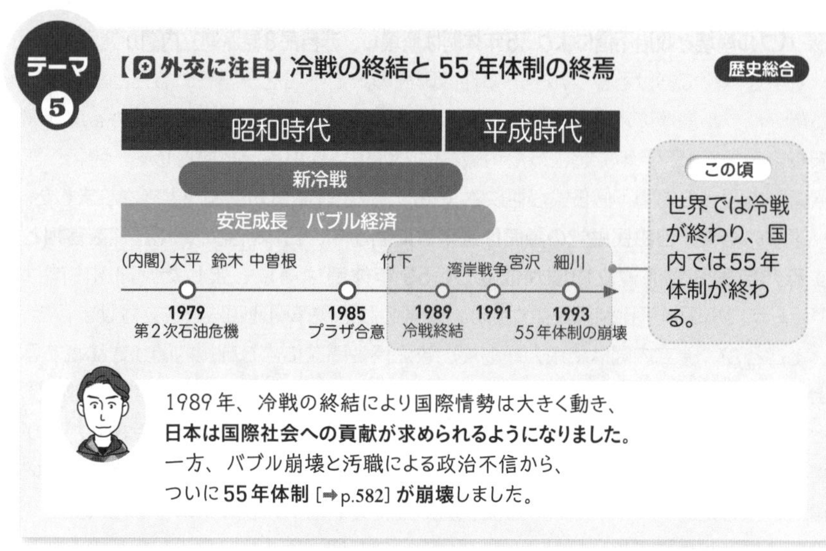

1980年代後半、米ソは歩み寄りをみせ、マルタ会談で冷戦は終結した

新冷戦によりアメリカ・ソ連の財政悪化が進行するなか、1985年にソ連で**ゴルバチョフ**政権が誕生し、ペレストロイカと呼ばれる政治・経済の一連の改革が行われました。その後、東ヨーロッパ諸国では政治・経済の自由化を目指す動きが進み、共産党政権が崩壊していきました。1989年、冷戦の象徴ともいうべきドイツの**ベルリンの壁**が取りこわされ、地中海のマルタ島で**ソ連のゴルバチョフとアメリカのブッシュ大統領による**マルタ会談**が開かれ、冷戦の終結が宣言されました。**

1990年には東西ドイツが統一され、翌1991年にはソビエト連邦が解体し、バルト3国・CIS（ロシア連邦など11ヵ国の独立国家共同体）などが発足しました。

冷戦終結後、アメリカは世界の地域紛争に介入し、日本にも人的協力を求めた

冷戦の終結後、アメリカは「世界の警察」を標榜して、各地で起こる民族・宗教などの地域紛争に介入していきました。1990年、フセイン大統領のイラクがクウェートに侵攻すると、翌年アメリカを中心とする「多国籍軍」が結成され、イラクを攻撃する**湾岸戦争**(わんがん)が起こりました。

この時、日本は約130億ドルもの戦費支援を行ったもののアメリカやクウェートからの謝辞はなく、資金協力のみならず人的協力も必要であることを痛感しました。その結果、1992年に**宮沢喜一**(みやざわきいち)内閣のもとで国連平和維持活動（PKO）への協力を可能とする**PKO協力法**が成立し、自衛隊の海外派遣が行われるようになりました。そのほか、**政府開発援助（ODA）**も増大し、発展途上国への経済援助が積極的に実施されました。

バブル崩壊と政治不信により55年体制は崩壊し、非自民8党派連立内閣が発足した

竹下登内閣におけるリクルート事件は国民の政治不信を一層高めることとなりました。バブル崩壊により平成不況が訪れたことも加わり、政治改革を求める声が高まりました。1992年に起こった汚職事件の**佐川急便事件**を契機として、翌年、宮沢喜一内閣への内閣不信任案が可決されると、衆議院議員総選挙が実施されました。

選挙の結果、**自由民主党の議席は過半数に届かず、日本新党の細川護熙を首相とする非自民8党派連立内閣が成立し、55年体制は崩壊しました。**細川内閣は1994年に**小選挙区比例代表並立制**など懸案の政治改革関連四法を成立させました。

ところが、連立内閣は結束力が弱く、政治資金問題により細川内閣が総辞職すると、続く新生党の**羽田孜**を首相とする連立内閣に日本社会党が加わらず、少数与党となったためすぐに崩壊しました。その後、自由民主党と社会党と新党さきがけが提携して、社会党の**村山富市**を首相とする連立内閣が成立し、自由民主党は政権に復帰しました。1995年には、**阪神・淡路大震災**や地下鉄サリン事件など大災害や大事件などが相次ぎましたが、リーダーシップを発揮できない村山首相への批判が高まり、村山内閣は総辞職しました。1996年、自由民主党の**橋本龍太郎**が日本社会党・新党さきがけとの連立内閣を組織しました。

▼第40回衆議院議員総選挙の政党別議席割合

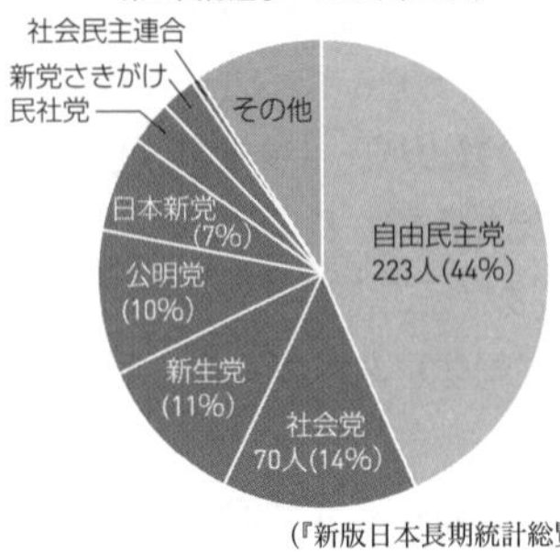

第40回総選挙　1993年（511人）

社会民主連合
新党さきがけ
民社党
その他
日本新党（7%）
公明党（10%）
新生党（11%）
社会党 70人(14%)
自由民主党 223人(44%)

（『新版日本長期統計総覧』）

55年体制は、保守勢力の自民党が3分の2弱、革新勢力が約3分の1の議席を占めていました［➡p.582］。この選挙では、自民党の議席数が過半数を割っていました。

テーマ5 まとめ 冷戦の終結と55年体制の終焉

① 冷戦の終結（1989）
マルタ会談：（米）ブッシュ大統領・（ソ）ゴルバチョフ書記長
東西ドイツの統一（1990）、ソビエト連邦の解体（1991）

② **湾岸戦争**（1991）【海部俊樹内閣】
アメリカを中心とする多国籍軍がイラクを攻撃する

③ **PKO 協力法**の成立（1992）【宮沢喜一内閣】
国連平和維持活動に参加➡自衛隊の海外派遣が行われる

④ 55年体制の崩壊（1993）
自民党の分裂➡衆議院議員総選挙で過半数割れ
細川護熙内閣（日本新党／非自民8党派連立）の発足

テーマ6 【外交に注目】冷戦後の新しい日米安保体制 歴史総合

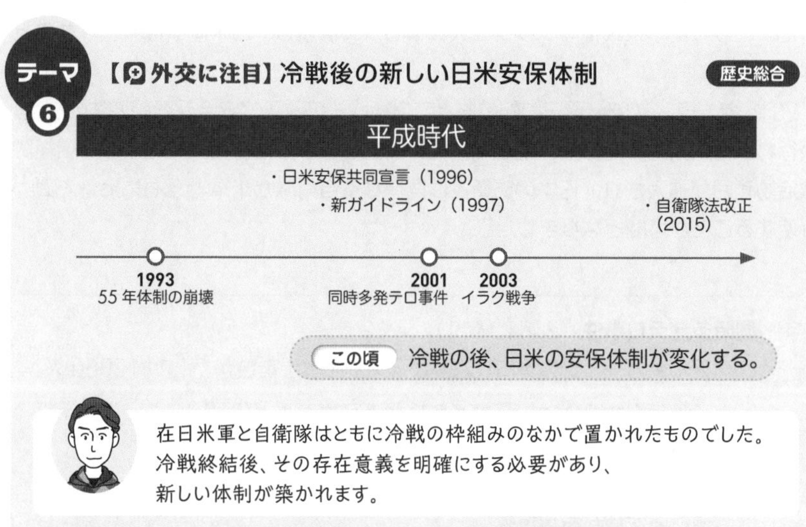

冷戦終結後、在日米軍と自衛隊の新しい関係が構築された

1990年代半ば、中国が核実験を繰り返したほか台湾海峡でミサイル演習を行うなど、東アジアに緊張が走りました。1996年、**橋本龍太郎**内閣はアメリカの**クリントン大統領**と**日米安保共同宣言**を発表して、アジア・太平洋地域安定のために米軍の兵力を維持することを明確にしました。これにともない1978年に作成されていた「日米防衛協力のための指針」（ガイドライン）も見直すこととなり、有事に

おける日米相互協力を計画した新ガイドラインが新たに作られました。

橋本内閣が平成不況を克服できずに退陣すると、代わって自由民主党単独内閣の小渕恵三内閣が成立しました。この時に、米軍の行動に対する自衛隊の後方支援活動を可能とする周辺事態安全確保法をはじめとする新ガイドライン関連法が整備されました。ところが「周辺」の定義は曖昧なままでした。

2000年代以降も、日米安保体制は変化している

小渕恵三首相の急病にともない発足した森喜朗内閣が支持率の低迷により短命に終わると、自民党の総裁選で圧勝した小泉純一郎が首相となり、内閣を組織しました。小泉内閣は「聖域なき構造改革」を掲げ、新自由主義に基づき郵政民営化法を成立させました。

2001年、同時多発テロ事件が発生すると、アメリカのブッシュ（子）大統領が国際テロ組織の壊滅を言明し、小泉首相も積極的な支援を表明しました。アメリカがアフガニスタン攻撃やイラク戦争を起こした際には日本も自衛隊をインド洋に派遣し、イラクのフセイン政権打倒後もイラクの復興支援のために自衛隊を派遣しました。こうした小泉政権をブッシュ大統領も深く信頼し、日米同盟は強固なものとなりました。

2015年、第3次安倍晋三内閣のもとで自衛隊法の改正（安全保障関連法の制定）が行われ、集団的自衛権の行使が限定的に容認されました。これにともない自衛隊の活動範囲が拡大され、日本の防衛とは関係なく自衛隊が米軍とともに海外で武力行使することが可能となりました。

(1) **同時多発テロ事件**（2001.9.11）
- ① アル＝カーイダのテロリストがアメリカ本土を襲撃、死者約3000人。
- ② アル＝カーイダ…ウサーマ＝ビン＝ラーディンが率いるイスラム原理主義の過激派組織。
- ③ ニューヨークの高層ビルに航空機2機が激突。ほか、米国内の複数地域に航空機が自爆攻撃。
- ④ ブッシュ米大統領が「ならず者国家」との新たな戦争や国際テロ組織の壊滅を言明。

(2) **アフガニスタン攻撃**（2001）
- ① 米・英軍が同時多発テロに報復。ウサーマ＝ビン＝ラーディンを匿うアフガニスタンを攻撃。
- ② タリバン（原理主義組織）政権は崩壊。ウサーマ＝ビン＝ラーディンは逃走。

③ 2011年、潜伏先パキスタンでウサーマ＝ビン＝ラーディンはアメリカの攻撃により死亡。

(3) **イラク戦争**（2003）

① アメリカがイラクを攻撃。大量破壊兵器の廃棄とフセイン大統領の国外退去を要求。

② 約2ヵ月で戦争は終結し、フセインも捕縛。しかし、自爆テロなど、混乱は続く。

Q 現代の出来事はどこまで知っておけばいいでしょうか？

A 2000年代以降は、新しい日米安保体制についてしっかりとまとめておけば大丈夫です。

冷戦後の新しい日米安保体制

1. **日米安保共同宣言**（1996）【橋本－クリントン会談】
   アジア・太平洋地域安定のため、米軍の兵力を維持
2. **新ガイドライン**（1997）
   有事における日米相互協力計画
   関連法：周辺事態安全確保法など
3. 同時多発テロ事件（2001）【小泉純一郎内閣】
   ブッシュ大統領は国際テロ組織の壊滅を図ると声明
   ➡アフガニスタン攻撃（2001）・**イラク戦争**（2003）
4. 自衛隊法改正（2015）【第3次安倍晋三内閣】
   集団的自衛権の行使を限定的に容認

確認問題

1 年代配列問題にチャレンジ

(1) 次の文Ⅰ～Ⅲについて、古いものから年代順に正しく配列したものを、後の①～⑥のうちから一つ選んで記号で答えなさい。

Ⅰ 湾岸戦争が起こると、日本の自衛隊も「多国籍軍」に加わるよう要請された。
Ⅱ 経済成長の減速に対応して、先進国首脳会議（サミット）がはじめて開催された。
Ⅲ 第4次中東戦争を契機として、第1次石油危機が起こった。

① Ⅰ－Ⅱ－Ⅲ　② Ⅰ－Ⅲ－Ⅱ　③ Ⅱ－Ⅰ－Ⅲ
④ Ⅱ－Ⅲ－Ⅰ　⑤ Ⅲ－Ⅰ－Ⅱ　⑥ Ⅲ－Ⅱ－Ⅰ

(2) 次の文Ⅰ～Ⅲについて、古いものから年代順に正しく配列したものを、後の①～⑥のうちから一つ選んで記号で答えなさい。

Ⅰ リクルート社と政財界の贈収賄事件により、時の内閣が退陣した。
Ⅱ 米航空機の売り込みをめぐる収賄容疑により、前首相が逮捕された。
Ⅲ 佐川急便事件を契機として内閣不信任案が可決され、衆議院総選挙が実施された。

① Ⅰ－Ⅱ－Ⅲ　② Ⅰ－Ⅲ－Ⅱ　③ Ⅱ－Ⅰ－Ⅲ
④ Ⅱ－Ⅲ－Ⅰ　⑤ Ⅲ－Ⅰ－Ⅱ　⑥ Ⅲ－Ⅱ－Ⅰ

2 探究ポイントを確認

(1) 1973年に「狂乱物価」をもたらした国内外の背景について述べよ。

(2) 冷戦終結後、アメリカを中心とした「多国籍軍」がイラクとの間で起こした戦争と、この戦争が日本の防衛組織にどのような影響を与えたのかを述べよ。

解答

1 (1) ⑥　(2) ③

2 (1) 国外では第4次中東戦争が勃発したことにより原油価格が高騰し、石油関連製品の価格も騰貴した。国内では「日本列島改造論」にともなう土地投機が進み、地価が高騰した。(79字)

(2) 冷戦終結後、アメリカを主とする多国籍軍がイラクをクウェートから撤退させるため湾岸戦争を起こした際、日本は資金協力のみ行った。これを機にPKO協力法が成立し、自衛隊の海外派遣が可能となった。(94字)

第48講 近現代の文化Ⅱ

この講では、大正時代と昭和時代の文化についてまとめていきます。大きく、**大正期・昭和初期・戦後期**に区分して考えます。大正期から昭和初期は、大正デモクラシーや都市化の進展などにともなって**都市大衆文化が発達**しますが、戦時体制下になると文学や美術は弾圧や検閲を受けます。第二次世界大戦後は弾圧がなくなり**文化の大衆化**がさらに進みます。これが最後の講義になります。

時代の**メタマッピング**と**メタ視点**

文化 ➡テーマ①

大正・昭和期の文化区分・特色

大正期から昭和初期にかけては**都市大衆文化が進展**する。戦時中は抑圧されたが、第二次世界大戦後、**文化の大衆化がさらに進む**。

文化 ➡テーマ③

大正・昭和期の教育史

大正時代は自由な教育が広がり、**戦時期は教育統制**が行われた。**戦後は教育の民主化**が進められた。

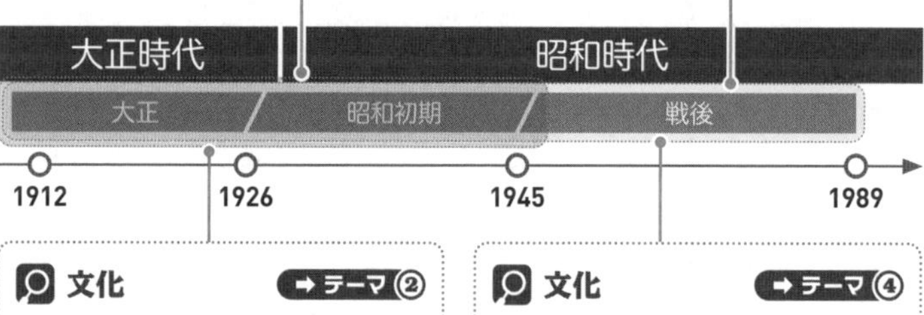

文化 ➡テーマ②

都市大衆文化の進展

大正時代の経済発展にともない、**都市で生活する人々の衣食住が変化**し、**マスメディアも急速に発達**した。

文化 ➡テーマ④

大正・昭和期の文学

大正期から昭和初期は**自我の確立をモチーフにした文学作品**が主流となり、戦後には**新しい価値観の作品**が登場した。

【文化に注目】大正・昭和期の文化区分・特色

大正時代	昭和時代	
大正	昭和初期	戦後
・自由な風潮 ・大戦景気→都市化の発展	・新中間層による都市大衆文化 ・マスメディアの発達 ・戦時体制の強化	・抑圧からの解放 ・文化の大衆化が進展

この内容 大正・昭和初期・戦後に分けて整理する。

大正・昭和期の文化は大正・昭和初期・戦後の3期に区分して
それぞれの時期の特色をまとめていきます。
大正から昭和初期にかけて発展していくものもあるので注意が必要です。

大正から昭和初期にかけて都市大衆文化が進展したが、戦時中は抑圧された

1912年に大正天皇が即位し、1926年に病没するまでの間の文化は**大正文化**と呼ばれます。この間、**大正デモクラシーと呼ばれる大衆の政治参加が目指され、自由な風潮のもとで多様な文化が発達しました**。政治思想面では、**美濃部達吉**(みのべたつきち)の**天皇機関説**(てんのうきかんせつ)が支持を受け、**吉野作造**(よしのさくぞう)の**民本主義**(みんぽんしゅぎ)が広く受け入れられていきました [➡p.489]。一方、第一次世界大戦にともなう大戦景気 [➡p.485] により社会の質が大きく変化しました。都市化が進展し、国民の生活水準が大きく引き上げられ、社会資本*1も充実しました。

1923年に起こった**関東大震災**(かんとうだいしんさい) [➡p.500] からの復興にともない、東京を中心として都市・交通の整備が進展しました。この頃の文化は**昭和初期文化**と呼ばれ、**新中間層と呼ばれる高等教育を受けた人々などが文化の担い手となる都市大衆文化が広がりました**。情報を伝えるマスメディアも発達し、新聞・雑誌に加えて**ラジオ放送**も開始されました。

ところが、**1930年代に入り戦時体制が強化されると**、軍部の圧力を受けた政府は国民生活への統制にのりだし、**学問・思想に対する弾圧も行われました**。映画や落語などの娯楽に対する検閲が強化される一方、教育においては**皇国史観**(こうこくしかん)*2の歴史教育が行われ、思想統制も徹底されました。文学や美術においても戦争を賛美することが求められるようになりました。

第二次世界大戦後、抑圧からの解放により学問や思想が発達し、文化の大衆化も進んだ

第二次世界大戦後、思想面などの抑圧から解放されると人々は知識や娯楽を求め

用語 *1 社会資本…国や地方自治体が供給する社会的な共有の財産。

るようになり、新しい**戦後文化**が生まれました。1949 年、科学者たちは戦争協力への反省から**日本学術会議**を発足させて学問の社会的責任を強める一方、**湯川秀樹**が中間子理論の研究を評価されてノーベル物理学賞を受賞するなど、世界的な業績を残す学者も現れました。

高度経済成長期 [➡ p.591] **をへて国民の所得が向上すると**、消費革命や流通革命は農村部にまでおよび、**都市・農村を含めた大衆文化が進展しました**。1953 年に始まった**テレビ放送**は、テレビの普及によって人々の生活に定着しました。1964 年に開催された**東京オリンピック**や 1970 年に開催された**日本万国博覧会**は国家的なイベントとして経済・文化の進歩を世界へ発信することとなりました。

大正・昭和期の文化区分・特色

① **大正文化**（1912 ～ 26）
自由な風潮➡多様な文化に影響を与える
大戦景気にともなう経済発展➡都市化が進展する

② **昭和初期文化**（1926 ～ 45）
都市大衆文化（**新中間層**などが担い手となる）
マスメディアの発達（新聞・雑誌・ラジオなど）
戦時体制の強化➡学問・思想・教育の統制が進む

③ **戦後文化**（1945 ～ 89）
抑圧からの解放➡人々は知識・娯楽を求める
文化の大衆化が進展する

テーマ② 【文化に注目】都市大衆文化の進展

大正時代	昭和時代	
大正	昭和初期	戦後
・文化住宅 ・洋服・洋食の普及 ・ターミナルデパートの出現	・活字文化 ・ラジオ放送開始（1925）	

この内容 大正時代から昭和初期、都市大衆文化が進展する。

用語 ＊2 皇国史観…日本の歴史を万世一系の天皇による統治の発展とする歴史観。

都市化の進展にともない、
都市で生活する人々の衣食住は大きく変化しました。
さらに、新聞・雑誌・ラジオなどのマスメディアが急速に発達しました。

新中間層は都市において新しい市民生活を送った

第一次世界大戦期、工業の発展にともない都市化が進展しました。電灯の普及、水道・ガスの供給事業、市街電車や郊外電車の発達など、人々の生活基盤も整備されました。明治時代末期にはすでに義務教育が定着していました〔➡ p.467〕が、産業界で必要な人材を育成するための中等・高等教育を受けた者も増加し、**俸給生活者**（サラリーマン）や**職業婦人**（タイピスト・電話交換手など）は**新中間層**と呼ばれました。彼らは生活水準が向上した労働者とともに都市大衆文化の担い手となりました。

都市における市民生活や娯楽について具体的にみていきます。住宅面では、都市部から郊外にのびる鉄道沿線に新中間層向けの和洋折衷の**文化住宅**が建てられました。衣服に関しても洋風化は進み、流行の最先端のファッションをしたモダンボーイ（モボ）・モダンガール（モガ）が東京銀座や大阪心斎橋を闊歩しました。食生活では、トンカツやカレーライスなどの洋食が普及しました。

人々の生活水準は上昇し、多種多様な商品を取りそろえた百貨店が広がりました。阪神急行電鉄は乗客の増加をはかるために、**小林一三**の着想により沿線での宅地開発や宝塚少女歌劇団を設立したほか、**ターミナルデパート**を経営しました。大衆娯楽としては映画が発達しました。明治期に欧米から伝わった映画は**活動写真**と呼ばれ、弁士*の解説付きで上映していましたが、1930 年代に入ると、**トーキー**と呼ばれる有声映画の製作や上映が始まりました。

戦後、国際的に活躍する映画監督が登場しました。
黒澤明監督は「羅生門」を、**溝口健二**監督は「西鶴一代女」を発表し、
国際映画祭で賞を獲得しました。

都市では、活字文化やラジオ放送といったマスメディアが発達した

大正から昭和初期にかけて、マスメディアが発達しました。新聞や雑誌などの活字文化では、『大阪朝日新聞』や『東京日日新聞』などが発行部数 100 万部を超えたほか、政治・経済・社会・文化などについての評論を掲載した総合雑誌**『中央公論』**・**『改造』**などが発展をとげ、大衆娯楽雑誌**『キング』**も多くの読者を獲得しました。他にも、1 冊 1 円の**円本**と呼ばれる文学全集や**岩波文庫**のような文庫本などが盛んに刊行されました。

用語 ＊弁士…無声映画で、画面を説明した人。

　こうした活字文化だけではなく、新しいメディアとして1925年から**ラジオ放送**が開始されました。翌年には放送事業が統合されて日本放送協会（NHK）が設立され、スポーツの実況などが人気を博しました。

戦後、ラジオの音楽番組が誕生し、
演歌や民謡を歌いこなした**美空ひばり**が活躍しました。

都市大衆文化の進展

① 背景
社会資本の整備（電力・交通の発達）
中等・高等教育の充実➡**新中間層**が出現する

② 生活・娯楽
文化住宅（郊外住宅）：和洋折衷、鉄道沿線に広がる
洋服の普及（モボ・モガ）、洋食の普及
ターミナルデパートの出現、**トーキー**（有声映画）の上映

③ マスメディアの発達
活字文化：新聞・**総合雑誌**・大衆娯楽雑誌・**円本**など
ラジオ放送開始（1925）➡日本放送協会（NHK）（1926）

【文化に注目】大正・昭和期の教育史

大正時代	昭和時代	
大正	昭和初期	戦後
・大学令（1918） ・高等学校令改正 ・自由教育運動	・国民学校令（1941）	・学校教育法 ・教育基本法 ・教育委員会法

この内容 3つの時代の教育行政の違いに注意する。

戦間期*は大正デモクラシーの自由な風潮のもと、
生徒の個性や自主性を尊重する教育が行われました。
戦時期は一転して画一的な教育統制が行われました。
戦後、教育の民主化が図られ、個人の尊厳を重んじる教育が目指されました。

用語 ＊戦間期…第一次世界大戦の終結から第二次世界大戦の勃発までの期間。

戦間期は自由な教育が広がったが、戦時期は教育統制が行われた

大正期、資本主義の発展を背景として財界から高等教育機関増設の要望が高まりました。これに応えるため、1918年、原敬(はらたかし)内閣〔➡ p.490〕により**大学令**が公布され、公立･私立大学や単科大学が認可されました。他にも**高等学校令**が改正され、エリート教育機関として高等学校が増設されました。

一方、初等教育ではこれまでの文部省の教育統制や画一的な教育方針とは異なり、生活に根ざした子どもの個性と自主性を尊重する自由教育運動が展開されました。羽仁(はに)もと子(こ)の自由学園では自由教育が実践され、**鈴木三重吉**(すずきみえきち)は児童雑誌**『赤い鳥』**を発行して童謡や自由画の創作を提唱しました。

戦時期、日本の東南アジア進出が決定的になると、新体制運動〔➡ p.544〕が進められました。教育面では1941年に**国民学校令**により小学校が国民学校に改められて、皇国民(こうこくみん)の錬成(れんせい)を目指す国家主義的教育が推進されました。

戦後、教育の民主化が進められ、教育基本法や学校教育法が制定された

第二次世界大戦後、GHQの指示により軍国主義が払拭され、**修身**(しゅうしん)・**日本歴史**・**地理**の授業は停止されました〔➡ p.565〕。1946年にはアメリカ教育使節団が来日し、中央集権化された国家主義的な教育制度の民主化を勧告しました。この勧告に基づいて、1947年、教育の機会均等・9年間の義務教育・男女共学を柱とする**教育基本法**が公布され、小学校6年・中学校3年・高等学校3年・大学4年の単線型学校体系を設ける**学校教育法**が定められました。1948年には教育の分権化を目指して都道府県・市町村に公選制の**教育委員会**が設置されました。ところが、**1956年に教育委員は公選制から任命制に改められ**、文部大臣の地方教育行政への権限が強められました。

テーマ③ まとめ 大正・昭和期の教育史

① 戦間期（知識層の拡大、個性・自主性を尊重）
大学令（1918）：公立・私立・単科大学が認可される
高等学校令改正：高等学校の増設が進む
自由教育運動：子どもの個性・自主性を伸ばす

② 戦時期（教育統制）
国民学校令（1941）：「皇国民」の錬成

③ 戦後期（教育の民主化）
教育基本法：教育の機会均等、男女共学、義務教育９年
学校教育法：６・３・３・４制の学校制度
教育委員会法：公選制（1948）➡任命制（1956）

トピック１ 【文化に注目】大正・昭和期の学問

自然化学

分野	時代	学者	事項
医学	大正	**野口英世**（のぐちひでよ）	黄熱病（おうねつびょう）の研究　梅毒（ばいどく）病原体スピロヘータの純粋培養
	戦後	**利根川進**（とねがわすすむ）	多様な抗体を生成する遺伝的原理の解明／ノーベル生理学医学賞
物理学	大正	**本多光太郎**（ほんだこうたろう）	冶金（やきん）学・KS磁石鋼（じしゃくこう）の発明（住友吉左衛門（すみともきちざえもん）の後援）
	戦後	**湯川秀樹**	中間子の存在を予想／ノーベル物理学賞
		朝永振一郎（ともながしんいちろう）	量子（りょうし）電気力学分野での基礎的研究／ノーベル物理学賞
		江崎玲於奈（えさきれおな）	半導体（はんどうたい）におけるトンネル現象の実験的発見／ノーベル物理学賞

化　学	戦後	**福井謙一**	化学反応過程の理論的研究／ノーベル化学賞
工　学	大正	八木秀次	超短波用アンテナを発明

人文科学・社会科学・その他

分　野	時代	学　者	著　作	事　項
歴史学	昭和初期	**津田左右吉**	『神代史の研究』	1940年、出版法違反で発禁
哲　学	大正	**西田幾多郎**	『善の研究』	西洋哲学による東洋思想の解釈
民俗学	明治・大正	**柳田国男**	『遠野物語』	雑誌『郷土研究』を刊行
		柳宗悦	—	民芸運動の推進
政治学	戦後	丸山眞男	「超国家主義の論理と心理」	政治思想史の研究
経済学	大正	**河上肇**	『貧乏物語』	マルクス主義経済学
	戦後	大塚久雄	『近代資本主義の系譜』	唯物史観による市民社会研究
文　学	昭和初期	**川端康成**	『雪国』など	戦後、ノーベル文学賞受賞
その他	戦後	**佐藤栄作**	—	非核三原則の提唱／ノーベル平和賞

大正から昭和初期にかけて、自然科学・人文科学・社会科学の諸分野で様々な業績が生まれた

大正デモクラシーの自由な風潮は学問・研究に新しい風を吹き込み、大正から昭和初期にかけて科学的手法に基づいた実証的研究によって様々な業績があがりました。

まずは、自然科学についてです。医学の分野では、**野口英世**が細菌学を研究し、黄熱病の調査に乗り出しました。物理学では**本多光太郎**が強力な永久磁石を発明し、KS磁石鋼と命名しました。工学では**八木秀次**が超短波用アンテナを発明しました。

第一次世界大戦 [➡p.483] には、
毒ガスや機関銃などの兵器が使用されました。
すなわち、化学力が戦争の勝敗を決するといっても過言ではなくなったのです。
そこで、化学力育成の必要性が痛感され、1917年には**理化学研究所**が創設されました。

続いて人文科学・社会科学についてまとめます。歴史学の分野では**津田左右吉**が日本古代史の実証的研究を通じて『古事記』や『日本書紀』の記述を批判的にとらえました。哲学では、**西田幾多郎**が『善の研究』を著し、東西哲学を融合した独自の哲学体系を構築しました。民俗学では、**柳田国男**が民間伝承や地域の風俗などを研究した『遠野物語』を著して庶民の生活史を明らかにし、**柳宗悦**は日常的な生活用具に美を見いだそうとする民芸運動を推進しました。一方、マルクス主義の影響が人文科学や社会科学の分野に影響を与え、**河上肇**は『貧乏物語』を著して貧困の現状や救済策を論じました。

第二次世界大戦後、学術は再興し、めざましい研究成果があがった

物理学者の**湯川秀樹**が中間子の存在を予想する理論で 1949 年、ノーベル物理学賞を日本人として初受賞しました。その後、1965 年には量子電気力学分野での基礎的研究を行った朝永振一郎、1973 年には半導体におけるトンネル現象の実験的発見をした江崎玲於奈もそれぞれノーベル物理学賞を受賞しました。

さらに、**利根川進**は多様な抗体を生成する遺伝的原理の解明でノーベル生理学医学賞を受賞したほか、**福井謙一**は化学反応過程の理論的研究でノーベル化学賞を受賞しました。他にも戦前から『雪国』などの作品で資質を開花させていた**川端康成**が 1968 年にノーベル文学賞を受賞し、**佐藤栄作**首相は非核三原則を提唱したほか [➡ p.589] 核兵器拡散防止条約（NPT）に署名して平和に貢献したとして、ノーベル平和賞を受賞しました。

ノーベル賞受賞者以外にも、政治学者の**丸山眞男**は戦後に創刊された総合雑誌『世界』の誌上で「超国家主義の論理と心理」を発表し、経済学者の大塚久雄は『近代資本主義の系譜』で日本の資本主義形成を批判的にとらえるなど、知識人に大きな影響を与えました。

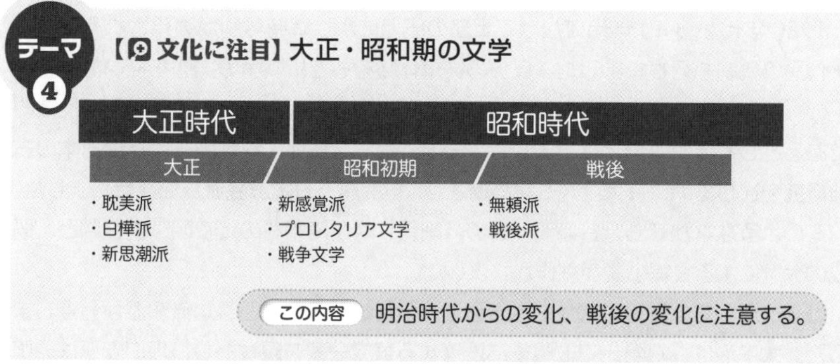

大正から昭和初期にかけて自我の確立をモチーフにした文学作品が主流となりましたが、戦時中は従軍体験や古典研究によるナショナリズムの育成が図られました。戦後は新しい価値観の作品が登場しました。

1910年代は耽美派・白樺派・新思潮派、1920年代は新感覚派・プロレタリア文学が文壇の中心となった

大正時代、国家の独立・維持を重んじる国権論は衰退し、個人の人生のあり方に価値を置くようになりました。このことは文学の潮流にも大きな影響を与えました。

道徳的な善悪を問わず、官能的な美を追求するグループが耽美派です。永井荷風や谷崎潤一郎が代表的な耽美派の作家で、恋愛情痴を扱った作品を発表しました。同じ頃、人道主義に立ち、人間賛歌の理想主義を描いた白樺派も文壇の中心となりました。武者小路実篤は志賀直哉とともに『白樺』を創刊し、徹底した自己肯定の主張を平易な文章で表現しました。少し遅れて、芥川龍之介や菊池寛が現れ、理知的な作風で鋭く現実をとらえた作品を『新思潮』という雑誌で発表し、新思潮派と称されました。

1920年代には、主観的な感覚を技巧的文章で表現する新感覚派が登場し、川端康成や横光利一はモダニズムをリードしました。同じ頃、雑誌『種蒔く人』を中心に労働運動や社会運動と密接に結びついたプロレタリア文学が影響力を強め、小林多喜二の『蟹工船』や徳永直の『太陽のない街』は労働者の姿を描写しました。

一方、新聞紙上や大衆雑誌を発表の舞台として大衆文学も多くの読者を獲得しました。中里介山の『大菩薩峠』や吉川英治の『宮本武蔵』が発表され、菊池寛も雑誌『文藝春秋』を創刊して大衆小説作家としても活躍しました。

戦時下においては文学の統制が行われ、戦後は混乱のなかで新しい作品が生まれた

1930年代から40年代にかけて軍部の圧力により戦時体制が強化されると、文学作品の統制も行われました。自らの従軍体験をもとに戦争の実態を描いた火野葦平の『麦と兵隊』は人気を博しましたが、石川達三の『生きてゐる兵隊』は反軍的であるとして発禁処分となりました。一方、保田与重郎・亀井勝一郎らは日本の古典研究を通じてナショナリズムを高揚させ、機関誌『日本浪曼派』を発行しました。

このようななかでも、谷崎潤一郎の『細雪』や島崎藤村の『夜明け前』など、既成の大家による長編小説が創作されました。

戦後、混乱した世相のなかで生きる人々の苦悩をテーマとした無頼派が登場しました。太宰治は『斜陽』で敗戦後に没落する華族一家を題材とし、坂口安吾は『堕

落論』で道徳の変化をとらえました。一方、戦争体験を描いた戦後派の作品としては**野間宏**の『真空地帯』や**大岡昇平**の『俘虜記』なども発表されました。

一方、**松本清張**の社会派推理小説や**司馬遼太郎**の歴史小説は、純文学と大衆文学両方の要素を合わせ持った中間小説と呼ばれて注目され、**手塚治虫**はストーリー漫画の開拓者として活躍しました。

大正・昭和期の文学

① 大正期（1910 年代）

耽美派：道徳的な善悪を問わず、官能を重視する

白樺派：人間賛歌の理想主義➡自我・生命の肯定

新思潮派：理知的に現実を見つめる

② 昭和初期（1920・30 年代）

新感覚派：主観的な感覚を技巧的文章で表現

プロレタリア文学：労働運動などを題材／雑誌『**種蒔く人**』

戦争文学：従軍体験を描く

③ 戦後（1945 年以降）

無頼派：人々の苦悩を描く　戦後派：政治と文学の問題などを描く

【確認問題】

1 年代配列問題にチャレンジ

(1) 次の文Ⅰ～Ⅲについて、古いものから年代順に正しく配列したものを、後の①～⑥のうちから一つ選んで記号で答えなさい。

Ⅰ 国民精神総動員運動が行われ、人々の生活はぜいたくを抑制された。
Ⅱ テレビの普及とともに国民の間に中流意識がみられるようになった。
Ⅲ ラジオ放送が開始され、日本放送協会（NHK）が発足した。

① Ⅰ－Ⅱ－Ⅲ　② Ⅰ－Ⅲ－Ⅱ　③ Ⅱ－Ⅰ－Ⅲ
④ Ⅱ－Ⅲ－Ⅰ　⑤ Ⅲ－Ⅰ－Ⅱ　⑥ Ⅲ－Ⅱ－Ⅰ

(2) 次の文Ⅰ～Ⅲについて、古いものから年代順に正しく配列したものを、後の①～⑥のうちから一つ選んで記号で答えなさい。

Ⅰ 学校教育法が制定され、6・3・3・4制の学校体系が確立した。
Ⅱ 大学令が制定され、公立・私立大学や単科大学が公認された。
Ⅲ 国民学校では、教育を通じて「皇国民」の道を修練させることが目指された。

① Ⅰ－Ⅱ－Ⅲ　② Ⅰ－Ⅲ－Ⅱ　③ Ⅱ－Ⅰ－Ⅲ
④ Ⅱ－Ⅲ－Ⅰ　⑤ Ⅲ－Ⅰ－Ⅱ　⑥ Ⅲ－Ⅱ－Ⅰ

2 探究ポイントを確認

(1) 大正から昭和初期にかけて、都市大衆文化に大きな役割を果たした活字文化の発達について、具体的にまとめよ。

(2) 1910年代から20年代にかけて社会の格差をテーマとした評論や文学作品が生まれた。これらについて具体的に述べよ。

解答

1 (1) ⑤　(2) ④

2 (1) 新中間層や労働者を読者層として、『大阪朝日新聞』などの新聞や『中央公論』『改造』などの総合雑誌、『キング』などの大衆雑誌が普及し、円本や文庫本なども誕生した。(79字)
(2) 評論では、河上肇が『貧乏物語』で貧困の現状や救済策を論じて反響を呼んだ。文学では、小林多喜二の『蟹工船』など労働運動や社会運動をテーマとしたプロレタリア文学が生まれた。(84字)

索引

き

さ

し

に

ぬ ね の

は

ひ